“十二五”普通高等教育本科国家级规划教材

教育部普通高等教育精品教材

国家级精品课程教材

社会研究方法

第六版·数字教材版

Social Research Methods

中国人民大学出版社
·北京·

内容简介

本书结合国内外社会研究方法的发展趋势和高等学校社会研究方法课程教学的实际，对社会研究方法的基本概念、基本原理和基本方式进行了简明晓畅的介绍。在内容安排上，既兼顾到实际研究的逻辑程序，又兼顾到定量和定性研究方式的各种不同方法及技术。作者还结合自己三十多年学习、实践、研究、教学的经验，介绍了一些特定的方法和技巧。

第六版教材继续保持第五版的框架结构，即主要将社会研究按定量路径与定性路径分为两大部分，并相应地将不同的研究方式、资料分析方式和研究报告写作方式分别归到两大部分中。第五版中增加了对定性研究方法的总体介绍，从定性研究的基本概念开始到定性研究的主要类型、本质特征、方法论意义，以及定性研究与定量研究的差别、定性研究与定量研究的结合等。同时结合具体实例，专门就定性研究的结果表达即定性研究报告的撰写进行了条分缕析的指导。在此基础上，第六版中又增加了个案研究方法的介绍，进一步充实了定性研究路径的内容。

全书体系科学规范，内容取舍得当，语言简明流畅。适合高等学校社会学、政治学、经济学、传播学、教育学、管理学、心理学等专业教学的需要，也适合实际研究部门的科研人员自学及参考。

作者简介

风笑天　1954年生于武汉，1990年获北京大学社会学博士。现为广西师范大学讲席教授，南京大学特聘教授、博士生导师，享受国务院政府特殊津贴专家，国家社科基金社会学评审组成员。曾任教育部高等学校社会学学科教学指导委员会第一届、第二届委员，湖北省社会学会常务副会长等。主要研究方向为社会研究方法、青年社会学、家庭社会学、人口社会学、中国独生子女问题等。作为负责人主持的研究项目主要有国家社科基金重大项目一项（2014）、重点项目一项（2014）、一般项目四项（1995、1999、2003、2021），教育部社科基金重大攻关项目一项（2006）、教育部一般项目两项（1997、2001），国务院三峡移民局重点项目一项（1997）等。在《中国社会科学》《社会学研究》《教育研究》《社会》《人口研究》等学术刊物上发表唯一作者及第一作者论文150余篇。出版的主要著作有《独生子女：他们的家庭、教育和未来》（1992）、《社会研究方法》（2001、2005、2009、2013、2018、2022）、《现代社会调查方法》（1996、2001、2005、2009、2014、2021）、《社会调查中的问卷设计》（1990、2002、2014）、《社会研究：设计与写作》（2014）、《社会研究：科学与艺术》（2015）、《社会的印记》（2012）、《生育政策调整中的生育意愿研究》（2021）等。

配套数字资源说明

本教材配有免费的数字平台和数字资源。资源内容包括：电子教材、习题库（可基于平台实现布置作业、组卷考试、分数统计及分析）154 道、PPT、教学大纲、课程思政材料、教学案例、知识点库、教学指南（知识结构图、教学要点、教学内容与要求）、扩展阅读等。

通过应用现代数字技术，本书实现了线上与线下有机融合，便于读者获得多层次、全方位、宽领域的社会学知识，极大地拓展教与学的时空环境，有效地满足了“处处能学、时时可学”的个性化需求。

欢迎读者扫描下方二维码获取数字资源并了解更多配套资源的使用说明。

第六版序

本书第五版的出版似乎还是昨天的事情，可不知不觉中，竟然又是一个四年过去了。时间过得真是太快了！

在 2021 年年初我完成国家社科文库书稿的校订工作后，就开始着手对本书第五版进行修订。经过半年多的努力，终于在年底前完成了修订工作。与第五版相比，本书新一版的变化主要体现在以下三个大的方面：

首先是在内容上增加了全新的一章。在上一版的序言中，我曾经写道：“定性研究路径这一部分的内容目前相比定量研究路径的内容要单薄许多。我会在以后的修订中逐渐增加这方面内容，使其真正丰满起来”。在这一版的修订中，我开始认真兑现这一诺言，增加了新的一章“个案研究”。这可以说是本书这一版最大的变化。之所以首先增加这一章，主要是因为个案研究无论是对于社会学研究来说，还是对于政治学、教育学、传播学、心理学、社会工作等相关社会科学专业的研究来说，都是一种非常重要、应用十分普遍的方式和途径。相信随着“个案研究”这一章的增加，读者对定性研究路径的了解和运用会进一步提高。

其次是对上一版的第四章“研究设计”进行了较大的修改和调整。以往的版本中，我之所以将社会研究方法的各种分类冠以“研究设计”的标题，是想从研究者具体设计一项研究时所需要考虑的各种因素（比如研究目的、研究方式、分析单位、时间维度等）的角度，来进行介绍和说明。这次修订中，由于我删掉了其中与后面章节内容有较大重复的“研究方式”一节，又将“研究计划书”一节调整为电子阅读的内容，这样，剩下的几节内容从“研究的类型”的角度来进行介绍就更为合适一些。同时，作为对社会研究类型的介绍，我又将这一章提前到第一章导论之后即第二章，这种安排更为合适。

最后是在全书的篇幅上进行了比较大的删减和调整。这是因为，随着每一版的修订，不知不觉中，本书也从第一版的约 45 万字逐渐增加到第二版的约 51 万字、第三版和第四版的约60万字，直到第五版的约68万字。近二十年来竟然增加了20多万字，足足增加了半本书的篇幅！虽然我的本意是从帮助学生学习、帮助教师教学的角度不断补充和充实新的内容，但越来越厚的教材无形之中加重了购买者的经济负担。因此，这一版修订前，我就给自己定下一个目标：不仅不能继续增加全书的篇幅，还要进行删减，全书字数尽量不超过60万字。为此，我删减了教材中一些不太重要的、有些重复的、实用性不强的内容，同时将原来书中的“拓展阅读”栏目以及书后附录中的大部分内容都调整为电子阅读材料，读者可以通过扫描书中的二维码进行阅读。经过这两方面的努力，这一版在增加了新的一章内容的情况下，篇幅仍然控制在了60万字以内，比上一版减少了不止10万字，正文的页数也减少了70页。

除了以上三个大的方面的修订外，这一版还删减了一些过时的或者不适合中国国情的西方例子。同时在有条件的情况下，有意识地增加了我国学术界自己的例子。比如将对美国“综合社会调查”（GSS）的介绍换成了由中国社会科学院社会学研究所开展的“中国社会状况综合调查”（CSS）的介绍等。同时也修订了上一版中的一些小的疏漏之处。在第五版全书正文总共503页中，这次增删、调整和改动的页面达到了117页，占到了23%。相信通过上述这些方面的修改、调整和增删，本书新的一版的质量将进一步提高，也将更加适合学生学习、适合教师教学、适合社会研究者使用。

本书第一版于2001年出版，至今已经伴随着超过40万的读者走过了20年的历程。当我重新翻看本书的第一版、第二版、第三版、第四版直到第五版时，心中不禁充满了感慨：这本教材可以说是自己在不断学习、不断思考、不断实践的过程中，在不断提高认识、加深理解、总结经验教训的过程中，在长期给硕士生、博士生讲授研究方法课程的过程中，在给全国各地学生、教师和研究人员举办研究方法知识讲座的过程中，在回答他们的提问、和他们一起讨论的过程中，一点一点积累起来、一点一点丰满起来、一点一点成熟起来、一点一点完善起来的。因此，在本书新的一版即将问世时，我衷心地感谢在这一漫长过程中陪伴我一路走来的每一位读者！同时，我也会一如既往，不断努力，把本书写得更规范、更严谨、更实用、更简明、更易懂。为普及社会研究方法知识，促进我国社会研究事业的进一步发展贡献自己的力量。

风笑天

2021年10月30日于桂林广西师范大学

第五版序

读者的需求和疑问永远是推动一本教材不断完善和更新的基本动力，也是促使作者不断思考、不断学习、不断提高的强大动力。这一点在本教材这一版的修订过程中体现得尤为明显。

2016 年 7 月，中国人民大学出版社在青岛举办了“第四届社会研究方法论坛”。我是讲演者之一。在中午吃饭的时候，几位来自高校的老师向我提出了一个这样的问题：“风老师，定性研究方法与质性研究方法是一样的吗？”另一个学员也问道：“定性研究方法与质的研究方法有区别吗？”我当时有些诧异，这些在我看来似乎是十分清楚的事情，怎么这些老师会不清楚呢？为了进一步了解这方面的情况，我回到南京大学后，在我的博士生课堂上向社会学专业的博士生们提出了上述问题。同样令我没想到的是，许多社会学博士生同样弄不清楚，同样答不上来。看来这还真是个问题！正是这段经历和这个问题，引发了本教材这一版修订中最重要的变化，即增加了对定性研究方法的介绍。

实际上，对于这一点我以前也有所考虑。几年前，在用来做第四版修订使用的那本第三版教材的第一页空白处，我就用红笔写下了“下次主要增加定性方法”这一条，但在第四版修订时却迟迟没有动手实施。一方面这主要是由于相对来说定性研究方法远比定量研究方法复杂，自己对定性研究方法还不够熟悉（即使到目前也没有完全熟悉）；另一方面则是由于定性研究方法的内容比较庞杂，真正要全面、详细地进行介绍，恐怕这本教材还要增加一倍的篇幅。所以，一直没有将定性研究方法的内容写进教材中。当然，还有更早的影响，这就是自己从在北大社会学系当研究生开始，就一直受到以美国为代表的社会学定量研究主流范式的影响，特别是受到最初所学习的社会研究方法教材（如巴比的教材、贝利的教材等）的影响。因而本书前四版中在社会研究的方式上，只介绍了实验研究、调查研究、文献研究、实地研究四种方式。尽管这是四种最常见的研究方式，但整本教材比较明显的倾向还是偏向于定量研究方法的介绍，定性研究方法的介绍相对薄弱。

在前述提问的刺激下，笔者再一次系统地学习、思考了定性研究方法，对与定性研究相关的一些基本问题有了相对清楚的认识。所以在这一版中，增加了一章“定性研究概述”的内容。这一章从定性研究的最基本概念开始，简明扼要地介绍了定性研究的主要类型、定性研究的本质特征、定性研究的方法论意义、定性研究与定量研究的差别、定性研究与定量研究的结合等问题。希望对学生和读者了解和学习定性研究方法起到一种导引的作用。当然，由于修订时间的关系，本次修订中没有对各种定性研究方法进行详细的介绍。这一点笔者将在以后的修订中逐步增加和完善。

除了增加“定性研究概述”一章外，这一版在结构上的一个明显变化就是将社会研究按定量研究路径与定性研究路径分为两大部分，并相应地将不同的研究方式、资料分析方式和研究报告写作方式分别归到这两大部分中（为此又增加了一章“定性研究的结果表达”），从而使各章内容在逻辑上更加合理，学生学习以及教师教学更加方便清晰。然而，由于在定性研究路径中只介绍了实地研究一种方式（尽管这种方式是定性研究中最常用的方式），因此，定性研究路径这一部分的内容目前相比定量研究路径的内容要单薄许多。我会在以后的修订中逐渐增加这方面内容，使其真正丰满起来。

本次修订在章节安排上还有一个变化是将“实验研究”一章调整到“调查研究”一章之前。笔者之所以这样做，是基于这样一种考虑：实验研究作为科学范式中最受推崇的研究方式，具有比其他研究方式更加严格的因果推断逻辑。虽然在社会研究中，实验研究因受到各种社会条件的限制，适用性较差，但其内在逻辑则是每一个社会研究者都应该首先了解和掌握的。

这一版另外一个明显的改变，就是将原来“文献研究”一章的标题改成了“利用文献的定量研究”。之所以做这样的改变，一方面是因为“文献研究”只是笔者对定量研究路径中的“内容分析”“二次分析”“现存统计资料分析”这三种具体研究方式的一个统称，即三种利用文献进行的定量研究方式的统称，它实际上并不是一种具体的研究方式。另一方面，也是更重要的，则是因为在教学研究实践中，笔者发现，许多学生或者研究者容易将“文献研究”混同于“文献回顾”，甚至混同于一般的查阅文献、引用文献，即将文献回顾或者查阅和引用文献都误认为是在进行“文献研究”。显然，此类“文献研究”并不是教材中所说的“文献研究”。因此，为了避免误解，这次修订中对这一章采用了虽然文字更长但含义却相对明确的标题（从本次修订所增加的“定性研究概述”一章中，读者还可以看到，与此处标题相对应的，还有“利用文献的定性研究”）。

除了上述较大的变动之外，这次修订一如既往地对书中存在的各种小的疏漏、错误进行了修改和完善。

笔者希望这一新的修订版能给读者学习和应用社会研究方法带来新的认识和更大帮助，也希望广大读者特别是高等院校讲授社会研究方法课程的老师和学习这门课程的学生对这一新的修订版提出进一步的意见和建议，以帮助笔者更好地完善这本教材，使它成为广大学生和社会研究人员学习和应用社会研究方法的好帮手。笔者的联系方式是 xtfeng@nju. edu. cn。笔者在这里先谢谢大家！

风笑天

2017 年 10 月 31 日于南京

第四版序

在开始修订新的一版时，我不禁想起一件难忘的事：2011 年 11 月，我在台湾“中央研究院”社会学研究所访问，其间曾应邀到台湾佛光大学社会学系做讲演。演讲前，在该校社会学系主任林大森博士的办公室与他进行交谈时，林博士特地从他的书架上拿出他在台湾通过邮购买到的《社会学研究方法》（第三版），请我为他签名。他说，这本著作在台湾的书店卖脱销了，他好不容易通过邮购买到的。在我签完名后，他特地将签过名的书拿到会场，向在场的老师和学生介绍此书和签名的事。这一幕让我心里十分感动。说实话，我虽然在国内很多大学做讲座时多次应邀给一些大学生、研究生在此书上签过名，但在台湾给一个社会学系的系主任专门购买的书签名，还是第一次。这件事对我是一种无形的激励。

从 2001 年到 2013 年，十二年一个生肖的轮回不知不觉中一晃而过！这本教材在前些年被评为“教育部高等学校社会学学科教学指导委员会推荐教材”“普通高等教育‘十一五’国家级规划教材”“江苏省精品教材”的基础上，2011 年又被评为“国家级精品课程教材”，2012 年被评为“‘十二五’普通高等教育本科国家级规划教材”。所有这些荣誉既是广大高校教师、学术界专家和读者对教材的肯定，同时也是一种期待。而作为作者的我更是感到了一种沉甸甸的责任。因此，每次修订我都不敢有半点的懈怠和马虎。

本次修订的重点和内容主要体现在以下几方面：

一是将教材名称改回“社会研究方法”。这本来是笔者撰写这本教材初版时所用的名称。当时出版社考虑到整套社会学系列教材名称的统一要求，将书名改为“社会学研究方法”。虽然“社会学研究方法”这一名称本身并不存在错误，但正如笔者在以前的版本中所指出的，更为普遍的名称是“社会研究方法”。即这种方法不仅仅在社会学中使用，同时也在政治学、经济学、人口学、管理学、犯罪学、传播学、教育学等众多社会科学中广泛使用，“是众多研究社会现象的社会科学都可以普遍采用的一般方法”。

二是树立“精益求精”的理念，将修订的重点放在细节上。与前两次修订较多地涉及大的结构改动有所不同的是，本次修订重点主要放在了细节上。笔者花了两个多月的时间，认真地、逐字逐句地对全书进行了通读，对教材上许多不严谨、不科学、不恰当、不完善的内容和表述进行删改和补充。可以说，本次修订是教材初版以来在细节上修订得最仔细的一次，改动的内容也是最多的一次。这方面的情况可以用数字来说明：上一版正文部分总共365页，本次修订涉及改动的有210页，改动的部分几乎占到全书篇幅的60%。可以说，这次在细节上的反复推敲和认真修订，使本教材在“精益求精”的道路上又前进了一大步。

三是严格控制本教材的篇幅，尽可能地减少空话和套话。这本教材第一版时只有40来万字，到第三版时不知不觉扩充到了60万字。显然，每修订一次，教材的篇幅就会增加一点。这一结果虽然可以看成笔者认真修订的一种体现，但如果照这样下去，这本教材的篇幅将越来越大，书也将越来越厚。这无疑会加重使用本教材的广大学生的经济负担。考虑到这一情况，笔者在本次修订时，给自己下了一条死命令（尽管可能有点教条主义）：这一版一定控制在60万字左右。因此，此次修订的一项重要任务，就是在进行必要的补充的同时，对原来的内容进行认真的检查，尽量挤掉水分，删掉多余的、过时的内容和可有可无的字句，使教材无论是在使用的材料上，还是在表述的语言上，都尽可能做到言之有物，精益求精。

四是请专家审读部分章节，进一步把好质量关。为更好保证教材质量，笔者专门请国内社会统计学方面的专家、北京大学社会学系郭志刚教授对“定量资料分析”一章的内容进行了审阅。郭教授尽管教学科研工作非常忙，但仍然抽出时间，认真审读了这一章内容，指出了其中存在的一些错误和表达不准确的地方，并对这一章的修订提出了很好的意见。笔者在此向郭志刚教授致以深深的谢意！

此外，笔者还要向阅读和使用本教材的广大读者，特别是一些准备考研究生的学生，例如梁爽、孟珊珊等同学表示感谢！她们通过邮件把学习中发现的几十处细小的疏漏告诉我，对我这次的修订工作也有很大的帮助。

最后，我一如既往地欢迎广大读者，特别是高等院校讲授“社会研究方法”课程的老师们、学习本教材的学生们以及从事实际研究的社会研究者们，对教材中的疏漏之处进行批评指正。我也将一如既往地做好教材的修订工作，以更好地为大家服务，为社会研究事业贡献自己的力量！

风笑天

2013年7月5日于南京

第三版序

不知不觉中又是一个4年过去了。在这4年中，这本教材不仅6次重印，并且还十分荣幸地被评为“普通高等教育‘十一五’国家级规划教材”。这些既反映出读者和专家对教材的认可，同时也意味着作者肩上所负责任更加沉重。

这次修订吸收了许多读者和专家的建议，在保持基本框架不变的同时，每一章都或多或少进行了修改和补充。其中主要的改动体现在以下一些方面：

在第五章“测量与操作化”中，删减了“社会距离量表”等不太实用的内容；对相对更重要的“概念的操作化”一节则增加了新的、更为详尽的例子，以便于更清楚地向读者说明概念操作化的方法。同时，还加强了对操作化与问卷设计之间的关系的说明，为读者更好地理解和学习问卷设计打下了基础。

在第六章“抽样”中，以拓展阅读的方式，增加了对科什（Kish）户内抽样方法的原理的详细说明，这样就便于读者在学习和使用这种方法的同时，进一步加深对这一方法的实质意义的理解。

在第七章“调查研究”中，一方面删掉了不太实用的调查研究发展简介的内容，另一方面则是紧跟科学技术发展和社会研究方法发展的现状，增加了对“网络调查方法”的介绍和讨论的内容，并在附录中提供了这方面的调查实例；同时，还增加了有关调查问卷回收率的内容（这主要得益于近期笔者在学术刊物上进行的讨论）。这些都可以进一步开阔学生的视野。

在第九章“文献研究”中，补充了内容分析方法的具体操作步骤和实际研究例子的介绍；对“现存统计资料分析”一节的内容也进行了较大的补充和改写，并通过增加实际例子较好地说明了这一方法的具体应用。

在第十章“实地研究”中，由一封读者来信所提出的疑问促使笔者系统地整理了实地研究中有关“参与者角色”的几种不同观点，也订正了本教材此前版本中关于这一问题的表述的不妥之处，进一步澄清了参与观察者的角色问题。

在附录中，一是按照国外大多数社会研究方法教材的做法，增加了 SPSS 使用指南的内容，以便于读者在实际从事社会研究（特别是采用调查研究和内容分析方法等定量研究的课题）中，进行资料的统计分析时有一个基本的和初步的参考。二是增加了一篇有关如何阅读社会研究论文的指南，它通过 20 个问题很好地勾勒出解析社会研究论文的基本思路和方法。

此外，这一版最大的变化是在几乎每一章中都增加了一个新的栏目：拓展阅读。这也是向国外优秀教材学习的结果。拓展阅读的内容主要包括与教材主体内容相关的阅读材料以及实际研究中的例子。这一篇幅短小、形式活泼的栏目，既是对教材主体内容的很好的补充，也是学生进行自主学习、教师组织教学讨论的方便助手。

总的来看，这一版突出增加了实用性和操作性内容，更加便于教师教学和学生学习；同时，改正了原先版本中的一些疏漏之处，使得本教材朝着更加完善、更加充实、更加实用的方向又进了一步。

每一次修订的过程，实际上也是作者自己不断学习和不断提高的过程。我将一如既往地欢迎广大读者，特别是高等院校的教师和学生对本教材提出批评和建议，我的邮箱地址是 xtfeng54@163.com。我也将尽最大的努力，用不断的修订和完善来回报对本教材给予热情关注和期待的广大读者朋友。

风笑天

2009 年 3 月于南京

第二版序

本书2001年年初出版以来，受到社会学界以及相关社会科学学科同行的好评，并被国内多所重点大学选作社会研究方法课程的指定教材和研究生考试用书。4年中7次印刷，印数达到3.6万多册。所有这些对笔者多年在研究方法领域的努力探索来说，无疑是最好的回报。

4年中，许多热心的读者，特别是采用本书做教材的教师和学习本书的学生，给笔者来信或发来电子邮件，他们在肯定本书的同时，也指出了书中所存在的各种错误和不足，并提出他们的修改建议。借本书修订再版的机会，我向广大的读者致以衷心的感谢！

本次修订在保持原书基本结构和写作风格的同时，对各章都作了认真的修订。其中较大的变化主要集中在以下几个方面：

1. 第五章“测量与操作化”一章中，笔者根据有关教师的建议，将“概念的操作化”一节提到“指数与量表”“测量的信度与效度”两节的前面，这样的调整使得读者学习时在逻辑上会更加合理。本章讲的主要是社会研究中概念的测量问题。对于相对简单、相对具体的概念来说，可以只用一个或几个指标来测量；而对于复杂的、抽象的概念，以及人们的态度、意见这些内在的东西，很难用单一指标来测量，要采用量表测量。在某种意义上，量表也是概念操作化的一种方式和结果。

2. 第六章“抽样”一章中，笔者从几个方面进一步加强了实用性内容。一是对大规模调查中常用的PPS抽样方法进行了较大的改写，力图将PPS抽样的基本原理介绍得更清楚，更明白；二是在“户内抽样”一节中，增加了调查实践中常用的生日抽人法；三是在“样本规模”一节中，加进了笔者自己从实践经验中总结的样本规模类型；四是调整了“非概率抽样方法”一节的位置，将其放到靠后一些的地方，以突出概率抽样的方法介绍。所有这些改变都将使“抽样”一章的内容更加面向实践，面向实用。

3. 第七章“调查研究”一章中，有关电话访问的一节几乎完全重写。这主要是因为近几年来，电话访问的方式开始出现在国内一些大的城市中，一些高校和科研机构、市场调查机构也开始采用电话访问的方式进行调查。笔者也曾实际进行过一次计算机辅助电话调查的工作，有一些实际的感受。笔者结合目前的情况，对计算机辅助电话调查系统（CATIS）的有关内容、工作方式进行了比较详细的介绍，同时对采用电话访问方式收集资料可能遇到的问题进行了一些探讨。这种修改使得本教材在这方面能够跟上社会研究技术不断发展的要求。另外，这一章还增加了“调查过程的管理与质量监控”一节，使得资料收集工作的内容更为完善。

4. 第九章“文献研究”一章中，专门增加了一小节内容来对美国著名的 GSS 调查进行介绍，同时对现存统计资料分析的内容也作了较大的改写。弥补了第一版中对二次分析和现存统计资料分析这两种方法介绍方面所存在的不足。

5. 附录部分也作了较大补充和修改。第一，用最近的、相对更规范的调查问卷替换了原来的问卷实例。第二，补充了课题申请书的实例，以供许多研究者申请研究课题时参考。第三，补充了常用的统计数表。第四，将全书各章出现的基本概念连同它们的定义集中到书后，以便于读者查阅和复习。

笔者相信，经过修订，本书在科学性、规范性、实用性几个方面将会得到进一步的提高。作为一本社会研究方法的教材，它无论是对于高等院校的学生，还是对于实际研究人员，都将会具有更大帮助。

十分巧合的是，本书第一版是笔者在美国杜克大学访问时完稿的。现在，本书第二版又是在美国访问时完成的。这次我要感谢的是美国亚拉巴马大学伯明翰校区（UAB）社会学系的 Sean-Shong Hwang 教授和系主任 Ferris J. Ritchey 教授，他们邀请我到该校进行学术访问，并为我提供了良好的工作条件，使我能方便地利用该校的图书馆查找资料，顺利地完成本书的修订工作。

最后，希望广大读者一如既往地对本书提出批评和建议，我还会在今后适当的时候再次对本书进行修订。

我的邮箱地址是 xtfeng54@163. com。

风笑天
2005 年 1 月 15 日
于美国亚拉巴马大学伯明翰校区

第一版序

社会学研究方法是社会学学科的三大支柱之一，也是社会学专业一门重要的基础课程。这种方法不仅是社会学研究人员必须掌握的基本功，同时，它也越来越广泛地运用于政治学、传播学、人口学、心理学、管理学、教育学等社会科学的研究中，以及各级政府政策研究、计划统计、民政、计划生育，工会、妇联、共青团等实际工作部门的工作中。学习和掌握社会学研究方法，将有助于我们理解社会学及相关社会科学的基本内容，也有助于我们理解社会学家以及社会科学家在探索社会世界的奥秘，回答各种有关人类社会、人类社会行为以及各种社会现象和社会问题时所做的一切。

本书的撰写以“科学规范、系统全面、简明实用、适合教学”为目标。具体地说，在对概念、理论、方法、技术等知识的介绍上，努力做到科学、规范，特别是对概念和原理的解释力求准确并富有启发性。在内容安排上，尽可能全面、系统，并注意全书的整体逻辑结构及其各部分之间的内在联系。本书除了注重具体方法的介绍外，同样十分重视对各种方法的本质特点、应用条件、方法论基础、内在局限性等进行探讨；在叙述的语言上，笔者力求简明易懂，力戒烦琐、啰唆和言之无物的空话、套话。在对各种方法、技术，特别是操作过程、具体方式进行介绍时，尽可能详细，并结合大量的实例进行说明。这样做对社会学研究的初学者来说，无疑会具有切实的帮助。在材料组织和表达方式上，则紧密结合专业教学的特点，尽量方便学生和教师使用。为此，每章后面除了简明扼要地列出要点提示、基本概念外，还精心设计了既需要学生思考，也需要学生动手实践的练习题。

在学习社会学研究方法的时候，每一个学习者都应始终记住这样一点：我们这里所介绍的各种原理、原则、程序、步骤，以及方法、技术等，常常只是一种对理想状态的描述。在社会学研究的具体实践中，我们所面对的却总是或多或少与这种理想状态有所不同的社会现实。因此，本书中所介绍的各种原理、程序、方法和技术，都会随着实际问题的不同、客观环境的不同、具体条件的不同等而发生某些改变。这种改变既是正常的，也是必需的。不明白这一点，很难真正理解和掌握社会学研究方法。

笔者深知，对于社会学研究方法的全面和深入的介绍，在很多方面超出了个人的学识和能力的范围。笔者作为一名社会学研究者，同样处于一种不断学习、不断实践的过程之中。因此，本书中存在这样或那样的缺陷、错误和不足是毫不奇怪的。在将本书奉献在读者面前的时候，笔者真诚地希望读者对本书中的各种缺点给予批评和指正。笔者将在进一步阅读新的资料、进行新的研究实践的基础上，对本书进行修订，使之逐步完善，不断提高，以更好地适应广大社会学专业的师生及相关社会科学的研究者学习和实践的需要。

在本书出版之际，我首先要感谢中国人民大学出版社对我的信任和热情邀请，感谢责任编辑潘宇女士为本书的出版所付出的辛勤劳动。我也感谢美国社会学协会副会长、美国杜克大学社会学系教授林南博士两次邀请我到杜克大学访问，为我查阅相关资料和进行学术交流提供了十分便利的条件。同时，我要特别感谢我的妻子张慧源，没有她在多年家庭生活中默默作出的奉献和牺牲，我不会有足够的时间和精力来从事教学、研究和写作。

最后，我愿以此书纪念我的博士生导师、北京大学社会学系原系主任、中国社会学会会长袁方先生。

风笑天

2000 年 9 月 1 日

于美国杜克大学

简要目录

目录

第一编

社会研究基础

第一章 导 论

第二章 研究的类型

第三章 理论与研究

第四章
选题与文献回顾

第二编
定量研究方式

第五章
测量与操作化

第六章
抽样

第七章
实验研究

第八章
调查研究

第一编

社会研究基础

第一章

导　论

本书所介绍的社会研究方法（methods of social research），是社会学、政治学、经济学、传播学、人口学、教育学、管理学等众多研究社会现象的社会科学普遍使用的方法。因此，有时它也被称作“社会科学研究方法”（research methods in social science）。各门不同的社会科学在研究的基本逻辑、原理、原则、程序和要求上都是一样的，只是各自所侧重的具体方法和技术略有不同。本章中，我们将对社会研究的概念、特征、困难，以及社会研究的方法体系和过程进行介绍。

第一节　社会研究的概念与特征

一、社会研究及其意义

所谓研究，简单地说就是一个认真地提出问题，并以系统的方法寻找问题答案的过程。而社会研究则是一种由社会学家、社会科学家，以及其他一些寻求有关社会世界中各种问题的答案的人们所从事的一种研究类型。如果要给社会研究下一个明确的定义，那么，我们可以说，**社会研究（social research）**是一种以经验的方式，对社会世界中人们的行为、态度、关系，以及由此所形成的各种社会现象、社会产物所进行的科学的探究活动。从这一定义可知，社会研究是科学的一个部分，它的目标是探索和理解我们生活于其中的社会世界。而从事这种活动所用的方法，就是本书所要介绍的社会研究方法。

社会研究方法是各门社会科学的重要组成部分之一，它也是社会科学区别于哲学等具有思辨色彩的人文学科的重要标志之一。在某种意义上，我们可以说，正是以经验性、实证性为特征的社会研究方法使社会科学与哲学相区分，与人文学科相区分。社会科学的理论和概念为我们提供了观察和认识社会世界的特定视角。但是，当我们要实实在在地去探索一个现实问题时，离开了研究方法或许就会寸步难行。另一方面，即使是那些主要以理论分析和理论研究为特长的社会科学研究者，在他们深刻的思想来源中，同样沉淀着无数经验的社会研究的成果。因此，学习和掌握社会研究方法，既有助于我们理解各门社会科学的基本内容，也有助于我们理解社会科学家在探索社会世界时所做的一切。

二、社会研究的特征

社会研究的根本目的，是形成和产生有关社会世界的系统的知识，增加人类对自身以及所生存的世界的理解。从另一个方面看，社会研究作为一种科学的探究活动，同时也是形成和产生这种有关社会世界知识的一种过程。这种过程比起常识、传统、权威、个人经验以及其他一些知识来源来说，无疑具有更高的系统性、结构性、组织性及科学性。尽管它所产生的知识不可能达到完美无缺的境地（认识到这一点是十分重要的），但其存在缺陷的可能性却相对要小些，因而这种知识也更为可靠一些。

社会研究作为一种特定的科学研究类型，具有以下三个方面的基本特征：

（1）研究的主题是社会的，而非自然的。

研究的主题指的是研究所涉及的现象领域或范畴。社会研究的主题首先必须是有关社会的。这一特征意味着社会研究的对象必须包括作为社会主体的人，必须包括人的社会行为，以及由人们的行为所构成的各种社会现象。它涉及人们如何行动，如何与他人交往；涉及人们如何思考，有何感受。它也要关注由人们所组成的各种社会群体、各种社会组织、各类社区；关注个人与个人、个人与群体、个人与社会、群体与群体、群体与社会之间的各种社会关系；关注人们如何与不断变化的社会相互适应等。总之，社会研究的主题十分广泛，它涉及人类生活的方方面面，涉及社会世界的各个角落。换句话说，在人类社会的“舞台”上所上演的各种“剧目”、所构成的各种“场景”、所涉及的各类“演员”、所看到的各种“表演”，都是社会研究的主题的构成部分。当然，社会研究的某些主题不可避免地会涉及一部分自然现象，比如研究社区发展或者研究社会问题时可能会涉及自然环境条件，但社会研究的目的、着眼点、焦点等则与各种自然科学对这些现象的研究有着根本的不同。自然科学研究的是自然现象本身，而社会研究探讨的则是自然现象与社会世界的关系。

（2）研究的方式是经验的，而非思辨的。

所谓经验性，我们指的是社会研究必须依据可感知的资料。即社会研究只对那些可以看到、听到、接触到的东西感兴趣。“经验性意味着根植于经验的。”“可观察的人的行为，人所创造的东西以及以语言为中介的意见和关于态度、价值判断、意愿等，都属于经验上可感知的社会事实。”[①] 比如人们烧香拜佛的行为，人们所发表的对天堂和地狱的看法，以及现实社会中存在的寺庙、教堂等等，就是这种“经验上可感知的社会事实”的例子。

---

① 阿特斯兰德．经验性社会研究方法．北京：中央文献出版社，1995：3.

社会研究者所收集的大量类似的经验资料，反映了更大规模的社会现象的某些部分，将所有这些部分的资料合起来，我们就可以“经验地”认识社会现象的整体。比如，我们可以去观察人们烧香拜佛的行为，也可以去询问人们对天堂和地狱的看法。以系统的方式去观察这样的行为、去询问这样的看法，并在此基础上对它们之间的关系作出解释，我们就可以回答“人们为什么会信仰宗教”这样的问题。这正是社会学经验研究的一般模式。同样，我们虽然无法直接观察一个社会的社会结构，但是，通过观察这个社会中许多不同的个体的社会地位——他们的职业、收入、教育水平等等，我们仍然能经验地“看到”这种结构。比如，在美国社会中，我们可以直接观察到占地好几英亩的富人的宅邸，看到坐落在城市郊区地带的中产阶级住宅区，也可以看到在政府提供的公共住房和分租房屋中穷人的狭窄套间。社会研究者正是通过考察美国社会中的富人、中产阶级和穷人的住所，而“经验地看到”美国社会结构中的分层现象的。正是由于“经验性”是社会研究方法最重要的特征之一，因此，有的学者在其撰写的社会研究方法著作中，甚至直接将其称为“经验性社会研究方法”①。

（3）研究的问题是科学的，而非价值判断的。

就像科学不可能回答一切问题一样，社会研究也不可能回答一切有关社会现象的问题。对一个问题能否科学地进行探讨，首先依赖于这一问题是不是一个可以由科学来回答的问题。社会研究中所探讨的问题必须是可以由科学来回答的。这也就是说，社会研究者不应该去探讨某一现象“是否应该如此”的问题，即价值判断的问题，而只应该去探讨某一现象“状况究竟如何”，或者“为什么如此”的问题。这种区分的一个关键之处在于所提的问题是“科学的”还是“价值判断的”。

比如，对于社会科学家来说，提出下列问题是合适的：“哪些人相信有天堂和地狱存在？”“社会中的哪些人笃信宗教？”“这些人为什么比其他人更可能成为宗教信徒？”“为什么一种组织类型比另一种组织类型更富有成效（或效率更高）？”“为什么随着现代化的发展家庭规模在逐渐变小？”而另一类问题，比如，“是否应该相信有天堂和地狱存在？”“宗教是愚昧的吗？”“效益比道德更重要吗？”“家庭应该存在吗？”等等，就超出了科学的范围。我们无法依据科学的程序来对这些问题做出经验的观察并进行回答。

三、社会研究中的困难

社会研究者所研究的是社会现实中的人、人的社会行为，以及与人有关的社会现象。这一事实一方面使社会研究具有许多不同于自然科学研究的特点，另一方面也给社会研究提出了许多不同于自然科学的难题。

人的特殊性

社会研究的对象是人、人的行为，以及由人和人的行为所构成的社会现象和社

① 阿特斯兰德．经验性社会研究方法．北京：中央文献出版社，1995：3.

会产物。值得注意的是，人不同于无生命的物体，也不同于不会深思熟虑的动物。人是一种有思想、有感情、有动机、对社会研究的活动有反应的研究对象。他们有自我意识，也有主观意志。因此，他们可能会不与研究者合作，他们也可能为了个人的利益或其他原因而采取出人意料的行为。这种情况在自然科学研究中是没有的。正是由于人这种社会研究对象具有不同于岩石、分子、细胞等自然科学研究对象的主体意识，而这种主体意识又可以控制、影响和改变人们的具体行为，因而对社会研究的过程和结果都会带来不同程度的影响。管理学中的“霍桑效应”就是人的这种主观意识及其影响的最好说明。也正因为人的这种特殊性，使得社会研究中对各种社会现象、各种社会行为的解释和预测，就常常达不到自然科学中所能达到的那样高的准确程度。

研究的干扰性

对人们的社会行为进行研究，本身也是一种社会行为。而这种行为也有可能改变它所研究的行为。这就像把一颗石头投入水中，必然会改变水的运动状态，或者把一块新的磁铁放到一个磁场中，必然会改变原来磁场中的磁力线分布一样。无论是采取观察的方法，还是采取调查的方法、实验的方法，都在不同程度上存在这种干扰和影响。举一个很简单的例子，假设我们希望研究城市居民闲暇时间在家庭中的生活内容及其方式。当我们采用观察的方法进行这项研究时（即当我们的观察员进入所观察的居民家庭时），这些普通居民家庭的实际的闲暇生活方式肯定会为观察者的出现和参与所干扰。观察员所“看到”的，实际上是受到观察者出现的影响后的状况。如果当时没有观察者的出现，实际状况可能会是另一种样子。

社会现象的复杂性

社会研究对象和研究主题的特殊性，使得社会研究所涉及的现象更为复杂，相关因素更多。人是一种社会性的动物，社会现象是一种与自然现象有着根本性质差别的现象。人既作为一种生物个体，同时又作为一种社会个体的事实，决定了导致一种社会行为发生的原因是极其复杂的，它必然涉及许多社会的、心理的、历史的、文化的和其他的因素。客观现实是，社会生活中人们的不同行为既会受到个人特定的生理因素、心理因素的影响和制约，还会受到他所生存的社会环境（包括社会制度、文化传统、家庭背景等）、他所具有的社会关系，以及他所形成的社会互动的影响和制约。概括地说，在社会领域中，一种特定现象的产生或形成，往往受到多个不同因素的影响；而这种特定现象的出现，又会带来多个不同的结果。因此，社会研究者通常比自然科学研究者要面临更多、更复杂的变量和关系，他们往往也更难分清现象的原因和结果。

研究受到特定的制约

社会研究除了会受到与自然科学研究相同的各种自然条件的限制以外，有时还会受到伦理的、道德的、政治的因素的限制。社会研究的困难不只体现于变量多、原因复杂，还体现于要对这些变量进行研究时，所受到的各种社会因素的限制也比较多。在自然科学研究的各种对象面前，自然科学家可以“随心所欲”，对它们“任意处置”。无论是往溶液中添加各种不同的试剂，还是给小白鼠注射不同的药物，只要是研究目标的需要，研究者都可以反复地进行实验。然而，在社会研究中，研究者却没有这么幸运。他们必须十分谨慎地在自己的研究与人们的尊严、权利、利益之间，在自己的研究与社会的伦理、道德、法律、规范之间，划出明确的界限。社会研究者不能为了探讨“家长的放任自流对青少年犯罪的影响”，而要求家长们不去管教自己的孩子；他也不能采取让夫妇离婚的方式，来研究单亲家庭对儿童个性的影响。

保持客观性的困难

与自然科学家不同，社会学家本人也是他所研究的对象的一部分。因此，社会研究者在研究过程中要像自然科学家那样保持一种客观的、超然的态度，就要困难得多。自然科学家与他所研究的对象之间，往往不会产生情感上的纠葛。他不会对他所研究的对象产生同情、厌恶、喜欢、钦佩等情感。而社会研究者则每时每刻都有可能陷入这种“情感纠葛”之中。所研究对象的状况、处境、经历，以及行为、态度、价值取向，常常在社会研究者的心中产生某种“共鸣”或“印象”。而研究者主观上的这种情感体验，往往又会在不知不觉中影响到他对资料的反应和对研究结果的解释。

第二节 社会研究的方法体系

社会研究是一种复杂的认识活动。在这种活动中，研究者将面临一系列问题，并要求做出抉择。比如，具体的研究问题该如何确定？为了寻求特定问题的答案，应该采用什么样的研究方式和研究程序？用什么样的方法才能收集到研究所需要的资料？怎样对所收集的资料进行分析和解释？如何将研究结果清晰明了地告诉他人？在研究过程中，解决这些问题需要研究者对社会研究方法的总体框架以及这个框架中的各个具体部分都十分了解和熟悉。

社会研究方法是一个有着不同层次和方面的综合的体系，这一体系中包括众多的内容，它的各个部分之间有着紧密的内在联系。我们通常将社会研究的方法体系划分为三个不同的层次或部分，即方法论、研究方式、具体方法和技术。

一、方法论

社会研究的**方法论（methodology）**所涉及的主要是社会研究过程的逻辑和研究的哲学基础。或者说，方法论所涉及的是规范一门科学学科的原理、原则和方法的体系。社会研究的方法论所探讨的主要问题包括：（1）社会现象的性质及其理解；（2）社会研究的哲学基础及其假定；（3）社会研究过程和结果的客观性问题；（4）社会研究者的价值与研究之间的关系；（5）社会研究中的不同范式及其应用；（6）不同研究方式的内在逻辑等。

在社会研究中，存在着两种基本的同时也是相互对立的方法论倾向。一种是实证主义方法论，另一种是人文主义方法论。长期以来，实证主义方法论一直占据着社会研究方法论的主流地位。实证主义方法论认为，社会研究应该向自然科学研究看齐，应该对社会世界中的现象及其相互联系进行类似于自然科学那样的探讨。要通过非常具体、非常客观的观察，通过经验概括得出结论。同时，这种研究过程还应该是可以重复的。在研究方式上，定量研究是实证主义方法论的最典型特征。

而人文主义方法论则认为，研究社会现象和人们的社会行为时，需要充分考虑到人的特殊性，考虑到社会现象与自然现象之间的差别，要发挥研究者在研究过程中的主观性。用马克斯·韦伯的话说，就是要"投入理解"，或者是赖特·米尔斯所说的"人对人的理解"。理解派的方法似乎最适合于对复杂现象作探索性研究，特别是在这些现象不太为人所知的时候。在研究方式上，定性研究是人文主义方法论的典型特征。由于这种定性研究方式来自与定量研究方式所不同的哲学传统和理论假定，因而在实践中常常为人们所忽视。

虽然方法论通常不会明确地写在研究报告中，同时，一些社会研究者在进行研究时也不一定会意识到方法论方面的问题。但是，它却始终会实实在在地对社会研究的整个过程产生影响。比如，它将形成社会研究者关于社会现实的性质的种种假设，形成他们收集资料的各种方法，形成他们对于研究所需要的资料的选择，形成他们分析资料和解释结果的方式等。

二、 研究方式

研究方式（research mode） 指的是研究所采取的具体形式或研究的具体类型。"社会学的问题五花八门，因此其方法也比经济学或心理学的方法更为多样化。""这种多样性还由于社会学过去乃至现在都一直给自己提出一些逻辑特性差异极大的问题，因而导致方法上的千差万别。"① 法国社会学家布东的话，言简意赅地指出了社会研究方法的多样性特征及其原因。

通常，我们把社会研究的具体方式划分为定量研究方式与定性研究方式两大类。每一类方式中又包含各种不同的具体类型。比如，定量研究方式主要有实验研究、调查研究、内容分析、二次分析、现存统计分析等。而定性研究方式则主要有实地研究、个案研究、扎根理论、文本分析、行动研究等。其中每一种方式都具备某些基本的元素或特定的语言，构成一项具体社会研究区别于其他社会研究的明显特征。同时，每一种方式可以独立地走完一项具体社会研究的全部过程。比如：调查研究的基本要素包括抽样、问卷、统计分析、相关关系等；实验研究的构成要素

---

① 布东．社会学方法．上海：上海人民出版社，1987：1-3.

包括操纵与控制、实验组、控制组、前测、后测、实验刺激、因果关系等；实地研究包括参与观察、深入访谈、研究者的角色、投入理解等。实验研究、调查研究和内容分析、二次分析等定量研究方式，比较集中地体现了实证主义方法论的倾向，而以实地研究、个案研究为代表的定性研究方式，则集中地体现了人文主义方法论的倾向。与此类似，不同的研究方式也分别被用于不同的研究目的：调查研究最经常地被用来描述一个大的总体的状况，以及探讨不同变量之间的相关关系；实验研究则主要被用来探索和证明两个变量之间的因果关系；实地研究更多的是在深入理解特殊的社会现实，以及在提炼和建构理论方面发挥作用；而内容分析则常常被用于帮助研究者去探讨那些既不会引起研究对象的任何反应，又是其他方式在时间和空间上无法达到的社会现象和问题。

三、 具体方法和技术

具体方法和技术指的是在研究过程中研究者所使用的各种资料收集方法、资料分析方法，以及各种特定的操作程序和技术。资料收集和分析是社会研究过程中的两项重要任务，与各种基本研究方式相对应。研究者可以采用多种不同的资料收集方法和分析方法，比如自填式问卷的方法、结构式访问与无结构访问的方法、局外观察与参与观察的方法、随机抽样的方法、概念操作化的方法、问卷资料的编码方法、数据的统计分析方法，以及量表制作技术、变量测量技术、实验控制技术、计算机应用技术等等。它们处于社会研究方法体系的最具体的层面，具有专门性、技术性、操作性的特点。

概括起来，社会研究方法体系可用图 1－1 简要表示。

四、 社会研究方法体系中各部分之间的关系

社会研究的方法体系是一个有机的整体。虽然它们之间有层次上的差别，但各种方法论、研究方式、具体方法和技术都不是各自独立、互不相关的。方法论与研究方式之间、研究方式与具体方法和技术之间，都存在着十分紧密的内在联系。

由于方法论是指导研究的一般思想方法和哲学基础，因而它与研究方式之间的关系尤为密切。不同的方法论观点不仅影响着研究者对研究问题的选择，同时更直接影响着研究者对研究方式的选择，以至于在研究方式和方法论之间，逐渐形成了一种常见的模式。比如，运用实证主义方法论的社会研究者，通常采用调查研究、实验研究、内容分析、二次分析等定量研究方式，以凸显研究的规范性、精确性、客观性。从建立研究假设、变量操作化、调查对象抽取、数据资料收集、定量分析方法的运用，直到研究结果的解释和假设的检验，其一招一式都尽可能严格地按照自然科学研究的逻辑和方式进行。而运用人文主义方法论的研究者，则更经常地采用实地研究的方式，以凸显研究过程的特殊性、深入性、主观性。他们在研究的思

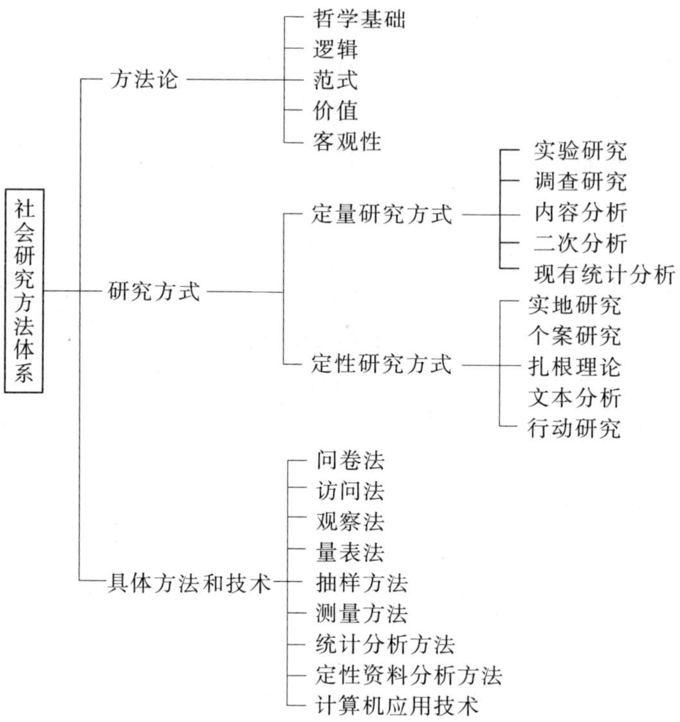

图 1-1　社会研究的方法体系

路和策略上更多地依赖于研究者的主观体验和感悟，方法上更多地依靠研究者的参与和对情景的分析。反过来，不同的方法论倾向及其与之相适应、相配合的研究方式，又在一定程度上制约和影响着研究者对研究领域，特别是对研究问题的选择。

就像不同的研究方式与不同的方法论之间存在某种内在的联系一样，各种不同的具体方法和技术与不同的研究方式之间，也存在着一种内在的联系。比如，调查研究的方式往往需要运用抽样的方法、需要设计问卷的技术、需要运用计算机对收集的资料进行统计分析；实地研究的方式则往往需要运用参与观察的方法、无结构访问的方法，以及定性资料的分析技术；而实验研究则需要运用随机指派的方法、量表测验的方法、量表制作技术、实验刺激技术、实验控制技术等。

第三节　定量研究与定性研究

任何事物都具有量和质两个方面。在社会研究中，相应地存在着定量研究与定性研究两种不同的探讨方式。

一、方法论背景

实证主义与人文主义两种不同的方法论主张在经验研究中则代表着两种不同的探求知识的方法。其一是科学主义的，其二是自然主义的。而定量研究方式与定性研究方式则可以说是这两种方法论的最集中体现。长期以来，伴随着科学技术的发展而形成的实证研究范式在社会学研究中一直占据着主流地位。实证研究者受到自然科学量化研究范式的影响，认为只有客观的、实证的和定量的研究才符合科学的要求，才具有价值。而社会学要取得进步，量化的测量和分析是必不可少的。“只有当社会世界能够用数学语言来表示时，它的各个部分之间的确切关系才能得到证实。只有当资料可以通过可信的计量工具用数量来加以表示时，不同研究者的研究结果才能直接地加以比较。没有量化，社会学就只能停留在印象主义的臆想和未经证实的见解这样一种水平上。因而也就无法进行重复研究，确立因果关系和提供证实的通则。”① 因此，他们往往希望借助经验的社会研究的帮助，用严格的检验方法去证伪或者暂时证明有限的假设。

比利时的天文学家，同时也是数学家、统计学家和社会学家的阿道夫·凯特勒认为，要建立一门社会科学，就得运用其他学科早已行之有效的方法，即尽可能准确地观察社会现象，并借助明确的理论去分析观察记录。他在自己的一些著作中就运用了涉及各种社会现象的大量统计资料，比如有关犯罪行为的统计资料，以及人口统计资料等。他指出，从这种统计资料中，我们也可发现社会现象的规律性，就像自然科学中所能观察到的规律性一样。他还希望将概率论运用到对社会现象的研究中去。

法国著名的社会学家涂尔干既受到孔德的实证主义思想的影响，也受到凯特勒这种统计规律性思想的影响。在他著名的《自杀论》一书中，他仔细分析了犯罪统计学所提供的统计资料，并最终展示出那种类似于自然科学的规律性。

然而，社会研究的客观性和确定性比自然科学差得多，因为它不仅研究可观察的现实（客观事件），而且研究主观现实（即这些事件对人们意味着什么）。事实上，社会研究由于其特定的研究对象、研究内容而受到种种制约，同时实证研究范式本身也具有缺陷和局限性，因而，研究者无法完全依赖这种范式来达到对社会世界的全面理解和认识。自 20 世纪 70 年代以来，社会学研究领域的学者们开始注重对这一范式所存在的缺陷进行批判，并逐渐发展出更具人文主义色彩的解释范式。

与实证范式相反，解释范式是一种定性研究的范式。有学者指出，这种范式的发展主要受到西方社会思潮中现象学、诠释学、批判理论、民俗方法论、符号互动论等思想和理论的影响，同时也部分源于文化人类学的研究方法。它的哲学基础相当复杂。从本体论上看，定性研究范式假定人类行为是一种有意义的行动，它可以通过人的意识和情感作用来完成一切认知。同时，人的行动也是社会取向的，“我”毕竟要走向“他人”。因此，人不仅通过自我来追求意义，同时也必须通过他人来赋予世界意义。换句话说，主体不是封闭性的自我系统，而是走向社会的“存在”，是以“相互主体性”来构建这个世界的。从认识论上看，它强调知识的形成和发展并非只受知识内在理性原则的限制或是纯粹由理性推论而来，它是由主体的意识作用在日常生活世界不断与其他的人或事物的接触中，来建立可供沟通的知识，即知

---

① 哈拉兰博斯．社会学基础．上海：上海社会科学院出版社，1986：60－61.

识的形成经由“协商”的过程而来。因此，人们应从相互主体的立场，交换彼此的观点，并用来诠释行为的意义，进而建立日常生活中达成共识的规则或知识。[①]

社会研究的方法论问题还涉及价值在问题选择和资料解释中的影响、理论与研究之间的关系、研究结果对行为的预测能力，以及对有关人类行为的客观的、科学的探讨的可能性等。在上述各种问题上，实证主义方法论与人文主义方法论之间都存在着明显的分歧（有关这方面内容的详细介绍超出了本书的范围，有兴趣的读者可参见方法论方面的专门著作）。但是，如果我们把二者看作观察和认识社会世界的两种不同视角的话，就不会对二者之间的差异感到不安了。

二、 定量研究与定性研究的比较

定量研究侧重于且较多地依赖于对事物的测量和计算，而定性研究则侧重于和依赖于对事物的含义、特征、隐喻、象征的描述和理解。也有学者认为：定性研究是用语言文字来描述现象，而不是用数字和量度；而定量研究则与此相反，是用数字和量度来描述的，而不是用语言文字。

定量研究与定性研究的方式在发展上是不平衡的。相比之下，定量研究方式发展十分迅速，进展也很大；而定性研究方式由于其来自与定量研究方式所不同的哲学传统和所具有的不同假定，因而往往为人们所忽视。同时，由于定性研究方式在实践上又常常被批评为“非科学的”和缺乏信度的，因而定性研究方式的进展遭遇了很大的阻力。这种不平衡的发展状况反过来又进一步强化了定量研究，而削弱了定性研究。

从认识论角度看，定性研究与定量研究存在着根本的区别——它们基于不同的范式。定性研究从最纯粹的意义上说，从属于人文主义的自然范式，即研究应在自然的环境和条件中进行，而研究所获得的结果和意义也只适应于这种特定的环境和条件。这种方法的核心是“整体地”理解和解释自然情景。与此不同的是，定量研究则来源于实证主义，它在范式上更接近于科学的范式。

从研究的逻辑过程看，定性研究基于描述性分析，它在本质上是一个归纳的过程，即从特殊情景中归纳出一般的结论；而定量研究则与演绎的过程更为接近，即它从一般的原理推广到特殊的情景中去。

定量研究者往往强调客观事实、强调现象之间的相关、强调变量之间的因果联系，可以说，定量研究的主要目标是“确定”变量之间的关系、相互影响和因果联系。而定性研究者则更加注重现象与背景之间的关系、更加注重现象的变化过程、注重现象和行为对于行为主体所具有的意义。可以说，定性研究的主要目标则是深入地“理解”社会现象。定性研究重视现象和行为的背景，相信特定的自然和社会环境与人类的行为有很大的关系。定性研究者认为事实和价值是无法分离的；而定

---

① 陈伯璋．教育研究方法的新取向．台北：南宏图书有限公司，1990：4－6.

量研究者则正好相反，他们强调在研究中一定要努力做到“价值无涉”和“价值中立”。

在理论与研究的关系上，定性研究通常与理论建构的目标相伴随，它并不强调在研究开始时对所研究的问题有一种明确的理论基础。相反，理论是在研究的过程中逐渐发现和形成的。并且，随着研究的进行，理论不断被选择、被改变、被放弃、被修正。定量研究则常常是用来进行理论检验的。由于定量研究所具有的演绎特征，因而它从一开始就倾向于以理论为基础。反过来，当一项研究以理论的检验为目标时，它通常也是采取定量研究方式进行的。

在研究方式上，定量研究者更加强调研究程序的标准化、系统化和操作化；而定性研究者则往往更加强调研究程序、研究方式和研究手段上的灵活性、特殊性。实验、调查、内容分析等，是定量研究中最常见的研究方式；量表测量、问卷调查、结构式访问、结构式观察等是定量研究中常见的资料收集方法。而实地研究是定性研究最常见的研究方式，参与观察、无结构访问、个人生活史等，则是定性研究中主要的资料收集技术。由于研究方式、资料收集技术等方面的差别，定量研究与定性研究在所得资料的性质及其结果的说明方式上，均存在明显的差异：前者所获得的主要是数量化的资料；而后者所获得的则是具体的、个别的实例。前者的结果主要靠统计分析数据来表达；而后者的结果则是靠文字的描述来说明。定量研究的结果在概括性、精确性上特征明显；定性研究则以其资料的丰富性、细致性和理解的深入性而与定量方法相对照、相补充。

总的来说，定量研究与定性研究是我们在社会研究过程中可以采取的两条途径。它们所能给我们提供的是两种不同性质的图画。如同对实证主义与人文主义方法论的评价一样，定性研究与定量研究二者之间也不存在孰优孰劣的问题。在社会研究者认识社会现象的过程中，它们所能回答的问题不同，回答问题的方式也不同。可以说，它们发挥着各不相同的作用。对于有些研究情景和研究问题而言，最合适的方式或许是定量研究；但与此同时，另一些研究情景和研究问题则只适合采用定性研究的方式进行探讨。正如有的研究者所说：至于在实际社会研究中该运用哪种方式，这不仅取决于研究者的个人兴趣，而且取决于他所要解决的问题。

我们可以用表 1-1 来简明扼要地说明定量研究方式与定性研究方式的各种差别。而在第十二章中，我们还将进一步对定性研究方式与定量研究方式之间的具体差别进行说明。

表 1-1　　定量研究方式与定性研究方式的比较

	定量研究	定性研究
哲学基础	实证主义	人文主义
研究范式	科学范式	自然范式
逻辑过程	演绎推理	归纳推理
理论模式	理论检验	理论建构
主要目标	确定相关关系和因果联系	深入理解社会现象

续表

	定量研究	定性研究
分析方法	统计分析	文字描述与阐释
主要方式	实验、调查	实地研究、个案研究
资料收集技术	量表、问卷、结构观察等	参与观察、深度访问等
研究特征	客观	主观

第四节　研究的过程

作为一种系统的、科学的认识活动，社会研究遵循着一套比较固定的程序。从大的方面看，我们可以将社会研究的过程分为五个阶段：（1）确定研究课题并将其系统化；（2）设计研究方案和准备研究工具；（3）资料的收集；（4）资料的处理与分析；（5）结果的解释与报告。

一、研究的主要阶段

选择问题阶段

选择研究问题是一项社会研究活动的起点，是整个研究工作的第一步。研究问题一旦确定，整个研究活动的目标和方向也就随之确定。研究问题选择得如何，在一定程度上决定着整个研究工作的成败，决定着研究成果的好坏优劣。因此，应当对选题阶段的工作给予高度的重视。有众多的因素决定着和制约着研究问题的选择。这些因素包括研究者的理论素养、生活阅历、观察角度、研究兴趣，也包括他所处的社会环境、他所具有的客观条件等。选题阶段的主要任务包括两个方面：一是选取研究主题，即从现实社会中存在的大量的现象、问题和领域中，根据研究者的兴趣、需要与动机确定一个研究主题，比如家庭关系、人口流动、越轨行为、企业制度等等；二是形成研究问题，即进一步明确研究的范围，集中研究的焦点，将最初比较含糊、比较笼统、比较宽泛的研究领域或研究现象具体化、精确化，将其转化为既有价值又有新意，同时还切实可行的研究问题。一般来说，我们首先选取一个研究主题，然后在这一主题领域中，选择和形成一个研究问题。这一过程既是一种包含着从一般到特殊的“过滤”过程，也是一种从模糊到清晰的“聚焦”过程。对于社会研究者来说，选择一个合适的研究问题并非一件十分简单的事情。本书第四章主要探讨选择研究问题方面的内容。

研究设计阶段

如果说选择研究问题的意义在于确定研究的目标和方向，那么研究设计阶段的全部工作就可以理解成为实现研究的目标而进行的道路选择和工具准备。所谓道路选择，指的是为达到研究的目标而进行的研究设计工作，它涉及研究的思路、策略、方式、方法以及具体技术工具等各个方面。就像实施一项工程之前必须进行工程设计一样，要保证一项社会研究工作的顺利进行，保证研究目标的完满实现，也必须进行周密的研究设计。这种设计既涉及定量与定性路径的选择，也涉及每一条路径中具体研究方式的选择。所谓工具准备，主要指的是对研究所依赖的测量工具或信息收集工具，如问卷、量表、实验手段等等的准备。我们将在第五章中介绍这方面的内容。当然，这种准备工作还包括对社会研究中各种信息的来源——研究对象的选取。有关这些方面的内容，本书将在第六章中做详细的介绍。

研究实施阶段

这个阶段的主要任务，就是具体贯彻研究设计中所确定的思路和策略，按照研究设计中所确定的方式、方法和技术进行资料的收集工作。因而也可将此阶段称为资料收集阶段。这个阶段的主要特点是研究者往往要深入实地，要接触被研究者，或者要设计出实验环境，实施实验刺激和测量，或者要收集大量的文献资料。在这一阶段中，所投入的人力最多，遇到的实际问题最多，因此，需要很好的组织和管理。另外需要注意的是，由于社会现象的复杂性，或者由于现实条件的变化，我们事先所考虑的研究设计往往会在某些方面与现实之间存在一定的距离或偏差，这就需要我们根据实际情况进行修正或弥补，发挥研究者的灵活性和主动性。本书从第七章开始，将陆续介绍实验研究、调查研究、利用文献的定量研究、实地研究、个案研究等研究方式在实施过程中的具体方法、技巧和问题。

资料分析阶段

资料分析阶段的主要任务是，对研究所收集到的原始资料进行系统的审核、整理、归类、统计和分析。就像从地里打下的粮食，要经过很多道加工工序，才能最终成为香甜可口的食品一样，从现实社会中所得到的众多信息和资料，也要经过研究者的各种“加工”和“处理”，才能最终变成研究的结果和结论。这里既有对原始数据资料的清理、转换和录入计算机等工作，也有对原始文字资料、图片资料、音像资料等的整理、分类和加工工作；既有对数据资料进行的各种定量分析，也有对定性资料进行的综合、归纳和解读分析。本书第十章和第十五章将分别介绍这些方面的内容。

得出结果阶段

这一阶段的任务主要是撰写研究报告，交流研究成果。研究报告是一种以文字和图表将整个研究工作所得到的结果系统地、集中地、规范地反映出来的形式，它是社会研究成果的集中体现。而撰写研究报告也可以说是对整个社会研究工作进行全面的总结。从研究的目的、方式，到资料的收集、分析的方法，再到研究得出的结论、研究成果的质量，都要在研究报告中进行总结和反映。同时，还要将社会研究的成果以不同的形式应用到社会实践中去，真正发挥社会研究在认识社会现象、探索社会规律中的巨大作用。

图 1－2 所反映的就是社会研究从选择研究问题开始，直到得出研究结果为止的全部过程，以及这一过程的五个主要阶段和每一阶段的基本内容。

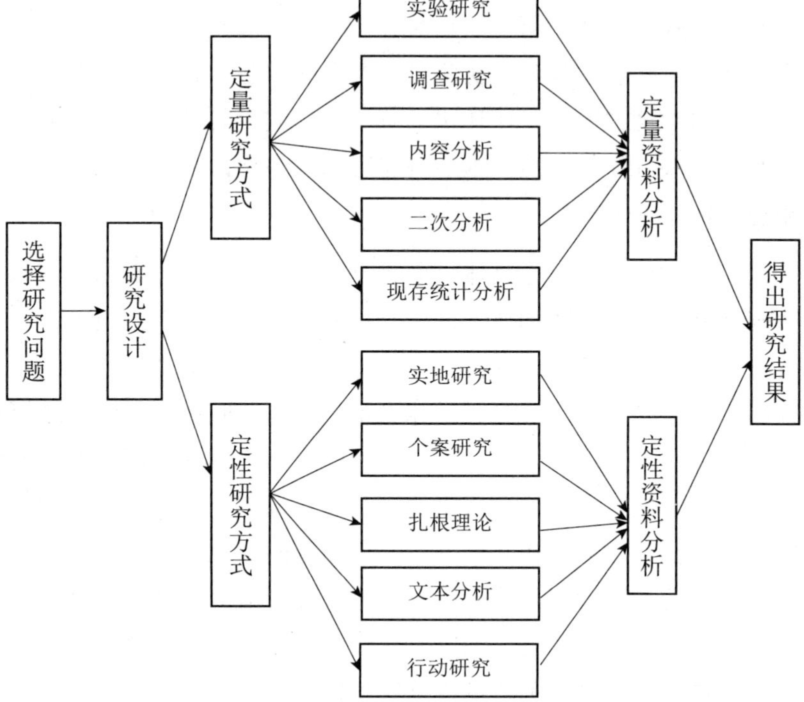

图 1－2 社会研究的基本过程

图 1－2 表明，社会研究的过程始于研究问题，经过若干个不同的阶段，最终到达研究结果。图中的箭头则表明，从问题到结果的“道路”不止一条。它暗示着社会研究可以有多种不同的方式选择。另外，需要说明的是，上述研究过程及其阶段的划分只是一种理想的模式，并非所有的社会研究都丝毫不差地按上述规定进行。在不同的情况下，不同社会研究的具体程序或步骤可能会略有不同。特别是这种过程的划分比较明显地带有定量研究方式的烙印，对于实地研究这样的定性研究方式来说，不一定完全适合。比如，实地研究中的资料收集和资料分析就常常是交织在一起的，且要经过多次的循环反复，很难明确划分为两个阶段。但无论如何，上述框架的确是多数具体社会研究的实际过程中和设计研究计划时的一种参考。

二、 研究过程示例

独生子女是 20 世纪 70 年代末以来出现在我国社会中的一代特殊人口。独生子女的产生引起了广大社会学、人口学、心理学、教育学研究人员以及整个中国社会的普遍关注。80 年代以来，不少研究者对独生子女问题进行了研究。下面以笔者

1987—1992年所做的一项研究为例，具体说明社会研究的一般程序。①

（1）选择研究问题。1987年笔者在北京大学社会学系攻读博士学位时，导师袁方教授给笔者提出了博士论文的选题：中国独生子女问题研究。可以说，导师所定的题目，只是确定了研究的主题（subject）。由于独生子女这一主题中包含众多的内容，涉及众多的方面，比如独生子女人口的结构及分布、独生子女家庭的结构与关系、独生子女家庭的生活方式、独生子女的教育问题、独生子女的社会化、独生子女的心理特征、独生子女家庭的老年保障等，因而需要将比较宽泛的研究主题转化为比较具体明确的研究问题。经过阅读和分析当时国内这一领域中的已有文献和一部分国外文献，笔者发现，国内还没有关于独生子女家庭基本状况的研究结果，因而从社会学角度讨论各种独生子女问题尚缺乏经验的基础。另外，笔者发现独生子女的教育问题是当时最为集中的研究焦点，但运用较大规模的调查资料进行分析和探讨的研究很少，多为一般性的、空泛的议论；而与独生子女家庭密切相关的养老问题则还没有引起人们的注意。根据这一情况，笔者确定了三个方面的研究问题：第一，独生子女家庭在结构、关系等基本方面具有什么样的特征？第二，独生子女究竟是不是“小皇帝”？独生子女家长是不是更加“望子成龙”？独生子女的出现给当前的教育带来哪些冲击和影响？第三，独生子女家庭养老面临哪些挑战？

（2）研究设计。为了达到上述研究目标，研究者决定采用以调查研究为主的方式进行探讨。研究者选取了地处全国中部，在人口结构、家庭规模、人口出生率、独生子女比重、社会经济发展水平等方面均处于全国平均水平的湖北省作为调查地区，以武汉市、黄石市、沙市市、仙桃市、云梦县城关镇作为调查点（分别代表特大城市、大城市、中等城市、小城市、城镇，以及综合性的中心城市、重工业城市、轻工业城市、县级市和镇），其目的是尽可能提高研究结果的代表性。根据研究者所拥有的时间、经费和人力等条件，研究采取了横剖调查的形式，确定了以描述为主的研究目标，选择了小学生中的独生子女作为分析单位、小学生中的非独生子女作为比较对象、小学生家长作为资料收集的对象。设计了分层、多阶段、整群随机的抽样方法，以及收集调查资料的主要工具——小学生家长调查问卷，对问卷调查表的发放与回收、问卷调查资料的审核与输入、问卷调查资料的统计分析方法等均进行了比较周密的设计和考虑，并于1988年4月至5月间进行了试调查。然后根据试调查的结果再次修改了调查问卷。

（3）资料收集。1988年9月至11月，研究者在整整三个月的时间里，独自一人奔赴五个调查城市，开展问卷的发放与回收工作。在每一所抽中的小学里，研究者先与学校领导交谈，了解学校总的概况，并根据研究设计，分别从高年级和低年级中抽出两个调查的班级；然后分别访问班主任老师，向他们了解小学独生子女与

① 有关这一研究的详细情况，可参见风笑天的《独生子女：他们的家庭、教育和未来》（北京：社会科学文献出版社，1992：253-268）。

非独生子女在学习、个性、家庭等方面的情况；并布置好问卷调查的方式、方法、要求等有关事宜。此外，研究者还在老师和学生的帮助下，访问了一部分小学生家长，获得了比较丰富的个案资料。

（4）资料分析。问卷资料回收后，研究者首先对所有问卷进行了审核。经过核查，剔除了少数空白、未填完等不合格的问卷。然后，由北京大学社会学系的10名本科生对问卷资料进行了编码过录，并请一名博士生将编码过录后的问卷资料全部输入计算机。问卷资料的统计分析均在计算机上运用SPSS/PC+软件进行。根据研究的目的、要求，同时兼顾到时间等客观条件的限制，研究者主要进行了单变量的描述统计、双变量的交互分类统计和相关分析。

（5）得出结果。通过对调查资料的系统分析和深入探讨，研究者得出了“三口之家是独生子女家庭的典型特征”“生育两个孩子是大部分独生子女父母的生育意愿”“小学独生子女父母的角色中增加了教师的角色及同龄伙伴的角色”“独生子女并非都是小皇帝”“独生子女家庭养老将面临精神交流与支持减少、居住分离、子女流动两难等严重挑战”等一系列研究结果和结论。当然，研究者也客观地指出了其研究所存在的局限性，提示了研究结果的适用范围，以及值得进一步研究的问题。1990年，研究者将这些结果撰写成博士论文。1992年，研究者又在这篇博士论文的基础上，形成了一本从社会学的角度系统研究我国独生子女问题的学术专著——《独生子女：他们的家庭、教育和未来》。

本章要点

1. 社会研究指的是一种以经验的方式，对社会世界中人们的行为、态度、关系，以及由此所形成的各种社会现象、社会产物所进行的科学的探究活动。

2. 社会研究具有三个方面的基本特征：（1）研究的主题是社会的，而非自然的；（2）研究的方式是经验的，而非思辨的；（3）研究的问题是科学的，而非价值判断的。

3. 社会现象的复杂性、人的特殊性、研究的干扰性、保持客观性的困难以及研究所受到的各种限制，构成了社会研究中的主要困难。

4. 社会研究的方法体系划分为三个不同的层次或部分，即方法论、研究方式、具体方法和技术。

5. 社会研究的方法论所涉及的主要是社会研究过程的逻辑和研究的哲学基础。或者说，方法论所涉及的是规范一门科学学科的原理、原则和方法的体系。

6. 本书主要介绍社会研究的五种基本研究方式，即调查研究、实验研究、实地研究、个案研究以及利用文献的定量研究。其中每一种方式都具备某些基本的元素或特定的语言，构成一项具体的社会研究区别于其他的社会研究的明显特征。

7. 社会研究的方法体系是一个有机的整体。方法论与研究方式之间、研究方式与具体方法和技术之间，都存在着十分紧密的内在联系。

8. 实证主义与人文主义两种不同的方法论主张在经验研究中则代表着两种不同的探求知识的方法。其一是科学主义的，其二是自然主义的。而定量研究方式与定性研究方式则可以说是这两种方法论的最集中体现。它们是我们在社会研究过程中可以采取的两条途径，二者之间不存在孰优孰劣的问题。在社会研究者认识社会现象的过程中，它们发挥着各不相同的作用。

9. 社会研究的过程分为五个阶段：（1）确定研究课题并将其系统化；（2）设计研究方案和准备研究工具；（3）资料的收集；（4）资料的处理与分析；（5）结果的解释与报告。

基本概念

社会研究　方法论　研究方式　定量研究　定性研究

复习思考题

1. 联系实际举例说明社会研究所面临的主要困难。

2. 社会研究的方法体系由哪几个部分构成？不同的方法论、研究方式与具体方法和技术之间存在着怎样的关系？

3. 找几篇发表在《社会学研究》或相关社会科学学术刊物上的社会研究报告进行阅读，看看它们分别采取的是哪种社会研究方式，所用的具体资料收集方法是什么。

4. 实证主义方法论的主要特点是什么？人文主义方法论的主要特点又是什么？你如何看待这两种不同的方法论主张？

5. 定量研究与定性研究存在哪些主要的差别？如何理解二者之间不存在好坏优劣之分？请说明理由。

6. 陈述社会研究的一般程序，画出这一过程及其主要内容的简图。

推荐阅读书目

1. 巴比．社会研究方法．北京：华夏出版社，2000：第一至三章．

2. 贝利．现代社会研究方法．上海：上海人民出版社，1986：第一章，第二章．

3. 纽曼．社会研究方法．北京：中国人民大学出版社，2007：第一章，第二章．

第二章

研究的类型

在探索和研究社会世界的过程中，研究者往往会针对不同的问题，选取不同的研究对象，运用不同的方法和技术，收集和分析不同的资料，得出不同的具体结果，回答研究的问题，由此也形成了各不相同的社会研究类型。在本章中，我们将从研究目的、研究性质、研究的时间维度以及研究的分析单位四个方面对现实中各种社会研究进行分类介绍。

第一节　按研究目的分类

社会研究者在对各种特定现象进行研究时，其研究的具体目的是千差万别、各不相同的。但是，所有这些研究的更为一般性的目的，都可以归结到以下三种之一，这就是探索、描述和解释。当研究的目的不同时，整个社会研究就会在设计的要求、研究对象和研究方法的选择，以及在具体操作程序上都有所不同。

一、探索性研究

探索性研究（exploration research）是一种对所研究的现象或问题进行初步了解，以获得初步的印象和感性认识，同时为今后更周密、更深入的研究提供基础和方向的研究类型。探索性研究经常出现在下列两种情况中：一是当研究者准备研究的问题或现象十分特殊、十分新鲜，且很少有人涉及时；二是研究者本人对打算研究的问题或现象不大熟悉、了解很少时。比如，对我国社会中的同性恋问题所进行的探索性研究就是第一种情况的例子。因为这一问题在我国的大多数地区、大部分人群中并不普遍，人们对它的了解很少，对它进行的科学研究就更少。在这种情况下，研究者往往需要采用探索性研究的方法，对它进行初步的了解。又比如，关于大城市的交通拥挤问题，虽然人们都已十分熟悉，也已经有一些研究者在不同城市中进行过研究，但对于某个从未涉足这一领域的研究者来说，这就是一个全新的、令他感到生疏的课题。所以，他可能也需要对此进行一项探索性研究。

探索性研究的主要目的，是通过对所研究的问题或现象进行考察，达到对这一现象的初步了解。同时，它还可以为更深入、更系统、更周密的研究提供指导和线索。探索性研究的直接成果包括：（1）形成关于所研究现象或问题的初始命题或假设；（2）发展和尝试可用于更为深入的研究的方法；（3）探讨进行更为系统、更为周密的研究的可能性。正是在这种意义上，探索性研究常常成为一种先导性的研究——这种研究的成果往往为后继的研究开辟道路、指示方向和提供途径。

探索性研究在方法上的要求相对来说比较简单，也不太严格。它通常采用参与观察和无结构访问等方法收集资料，其所研究的对象的规模通常都比较小；从资料中所得出的各种结果，并不用来推论研究对象所取自的总体，也不用来检验某种理论假设，而主要用来"探测"某类现象或问题的基本范围、内容或特征，给人们一个大致的轮廓或印象，用来"提示"深入研究这一现象或问题的可能途径，用来尝试可用于这一现象或问题研究的合适的方法与工具。

比如，前面所举的大城市交通问题一例中，研究者可任意地从该城市中找几条公共汽车线路，随意找几十位行人、乘客、汽车司机、公共汽车售票员、交通民警等作为研究对象，围绕与城市交通相关的各种问题，对他们进行开放式的访问，并进行实地观察。从这样的研究中，研究者不仅可以初步了解到大城市交通问题的主要内容、状况及其与之相关的各种因素，同时还可以发现某些值得深入研究的问题，也可以为在大规模的抽样研究中采用结构式问卷来测量这种复杂现象或问题提供可行的方法和手段。

需要注意的是，一项探索性研究所得到的各种结果和结论，都只是有关某种现象或问题的"初步印象"，它难以对所研究的现象或问题提供比较系统、比较肯定和比较满意的答案。或者说，探索性研究的结果，往往只是新的、更为系统的，也更加专门的研究的一种背景或起点。

二、 描述性研究

社会研究最经常地被用于对某些总体或某种现象进行描述的目的。**描述性研究（descriptive research）**通常是要发现总体在某些特征上的分布状况。或者说，描述性研究的主要目的是收集有关总体分布特征的资料，提供有关总体结构、现象特点等方面的信息。比如，当研究者需要了解那些在规模、结构和社会地位上不同的家庭如何使用他们的收入，那些在年龄上大小不同的人们对计划生育政策的改变有何反应，那些在受教育程度上高低不同的人们在社会流动方面的经历有何不同等问题时，他往往要进行这种以描述为主要目的的研究。

描述性研究在方法上与探索性研究有较大的差别。这种差别突出地表现在描述性研究所具有的系统性、结构性和全面性上。描述性研究通常需要采取严格的随机抽样方法来选择研究对象，并且研究样本的规模要比探索性研究中的规模大得多（在三种不同目的的研究中，描述性研究的样本规模往往最大，解释性研究次之，探索性研究的样本规模则最小)。描述性研究中资料的收集主要采用以封闭式问题为主，以自填、邮寄或结构式访问等方式进行的问卷调查。所得的资料必须经过统计处理（通常是在电子计算机的辅助下进行)，得出以数量形式为主的各种结果，并要将这些结果和结论推论到总体中去。或者说，要用来自样本的资料去描绘总体的面貌。

对社会现象的描述应当注意两个方面：一是描述的准确性；二是描述的概括性。准确性的要求指的是对社会现象的分布状况、基本特征等等，都要作出定量的和精确的描述和说明。概括性的要求则是指研究结果所描述的不应当是个别的或片面的，而应当是能反映出总体及各个组成部分一般状况的普遍现象。或者说，根据样本研究的结果，应能够反映出总体的水平和趋势。

总之，描述性研究在对社会现象进行认识上，比探索性研究前进了一大步。如果说探索性研究只是对现象的一种初步的“探测”的话，那么，描述性研究则可以说是一种对现象的全面的“清查”和系统的反映；如果说探索性研究所得到的只是某种“提示”、某种“印象”的话，那么，描述性研究所得到的则应该是有关这一现象的“整体照片”，或者说是一个缩小了的“总体模型”。

三、解释性研究

人们对事物和现象的认识不会只停留在全面了解其状况的层次上。涂尔干在研究自杀现象时，他所感兴趣的不单单是社会中的哪一类人比另一类人自杀的多，而是想得出适用于所有人的一种对自杀的共同的理解。社会研究者在认识到现象“是什么”（what）及其状况“怎么样”（how）的基础上，还需要进一步弄明白事物和现象“为什么”（why）是这样。

比如，在研究大学生的择业倾向时，研究者除了想知道目前的大学生在选择职业时是怎样考虑的，以及他们的择业倾向表现出什么样的特点以外，他们常常还希望知道大学生们为什么会表现出这样的择业倾向，为什么他们中的一些人愿意选择某些职业，而另一些人却不愿意选择这些职业。在这种差别的背后，有没有一种更具一般性的“规律”在起作用等等。因此，社会研究同样常常被用于回答社会生活中许多的“为什么”，常常用来说明现象发生的原因，常常用来解释社会现象之间的关系。对于这样一类社会研究，我们称之为解释性研究。简单地说，**解释性研究（explanatory research）**指的是那种探寻现象背后的原因，揭示现象发生或变化的内在规律，回答各种“为什么”的社会研究的类型。现实生活中，像探讨青少年犯罪原因的社会研究、探讨现代化程度与人们生育意愿之间关系的社会研究，以及探讨为什么青年人比老年人更喜欢流行歌曲的社会研究等，都是解释性研究的例子。

由于解释性研究的目标是回答“为什么”，是解释原因，是说明关系，因而它的理论色彩往往更浓。它通常是从理论假设出发，经过深入实地收集经验材料，并通过对资料的分析来检验假设，最后达到对社会现象进行理论解释的目的。也正因为如此，解释性研究在研究方案的设计上，除了与描述性研究一样，具有系统性和周密性以外，它还比描述性研究显得更为严谨，针对性也更强。

解释性研究在内容上不要求具有广泛性，不要求面面俱到，但是它特别注重研究内容的适用性和针对性。它往往要求研究内容必须紧紧围绕所要验证的理论假设。例如，对青少年初次犯罪原因的解释性研究，在内容上就不用像描述性研究那样，对青少年初次犯罪的概况，比如年龄、特点、类型等等，做全面而详细的了解，只需要将研究的焦点集中在对各种可能的原因和解释进行检验、分析、探讨和说明上。又例如探讨现代化程度与人们生育意愿之间关系的研究，在设计上就不是为了收集一般性的、以反映总体状况为目标的资料，而是要完全依据研究的主题，依据研究的两个关键变量——“现代化程度”和“生育意愿”来进行设计。这种研究无论是对研究对象和研究方式的选择，还是对资料的收集和分析，都必须以有利于发现和揭示二者之间关系的规律为标准，都必须紧紧围绕检验二者间关系的理论的目标。这样，在研究过程中，有关研究对象的职业分布状况、收入水平、对老年保障的看法、生活质量状况等等众多内容，研究者可以“不屑一顾”；但是，对与现代化程度和生育意愿的操作化指标有关的各种测量，则必须尽可能详尽，一点也不能少。

在分析方法上，解释性研究往往要求进行双变量和多变量的统计分析。比如，对于大学生的不同择业倾向，就可以通过性别、所学专业、家庭背景、价值取向等变量或因素来进行分析和解释。一旦研究者详细考察了这些变量或因素与大学生所希望选择的职业之间的关系，他就能够尝试着解释为什么某些大学生希望选择这些职业，而另一些大学生却希望选择另一些职业。

解释性研究与描述性研究在有无假设上也有较大差别。描述性研究一般不需要假设，或者说，建立有关变量之间关系的尝试性陈述对于描述性研究来说，既是无关的也是不可能的。“我们毕竟得记住，社会科学对于人类的行为和社会环境的了解仍处于初期阶段。一定要社会学家等到有了假设再去收集材料，这只能助长滥用任意的假设的做法，这与毫无选择地收集材料同样糟糕。”① 通常，研究者以描述性研究为先导，以“帮助他开掘所研究的领域，收集与所研究的题目直接或间接有关的资料，使问题得以突出，使值得探索的环节得以被揭示出来。然后，在这样的信息资料的引导下，他可以在进一步的经验性研究中制定和检验一系列的假设”②。总之，研究中是否应有假设应根据研究的目的来决定。对于以描述为目的的研究，一般不需要假设；而对于以解释为目的的研究，则需要有明确的假设。

需要说明的是，一方面，对研究目的所作的这种划分并不是绝对的，而只是相对的；另一方面，现实生活中的每一项具体社会研究往往表现为更侧重于某一种目的，它同时还可能包含有其他两方面的目的在内。比如，现实中的大多数研究实际

① Moser, Kalton. Survey Methods in Social Investigation. Heinemann Educational Books Ltd., 1983: 4.

② 同①.

上是描述和解释两种作用兼而有之，只是对二者的侧重程度有所不同。在对社会现象的探索中，描述性研究和解释性研究发挥着不同的作用。前者的作用更为基础，后者的作用则更为深入。正如有的学者所言："经验的、在观察和实验基础上获得的知识构成整个知识的根基，它们是任何概括、类型化及随后的各种理论分析阶段的基础。"①

表 2－1 是对三种不同目的研究类型的特征的总结。

表 2－1　　三种不同目的的研究类型的特征

	探索性研究	描述性研究	解释性研究
对象规模	小样本	大样本	中样本
抽样方法	非随机选取	简单随机、按比例分层	不按比例分层
研究方式	观察、无结构访问	问卷调查、结构式访问	调查、实验等
分析方法	主观的、定性的	定量的描述统计	相关与因果分析
主要目的	形成概念和初步印象	描述总体状况和分布特征	变量关系和理论检验
基本特征	设计简单、形式自由	内容广泛、规模很大	设计复杂、理论性强

第二节　按研究性质分类

如同自然科学中存在着两类性质不同的研究类型一样，社会研究也可以从性质上划分为理论性研究与应用性研究两大类，二者又分别称为基础研究与应用研究。这两类研究之间的差别实际上是如何运用社会研究的差别。简单地说，一类关注于运用研究来发展知识，而另一类则关注于运用研究来解决实际问题。

一、理论性研究

理论性研究（theoretical research）指的是那些侧重于发展有关社会世界的基本知识，特别是侧重于建立或检验各种理论假设的经验研究。这类研究力图理解和解释社会世界（或其中某一部分）是如何运转和相互联系的，社会事物或社会现象又是如何发生、发展和变化的。它们往往表现出十分明显的理论倾向，其关注点主要在于探索现象之间的因果关系，在于增加对社会现象所具有的内在规律的认识。

许多人对理论性研究存在着一定的偏见，认为理论性研究往往是浪费大量的人力、物力和时间去论证一些琐碎的、显而易见的和毫无用处的命题。事实上，这种不能在一段时期内直接应用于现实和帮助人们解决实际问题的社会研究，却是产生出许多为应用性社会研究的研究者所广泛利用的思想、理论和方法的丰富的源泉。与应用研究者那种在几个月和一年内迅速地将研究结果应用于实际的情形不同，理论性社会研究往往需要相对更长的时间和更复杂的研究设计。

---

① 斯托贝格．马克思列宁主义社会学原理．哈尔滨：黑龙江人民出版社，1983：44.

需要注意的是，这里所介绍的理论性研究仍是一种经验研究，它与那种以纯粹的思辨和逻辑推理为基础、以对抽象概念和命题的理性分析为主要特征的纯理论研究是不一样的。它们是两类性质不同的研究类型，后者并不是本书所探讨的对象。此外，理论性研究大多不能孤立地进行，而必须在一个统一的概念框架内进行，这种概念框架是同一领域内不同的社会研究进行对话和交流的基础，也是有关社会世界的知识相互评价、不断完善和积累的基础。

二、 应用性研究

应用性研究（applied research）则是指那些侧重于认识现实社会问题并有针对性地提供特定的社会政策的经验研究。其主要类型包括社会状况研究、社会问题研究、社会政策研究、社会影响评估等。这类研究通常是描述性的，它的关注点比较集中地体现在迅速地了解现实的社会问题，尽可能广泛地从总体上描述社会现象的状况和特征，并且有针对性地提供政策建议等方面。应用性研究课题的来源常常是各级政府机构以及涉及社会各个具体领域的工作部门，比如人口管理、劳动就业、城市建设、公共交通、环境保护、区域发展、社会治安、文化教育、社会保障、公共卫生等。而课题研究的成果也主要应用于这些部门和领域。从目前国内的情况看，社会学以及相关社会科学的研究者中，从事这类研究的比例大于从事理论性研究的比例。同时，各级政府机构和许多实际工作部门所做的研究也基本上是这种类型的研究。

理论性研究与应用性研究可以用来研究同一种社会现象。但是，对于同一种社会现象，或者说同一种研究题材，两类研究的关注点是不同的。概括地说，理论性研究更关注如何发展出某种一般性的社会认知；而应用性研究则更关注如何有效地解决现实社会问题。比如，同样是研究企业职工下岗和再就业的现象，理论性研究所关注的可能是诸如“下岗职工个人的社会资本、人力资本对其再就业的影响”，或者“社会身份与职业地位获得”，或者“社会分层与职业流动”等问题；而应用性研究则可能更加关注“下岗职工具有哪些基本特征”“如何增加下岗职工再就业的途径”，以及“如何提高下岗职工的素质和技能”“如何有效解决下岗职工的再就业问题”等。从定义上看，理论性研究和应用性研究是可以分割开来的；但在实践中，二者有时却难以严格区分。

第三节 按时间维度分类

时间维度是社会研究设计中另一个重要的方面。它可划分为两类方式：横向的和纵向的。一旦研究的课题确定下来，研究者就要围绕研究的目标，从时间的角度进行一些考虑。比如，如果我们希望考察社会变迁的某些方面，那么，显然我们的设计就必须涉及在不止一个时间点上去观察我们所感兴趣的现象。如果我们所感兴趣的仅仅是人们对当前某个问题的看法和态度，那么，我们只需对他们目前的看法进行一次测量。

一、横向研究

横向研究（cross-sectional studies）也称为横剖研究，它指的是在一个时间点上收集研究资料，并用以描述研究对象在这一时间点上的状况，或者探讨这一时间点上不同变量之间的关系。各种内容的民意测验和全国人口普查，可以说是横向研究最典型的例子。需要说明的是，这里所说的“一个时间点”，并不是指一天，更不是指一分一秒，而是相对比较短的一段（连续的）时间，比如说一个星期、一个月、三个月等等。

横向研究是社会研究中最常见的一种形式，特别是各种探索性研究和描述性研究，基本上都是采用横向研究的形式进行的。横向研究的主要目标是对某种社会现象或某一社会总体的横截面进行了解，它也可以用来分析和比较某一社会现象或社会总体中的不同部分的特点及其相互关系。

当然，许多解释性研究也同样属于横向研究。只不过在有些解释性的横向研究中，常常存在着某种内在的问题。这是因为，解释性研究的目标通常是为着理解社会现象中的因果关系或因果过程的，而作为原因的现象与作为结果的现象在时间上往往会有先后之别，社会现象之间的因果过程也常常是发生在一段比较长的时期中。在有些情况下，如果研究者仅仅依靠来自一个时间点上的观察所得到的资料，那么，其结论往往难以成立。

二、纵向研究

纵向研究（longitudinal studies）指的是在若干个不同的时间点上收集资料，用以描述现象的发展变化，以及解释不同现象前后之间的联系。纵向研究主要有三种不同的类型。

趋势研究

趋势研究（trend studies）指的是对一般总体随着时间推移而发生变化的研究。比如，通过对我国 1953 年、1964 年、1982 年、1990 年四次全国人口普查结果的比较，来分析我国人口发展变化的趋势和规律，就是趋势研究的一个典型的例子。类似地，在美国总统选举过程中，通过对连续几次盖洛普民意测验的结果进行分析，研究不同候选人的势头，也是一种趋势研究。

趋势研究的目的是通过对一般总体在不同时期的态度、行为或状况进行比较，以揭示和发现社会现象的变化趋势和规律。实际上，我们可以说，对某一总体的趋势研究，就相当于利用对这一总体所进行的若干次横向研究的结果，来分析和探寻其发展变化规律的研究。

关于趋势研究，有一点需要注意，这就是对同一总体在不同时点上所进行的若干次横向研究必须是具有同样的研究内容，采用的是同样的测量方法。更具体地说，每次研究所问的问题都应该是一样的。如果问题不同，就无法进行比较。

同期群研究

同期群研究（cohort studies）又称作人口特征组或共同特征组研究，它指的是对某一特殊人群随着时间推移而发生变化的研究。在这种研究中，每次研究的样本并不相同，即每次研究的具体对象可以不一样，但他们必须都同属于这一特殊人群。这种特殊人群通常都与时间或年代相关。

比如，以1968年上山下乡的“老三届”学生为一特殊人群，分别研究他们在1978年、1988年和1998年的情况，以反映这一特殊人群在我国几个特定历史时期的发展过程中所发生的变化，就是一个同期群研究。又比如，美国社会学家曾做过一项关于出生于20世纪30年代初大萧条时期的人的经济态度的研究。这一研究的基本方式是每隔10年进行一次全国性研究。1950年，他们从20～25岁的人中抽取研究样本；1960年，从30～35岁的人中抽取样本；到了1970年，他们再从40～45岁的人中抽取样本。虽然这三次研究的样本都是由不同的人组成的，但代表的都是出生于1930—1935年的那一代人。

同组研究

同组研究（panel studies）又称为定组研究或追踪研究，它指的是对同一组人随着时间推移而发生变化的研究。同组研究与同期群研究比较相似，二者的区别在于同组研究每次研究时，所用的都是同一个样本，即第一次研究了这些人，以后每次再研究时，依旧还是找这些人做样本，无论这些人分散在哪里，都要一一找到进行研究。

同组研究主要用来探讨人们的行为、态度或意向的改变模式和变化过程，分析影响这种改变的各种因素。由于同组研究每次进行研究时都使用同一个样本，但被研究者随着时间推移所发生的各种变化有时是难以预料的，因而，进行同组研究最大的困难往往是在第二次、第三次……研究中，无法找到或获得首次研究样本中的全部被研究者。越是后面的研究，找全样本就越难。这样就会使得不同时期的比较难以进行。

纵向研究的优点是可以描述事物变化的过程，便于探寻不同现象相互之间的因果关系。在这一点上，它比横向研究更为优越。但是，纵向研究的这种优越性是以付出比横向研究多得多的时间和金钱为代价的。这也是导致纵向研究较少被研究者采用的一个重要原因。

横向研究及三种形式的纵向研究的基本逻辑，还可以通过图2-1来表示。

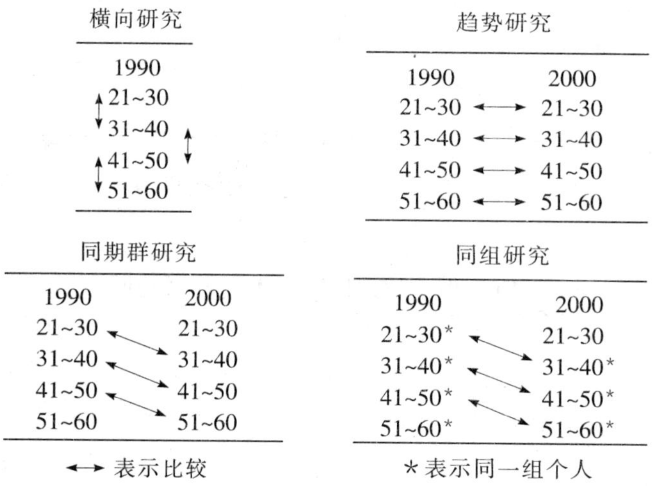

图 2-1　横向研究及三种形式的纵向研究的基本逻辑示意图

资料来源：Babbie. The Practice of Social Research. 4th ed. Wadsworth Inc.，1986：84.

【拓展阅读】

追踪研究的设计

第四节　按分析单位分类

一、分析单位的概念

分析单位（unit of analysis）指的是一项社会研究中的研究对象。或者说，是一项社会研究中被研究的人或事物。比如，个人就常常是各种社会研究的分析单位。当然，社会研究中的分析单位不仅仅限于个人，它还有一些其他的类型，比如家庭、学校、公司、企业、城镇等等。作为分析单位，个体被赋予了某种群体成员的特征。比如，一个来自农村社区的大学生或者一个有着高收入父亲的大学生，就是对单个的大学生赋予了“农村社区”或“有高收入父亲”等群体特征。同样，作为分析单位的群体或组织也可以通过其成员来获得某种特征。比如，一个有着高文化程度家长的家庭或者只有一个孩子的家庭等等。分析单位的选择和确定，也是研究设计中的一项重要内容。

分析单位有五种主要的类型，这就是个人、群体、组织、社区、社会产品。无论是哪一种类型的分析单位，都具有下列特点：

（1）研究收集的资料，直接描述分析单位中的每一个个体。比如，如果分析单位是个人，则研究资料直接描述每一个人的年龄、性别、职业、文化程度以及其行为和看法等等；如果分析单位是家庭，则研究资料直接描述每一个家庭的规模、结构、人均收入等等。

（2）将这些对个体的描述聚合起来，可以描述由这些个体组成的群体（研究的样本），以及由这一群体所代表的更大的群体（总体），或者用这种描述的聚合去解释某种社会现象。

例如，在一项有关"顾客对不同品牌彩电的购买倾向"的研究中，顾客就是我们的分析单位。研究资料首先是直接描述这一个个顾客。比如描述他们每一个人的年龄、性别、职业、收入，他们每人对不同品牌的彩电的价格、质量、外观、功能等方面的看法等等；然后，这些对每个顾客的描述被以平均数、百分比等形式聚合起来，用以描述所研究的顾客样本及这一样本所代表的顾客总体的相关特征和对不同品牌彩电的购买倾向。

对于分析单位的理解，需要将其与调查对象和研究内容或主题进行区分。分析单位是一项社会研究所研究的对象；而调查对象则是研究者收集资料时所直接询问的对象；研究的内容或主题则是分析单位的属性或特征。例如，我们做一项家庭代际关系问题的社会研究，我们的分析单位是"家庭"，研究的内容或主题是"代际关系"，而我们的调查对象则是每一个家庭中的"户主"。

需要说明的是，分析单位与调查对象有时可能会由同一种对象承担着。这种情况比较多地发生在以个人为分析单位的研究中。比如前面所列举的"顾客对不同品牌彩电的购买倾向"的研究中，分析单位和调查对象都是顾客。当然，分析单位与调查对象不一致的情形也许更多。我们应该仔细区分。

二、 分析单位的主要类型

个人

对于社会研究来说，也许没有哪一种分析单位的类型比个人这种分析单位类型用得更多。可以说，社会研究自身的性质和特征，就在很大程度上决定了它所用的分析单位最经常的是社会中的个人。这种个人在具体的研究中各不一样：它既可能是大学生、中学生，也可能是工人、农民、军人、个体经营者，或者是城市居民、老人、女职工、少年犯等等。正是通过对个人进行描述，并将这些描述进行聚合和处理，我们才能够描述和解释由个人组成的各种群体，以及由个人的行为和态度构成的丰富多彩的社会生活现象。

比如，在一项有关某城市就业问题的社会研究中，该城市中的每一个合格的劳动力（假设为年龄在18～60岁的居民）就是我们的分析单位。我们可以用在业、待业、失业等来描述他们中每一个人的状况，用年龄、性别、文化程度等来描述他们每个人的特征。然后，将这些对单个劳动力就业状况的描述聚合成“就业率”或“待业率”“失业率”，去描述该市整个劳动力总体的就业状况，用待业者的平均年龄、男女比例、文化程度分布等，去分析和解释与这种就业状况相关的各种原因和结果。

以个人作为分析单位的描述性研究一般旨在描述由那些个人组成的总体。而那些以个人为分析单位的解释性研究则往往是为了发现存在于该总体中的社会关系和社会动力。作为分析单位的个人可以用他所隶属的社会群体来指示其特征。因此，一个人可以被描述为“出身于干部家庭”或者“出身于工人家庭”，他也可以被描述为“受过高等教育”或者“受过中等教育”。我们也许会在一项社会研究中，考察出身于干部家庭的人是否比出身于工人家庭的人更倾向于接受高等教育，或者受过高等教育的人是否比只受过中等教育的人更倾向于选择行政干部的职业。在这两种情形中，分析单位始终都是个人，而不是家庭出身或者受教育程度。

群体

由若干个人组成的各种社会群体本身，也可以成为社会研究中的分析单位。比如，由若干个有着姻缘关系或血缘关系的个人组成的家庭、由若干个居住在一起的个人组成的邻里、由若干名学生组成的班级、由若干个有着共同兴趣和爱好的人组成的朋友群体、由若干个长期共同从事盗窃犯罪的人组成的团伙等等，都可以成为社会研究中的分析单位。

以各种社会群体为分析单位的研究与那些以个人为分析单位的研究，在描述的对象上有所不同。比如，如果我们打算研究青少年盗窃团伙的成员，以了解他们的盗窃动机和盗窃方式，那么，盗窃团伙的成员就是我们的分析单位；但是，如果我们打算研究某个城市中所有的青少年盗窃团伙，以了解它们（这些团伙）相互之间的各种差别，比如大团伙与小团伙之间的差别、专门偷车的团伙与专门偷钱包的团伙之间的差别、东城区的盗窃团伙与西城区的盗窃团伙之间的差别等等，那么，我们的分析单位就不再是团伙的成员，而是团伙本身。

当以社会群体作为分析单位时，它们的特征有时与群体中个人的特征有关，比如家庭的收入就与个人的收入有关。有时群体的特征可以从其成员的特征中抽取，比如我们可以用家长的收入、职业或文化程度来描述家庭的特征（经济条件好的家庭、社会地位低的家庭、教育条件好的家庭等等）。但在更多的情况下，这种群体的特征则不同于个人的特征。例如，以家庭作为分析单位时，我们可以用家庭的规模、结构、代际关系、高档家电拥有量等特征来描述家庭，但却不能用同样的特征去描述家庭中的个人。应当记住的是，当我们以社会群体作为分析单位时，我们的研究和分析就不能下滑到群体层次之下，我们所研究的群体就是资料集合中的最小单位。

组织

各种正式的社会组织，比如工厂、公司、机关、学校、商店、医院等等，同样可以成为社会研究中的分析单位。假设我们希望对全国高校中的社会学系进行一项研究，那么，分析单位就是社会学系。每一个社会学系都可以用“教授所占的比例”“每年发表的论文数”“每年招收的研究生人数”“每年毕业的本科生人数”等特征来进行描述，并与其他的社会学系进行比较。我们也许会发现，规模比较大的系每年所发表的论文数比规模比较小的系要多，每年所获得的科研课题也比规模比较小的系多，但本科学生的实践机会却比规模小的系要少。同样，我们也能在以组织为分析单位的社会研究中，通过对组织的各种特征进行分析来解释和说明某些社会现象。

由于组织与群体一样，都是由若干个个人组成的，因而作为分析单位的组织所具有的某些特征，往往也在一定程度上与组成它的个人有关。有时，对同一现象的研究，会依据研究的侧重点的不同而使用不同的分析单位。这样就大大地增加了分析单位的复杂性。比如：如果我们研究那些教授比例大的社会学系是否比教授比例小的社会学系更有可能多招研究生，那么，我们的分析单位就是社会学系；如果我们研究的是各个社会学系中，那些带有较多研究生的教授是否比那些带有较少研究生的教授发表的论文更多，那么，我们的分析单位就是教授；如果我们研究的是那些教授比例比较大的社会学系中的研究生是否比教授比例比较小的社会学系中的研究生更有可能参与科研课题，那么，我们的分析单位则是研究生。

社区

社区作为一定地域中人们的生活共同体，也可以作为研究中的分析单位。无论是乡村、城市，还是街区、集镇，我们都可以用社区的人口规模、社区异质性程度、社区习俗特点、社区的空间范围等等特征对它们进行描述，也可以通过分析社区不同特征之间的关系来解释和说明某些社会现象。比如，我们可以探讨社区规模与社区流动人口之间的关系，或者探讨社区流动人口的多少对社区异质性程度的影响等。在这样的社会研究中，社区就是我们的分析单位。如同以个人为分析单位的社会研究中的个人那样，从每一个具体的社区中所收集的资料，既用来描述和反映这一社区自身的具体特征，又作为若干个具体社区的集合中的一个个案，参与描述整个社区的集合的特征以及解释某些特定的社区现象。

社会产品

我们用社会产品一词来概括那些无法被包括进前述几种分析单位类型的其他分析单位形式。其范围涉及各种形式的人类行为以及由人类行为导致的各种社会产物。书籍、歌曲、图片、公告、建筑、服饰等，这是此类分析单位中的一大类型；而婚礼、殡葬仪式、考试、课堂教学、实习、求职、约会等，则是另一种类型的分析单位；此外还有诸如家庭制度、文化传统这样的更为抽象也更为复杂的分析单位。比如，我们可以依据规模的大小、程序的繁简、内涵的传统性或现代性等特征来对殡葬仪式进行区分。

三、 与分析单位有关的两种错误

区群谬误

区群谬误（ecological fallacy）又称为层次谬误或体系错误，它指的是在社会研究中，研究者用一种集群的分析单位做研究，而用非集群的分析单位做结论的现象。或者说，研究者用一个集群的分析单位收集资料，而用一个非集群的分析单位下结论的现象。比如，当一个研究者所收集的是有关某种集群（例如城市、公司或工厂）的资料，然后从这些资料中得出有关个人行为的结论时，他就犯了区群谬误。下面是两个区群谬误的例子。

例 1：在研究城市犯罪现象时研究者发现，流动人口多的城市其犯罪率大大高于流动人口少的城市，呈现出“城市的流动人口越多，城市的犯罪率越高”的趋势。如果研究者根据这一现象得出结论说“流动人口比非流动人口的犯罪率高”，那么，他就犯了层次谬误。因为他的研究资料是以城市为单位收集来的，所得出的也只能是有关城市的结论，而不能是有关流动人口和非流动人口（分析单位是群体）的结论。如果要得出有关群体的结论，或者说要用群体的特征来解释犯罪率，那么，就应该用群体作为分析单位来进行研究，收集有关群体的资料。例如，分别在流动人口和非流动人口中研究犯罪的情况，统计二者的犯罪率，再通过比较得出结论。

例 2：研究者在两个规模相当的小城镇做研究时发现，甲城镇中高收入居民的比例超过 50%，大大高于乙城镇的比例；同时，他还发现，甲城镇中居民拥有摩托车的比例也大大高于乙城镇。如果在这些资料的基础上，研究者得出结论说“收入高的居民更可能拥有摩托车”，或者得出结论说“资料表明家庭收入与拥有摩托车之间存在相关”，那么，他就同样犯了层次谬误。因为我们并不知道这两个城镇中的哪些家庭收入较高，也不知道哪些家庭拥有摩托车，我们所知道的只是对于城镇总体来说的收入分布和摩托车拥有量。也许是甲城镇中的那些中等收入和低收入的家庭更多地拥有摩托车。要想做出有关家庭收入水平与家庭拥有摩托车之间关系的结论，研究者就必须以“家庭”而不是以“城镇”作为分析单位来收集有关的资料。

类似的例子还有很多。比如，当研究发现越穷的“村庄”（分析单位为社区）生育率越高时，我们不能立即推论为越穷的“农民”（分析单位为个体）生的孩子越多。因为可能是穷村中那些较富裕的农民生的孩子多，才使得整个村庄的生育率增高。又如，当研究发现黑人多的城市比黑人少的城市犯罪率高时，我们并不能因此做出黑人的犯罪率高的结论。因为也许是黑人多的城市中的白人犯罪多，而使得整个城市中的犯罪率增高。

简化论

简化论（reductionism）又称作简约论，它指的是研究者用个体层次的资料来解释宏观层次的现象。从形式上看，简化论的错误正好与区群谬误相反。在研究者用非集群的分析单位来进行测量，而做出的是有关集群的分析单位是如何运行的结论时，或者说在研究者所拥有的是微观的有关个人如何行为的资料，但是他所做出的却是有关宏观层次的单位如何运作的结论时，这种错误最容易发生。

例如，一个心理学研究者认为，人的个性是社会发展的原因。如果一个国家中的个人具有看重成就的个性，那么，这个国家就会发展。于是，他到世界各地去测量人们的个性，最后他发现，第三世界国家中的人们的确不像发达国家中的人们那样看重成就，于是他宣称发现了第三世界贫穷的原因。实际上，他犯了简化论的错误。因为他仅仅通过观测微观层次的证据（个人的个性），就试图解释一种宏观层次的过程（社会发展）。或者说，来自个人这一分析单位的证据，被用来解释以社会作为分析单位的宏观过程。他忽视了其他的宏观因素，例如自然资源的缺乏、殖民主义的统治、接连不断的战争、落后的教育与技术、数以万计的饥民等对社会发展的巨大影响。

导致简化论发生的一个基本原因，是由于社会研究很容易获得有关个人的具体资料，而宏观层次的单位的运行则往往比较抽象和模糊。要避免犯简化论以及层次谬误这两种错误，关键的一点是要保证你做出结论时所使用的分析单位，就是你运用证据时所使用的分析单位。这也提醒我们在做社会研究时，必须对所使用的分析单位有清楚的认识。

【拓展阅读】

在实际研究中，研究者往往需要将自己的研究设计和研究计划写出来，形成一种书面报告。这就是研究计划书（proposal）。请扫描二维码，学习研究计划书的主要内容。

研究计划书

本章要点

1. 研究目的主要有三种，即探索、描述和解释。

2. 探索性研究是一种对所研究的现象或问题进行初步了解，以获得初步的印象和感性认识，同时为今后更周密、更深入的研究提供基础和方向的研究类型。

3. 描述性研究的目标是发现和概括总体在某些特征上的分布状况，它具有系统性、结构性和全面性等特征。

4. 解释性研究的目标是回答“为什么”，是解释原因，是说明关系。

5. 理论性研究致力于发展有关社会世界的基本知识，特别是侧重于建立或检验各种解释社会世界如何运转的理论假设，以此增加人们对具体社会现象所具有的内在规律的认识。

6. 应用性研究主要关注现实社会问题，且以有针对性地提供特定的社会政策建议为目标。

7. 社会研究在时间维度上可以划分为横向的和纵向的。纵向研究中还可以进一步区分为趋势研究、同期群研究和同组研究。

8. 最常见的分析单位类型是个人、群体、组织、社区、社会产品。它们都是社会研究中的研究对象。在做出研究结论时，要注意防止犯与分析单位有关的区群谬误和简化论错误。

9. 研究计划书的内容包括研究目的、内容、理论假设、分析单位、抽样程序、资料收集与分析方法、人员组织、进度安排等。

基本概念

探索性研究　描述性研究　解释性研究　理论性研究　应用性研究　横向研究　纵向研究　趋势研究　同期群研究　同组研究　分析单位　区群谬误　简化论　研究计划书

复习思考题

1. 描述性研究关注的焦点是什么？列举两例常见的描述性研究的例子。

2. 试述探索性研究、描述性研究、解释性研究三者的特点及其关系。

3. 从社会学刊物中，找出几篇社会研究报告，分析和说明它们各自采用的研究方式是什么。

4. 理论性研究与应用性研究的主要差别是什么？

5. 分析你所找出的那几篇社会研究报告中所用的分析单位是什么。

6. 确定上一章你所选定的研究课题中的分析单位，并为这一课题设计一套具体方案。

7. 指出下列例题中的分析单位：

例 1：**女人看电视的时间比男人长，因为女人在家庭之外工作的时间比男人短。年轻人每天看电视的时间比老年人平均少 30 分钟。**

例 2：**独生子女家庭中，子女的消费水平略高于父母；相比之下，非独生子女家庭中的子女消费水平则与父母相当。**

8. 同期群研究是如何进行的？这种研究的主要作用是什么？

推荐阅读书目

1. 巴比．社会研究方法．北京：华夏出版社，2000：第四章．

2. 纽曼．社会研究方法．北京：中国人民大学出版社，2007：第二章，第六章．

3. 风笑天．社会研究：设计与写作．北京：中国人民大学出版社，2014：第一章，第四章．

第三章
理论与研究

社会研究的目的在于增加人们对社会世界的认识和理解。这种认识和理解的基础是对现象的准确描述，而对现象发生的原因的正确解释则是这种认识和理解的关键所在。为了理解，为了解释，我们需要理论。正是在这一点上，理论与社会研究发生了密不可分的联系。只有通过理论化的过程，我们才能提炼认识，积累知识，才能更好地理解我们所熟悉的世界。在本章中，我们将从介绍社会研究中的理论概念及理论的构成要素开始，详细探讨理论的发展和理论如何被用来指导社会研究，理论与社会研究之间的相互作用等内容，并对理论建构的过程与理论检验的过程进行说明。

第一节　理论及其层次

单个的经验研究结果在人们认识社会现象的过程中，往往存在一定的局限性。我们需要的是一种建立在更为广阔的基础上同时也更为系统的知识。缺乏这种知识，社会研究的眼光就会被局限在研究者所分析的特定现象和问题上。正是在这种意义上，各种科学的理论和规律在具体的经验研究中具有十分明显的作用。生物学中的进化论就是一个极好的例子。它可以赋予成百上千种孤立的观察以规律、理解和解释。虽然由于我们在第一章中所谈到的原因，社会科学中很少有像进化论那样有力的理论；但是，社会研究仍然像各种自然科学研究那样，努力朝着“从具体的事实和现象中发掘出系统的理论”的目标前进。

一、理论的概念

理论（theory）是一个有着广泛含义的概念。在不同的场合、不同的背景、不同的学科中，理论的概念具有十分不同的内涵。在社会研究中，“理论”的含义也与在其他场合出现的理论有所不同。因而，有必要对“理论”的含义略作说明，以便于我们更好地理解理论，更好地将理论与社会研究联系起来。

先看看两种对理论的定义。我国《现代汉语词典》（第七版）中“理论”一词的定义之一：“人们由实践概括出来的关于自然界和社会的知识的有系统的结论。”美国《哈珀柯林斯社会学词典》中的定义：“（1）由逻辑的或数学的陈述所连接的一组假设或命题，它对经验现实的某一领域或某一类现象提出解释。（2）在不太严格的意义上，有关现实某一领域的任何抽象的、一般性的陈述都可称为理论，它通常包括对一般性概念的详细阐述。”①

在实际社会研究中，人们所涉及的理论通常并不是前述第一种定义那样的理论，而第二种定义中的两种解释则较好地代表了众多社会学者对理论的认识。实际上，由于不同的学者看重或强调理论的不同方面，因而给出的定义也不同。有的学者比较强调理论是一组命题。比如美国著名社会学家默顿认为，理论“是指逻辑上相关联并能推导出实验一致性的一组命题”②。美籍华裔社会学家林南也认为：“理论是一组相互联系的命题，其中一些命题可以通过经验检验。”③ 另一些学者则主要把理论看成对经验现象的解释性陈述。比如美国社会学家巴比认为：“理论是对与生活某一方面有关的事实与规律的系统性解释。”④ 美国社会学家乔纳森·特纳也认为：理论“是一个提出观念的过程，这些观念使得我们能够解释事件如何以及为什么发生”⑤。

上述各种定义表明理论具有如下几个方面的特征：（1）理论来自经验的实践；（2）理论是一种抽象的、系统的认识；（3）理论的目标是对经验现实作出解释。因此，我们可以对社会研究中的理论概念作出如下的定义：理论是以一种系统化的方式将经验世界中某些被挑选的方面概念化并组织起来的一组内在相关的命题。这一定义指出，理论是一组逻辑相连的符号，这些符号表示现实世界中我们所思考的那些事物。理论及其构成因素只是人们认识活动的一种工具，是人类想象和思考的产物。构成理论的这些假设或命题可能属于同一层次，也可能属于不同的层次。大多数的理论，往往具有两层以上的假设或命题。较低层次的假设或命题可以由较高层次的假设或命题演绎或推论而来，而这种推论所依据的则是逻辑法则。

二、 理论的层次

上述定义还向我们表明了这样一个事实：理论是一个具有不同层次的命题体系。有的理论十分抽象，具有很强的一般性。有的理论又相对具体，具有较强的特殊性。在社会研究中，研究者通常将理论划分为三个层次，即宏观理论、中观理论（又称为中层理论）和微观理论。

---

① Jary D，Jary J. The Harper Collins Sociology Dictionary. New York：Harper Perennial，1991：519.

② 默顿．论理论社会学．北京：华夏出版社，1990：54.

③ 林南．社会研究方法．北京：农村读物出版社，1987：18.

④ Babbie E. The Practice of Social Research. 4th ed. Wadsworth Publishing Company，1986：37.

⑤ 特纳．社会学理论的结构．杭州：浙江人民出版社，1987：6.

宏观理论（或者说一般性理论）往往以全部社会现象或各种社会行为为对象，提供一种高度概括的解释框架。它的体系通常十分庞大，结构十分复杂，概念十分抽象，有时人们将这种类型的理论称为“巨型理论”。比如马克思主义理论，达尔文的进化论，社会学中的结构功能主义理论、交换理论、冲突理论等，就是这种理论的例子。这种宏观理论往往并不直接与具体的、经验的社会研究发生联系，它们更多的是作为研究者观察问题、分析问题时所采取的一种理论视角或所依据的一种理论背景。

中观理论（中层理论）则“既非日常研究中大批涌现的微观而且必要的操作性假设，也不是一个包罗一切、用以解释所有我们可观察到的社会行为、社会组织和社会变迁的一致性的自成体系的统一理论，而是介于这两者之间的理论”①。这种理论是以某一方面的社会现象或某一类型的社会行为为对象，提供一种相对具体的分析框架。它由有限的几组假定组成，通过逻辑推导可以从这些假定中产生能接受经验研究证实或证伪的具体假设。它只涉及有限的社会现象。比如，社会学中常见的社会流动理论、社会分层理论、角色理论、参照群体理论等等，都是这种中层理论的例子。

微观理论则是一组陈述若干概念之间关系并在逻辑上相互联系的命题，其中一些命题可以通过经验检验。这种理论具有三个重要特征：(1) 它是由一组命题组成的；(2) 这些命题在逻辑上是相互联系的；(3) 这些命题中的一部分是可以通过经验来检验的。在具体的社会研究中，大多数理论属于这种形式的理论。在最简单的意义上，一个陈述两个变量之间关系的命题就是一个理论。比如，“高的受教育程度倾向于低的生育率”“工业化导致人际关系疏远”等，都可以说是一种“理论”，它们都试图概括出一个变量对另一个变量的影响，即“文化程度”对“生育率”的影响、“工业化”对“人际关系”的影响。

由于实践上的原因，研究者在一项具体研究中往往只能掌握数量非常有限的变量。所以，他们在社会研究中所涉及的，通常并不是上述宏观意义上的理论，而是那种相对简单、相对具体、相对小型的理论，以及那些中观层次的理论。

三、 判断理论优劣的标准

对于同一种现象，我们可以有多种不同的解释。或者说，可以有多种不同的理论来说明同样的社会现象。有时，这并不意味着这些理论中有的真、有的假，而只是意味着这些理论对于具体现象的解释，有的相对好一些、有的相对差一些。那么，怎样判断几种理论中哪一种理论更好呢？一般来说，判断理论优劣的标准有三条，这就是，在其他条件相同的情况下：(1) 解释范围越广泛的理论越是好的理论；(2) 解释越精确的理论越是好的理论；(3) 结构越简练的理论越是好的理论。

---

① 默顿．论理论社会学．北京：华夏出版社，1990：54．

这三条标准决定了理论的解释力。第一条标准反映的是理论的影响面或概括范围。当一种理论的解释范围越大，说明它对多种不同的社会现象都具有解释能力，即它可以用来解释不同时间、不同地点的现象，我们也可以从中导出预测，并在不同的环境中进行检验。这种理论无疑比那种仅仅只对某一具体的现象有解释力的理论作用更大，因而其应用范围也更广。第二条标准反映的是理论的效果或精确程度。如果有两种或多种不同的理论都可以用来解释某类社会现象，那么，其中对社会现象的解释和说明最为精确的那种理论具有更大的解释力。这种理论的逻辑性强，概念确切，具有内在一致性，它对社会现象的解释和说明更令人信服。第三条标准反映的是理论的效率或节俭性。前面我们说过，理论的复杂程度、抽象程度各不相同。对于同样的社会现象，哪种理论所用的解释变量最少、所附加的条件最少、理论本身的结构最简单，那么这种理论就最好。

需要说明的是，由于这三条标准所强调的是理论的不同方面，因而在实际研究中对几种不同的理论进行比较时，有可能出现不同的理论在不同的标准上优劣不同的情况。我们在发展一种理论时，必须从中进行选择。比如，可能一种理论的解释范围广，但其精确性不够，而另一种理论则正好相反。也可能一种理论解释的精确程度很高，解释的范围也很广，但结构却十分复杂，而另一种理论则比这一理论在结构上更为简单，但它在解释上却不够精确或不够广泛。在上述各种情况下，我们应该保留所有这些理论，直到我们找到某一种理论，它在所有三个方面都优于其他理论，这时我们才能抛弃其他理论。

第二节　理论的构成要素

科学家的任务是从经验的观察中得出理论上的解释。了解理论的构成要素，有利于研究者在实际研究中运用理论和建构理论。不管各种理论在具体含义和层次上如何不同，它们都是由一些基本的要素构成的。这些基本要素包括：概念、变量、命题与假设。

一、概念

概念的定义及其层次

概念（concept）是对现象的一种抽象，它是一类事物的属性在人们主观上的反映。比如，“凳子”是一个很简单的概念。当说到凳子时，不同的人头脑中会出现具有各种不同特征的凳子：有木头的、塑料的，也有钢铁的；形状有的是方形的，有的是圆形的；颜色有黄色的、棕色的、黑色的……尽管这些凳子不完全一样，但是它们却具有某些共同的特征：由若干条腿支撑着一个供人坐的平面。这一共同特征可以说就是“凳子”这一概念的内涵。凳子的概念正是对这些具体的、各不相同的凳子进行抽象的结果。概念在形式上常常是用字、词或词组来表示，因而有的学者把概念定义为"表达某种思想的字或者符号"①。比如"房屋""游行""拥挤"等等，就是现实生活中用来表示事物、现象及其特征的概念。类似的社会学概念有"社区""互动""分层"等等。

概念由定义构成。这种定义通常以语言的，有时也可以以数字的或者符号的形式来指明和限定概念所指称的现象。只有在作出定义之后，概念才有意义。研究者正是根据概念的定义来理解和想象该概念所指示的现象的。概念既可以用来表示社会世界中各种有形事物或现象，比如苹果、书、房屋等等；也可以用来表示社会世界中许多不能直接观察的事物或现象，比如歧视、爱、社会地位、同情心等等。现实世界中不同事物和现象的类型不同、结构不同、复杂程度不同，所以，概念的抽象程度也有高有低。比如，"歧视""同情心""社会地位"这样的概念，其抽象层次就比"苹果""房屋""书"这类概念的抽象层次要高。而概念的抽象层次越高，就越难以进行直接的观察和描述。这是因为概念的抽象层次越高，其涵盖面就越大，特征也就越含糊；相反，一个概念的抽象层次越低，其涵盖面也就越小，特征也越明确。关于概念的各种特征之间的关系，可见图 3－1。

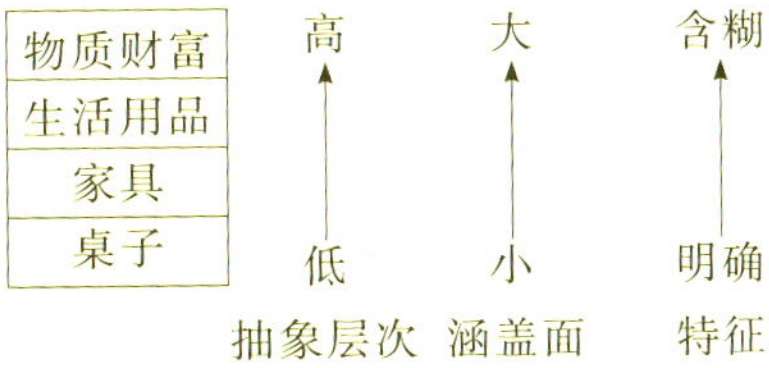

图 3－1　概念各种特征之间的关系示意

概念的功能

概念在科学中的功能是，提供一种观察或勾画那些无法直接观察到的事物的方式。概念的抽象性对于理论有着重要的作用。从牛顿发现重力的事例中，我们可以看到这一点。许多世纪以来，人们经常看到苹果从树上掉下来，但却不能真正理解这一现象发生的原因。直到抽象的"重力"概念的发现，人们才找到答案。同时，它还使许多类似的现象在重力概念的范围内得到了说明。另一方面，概念的发展为研究者提供了一种思想的网络，它将各种单个的研究成果相互连接，并且使得不同时期的经验得以组织和再组织。正是这种由概念所形成的思想网络，指引着各个领域的具体研究。比如，生物学中染色体和基因的概念形成了某种模式，它一直指引着这个领域中的研究；而文化、制度、地位、角色等概念所形成的思想网络，则一直指引着社会学领域中的研究。

概念是建构理论的"砖石"和"基本材料"，正是由逻辑地联系起来的概念形成了理论。概念作用的大小主要取决于以下三个方面的考虑：

① Manheim J B，Rich R C. Empirical Political Analysis. Longman Publishing Group，1991：22.

（1）有用的概念所指称的现象必须至少是潜在可观察的。这并不是说有用的概念必须指称那些可以直接观察的事物，社会科学中一些十分有用的概念所指称的都是我们所不能直接观察的事物。潜在可观察的含义是指可以被直接或间接观察到。

（2）有用的概念必须是精确的。它们必须是指称现象的一组且仅一组性质。当我们运用一个概念来描述一个对象时，我们必须能够确切地知道我们所谈的是什么。

（3）有用的概念是具有理论重要性的概念。所谓具有理论重要性，指的是它与理论中的其他一些概念相互联系，并且在解释现象上扮演着最基础的角色。

概念的应用

一门科学发展的重要标志之一，是这一科学共同体中的成员相互之间具有某种共同的语言，即具有作为交流媒介的科学概念和术语。在自然科学中，这一特征特别明显。比如：物理学中的"密度"概念，被明确地定义成"物体的质量与其体积的比率"；"速度"的概念则被明确地定义成"物体在某个特定方向上移动的距离与所用时间的比率"。并且，这一类概念常常还可以用数学公式表示：

D（密度）$=M$（质量）$/V$（体积）

V（速度）$=S$（距离）$/T$（时间）

这种用数学公式来表示科学概念的能力，意味着研究者在科学研究中所用语言的含糊性将减少到最低限度。在社会研究中，却往往不存在像自然科学中那样精确的概念。这也可以说是社会研究比自然科学研究更为复杂的一个方面。正是由于社会研究中所涉及的概念的复杂性和模糊性，因而在实际研究中很难避免这样一种现象：同一概念对于不同的研究者来说，其含义不太一样；或者说，同一概念在不同的研究者那里所指称的现象不同。所以，在社会研究中，研究者必须对他所使用的概念加以明确界定。

与社会研究中的概念有关的另一个方面是它与现实社会、与人们日常生活经历的接近性。由于社会研究的对象和内容就是现实的社会世界，就是社会中人们的日常生活，因而它们在指称事物和现象时所用的语言、概念与人们在日常生活中所用的语言和概念非常相似、相近，甚至相同。有时，这种接近性、相似性、相同性给社会研究者增加了一种将日常生活交谈中所用的概念与在社会研究中所用的同样概念进行区分的负担。比如，在日常生活中人们经常用到"爱"这个概念。尽管没有十分明确、十分严格的定义，但人们照样理解它的含义，照样用它进行各种交流。然而，如果要在社会研究中探讨有关"爱"的问题时，研究者则必须对"爱"的概念进行明确的定义。

如何恰当地运用概念，或者如何合理地形成概念，是体现一项经验研究所具有的理论色彩和理论深度的关键一环。各种具体的现象、事实和材料也许是人们司空见惯的、普通平常的，甚至是随手可得的和"一文不值"的。但是，一旦我们从这些现象、事实和材料中抽象出、提炼出某种概念，即将它们冠以某种新的"概念标签"，这些现象、事实和材料也许就十分珍贵、大有价值，且令人耳目一新了。实际研究中，这种提炼的工作有两种基本的方式：一是从理论文献中借用概念；二是从经验材料中抽出概念。

二、 变量

变量的定义

一般来说，概念可以分为两种类型：一类概念仅仅标识某类现象。比如“太阳”“月亮”。另一类概念则往往包括若干个子范畴、属性或亚概念，它们反映出概念所指称的现象在类别、规模、数量、程度等方面的变异情况。比如：“性别”这一概念就包括男性和女性两个子范畴，或者说“性别”这一概念是由男性和女性这两个“属性”构成的；而“职业”这一概念就包括工人、农民、干部、教师、医生等多个子范畴，或者说是由多个不同的属性构成的。正是因为概念具有这种多值的特性，因此，在社会研究中，人们借用了一个数学术语，把所研究的概念称作“变量”（或变项）。所谓**变量（variable）**，就是具有一个以上不同取值（不同的子范畴、不同的属性，或不同的亚概念）的概念。而那些只有一个固定不变的取值的概念，则叫作常量。根据这一定义，“性别”就是一个包括“男性”和“女性”两个取值的“变量”。同样，“职业”是一个包括工人、农民、干部、教师、医生等多个取值的变量；“文化程度”是一个包括文盲半文盲、小学、初中、高中、大专以上五个取值的变量；“收入”则是一个包括从零到几千元或者上万元不断变化的各种取值的变量。

“社会学，正像一切科学那样，也要运用这么一种语言：其基本词汇由变项（即变量）构成，而其句法则在于确定这些变项之间的关系。”[①] 为了便于分析和探讨现象之间的因果关系，社会研究者也像其他一切科学家一样采用变量的语言，即从变量之间的相互影响和相互关系来分析事物产生的原因和结果。在社会研究中，理论也可以说是由变量语言构成的，其目的是描述不同变量及其不同属性之间所存在的某种逻辑关系。

变量的分类

根据变量取值的性质不同，我们可以把变量分为类别变量、顺序变量、间距变量和比率变量四种类型。对应的测量层次分别称为定类层次、定序层次、定距层次和定比层次。我们将在第五章中介绍这四种层次的测量。

根据变量相互之间的关系，我们又可以把变量分为自变量、因变量以及中介变量。我们把那种引起其他变量变化的变量叫作**“自变量”（independent variable）**，并用 x 来表示；而把那种由于其他变量的变化而导致自身发生变化的变量叫作**“因变量”（dependent variable）**，并用 y 来表示。我们用“$\longrightarrow$”表示“引起”或“导致”。当一个变量影响另一个变量，或者说一个变量的变化“引起”或“导致”另一个变量的变化时，就形成了某种因果关系。用符号来表示即是 $x \longrightarrow y$。比如，

① 布东．社会学方法．上海：上海人民出版社，1987：8.

"高的受教育程度倾向于低的生育率""工业化导致人际关系疏远""酒后开车会造成交通事故"，这些说法都是用一种因果关系把两个变量联系起来。在实验研究中，自变量是实验者主动操纵其变动的变量，即实验刺激；而因变量则是受实验刺激影响而变动的变量。在调查研究中，自变量多为属性变量，比如性别、年龄、民族等，而因变量多为行为或态度变量。

在实际社会研究中，常常还会出现这样的情况：同一个变量可能会在某种关系中作为自变量出现，而在另一种关系中则作为因变量出现。比如，在"高的受教育程度倾向于低的生育率"这一关系中，"生育率"是"受教育程度"的因变量；但在"低的生育率导致人口老龄化"这一关系中，"生育率"又成为影响"人口老龄化"程度的自变量了。究竟一个变量是作为自变量，还是作为因变量，或是作为中介变量，要根据研究的理论框架和理论分析来决定。

一项基本的因果关系只需要一个自变量和一个因变量。**中介变量（intervening variable）**则是出现在更为复杂一些的因果关系链中的第三个变量。它在自变量与因变量的联系中处于二者之间的位置，表明自变量影响因变量的一种方式或途径，如图 3-2 所示。

图 3-2　中介变量示意

在同一个因果关系链中，中介变量既是相对于自变量来说的因变量，又是相对于因变量来说的自变量。原有的两个变量之间的因果关系是通过中介变量而相连接的。比如，涂尔干在研究自杀现象时，提出了一种理论来说明"婚姻状况"与"自杀率"之间的关系。他发现，结了婚的人和那些单身的人相比较少自杀。他认为，这主要是因为结了婚的人具有更高的社会整合程度，即具有某种群体或家庭的归属感，而有一类自杀现象的主要原因则是人们缺乏这种归属感。因此，他的理论就与三个变量有关：婚姻状况、社会整合程度、自杀率。其中，婚姻状况是自变量，自杀率是因变量，而社会整合程度则是中介变量。它处于自变量与因变量之间，既是自变量的结果，同时又是因变量的原因。概括地说就是，婚姻状况是通过社会整合程度影响到自杀率的。这种对因果链的说明使得理论中的变量联系更为清楚，同时也能帮助研究者去检验复杂的解释（见图 3-3）。

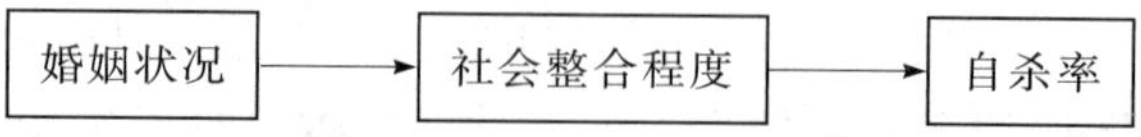

图 3-3　中介变量实例示意

对于中介变量的理解，还有一种更进一步的看法。这种看法把中介变量定义成与"可观察变量"相对应的一种"不能经由人类的感官（无论借助仪器与否）而觉知其质和量的变量"，比如动机、智力、敌意、态度、思想、情绪、习惯、兴趣、需要及价值观念等。"中介变量所指称的都是无法直接观察的内在心理历程，其

'位置'系在行为与行为的原因（环境与生理因素）两者之间，而有承前启后的作用。"[1] 环境及生理因素影响中介变量，而中介变量又影响行为。中介变量既是环境和生理因素的结果，又是行为的原因。这种理解与上面的理解有一个共同之处：中介变量处于自变量与因变量之间。所不同的是，它认为中介变量往往是一些"无法直接观察"而只能从行为来推断或测量的特殊变量。比如可以从学习成绩来推断学习态度或学习动机，从攻击行为来测量敌意的强弱等。研究者正是通过某种行为来推断或测量中介变量，然后又用中介变量来解释另一种行为的。因此，我们可以将这种意义上的中介变量看作中介变量的一种特定类型，或者说，许多中介变量具有这种"无法直接观察"的特征。

三、 命题与假设

前面我们说过，理论的基本组成部分是概念，但理论并不是直接由概念构成的。实际的情形是，概念直接和一种被称作"命题"的陈述相关联，或者说，直接由概念构成的是命题，而理论则是由一组命题构成的。如果把概念称为建筑理论大厦的"砖石"的话，我们就可以把命题说成是建筑理论大厦的"预制板"。所谓**命题（proposition）**，我们指的是关于一个概念的特征或多个概念间关系的陈述。比如，"工业化水平很高"就是关于"工业化"这一概念的特征的陈述。而"工业化使得人际关系疏远"则是关于"工业化"概念与"人际关系"概念之间关系的陈述。命题具有不同的类型，比如公理、定律、假设、经验概括等。在社会研究中最常用的命题形式则是假设。

假设（hypothesis）是一种有关变量间关系的尝试性陈述，或者说是一种可用经验事实检验的命题。如同变量是概念的一种特殊形式一样，假设也是命题的特殊形式。这种特殊性体现在两个方面：一是命题中的基本元素是抽象的概念，而假设中的基本元素则是相对具体的变量；二是假设中的变量关系应该是经验可测的，即可以通过经验的观察进行检验的。比如，我们说"天才往往不幸福"是一个命题，它陈述的是概念"天才"与概念"幸福"之间的关系。而我们说"人们的智商与他们在幸福量表上的得分相关"则是一个假设，它陈述的是变量"智商"与变量"幸福量表上的得分"之间的关系。显然，只有后者才是经验上可检验的。

在社会研究中，研究者更多的是与假设而不是命题打交道。因此，可以说假设是抽象的理论和经验的研究之间重要的结合部。在大量的社会研究中，研究者的目的往往都可以归结到探讨两个或多个变量之间的关系上。因而常常需要提出和检验假设。一般而言，假设有如下三种陈述方式：条件式陈述、差异式陈述和函数式陈述。

条件式陈述的表达形式是"如果 A，则 B"。比如，"高的受教育程度倾向于低的生育率""离婚的增加与青少年犯罪的增加相伴随"等等，就是这种条件式陈述

---

① 杨国枢，等．社会及行为科学研究法．台北：东华书局，1985：16.

假设的例子。差异式陈述的表达形式是“A 不同，B 也不同”，或者“A 不同，B 相同”。比如，“年龄不同的人，生活方式也不同”，或者“年龄不同的人，生活方式没有差别”。函数式陈述的表达形式是“A 是 B 的函数：$A=f(B)$”。这种形式的假设实际上是在陈述变量 A 与变量 B 之间存在的某种关系，它在自然科学中比较常见，在社会研究中则很少见到这种完全以数学公式表达的假设。在社会研究中，与这种形式相对应的假设通常是以“本研究的目的在于探讨 A 与 B 之间的关系”这样的说法来代替的。

实际研究中的假设常常来源于下述几个方面，即常识、个人预感或猜测、现有调查资料、现有理论。常识来自人们对现实生活现象的经验总结，它经常直接涉及两种或多种不同现象之间的关系。当研究者关注于此，且能从中抽出具有一定理论意义的变量时，就可以形成研究的假设。个人的预感或猜测也可能产生研究的假设。这是因为个人的经历和日常生活经验每时每刻都在为人们认识新现象和解释新问题提供一种无形的参考框架。当研究者受到某些经验现象和感性认识“火花”的启示，发生某种“顿悟”时，常常可以提出解释现象之间关系的假设来。与前述两种假设来源相比，现有调查资料和现有理论更经常地成为假设的重要来源。因为调查资料通常来自科学的和系统的经验研究，它所提供的信息比起常识和个人经历来往往更为全面、更为系统，其变量定义更为明确，发现和建立变量之间关系也更为容易。理论本身包含着众多抽象的命题，只要经过合适的逻辑演绎，经过恰当的操作化，这些来自理论的命题都可以转化为探讨变量之间关系的经验假设。

第三节　理论与研究的关系

社会学知识的积累和发展过程，包含两个相互依存的方面：理论与研究。二者缺一不可，相辅相成。理论向人们提供了认识和理解世界的一般框架，同时，它也指导着人们去探索具体的事件。尽管理论常常是一种理性思维的产物，很少有经验数据的支持，但在科学发展的过程中，理论与观察之间的联系变得越来越紧密。研究与理论携手共进才能增加人们对社会世界的认识。二者对于对方都有十分重要的贡献和影响。因为“没有理论，经验性社会研究工具的使用就是经验主义。而缺少经验性的检验，关于社会的理论就是一种不负责任的或轻率的意识形态”①。

一、“科学环”：研究的逻辑

美国社会学家华莱士在其名著《社会学中的科学逻辑》一书中，提出并详细阐

① 阿特斯兰德．经验性社会研究方法．北京：中央文献出版社，1995：300.

述了社会研究的逻辑过程，其所概括的这一过程见图 3－4。[1] 这一图示被人们称作“科学环”并广泛运用。

华莱士所提出的“科学环”告诉我们：科学是理论与研究之间不断相互作用的过程。在这一“科学环”中，研究者有两个入口：有时，研究者首先从观察事实、记录事实入手，通过描述和解释他们所观察到的事实，形成经验概括并上升为理论。然后在他们的理论的基础上作出预测，即对未知事物的假设，再通过观察新的事实以检验这种预测。有时，研究者首先从理论出发，由理论产生假设，再由假设导致观察，然后由观察形成经验概括，用这种概括支持、反对或建议修改理论，或提出新的理论。

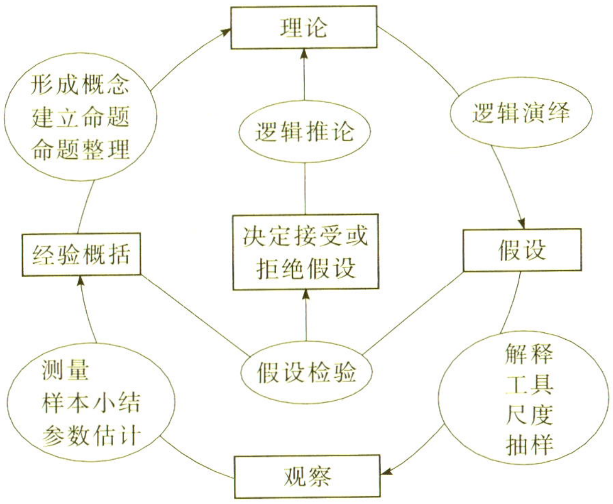

图 3－4 科学过程中的主要信息成分、方法控制和信息转换

注：矩形表示信息成分，椭圆表示方法控制，箭头表示信息转换。

华莱士还从另外两种角度对其“科学环”进行了分析（见图 3－5）。首先他认为，科学环的左边一半意味着从观察出发，通过对观察进行归纳来进行理论建构；而科学环的右边一半则意味着从理论出发，通过演绎，应用理论于观察中，进行理论检验。其次他认为，科学环的上面一半代表着运用归纳和演绎等逻辑方法的理论化过程；而科学环的下面一半则代表着运用研究方法所从事的经验研究过程。换句话说，图中的水平虚线将抽象的理论世界与经验的研究世界区分开来。[2]

需要说明的是，华莱士所建构的“科学环”是针对社会研究的一般逻辑过程而言的，即对于社会研究的总的过程来说，它有两个起点，反复循环，螺旋上升。但是，对于任何一项具体的社会研究来说，它往往只是走完整个圆环的一半，即理论建构的研究往往只走完左半圆——从观察走到理论，而理论检验的研究则只是走完右半圆——从理论到观察。并且，同是观察产生的事实，在其作为导出理论的起点时和其作为检验理论的终点时是不一样的；类似，同是理论解释，在其作为推出假

① Wallace W L. The Logic of Science in Sociology. Aldine-Atherton, Inc.，1971：18.

② 同①23.

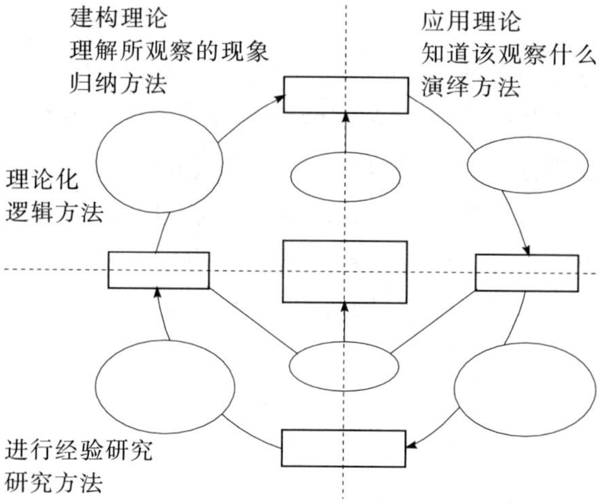

图 3-5　根据某种变化的术语对科学过程中的主要信息成分、方法控制和信息转换的分类

设、指导观察的起点时和其作为具体观察和经验概括的终点时也是不一样的。为了更好地说明这一差别，笔者提出了下列研究过程的逻辑图示（见图 3-6）。

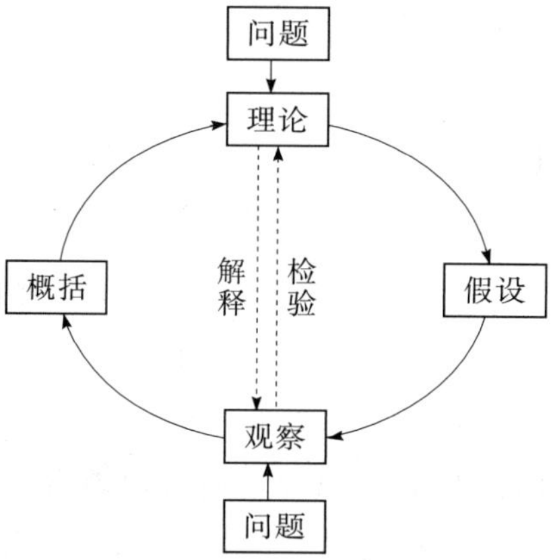

图 3-6　具体社会研究过程的逻辑图示

研究问题是一项具体研究的逻辑起点。图 3-6 则表明，在现实所提出的各种问题面前，研究可以采取两种不同的研究路线。一是从观察入手，通过经验概括和归纳推理，得出理论，并用这一理论对最初的观察进行说明和解释；二是从现有理论入手，运用演绎推理得出假设，再通过经验的观察来检验（证实或否定）最初的理论。因此，理论和研究是一个永恒的循环中的两个相对独立的组成部分。理论鼓励人们去进行可以用来证实或反驳它的研究，而研究的成果则被用来证实、否定或修改这一理论，同时也为新的理论的建立提供依据。社会学知识正是在这样一种循环往复、永无休止的过程中一步步积累起来的。

尽管在具体的社会研究中，研究者可能只采用二者之一作为他的起点，但他有义务考虑他的工作对二者间互动的意义。如果他集中于经验研究，他就必须考虑这种研究与社会理论的相关性；而如果他的主要兴趣在于发展社会理论，那么，他就必须说明依据经验研究来检验和扩充他的理论的具体方式。“我们不欣赏那些只会空谈不会观察，或只会观察不会思想，或只会思想而不能使自己的思想经受系统经验检查的社会学家，而不管他们是什么权威。”①

二、两种推理方式

与其他科学研究一样，社会研究中研究者普遍使用两种推理方式：归纳推理和演绎推理。归纳推理的过程是从特殊到一般，即从一组具体的观察结果推导出一般性的规律或法则。由于在现实中常常不可能进行完全的、穷尽的具体观察，因而，由归纳推理所得出的结论也容易遭到意想不到的驳斥。在这方面最为人们所熟知的例子是由卡尔·波普尔等人所引证的有关白天鹅的结论。许多年来，人们所观察到的天鹅都是白色的，因而生物学家们设想所有的天鹅都是白色的。但是，当人们在塔斯马尼亚看到黑天鹅时，“天鹅都是白色的”这一概括就在一天之内被事实证明是错误的了。与归纳推理的过程相反，演绎推理的过程是从一般到特殊。研究者从他所希望检验的一般性理论开始，然后到现实中去观察、收集资料，以检验这种一般性理论。

应该说，两种推理方式在科学研究中都具有重要的作用。对于归纳推理来说，其在系统地提出问题、提出带规律性的结论、建构解释现象的理论方面无疑是一个有用的阶梯；而对于演绎推理来说，其在帮助人们检验一种理论、判断一种理论的正确性方面起着至关重要的作用。没有经过经验检验的理论解释常常只是一种可能的解释。在科学研究中，一般的模式是将这两种推理过程有机地结合起来，构成一种称作“假设演绎法”的逻辑过程。这种过程由以下四个相互联系的步骤组成：（1）观察一种现象或一组完整的事件。（2）对观察的结果进行概括，试图形成一种能够解释所观察的现象的理论。（3）从这种概括出的理论出发，推演出具有逻辑性的某种结论。（4）用具体的材料来检验这种理论。若理论为检验所证实，那我们就可以得出结论说，我们获得了能够解释这种现象的知识（当然，这种知识通常只能作为一种“或然性的解释”，而非完全肯定的解释）；若理论不能为我们的检验所证实，我们就得回过头来修改原始的理论，并进行新的检验。在这一过程中，前两个步骤采用的是归纳推理（即从具体的观察中概括出一般性的结论），而后两个步骤则采用的是演绎推理（即从一般性的理论推演到新的经验性现象）。

三、理论对经验研究的作用

理论作为研究的基础、背景，为研究提供特定视野和概念框架

这种基础和背景的作用首先是从研究课题产生的角度来说的。具体的社会研究

① 默顿．论理论社会学．北京：华夏出版社，1990：92.

课题有两个最基本也是最重要的来源：一是现实；二是理论。许多经验研究直接来源于理论并服务于理论的事实很好地说明了这种作用。另外，对于从具体的社会现实中所提出的研究课题，理论也通过提供特定的视野和概念框架来体现这种作用。理论告诉研究者应该提出什么样的问题，以及为了回答这一问题应该去探讨什么。比如，下岗职工再就业问题，是我国社会中的一种具体现象。当我们从社会现实中提出这一研究课题后，理论可以给我们提供许多不同的探讨角度和分析视野。无论是“社会资本”理论、“地位获得”理论，还是“社会分层”理论、“社会网络”理论，都会使我们对具体现象的探讨更为深入。这些不同理论视野所具有的概念框架将把我们探讨下岗职工再就业现象的研究进程引向新的境地。具有这种理论背景、运用这些概念框架的经验研究在增进人们对具体现象的认识方面将具有更大的作用，产生更好的效果。

理论指导研究的方向

在进行一项经验研究时，理论可以告诉研究者现实中哪些事实是与研究有关的，理论可以指导研究者去收集特定的事实，对于解释性研究就更是如此。当然，需要指出的是，对于同一种现象，当不同的研究者用不同的理论做指导去进行观察时，他们各自所看到的“相关事实”是不同的。这种不同并不意味着由这些事实得到的结论一定是相互矛盾的，相反，正是由于这些源于不同理论的不同视野关注到现象或问题的不同方面，产生出不同的相关事实，使得人们对问题或现象的认识更加全面。比如，对于青少年犯罪现象的研究，就可以有两种不同的理论视野：一种是“制度的”视野；另一种是“互动的”视野。前者的理论兴趣在于发现社会中导致各种青少年犯罪现象的“社会机制”。根据这种理论视野，研究者往往会去考察犯罪青少年的家庭背景，考察社会的婚姻制度、学校教育制度，以及处置青少年犯罪的司法制度等。而后者则更加注重青少年犯罪的“互动情景”。根据这种视野，研究者会集中考察犯罪青少年的社会交往范围、交往对象、交往过程，特别是青少年与其同辈群体之间的互动及其相互影响等。

理论提供研究的解释

在资料的分析过程中，理论也有着十分重要的作用。比如，在具体的因果关系模型的确定方面，为什么不是图 3－7 的形式，而是图 3－8 的形式，在相关变量的选择方面，为什么用变量 x_1 与变量 x_2 进行相关分析，而不用变量 x_3 与 x_2 进行分析，或者为什么是选取变量 x_1、x_2、x_3 与变量 y 做相关分析，而不选用变量 x_5、x_6、x_7 来与 y 做相关分析，都与研究者所依据的理论有关。还有对变量之间相关关系及因果关系的判断和解释等，也都离不开理论框架的指引和正确的逻辑分析。

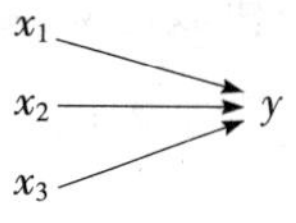

图 3－7　变量间关系示意一

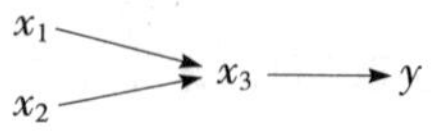

图 3－8　变量间关系示意二

举例来说，假设一位社会研究者通过调查得到这样的结果：黑人男性与白人女性结婚的比例明显超过黑人女性与白人男性结婚的比例，前者的比例为20%，后者的比例为4%。如果缺乏理论，研究者往往只能描述这种现象的存在及其特征。一旦涉及“为什么会有这种现象发生”或者“二者的情况为什么会如此”这样的问题，就必须依靠理论来解释。因为“比例为20%和4%”这样的数字，本身并不能说明什么，数字和资料不会自我解释。我们必须依据某种理论，比如交换理论，来对上述数字所表达的现象作出合理的说明：由于该社会中，男性的社会地位普遍高于女性，黑人男性用较高的社会地位去“换取”白人女性较高的人种地位，而黑人女性却难以做到这一点。同样，当我们通过大规模的调查，发现夫妻双方在家庭生活中许多方面的决策权力大小不同时，我们也必须为这种差别寻求一种理论解释。一个可能的解释是资源理论，即夫妻双方在家庭生活中决策权力的大小与双方所占有的资源多少有关。

总的来看，理论通过对研究提供有显著意义的指导，通过将基本过程相似的分散结果进行合适的联系，以及通过对所观察到的各种现象、各种联系提供一种解释，大大地增加了研究成果的价值和意义。可以说，一项研究越是为系统的理论所指引，它的结果就越可能对知识的发展和进一步的累积做出贡献。

四、 经验研究的理论功能

经验研究所起的作用并不只是被动地为理论服务，即被动地检验理论、证实理论。它还扮演着另外四种主动的角色。美国著名社会学家默顿对此进行了专门的阐述。默顿认为，经验研究“至少执行四个主要功能以帮助决定理论的发展”。他所说的这四个功能是开创理论、重整理论、扭转理论、廓清理论。①

第一，经验研究中所获得的那些“不期而遇、异乎寻常而有关全局的资料”，常常成为某种理论的开创者。而越是富有成效的经验研究，就越可能成为新的假说和理论的发源地。默顿还特别强调，正是这种不期而遇、异乎寻常和有关全局的经验事实，构成了一种“偶发机遇模式”。这种情形就像在霍桑工厂所进行的管理实验一样，研究者所关注的本来是劳动条件与工人生产的产量之间的关系，然而研究在这方面却并未获得结果。幸运的是，研究者意外地从实验中得到了某种更为重要的“副产品”——一个以前未被研究者认识但却对各种社会及行为科学研究有着重要影响的现象——那些意识到自己正在被别人观察的个人具有改变自己行为的倾向。这就是著名的“霍桑效应”。

第二，如果说前述的偶发机遇模式把注意力集中在迫切要求解决的明显的矛盾上，那么，“重整理论的模式”则是把注意力集中在那些到目前为止被忽视但却有着重要关系的事实上，正是这些被忽视的事实迫切要求扩展和改善原有的概念系

① 本小节内容主要参考赖特·米尔斯等的《社会学与社会组织》（杭州：浙江人民出版社，1986：59－82）。

统。任何一项具体的理论都具有某种相对性，往往主要针对现实中的某一类特定现象或过程。但是，实际社会研究中人们往往会发现一些新的、原有理论框架和概念系统并未注意的事实。这些事实提出了一些新的变量，迫使研究者把这些新的变量与一个具体的理论相结合，导致原有理论的重整。

第三，经验研究中新的研究方法和研究技术的运用大大地拓展了研究者探索现实、建立理论和检验理论的能力，比如问卷调查方法、计算机技术、统计软件、历年人口统计资料数据库、内容分析方法、二次分析方法、心理测验、参与观察、焦点小组讨论等等。这些新的研究方法和技术将会产生出许多原先人们无法得到或无法利用的新的资料，而这些新的资料又会促成研究者形成新的假设，并产生新的理论关注点。可以说，新的研究方法的运用不断帮助研究者形成新的理论兴趣中心，不断为研究者打开建立新理论的窗口和途径。

第四，经验研究促使概念的澄清。概念是理论建构的砖石，而概念含义的准确、清晰，则是进行理论建构的基础与前提。许多事例表明，正是经验研究的需要，才促使人们去澄清公认的概念。在理论探讨中长期不加分辨的概念问题却在经验研究的过程中被首当其冲地提了出来。事实上，“理论化”的工作的一个重要部分就是进行概念的澄清。经验研究的一个基本要求就是对概念进行界定，同时，经验研究还通过对所讨论的变量的选取和确定指标来澄清概念。这种被称作“概念操作化”的过程，要求研究者对概念的内涵与外延、概念的维度、概念的层次性等弄得清清楚楚，因为只有这些方面确切了，研究者才便于设计出恰当的、反映概念本质特征的，并且是可观察的指标来。

第四节　理论建构与理论检验

在社会研究中，研究者的任务不仅仅是去收集各种资料，经验的观察所得到的资料需要理论来解释。同样，各种理论解释也需要用经验的事实来检验。社会研究的过程正是一种包含着观察、解释、进一步的观察、对解释的进一步修正……不断循环往复的过程。正如前面图 2-5 中所示，一种理论解释的发展包含着两个相互联系的过程或阶段：以归纳推理为标志的理论建构过程和以演绎推理为特征的理论检验过程。这两个过程并不是到达好的理论解释的替换方式，而是代表两种有着不同起点的研究阶段。理论建构过程以观察为起点，然后通过归纳推理，得出解释这些观察的理论；而理论检验过程则是以理论为起点，通过演绎推理，作出预言或预测，并通过对实际事物的观察来检验预言的正确性。如果观察与现实不符，那么，不是我们的理论解释不对，就是我们的预言没有合乎逻辑地从理论中导出。我们可以通过图 3-9、图 3-10 来直观地说明二者的区别。①

① de Vaus D A. Surveys in Social Research. George Allen & Unwin Ltd.，1986：12.

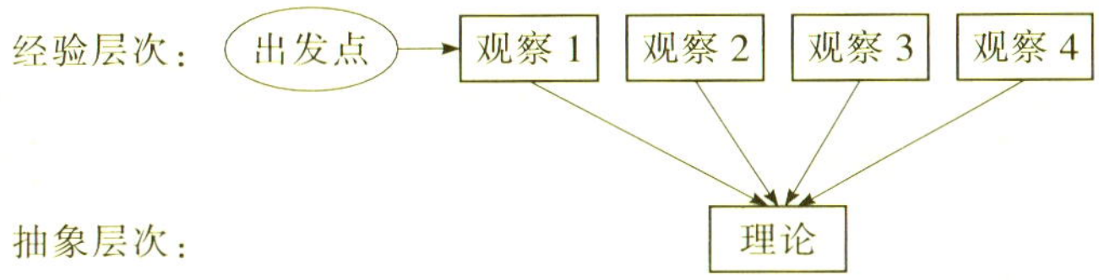

图 3-9　理论建构方式

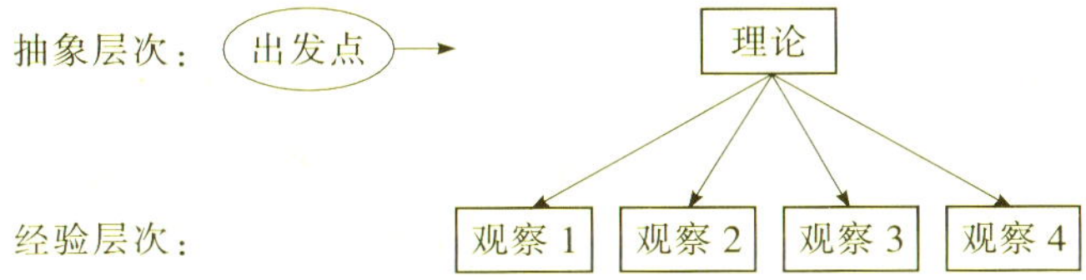

图 3-10　理论检验方式

一、 理论建构的过程

从观察到概括

理论建构起始于对经验现象的观察。这种观察既可以是定量的，也可以是定性的。比如采用调查研究的方法，收集大规模的资料，通过描述统计，概括出样本的特征和规律，并以此推断总体结构和特征。这就是定量观察的一个例子。而其对观察结果的概括通常是以"调查结果表明，不同文化程度的人，其生育意愿不同；文化程度高的人，希望生育孩子的数量少"这样的形式来表述。同样，研究者也可以采用定性研究的方法，具体地、深入地、逐个地进行观察，并运用分类、综合等手段，抽取出现象的内涵，形成对各个具体现象的具体描述。比如，他可以采用实地研究的方法，深入某个村或镇，与当地居民交谈，详细记录他所得到的回答和访问对象的各种特征。通过对访问资料的综合、比较、归纳和分析，他也可以概括出不同背景的人所具有的生育意愿及其相关因素。无论哪种方式，研究者都要完成从具体的观察结果到对现象的经验概括这一提升过程。

所谓**经验概括（empirical generalizations）**，指的是对现象反复出现的规律或特征的总结，或者是对变量之间反复出现的某种相互关系的一种说明。它是对一种由经验数据证实了的变量特征或者变量间关系的一般性阐述。它适用于所研究的整个一类变量，而不是其中的某一种具体情况。另外，经验概括所阐述的是整个一类变量的或然性，而非必然性。比如，"文化程度低的人，倾向于多生育子女"就是经验概括的一个例子，它是我们通过观察一个个具体的对象所得到的一种综合印象。它表明，在"文化程度"和"生育子女数目"这两个变量之间，似乎存在着某种关系。但是，它并不能根据某一个具体的个人所具有的文化程度确切预测和说明其所具有的子女数目的实际状况。

从概括到理论

从实际研究来看，理论建构的第一阶段目标（从观察到概括）相对比较容易达到。然而，要真正建构起某种社会理论，还必须完成从经验概括到理论解释的第二次飞跃。应该说，这是较之于第一阶段归纳工作更为困难但意义更大的一步。

在我们将大量的、个别的、具体的现象上升为一般性的经验概括时，我们已舍弃了存在于每个特定个案身上的特殊性，而集中了它们身上所存在的共性特征。正是这种共性的特征向我们展示了现象的某种规律。比如，当我们从几十个、上百个访问对象身上得出"文化程度越高，越倾向于少生育孩子"这样的经验概括时，或者当我们通过一项大规模抽样调查，得出"女性比男性具有更强的宗教信仰"这样的经验概括时，我们对现象的认识已有了很大的提高。然而，这种提高的层次只是初步的和相对的。它仍然没有向我们揭示出为什么人们的生育意愿会随着人们的文化程度的不同而不同，为什么女性的宗教信仰会比男性强。

要进一步提高人们对现象的认识，需要对我们所观察的现象寻找一种似乎有理的解释。而当我们试图对某种事物或现象提出一种解释时，我们就是在发展理论。换句话说，理论正是在我们获得理解的努力中被创造出来的。我们思考"文化程度"与"生育意愿"相互关系的内涵，寻求和探索将"性别"变量与"宗教信仰"变量逻辑相连的概念框架——我们进一步从经验概括中抽象出某种具有内在逻辑结构的概念间关系，形成我们对这一现象及其背景的更为一般性的命题。这样，我们又一次地深入发掘了我们在第一阶段大量具体观察中所得到的资料的意义，初步建立了解释和说明这一现象的理论。

二、 理论检验的过程

竞争解释和理论检验的需要

在理论建构阶段我们所得到的理论或者理论解释是一种"扎根理论"（grounded theory），一种"事后的解释"。这种理论并不是我们解释过程的终点。因为对于我们在现实世界中所观察到的每一种现象，都可能会得到不止一种这样的理论解释，它们都在某种程度上或者在某些方面与我们所观察到的事实相符。我们需要以某种方式来判定这些相互竞争的解释中，哪一种最好。

一位西方社会学者举出下面的例子来说明对同一事实所存在的各种不同的竞争解释，以及对这些竞争解释进行检验的必要性。[①] 在许多国家所进行的若干研究都一致地发现：在所有的测量结果中，妇女比男人的宗教信仰程度要高。对于这一来自观察的经验概括，不同的研究者发展出各种不同的理论解释来进行说明。这些理论解释都与观察的结果相符合。比如：

（1）负罪理论。这种理论解释认为，由于在现实社会生活中，妇女的负罪感要

---

① de Vaus D A. Surveys in Social Research. George Allen & Unwin Ltd.，1986：23.

比男人严重，而宗教具有减轻负罪感的功能，因此，妇女信仰宗教的程度要比男人高。

（2）弗洛伊德理论。这种理论解释认为，人们具有与自己性别不同的父母相认同甚至发生崇拜的倾向，这就是弗洛伊德所说的“恋父（恋母）情结”。而上帝的化身是男人——特别是作为父亲的象征。因此，妇女正是被这个男性的、父亲般的上帝吸引到宗教中来的。这一理论解释同样也适用于人们在天主教中所发现的与此不同的事实：在天主教中，妇女与男人信仰宗教的程度是一样的。这是因为，天主教中，教徒信奉的既有圣父，又有圣母玛利亚——男人们是被圣母玛利亚吸引到宗教中来的。

（3）剥夺理论。这种理论解释认为，由于社会生活中妇女所受到的剥夺比男人更多，被剥夺的程度也更深。而宗教具有某种安抚人们的心灵的作用。因此，正是这些在现实社会中遭受更多剥夺的妇女将自己投向宗教，以从宗教中得到某种精神上、心灵上的安慰。

（4）社会学习理论。这种理论解释认为，女孩在社会化的过程中往往被教导成为那种具有温柔、顺从、富于情感、被动和谦恭特点的人。而宗教正好也鼓励这些特征和品质，因此妇女们比男人们更容易感到宗教所具有的吸引力。

（5）角色理论。这种理论解释认为，妇女的基本职责就是抚育子女，而（在西方国家中）儿童的很多活动都与教堂相伴随。由于教堂十分看重家庭，同时教堂在道德教育中扮演着十分重要的角色，因此，母亲的角色加上教堂的作用，就使得妇女被他们的孩子拉到教堂里来了。

当然，除了上述五种理论解释以外，我们还可能会有其他的解释。问题是，哪一种理论解释更科学、更可信呢？这是这些通过对观察到的事实进行归纳所得到的理论无法回答的问题，也是这种理论建构的研究所无法回答的问题。这一现实提示我们：有必要对这些看起来似乎都有根据且都与事实相符合的理论解释进行进一步的检验，以判别它们的真伪。

理论检验的步骤

（1）详细说明待检验的理论。例如，“由于流动和熟练劳动力的需要，工业化是扩大式家庭减少和核心家庭增加的主要原因”。

（2）由理论导出（演绎出）一组概念化的命题。比如，根据上述理论，可以逻辑地导出下列一组命题：

第一，一个国家越工业化，其家庭结构就越倾向于核心家庭化；

第二，在任何国家中，农村地区扩大式家庭结构的特征强于工业化的城市地区；

第三，因工作而迁移的人，比那些没有迁移的人，与扩大式家庭的联系更弱。

（3）用可检验的命题形式即假设的形式重述概念化命题。这一步即是将命题“操作化”为假设。如前所述，假设是有关变量间关系的尝试性陈述，这些变量是经验可测的。理论检验的这一步包括操作化的全部任务，即决定如何把抽象的概念

“翻译成”具体的、可直接观察的事物。只有这样，我们才能用可检验的词句重述这些命题，我们也才能清楚地知道需要观察什么。例如，将“工业化”操作化为“汽车产量”“每百户电话拥有量”等等。

（4）收集有关的资料。即根据操作化以后的命题，采用调查、实验、观察或访问的方法，收集所需的资料。比如，对于上述假设，我们就可以采用抽样调查的方法收集资料。

（5）分析资料。即看有多少证据支持可检验的命题，有多少证据支持概念化的命题，又有多少证据支持原来的理论。

（6）评价理论。研究结果完全支持原始理论的情况很少，研究结果通常是含糊的和冲突的。理论在某些方面得到支持，而在另一些方面却没有得到。正是这些含糊和冲突促使我们去思考、修正和发展我们原来的理论，从而不断取得进步。当我们企图理解这些与原始理论不一致的事物时，我们实际上又一次开始了理论建构的工作，即我们从已取得的观察中重新概括出与原始理论不同的新的理论（即修正的理论）。而要确认这种修正的理论，同样需要接受严格的检验。

从社会研究的整个过程来看，理论建构是发展一种好的理论解释的第一阶段，而理论检验则是紧随其后并对前一阶段所得出的尝试性理论解释进行严格检验的阶段。在实际社会研究中，通常包含着建构理论与检验理论这二者之间的不断相互作用。

本章要点

1. 理论是以一种系统化的方式将经验世界中某些被挑选的方面概念化并组织起来的一组内在相关的命题。通常可将理论划分为三个层次，即宏观理论、中层理论和微观理论。由于实践上的原因，研究者在一项具体研究中所涉及的，通常并不是宏观意义上的理论，而是那种相对简单、相对具体、相对小型的理论，即那些中观层次的理论和微观层次的理论。

2. 判断理论优劣的标准有三条，即在其他条件相同的情况下：（1）解释范围越广泛的理论越是好的理论；（2）解释越精确的理论越是好的理论；（3）结构越简练的理论越是好的理论。

3. 概念、变量、命题和假设是构成理论的基本要素。

4. 概念是建构理论的“砖石”和“基本材料”，正是由逻辑地联系起来的概念形成了理论。

5. 在社会研究中，理论也可以说是由变量语言构成的，其目的是描述不同变量及其不同属性之间所存在的某种逻辑关系。

6. 直接由概念构成的是命题，而理论则是由一组命题所构成的。如果把概念称为建筑理论大厦的“砖石”的话，我们就可以把命题说成是建筑理论大厦的“预制板”。

7. 在社会研究中最常用的命题形式是假设，即一种有关变量间关系的尝试性陈述，或者说一种可用经验事实检验的命题。

8. 理论对经验研究的作用体现在：作为研究的基础、背景，为研究提供理论视野和概念框架；指导研究方向；提供研究的解释。

9. 经验研究执行四个主要功能以帮助和决定理论的发展。这四个功能是开创理论、重整理论、扭转理论、廓清理论。

10. 一种理论解释的发展包含着两个相互联系的过程或阶段，即以归纳推理为标志的理论建构过程和以演绎推理为特征的理论检验过程。这两个过程并不是获得好的理论解释的替换方式，而是代表两种有着不同起点的研究阶段。理论建构过程以观察为起点，然后通过归纳推理，得出解释这些观察的理论；而理论检验过程则是以理论为起点，通过演绎推理，作出预言或预测，并通过对实际事物的观察来检验预言的正确性。

基本概念

理论　概念　变量　自变量　因变量　中介变量　命题　假设　经验概括

复习思考题

1. 为什么社会研究中常见的理论只是某种“中层理论”，甚至只是陈述“变量之间关系的假设”？

2. 如何衡量几种不同理论的优劣？列举实例说明。

3. 理论的结构要素包括哪些？它们之间的相互关系是怎样的？

4. 理论对研究的主要作用体现在哪些方面？用实际研究中的例子说明理论的这些作用。

5. 默顿提出的经验研究对理论发展的功能是什么？结合实际研究中的例子说明其中的一个功能。

6. 找几篇描述性研究报告，看看报告中是如何对观察进行经验概括的。试以其中的两个经验概括为基础，尝试建立解释它们的理论。

7. 在课堂上就上一题你所提出的理论进行讨论，比较不同理论解释的优劣。

推荐阅读书目

1. 巴比. 社会研究方法. 北京：华夏出版社，2000：第二章.

2. 贝利. 现代社会研究方法. 上海：上海人民出版社，1986：第三章.

3. 默顿. 论理论社会学. 北京：华夏出版社，1990：第四章，第五章.

4. 特纳. 社会学理论的结构. 杭州：浙江人民出版社，1987：第一章.

第四章
选题与文献回顾

一项具体的社会研究开始于对研究问题的选择。“选好了问题也就解决了一半。”这一说法正确地解释了提出问题与解决问题之间的辩证关系，很好地体现出提出问题对于解决问题的重要意义。著名科学家爱因斯坦也曾经说过：“提出一个问题往往比解决一个问题更重要，因为解决一个问题也许仅是一个数学上或实验上的技能而已。而提出新的问题、新的可能性，从新的角度去看旧的问题，都需要有创造性的想象力，而且标志着科学的真正进步。”① 爱因斯坦的看法虽然主要针对自然科学研究，但实际上对于社会研究也同样适用。

第一节　研究问题及其来源

一、研究问题的概念

所谓**研究问题**（research question or research problem），指的是一项社会研究所要回答的具体问题，它是一个可以通过研究来进行回答的问题。它与人们日常生活中所说的“问题”或“现象”既有些相似，又有所不同。社会研究中的许多“问题”，的确常常是现实生活中的某种社会现象或某种社会问题，这是它们有些相似的原因；但社会研究的问题通常比社会世界中的某种社会现象或社会问题更为具体，更为集中，也更为明确，这是它们之间有所不同的地方。

与研究问题有关的另一个概念是**研究主题**（research subject or research topic）。研究主题指的是社会研究所涉及的某一类现象或问题领域。与研究问题相比，研究主题显得相对宽泛，也更具一般性。比如，婚姻、家庭、社会分层、社会流动等，就是研究主题的几个例子；而“青年结婚消费的结构及其相关因素有哪些”“三代人家庭中的成员关系与互动方式是怎样的”“城市居民的住宅状况对邻里交往有什么影响”等，则是研究问题的几个例子。一般来说，一个研究主题中，可以包含许

---

① 爱因斯坦．物理学的进化．上海：上海科学技术出版社，1962：66.

多个不同的研究问题。而选择研究问题的过程则常常是从宽泛的研究主题开始，逐步缩小到更为集中的研究问题。

社会生活包括众多的层次和方面，构成众多不同的领域。在每个方面或领域中，都有许多值得探讨的研究问题。对于一项具体的研究来说，它只能在众多的可能性面前进行选择。因为社会研究作为人们了解社会现象、探索社会规律的一种认识活动，既不是笼统的和无所不包的，也不是盲目的和漫无边际的，而是十分具体、明确、有针对性的。现实生活中的每一项社会研究，可以说都是针对某一社会生活领域中的某种特定社会现象或社会问题的。不同的研究问题，所涉及的领域不同，所针对的现象或问题也不同。

社会研究作为一种具体的社会认识活动，会有层次深浅、质量高低等差别。这也就是说，有的社会研究能够在比较深入的层次上，揭示社会现象的内在联系，而有的则只能在比较浅显的层次上，一般地描述社会现象的表面特征；有的社会研究能够在比较高的层次上，概括社会现象的整体状况、发展变化规律，而有的则只能在比较低的层次上，简单列举社会现象的个别状况和具体表现；有的社会研究能够及时回答人们在社会中新遇到的、普遍关心的焦点问题，而有的则只能重复人们早已明了的事实、状况和结论。所有这些差别的形成，虽然有着多方面的原因，但是，研究问题选择上的差别，却往往是其最重要的原因。

之所以研究问题的选择能体现研究的水平，这主要是因为，在选择和确定研究问题的过程中，既需要用到研究者所掌握的专业理论知识、研究方法知识，又需要研究者具有比较开阔的视野、比较敏锐的洞察力、比较强的判断能力，同时，还需要研究者具有一定的社会生活经验。一个具体的研究问题从选择到最终确立，正是上述几方面因素共同作用的结果。而研究者在上述任何一个方面的欠缺或不足，都会在所选择和确立的问题上留下"痕迹"，都会直接影响到所选问题的水平和质量。

二、 研究问题的来源

尽管在社会学和其他社会科学中、在现实社会生活中，都存在着大量的尚未解决的一般问题，但是，要从中选择出一个有着明显研究需要和较大研究价值的特定的问题，也并不总是一件容易的事情。正如美国政治学者贝蒂·H. 齐斯克所说："依靠丰富的想象创立并发展一个可行的研究问题是研究工作中最为困难的一部分。"① 特别是对于初次独立进行一项社会研究的人来说，他们常常会有这样一种感觉，那就是，要找到一个合适的研究问题似乎比实际去研究这个问题还要困难。

这主要是因为，对于社会现象的研究者来说，要选择一个有价值的、有新意的、可行的并且适合个人情况的研究问题，并没有普遍适用的方法。有的问题可能主要来源于研究者的某种好奇；有的问题则可能起源于研究者偶然碰到的一件事

① 齐斯克. 政治学研究方法举隅. 北京：中国社会科学出版社，1985：34.

情；有的问题可能来自研究者与朋友的一次聚会或交谈；有的问题则来源于研究者无意之中读到的一篇文章、一本杂志或一部著作。当然，应当指出的是，我们不能总是寄希望于这种碰运气似的机会，或者总是期待着某种突发的“灵感”。与此相反，我们应该主要依靠自己所掌握的理论知识，所熟悉的生活经验，所面对的社会现实，所具有的观察、分析能力，以及对选择研究问题过程中的某些带规律性的方法和常见的选题途径的熟悉和了解。

所有的研究都是从某种具体思想开始的，这些思想有时是规范的假设，有时是研究者个人的直觉，有时则仅仅只是偶然的思想火花。了解这些思想是怎样转化为具体的、系统的研究计划的，对于社会研究者有着重要的意义。我们先用下面的例子来描述一种思想的发展过程，特别是这种思想转化为具体研究设计的过程。美国心理学家特里普利特是个自行车迷。在研究美国自行车竞赛联合会的比赛记录时，他发现集体项目的成绩比个人计时赛的成绩要好得多。在这项具体观察所得到的发现的基础上，他提出了人的行为动力的渊源问题（这个理论是当代社会促进论的原型）。他的理论基本上提出了“其他人的行为是一个刺激因素”的观点。特里普利特认为，如果他的这个结论正确，它就不仅适用于自行车比赛，同时也应该适用于其他类似的活动。为了验证他的这一理论，他设计了一项绕线的实验。他选择了40个儿童，并让其中一部分孩子自己单个绕线，而让另一部分孩子在一起比赛绕线。实验的结果证实了他的理论假设：一起比赛的孩子比单独的孩子绕线的速度要快得多。因此，特里普利特从一个简单的观察开始，进而将其思想应用于实验研究，提出了社会心理学研究的核心问题：其他人的活动怎样影响到行为的个体。①

社会研究的问题有哪些主要的来源？或者说，我们可以从哪些方面或通过哪些途径去寻找一个合适的研究问题呢？答案是现实社会生活、个人经历、相关文献是社会研究问题的最主要来源。

现实社会生活

社会研究的对象和目标启示我们：千姿百态、形形色色的社会生活是各种研究问题最主要、最丰富和最经常的来源。各种可以作为研究问题的社会现象、社会行为、社会问题、社会事件总是客观地存在于我们的周围。之所以有时难以被我们发现，主要是由于我们每时每刻都生活在它们中间，对它们早已“司空见惯”，因此常常对它们“熟视无睹”。比如，对于生活在城市社区中的人们来说，居住在单元楼房，安个防盗门，出门锁门，回家关门，邻里之间很少串门等等，都是人们十分熟悉、十分普遍的现象。然而，当我们从认识和理解城市居民生活方式以及城市社区邻里关系这一目的出发，向自己提出一些“为什么”的时候，就会从这种很熟悉、很普遍、很一般的现象中，抽出诸如“城市居民居住方式与邻里关系研究”“城乡社区邻里关系比较研究”这样一些值得探讨的社会研究问题来。

从现实社会生活中发现研究问题的关键，是要善于观察、勤于思考。在日常生

---

① 杜加克斯，等．八十年代社会心理学．北京：三联书店，1988：26-27.

活中，我们要养成对各种社会现象、社会行为、社会心理、社会问题经常问个“为什么”的习惯。这样做往往可以使我们从纷繁复杂的生活大潮中、从变化无穷的社会现象中，抽出值得研究和探讨的研究问题。对于这一点，我们可以借用一句格言来概括，这就是处处留心皆“问题”。同时，一项好的研究问题的发现，也和作家写小说一样，既需要“深入生活”，也需要“灵感和火花”。这里所说的“深入生活”，主要指的是广泛地接触社会；而“灵感和火花”则指的是那些可以发展成为研究问题的最初的想法和思路。应该指出的是，没有与现实社会生活广泛的密切接触，这种“灵感和火花”也就成了无本之木、无源之水。

个人经历

个人经历和经验是人们参与社会生活的特定记录，也是人们对社会生活的认识、感受的积累和沉淀。这种经历形成了人们观察各种事物、理解各种现象的基本视角和出发点。因此，对于以观察和理解社会现象为目的的社会研究来说，同样也离不开个人经历和经验的帮助。

我们每一个人总是生活在社会的某个特定的角落，所走过的也往往是一条特定的人生道路。不同的人们对现实社会的认识不同，对社会生活的具体感受也不同。一种现象在有些人看来也许是理所当然、司空见惯；但在另一些人看来或许会大惑不解、十分新奇。这是因为，每个人特定的人生经历为他观察现实世界、观察社会生活提供了一种特定的视角。从这些各不相同的视角所看到的世界并不完全一样。我们在社会生活中的各种经历和体验、各种观察和感受，常常是合适的研究问题的最初来源。许多有价值、有创新，并且切实可行的研究问题，正是从研究者个人的经历和经验中，特别是从个人特定的生活环境、特定的生活感受中发现和发展起来的；另一方面，发生在社会研究人员身边的一件事情、他与朋友进行的一次交谈、他所参加的一次活动，都有可能成为导致一个研究问题产生的最初的火花。

比如，一对中年夫妇离婚了，一个完整的家庭破碎了。对于与之关系不密切的一般人来说，他们可能会无动于衷，或者只是将其作为一个闲聊的话题。因为现实社会生活中这种事情、这种现象并不稀奇，毕竟“城外的人想进去，城里的人想出来”嘛。但是，如果这件事发生在一个社会研究人员的周围环境中，比如说他的邻居或他的好朋友或他的姐姐离婚了，他也许会从另一个角度来看待这种现象。他也许会从身边发生的具体现象入手，去问一些“如何”“怎么样”或“为什么”的问题。比如，“当前社会中的哪些人最容易产生离婚的行为?”“为什么城市中年知识分子离婚的比较多?”“有哪些主要的原因会导致人们选择离婚?”“中年人离婚所带来的主要后果是什么?”等等，从而导致他选择一项“城市中年知识分子离婚的特点、原因和后果研究”的研究问题。

从某种意义上说，这种从个人自身经历中寻找问题的方式，是一种十分简单实用的方法。它常常是以“坐在椅子上空想”的方式，去静静地思考个人的经历、经验、观察和体会。千万不要小看这种方式，在许多情况下，它常常可以帮助我们找到既十分有趣又值得探讨的研究问题。

相关文献

作为研究问题的想法、灵感和火花，常常可以从学术著作和教科书的内容中，从报刊的文章和标题中，以及从学习笔记和谈话记录中采摘到。尤其是各种社会科学的报刊，常常成为这种灵感、火花和想法的重要来源地。我们的许多研究问题正是在此基础上得以形成的。

有大量的社会科学期刊可供我们去发现和探索特定的研究问题。在目前国内最主要的社会科学期刊比如《中国社会科学》《社会学研究》《经济研究》《政治学研究》《法学研究》《人口研究》《中国人口科学》《教育研究》《青年研究》等上，每年都会发表大量的社会研究的论文和研究报告。这些论文和研究报告代表着以前的和现在的研究者对社会世界各个方面的探索成果。正如后面将谈到的，这些专门的社会科学期刊常常是研究者寻找研究问题的重要来源之一。而从一些非专业的、综合性的，甚至是大众性、通俗性的文献中，我们有时也能发现这样的火花，找到合适的研究问题。

显然，从文献中寻找所需要的是另一种留心和思考。根据笔者的体会，可以采用这样两种方法：一是在阅读各种文献时，始终带着审视的、提问的、评论的眼光，不要过于“恭敬地”“崇拜地”和盲目地接受书上、文章中所说的一切。由于眼光不同了，我们对同样的文献、同样的内容、同样的材料的看法就会有所不同，就会产生一些新的疑问、产生一些新的思索、迸发出一些新的火花。而从这些新的疑问、思索和火花中，往往能够找到值得研究也能够研究的问题。

比如，假设我们读到一篇文章，它通过对几个十分特殊的个案的分析，得出独生子女具有许多不同于非独生子女的特点，二者之间存在明显差别的结论。如果我们的头脑中对这种证据多保留几个疑问，对这种结论多打几个问号，就可能会产生或形成一个与此相关的研究问题：“独生子女与非独生子女行为特点的比较研究”，以此来检验这篇文章的结论，揭示现实生活中的实际状况。

二是要进行广泛的联想。我们可以从纵向与横向、形式与内容、对象与方法、时间与空间等方面，从不同角度、不同侧面、不同层次，对所阅读的文献展开广泛的联想，由此及彼，换个角度观察，往往也能碰撞出一些新的火花，开启一些新的思路，并在此基础上进一步提炼出切实可行的新的研究问题来。

比如，当我们在文献中读到了有关市场经济大潮对目前大学生的择业取向产生了重大影响的研究报告时，我们就可以进一步展开联想：市场经济大潮对目前大学生的学习态度、价值观念、消费行为、人际交往等等方面是否也产生了同样的影响呢？从另一个角度还可以问：既然市场经济大潮对大学生的择业取向产生了重大影响，那么，它对青年工人、青年农民、青年军人、青年科技人员等等的职业选择、职业流动和职业评价，是否也产生了影响，或者产生了什么样的影响呢？显然，这些都是同样值得去探索的研究问题。

三、一个实例

以上我们分别从几个大的方面介绍了研究问题的主要来源和寻找方法。当然，在实际生活中，一项研究问题的选定，常常是各种不同来源共同作用的结果，而不单单是哪一个来源的产物。比如说，也许最先是因为现实生活中的某种现象引起了我们的注意，使我们对这一现象产生了某种好奇；同时，这一现象又使我们联想起自己生活经历中的某些感受、体会或认识，使我们对这一现象的产生、后果，这一现象与其他现象的关系等等有了一定的推测、判断或估计；而这种推测、判断或估计，又使我们联想起自己曾经读过、看过、学习过的某些知识或理论或观点，并将自己的判断与阅读过的结论进行比较，一旦比较出现了分歧，出现了差别，便会导致一个新的研究问题的诞生，用以检验"孰是孰非"；有时我们会在比较时发现，现有的知识尚未涉及我们所思考的问题，或没有专门地探讨我们所思考的问题，即现有的答案不足以回答我们的疑问，这也会导致一个新的研究问题的诞生，用以探索新的结论。

这里，我们举一个实际的例子来说明研究问题产生的过程。折晓叶在谈到自己对一个超级村庄的研究时写道：

> 近十余年来，我国农村改革中出现了一系列令人关注的大事。其中有两件，一件是乡镇企业，另一件是农民流动，一直引发着我浓厚的兴趣。不过，将这样两件大事一起放到一个小范围的村庄中去观察和研究，却是缘于几年前的一次实地调查的经历和体会。
>
> 1992年秋天，我与几位同仁结伴南下，在珠江三角洲一带的农村做调查，最后落脚在深圳沿海东岸的一个村庄里。当时，这个村子和村里人在近十几年来发生的巨大变化，令我十分吃惊，给我留下了极深刻的印象。我并不熟悉中国南部村庄过去的贫穷和落后，只是以往的知识告诉我，中国村庄在产业和职业构成上、在政治文化和传统心态上有着相当的同质性。于是，我调动起脑海中自己作为"知青"时的有关村庄的全部记忆，也调动起近年在内地一些地区对村庄的一般了解和印象，但是都难以与眼前这个村庄的现实联系起来，因为它已经完全改观了。后来，我曾特意去看了残留在村子最东头的老"村防"——福镇围和仍然守着旧宅尚未离开的老人，想寻找对过去的"感觉"，那种因比较而产生的反差无疑是强烈的、令人震惊的。在这个仍被称作村庄的社区里，农民已经变得越来越不像在土地上谋生的传统农民，大多数已经有了新的头衔，董事长、经理、厂长、文员、车间主任、拉长……在当时已经成了村民的主要称谓，人们习惯上把这些变化称作"非农化"。村子也变得越来越不像有田园、鸡叫、蛙鸣和"茅舍"的传统村社，到处是规划整齐的标准厂房和新型居住区，老街已经延展成一条狭长的商业街，人来车往，还设有酒店、宾馆、剧院、银行、超市和公园等，这些设施在城市里司空见惯，而在村子里

尚格外显眼。人们习惯上把这种变化称作“乡镇企业”聚集地的“拟城化”。引起我兴趣的是，上述两种变化成功地发生在一个村庄里，人们曾称这种现象是“离土不离乡，进厂不进城”。

追寻这些变化，可以知道，它主要是随着80年代初期当地农村引进来自香港的加工业而逐渐加剧的。不过，当时初步调查的体验告诉我，农民在村域里办工业，不出村地改变职业，绝不仅仅是外来的工业因素导入，以及内在的变革冲动和力量回应的结果，它们的背后，还有着深厚的乡土社会基础。

以后，在村里走得多了，住得久了，这种体验就愈加明显，因为，在喧闹的工业表层下面，时时可以感觉到保持完好的乡土生活的基本秩序和宁静；在具有现代特征的工业体制中，随处可以触摸到伸展着的村落组织脉络；在取代了农业的工业文明中，顽强地表现出农村社区文化和家族文化的韵味……显然，传统的力量与新的动力在这个单姓家族的村庄中具有同等的重要性。于是，外来力量与村庄内在的经济和社会结构是怎样相互作用而共同推进了村庄的社会变迁，就成为我要深入探讨的主题。①

从作者的介绍中可以看出，首先是农村改革中出现的两件大事——乡镇企业和农民流动——引发了研究者的“兴趣”；但是，光有兴趣还不够，兴趣只是研究者为研究某一主题所积蓄的能量；这种能量要转化成真正的研究行动，还需要某种“思想火花”来引爆；对于作者来说，那次特定的“经历”，就犹如这种引爆其长期所积累的兴趣的导火索，它导致了作者对这一问题的实际研究。进一步的分析还表明，这次调查的经历之所以会成为产生研究动机的导火索，与研究者当时所“看到的”现实和她以前所“具有的”经验之间的差异有很大的关系。这一点启示我们：与以往“经验”的差异、与本人“文化”的差异，常常是产生思想火花、引发研究动机、形成研究问题的关键因素。

【拓展阅读】

一位青年研究者的选题经历

同村婚姻：青年农民工婚姻新模式的诠释——以辛村为例

---

① 折晓叶. 村庄的再造：一个超级村庄的社会变迁. 北京：中国社会科学出版社，1997：1-3.

第二节 选题的标准

选择研究问题对于做好一项具体的社会研究具有十分重要的意义，我们应该高度重视选题的工作。为了选好题、选准题，必须明确进行选题时所依据的主要标准。在实践中，人们通常采用下列几条标准作为选择研究问题的依据。这几条标准如下：(1) 重要性；(2) 创造性；(3) 可行性；(4) 合适性。

一、重要性

重要性（significance）是指研究问题所具有的意义或价值。我们所从事的任何一项研究，首先必须具有某种意义或价值，或者说，首先必须是“值得去做”的。当然，对于不同的研究问题来说，这种意义或价值会有大有小。同时，它既可以是理论方面的，也可以是实践方面的，或者是理论与实践两方面兼而有之的。

理论方面的意义或价值，主要体现在研究问题对一门学科的发展、对某种理论的形成或检验、对社会规律的认识、对社会现象的解释等方面所能做出的贡献上；而实践方面的意义或价值，则主要体现在研究问题对现实社会生活所提出的各种具体问题能否进行科学的回答和能否提供合理的解决办法上。例如，研究问题“社会转型与职业流动的关系研究”，其关注点主要在于探讨社会生活中的职业流动现象与整个社会的转型之间的关系，因而主要具有理论方面的价值；而研究问题“当前我国的吸毒现象及其防治对策研究”，则主要针对现实社会生活中存在的具体社会问题，因而具有明显的实践意义。

在众多可供选择的研究问题面前，评价一项社会研究问题是否具有重要性，就等于先问问自己：做这项研究有没有用处？有什么用处？有多大的用处？无论是在提高人们对社会现象、社会过程、社会规律的认识和理解方面，还是在促进解决社会问题、改善社会管理、提出社会政策方面，越有用处的问题越是好问题，即用处越多的问题越是好问题，用处越大的问题越是好问题，因而，也是越值得去探索的问题。

二、创造性

创造性（creativity or innovation）也可以称作创新性或独特性，它指的是研究问题应该具有某种新的东西，具有某种与众不同的地方，具有自己的特点。作为一种科学的认识活动，我们的每一项具体研究必须能够在某些方面增加人们对现实世界的认识，能够为人们了解和理解现实社会生活中的各种现象、各种问题、各种规律提供新的东西，而不能总是在同一领域、同一范围、同一层次上重复别人的研究，重提已有的结论。

最具创造性的问题当然是那种全新的、前人从没有探讨过的问题，这也就是人们常说的属于“填补空白”的问题。然而，要找到一个这样的问题也最为困难。因为无论在哪个领域中，完全无人涉足的现象或问题已几乎不存在，世上已基本没有了那种“尚未开垦的处女地”。所以，对于大多数研究者来说，一项问题具有创造性，更经常地指该问题在研究的思路、研究的角度、依据的理论、研究的对象、采用的方法、研究的内容等某一方面或某几方面，与前人的研究有所不同，有自己独到的、新颖的地方。

例如，一个对青年人的婚姻家庭问题感兴趣的研究者，在他看到前人做过“大城市青年结婚消费研究”后，选择做“中小城市青年结婚消费研究”，或者选择做“农村青年结婚消费研究”，这就在研究的对象上有了创新性；如果他选择做“大城市青年结婚仪式研究”，或者“大城市青年择偶标准研究”，这就在研究的内容上有了创新性；如果前人所研究的是某一特定时期的现象或问题，比如“80 年代青年人的生育观念研究”，那么，我们可以选择不同时期的这一现象或问题进行研究，即可以选择“90 年代青年人的生育观念研究”。当然，选择研究问题时的这种“与众不同”要有明确的目的，要根据理论上或实践上的价值和需要，而不能单纯地为不同而不同。

三、可行性

可行性（feasibility）指的是研究者是否具备进行或完成某一研究课题所需要的主、客观条件。换句话说，就是指研究者在现有的主、客观条件下去从事这项研究行不行得通。在许多情况下，越是具有重要价值和创新性的研究问题，它所受到的主、客观限制往往越多，这就是说，它的可行性往往越差。要进行或完成这样的研究常常十分困难，有时甚至是完全不可能进行的。

主观限制是指研究者自身条件方面的限制。它包括研究者在生活经历、知识结构、研究经验、组织能力、操作技术等方面的限制，甚至还包括研究者的性别、年龄、语言、体力等等纯粹生理因素方面的限制。例如，一个年轻的男性大学生研究者如果选择“离婚妇女的心理冲突与调适研究”这样的研究问题，那么，从可行性方面来考察，我们就会发现，这一问题对于这个大学生研究者来说是不太可行的。因为无论是从他的年龄、性别、社会生活经历等个体因素来看，还是从他对这一领域的相关背景知识的熟悉程度来看，都与这一研究问题的特点和要求相差较大，往往很难圆满地完成这一问题。同样的道理，一个不懂少数民族语言和风俗习惯的研究者，如果选择一个以少数民族成员为研究对象的研究问题，显然也是不可行的。

客观限制是指进行一项研究时受到的外在环境或条件的限制。如研究时间不够、研究经费不足、有关文献资料不能取得，所涉及的对象、单位和部门不能给予必要的支持和合作，研究问题违反国家有关政策法令，或者违反社会伦理道德，或者与被研究者的生活习俗、宗教信仰相违背等等，都是导致一项研究课题无法进行的客观障碍。比如，如果研究青少年犯罪问题的研究者无法取得公安局、监狱、看守所等部门的准许、支持和配合，无法接近研究对象，课题就难以进行；再比如，要做“私营企业劳资关系研究”的课题，如果得不到有关的私营企业主的支持与配合，恐怕研究者连私营企业的大门都进不了，收集资料就更不用谈了。

因此，选择研究问题时，仅考虑前面两条标准是远远不够的，我们还必须把可行性这条标准放到非常重要的地位。一项不具备可行性的研究课题，无论其多么有价值、多么有新意，最多也只能是一项“伟大的空想”。

四、合适性

合适性（suitability）则指的是所选择的研究问题最适合研究者的个人特点。这种个人特点主要包括研究者对该研究问题的兴趣、研究者对与研究问题相关的社会生活领域的熟悉程度、研究者与所研究的对象之间的相似性程度，以及研究者所具有的各种资源、条件与该问题的要求相符合的程度等等。

合适性与可行性不同，可行性所解决的是研究的“可能性”问题，而合适性所涉及的则是研究的“最佳性”问题。这也就是说，可行性是关于这项研究“能不能做”的问题，而合适性则是关于这项研究对于研究者来说“是不是最好”的问题。通过了可行性标准的问题也许会有很多，但对于某个具体的研究者来说，最适合他的问题可能只是其中的一个。

个人兴趣虽然不是影响问题选择的决定因素，但我们却可以说它是帮助和促使研究者选择好问题的一个重要因素。在其他条件相同的情况下，研究者应该首先选择自己最感兴趣的问题。另外，研究者对与问题相关的社会生活领域的熟悉程度，也是影响研究课题能否顺利进行的一个重要因素。在可能的条件下，研究者应该尽量选择与自己所熟悉的社会生活领域相关的研究问题，而不要选择自己比较陌生的领域中的问题。对于研究者与研究对象的相似性（或同质性）问题，虽然有不同的看法，但是，在大多数情况下，二者之间的相似程度越高，越有利于研究的进行，也有利于研究者对研究资料的分析和理解。比如，同样是研究青年人的婚姻恋爱问题，作为大学生研究者来说，选择“目前大学生的婚姻观”这样的问题，可能比选择“目前青年工人的婚姻观”或“目前青年军人的婚姻观”等等问题更为合适。

以上我们介绍了选择研究问题时人们通常采用的四条标准，需要进一步指出的是，这四条标准之间存在着某种层次上的联系：重要性是最基本的标准；独特性则是在它的基础上提出的新的标准；可行性在某种意义上可以说是问题选择中的决定性标准；而合适性则是在前三条标准的基础上提出的更进一步的标准。这四条标准层层深入，从几个不同的侧面，将一个理想的研究问题，从最初众多不成熟的想法、思路和问题雏形中，逐渐分离出来。

第三节 研究问题的明确化

在实际选择一项研究问题时，初学者或缺乏经验的研究者最容易出现的情况，就是常常选择了一个比较大的、宽泛的，或者是比较笼统、比较模糊的问题领域，甚至是某一类社会现象或社会问题，而不是一个明确的、具体的研究问题。应该认识到，从前面第一节所介绍的几种来源中产生出的各种兴趣、想法、思路和问题，通常还不是我们所说的研究问题。要使这种最初的、粗略的、一般性问题，转变成为焦点集中的、切实可行的研究问题，就必须进行研究问题明确化的工作。

一、研究问题明确化的含义

所谓**研究问题的明确化**（**focus the problem**），指的是通过对研究问题进行某种界定，给予明确的陈述，以达到将头脑中比较含糊的想法变成清楚明确的研究问题，将最初比较笼统、比较宽泛的研究范围或领域变成特定领域中的特定现象或特定问题的目的。这是选择研究问题过程中十分重要的一个环节。通过研究问题的明确化，可以把我们的兴趣和关注点集中于研究领域中的某一具体方面，并将其潜在的、含糊的维度减少到我们所能处理的水平上。

举例来说，像“我国社会中的青少年犯罪问题研究”“农村青年的价值观研究”“当前我国社会中的家庭问题研究”等等一类题目实际上并非研究问题，而是问题领域或研究主题。用前面第二节中的标准来衡量，不难发现，这几个问题都具有很重要的意义；但是，在可行性上它们都比较欠缺。而造成这种欠缺的一个重要原因，就是这些问题在内涵上过于宽泛、过于一般。同样的道理，如果只说“我打算研究农民工现象”，或者说“我准备做一个有关农民工的研究”，这都是很不够的。因为这种说法的内涵不够确切，焦点不够集中。你还应该进一步将你的问题具体化、明确化、清晰化。你应该仔细问问自己：我究竟是想了解农民工的生活状况、职业分布、流动原因还是其他内容？只有经过研究问题的明确化工作，研究者才能十分清楚地认识到自己真正想研究的是什么。

二、研究问题明确化的方法

要使我们所希望研究的问题明确化，可以从两个不同的方面做出努力。

缩小问题的内容范围

对于初学者来说，要使所研究的问题明确化，可以采取先将宽泛的问题转化为狭窄的问题、将一般性问题转化为特定的问题的做法，通过不断缩小问题的内容范围来达到这一目标。比如，“青少年犯罪问题”是一个十分宽泛的问题领域，其内涵并不是某一个具体的社会研究所能包含得下的。一项具体的社会研究，通常只能选择其中的一个方面进行研究。我们可以通过限制和缩小问题的内容范围，将其转化为诸如“青少年犯罪的原因研究”或“青少年犯罪的特点研究”等类似问题。当然，更好的研究问题是进一步缩小问题的范围，突出基本的研究变量后得到的诸如“家庭关系与青少年犯罪”“青少年初次犯罪的原因研究”这样的问题。又如，“农村青年的价值观研究”内容也十分宽泛，我们可以通过限制和缩小内容范围，将其转化为诸如“某省青年农民的生育观研究”或“家庭结构与农村青年的生育意愿”这样一些比较具体、比较确切的研究问题。同样，我们也可以将“我国社会中的家庭问题研究”进行限定，缩小其内容范围，分别转化为诸如“城市家庭中的代际关系研究”“家庭结构对家庭关系的影响研究”“当前城乡家庭生活方式比较研究”等等问题。

在将宽泛的问题转化为狭窄的问题的过程中，文献回顾往往具有十分重要的作用（有关文献回顾的含义和方法详见下节）。比如，我们打算研究“青少年犯罪的原因”，通过进行文献回顾，发现已有一些研究专门探讨了家庭因素、学校因素、社区因素、大众传播因素等等对青少年犯罪的影响。但是，很少有研究去探讨同辈群体的因素对青少年犯罪的影响。这时，我们就可以专注于这一特定因素，选择一个类似于“同辈群体与青少年犯罪”或“不良伙伴对青少年初次犯罪的影响研究”这样的研究问题。

清楚明确地陈述研究的问题

陈述研究的问题也是使研究问题能够明确化的十分重要的一步。无经验的研究者常常意识不到问题的陈述所具有的重要性。这种重要性主要体现在它划定了与研究相关的资料范围。它使得研究者知道哪些资料必须考察，同时哪些资料可以放在一边。与此同时，这种陈述还在一定程度上帮助研究者选择和确定研究方法。好的问题陈述具有下列两种特征：（1）所陈述的问题必须是在研究者的能力范围之内；（2）所陈述的问题既不能宽泛，又不能微不足道。

对问题进行陈述时可以考虑以下几点：

第一，问题陈述必须清楚明白，同时，在对研究问题进行界定、陈述和明确化的过程中，最好能运用变量的语言，且采用提问的形式。比如，“跨文化交流短训班是否明显地改善了参与者的跨文化交流能力?”“在看电视频率上程度不同的人在观看动机上存在着什么样的差别?”一个常用且有效的提问形式：“现象（或变量）A 与现象（或变量）B 之间存在什么关系?”比如，“看电视的频率与看电视的动机之间存在什么关系?”在学术刊物发表的研究报告中，问题的陈述有时是在研究目的陈述中出现，有时则是在文献评论的结尾处作为一种小结出现。

第二，除了单纯的描述研究外，问题的陈述必须至少包括两个变量。比如，前面两个问题陈述中，第一个包含了“参加培训班与否”与“跨文化交流能力”两个变量；而第二个则包含了“看电视的频率”与“看电视的动机”两个变量。只包含一个变量的问题陈述通常为描述性研究的问题。比如：“这一代独生子女的社会化发展状况究竟如何?”“当前的大学毕业生具有什么样的择业意愿?”它们分别只包含了“社会化发展状况”这一个变量和“择业意愿”这一个变量。

第三，问题陈述必须能够产生不止一种回答。那种只有一种答案的问题陈述则是不合格的问题。前面所列举的例子中，“参加培训班”可能改善了也可能没有改善参与者的“跨文化交流能力”；“看电视的频率”与“看电视的动机”之间可能有关系，也可能没有关系；独生子女的“社会化发展状况”或许是正常的，或许是基本正常的，或许是不正常的；而对大学生择业意愿研究的结果则既可能是“金钱导向的”，也可能是“权力导向的”，还可能是“声望导向的”。

总之，我们应该明白，在清楚、明确地定义研究问题之前，就匆匆忙忙地去收集资料，这种做法尽管是可行的，但却不是有效的。因为这样做的结果常常是在你所收集的资料中，许多是无用的，许多是错误的，许多又是残缺的。因此，每一个社会研究人员在具体从事一项社会研究课题时，应该养成首先将问题内涵明确化的好习惯。当我们运用上述知识，选择到一个有价值、有新意、切实可行、自己也很感兴趣的研究问题，同时，这一研究问题又经过了明确的界定和清楚的表述，那么，这项社会研究的质量和水平，以及整个社会研究过程的顺利进行，从一开始就有了基本的保证。

第四节　文献回顾

一、 文献回顾及其意义

所谓**文献回顾**（**literature review**）也称为文献考察或文献评论，指的是对到目前为止的、与某一研究问题相关的各种文献进行系统查阅和分析，以了解该领域研究状况的过程。或者说，就是一个系统地识别、寻找、考察和总结那些与我们的研究有关的文献的过程。在社会研究报告中，往往也会有这样一个部分的内容（详见本书第十一章和第十六章）。但研究报告中的文献回顾实际上是对选题阶段所做的大量查阅和分析工作进行的总结，此处我们所介绍的则是这种过程本身。

文献回顾是社会研究过程中前期的重要工作任务之一。尽管它对于研究的各个部分都将提供有益的信息，但它特别与研究课题的选择密切相关。一般来说，文献回顾与选择课题二者之间往往有着如图 4－1 所示的交互作用和过程。

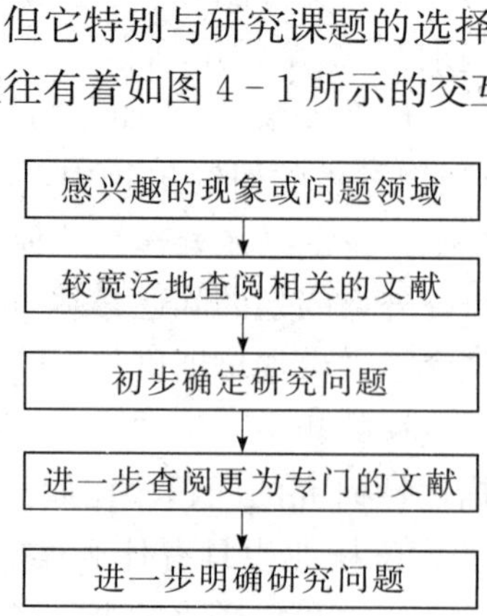

图 4－1　文献回顾与选题交互作用过程

这一过程表明，熟悉同一研究领域的现状和主要研究成果，与研究问题的选择、研究问题的明确化密切相关，同时它也是进行一项社会研究的基本前提之一。文献回顾对于一项具体的社会研究所具有的作用主要体现在以下几个方面：

（1）帮助研究者熟悉和了解本领域中已有的研究成果。通过系统的文献回顾，我们将会比较全面地了解本领域中的研究状况，特别是已取得的研究成果。这种了解对于帮助我们选择和确定自己的研究课题具有十分重要的作用。它将我们自己的研究放到现有研究的背景中去，便于我们确立自己的研究在该领域中的位置，认识到自己的工作对增加人们的认识、对学科理论的发展，或对实际问题的解决所具有的意义和贡献（哪怕只是一点小小的贡献）。

（2）为研究者提供一些可供参考的研究思路和研究方法。通过文献回顾，我们可以了解到以前的研究者在探索该问题领域时所采取的各种不同的研究角度、不同的研究策略，以及各种具体的研究方法。这些角度、策略和方法代表了以前的研究者所尝试过的探索道路。无论其成功与否，都为我们在自己的研究中进行研究设计、资料收集和分析提供了一种借鉴和参考的具体框架。文献回顾的结果，既可以使我们在一种与先前研究稍微不同的框架中来重新安排自己的研究，也可以帮助我们去探讨这一问题的一些新的方面。此外，文献回顾还可以帮助研究者发现和利用现有研究中对某些关键变量的操作化方法和测量指标。

（3）为解释研究结果提供背景资料。文献回顾的另一个重要作用是它在客观上给我们提供了一种与该研究领域有关的背景资料。这种背景资料既是研究者在选择研究问题时的参考框架，它同时也是研究者在对自己的研究结果和研究发现进行解释时所依据的一种参考框架。任何一项社会研究都可能会产生一些研究者未曾预料的结果，或者是与研究者所期望的结果不同甚至相反的结果。而要正确地理解这些结果，合理地解释这些结果，都离不开文献回顾所给予我们的这种背景资料。

二、 文献回顾的方法

与一个研究问题相关的文献数目常常十分巨大，而研究者用于文献回顾的时间相对有限，因此，对文献回顾工作应有明确的计划。文献回顾的过程通常包括三项主要的工作任务：其一是查找相关的文献；其二是对文献进行选择；其三是实际阅读和分析文献。

如何查找相关的文献

社会研究最主要的文献来源通常包括三个部分：一是相关的著作；二是相关的论文；三是相关的统计资料和档案材料。

与研究领域相关的著作常常能给我们提供相对全面的研究背景和理论。图书馆则是这方面文献的主要来源。通常，在大学的图书馆中，一般都会有专门的计算机检索工具，读者可以通过“书名”“作者”“主题词”“索书号”等进行检索和查询。当然，这方面的详细知识，读者还可以阅读图书文献学方面的专门书籍，或者通过进行图书情报方面的课程的专门学习来获得。

与研究有关的论文是文献查找中最主要的内容。英文的论文可以先从 Social Science Index（社会科学索引，简称 SSI）上开始查找。这一索引收录了全世界最重要的英文社会科学期刊上所发表的论文题目。此外，各社会科学专业学科还有专门的索引或具有类似索引功能的专门的论文摘要期刊。比如人口学中的 Population Index（人口索引），社会学中的 Sociological Abstracts（社会学摘要），政治学中的 Political Science Abstracts（政治学摘要），以及更广泛的 Social Science Abstracts（社会科学摘要）等。在 Sociological Abstracts 和其他类似摘要中，研究者不仅可以查找到论文的出处（比如期刊名，哪一年第几期，作者是谁等），而且还可以查阅到该论文的摘要。此外，像 Social Science Citation Index（社会科学引文索引，简称 SSCI）也是十分重要的论文索引工具。常见的期刊论文可通过专门的论文数据库如 JSTOR 等来进行查找。随着计算机网络的飞速发展，这种文献查阅的工作更加方便，也更加迅速。研究人员在自己的办公室中，借助计算机，可以在几分钟内搜索到他所需要的各种论文的目录、摘要，甚至全文，并可以马上将它们打印出来。

中文的论文则可以通过中国学术期刊网（CNKI）查找。目前 CNKI 中已经收录了国内绝大部分学术期刊所发表的论文。其中，大部分期刊论文收录的起始时间为 1994 年，少数期刊的论文收录可回溯到 1979 年甚至更早的时间。其检索途径分为按作者、篇名、主题、关键词等多种方式进行，十分便捷。比如，如果我们想查找研究独生子女问题的论文，就可以在 CNKI 的搜索栏中，键入“独生子女”一词，并按“篇名”方式进行搜索，计算机就会立即显示出几百篇论文题目中包含“独生子女”一词的论文题目及发表的刊物和时间的表格，我们只要点击其中希望阅读的论文题目，这篇论文的详细资料就会展现出来。CNKI 提供了两种格式（即 PDF 格式和 CAJ 格式）的原文文件。我们既可以在计算机上直接打开进行阅读，也可以将它们在打印机上打印出来进行阅读，还可以根据需要将它们下载下来，保存在自己的计算机中。

在计算机上进行文献查找时，首先要明确我们想要查阅的是哪方面的资料。与此相应的搜索方式则常常是“主题”（subject）查询或“关键词”（key word）查询。同时，还可以选择“题目”“摘要”“发表时间”等不同的条件设置。查找的思路是从大的范围开始，逐步缩小范围。还应注意的是，我们所感兴趣的研究问题常常会同时涉及好几个不同的主题领域，因此，应在几个相关的领域中都进行查找。比如，对于独生子女社会化问题，我们就应该在“独生子女”“青少年问题”“社会化”“学前教育”“学校教育”“家庭教育”“青少年心理发展”等多个不同的主题领域中进行查找，才能保证查找结果的全面性。

需要特别说明的是，文献回顾中所涉及的相关文献，主要是学术论文，而不包括各种大众传播媒介如报纸、通俗杂志中的文章或是网络新闻，哪怕这些文章也涉及同样的社会研究内容。尽管我们有时也可以从报纸或通俗杂志中得到某些统计材料或者某些观点，但是，我们却不能企望把自己的研究奠基于新闻记者的作品上。因为记者的工作属于另一个不同的领域。无论是他们收集资料的方式，还是他们分析资料、表达结果的方式，都是与社会研究中的方式大不相同的。他们的工作最多只能作为启发我们思路的某种参考。

如何选择阅读的文献

当我们查找到与我们感兴趣的研究问题相关的文献后，还必须解决对这些文献进行选择的问题。这种文献选择的工作并非都十分地简单和容易。因为有时某一个领域中已有的文献数量很多，通过检索和查找，我们可能会收集到上百篇甚至好几百篇相关的论文。要全部阅读这些文献不仅不太可能，实际上也不必要。通常我们必须决定：在所查找到的这些文献中，哪些是必须详细阅读的，哪些是可以大致浏览的，哪些是不用阅读的。那么，如何决定那些必须重点阅读的文献呢？或者说，如何判断哪些文献是对自己的研究最为重要的文献呢？可以考虑下列几个方面的因素：

（1）根据学术期刊的地位来选择。一般来说，核心期刊的论文整体水平和质量高于普通刊物的论文；而权威期刊的论文水平和质量又高于一般核心期刊。

（2）根据文献的相似性来选择。文献中所研究的变量、所涉及的主要内容、所使用的样本类型、所依据的理论框架与自己的研究越相似的越好，相似的方面越多的越好。

（3）根据发表的时间来选择。这种选择近期研究的原则来源于科学的累积性质。一般来说，在其他方面的情况差不多时，时间越近的研究越有用。因为从理论上说，这些研究应该是已经考虑了比其更早一些的研究成果。

（4）根据研究者在该领域中的学术影响以及是不是权威来选择。这是因为，在每一领域中，总有一些研究者具有一定的知名度，并且已树立了一定的学术声望。这种声望和知名度常常使得他们的研究比那些较不知名的研究者所进行的研究显得更为重要。但是，这种考虑实际上也存在着一定的偏见，因为所有知名学者也都是从不知名走过来的。因此，最重要的实际上不是名声大小，而是其研究质量的高低。

如何进行文献阅读

对相关文献的阅读是一项既需要时间、耐心和细致，同时也需要敏锐和效率的工作。笔者的方法是，先在电脑上阅读，再将重点论文打印出来阅读。阅读文献时，应对如下几个方面的内容特别注意：（1）每一研究的理论框架和研究背景。即了解各个不同的研究分别是从哪一点出发的，它们各自的目标是什么。（2）该研究的方法。包括研究对象、研究方式、抽样设计、样本特征、资料分析方法等等。（3）该研究的主要结果。包括它在讨论部分所提出的观点、所作的推论等等。（4）自己对该研究的评价。这一点十分重要。这种评价既包括你所认为的该研究的特点和独到之处，也应包括你所认为的该研究所存在的主要不足。特别是在方法上、研究效度或信度上的不足。

在对全部文献进行了系统的阅读后，需要对自己头脑中的认识进行一定的梳理，对所回顾的全部文献进行一定的总结。比如，应该考虑一下，在这一特定的问题领域，先前的研究已做了哪些方面的工作？对于这一特定的现象，现有研究涉及哪些理论？它们已得出了哪些基本的研究结论？这些研究总体上还存在哪些相对薄弱的环节？

在查阅文献的时候，对某些重要内容要画上记号，并随手做一些简要的评论，这样做将十分有助于文献回顾后期的整理和总结工作。如果有时间，还可适当做些摘录。摘录的原文要注明出处、页码；摘录的方法可以是用专门的卡片，或是专门的笔记本。

本章要点

1. 现实社会生活、个人特定经历、各种文献资料是社会研究问题的最主要来源。

2. 选择研究问题时所依据的标准如下：（1）重要性；（2）创造性；（3）可行性；（4）合适性。

3. 研究问题的重要性是指其所具有的意义或价值。它既可以是理论方面的，也可以是实践方面的，或者是理论与实践两方面兼而有之的。

4. 研究问题的创新性指的是其应该具有某种新的东西，具有某种与众不同的地方，具有自己的特点。

5. 研究问题的可行性指的是研究者是否具备进行或完成该研究的主、客观条件。

6. 研究问题的合适性则指的是所选择的研究问题是否适合研究者的个人特点。

7. 研究问题的明确化，指的是通过对研究问题进行某种界定，给予明确的陈述，将最初比较含糊的想法变成清楚明确的研究问题，将最初比较笼统、比较宽泛的研究范围或领域变成特定领域中的特定现象或特定问题。这是选择研究问题过程中十分重要的一个环节。

8. 缩小问题的内容范围，清楚明确地陈述研究的问题，是使研究问题明确化的两种方法。

9. 文献回顾指的是对到目前为止的、与某一问题领域相关的各种文献进行系统查阅和分析，以了解该领域研究状况的过程。或者说，就是一个系统地识别、寻找、考察和总结那些与我们的研究有关的文献的过程。它可以帮助研究者熟悉和了解本领域中已有的研究成果，为研究者提供一些可供参考的研究思路和研究方法，同时还可以为解释研究结果提供背景资料。

10. 文献回顾的过程通常包括三项主要的工作任务：其一是查找相关的文献；其二是对文献进行选择；其三是实际阅读和分析文献。

基本概念

研究问题 研究主题 问题的重要性 问题的创造性 问题的可行性 问题的合适性 研究问题的明确化 文献回顾

复习思考题

1. 从社会学期刊中选取若干研究报告，用本章所介绍的选题标准对它们进行评价。

2. 分析上述社会研究课题的来源，并评价它们的课题明确化工作。

3. 选择一个恰当的研究课题，对于整个社会研究工作来说，具有什么样的意义？

4. 研究课题的可行性是什么意思？这种可行性与重要性、创新性之间有什么样的关系？

5. 什么是研究课题的明确化？为什么要对研究课题进行明确化的工作？

6. 运用本章所学的知识，选择一个合适的课题作为本课程实践的例子。

7. 到图书馆熟悉查找社会学方面文献资料的方式和方法。

8. 通过计算机和学校图书馆的局域网查找下列专题的文献："社会化""亲子关系""离婚原因"。

推荐阅读书目

1. 贝利. 现代社会研究方法. 上海：上海人民出版社，1986：第二章.

2. 纽曼. 社会研究方法. 北京：中国人民大学出版社，2007：第五章.

3. 风笑天. 现代社会调查方法. 武汉：华中科技大学出版社，2001：第二章.

4. 风笑天. 论社会研究中的文献回顾. 华中师范大学学报（人文社会科学版），2010（4）.

第二编

定量研究方式

第五章
测量与操作化

作为一种认识社会现象的活动，社会研究必然会涉及对社会现象进行测量的问题。特别是对于采用各种定量研究方式的社会研究来说，测量更是整个研究最重要的基础之一。也正因为如此，有的学者明确指出，所有研究中的定量问题，都涉及测量。① 而社会研究的资料以及社会研究成果的质量，也都直接与测量的质量紧密相连，因此，社会研究者必须高度重视测量的工作。在本章中，我们将对测量的概念与特征、测量的层次、概念的操作化过程、量表、测量的信度与效度等内容进行介绍。

第一节　测量的概念与层次

一、什么是测量

在日常生活中，我们对于测量并不陌生。比如，人们总是在用人体自身的各种器官去对外部世界进行测量：眼睛在测量物体的大小、颜色、形状、空间距离；耳朵在测量各种声音的高低、方向、含义；鼻子在测量各种气体的味道；皮肤在测量周围的温度。由于人体器官的测量能力十分有限，而且测量的结果也不够精确，因而人们在科学研究中发明了许多专门的测量仪器，规定了各种测量的特定程序，创造了许多规范的测量方法，极大地提高了测量的水平和效果。人们不仅有了米尺、磅秤这样一些基本的测量物体长短、高低、大小、轻重的工具，还发明了温度计来精确测量大气的温度、水的温度和人体的温度，发明了望远镜来测量宇宙中不同行星之间的距离，发明了显微镜来测量人眼所无法看到的血液中的红白细胞的数目。

在社会研究中，人们也进行着另外一些形式的测量。比如，用人口登记的方法来测量一个国家的人口数量和人口结构，用电话访问的方法来测量人们对不同政党候选人的支持率，用自填问卷的方法来测量大学生们所具有的择业倾向等。虽然各种各样的测量在测量的内容、方式等方面千差万别，但它们在一些最本质的方面却完全一致。这些最本质的方面，就是测量所具有的科学的内涵。那么，究竟什么是

① Matthew D. Sutton C D. 社会研究方法基础. 北京：高等教育出版社，2008：39.

测量呢？

美国学者史蒂文斯（S.S.Stevens）认为，测量就是依据某种法则给物体安排数字。这一定义为许多社会科学研究人员所采用。[①] 在此基础上，本书中则用下述定义来进一步解释测量的含义：所谓**测量（measurement）**，就是根据一定的法则，将某种物体或现象所具有的属性或特征用数字或符号表示出来的过程。测量的主要作用，在于确定一个特定分析单位的特定属性的类别或水平。它不仅可以对事物的属性做定量的说明（即确定特定属性的水平），同时，它也能对事物的属性做定性的说明（即确定特定属性的类别）。而在社会研究中，研究者所进行的大部分测量往往是这种定性的测量。

二、测量的四个要素

为了更好地理解测量的概念，有必要对构成上述测量定义的四个必不可少的要素进行专门的说明。这四个要素是测量客体、测量内容、测量法则、数字和符号。

（1）测量客体，即测量的对象。它是客观世界中所存在的事物或现象，是我们要用数字和符号来进行表达、解释和说明的对象。比如，我们测量一张桌子的高度时，这张桌子就是我们测量的客体或对象。在社会研究中，最常见的测量客体是各种各样的个人，以及由若干个个人组成的各种社会群体、社会组织、社区等等。在测量的四个要素中，测量客体所对应的是“测量谁”的问题。

（2）测量内容，即测量客体的某种属性或特征。实际上，在任何一种测量中，我们所测量的对象虽然是某一客体，但所测量的内容却并不是客体本身，而是这一客体的特征或属性。比如，桌子是我们的测量客体，而桌子本身我们却无法测量，只有桌子的各种特征，比如它的高度、宽度、重量、颜色等，才能构成我们测量的内容。同样的道理，社会中的个人、群体、组织以及社区等是我们的测量客体，是社会研究中的测量对象，但我们所测量的却并不是这些个人、群体、组织或社区本身，而是其各种特征。比如测量个人的行为、态度和社会背景，测量群体和组织的规模、结构和管理模式，测量社区的范围、人口密度和人际关系等。只有这些特征才是我们的测量内容。在测量的四个基本要素中，测量内容所对应的是“测量什么”的问题。

（3）测量法则，即用数字和符号表达事物各种属性或特征的操作规则。也可以说，它是某种具体的操作程序和区分不同特征或属性的标准。比如，“将桌子放置在水平的地面，然后用直尺从地面垂直地靠近桌面的边缘，桌面所对应的直尺上的刻度即是桌子的高度”，这句话所陈述的就是测量桌子高度的规则。又比如，在社会研究中，我们要测量人们的收入状况。那么，“将被研究者工资单上的应发金额数加上每月奖金发放统计表上他所得的奖金数额”就是一种测量法则。在测量的四个基本要素中，测量法则所对应的是“怎么测”的问题。

---

① Guy, Edgley, Arafat, Allen. Social Research Methods. Allyn and Bacon, Inc., 1987.

（4）数字和符号，即用来表示测量结果的工具。比如，120 厘米、110 厘米等等就是测量桌子高度所得的结果，3 500 元、4 600 元等等就是测量人们收入的结果。在社会研究中，研究者进行测量的结果中，许多是用数字来表示的。比如，被研究者的年龄、收入、上下班路途所需时间，被研究家庭的人口数、用于购置大件家电商品的费用，被研究组织的规模等。但是，同样也有许多是用文字来表示的。比如，被研究者的性别（用男、女）、婚姻状况（用未婚、已婚、离婚、丧偶）、被研究者对住房购买政策的态度（用赞成、反对）等。尽管许多用文字表达的测量结果在统计分析时都转换成了数字，但这种数字并不能像算术中的数字那样进行加、减、乘、除运算，往往只作为不同类别的代号进行频数统计。在测量的四个基本要素中，数字和符号所对应的是“如何表示”的问题。

三、 社会现象的测量

我们知道，测量在自然科学的研究中应用十分广泛、十分普遍，也十分成熟。相比之下，社会科学研究中的测量就显得相对落后一些。形成这种状况的原因是多方面的。除了其他因素外，社会现象的特殊性、社会测量的特殊性无疑是其中十分重要的原因。

各种社会现象都是建立在人及其活动基础上的。对人及其社会行为的测量与对自然现象的测量有着十分不同的特点。

（1）人一方面作为测量的客体或对象，而另一方面又作为测量过程的主体，因而给社会现象的测量带来了无法回避的主客观矛盾。无论是作为测量主体的人，还是作为测量客体的人，都具有主观意识、思想感情、思维能力和价值观念，都会对测量的过程和方式做出种种反应，人与人之间还存在着各种各样、错综复杂的社会关系，这些都使得社会现象的测量在很大程度上受到人们的认识水平和价值取向的影响，带有明显的主观色彩。

（2）社会测量的内容常常是社会中人们的行为、态度，以及由人们的行为构成的各种社会现象。然而，与此同时，人们对各种社会现象所进行测量的活动本身，也是一种社会行为，也是一种社会现象。二者既相互联系，也相互影响。特别是由于任何一种社会测量都会干扰和影响现实生活中它所希望或正在测量的现象，就像自然科学中的“测不准原理”那样，因而会给实际的测量工作带来许多困难。

（3）在自然科学中，由于测量的对象相对单一和稳定，因而测量的可重复性强、量化程度比较高，特别是这种测量常常可以建立起某种公认的、通用的单位标准。比如，长度用米或尺为单位来量度，时间用秒为单位来量度，重量用克或磅为单位来量度等。但是，在社会科学中，由于测量的对象十分复杂，因而测量的量化程度比较低，可重复性也比较差。对许多的社会现象，比如，对于人的智力、社会群体的凝聚力、社会职业声望、教育成就、社会参与程度等，广大的社会科学家们还没能（或者根本就不可能）建立起某种公认的、适合于多种不同情况的测量单位和测量标准，以及与之相应的测量工具和测量方法。

四、测量层次

由于社会研究中所涉及的现象具有各种不同的性质和特征，因而对它们的测量也就具有不同的层次和标准。史蒂文斯 1951 年创立了被广泛采用的测量层次分类法，他将测量层次分为四种，即定类测量、定序测量、定距测量和定比测量。

定类测量

定类测量（nominal measurement）也称为类别测量或定名测量，它是测量层次中最低的一种。定类测量在本质上是一种分类体系，即将研究对象的不同属性或特征加以区分，标以不同的名称或符号，确定其类别。定类测量的数学特征主要是等于与不等于（或者属于与不属于）。我们前面谈到的定性测量主要是定类测量。比如，在社会研究中，对诸如人们的性别、职业、婚姻状况、宗教信仰等特征的测量，都是常见的定类层次的测量。它们分别将被研究者划分成“男性与女性”“工人、农民、教师、商人……”或者“未婚者、已婚者、离婚者……”“佛教徒、天主教徒……不信教者”等各种不同的群体或类别。而每一个被研究者则分别属于或者不属于其中某一类别。

由于定类测量实质上是一种分类体系，因而必须注意所分的类别既要具有穷尽性，又要具有互斥性，即所分的类别既要相互排斥，互不交叉重叠，又对各种可能的情况包罗无遗。这样，我们所测量的每一个对象都会在我们的分类体系中占据一个类别，且仅仅只会占据一个类别。比如，将性别分为“男性”和“女性”两类，将职业分为“工人”“农民”“干部”“专业技术人员”“商人”“其他”六类等。

定类测量具有两种属性：对称性和传递性。所谓对称性，是指甲对乙的关系也就是乙对甲的关系。如果甲与乙同类，则乙也一定与甲同类。反之，如果甲与乙不同类，则乙也一定不会与甲同类。所谓传递性，指的是如果甲与乙同类，而乙与丙同类，那么，甲一定与丙也同类。

由于对任何一门科学来说，分类都是基础，其他几种层次的测量，也都把分类作为其最低限度的操作。或者说，其他的几种测量层次中，都无一例外地包含着定类测量的分类功能。而在社会现象的测量中，大量的变量又都是定类变量，分类更是最基本的目标和最经常性的操作。因此，运用好定类测量，发挥其应有的作用，是社会研究人员的一项重要任务。

定序测量

定序测量（ordinal measurement）也称为等级测量或顺序测量。定序测量的取值可以按照某种逻辑顺序将研究对象排列出高低或大小，确定其等级及次序。或者说，定序测量可以按某种特征或标准将对象区分为强度、程度或等级不同的序列。比如：测量人们的文化程度，可以将其分为文盲与半文盲、小学、初中、高中、大专、大学及以上等等，这是一种由低到高的等级排列；测量城市的规模，可以将它们分为特大城市、大城市、中等城市、小城市等等，这则是一种由大到小的等级排列。在社会研究中，研究者可以用定序测量来对人们的社会地位、生活水平、住房条件、工作能力等特征进行类似的等级排列。

定序测量不仅能够像定类测量一样，将不同的事物区分为不同的类别，而且还能反映事物或现象在高低、大小、先后、强弱等序列上的差异。它的数学特征是大于或小于（＞或者＜），它比定类测量的数学特征高一个层次。定序测量所得到的信息比定类测量所得到的更多。同时，定序测量除了具备定类测量的对称性（即区分同类与不同类）以外，还具备不对称性。这种不对称性指的是甲对乙具有某种关系时，并不等于乙对甲也具有这种关系。比如，大于的关系（或小于的关系）就是不对称的。甲＞乙时，就不会有乙＞甲。但此时传递性依然成立：如果甲＞乙，乙＞丙，那么，一定有甲＞丙。

关于定序测量，有一点需要略作说明。通常，研究者为了统计分析的需要，往往将这种有高低、大小、强弱不同的序列转化成大小不等的数字。比如，将“文盲与半文盲”“小学毕业”“初中毕业”“高中或中专毕业”“大专毕业及以上”等类别，分别用数字“1”“2”“3”“4”“5”来代表。需要注意的是，这种数字并非真正意义上的“数字”，即这些数字并不具有数学中数字的实际内涵和功能。它们不能用来进行数学运算，而只是一种单纯表示“大”“小”的符号。

但是在实际研究中，许多研究者常常将某种特定的定序层次的测量结果近似地看作定距层次的运用。比如，在调查中常见的人们对某一事物的态度这样的变量，其最常见的取值是“非常赞成”“比较赞成”“中立”“不太赞成”“很不赞成”，或者“很满意”“比较满意”“一般”“不太满意”“很不满意”等，就是这种将定序层次的变量看作定距层次来使用的例子。这些研究者认为，由于这样的变量在测量尺度上的取值基本上是平均划分的，即“非常赞成”与“比较赞成”之间的差距，基本上等同于“比较赞成”与“中立”之间的差距；而“一般”与“不太满意”之间的差距，也基本上等同于“不太满意”与“很不满意”之间的差距。因此，可以将这种类型的定序变量作为定距变量对待，以便可以运用更多复杂的统计方法。但应该注意是，这种处理方法只有在有充分的理由确认测量尺度取值的划分是基本等距的时候才能使用。

定距测量

定距测量（interval measurement）也称为等距测量或区间测量。它不仅能够将社会现象或事物区分为不同的类别、不同的等级，而且可以确定它们相互之间不同等级的间隔距离和数量差别。比如，测量人的智商，以及测量自然界中的温度，就是定距测量的典型例子。在定距测量中，我们不仅可以说明哪一类别的等级较高，而且还能说明这一等级比那一等级高出多少单位。也就是说，定距测量的结果相互之间可以进行加减运算。如果测得张三的智商为125，李四的智商为110，那么，125－110＝15，由此可以说张三的智商比李四高15。同样的道理，我们测量北京与武汉的温度，结果发现北京的温度为20摄氏度，武汉的温度为30摄氏度。从这一测量中，我们不仅可以了解到北京与武汉的气温不同（定类测量的测量结果），了解到武汉的气温比北京的气温高（定序测量的测量结果），而且还了解到武汉的气温比北京的气温高出10摄氏度（定距测量的测量结果）。

定距测量的另一个例子是公元年代。我们在调查问卷中经常会询问这样一个问题："请问您是哪一年出生的？ ______年。"回答者所给出的数字可以向我们表明他们各自的年龄，而且越大的数字表示越小的年龄。数字间的间距与年龄间的间距完全相等。比如，对象甲 1966 年出生，对象乙 1944 年出生。那么，二者的年龄差距就等于数字差距：1966－1944＝22 年（岁）。

需要注意的是，定距测量的值虽然可以为 0，但这个 0 却不具备数学中我们所熟悉的"0"的含义。比如，在冬天，我们可以测得北京的气温为 0 摄氏度，但它却并不是表示北京"没有温度"，而只是代表北京的气温达到了水的"冰点温度"。从测量的角度看，此时的 0 只不过是一个特定的数字而已，它是人们主观认定和选取的。因为在另一种温度量（华氏温度计）中，0 摄氏度则是 32 华氏度。

定比测量

定比测量（ratio measurement）也称为等比测量或比例测量。定比测量除了具有上述三种测量的全部性质之外，还具有一个绝对的零点（有实际意义的零点）。所以，它测量所得到的数据既能进行加减运算，又能进行乘除运算。比如，对人们的收入、年龄、出生率、性别比、离婚率、城市的人口密度等等所进行的测量都是定比测量。它们的测量结果都能进行乘除运算。如测得张三的收入为 480 元，李四为 240 元，那么，480/240＝2，由此可以说，张三的收入是李四的收入的两倍（或李四的收入是张三的 1/2）。是否有实际意义的零点（绝对零点）的存在，是定比测量与定距测量的唯一区别。

测量层次小结

上述四种测量的层次由低到高，逐渐上升。高层次测量具有低层次测量的所有功能，即它既可以测量低层次测量可以测量的内容，也可以测量低层次测量所无法测量的内容；同时，高层次的测量还可以作为低层次的测量处理。比如，定序测量具有定类测量的分类功能，且可以作为定类测量使用。同样，定距测量具有定序测量的排序功能与定类测量的分类功能，且可以作为这两种测量使用；但反过来则不行。为了进一步清楚地说明这四种测量的差别，我们将它们各自的数学特性总结在表 5－1 中。

表 5－1　四种测量层次的数学特性总结

	定类测量	定序测量	定距测量	定比测量
类别区分（＝、≠）	有	有	有	有
次序区分（＞、＜）		有	有	有
距离区分（＋、－）			有	有
比例区分（×、÷）				有

明确不同的测量层次所具有的不同数学性质，这一点十分重要。因为在社会研究资料的整理和统计分析中，需要根据不同测量层次所具有的数学特性采用不同的统计方法。另外，在对社会现象进行测量时，有一个重要的规则：尽可能对它们进

行高层次的测量。即凡是能够用定比测量或定距测量的，就一定不要只用定序测量甚至只用定类测量。因为高层次测量所包含的信息更多，且高层次测量的结果很容易转化为低层次测量的结果；反之则不行。

第二节 概念的操作化

社会研究中所要测量的变量许多都是十分抽象的概念，比如地位、权力、声望、资源等。这些概念通常都是我们看不见、摸不着的。要使这些概念能够为我们所测量，必须对它们进行操作化处理。操作化既是社会研究中常用的概念，同时也是社会研究特别是定量研究过程中最为困难、最为关键的步骤之一。为了更好地理解操作化的概念与方法，有必要先对概念、变量和指标这三个概念作一简单回顾，并对三者之间的关系作一简要的说明。

一、概念、变量与指标

（1）概念。正如我们在第三章中所介绍的，概念是对现象的抽象，它是一类事物的属性在人们主观上的反映。概念的抽象程度也有高有低。抽象层次高的概念往往包含多个抽象层次低的概念，并且它往往是难以直接观察和描述的。这是因为概念的抽象层次越高，其涵盖的面就越大，特征也就越含糊；相反，一个概念的抽象层次越低，其涵盖面也就越小，特征也越明确。概念的抽象性对于理论有着重要的作用。由于概念是命题的建筑材料，而命题则是理论的建筑材料，所以，有的社会学家把概念称为建筑理论大厦的砖石。

（2）变量。变量是指具有一个以上取值的概念，或者说，就是包括一个以上范畴的概念。而那些只有一个固定不变的值的概念，则叫作常量。

（3）指标。我们把表示一个概念或变量的含义的一组可观察到的事物，称作这一概念或变量的一组指标。概念是抽象的，而指标则是具体的；概念是人们的主观印象，而指标则是客观存在的事物。因此，概念只能想象，而指标则可以观察和辨认。比如，“社会阶级”是一个抽象概念，通过操作化，我们可以用一组指标来测量它，这组指标包括职业、收入、文化程度等。又比如，家庭生活中的“夫妻权力”是家庭社会学中的一个重要概念，通过操作化，我们可以用购买大件家用电器的决定权、选择子女报考学校的决定权、家庭收入的管理权等指标来对它进行测量。指标的取值即一个指标所包含的子类别。比如，前述的“职业”是测量“社会阶级”的一个指标，它包含工人、农民、教师、干部、商业人员等多个不同的取值。

“概念”“变量”和“指标”这几个既相互联系又有所不同的概念之间的关系，可以用图 5-1 作一粗略的区分。

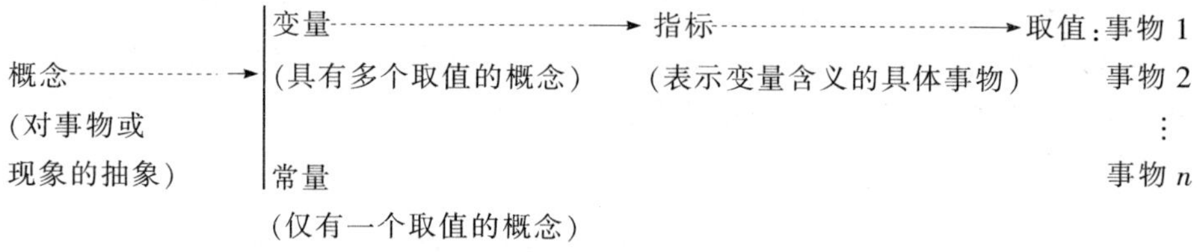

图 5-1　概念、变量、指标及取值关系图

二、操作化的含义与作用

所谓**操作化**（**operationalization**），就是将抽象的概念转化为可观察的具体指标的过程。或者说，它是对那些抽象层次较高的概念进行具体测量时所采用的程序、步骤、方法、手段的详细说明。比如，将抽象概念“同情心”转化为“主动帮助盲人过街”“主动给讨饭者钱物”“主动向灾区捐款”，就是操作化的一个例子。而“将学生的语文、数学、外语三门课程的成绩按 3、2、1 的权重分别加权，然后相加并计算出平均值”，则是对抽象概念“智力水平”进行操作化的一个例子。

操作化在社会研究中有着极为重要的作用。存在于研究者头脑中的各种概念、意识，研究者用以构建其理论大厦的各种基本变量，都只有经过了合适的操作化之后，才会在普通人可以看得见、摸得着的现实社会中显现出来。从另一方面看，操作化也是具有定量取向的社会研究的关键一环。尤其是在解释性研究中，若要对任何有关社会现实的理论假设进行检验，操作化往往是不可回避的前提。这就是说，只有通过操作化的过程，将思辨色彩很浓的理论概念“转变成”“翻译成”经验世界中那些人人可见的具体事实，假设检验才成为可能。

因此，可以说操作化是社会研究中由理论到实际、由抽象到具体这一过程的“瓶颈”。从理论思维的天空到经验研究的大地，有着相当的距离。而这种操作化过程，就是沟通抽象的理论概念与具体的经验事实的一座桥梁，它为我们在社会研究中实际地测量抽象概念提供了关键的手段。例如，前面提到的“同情心”的概念。虽然我们常常谈到它，也能体会到它。但是，这个东西在现实中却并不存在。因为我们既不知道它的形状、大小、颜色，也没有摸到过它。但是，当我们将它操作化为“主动帮助盲人过街”“主动给讨饭者钱物”“主动为灾区捐款”时，我们就会在现实生活中看到它，并测量它了。操作化的作用正是让那些通常只存在于我们头脑中的抽象概念，最终在我们所熟悉、所生活的现实世界中“现出原形”，让那些本来只能靠我们的思维去理解、去体验的东西，“变成”我们看得见、摸得着的东西。简言之，操作化的目的，就是要把我们无法得到的有关社会结构、制度或过程，以及有关人们行为、思想和特征的内在事实，用代表它们的外在事实来替换，以便于通过后者来研究前者。

三、 操作化的方法

对概念进行操作化处理，就是要给出概念的操作定义，这种定义即一套程序化的工具，它告诉研究者如何辨识抽象概念所指称的现实世界中的现象。[①] 从大的方面看，这种操作化过程主要包括两个方面的工作：一是澄清与界定概念；二是发展测量指标。

澄清与界定概念

起初比较粗糙地定义的概念常常潜在地包含着大量不同的成分，而以这种概念为名组织起来的资料往往具有某些实质性的差异，因此，在研究中需要对主要的概念进行某种澄清和界定的工作。澄清和界定概念的必要性是，如果不同的人用同一个概念（词语）来表达不同的含义，那么，这样的概念也就没有用了。除非人们用同样的词语来表达同样的事物，否则交流就是不可能的。默顿指出："概念澄清的一个功能，是弄清包摄于一个概念之下的资料的性质。"[②] 通过精确地指出一个概念包括什么、排斥什么，就可以为我们提供对资料进行分析和组织的指导性框架。同时，它也可以使得各项具体的经验研究中所含的资料更加具有一致性和可比性。

在具体操作上，我们首先要弄清概念定义的范围。在采用或给出某个具体的定义之前，可以先看看其他的研究者对这一概念所下的定义是怎样的。而对于那些并未对该概念下正式的定义的研究者来说，我们就需要从其对概念的运用中来确定他对这一概念的界定。当我们通过收集和查询，了解到有关这一概念的各种不同的定义，从而对这一定义的大致范围有所理解以后，便可以对这些定义进行分类。比如，对于"社区"的概念，有的社会学研究人员曾列举出 94 种不同的关于社区的定义，社会学家贝尔和纽拜则通过分析和分类，发现这些定义中绝大部分包含这样三项基本的元素：（1）地域；（2）共同的纽带；（3）社会互动。[③] 这种方式可以帮助研究者形成对这一概念范围的总的理解和把握。

其次，决定一个定义。列出了有关这一概念的各种类型的定义，或者总结出各种定义中最具共同性的元素后，就该我们决定采取哪一种定义方式了。我们面临各种不同的选择：既可以直接采用一个现成的定义（即从现有的各种定义中确定一个自认为比较科学、比较确切的），也可以在现有定义的基础上自己创造出一个新的定义；采用现成的定义时，既可以用一个十分经典的定义，也可以用一个现代一些的定义。需要特别注意的是，这种选择应该以研究者进行具体的社会研究的需要为标准，哪种定义方式最适合研究的目的，就应该重点考虑这种定义方式。

比如，一项有关单位组织中的资源获得的研究需要对"资源"的概念进行操作化。研究者首先对这一概念进行了澄清："吉登斯将资源定义为'改革事物的一种能

---

① 特纳．社会学理论的结构．杭州：浙江人民出版社，1987：8.

② 默顿．论理论社会学．北京：华夏出版社，1990：186.

③ de Vaus D A. Surveys in Social Research. George Allen & Unwin Ltd.，1986：41.

力'；科尔曼对资源作了更宽泛的理解，他认为资源是那些能满足人们需要和利益的物品、非物品（例如信息）以及事件（例如选举）。”在此基础上，研究者对其研究中的资源概念进行了界定：“本文基本上采用科尔曼对资源的定义，即资源是那些可使人们满足必要且重要的经济、政治、社会以及与此相关的各种需要的东西。”①

发展测量指标

概念的澄清和界定只是解决了概念名义定义的内涵问题，即相当于给我们划定了概念内涵的具体范围。对于经验性的社会研究来说，还需要对其进行操作化，使其转化成能具体观察和测量的事物。接下来的任务就是要寻找与这些内涵相对应的经验指标。这一工作更为具体，也更具有挑战性。通常的做法如下：

（1）列出概念的维度。正如前面所介绍的，许多比较抽象的概念往往具有若干不同的方面或维度。或者说，一个抽象的概念往往对应于现实生活中的一组复杂的现象，而不仅仅只对应于一个单纯的、可直接观察到的现象。比如，“人的现代性”和“妇女的社会地位”就是这种具有多个不同维度的概念的两个例子。因此，我们在界定概念的定义的同时，指出概念所具有的不同维度，对于概念的操作化，对于概念的测量指标的选择，以及对综合的理论的思考与分析，都是十分有用的。比如，要测量社会中某一群体的社会地位，往往是先将这一概念的主要维度列举出来。全国妇联曾于1990年在全国进行过一项大规模的“中国妇女社会地位研究”，在其研究方案中，就是将社会地位的含义区分为政治地位、经济地位、法律地位、教育地位和家庭地位几个不同的维度。② 英克尔斯在测量人的现代性时，也是先将这一概念分成20多个不同的维度来进行的。

（2）建立测量指标。对于有些概念来说，建立测量指标是简单的。比如，人们的“性别”“文化程度”“婚姻状况”这样的概念就是如此；但是，对于其他一些比较复杂、比较抽象的概念来说，发展和建立测量指标就不是一件容易的事。通常，我们可以采取下列两种方式来发展概念的指标：

第一种方式是寻找和利用前人已有的指标。尤其是对于一些测量人格、态度方面的量表，往往经过多次的运用和修改，常常可以成为我们可用的指标。当然许多前人的指标不一定完全适合我们的概念，需要作一定的修改和补充。利用前人的指标具有可与其他研究所得结果进行比较的优点，同时，这种做法比每个研究者都发展一套自己特定的指标的做法，更有利于社会知识的积累和形成。

第二种方式是研究者先进行一段时间的探索性研究。采用实地观察和无结构访问的方式，进行资料收集的初步工作。尤其是与被研究者中的关键人物进行比较深入的交谈，从这些人那里获得符合实际的答案。这样做可以帮助研究者从被研究者的角度、用被研究者的眼光来看待事物，了解被研究者的所思所想，以及他们考虑问题的方式。所有这些都会对研究者发展出测量概念的指标提供极大的帮助。

---

① 李汉林，等．资源与交换．社会学研究，1999（4）．

② 陶春芳，等．中国妇女社会地位概观．北京：中国妇女出版社，1993：3－5．

四、指标选择的多样性

有些抽象概念往往很难（甚至不可能）在具体现象中找到其所对应的指标。而且在许多情况下，一个操作性定义往往不能够完全代表一个概念，这也是社会研究有时受到批评和指责的原因之一。同时，对这种抽象概念进行操作化时，往往在具体方法和测量指标方面，存在多种不同的选择。这也即是说，对同一个概念进行测量时，可能会存在不同的测量指标。因此，一项具体社会研究的结果，与它所采用的操作化方式及其所产生的测量指标密切相关。

比如，以对前述的“夫妻权力”的测量为例，研究者通常将这一概念界定为“夫妻在家庭中的决策权”。对其进行操作化时，不同研究者所用的指标不尽相同。1960 年，美国社会学者布拉德和沃尔夫在他们的研究中，选取了他们认为既能涉及丈夫又能涉及妻子在家庭中的决策权的 8 个指标。① 这 8 个指标如下：（1）丈夫的职业选择；（2）买什么样的汽车；（3）是否买人寿保险；（4）到什么地方度假；（5）买什么样的房子；（6）妻子是否应该参加社会工作；（7）家里有人生病时，应去看哪位医生；（8）全家每周在食品方面应花多少钱。

他们根据调查测量的结果得出结论说，丈夫和妻子在家庭决策中各有侧重，二者的权力相当。这一研究结果被广泛引证，并大大促进了后来的许多研究。但是，1971 年森特斯等研究者在对同一问题进行研究时，将“家庭中决策权”的概念操作化为 14 个指标，除了上述的 8 个以外，他们又增加了下面 6 个指标：（9）请谁来做客和与谁一起出门；（10）怎样装饰房间和摆设家具；（11）收看什么电视节目和广播节目；（12）家庭的正餐吃什么；（13）买什么样的衣服；（14）配偶应买什么样的衣服。

在他们的研究中，前 8 个问题的调查结果与布拉德等人的研究结果几乎完全一致，但加上 6 个新问题时，丈夫的权力下降了。这种结果表明，夫妻权力的对比和分布随着所考察的决策方面的不同而不同。②

我国台湾地区的社会学者也曾研究过夫妻权力问题。他们对这一概念的测量指标又如何呢？陈明穗 1986 年在研究夫妻权力时是通过以下 15 项指标来进行测量的：（1）丈夫的职业选择；（2）妻子的职业选择；（3）家人生病该看哪个医生；（4）家庭生活费的支配；（5）度假、旅游及休闲活动；（6）生育子女数目；（7）购买贵重物品；（8）置产（买房子、土地等）；（9）房子布置及购买家具；（10）订阅报刊、选择电视节目等；（11）子女的教育；（12）谁代表参加婚丧喜庆；（13）谁决定送礼与回赠礼物；（14）是否买保险；（15）何种家电用品该淘汰换新。

而伊庆春、蔡瑶玲 1988 年的研究则是用不同的 15 项指标来进行测量的：（1）丈夫的职业或工作选择；（2）妻子是否外出工作或改变工作；（3）家用支出分

---

① 埃什尔曼．家庭导论．北京：中国社会科学出版社，1991：448.

② 同①448－450.

配；（4）储蓄、投资、保险等；（5）婚丧喜庆时贺礼的数额；（6）买房子或房地产；（7）要不要搬家；（8）是否与上一代同住；（9）生几个孩子；（10）用哪种避孕方法；（11）小孩上哪所学校；（12）小孩的教育；（13）请哪些客人吃饭；（14）娱乐休闲活动的计划；（15）家中的布置及买家具。①

可以看出，上述这些测量指标都具有表面效度——它们都是在测量夫妻在家庭中的决策权。美国和中国台湾地区的两组指标也有许多相似和相同的地方，但也有一些小的差别。如果我们根据中国大陆的情况对“夫妻权力”的概念重新进行操作化，所用的指标可能与上述两者都不完全一样，相对而言，可能会比较接近台湾地区学者所用的指标。但肯定还会有一些与其不同的地方。因为，祖国大陆的社会现实与台湾地区不同，而与美国的差别就更大。

上述例子告诉我们，就像翻译其他语言的作品时，常常会碰到同一部作品由不同的人翻译，译文有好坏优劣之分一样，对同一概念的操作化结果也存在着好坏优劣之分。社会研究中众多理论概念的操作化的结果也不是唯一的。各种不同的操作化结果相互之间只是在反映概念内涵的准确性和涵盖性上存在着程度上的差别，唯一的、绝对准确、绝对完善的操作化指标是不存在的。

五、 操作化的例子 “城市居民生活质量”

笔者 1995 年承担了一项研究课题，题目是武汉市经济社会发展中的居民生活质量问题。这一课题的最主要目标，是描述武汉市居民生活质量的基本状况。研究中的一个关键环节就是对居民生活质量的概念进行操作化。通过阅读文献，笔者对“生活质量”的概念有了清楚的认识，在研究中采用的是下列定义：“生活质量是对一个社会中人们总体生活水平的综合描述。”从这一定义出发，笔者列出了这一概念所包含的主要维度，详见图 5－2。

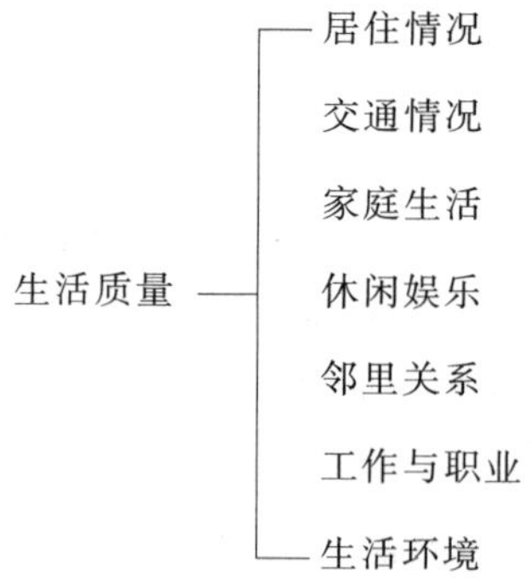

图 5－2 “生活质量”概念的主要维度

然后，在每一个主要维度中，笔者都将其进一步操作化为客观方面与主观方面两个子维度。在此基础上，又在每一个维度下面进一步发展出具体的测量指标。整

① 高淑贵．家庭社会学．台北：黎明文化事业公司，1991：73.

个操作化的指标框架详见表 5－2。

表 5－2　“生活质量”概念的主要维度及测量指标

主要维度	子维度	具体指标	主要维度	子维度	具体指标
居住情况	（客观）	房屋类型	休闲娱乐	（客观）	订报刊数量
		住房间数			平常看电视时间
		住房面积			周末或节日看电视时间
		居住年限			主要的娱乐活动
		厨房情况			主要的闲暇活动
		厕所情况			做家务的时间
		自来水			主要的交往对象
		燃料		（主观）	周末两天的感受
		有无典型困难情况			生活的感受
	（主观）	感觉宽敞或拥挤			紧张感
		横向比较的相对等级	邻里关系	（客观）	对邻里的了解情况
		对住房的自我评价			与邻里交往情况
交通情况	（客观）	上下班交通方式			找邻里借东西情况
		上下班交通所需时间			向邻里寻求帮助情况
		日常生活交通时间			发生矛盾情况
		乘坐出租车情况			是否受到邻里关心
	（主观）	对出租车方便的评价		（主观）	对邻里关系的评价
		对出租车价格的评价	工作与职业	（客观）	工作单位类型
		对公交车拥挤的评价			调动单位次数
		对交通秩序的评价		（主观）	对职业的满意度
		对交通方便的评价			对不同职业的评价
		对存在问题的评价			对单位的满意度
家庭生活	（客观）	食物消费			对工作环境、待遇等各方面的评价
		大件家电数量	生活环境	（客观）	是否经常停电
		已婚者的婚龄			是否经常停水
		是否为钱争吵		（主观）	对城市环境污染的评价
		家务是谁做			对城市社会治安的评价
		大事谁做主			对城市建设的评价
	（主观）	对家庭生活水平等级的评价			对市场物价的评价
		生活变化的纵向比较			对城市商业服务的评价
		家庭生活的满意程度			对城市经济发展的评价
		夫妻间理解的评价			对城市教育事业的评价
		对婚姻生活的总体评价			对市政府工作的评价
		家庭人际关系的评价			

资料来源：风笑天．社会调查中的问卷设计．2 版．天津：天津人民出版社，2002：222－230.

从上面的操作化框架和测量指标中可以看出，笔者将居民的生活质量操作化为居住情况、交通情况、休闲娱乐、工作与职业、家庭生活、邻里关系、生活环境等多个不同的维度。同时，每一个维度中都包含了测量居民生活质量的客观指标和主观指标。有了这样的操作化结果，到调查问卷的设计时就十分容易设计具体的调查问题了。

【拓展阅读】

请扫描二维码，学习更多操作化的例子。

“人的现代性”的例子　　“父母投资”的例子　　“溺爱孩子”的例子

第三节　量　表

在社会研究中，研究者常常需要测量一些抽象层次较高的概念，以及测量人们的态度、看法、意见、性格等等主观性较强的内容。由于这些抽象概念和这些主观性的内容一方面具有潜在性的特征，另一方面其构成也往往比较复杂，它们一般很难用单一的指标进行测量。因此，在许多社会研究所用的问卷中，常常可以看到以量表形式出现的复合测量。由于这种复合测量可以将多项指标概括为一个分数，因而可以有效地缩减资料数量，并有效地区分出人们在这些概念或态度上的程度差别。在这一节中，我们主要介绍社会研究中常用的总加量表、李克特量表和语义差异量表。

一、总加量表

总加量表（summated rating scale）由一组反映人们对事物的态度或看法的陈述构成，回答者分别对这些陈述发表意见，表示同意或不同意，并进行计分。然后将回答者在全部陈述上的得分加起来，就得到了他的态度得分。比如，表 5－3 就是总加量表的一个例子。

表 5－3　　贝利生育量表

	同意	不同意
1. 结婚的主要原因之一是要生孩子。	1	0
2. 只生一个孩子是错误的，因为独生子女是在孤独中成长的，且会由于无兄弟姐妹而忧郁。	1	0

续表

	同意	不同意
3. 生育孩子是一个妇女所能具有的最深刻的经历之一。	1	0
4. 两种性别的孩子至少都有一个比仅有一种性别的孩子好。	1	0
5. 没有孩子的妇女绝不会感到完全的满足。	1	0
6. 男人直到他业已证明自己成为孩子的父亲时，才算是"真正的男人"。	1	0
7.（由于生育控制、绝育或年老等因素）不能导致怀孕的性活动是不道德的。	1	0
8. 未结婚的或者结了婚而没有孩子的男人可能是同性恋者。	1	0
9. 妇女的首要职责是做母亲，只有在不影响其母亲的职责时，才谈得上她的事业。	1	0
10. 没有孩子的夫妇实在可怜。	1	0

资料来源：Baily K D. Methods of Social Research. 3rd ed. Free Press，1987：344.

该量表测量的是人们对生育子女所持的态度。它由在同一方向（强调生育）的10个陈述句构成，每一陈述句后都有两种答案。凡回答"同意"者，记1分；回答"不同意"者，记0分。这样，将一个回答者对这10个陈述的得分相加，就得到他在这一问题上的态度的总得分。在此例中，总分最高者为10分，它表明被调查者对生育孩子有强烈的义务感；总分最低者为0分，它表明被调查者感到没有义务生孩子。需要注意的是，表中每个陈述所表达的态度方向与记分的方向应保持一致。如果上例中出现了与这10个态度陈述的方向相反的陈述，比如，"只生一个孩子是最明智的选择"，则此时对它的记分方法应与其他10句相反，即"同意"者记0分，"不同意"者记1分。

上述这样的总加量表有一个潜在的假设或前提：每一个态度陈述都具有同等的效果，即它们在反映人们的态度方面是"等值的"，不同的陈述之间不存在数量的差别（它们的"分值"都一样）。只有在这样的假定下，我们才能说，那些总得分为2的回答者具有同样程度的不主张生育的态度；同样，也只有在这样的假定下，我们才能分辨出同意其中8条陈述的回答者比同意其中2条陈述的回答者有更强烈的生育义务感。

二、 李克特量表

李克特量表（Likert scaling）可以说是总加量表的一种特定形式，它是由美国社会心理学家李克特（R. A. Likert）于1932年在原有的总加量表的基础上改进而成的。李克特量表也由一组对某事物的态度或看法的陈述组成，与前述总加量表所不同的是，回答者对这些陈述的回答不是被简单地分成"同意"和"不同意"两类，而是被分成"非常同意、同意、不知道、不同意、非常不同意"五类，或者"赞成、比较赞成、无所谓、比较反对、反对"五类。由于答案类型的增多，人们在态度上的差别就能更清楚地反映出来。李克特量表是社会研究中用得最多的一种量表形式。表5-4是这种量表的一个例子。

表 5-4　　请你对下列看法发表意见（在每一行选一个方框内打√）

	非常同意	同意	无所谓	不同意	很不同意
①婚事应该尽量办得简单一些。	□	□	□	□	□
②结婚是人生一件大事，婚事应该办得隆重热闹，花再多钱也值得。	□	□	□	□	□
③就是有钱，婚事也不应大操大办。	□	□	□	□	□
④为了不让别人笑话，就是借钱也要把婚事办得像个样子。	□	□	□	□	□

表 5-4 中，四条陈述所代表的态度倾向是不同的，可按下列方式记分：对于赞同节俭办婚事的看法，我们按 1＝非常同意，2＝同意，3＝无所谓，4＝不同意，5＝很不同意来赋值；而对赞同婚事大操大办的看法，我们则按 5＝非常同意，4＝同意，3＝无所谓，2＝不同意，1＝很不同意来赋值。这样，上例中四种看法的具体赋值情况如表 5-5。

表 5-5　　四种看法的赋值

	非常同意	同意	无所谓	不同意	很不同意
看法①	1	2	3	4	5
看法②	5	4	3	2	1
看法③	1	2	3	4	5
看法④	5	4	3	2	1

每一个回答者在这一量表上的四个得分（每行一个答案所对应的码值）加起来，就构成他对婚事操办方式的态度得分。按我们上述赋值方式，则一个回答者在该量表上的得分越高，表明他的态度越倾向于婚事大操大办。

李克特不仅改进了总加量表的形式，更重要的是他还提出了一种帮助研究者从量表中消除有问题的项目（即陈述）的方法。这种方法成为研究者设计量表时确定量表项目的主要依据。其基本程序如下：

（1）围绕要测量的态度或主题，以赞成或反对的方式写出与之相关的看法或陈述若干条（一般为 20～30 条）。对每一陈述都给予五个答案即非常同意、同意、无所谓、不同意、很不同意，并根据赞成或反对的方向分别赋以 1、2、3、4、5 分。

（2）在所要测量的总体中，选择一部分对象（一般不能少于 20 人）进行试测。

（3）统计每位受测者在每条陈述上的得分以及每人在全部陈述上的总分。

（4）计算每一条陈述的分辨力，删除分辨力不高的陈述，保留分辨力高的陈述，形成正式的量表。

分辨力的计算方法如下：先根据受测对象全体的总分排序；然后取出总分最高的 25％的人和总分最低的 25％的人，并计算这两部分人在每一条陈述上的平均分；将这两个平均分相减，所得出的就是这一条陈述的分辨力系数。该系数的绝对值越大，说明这一陈述的分辨力越高。表 5-6 是计算分辨力的一个例子。[①]

---

① 袁方．社会研究方法教程．北京：北京大学出版社，1997：302.

表 5-6　　分辨力的计算

	题目 被调查者	(1)	(2)	(3)	(4)	(5)	(6)	(7)	(8)	(9)	(10)	(11)	(12)	个人总分
总分高的25%的人	工人 1	4	5	5	4	3	5	4	4	3	5	2	5	49
	工人 2	5	4	4	5	5	4	3	2	5	4	1	4	46
	工人 3	5	4	3	3	4	5	4	3	4	4	2	5	45
	工人 4	4	4	4	4	5	3	3	3	4	5	1	4	45
	工人 5	5	5	3	2	4	4	3	4	5	2	2	4	43
	工人 6	4	3	2	5	4	5	4	4	2	3	1	5	42
	工人 7	4	4	4	4	2	3	3	4	4	3	2	4	41
	工人 8	3	3	4	4	2	3	5	4	2	3	2	5	41
	⋮	⋮	⋮	⋮	⋮	⋮	⋮	⋮	⋮	⋮	⋮	⋮	⋮	⋮
	工人 14	2	3	2	3	3	2	3	4	4	3	2	4	36
	工人 15	2	4	2	3	2	2	3	4	4	3	1	4	34
总分低的25%的人	工人 16	2	2	4	2	3	3	2	1	4	2	2	5	32
	工人 17	2	2	2	3	4	2	4	1	3	3	2	4	32
	工人 18	1	3	2	4	1	3	3	2	1	2	2	5	29
	工人 19	1	1	2	2	2	3	2	3	4	1	1	4	26
	工人 20	1	1	1	2	1	2	1	2	3	2	2	3	21
总分高的 25% 的人的平均分		23/5 =4.6	4.4	3.8	3.6	4.2	4.2	3.4	3.2	4.2	4.0	1.6	4.4	
总分低的 25% 的人的平均分		7/5 =1.4	1.8	2.2	2.6	2.2	2.6	2.4	1.8	3.0	2.0	1.8	4.2	
分辨力系数		3.2	2.6	1.6	1.0	2.0	1.6	1.0	1.4	1.2	2.0	−0.2	0.2	

从表 5-6 最下面一行的结果中可以看出，第 11、12 条陈述（题目）的分辨力很小，故在制作正式的量表时，应将这两条陈述删除。

三、 语义差异量表

语义差异量表（semantic differential）也称为语义分化量表，它主要用来研究概念对于不同的人所具有的不同含义。这种量表最初是美国心理学家 C. 奥斯古德等人在他们的研究中使用的。它“在研究小政治群体、态度或更一般性的政治问题时特别有用”①。在社会学、社会心理学和心理学研究中，语义差异量表主要用于文化的比较研究、个人及群体间差异的比较研究，以及人们对周围环境或事物的态度、看法的研究等等。

语义差异量表的形式由处于两端的两组意义相反的形容词构成，每一对反义形容词中间分为七个等级。每一等级的分数从左至右分别为 7、6、5、4、3、2、1，也可以记为＋3、＋2、＋1、0、－1、－2、－3。被测量的概念或事物（比如某一

① 齐斯克．政治学研究方法举隅．北京：中国社会科学出版社，1985：321.

群体、某种问题、某个国家等）放在量表的顶端，调查时要求被调查者根据自己的感觉在每一对反义形容词构成的量尺的适当位置画记号，比如画╳号。研究者通过对这些记号所代表的分数的统计和计算，来研究人们对某一概念或事物的看法或态度，或者进行个人或团体间的比较分析。比如，要了解人们对女性角色的理解或看法，可用语义差异量表对若干反映女性角色的概念，如母亲、妻子、姐妹、女同学、女朋友、女强人等进行测量。表 5－7 就是这种测量的一个例子。

表 5－7　　语义差异量表例

女同学

热情的：	╳							冷漠的
主动的：							╳	被动的
大方的：					╳			拘谨的
强的：							╳	弱的
快的：						╳		慢的
善的：	╳							恶的

语义差异量表所采用的数对形容词要能够考察被调查者对研究对象的感觉和态度的各种要素或各种维度。许多研究者认为，这种形容词中通常包括三个一般的维度：评价（比如好与坏、善与恶、重要与不重要等等）、力量（比如强与弱、硬与软、刚与柔等等）和行动（比如主动与被动、快与慢等等）。

对于社会调查中经常需要了解的态度问题，比如“你认为……是否重要?”“你觉得……如何?”等等，通常的做法是列出“非常重要、比较重要、一般、不大重要、很不重要”或“非常赞成、比较赞成、一般、不大赞成、很不赞成”这样的答案来进行测量。如果改用语义差异量表来测量，其效果是一样的，而且往往会显得十分经济。奥斯古德等人在其研究报告中还指出，这种方法具有很高的再测信度和表面效度。

第四节　测量的信度与效度

对于任何一种测量工具或测量手段来说，都会涉及这样一些基本问题：测量所得的数据或资料是否与人们感兴趣的特征有关？测量所得的结果是否正是人们所希望测量的东西？当这种测量的时间、地点及操作者发生改变时，测量的结果是否也会发生改变？这就是下面介绍的测量的信度和效度问题。

一、信度

信度（reliability）即可靠性，它指的是采取同样的方法对同一对象重复进行测量时，其所得结果相一致的程度。换句话说，信度是指测量结果的一致性或稳定性，即测量工具能否稳定地测量所测的事物或变量。比如，用同一台磅秤去称某一物体的重量，如果称了几次都得到相同的结果，则可以说用磅秤进行测量的信度很高；如果几次测量的结果互不相同，则可以说它的信度很低，或者说这一测量工具是不可信的。

大部分信度指标以相关系数（*r*）来表示，其基本的类型主要有以下三种：

（1）**再测信度（test retest reliability）**。对同一群对象采用同一种测量，在不同的时间点先后测量两次，根据两次测量的结果计算出相关系数，这种相关系数就叫作再测信度。这是一种最常用、最普遍的信度检查方法。使用这种方法时，两次测量所采用的方法、所使用的工具是完全一样的。再测信度的缺点是容易受到时间因素的影响，即在前后两次测量之间的某些事件、活动的影响，会导致后一次测量的结果客观上发生改变，使两次结果的相关系数不能很好地反映两次测量的实际情况。

（2）**复本信度（parallel forms reliability）**。复本信度采取的是另一种思路：如果一套测量可以有两个以上的复本，则可以根据同一群研究对象同时接受这两个复本测量所得的分数来计算其相关系数。比如，学校考试时出的 A、B 卷就是这种复本的一个近似的例子。在社会研究中，研究人员可以设计两份研究问卷，每份使用不同的项目，但都用来测量同一个概念或事物，对同一群对象同时用这两份问卷进行测量，然后根据两份问卷所得的分数计算其复本信度。复本信度可以避免上述再测信度的缺点，但是，它的要求是所使用的复本必须是真正的复本，即二者在形式、内容等方面都应该完全一致。然而，在实际研究中，要使研究问卷或其他类似的测量工具达到这种要求往往是一件十分困难的事情。

（3）**折半信度（split half reliability）**。即将研究对象在一次测量中所得的结果，按测量项目的单双号分为两组，计算这两组分数之间的相关系数，这种相关系数就叫作折半信度。比如一个态度测量包括 30 个项目，若采用折半法技术来了解其内在一致性，则可以将这 30 个项目分为相等的两部分，再求其相关系数。通常，研究者为了采用折半信度来检验测量的一致性，需要在他的测量表中，增加一倍的测量项目。这些项目与另一半项目在内容上是重复的，只是表面形式不同而已。如果被研究者在两部分项目上的得分之间高度相关，则可以认为这次测量是可信的，两个部分的项目的确是在测量同一个事物或概念。

二、 效度

由于社会研究中的测量通常是一种间接的测量，因此，研究者通常不能确保他设计的测量程序或方法所测的正是他要测量的变量。这就提出了测量的效度问题。所谓测量的**效度（validity）**，也称作测量的有效度或准确度。它是指测量工具或测量手段能够准确测出所要测量的变量的程度，或者说能够准确、真实地度量事物属性的程度。效度所关注的问题是，“我所测量的正是我想要测量的吗？”也可以说，效度指的是测量标准或所用的指标能够如实反映某一概念真正含义的程度。当一项测量所测的正是它所希望测量的事物时，我们就说这一测量具有效度；反之，则称为无效的测量或者测量不具有效度。

比如，假设我们打算测量某个样本中的大学生的智商分布情况。我们采用一份标准的智商测验量表对他们进行测验，并用他们每个人在测验中所得的分数来表示他的智商，那么，这一测量是有效的；但是，如果我们采用的是一份英文的智商测验量表，那么，当我们同样用所得到的分数来表示他们的智商时，我们的测量就不具有效度。因为此时我们所测量的并不是大学生们的智商，而是他们的英文水平了（我们所测量到的并不是我们所希望测量的东西）。

前面所列举的贝利生育量表中，也存在这样的问题。这就是每一具体项目（即表中的陈述）的测量效度问题。我们是想测量人们对生育孩子的态度，但我们却往往难以保证我们用来进行这种测量的所有指标（量表中的 10 条陈述）都是在完全地测量着同一事物。比如，第 5 条陈述和第 9 条陈述所测量的或许是人们对“女性角色”的态度，第 6 条和第 8 条所测量的或许是人们对“男性角色”的态度，而第 2 条和第 4 条则可能是在测量人们对孩子“社会化”的态度。因而，对于同样的 2 分，这一量表所实际测量的并不一定是同样的态度和在这种态度上完全一样的程度。

测量的效度具有三种不同的类型，即表面效度、准则效度和构造效度。它们分别从不同的方面反映测量的准确程度。同时，人们在评价各种测量的效度时，也往往采用这三种类型作为标准。

（1）**表面效度（face validity）**。表面效度指的是测量指标与测量目标之间的适合性和逻辑相符性。也可以说是指测量所选择的项目是否“看起来”符合测量目的和要求。评价一种测量是否具有表面效度，首先必须知道所测量的概念是如何定义的，其次需要知道这种测量所收集的信息是否和该概念密切相关，然后评价者才能尽其判断能力之所及，做出这一测量是否具有表面效度的结论。比如，用问卷去测量人们的消费观念，那么，首先要弄清“消费观念”的定义，然后看问卷中的问题是否都与人们的消费观念有关。我们可以采取请若干专家直接进行评价的方法来检查问卷测量的表面效度。比如，请 5～10 位专家对问卷中用来测量“消费观念”的问题进行评价。如果专家一致认为这些问题明显是有关其他方面的，则这种测量就不具有表面效度；如果专家认为这些问题的确涉及的都是有关消费观念方面的内容，而看不出它们是在测量与消费观念无关的其他内容时，则可以说这一测量具有表面效度。由于表面效度基于个人的主观判断之上，因而这种效度缺乏标准的、可重复的程序保证。

（2）**准则效度（criterion validity）**。准则效度也称为实用效度或经验效度，它指的是用一种不同以往的测量方式或指标对同一事物或变量进行测量时，将原有的一种测量方式或指标作为准则，用新的方式或指标所得到的测量结果与原有准则的测量结果作比较，看二者的相关程度，并用这种特定的相关系数（称为效度系数）

来反映测量工具或手段的效度。如果新的测量方式或指标与原有的作为准则的测量方式或指标具有相同的效果，那么，其效度系数就高，我们就说这种新的测量方式或指标具有准则效度。

（3）**结构效度（construct validity）**。结构效度也称为构造效度。它通过利用现有的理论或命题来考察当前测量工具或手段的效度。结构效度涉及一个理论的关系结构中其他概念（或变量）的测量。比如，假定我们设计了一种测量方法，来测量人们的“婚姻满意度”。为了评价这种测量方法的效度，我们需要用到与婚姻满意度有关的理论命题或假设中的其他变量。假定我们有下列理论结构或命题：婚姻满意度与主动做家务的行为有关；婚姻满意度越高，越是主动承担家务。那么，如果我们的测量在婚姻满意度与承担家务方面的结果具有一致性，则称我们的测量具有结构效度；如果婚姻满意度不同的对象在承担家务方面的行为都是一样的，那么，我们测量的结构效度就面临挑战。

最后需要特别注意的是，测量的效度与信度都是一种相对量，而不是一种绝对量，即它们都是一种“程度事物”。对于同一种对象，人们常常会采取各种不同的测量方法、常常会采用各种不同的测量指标。也许这些方法和指标都没有错，但它们相互之间一定会在效度与信度这两方面存在程度上的差别。我们对它们进行评价和选择的标准则是，越是在准确性和一致性上程度高的方法和指标，就越是好的测量方法，就越是高质量的测量指标。

三、 信度与效度的关系

测量的信度与效度之间存在着某种既相互联系，又相互制约的关系。一般来说，缺乏信度的测量肯定也是无效度的测量，而具有很高信度的测量并不意味着同时也是高效度的测量，即它也许是有效度的，也许仍然是无效度的。另一方面，研究者在追求测量的信度时，往往会在一定程度上损害或降低测量的效度；反之，当研究者努力提高测量中的效度时，其测量的信度则同样会受到影响。比如，当我们用结构式问卷来测量家长“溺爱孩子”的行为时，可以得到相对高一些的测量信度，即用同样的问题反复询问同样的对象时，所得到的结果的一致性程度会比较高。但是，这种测量方法的效度往往会比较低，因为家长们在培养孩子方面的认识、态度和具体做法远比问卷中的五个问题丰富多彩。我们在问卷中所能够测量的只是其中很少、很表面、很有限的一部分。反之，如果我们用深入到每一个家庭实地观察并与家长仔细交谈的方法来进行测量，那么，所得到的资料的效度会比较高，我们实实在在地看到和感受到了家长们是如何培养孩子的。但是，由于不同调查员的访谈方式不同、认识能力不同等，对同一对象的观察结果也会不同。此时，我们就降低了观察结果的一致性程度。

【拓展阅读】

社会调查中测量有效度的挑战

本章要点

1. 测量就是根据一定的法则，将某种物体或现象所具有的属性或特征用数字或符号表示出来的过程。测量的四个要素是测量客体、测量内容、测量法则、数字和符号。

2. 操作化就是将抽象的概念转化为可观察的具体指标的过程。它是对那些抽象层次较高的概念进行具体测量所采用的程序、步骤、方法、手段的详细说明。操作化是社会研究中由理论到实际、由抽象到具体这一过程的“瓶颈”。

3. 操作化过程主要包括两个方面的工作：一是澄清与界定概念；二是发展测量指标。

4. 对抽象概念进行操作化时，往往在具体方法和测量指标方面，存在多种不同的选择。即对同一个概念进行测量时，可能会产生出不同的测量指标。而一项具体社会研究的结果，又与它所采用的操作化方式及其所产生的测量指标密切相关。

5. 测量层次分为四种，即定类测量、定序测量、定距测量和定比测量。四种测量的层次由低到高，逐渐上升。高层次的测量具有低层次测量的所有功能，它既可以测量低层次测量可以测量的内容，也可以测量低层次测量所无法测量的内容，同时，高层次的测量还可以作为低层次测量处理。

6. 对概念的复合测量可以用量表。量表是一种具有结构强度顺序的复合测量。

7. 信度即可靠性。它指的是采取同样的方法对同一对象重复进行测量时，其所得结果相一致的程度。换句话说，信度是指测量结果的一致性或稳定性。常用的信度有再测信度、复本信度和折半信度。

8. 测量的效度即准确度。它是指测量工具或测量手段能够准确测出所要测量的变量的程度，或者说能够准确、真实地度量事物属性的程度。测量的效度具有三种不同的类型，即表面效度、准则效度和结构效度。

基本概念

测量　定类测量　定序测量　定距测量　定比测量　操作化　量表　总加量表

李克特量表 语义差异量表 信度 再测信度 复本信度 折半信度 效度 表面效度 准则效度 结构效度

复习思考题

1. 对人们的“婚姻状况”“受教育年限”“学术水平”的测量属于哪一层次的测量？

2. 量表主要是用来测量什么的？请设计一份测量人们对夫妻家庭角色看法的李克特量表。

3. 试简要说明概念、变量、指标三者之间的联系与区别。

4. 请举例说明操作化在社会研究中的地位和作用。

5. 试对概念“越轨行为”“上进心”“媒介接触”和“生育意愿”进行操作化。

6. 仔细分析前几章练习中你所找到的几篇社会研究报告中的基本变量及其操作化方法，看看你可否对其做一些改进或补充。

7. 试比较全国妇联《中国妇女社会地位调查》中用来测量“妇女社会地位”的指标与中国社会科学院人口研究所做的同类研究中所用的测量指标，并做出你的评价。

推荐阅读书目

1. 巴比．社会研究方法．北京：华夏出版社，2000：第五章，第六章．

2. 贝利．现代社会研究方法．上海：上海人民出版社，1986：第四章．

3. 纽曼．社会研究方法．北京：中国人民大学出版社，2007：第七章．

4. 风笑天．现代社会调查方法．武汉：华中科技大学出版社，2001：第五章．

第六章
抽　样

社会研究中的定量研究方式还有另一个重要的基础内容，这就是抽样。在许多情况下，社会研究者希望对某一社会现象的总体或某一类人的总体进行描述和研究。如果对这些总体中的每一个元素（或个体）都进行研究，当然是最为全面的，但它却往往是最不现实的。比较理想的情形是，只研究总体中的一部分个体，但所得到的却不仅仅是这一部分个体的情况，而是渗透在、折射在、体现在这一部分个体身上的总体的情况。因此，选择能够代表总体的一部分个体，成为社会研究者必须解决的主要问题之一。经过长期的探索和实践，社会研究者充分地借助了在现代统计学和概率论基础上发展起来的抽样理论与方法，使自己的研究更能适应现代社会高异质性、高流动性、高变动性的现实。在本章中，我们将对抽样的基本概念、原理和方法进行介绍。

第一节　抽样的意义与作用

一、抽样的概念

总体

总体（population）通常与构成它的元素共同定义：总体是构成它的所有元素的集合，而**元素（element）**则是构成总体的最基本单位。在社会研究中，最常见的总体是由社会中的某些个人组成的，这些个人便是构成总体的元素。比如，当我们对某省大学生的择业倾向进行研究时，该省所有在校大学生的集合就是我们研究的总体，而每一个在校大学生便是构成总体的元素。又比如，我们打算研究某城市居民的家庭生活质量，那么，该市所有的居民家庭就构成我们研究的总体，而其中的每一户家庭都是这个总体中的一个元素。

样本

样本（sample）就是从总体中按一定方式抽出的一部分元素的集合。或者说，一个样本就是总体的一个子集。比如，从某省总数为 12.8 万人的大学生总体中，按一定方式抽出1 000名大学生进行调查，这1 000名大学生就构成该总体的一个样本（当然，从一个总体中可以抽出若干个不同的样本）。在社会研究中，资料的收集工作往往是在样本中完成的。

抽样

明白了总体和样本的概念，再来理解抽样的概念就十分容易了。所谓**抽样(sampling)**，指的是从组成总体的所有元素的集合中，按一定的方式选择或抽出一部分元素（即抽出总体的一个子集）的过程。或者说，抽样是按一定方式从总体中选择或抽出样本的过程。比如，从3 000名工人所构成的总体中，按一定方式抽出200 名工人的过程，或者从1 000户家庭构成的总体中，按一定方式抽出一个由 100户家庭构成的样本的过程，都叫作抽样。

抽样单位

抽样单位（sampling unit）就是直接抽样时所使用的基本单位。抽样单位与构成总体的元素有时是相同的，有时又是不同的。比如，上面所举的例子中，单个的大学生既是构成某省 12.8 万名大学生这一总体的元素，又是我们从总体中一次直接抽出1 000名大学生的样本时所用的抽样单位；但是，当我们从这一总体中一次直接抽出 40 个班级，而以这 40 个班级中的全部学生（假定正好1 000名）作为我们的样本时，抽样单位（班级）与构成总体的元素（学生）就不是一样的了。

抽样框

抽样框（sampling frame）又称作抽样范围，它指的是一次直接抽样时总体中所有抽样单位的名单。比如，从一所中学的全体学生中，直接抽出 200 名学生作为样本，那么，这所中学全体学生的名单就是这次抽样的抽样框。如果是从这所中学的所有班级中抽出部分班级的学生作为调查的样本，那么，此时的抽样框就不再是全校学生的名单，而是全校所有班级的名单了。因为此时的抽样单位已不再是单个的学生，而是单个的班级了。

参数值

参数值（parameter）也称为总体值，它是关于总体中某一变量的综合描述，或者说是总体中所有元素的某种特征的综合数量表现。在统计中最常见的总体值是某一变量的平均值。比如，某市待业青年的平均年龄、某厂工人的平均收入等等，它们分别是关于某市待业青年这一总体在年龄这一变量上的综合描述，以及某厂工人这一总体在收入这一变量上的综合描述。需要说明的是，总体值只有通过对总体中的每一个元素都进行调查或测量才能得到。

统计值

统计值（statistic）也称为样本值，它是关于样本中某一变量的综合描述，或者说是样本中所有元素的某种特征的综合数量表现。样本值是从样本的所有元素中计算出来的，它是相应的总体值的估计量。比如，样本的平均值就是通过对样本中的每一个元素进行调查或测量后计算出来的，它是相应的总体平均值的估计量。抽样的目的之一，就是要通过这些样本值去估计和推断各种总体值。由于从一个相同的总体中可以根据不同的抽样设计得到若干个不同的样本，所以，从每一个样本中所得到的估计量，都只是总体的许多个可能的估计量中的一个。抽样设计的目标，就是尽可能使所抽出的样本的估计量接近总体的参数值。

二、 抽样的作用

从抽样的定义中不难看出，抽样主要涉及和处理有关总体与部分之间的关系的问题。抽样作为人们从部分认识整体这一过程的关键环节，其基本作用是向人们提供一种实现“由部分认识总体”这一目标的途径和手段。实际上，抽样早就在人们的日常认识活动中发挥着这种作用。抽样的基本思想或基本逻辑早就被人们自觉或不自觉地运用着。比如：厨师在做菜时，常常从一大锅汤中舀一勺汤尝一尝，以便知道整锅汤的味道如何；顾客在买米时，往往先从一大袋米中随手抓一把看看，便知道这批米的质量好不好；医生只要从病人身上抽取很少的一点血液，便可以了解病人全部血液的各种情况。当然，抽样方法被更广泛地应用在各种形式的社会科学研究、自然科学研究，以及生产、销售等经济活动中。例如，对社会热点问题进行民意测验、对不同水稻品种的产量进行估计、对各种商品的质量进行检验或评比，都少不了抽样方法的运用和帮助。

在社会研究中，抽样主要解决的是对象的选取问题，即如何从总体中选出一部分对象作为总体的代表的问题。本章一开始我们就说过，一项社会研究若能对总体中的全部个体都进行了解，那当然是很好的。但实际上广大研究人员常常会在时间、经费、人力等方面遇到难题，甚至陷入困境，从而不得不在庞大的总体与有限的时间、人力、经费之间寻求平衡。以现代统计学和概率论为基础的现代抽样理论，以及不断发展、不断完善的各种抽样方法，正好适应了社会研究的发展和应用的需要，成为社会研究知识体系中必不可少的一部分内容。可以说，抽样方法是架在研究者十分有限的人力、财力、时间与庞杂、广阔、纷繁、多变的社会现象之间的一座桥梁。有了它的帮助，研究者可以方便地从很小的部分达到很大的整体。

为了综合地说明抽样所具有的神话般的作用，我们来看一个实际的例子。

1984 年 11 月，罗纳德·里根以 59%比 41%的优势当选为美国新一任总统。正式投票选举的前夕，一些政治民意测验机构就已根据它们抽样的结果预言了里根的胜利。表 6-1 就是美国的一些全国性的民意测验机构在 10 月底或 11 月初所作出的预测结果与实际投票结果的比较。

表 6-1　　1984 年美国总统选举预测与实际结果比较（%）

	里根	蒙代尔
《时代》/《扬基拉维齐》	64	36

续表

	里根	蒙代尔
《今日美国》/《黑蛇发女怪》	63	37
哥伦比亚广播公司/《纽约时代周刊》	61	39
盖洛普民意测验/《新闻周刊》	59	41
美国广播公司/《华盛顿邮报》	57	43
哈里斯民意测验	56	44
罗珀民意测验	55	45
实际投票结果	59	41

资料来源：Babbie E. The Practice of Social Research. 4th ed. Wadsworth Publishing Company，1986：137.

从表 6-1 中可以看出，尽管各种民意测验的结果互不相同，但是，它们一方面都正确地预言了谁将获胜，另一方面它们所预言的结果基本上都极为接近实际投票结果。那么，在当时将近 1 亿的美国选民中，它们究竟调查了多少人就得到这种结果的呢？它们的调查对象还不到2 000人！这就是抽样所具有的力量和效率。

三、 抽样的类型

根据抽取对象的具体方式，我们把抽样分为各种不同的类型。从大的方面看，各种抽样都可以归为概率抽样与非概率抽样两大类。这是两种有着本质区别的抽样类型。概率抽样是依据概率论的基本原理，按照随机原则进行的抽样，因而它能够避免抽样过程中的人为误差，保证样本的代表性；而非概率抽样则主要是依据研究者的主观意愿、判断或是否方便等因素来抽取对象，它不考虑抽样中的等概率原则，因而往往产生较大的误差，难以保证样本的代表性。本章的大部分内容将主要涉及概率抽样的方法，因为它是目前用得最多也是最有用处的抽样类型。而对于非概率抽样方法的介绍只占很小的篇幅。

在概率抽样与非概率抽样这两大类中，还可细分出若干不同的形式，具体情况见图 6-1。

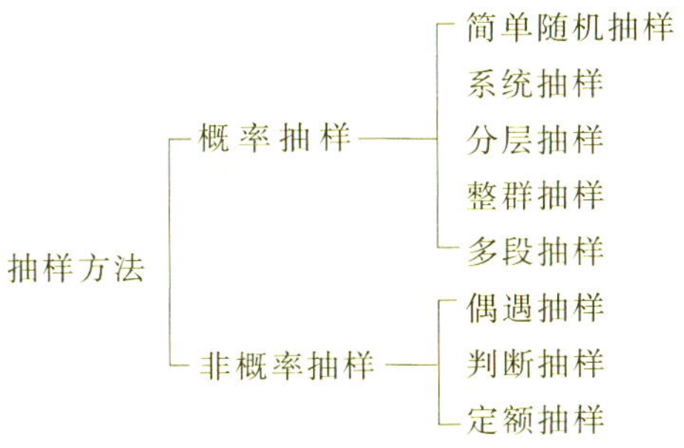

图 6-1　抽样的类型

第二节　概率抽样的原理与程序

一、概率抽样的基本原理

为了理解概率抽样的原理或逻辑，我们需要对社会群体的同质性与异质性作一点探讨。社会中由不同的个人组成的各种各样的群体、组织、阶层等等，经常构成社会研究中的总体。如果某个总体中的每一个成员在所有方面都相同，那么，我们说这个总体具有百分之百的同质性，在这种情况下，抽样也就没有必要了。因为只要了解了一个个体，就可以了解到整个总体的情况。然而，“世上没有两片完全相同的树叶”，现实社会中更没有两个完全相同的人。现实社会中的绝大多数群体通常存在着程度不同的异质性，即它们所包含的个体相互之间总是存在着这样或那样的差别。在各种社会总体都普遍存在异质性的现实面前，严格的概率抽样程序与方法就必不可少。而概率样本所要反映的正是总体所具有的那种内在的异质性结构。

抽样的最终目的在于通过对样本的统计值的描述来相对准确地勾画出总体的面貌。概率抽样的方法可以帮助我们实现这一目标，并且可以对这种勾画的准确程度作出估计。随机抽取是这一过程的关键。所谓**随机抽取（random selection）**，就是保证总体中的每一个个体都有同等的机会入选样本。或者说，总体中的每一个成员被抽中的概率相等（也即被抽中的机会相等）。而且，任何一个个体的入选与否，与其他个体毫不相关、互不影响。或者说，每一个个体的抽取都是相互独立的，是一种随机事件。为了理解事件的随机性与事件发生的概率之间的关系，最好的例子也许是投掷硬币。

对于投掷硬币的结果（总体）来说，只有正面和反面（个体）两种可能。每次投掷硬币相当于一次抽样过程（从两种可能性中抽取一种），这种抽样是随机的（两种可能性都可能出现，且出现的机会均等）。尽管一次具体的随机抽样（一次投掷）只会有一种结果，即出现某一种情况（正面或反面）的概率为100%；但是若干次不同的抽样的结果，却总是趋向于两种情况出现的次数各为50%——趋向于两种不同结果本身所具有的概率，或者说趋向于总体内在结构中所蕴涵的随机事件的概率。这个例子告诉我们，在各种随机事件的背后，存在着事件发生的客观概率，正是这种概率决定着随机事件的发展和变化规律。概率抽样之所以能够保证样本对总体的代表性，其原理就在于它能够很好地按总体内在结构中所蕴涵的各种随机事件的概率来构成样本，使样本成为总体的缩影。

在讨论概率抽样的问题时，应对有关放回抽样与不放回抽样的问题略作说明。严格地说，由于研究者在实际抽样中所做的基本上都是不放回抽样，因而并没有完全满足抽样的独立性要求。这种独立性要求指的是，任何一个元素的抽取都不会影响到其他元素被抽中的概率（这一要求是本书后面几章中讨论的统计检验所必须依据的假定）。然而，只要总体相对于样本来说大得多，我们就可以忽略这种不放回抽样所产生的微小改变。因为事实上对于一个相当大的总体来说，缺少一个元素可以说基本上并不改变总体中其他众多元素被抽中的概率；同样，即使将抽中的元素放回总体中，它也基本上不会有第二次被抽中的机会。

二、抽样分布

为了更好地理解概率抽样的原理，有必要对抽样分布作一简要介绍（更为详细的介绍可参见各种概率统计教材）。抽样分布是根据概率的原则而成立的理性分布，它显示出从一个总体中不断抽取样本时，各种可能出现的样本统计值的分布情况。

我们先来看一个总体为 10 个个案的平均数抽样分布。假如这 10 个人参加工作的年限分别为 6、7、8、9、10、11、12、13、14、15 年，那么这一总体中的成员平均参加工作年限为 10.5 年。如果我们从总体中随机抽取一个人作为样本来估计总体的平均数，那么这种样本的估计可能是 6～15 年。全部可能的 10 个“样本”所得到的估计值可用图 6－2 表示。

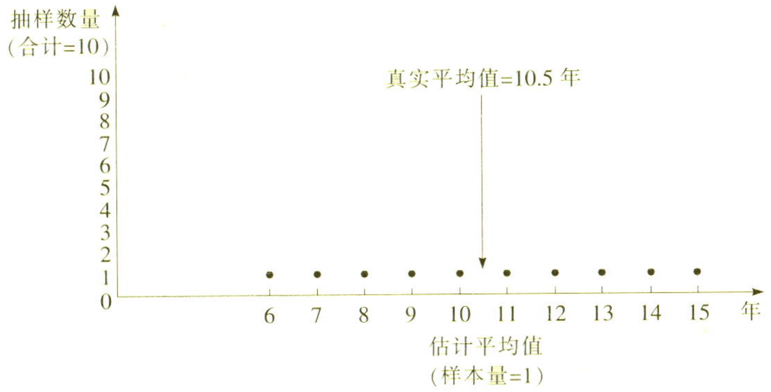

图 6－2　容量为 1 的样本的抽样分布

当样本容量为 2 时，我们总共可以抽取 45 个不同的样本（根据组合公式计算 $C_{10}^{2}=\frac{10\times 9}{1\times 2}=45$）。这些样本的平均数范围是 6.5～14.5 年，其中会产生一些相同的平均数。比如 6 年和 14 年、7 年和 13 年、8 年和 12 年、9 年和 11 年这四个样本的平均数都是 10 年。图 6－3 中，10 年那一列的四个点即是这四个样本的平均数。这 45 个样本的平均数分布如图 6－3 所示。

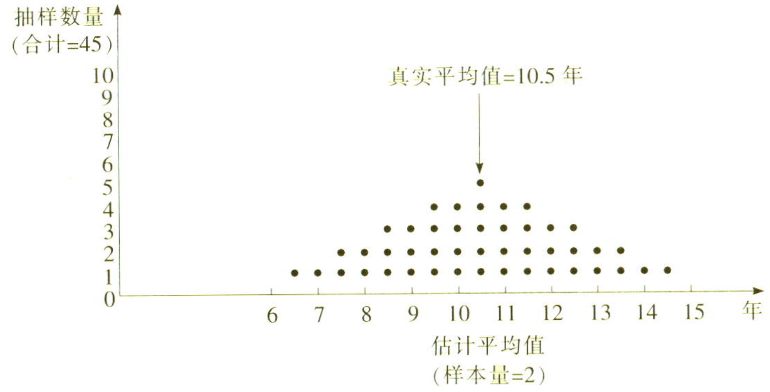

图 6－3　容量为 2 的样本的抽样分布

当样本容量增至3时，我们就会得到120个样本（$C_{10}^{3}=\frac{10\times9\times8}{1\times2\times3}=120$）。这些样本的平均数范围是7～14年，其中相同的平均数更多。全部样本的平均数分布如图6－4。

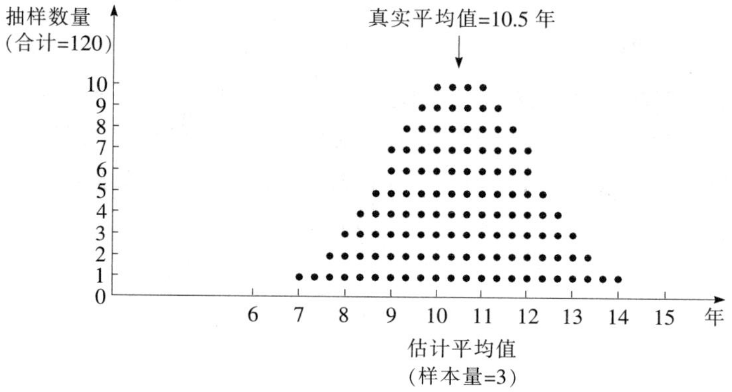

图6－4　容量为3的样本的抽样分布

当样本容量继续增大（越来越接近总体的1/2时），样本平均数的分布会进一步发生变化。这种变化趋势是，平均数的范围将逐步缩小（即分布图的底部越来越窄），相同的平均数会相应增多，全部平均数的分布向总体平均数集中的趋势也会越来越明显。从图6－5、图6－6中，我们可以很清楚地看到这种变化（它们分别是样本容量为4和5时的分布）。

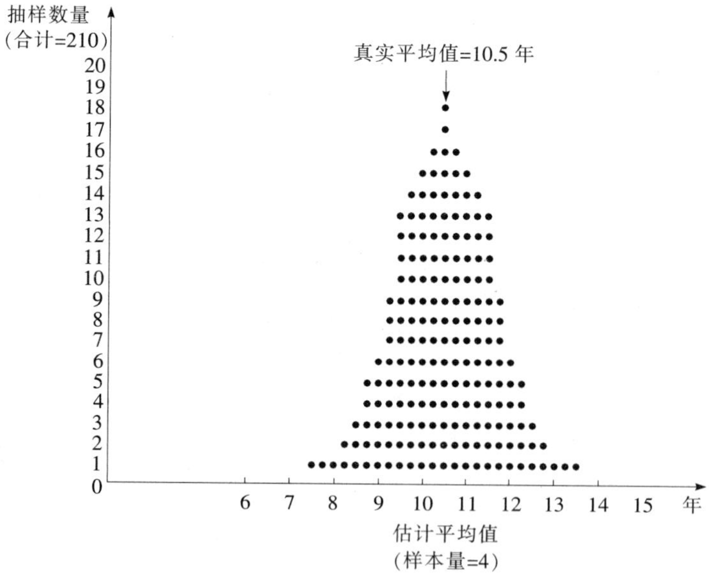

图6－5　容量为4的样本的抽样分布

在概率统计中，有一个对抽样分布十分有用的“中心极限定理”。这一定理指出：在一个含有N个元素且平均数为μ、标准差为σ的总体中，抽取所有可能的含

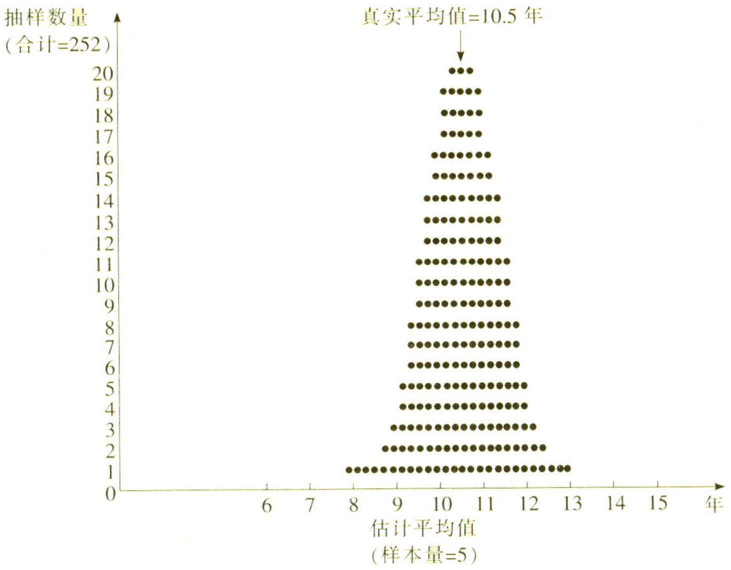

图 6-6 容量为 5 的样本的抽样分布

有 n 个元素的样本$\left[根据组合公式计算，全部可能的样本数目为 m=C_N^n=\frac{N!}{(N-n)!\ n!}\right]$。若用 $\overline{X}_1$，$\overline{X}_2$，…，$\overline{X}_m$ 来分别表示这 m 个样本的平均数，那么，样本平均数 $\overline{X}_i$ 的分布将是一个随 n 愈大而愈趋于具有平均数 μ 和标准差$\frac{\sigma}{\sqrt{n}}$的正态分布。

这一定理说明：当 n 足够大时（通常假定大于 30），无论总体的分布如何，其样本平均数所构成的分布都趋于正态分布。它的形状如图 6-7 所示。

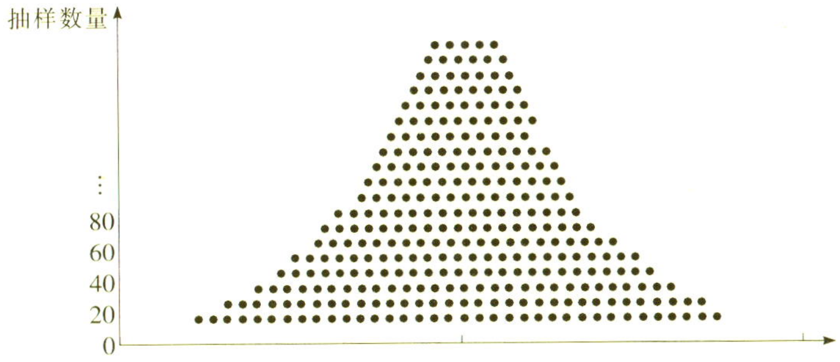

图 6-7 正态分布图

这种抽样分布具有单峰和对称的特点，因而其平均数、众数和中位数都相同。这就是说，图 6-6 中的 μ 既是抽样分布的平均数，也是次数最多的值（众数），且其两边的样本数相同（即中位数）。还可以证明，全部样本平均数的平均数正好等于总体的平均数，即有$\frac{\sum_{i=1}^{m}\overline{X}_i}{m}=\mu$；而全部样本平均数的标准差（称为标准误差或标准误，记为 SE）则等于总体标准差除以$\sqrt{n}$，即 $SE=\sqrt{\frac{\sum_{\lambda=1}^{m}(\overline{X}_i-\mu)^2}{m}}=\frac{\sigma}{\sqrt{n}}$。（证明从略，详细的证明可参阅专门的概率与统计著作。）

更为重要的是，由于平均数的抽样分布是正态分布，其平均数的次数就是正态曲线下的面积。而根据概率统计理论，正态分布曲线下的任何部分的面积是可以用数学方法推算的。因此，任何两个数值之间的样本平均数次数所占的比例是可以求得的。比如，有 68.26%的样本平均数在 $\mu\pm SE$ 这两个数值的范围内；类似地，大约有 95%的样本统计值（95.44%）落在总体参数值正负两个标准误范围内，即 $\mu\pm 2SE$；大约有 99%的样本统计值（99.74%）将落在总体参数值正负三个标准误范围内，即$\mu\pm 3SE$。在实际应用中，人们更多地采用下列几个数字：

有 90%落在 $\mu\pm 1.65SE$ 之间；

有 95%落在 $\mu\pm 1.96SE$ 之间；

有 98%落在 $\mu\pm 2.33SE$ 之间；

有 99%落在 $\mu\pm 2.58SE$ 之间。

从反面来考虑这一结论，我们就会有以下推论：对于任何一次随机抽样来说，其样本的统计值落在总体参数值正负 1.65 个标准误之间的概率是 90%，落在总体参数值正负 1.96 个标准误之间的概率是 95%……我们正是在这种意义上来说明置信水平（或把握程度，如 90%、95%等等）与置信区间（估计范围）之间的关系。

三、 抽样的一般程序

虽然不同的抽样方法具有不同的操作要求，但它们通常都要经历以下几个步骤。

界定总体

界定总体就是在具体抽样前，首先对从中抽取样本的总体范围与界限做明确的界定。这一方面是由抽样的目的决定的。因为抽样虽然只对总体中的一部分个体实施，但其目的却是描述和认识总体的状况与特征，是为了发现总体中存在的规律性，因此必须事先明确总体的范围。另一方面，界定总体也是达到良好的抽样效果的前提条件。如果不清楚明确地界定总体的范围与界限，那么，即使采用严格的抽样方法，也可能抽出对总体严重缺乏代表性的样本来。

在这方面最为著名的例子是 1936 年美国总统大选的民意测验。总统选举投票前，《文摘》杂志寄出1 000万张询问投票倾向的明信片，然后依据收回的 200 万份结果极其自信地预测共和党候选人兰登将以领先 15%的得票率战胜民主党候选人罗斯福而当选总统。然而，选举结果使预测者们大失所望：获胜者不是兰登，而是罗斯福，并且其得票率反超兰登 20%！《文摘》杂志的声誉一扫而光，不久就因此而关了门。

是什么原因导致《文摘》杂志的预测失败了呢？除了抽样方法的非随机性以及邮寄方式上的原因外，对抽取样本的总体缺乏清楚的认识和明确的界定也是极为重要的原因。因为它当时抽样所依据的并不是美国全体已登记的选民名单，而是依据电话号码簿和汽车登记簿来编制抽样框，再从这些号码中进行抽取的。这样一来，那些没有家庭电话和私人汽车的选民就被排除在抽样总体之外了。而在当时，由于1933年开始的美国经济大萧条的影响，一方面大量人口滑落到下等阶层，另一方面此时的劳动阶层选民希望选个民主党人当总统，因而很多人出来投票。结果，这些未被抽到民意测验中的较穷的选民以压倒性的多数投了罗斯福的票，使《文摘》杂志的预测遭到惨败。

这一实例告诉我们，要有效地进行抽样，必须事先了解和掌握总体的结构及各方面的情况，并依据研究的目的明确地界定总体的范围。样本必须取自明确界定后的总体，样本中所得的结果，也只能推广到这种最初已作出明确界定的总体范围中。

制定抽样框

这一步骤的任务就是依据已经明确界定的总体范围，收集总体中全部抽样单位的名单，并通过对名单进行统一编号来建立起供抽样使用的抽样框。例如，如果我们要在某大学进行一项该校大学生职业观的抽样调查，那么，第一步是要先对总体进行界定。比如说，本次调查的总体是该大学所有在读的全日制本科生和研究生。这样，该校那些专科生、夜大生以及其他一些不符合上述界定的学生就被排除在总体之外。而制定抽样框这一步的工作，就是要收集全校各系所有在读全日制本科生及研究生的花名册，并按一定的顺序将全部花名册上的名单统一编号，形成一份完整的、既无重复又无遗漏的总体成员名单，即抽样框，从而为下一步抽取样本打下基础。

需要注意的是，当抽样是分几个阶段、在几个不同的抽样层次上进行时，则要分别建立起几个不同的抽样框。比如，为了解某市小学生的学习情况，需要从全市500所小学中抽取10所小学，再从每所抽中的小学中抽取3个班级，最后从每个抽中的班级中抽取10名小学生。那么，就要分别收集并排列全市500所小学的名单、每所抽中的小学里所有班级的名单，以及每个抽中的班级中所有学生的名单，形成三个不同层次的抽样框。

决定抽样方案

从前面有关抽样类型的介绍中，我们已经了解到具体的抽样方法有好几种。而从后面几节对这些方法的介绍中我们将会看到，各种不同的抽样方法都有自身的特点和适用范围。因此，对于具有不同研究目的、不同范围、不同对象和不同客观条件的社会研究来说，所适用的抽样方法也不一样。这就需要我们在具体实施抽样之前，依据研究的目的要求、各种抽样方法的特点，以及其他有关因素来决定具体采用哪种抽样方法。除了抽样方法的确定以外，还要根据要求确定样本的规模以及主要目标量的精确程度。

实际抽取样本

实际抽取样本的工作就是在上述几个步骤的基础上，严格按照所选定的抽样方法，从抽样框中抽取一个个的抽样单位，构成样本。依据抽样方法的不同，以及依据抽样框是否可以事先得到等因素，实际的抽样工作既可能在研究者到达实地之前就完成，也可能需要到达实地后才能完成。即既可能先抽好样本，再下去直接对预先抽好的对象进行调查或研究，也可能一边抽取样本一边就开始调查或研究。

比如，若在一所大学中抽取 200 名学生进行调查，当这所学校的学生总数不是很大，且很容易弄到全校学生的花名册时，就可以事先从这份花名册中（即抽样框中）抽取出 200 名学生的名单；然后等其他准备工作均已做好，正式开始调查时，再按照事先已抽好的名单找到这 200 名学生进行调查。但当研究的总体规模较大，且抽样是采取多阶段方式进行时，就得边抽样边调查了。比如，前述的某市小学生学习情况的课题项目。虽然 500 所小学中全体学生的名单并非完全不能弄到，但其数量实在太大，实际抽样也十分麻烦。这时往往采取多阶段抽样的方法。那么，从 500 所小学中随机抽取 10 所小学的工作可以事先完成，而从每所抽中的小学中抽取 3 个班级，以及从每个抽中的班级中抽取 10 名小学生的工作，则往往是到了实地（即具体小学）后再进行的。

到实地进行抽样时，往往是直接由调查员按预先制定好的操作方式或具体方法执行。比如，要抽取居民家庭时，往往是先抽好居委会，然后制定出具体操作方式："楼房按单元抽，一个单元抽一户；平房按排抽，一排抽一户；两种抽样都采取简单随机抽样的方法，每个调查员随身带 20 张写好号码的小纸片装在口袋中，摸到什么号码就抽取所对应的家庭。"这样，调查员就可以一边抽样一边调查了。

评估样本质量

完整的抽样过程还应包括样本抽出后对样本进行的评估工作。所谓样本评估，就是对样本的质量、代表性、偏差等等进行初步的检验和衡量，其目的是防止由于样本的偏差过大而导致的失误。评估样本质量最根本的依据是研究者的抽样设计和抽样实施过程的质量。此外，人们在实践中也常常采用比较的方法。其做法是，将可得到的反映总体中某些重要特征及其分布的资料与样本中的同类指标的资料进行对比。若二者之间的差别很小，则可在一定程度上认为样本的质量较高，代表性较大；反之，若二者之间的差别十分明显，那么样本的质量和代表性就一定不会很高。举例来说，如果我们从一所有4 000名学生的大学中抽取 200 名学生作为样本，同时，我们从学校有关部门那里得到下列统计资料：全校男生占学生总数的 78%，女生占 22%；本省学生占 64%，外省学生占 36%。那么，我们可以对抽出的 200 名学生进行这两方面分布情况的统计。假定样本得到的结果为：男生占 76%，女生占 24%；本省学生占 67%，外省学生占 33%。两相对比，不难发现二者之间的差距很小，它在一定程度上说明，样本的质量和代表性较高。从这样的样本中得到的结果就能较好地反映和体现总体的情况。当然，用来进行对比的指标越多越好，各种指标对比的结果越接近越好。

【拓展阅读】

不科学抽样举例：
关于调查的样本
与推论的总体

四、抽样设计的原则

在进行抽样设计时，应遵循一定的原则。美国著名的抽样专家科什（Kish）教授在其名著《抽样调查》中提出了一个优秀的抽样设计所应该满足的四条标准。这四条标准也可以作为抽样设计所遵循的四条原则。它们如下：（1）目的性原则；（2）可测性原则；（3）可行性原则；（4）经济性原则。[①]

（1）目的性原则，是指在进行抽样方案设计时，要以课题研究的总体方案和研究的目标为依据。以研究的问题为出发点，从最有利于研究资料的获取，以及最符合研究的目的等因素来考虑抽样方案和抽样方法的设计。

（2）可测性原则，指的是抽样设计能够从样本自身计算出有效的估计值或者抽样变动的近似值。在研究中通常用标准误来表示。这是统计推断必需的基础，是样本结果与未知的总体值之间客观的、科学的桥梁。因为只有概率样本在客观上才是可测的，即概率样本可以计算出有效的估计值或抽样变动的近似值。

（3）可行性原则，是指研究者所设计的抽样方案必须在实践中切实可行。它意味着研究者所设计的方案能够预料实际抽样过程中可能出现的各种问题，并设计了处理这些问题的方法。由于在理论上设计抽样方案和在实际中执行这一方案是两码事，因而可行性是抽样设计的一条重要标准。

（4）经济性原则，主要指的是抽样方案的设计要与研究的可得资源相适应。这种资源主要包括研究的经费、时间、人力等等。

由于这四条标准相互之间存在着一定的制约关系，甚至会相互冲突，因而在实际设计中，常常存在这样的情况，即研究者很难设计出一个在上述四个原则上同时达到最大值的抽样方案。在更多的情况下，实际的抽样设计就成为研究者在这四条标准中进行取舍和保持平衡的过程。比如说，如果要加强抽样方案的可测性，研究者就应该尽可能加大样本的容量；然而在这样做的时候，却同时又意味着增加抽样

① 科什．抽样调查．北京：中国统计出版社，1997：25－28.

所需的资源。这就使得抽样设计的经济性原则进一步减弱。相对而言，这四条标准中，目的性原则和可行性原则是首要的。抽样设计要服务于研究的目标，这是设计的出发点和基本目的；而可行性则是设计方案得以实现的前提和保证。研究者应该在优先考虑这两条标准的基础上，去进一步提高方案的可测性，同时减少方案所需的资源。

第三节　概率抽样方法

概率抽样是按照概率原理进行的，它要求样本的抽取具有随机性。前面已经提到，概率抽样有若干种不同的形式，每一种具体的形式有着各自不同的特点。而在研究中对不同抽样方式的选择将涉及研究问题的性质、完善的抽样框的获得、研究经费的多少、样本精确性的要求，以及资料的收集方法等因素。下面我们就结合这些因素，对几种基本的概率抽样方法逐一进行介绍。

一、简单随机抽样

简单随机抽样（simple random sampling）又称纯随机抽样，是概率抽样的最基本形式。它按等概率原则直接从含有 N 个元素的总体中随机抽取 n 个元素组成样本（$N>n$）。常用的办法类似于抽签，即把总体的每一个单位都编号，将这些号码写在一张张小纸条上，然后放入一容器（如纸盒、口袋）中，搅拌均匀后，从中任意抽取，直到抽够预定的样本数目。这样，由抽中的号码所代表的元素组成的就是一个简单随机样本。

比如，某系共有学生 300 人，系学生会打算采用简单随机抽样的办法，从中抽取出 60 人进行调查。为了保证抽样的科学性，他们先从系办公室得到一份全系学生的名单，然后给名单中的每个学生都编上一个号（从 001 到 300）。抽样框编好后，他们又用 300 张小纸条分别写上 001，002，…，300。他们把这 300 张写好不同号码的小纸条放在一个盒子里，搅乱后，随便摸出 60 张小纸条。然后，他们按这 60 张小纸条上的号码找到总体名单上所对应的 60 位同学。这 60 位同学就构成了他们本次的样本。这种方法简便易学。但当总体元素很多时，写号码的工作量就很大，搅拌均匀也不容易，因而此法往往在总体元素较少时使用。

对于总体元素很多的情形，我们则采用随机数表来抽样。本书后就附有一张随机数表（见附录一），表中的数码和排列都是随机形成的，没有任何规律性（故也称为乱数表）。利用随机数表进行抽样的具体步骤如下：

（1）先取得一份总体所有元素的名单（即抽样框）；

（2）将总体中所有元素一一按顺序编号；

（3）根据总体规模是几位数来确定从随机数表中选几位数码；

（4）以总体的规模为标准，对随机数表中的数码逐一进行衡量并决定取舍；

（5）根据样本规模的要求选择出足够的数码个数；

（6）依据从随机数表中选出的数码，到抽样框中去找出它所对应的元素。

按上述步骤选择出来的元素的集合，就是所需要的样本。举例来说，某总体共3 000人（四位数），需要从中抽取100人作为样本进行调查。首先，我们要得到一份总体成员的名单；然后对总体中的每一个人从1到3 000进行编号；再根据总体的规模，确定从随机数表中选择四位数。具体的选法是从随机数表的任意一行和任意一列的某一个四位数开始，按照从上到下的顺序，或者从左到右的顺序，以3 000为标准，对随机数表中依次出现的每个四位数进行取舍：凡小于或等于3 000的数码就选出来，凡大于3 000的数码以及已经选出的数码则不要，直到选够100个数码为止；最后按照所抽取的数码，从总体名单中找到它们所对应的100个成员。这100个成员就构成一个随机样本。表6－2就是对3 000人的总体进行抽样时，我们采用随机数表对四位数码进行取舍的例子（采用后四位数，并按从上往下的顺序）。

表6－2 随机数表抽样例

随机数表中的数码	选用的数码	不选用的原因
8432990906	0906	
1053873020		后面四位数大于3 000
9427410041	0041	
0139022507	2507	
9361404310		后面四位数大于3 000
1359866042		后面四位数大于3 000
6321912683	2683	
9420582507		与所选的第三个数码重复
2725651176	1176	

如果采用前四位数字，仍按从上往下的顺序，那么从表6－2中我们又可以抽取出1 053、0 139、1 359、2 725这四个号码；如果取中间的四位数字，所得到的则是2 990、1 404、1 912和0 582这四个号码了。

二、系统抽样

系统抽样（**systematic sampling**）又称等距抽样或间隔抽样。它是把总体的单位进行编号排序后，再计算出某种间隔，然后按这一固定的间隔抽取个体的号码来组成样本的方法。它和简单随机抽样一样，需要有完整的抽样框，样本的抽取也是直接从总体中抽取个体，而无其他中间环节。

系统抽样的具体步骤如下：

（1）给总体中的每一个个体按顺序编号，即制定出抽样框。

（2）计算出抽样间距。计算方法是用总体的规模除以样本的规模。假设总体规模为N，样本规模为n，那么抽样间距K就由下列公式求得：

$$K（抽样间距）=\frac{N（总体规模）}{n（样本规模）}$$

（3）在最前面的 K 个个体中，采用简单随机抽样的方法抽取一个个体，记下这个个体的编号（假设所抽取的这个个体的编号为 A），它称作随机的起点。

（4）在抽样框中，自 A 开始，每隔 K 个个体抽取一个个体，即所抽取个体的编号分别为 A，$A+K$，$A+2K$，…，$A+（n-1）K$。

（5）将这 n 个个体合起来，就构成了该总体的一个样本。

例如，要在某大学总共3 000名学生中，抽取一个容量为 100 的大学生样本。我们先将3 000名学生的名单依次编上号码，然后按上述公式可求得抽样间距如下：

$$K=\frac{3\ 000}{100}=30$$

即每隔 30 人抽一名。为此，我们先在 1～30 的数码中，采用简单随机抽样的方法抽取一个数字，假如抽到的是 12，那么就以 12 为第一个号码，每隔 30 名再抽一个。这样，我们便可得到 12，42，72，…，2 982总共 100 个号码。我们再根据这 100 个号码，从总体名单中一一对应地找出 100 名学生，这 100 名学生就构成本次的一个样本。

从上面的过程中我们不难看出，系统抽样较之于简单随机抽样来说，显然简便易行多了，尤其是当总体及样本的规模都较大时更是如此。这也正是社会研究较少采用简单随机抽样而较多采用系统抽样的原因。

值得注意的是，系统抽样的一个十分重要的前提条件，是总体中个体的排列，相对于研究的变量来说，应是随机的，即不存在某种与研究变量相关的规则分布；否则，系统抽样的结果将会产生极大的偏差。因此，我们在使用系统抽样方法时，一定要注意抽样框的编制方法。特别要注意下列两种情况：

一是总体名单中，个体的排列具有某种次序上的先后、等级上的高低的情况。比如，我们要抽取若干家庭的样本进行消费状况调查。而家庭户的名单是按每个家庭总收入的多少由高到低顺序排列的。这样，如果有两个研究者都采取系统抽样的方法从这个总体中进行抽样，假设抽样间距为 40，一个抽到的随机起点号较靠前为 3，而另一个抽到的随机起点号较靠后为 38。那么，从前一个研究者所抽样本中算出的家庭平均收入，一定大大高于后者所抽样本中算出的家庭平均收入。因为第一个样本中的每一个家庭都要比第二个样本中的每一个家庭在收入等级中靠前 35 个位置，即前者中的每一个家庭都比后者中的每一个家庭在总收入上高出 35 户家庭。如果我们事先注意到这种情况，就可以采用抽取中间位置，即 20 号的方法。

二是总体名单中，个体的排列上有与抽样间隔相对应的周期性分布的情况。比如，前面关于大学生一例中，我们计算出间距为 30。如果此时总体名单是按教学班排列、每班也是 30 个左右的学生，并且每班的名单都是按学生学习成绩高低排列，或是按班干部、一般学生、较差学生的顺序排列的；那么，当所抽的随机起点号靠前时，样本就由各班上成绩优秀的学生组成，或是全由各班的班干部组成，而当所抽的初始号靠得较后时，样本就会由各班中成绩较差的学生或是各方面表现较差的学生组成。显然，无论是哪种情况，都不符合总体的全面情况，都是一个有着严重偏差的样本。此时，就应打乱原来的总体排列顺序，比如按姓氏拼音顺序进行排列。

三、分层抽样

分层抽样的概念

分层抽样（stratified sampling）又称类型抽样，它是先将总体中的所有单位按某种特征或标志（如性别、年龄、职业或地域等）划分成若干类型或层次；然后再在各个类型或层次中采用简单随机抽样或系统抽样的办法抽取一个子样本；最后，将这些子样本合起来构成总体的样本。例如，在一个企业抽取职工样本时，我们可以先把职工总体分为工人、干部和技术人员三大类；然后，采用简单随机抽样或系统抽样的方法，分别从这三类职工中抽取三个子样本；最后，将这三个子样本合起来构成全体职工的样本。

分层抽样的优点

分层抽样方法的一个优点，就是在不增加样本规模的前提下降低抽样误差，提高抽样的精度。前面我们曾经指出，总体的同质性程度越高，样本就越容易反映和代表总体的特征和面貌；而总体的异质性程度越高，样本对总体的反映和代表就越困难，对抽样的要求也越高。采用分层抽样的最基本目的，正在于把异质性较强的总体分成一个个同质性较强的子总体，以便提高抽样的效率，达到更好的抽样效果。用统计的语言来说，通过分层，使得各层内元素之间的变异程度变小，各个层内的方差变小（比总体的方差要小），因而在样本规模相同时，分层抽样的抽样误差往往比简单随机抽样的抽样误差要小。

分层抽样方法的另一个优点，就是非常便于了解总体内不同层次的情况，以及对总体中不同的层次进行单独研究，或者进行比较。比如，在《中国妇女社会地位调查》中，研究者为了能分析比较城乡差别，提高抽样精度，并能保证城市分析具有足够的样本容量，他们采取了各个省在省内进一步按城乡分域（实际上是作为研究域的层）分别进行抽样的做法，并使城乡两域的样本规模相等。这表明，该调查采用的是不按比例的分层抽样方式。

分层抽样的运用

在实际运用分层抽样的方法时，研究者需要考虑下列两个方面的问题。

（1）分层的标准问题。同一个总体可以按照不同的标准进行分层，或者说，根据不同的标准可以将一个总体分成不同的类别或层次。那么，在实际抽样中究竟应该按什么标准来分层呢？通常采用的原则如下：

第一，以所要分析和研究的主要变量或相关的变量作为分层的标准。比如，若要研究居民的消费状况和消费趋向，可以以居民家庭人均收入作为分层标准；又如，要了解社会研究中不同职业的人员对社会经济改革的看法，就可以以人们的职业作为分层的标准。

第二，以保证各层内部同质性强、各层之间异质性强、突出总体内在结构的变量作为分层变量。比如在工厂进行，可以以工作性质作为分层标准，将全厂职工分为干部、工人、技术人员、勤杂人员等几类来进行抽样。

第三，以那些已有明显层次区分的变量作为分层变量。比如在社会研究中，性别、年龄（当然是分段以后，如老、中、青）、文化程度、职业等等，就经常被用作分层的标准；其他如学生按年级、专业、学校类型分层，城市按人口规模分层。

（2）分层的比例问题。分层抽样中有按比例和不按比例分层两种方法。按比例分层抽样是指按总体中各种类型或层次的比例来抽取子样本的方法。即在单位多的类型或层次中所抽的子样本就大一些，在单位少的类型或层次中所抽的子样本就小一些。比如，某厂有工人 600 人，按性别分层则有男工 500 人，女工 100 人。总体中两类工人人数的比例为 5∶1。因此，若要抽 60 人作样本，那么，按比例的抽法就是根据上述比例，分别从 500 名男工中随机抽取 50 人，而从 100 名女工中随机抽取 10 人。这样，样本中男女工人之比与总体中男女工人之比完全相同，均为 5∶1。可以说，样本的性别结构是总体中性别结构的一种缩影。

采取按比例分层抽样的方法，可以确保得到一个在某种特征上与总体结构完全一样的样本。但是，在有些情况下，又不宜采用这种方法。例如，有时总体中有的类型或层次的单位数目太少，若以按比例分层的方法抽样，则有的层次在样本中个案太少，不便于了解各个层次的情况，这时往往要采取不按比例抽样的方法。比如上例中，样本中女工人数过少，此时我们可以采取不按比例抽样的方法，在 500 名男工中抽 30 人，在 100 名女工中也抽 30 人。这样，样本就能较好地反映出男女两类工人的一般状况，我们也能很好地对男女两类工人的情况进行比较和分析。

但需要注意的是，我们采用不按比例分层抽样的方法，主要是便于对不同层次的子总体进行专门研究或进行相互比较，但若要用样本资料推断总体时，则需要先对各层的数据资料进行加权处理，即通过调整样本中各层的比例，使数据资料恢复到总体中各层实际的比例结构。比如上例中，若要用 30 个男工、30 个女工的收入资料去推断全厂工人的平均收入时，就需要在男工的收入后乘以 5/3，而在女工的收入后乘以 1/3，再加总平均，否则就会导致推断的偏误。

四、 整群抽样

整群抽样（cluster sampling）是从总体中随机抽取一些小的群体，然后由所抽出的若干个小群体内的所有元素构成样本。这种小的群体可以是居民家庭，可以是学校中的班级，也可以是工厂中的车间，还可以是城市中的居委会等等。整群抽样中对小群体的抽取可采用简单随机抽样、系统抽样或分层抽样的方法。总之，整群抽样与前几种抽样的最大差别在于，它的抽样单位不是单个的个体，而是成群的个体。

举例来说，假设某大学共有 100 个班级，每班都是 30 名学生，总共有3 000名学生。现要抽 300 名学生作为样本。如果我们采用整群抽样的方法，就不是直接去抽一个个的学生，而是从全校 100 个班级中，采取简单随机抽样的方法（或是系统抽样、分层抽样的方法）抽取 10 个班级，然后由这 10 个班级的全部学生（300 名）构成样本。

采取整群抽样的方法，不仅可以简化抽样的过程，更重要的是它可以降低收集资料的费用，同时还能相对地扩大抽样的应用范围。在简单随机抽样和系统抽样中，都要求有一份总体所有成员的名单，即抽样框。但在实际过程中，这样的名单往往难以获得。有时即使可以获得，真正运用起来也十分麻烦。因此，上述两种抽样方法的应用范围受到一定限制。例如，要在一个有 10 万户家庭的城市中抽取1 000户家庭进行调查，若按上述两种方法，就必须首先弄到一份这 10 万户家庭的名单。而在实际调查中，这样的名单往往是很难弄到的。这时，如果采用整群抽样的方法，就可以省去这种麻烦，使抽样变得简单易行。比如说，我们可以按居民委员会（以下简称居委会）来编制抽样框，假设全市共有 200 个居委会，每个居委会有 500 户左右的家庭，那么我们只需弄到一份 200 个居委会的名单，并按上述第一种或第二种抽样方法，从中抽取两个居委会，然后将这两个被抽中的居委会中的所有家庭户作为我们的样本就行了。从这一例子中，我们不难看出整群抽样所具有的优点。许多较大规模的社会研究往往从节省经费、人力以及从研究的可行性等方面考虑，而采用整群抽样的方法。例如，20 世纪 80 年代中期由中国社会科学院社会学所等单位组织进行的“五城市婚姻家庭调查”，就是采用这种整群抽样的方法，从五个城市中抽取了八个居民点，以这八个居民点所包括的总共4 385户家庭作为样本进行的。

但是，应该看到，整群抽样所具有的简便易行、节省费用的优点，是以其样本的分布面不广、样本对总体的代表性相对较差等缺点为代价的。由于整群抽样所得样本中的个体相对集中，而涉及的面相对缩小，故在许多情况下会导致样本的代表性不足，使得结果的偏差较大。拿上面的例子来说，由 200 个居委会中任何两个居委会所包含的1 000户家庭，显然受着具体的地理、职业等社区条件和环境的限制，往往难以体现出整个城市的不同地段、不同职业区、不同生活区居民家庭的特点。这1 000户家庭对全市家庭的代表性，比起用简单随机抽样或者系统抽样和分层抽样的方法抽取的1 000户家庭来说，往往要差一些。

为了更好地理解整群抽样的特点，我们可以将整群抽样与前述几种抽样方法，特别是分层抽样方法作些比较。假设我们的总体是全国（除台湾地区、香港和澳门特别行政区外）所有城市的集合，我们要抽取一个规模为 40 个城市的样本。若按简单随机抽样或系统抽样的方法，则首先需要弄到一份全国城市的名单，然后根据随机数表或通过计算抽样间距，直接从抽样框中抽取城市；若按分层抽样的方法，则可以先按城市规模将总体分为特大城市、大城市、中等城市和小城市四类，然后分别从每一类中抽取若干城市，并将这些城市合起来构成样本；而如果采用整群抽样的方法，则可以以省（自治区、直辖市）为抽样单位，从全国 31 个省（自治区、直辖市）中随机抽取三至五个省（自治区、直辖市），再以所抽中的这些省（自治区、直辖市）中所包含的全部城市的集合作为样本。

整群抽样方法的运用，尤其要与分层抽样的方法相区别。当某个总体是由若干个有着自然界限和区分的子群（或类别、层次）组成的，同时，不同子群相互之间差别很大而每个子群内部的差异不大时，则适合于分层抽样的方法；反之，当不同子群相互之间差别不大而每个子群内部的异质性程度比较大时，则特别适合于采用整群抽样的方法。

五、多段抽样

多段抽样（multistage sampling）又称多级抽样或分段抽样，它是按抽样元素的隶属关系或层次关系，把抽样过程分为几个阶段进行的。在社会研究中，当总体的规模特别大，或者总体分布的范围特别广时，研究者一般采取多段抽样的方法来抽取样本。多段抽样的具体做法是，先从总体中随机抽取若干大群（组），然后再从这几个大群（组）内抽取几个小群（组），这样一层层抽下来，直至抽到最基本的抽样元素为止。

比如，为了调查某市青年工人的状况，需要从全市青年工人这一总体中抽取样本。我们可以把抽样过程分为下述几个阶段进行：首先，以企业为单位抽样，即以全市所有企业为抽样框，从中随机抽取一部分企业；然后在抽中的企业里，以车间为抽样单位抽样，即从全部车间中抽取若干个车间；最后，再在抽中的车间内抽取青年工人。需要说明的是，在上述每个阶段的抽样中，都要采用简单随机抽样或系统抽样或分层抽样的方法进行。

在运用多段抽样方法时，有一点需要注意，就是要在类别和个体之间保持平衡，或者说保持合适的比例。举例来说，假设某市共有 3 万名教师，他们分布在全市 10 个区的 300 所学校中。现在要抽取一个由1 200名教师组成的样本。如果按照三阶段抽样的方法，我们就可以有各种不同的抽样选择（见表 6－3）。

表 6－3

	第一阶段	第二阶段	第三阶段
方案 1	抽 10 个区	每个区抽 4 所学校	每所学校抽 30 名教师
方案 2	抽 2 个区	每个区抽 20 所学校	每所学校抽 30 名教师
方案 3	抽 10 个区	每个区抽 20 所学校	每所学校抽 6 名教师
方案 4	抽 8 个区	每个区抽 15 所学校	每所学校抽 10 名教师
方案 5	抽 5 个区	每个区抽 12 所学校	每所学校抽 20 名教师
方案 6	抽 4 个区	每个区抽 10 所学校	每所学校抽 30 名教师
方案 7	抽 3 个区	每个区抽 10 所学校	每所学校抽 40 名教师
方案 8	抽 2 个区	每个区抽 10 所学校	每所学校抽 60 名教师
方案 9	抽 1 个区	每个区抽 20 所学校	每所学校抽 60 名教师

究竟该选择哪一种抽样方案呢？或者说，如何确定每一阶段的抽样的单位数目呢？主要考虑的因素有两方面：

（1）各个抽样阶段中的子总体的同质性程度。同质性程度越高的子总体，所抽的规模就应相对小一点；反之，则应大一点。如果该市的 10 个区中，属于不同的区的学校相互之间差别很大，那么就应该加大第一阶段的抽样规模（即应采取方案 1）；如果区与区之间的学校在总体上差别不大，而每一个区中，不同的学校相互之间却差别很大，那么就应该减小第一阶段的抽样规模，加大第二阶段的抽样规模

（即应采取方案 2）；如果区与区之间、学校与学校之间的差别都不大，倒是每所学校中教师与教师之间的差别很大，那么我们就应该尽量加大第三阶段的抽样规模，而相应地减小第一和第二阶段的抽样规模（比如采取方案 8 和方案 9）。

（2）要考虑研究者所拥有的人力和经费。从方案 3 至方案 9，我们来看一下样本所覆盖的区和学校面：所覆盖的区是方案 3 最大（所有的区），依次减小，方案 9 最小（仅一个区）；所覆盖的学校数目也是从方案 3 至方案 9 依次减小（分别为 200、120、60、40、30、20、20）。一般来说，在其他条件不变的情况下，样本所覆盖的面越大，样本的代表性也越大。因此，如果仅从这方面考虑，则“大的类别中抽取单元相对较多，而每一单元中抽取个体相对较少”的做法效果较好（即方案 3 最好，依次递减，方案 9 最差）。但是，抽样时我们还应从实践的角度来进行衡量。抽的区越多、抽的学校越多，同时也意味着收集资料时，调查员要奔波的范围越广，所需要的时间、经费越多。而这则是研究者往往最不愿意看到的。所以，如果从这方面来考虑，则“大的类别中相对较少，而每一类中抽取的个体相对较多”的做法效果较好（即方案 9 最好，依次递减，方案 3 最差）。

多段抽样的方法适用于总体范围特别大、对象的层次特别多的社会研究。由于它不需要总体的全部名单，各阶段的抽样单位数一般较少，因而抽样比较容易进行。但由于每级抽样时都会产生误差，故这种抽样方法的误差较大，这是它的主要不足。在同等条件下减少多段抽样误差的方法是，相对增加开头阶段的样本数，而适当减少最后阶段的样本数。所以，当研究者的人力和经费允许时，应尽量扩大开头阶段的抽样规模。对于上例来说，就是要尽可能像方案 3、方案 4、方案 5 那样去设计。

第四节 户内抽样与 PPS 抽样

一、户内抽样的方法

当研究者以家庭作为分析单位，以入户访谈的方法收集资料，试图研究城乡家庭的结构、关系、生活方式或其他内容时，他们往往采用多段抽样的方法从某一市（县）中抽取区（乡），再从区（乡）中抽取街（村），从街（村）中抽取居委会（居民组），然后从居委会（居民组）中抽取家庭户，最后从家庭户中抽取一位成年人作为访谈对象。从这些访谈对象那里得到的有关其家庭的资料被用来描述这些家庭的特征和类型。在这种研究中，我们不仅需要抽出家庭户的样本，同时还要进行**户内抽样（within-household sampling）**——从所抽中的每户家庭中抽取一个成年人，以构成访谈对象的样本。在抽取家庭中的成年人之前的每个抽样阶段中，我们可以采用前面所介绍的某种方法来抽。而这最后一个阶段的抽样则可以采取一种被称作“Kish 选择法”的方式进行。根据这种方法，每户家庭中所有的成年人（比如说 18 岁以上者）都具有同等的被选中的概率（机会）。

Kish 选择法的具体做法如下：研究者先将调查表分为（编号为）A、B1、B2、C、D、E1、E2、F 八种，每种表的数目分别占调查表总数的 1/6、1/12、1/12、1/6、1/6、1/12、1/12、1/6；同时，印制若干套（一套八种）“选择表”发给调查员，每人一套。“选择表”的形式如表 6-4 所示。

表 6-4　Kish 选择表

A 式选择表	
如果家庭户中 18 岁以上人口数为	被抽选人的序号为
1	1
2	1
3	1
4	1
5	1
6 或以上	1

B1 式选择表	
如果家庭户中 18 岁以上人口数为	被抽选人的序号为
1	1
2	1
3	1
4	1
5	2
6 或以上	2

B2 式选择表	
如果家庭户中 18 岁以上人口数为	被抽选人的序号为
1	1
2	1
3	1
4	2
5	2
6 或以上	2

C 式选择表	
如果家庭户中 18 岁以上人口数为	被抽选人的序号为
1	1
2	1
3	2
4	2
5	3
6 或以上	3

D 式选择表	
如果家庭户中 18 岁以上人口数为	被抽选人的序号为
1	1
2	2
3	2
4	3
5	4
6 或以上	4

E1 式选择表	
如果家庭户中 18 岁以上人口数为	被抽选人的序号为
1	1
2	2
3	3
4	3
5	3
6 或以上	5

E2 式选择表	
如果家庭户中 18 岁以上人口数为	被抽选人的序号为
1	1
2	2
3	3
4	4
5	5
6 或以上	5

F 式选择表	
如果家庭户中 18 岁以上人口数为	被抽选人的序号为
1	1
2	2
3	3
4	4
5	5
6 或以上	6

调查员首先要对每户家庭中的成年人进行排序和编号。排序的方法如下：男性

在前，女性在后；年纪大的在前，年纪小的在后。即最年长的男性排第一，次年长的男性排第二，以此类推；最年长的女性排在最年幼的男性后面，其他女性也按年纪从大到小接着排列，如表 6-5 所示。

表 6-5　　家庭内成年人排序表

序号	年龄和性别特征
1	最年长的男性
2	次年长的男性
⋮	⋮
n	最年幼的男性
$n+1$	最年长的女性
$n+2$	次年长的女性
⋮	⋮
$n+m$	最年幼的女性

然后，调查员按照调查表上的编号找出相应的“选择表”，根据家庭人口数目从“选择表”中查出该选个体的序号，最后对这一序号所对应的那个家庭成员进行访谈。比如，某家庭 18 岁以上的成年人共有四人：祖母、父亲、母亲、儿子。其排序则为父亲，儿子，祖母，母亲。若调查表为 A 类，则抽取父亲；若调查表为 B2 类，则抽取儿子；若调查表为 D 类，则应抽取祖母；而调查表为 F 类时，则抽取母亲。

按这种方法抽取被访对象的另一个好处是，它不仅可以使研究者收集到样本家庭的资料，同时也可以收集到由这些被访者构成的个人样本的资料，这种资料可以用来描述这一地区所有成年人所构成的总体。因为按这种方法进行抽取时，家庭中的每一个人都有同样的概率被抽中，所以，按这种方法抽出来的人所组成的样本，在年龄、性别、文化程度等方面的分布与总体的分布往往十分接近。

在实际调查中，研究者也经常采用一种十分简便的户内随机抽人的方法——生日法。这种方法的具体操作步骤如下：第一步，随机确定一年中的某一天为标准日期，为便于计算，通常抽取某个月的第一天，比如说 6 月 1 日，或者 7 月 1 日等等。第二步，需要了解所抽中的户中 18 岁以上的人口数，以及每人的生日是几月几日。第三步，计算出每人的生日距离标准日期的天数。第四步，从中选出生日距离标准日期最近的人作为调查对象。比如，一项调查确定的标准日期是 8 月 1 日，所抽中的某户家庭共有 5 口人，老年夫妇两人，青年夫妇两人，一个上小学的儿童。那么，就询问 4 个成年人的生日。假设分别为老先生 2 月 9 日、老太太 9 月 27 日、年轻丈夫 6 月 18 日、年轻妻子 5 月 6 日。那么，四人的生日距离标准日期的时间分别为 172 天、57 天、43 天、86 天。因此，就应该抽取年轻丈夫作为调查对象。由于每一户家庭中人们出生的日期是随机分布的，标准日期也是随机确定的，因而这种按生日抽取个人的方法也具有随机性。其所抽取的个人样本也能够用来推断总体的情况。

【拓展阅读】

Kish 户内抽样
方法的基本原理

二、 PPS 抽样

多段抽样中，其实暗含了一个假定：每一个阶段抽样时，其元素的规模是相同的。以三阶段抽样为例，先抽取街道，再抽取居委会，最后抽取家庭户。第一阶段抽取街道时，暗含了每个街道的规模相同；第二阶段从街道抽取居委会时，也是暗含了每个居委会的规模相同。在这样的假定下，采取前述几种随机抽样的方法，最终在第三阶段每户家庭被抽中的概率相等。但现在的问题是，现实生活中，不仅每一个街道包含的居委会户数不同，而且每一个居委会中所包含的居民家庭数也不同。因而按照上述多段抽样的方法来抽取样本时，最终每户家庭被抽中的概率实际上是不同的。

为了简单说明这种情况，我们以两阶段抽样为例。第一阶段从全市所有居委会中抽一部分居委会，第二阶段再从抽中的居委会中抽取一部分家庭。假设一个城市有 100 000 户家庭，分属 200 个居委会。如果要从总体中抽取 1 000 户家庭构成样本，我们可能会先从 200 个居委会中随机抽取 20 个居委会（这里暗含了每个居委会规模一样大）；然后，在所抽取的 20 个居委会中，每个居委会随机抽取 50 户家庭。这样，我们总共抽到 1 000 户家庭。

当居委会的规模大小不一时，情况就发生变化。比如说，甲居委会比较大，有 800 户家庭，乙居委会比较小，只有 200 户家庭。那么，当它们在第一阶段都被抽中后，第二阶段分别从它们中抽取 50 户家庭。此时，甲居委会中的家庭被抽中的概率为（20/200）×（50/800）＝1/160；而乙居委会中家庭被抽中的概率则为（20/200）×（50/200）＝1/40。乙居委会中家庭被抽中的概率是甲居委会中家庭的 4 倍。

在社会研究中，有一种常用的不等概率抽样方法，叫作“概率与元素的规模大小成比例的抽样”（Sampling with Probability Proportional to Size），简称 **PPS 抽样**。PPS 抽样的方法正是为了解决上述问题而设计的。其原理可以通俗地理解成以阶段性的（或暂时的）不等概率换取最终的、总体的等概率。其做法如下：在第一阶段，每个群按照其规模（所含元素的数量）被给予大小不等的抽取概率，大的群具有比小的群更大一些的概率；但到了抽样的第二阶段，从每个抽中的群中都抽取同样多的元素（也是不等概率的）。正是通过这样两个阶段上的不等概率抽样，使得总体中的每一个元素最终都具有同样的被抽中的概率。其实质是这样的：第一个阶段中，大的群被抽中的概率大，而小的群被抽中的概率小；到了第二阶段，被抽中的大的群中的元素被抽中的概率小，而被抽中的小的群中的元素被抽中的概率大。正是这一大一小，平衡了由于群的规模所带来的概率差异。我们还可以用下列公式来说明 PPS 抽样的原理：

$$\frac{\text{每一个元素}}{\text{被抽中的概率}}=\text{所抽取的群数}\times\left(\frac{\text{群的规模}}{\text{总体的规模}}\right)\times\left(\frac{\text{平均每个群中所要抽取的元素}}{\text{群的规模}}\right)$$

比如，前述例子中甲居委会包含 800 户家庭，那么，它在第一阶段被抽中的概率：

800/100 000=1/125

在第二阶段，这个群中每一户家庭被抽中的概率：

50/800=1/16

那么，这个居委会中每一户家庭最终的被抽中的概率：

20（所选择的居委会数目）×（1/125）×（1/16）=1/100

而乙居委会比较小，只有 200 户家庭，那么它在第一阶段被抽中的概率：

200/100 000=1/500

在第二阶段，这个群中每一户家庭被抽中的概率：

50/200=1/4

那么，乙居委会中每一户家庭最终的被抽中的概率：

20（所选择的居委会数目）×（1/500）×（1/4）=1/100

这里我们可以看到，无论一个居委会的规模是大是小，每一户家庭始终都具有同样大的被抽中的概率。其实，从上述公式中也可以看到，PPS 抽样的做法已经排除了群的规模这一因素的影响——第一个分子与第二个分母相互约掉了——每一个元素的被选概率变成了所抽取的群数乘以从每个群中所抽取的元素数，再除以总体的规模。这实际上就是样本规模除以总体规模。

PPS 抽样的方法可以扩展到多阶段的情形，只要在中间的每一个阶段都同样依据概率与规模成比例的原则，除了最后一个阶段以外。比如，下面是以先抽街道、再抽居委会、最后抽家庭户的三阶段抽样为例的公式：

$$\frac{\text{每一户居民}}{\text{被抽中的概率}}=\text{所选择的街道数}\times\left(\frac{\text{街道的规模}}{\text{总体的规模}}\right)\times\text{所选择的居委会数}$$
$$\times\left(\frac{\text{居委会的规模}}{\text{街道的规模}}\right)\times\left(\frac{\text{每个居委会中所要抽取的户数}}{\text{居委会的规模}}\right)$$

PPS 的具体操作方法，我们可以下例来说明。

比如要从全市 100 家企业、总共 20 万名职工中，抽取1 000名职工进行调查。

我们采取多段抽样的方法，先从 100 家企业中随机抽取若干家企业，比如说抽取 20 家；然后再从这 20 家企业中分别抽取 50 名职工（50×20=1 000）构成样本。需要注意的是，这 100 家企业的规模是不同的：最大的企业多达16 000名职工，而最小的企业则只有 200 名职工。

我们在进行 PPS 的具体操作时，先将各个元素（即企业）排列起来，然后写出它们的规模、计算它们的规模在总体规模中所占的比例，将它们的比例累计起来，并根据比例的累计数依次写出每一元素所对应的选择号码范围（该范围的大小等于元素规模所占的比例，见表 6-6 中第一、二、三、四、五列）；然后采用随机数表的方法或系统抽样的方法选择号码，号码所对应的元素入选第一阶段样本（见表 6-6 中第六、七列）；最后再从所选样本中进行第二阶段抽样（即从每个被抽中的元素中抽取 50 名职工）。由于规模大的企业所对应的选择号码的范围也大，而选择号码的范围大时，被抽中的概率也大（有些特别大的企业还可能抽到不止一个号码，比如企业 3 就抽到两个号码，那么在第二阶段抽样中，就要从企业 3 中抽取 50×2=100 名职工）。由于规模大的企业在第一阶段抽样时被抽中的概率大于规模小的企业，这样就补偿了第二阶段抽样时规模大的企业的每个职工被抽中的概率小的情况，使得无论规模大还是规模小的企业中，每个职工总的被抽中的概率是相等的。所以，以这种方法最终抽出的样本对总体的代表性也大。

表 6-6　　用 PPS 方法抽取第一阶段样本举例

序号	规模	所占比例（%）	累计（%）	选择号码范围	所选号码	入样元素
企业 1	3 000	1.5	1.5	000～014	012	元素 1
企业 2	2 000	1	2.5	015～024		
企业 3	16 000	8	10.5	025～104	048、095	元素 2、3
企业 4	200	0.1	10.6	105		
企业 5	1 200	0.6	11.2	106～111		
企业 6	6 000	3	14.2	112～141	133	元素 4
企业 7	800	0.4	14.6	142～145		
企业 8	600	0.3	14.9	146～148	148	元素 5
企业 9	1 400	0.7	15.6	149～155		
企业 10	4 200	2.1	17.7	156～176	171	元素 6
⋮	⋮	⋮	⋮	⋮		
企业 98	400	0.2	98.8	986～987		
企业 99	1 800	0.9	99.7	988～996	995	元素 20
企业 100	600	0.3	100	997～999		

当然从实践上看，由于 PPS 抽样需要知道每一个群的规模，所以做起来并不十分容易。如果我们无法知道每一个街道的居民户数以及每一个居委会的居民户数，或者无法得到总体中所有企业各自的职工人数，我们就无法运用 PPS 抽样。

第五节 非概率抽样方法

在社会研究中，人们有时还采用非概率抽样的办法来选取样本。非概率抽样不是按照概率均等的原则，而是根据人们的主观经验或其他条件来抽取样本。因而，其样本的代表性往往较小，误差有时相当大，而且这种误差又无法估计。所以，在大规模的正式研究中，一般很少用非概率抽样，常常只是在探索性研究中采用。常用的非概率抽样有以下几种。

一、偶遇抽样

偶遇抽样（accidental sampling）又称作方便抽样或自然抽样，是指研究者根据现实情况，以自己方便的形式抽取偶然遇到的人作为对象，或者仅仅选择那些离得最近的、最容易找到的人作为对象。如为了调查某市的交通情况，研究者到离他们最近的公共汽车站，把当时正在那里等车的人选作调查对象。其他类似的偶遇抽样还有在街头路口拦住过往行人进行调查，在图书馆阅览室对当时正在阅览的读者进行调查，在商店门口、展览大厅、电影院等公共场所向进出往来的顾客、观众进行调查，利用报纸杂志对读者进行调查，老师对他所教的班级的学生进行调查，等等。

这种碰到谁就选谁的抽样方法往往被有些人误认为就是随机抽样。仅从表面上看，二者的确有些相似，都排除了主观因素的影响，纯粹依靠客观机遇来抽取对象；但二者有一个根本的差别，这就是偶遇抽样没有保证总体中的每一个成员都具有同等的被抽中的概率。那些最先被碰到的、最容易见到的、最方便找到的对象具有比其他对象大得多的机会被抽中。正是这一点使我们不能依赖偶遇抽样得到的样本来推论总体。

二、判断抽样

判断抽样（judgmental sampling）又称**立意抽样或目的抽样（purposive sampling）**，它是研究者根据研究的目标和自己主观的分析来选择和确定研究对象的方法。这种抽样首先要确定抽样标准。由于标准的确定带有较大的主观性，所以，此法的运用结果如何往往与研究者的理论修养、实际经验以及对对象的熟悉程度有很大关系。

判断抽样的主要优点在于可以充分发挥研究人员的主观能动性，特别是当研究者对研究总体的情况比较熟悉、研究者的分析判断能力较强、研究方法与技术十分熟练、研究的经验比较丰富时，采用这种方法往往十分方便。但是由于它仍然属于一种非概率抽样，所以，其所得样本的代表性往往难以判断。在实际中，这种抽样多用于总体规模小、所涉及的范围较窄或时间、人力等条件有限而难以进行大规模抽样的情况。

三、 定额抽样

定额抽样（quota sampling）又称作配额抽样，它是一种比偶遇抽样复杂一些也进步一些的非概率抽样方法。进行定额抽样时，研究者要尽可能地依据那些有可能影响研究变量的因素对总体分层，并找出具有各种不同特征的成员在总体中所占的比例；然后依据这种划分以及各类成员的比例采取偶遇抽样或判断抽样的方式选择对象，使样本中的成员在上述各种因素、各种特征方面的构成及在样本中的比例都尽量接近总体。其前提是要对总体中各种构成的比例有所了解。如果把各种因素或各种特征看作不同的变量的话，那么，定额抽样实际上就是依据这些变量的组合。下面，我们以性别、年级和专业三个因素来解释这种变量的组合及其定额抽样的实施办法。

假设某高校有4 000名学生，其中男生占60%，女生占40%；文科学生和理科学生各占50%；一年级学生占40%，二年级、三年级、四年级学生分别占30%、20%和10%。现在要用定额抽样方法依上述三个变量抽取一个规模为100人的样本。依据总体的构成和样本规模，我们可得到定额表，如表6-7。

表6-7　　100人的定额样本分布表

	男生（60人）								女生（40人）							
	文科（30人）				理科（30人）				文科（20人）				理科（20人）			
年级	一	二	三	四	一	二	三	四	一	二	三	四	一	二	三	四
人数	12	9	6	3	12	9	6	3	8	6	4	2	8	6	4	2

表6-7的最下面一行就是样本中具有各种特征的学生数目。这一数目是依据总体中的结构分配的，它使得样本在这几个方面与总体保持了一致。可以想象，如果所依据的类似特征（即变量）越多，样本中成员的分类也将越细，与总体的结构也将越接近。同时我们也可以看出，每增加一个分类特征，这种分布就会复杂一层，抽样就会困难一步。因此，研究者应根据研究的主要目标来进行定额抽样。

有时，当研究的主要目标不是去推断总体状况，而是为了检验理论、解释关系或比较不同性质的群体时，或许不需要进行严格的随机抽样，不需要得到对总体有代表性、有概括性的样本。此时的抽样标准可能不是代表性，而是合适性——抽样适合研究的目标，适合检验理论和假设的需要，适合比较的需要。英克尔斯在研究人的现代性时，就是根据合适性的原则，采用了定额抽样，而没有采用随机抽样。他写道："我们没有寻找代表性的样本，而是寻找非常适合于目标的配额样本，个人与群体之所以被选入样本，是因为它们同我们要检验的理论有关……”[①]

英克尔斯的抽样设计如图 6－8 所示。就是他们对作为调查点的六个国家的选择，也是基于类似的考虑。“这些国家之所以使我们感兴趣，不是因为它们代表所有其他的国家，而是因为它们的人民符合我们的实验设计中的那些条件。”[②]

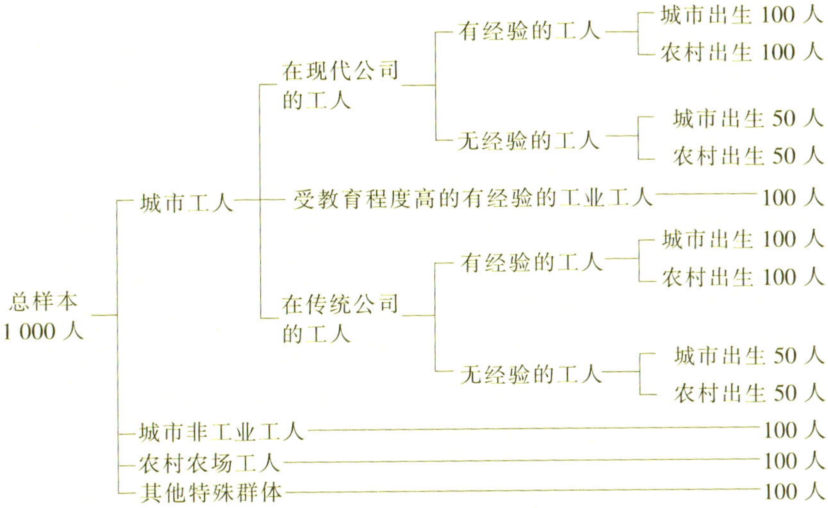

图 6－8 现代人研究抽样示意图

定额抽样与前面介绍的分层抽样十分相似，我们也可以把定额抽样称为分层抽样在非概率抽样中的对应词。实际上，二者具有本质上的差别。二者虽然都依据某些特征对总体进行分层，但二者的抽样方法不同。定额抽样方法是通过主观的分析来确定和选择组成这种模拟物的成员，注重的是样本与总体在结构比例上的表面一致性；而分层抽样的方法则是完全依据概率原则，排除主观因素，客观地、等概率地在各层中进行抽样，这与定额抽样中那种“按事先规定的条件，采取偶遇方式，有目的地寻找”的做法是完全不同的。

第六节 样本规模与抽样误差

一、 样本规模

样本规模（sample size）又称为样本容量，它指的是样本中所含个案的多少。确定样本规模也是每一项具体的社会研究所必须解决的问题之一。统计学中通常以

① 英克尔斯．从传统人到现代人：六个发展中国家中的个人变化．北京：中国人民大学出版社，1992：63.

② 同①68.

30为界，把样本规模分为大样本（30个个案及以上）和小样本（30个个案以下）。之所以这样区分，是因为当样本规模大于30时，无论总体的分布如何，其平均数的抽样分布将接近于正态分布。从而许多统计学的公式就可以运用，也可以用样本的资料对总体进行推论。但是，需要注意的是，30个个案的样本规模对于社会研究来说却常常是不够的。统计学中的大样本与社会研究中的大样本并不是一回事。

根据一些社会研究专家的看法，社会研究中的样本规模不能少于100个个案。这是因为，在社会研究中，研究者不仅仅需要以样本整体为单位来计算平均数、标准差、相关系数等等统计量；同时，他们更经常地需要将样本中的个案按不同的指标划分为不同的类别，进而分析不同类别之间的差别、分析不同变量之间的关系。因此，要保证所划分出的每个子类别中都有一定数量的个案，就必须扩大整个样本的规模。比如，要计算某企业职工的平均收入，也许大于30个个案的样本就可以了。但是，如果要进一步计算不同年龄的职工群体（青年工人、中年工人、老年工人）或不同岗位职工（干部、工人、技术人员、后勤人员）的平均收入，那么，30个个案的样本显然就不能满足统计的需要了。如果将样本中的个案按性别和年龄进一步划分为“青年男性、中年男性、老年男性、青年女性、中年女性、老年女性”六类，或者男女干部、男女工人、男女技术人员、男女后勤人员八类，再分别计算每一类个案中的平均数、标准差时，所需的样本规模就更要成倍地增加了。

许多书中都给出了样本规模的计算公式。例如，简单随机抽样中推论总体均值的样本规模计算公式：

$$n=\frac{t^2\times\sigma^2}{e^2}$$

其中，t为置信度所对应的临界值，σ为总体的标准差，e为抽样误差。

而推论总体成数（或百分比）的样本规模计算公式：

$$n=\frac{t^2\times p\ (1-p)}{e^2}$$

其中，p为总体的成数或百分比，t、e含义同上。

在上述计算公式中，由于置信度是事先确定的，所以其临界值t可从标准正态分布表中查出，e也是研究者根据需要预先确定的，但是总体的标准差、成数或百分比却往往是难以得到的（它们通常是研究所需要求得的）。因此，在实际抽样过程中，研究者往往无法直接运用上述公式计算所需的样本规模，而只能采取某种变通的办法。比如，利用前人所做的关于同一总体的普查或抽样调查资料，来计算或估计总体方差，由此得出推论总体均值的样本规模。在计算推论总体成数（或百分比）的样本规模时，我们注意到，$p\ (1-p)$在$p=0.5$时达到最大值。因此，即使我们对p一无所知，也可以采取比较保险的办法，取$p=0.5$，这样，$p\ (1-p)=0.25=1/4$，上式变为：

$$n=\frac{t^2}{4e^2}$$

它可以保证样本规模足够大。表6-8就是根据上面的公式，在95%的置信度条件下（$t=1.96$）计算出的不同抽样误差所对应的最小样本规模（表中为计算简便，取$t=2$）。

表 6-8 **95%置信水平下不同抽样误差所要求的样本规模**

容许的抽样误差 e（%）	样本规模 n	容许的抽样误差 e（%）	样本规模 n
1.0	10 000	6.0	277
1.5	4 500	6.5	237
2.0	2 500	7.0	204
2.5	1 600	7.5	178
3.0	1 100	8.0	156
3.5	816	8.5	138
4.0	625	9.0	123
4.5	494	9.5	110
5.0	400	10.0	100
5.5	330		

资料来源：de Vaus D A. Surveys in Social Research. George Allen & Unwin Ltd.，1986：63.

表 6-8 依据的是简单随机抽样，对于实际采用的多阶段复杂抽样，要达到同样的精度，还需要乘上它的设计效应 deff。根据经验，通常取设计效应为 1.8 或取 2，当然也可以取 2.5 等。deff 取得越大时，实际样本的规模也就越大。比如，表 6-8 中 5%的抽样误差所要求的样本规模是 400，而取设计效应为 1.8 时的实际样本规模则是 $400\times1.8=720$，取设计效应为 2 时的实际样本规模就成了 $400\times2=800$ 了。

二、 影响样本规模确定的因素

一般情况下，社会研究中样本规模的确定主要受到以下四个方面因素的影响：（1）总体的规模；（2）推断的把握性与精确性；（3）总体的异质性程度；（4）研究者所拥有的经费、人力和时间。

总体的规模

样本规模与总体规模有关，这不难理解。按一般的想法，总体越大时，则样本也要越大，这样才能保证一定的精确度。但是，这种想法只在一定的程度上是正确的。即在总体规模很小时，提高样本占总体的比例，的确能够明显地改善抽样的精确度。比如，在总体规模小于 1 000 的情况下，样本占总体 10%或者 30%，结果相差是很大的。当总体规模大到一定程度时，样本规模的增加与它并不保持同等的增长速度。图 6-9 表明，对一组已知的条件（总体的置信度、置信区间和总体特征的方差）来说，当总体规模从 1 000 增大到 500 000 或者更大时，样本的必需数量也有所增加。但是，样本规模的增加速度大大低于总体规模的增加速度。换句话说，当总体规模达到一定程度时，样本规模的改变量是很小的。

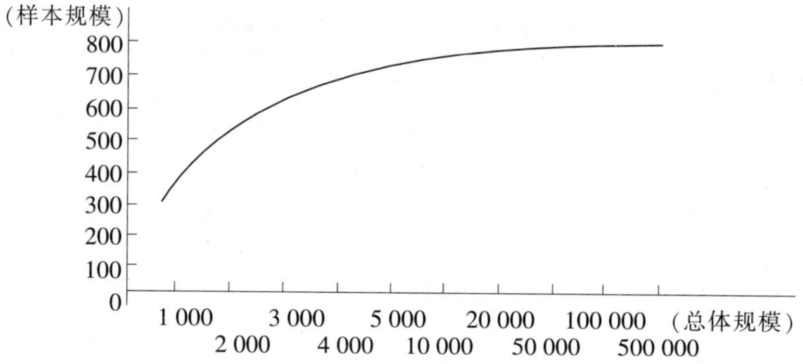

图 6-9　不同的总体规模所需要的样本量（相对于 95%的置信度、±3%的置信区间和总体值以 50%对 50%的比例均分的假定而言）

资料来源：林南．社会研究方法．北京：农村读物出版社，1987：182.

推断的把握性与精确性

抽样的目的往往是要从样本去推断总体。影响样本规模确定的第二个因素，就与这种推断的可靠性和精确性密切相关。在社会研究中，我们用置信度与置信区间这两个概念来说明样本规模与抽样的可靠性及精确性之间的关系。**置信度（confidence level）**又称为置信水平，它指的是总体参数值落在样本统计值某一区间的概率，或者说，总体参数值落在样本统计值某一区间中的把握性程度。它反映的是抽样的可靠性程度。比如，置信度为 95%，指的是总体值落在样本值某一区间的概率为 95%，或者说，在对某一总体进行的同样形式的 100 次抽样中，总体值将有 95 次落在样本值周围的某一区间内。一般来说，在其他条件一定的情况下，置信度越高，即推断的把握性越大，则所要求的样本规模就越大。比如说，99%的置信度所要求的样本规模，就比 95%的置信度所要求的样本规模要大。

上面在探讨置信度时所说的“某一区间”，叫作置信区间。它是指在一定的置信度下，样本值与总体值之间的误差范围。它所反映的是抽样的精确性程度。误差范围越大，精确性程度越低；误差范围越小，精确性程度越高。在其他条件一定的情况下，置信区间越小，即样本值与总体值之间的误差范围越小，则所要求的样本规模就越大。比如：置信度为 95%时，若误差范围为±5%，需要 377 个回答者；若误差范围为±4%，则需要 583 个回答者；而误差范围为±1%时，则需要6 849 个回答者。

总体的异质性程度

总体的异质性程度对所需样本规模的影响也十分明显。总体中成员相互之间不存在差别时，只要了解其中之一就行了。这当然是极端的情况。一般来说，要达到同样的精确性，在同质程度高的总体中抽样时，所需要的样本规模就小一些；而在异质程度高的总体中抽样时，所需要的样本规模就大一些。其主要原因是，同质性越高，表明总体在各种变量上的分布越集中，波动性越小，同样规模的样本对总体的反映就越准确。而异质性程度越高，表明总体在各种变量上的分布越分散，波动性越大，同样规模的样本对总体的反映就会越差。比如，当总体中的个体在收入上的差别比较小，或者说收入的分布比较集中时，所抽取的样本中人均收入值的随机波动范围就很小，因而抽样误差也就会很小。抽样的精度就会比较高。

与总体异质性程度有关的另一个因素是，当总体中的大部分成员对某个问题的回答或选择与小部分成员的回答或选择不同时，比如70%的成员选择回答甲，30%的成员选择回答乙，则所需要的样本规模要小一些；而当选择两种不同回答的成员比例相差无几时，比如说选择甲、乙的比例都为50%左右，则所需要的样本规模为最大。前面表6-8所依据的计算公式中所取的百分比正是50%对50%的情形。而表6-9反映的就是这种差别。

表6-9　　根据总体同质性程度和精确性要求所需要的样本规模

容许的抽样误差（%）	所期望的给予特定回答的总体百分比					
	5或95	10或90	20或80	30或70	40或60	50/50
1	1 900	3 600	6 400	8 400	9 600	10 000
2	479	900	1 600	2 100	2 400	2 500
3	211	400	711	933	1 066	1 100
4	119	225	400	525	600	625
5	76	144	256	336	370	400
6	—	100	178	233	267	277
7	—	73	131	171	192	204
8	—	—	100	131	150	156
9	—	—	79	104	117	123
10	—	—	—	84	96	100

注：置信水平为95%；样本规模小于表中短横线上的数字时，难以进行有意义的分析。

资料来源：de Vaus D A. Surveys in Social Research. George Allen & Unwin Ltd.，1986：65.

研究者所拥有的经费、人力和时间

除了以上几种因素外，研究者所拥有的经费、人力和时间，也对样本规模的大小产生影响。从样本的代表性、抽样的精确性考虑，则样本规模当然是越大越好；但抽样所得到的样本是要用来进行调查的，样本规模越大，同时也意味着所需要投入的人力、物力和时间越多，意味着所可能受到的限制和障碍也越多。因此，从抽样的可行性、简便性考虑，样本规模又是越小越好。究竟选择多大规模的样本，往往需要作出选择；而这种选择的一个重要砝码，就是研究者所拥有的经费、人力和时间。

总之，样本规模的确定需要综合考虑各方面因素，没有一成不变的规定。考虑到初学者实践的需要，笔者在这里根据自己多年的观察与实践，将现实中各种调查的样本规模进行归类，提出下列常见样本规模的类别。对于从事各种不同的社会调查项目的读者来说，也可以参考这一标准来确定自己的样本规模：

小型调查类，样本规模在 100～300 之间；

中型调查类，样本规模在 300～1 000 之间；

大型调查类，样本规模在 1 000～3 000 之间。

小型调查类的样本规模通常用于非正式的或要求不高的、总体规模较小的情况。比如，大学生上调查方法课需要做调查实践时，或者硕士研究生采用调查方法收集论文资料时，或者在一所中学做调查时。正式的调查研究一般要达到中型调查类的样本规模。这也是目前实践中采用最多的一类样本规模。在一般情况下，它兼顾到了样本的误差大小，研究者的人力、财力、时间，以及调查的组织和实施等多方面因素。而大型调查类的样本规模则主要用于全国性的调查项目。当然，这种归纳和划分只是笔者个人的看法，并且只是对于一般情况而言。如果调查项目十分特殊，那么就另当别论了。

三、 样本规模与抽样误差

抽样误差（sampling error）就是样本统计值与总体参数值之间存在的偏差。它是由于抽样本身的随机性所引起的误差。无论采取什么样的抽样方式，这种误差都是不可避免的。但是，在另一方面，抽样误差的大小是可以在样本设计中事先进行限定的。除了抽样误差以外，社会研究中还存在另一种误差，即度量误差，它是指在测量、记录、填答、汇总等工作中所出现的误差。

抽样误差主要取决于总体的分布方差和抽样规模，这两个因素都可以导致抽样误差的增加或降低。当样本规模增加时，样本统计量的随机波动程度就会降低，从而使抽样误差也降低。在简单随机抽样中，人们正是以扩大样本规模的方式来达到降低抽样误差的目的的。而分层抽样则是着眼于缩小总体的异质性程度或分布的方差，即通过将总体划分为不同的类别或层次，既使得这些不同类别或层次在样本中都有代表，又使得抽样误差中不存在层间变差成分，而只存在层内变差成分。其效果相当于降低了总体分布的方差，从而降低了样本统计量的随机波动程度，提高了样本统计量估计总体参数的精确度。

有关抽样规模与抽样误差之间的关系问题，我们还应该注意两点：

（1）对于比较小的样本来说，样本规模上的很小的一点增加，便会带来精确度方面很明显的提高。比如，在前面表 6－8 中，当样本规模从 100 增加到 156 时（仅仅增加了 56 个个案），抽样误差就由 10%下降到 8%。

（2）而对于比较大的样本来说，同样增加这么多个个案，却收效甚微。比如，要使抽样误差从 2%下降到 1.5%，则需要增加2 000个个案。因此，许多调查公司通常将它们的样本规模限制在2 000之内，因为当样本规模超过了这一点时，花费在所增加的样本规模上的人力、物力，相对于提高估计的精确度来说，就有些得不偿失。

【拓展阅读】

抽样方法及介绍举例：
上海外来人口（农民工）
与本市居民抽样
调查说明

本章要点

1. 抽样指的是从组成某个总体的所有元素的集合中，按一定的方式选择或抽取一部分元素（即抽取总体的一个子集）的过程。或者说，抽样是从总体中按一定方式选择或抽取样本的过程。抽样的目的之一，就是要通过这些样本值去估计和推断各种总体值。抽样作为人们从部分认识整体这一过程的关键环节，其基本作用是向人们提供一种实现“由部分认识总体”这一目标的途径和手段。

2. 各种抽样都可以归到概率抽样与非概率抽样两大类中。这是两种有着本质区别的抽样类型。概率抽样是依据概率论的基本原理，按照随机原则进行的抽样，因而它能够避免抽样过程中的人为误差，保证样本的代表性；而非概率抽样则主要是依据研究者的主观意愿、判断或是否方便等因素来抽取对象，它不考虑抽样中的等概率原则，因而往往产生较大的误差，难以保证样本的代表性。

3. 所谓随机抽取，就是保证总体中的每一个个体都有同等的机会入选样本。或者说，总体中的每一个成员被抽中的概率相等（也即被抽中的机会相等）。

4. 抽样的一般程序包括下述几个步骤：（1）界定总体；（2）制定抽样框；（3）设计抽样方案；（4）实际抽取样本；（5）评估样本质量。

5. 常用的概率抽样方法包括简单随机抽样、系统抽样、分层抽样、整群抽样、多段抽样。

6. 按照 Kish 的户内抽样方法抽取被访对象的好处是，它不仅可以使研究者收集到样本家庭的资料，同时也可以收集到由这些被访者构成的个人样本的资料，这种资料可以用来描述这一地区所有成年人所构成的总体。

7. 社会研究中最重要也最常用的一种不等概率抽样叫作“概率与元素的规模大小成比例的抽样”，简称 PPS 抽样。

8. 一个优秀的抽样设计应该满足下列四条标准，也即是进行抽样设计的四条原则：（1）目的性原则；（2）可测性原则；（3）可行性原则；（4）经济性原则。

9. 一般情况下，社会研究中样本规模的确定主要受到以下四个方面因素的影响：总体的规模，推断的把握性与精确性，总体的异质性程度，研究者所拥有的经费、人力和时间。

基本概念

总体　元素　样本　抽样　抽样单位　抽样框　参数值　统计值　随机抽取　简单随机抽样　系统抽样　分层抽样　整群抽样　多段抽样　户内抽样　PPS抽样　偶遇抽样　判断抽样　定额抽样　样本规模　置信度　抽样误差

复习思考题

1. 什么是抽样中的随机性？为什么概率抽样的方法能够保证样本对总体的代表性？

2. 抽样设计的基本原则是什么？

3. 分层抽样与整群抽样的具体操作方法是怎样的？二者之间有何异同？什么情况下应选用分层抽样？什么情况下则应选用整群抽样？

4. 如果条件允许，多段抽样中应尽可能扩大哪一级样本的规模？为什么？

5. 在实际社会调查中，有哪些因素影响到研究者对样本规模的确定？

6. 某市有300所小学，共240 000名学生。这些小学分布在全市5个行政区中。其中重点小学有30所，一般小学有240所，较差的小学有30所。现要从全市小学生中抽取1 200名学生进行调查，以了解全市小学生的学习情况。请设计一种抽样方案。

7. 从社会科学期刊中选择三篇研究报告，分析并评价这些研究报告中所采用的抽样方法。

推荐阅读书目

1. 科什．抽样调查．北京：中国统计出版社，1997.

2. 布莱洛克．社会统计学．北京：中国社会科学出版社，1988：第二十一章.

3. 李沛良．社会研究的统计分析．武汉：湖北人民出版社，1986：第五章，第六章.

第七章

实验研究

社会研究的一个十分重要的目标，是探索和认识各种社会现象发生、发展及变化的原因。通常，社会研究者不会满足于对现象进行一般的状况描述。当我们对社会现实中的某种事物或现象感兴趣，或者发现两种社会事物或现象之间存在着一定的联系（用研究的语言来说，就是发现两事物相关）时，我们往往会去探索这两种现象之间是否存在着因果关系。在这方面，实验研究的方式发挥着十分重要的作用。实验研究的方式起源于自然科学，同时也更多地在自然科学中应用。20 世纪开始，社会科学从自然科学那里借鉴了实验的方法，并首先在心理学的研究中得到应用。目前，实验研究的方法（特别是实验室实验）在社会科学领域中最经常地运用于心理学、教育学、管理学、犯罪学等学科。当然，在社会学、政治学、传播学等领域中，实验方法的运用也并不少见。本章主要介绍实验研究的本质特征、构成要素、基本实验设计，以及社会研究中比较实用的实地实验等内容。

第一节　实验的概念与逻辑

一、实验及其基本要素

一本社会学百科全书对实验的定义是，“由研究者对一个变量的操纵和对结果的有控制的观察和测量构成的任何研究”[①]。也有的社会研究者直接将实验理解为“一种在有控制的条件下可重复的观察；其中一个或更多的独立变量受到控制，以使建立起来的假设或者假说所确定的因果关系有可能在不同情景中受到检验”[②]。本书则进一步将**实验（experiment）**定义为：一种经过精心的设计，并在高度控制的条件下，通过操纵某些因素，来研究变量之间因果关系的方法。实验的基本目标是确定两个变量之间是否具有因果关系。

一般来说，在实验过程中，研究者通过引入（或操纵）一个变量（即自变量），

---

① The Encyclopedia of Sociology. DPG Reference Publishing Inc.，1981：179.

② 阿特斯兰德．经验性社会研究方法．北京：中央文献出版社，1995：164.

以观察和分析它对另一个变量（即因变量）所产生的效果。从方法论上看，实验是定量研究的一种特定类型，它比其他几种社会研究方式更直接地基于实证主义的背景和原理。尤其是在检验变量之间的因果关系方面，实验研究具有最强大的力量。这是因为，判断因果关系的三个条件在实验研究的方式中，可以得到最为充分的满足。

作为一种特定的研究方式，实验有着三对基本要素：（1）自变量与因变量；（2）前测与后测；（3）实验组与控制组。任何一项实验研究，一般都会涉及这些基本要素。可以说，实验研究的这三对基本要素，构成了实验研究所具有的独特的语言。

自变量与因变量

正如我们在前面第三章中所介绍的，自变量是引起其他变量变化的变量，故也称作原因变量。而因变量则称作结果变量。在实验研究中，自变量又称作**实验刺激**（**experimental stimulus**），它是研究者对实验组进行前后测之间通过操纵引入的变量，而因变量则往往是研究所测量的变量。实验研究的中心目标是探讨变量之间的因果关系，其基本内容是考察自变量对因变量的影响，即考察实验刺激对因变量的影响。

前测与后测

在一项实验设计中，通常需要对因变量（或结果变量）进行前后两次相同的测量。第一次在给予实验刺激之前，称为**前测**（**pretest**）。第二次则在给予实验刺激之后，称为**后测**（**posttest**）。研究者通过比较前测和后测的结果，来衡量因变量在被给予实验刺激前后所发生的变化，反映实验刺激（自变量）对因变量所产生的影响。这种测量既可以是一次自填式问卷调查，也可以是一项态度测验，还可以是一次结构式观察或结构式访问。

实验组与控制组

实验组（**experimental group**）是实验过程中接受实验刺激的那一组对象。即使是在最简单的实验设计中，也至少会有一个实验组。**控制组**（**control group**）也称为对照组，它是各方面与实验组都相同，但在实验过程中并不给予其实验刺激的一组对象。控制组的作用是向我们显示，如果不接受实验刺激那样的处理，那么实验组将会发生什么。在实验研究过程中，研究者不仅观察接受实验刺激的实验组，同时他们也观察没有接受实验刺激的控制组，并通过比较对这两组对象的观察结果，来分析和说明实验刺激的作用和影响。

二、 实验的逻辑

如果我们根据某种理论命题得到两个变量之间存在因果联系的假设，或者我们根据经验事实和主观判断，推测现象 X 是造成现象 Y 的原因，即 $X \longrightarrow Y$。那么，为了证明这一假设，我们首先对 Y 进行测量，即先测量在没有受到 X 的影响之前，Y 的情况如何；然后，通过操纵某些条件，引入被看作自变量和原因的实验刺激，即引入 X；接着再对引入 X 以后 Y 的情况进行测量，并比较前后两次测量的结果。如果前后两次的情况发生变化，则可以初步认为 X 是导致 Y 变化的原因，即有 $X \longrightarrow Y$。这可以说就是实验研究的最基本分析逻辑（见图 7－1）。

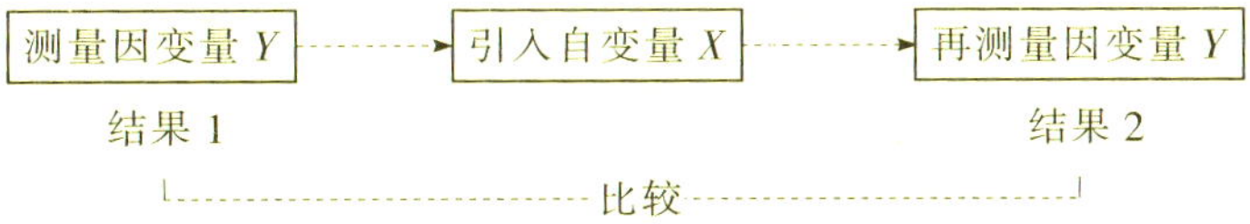

图 7－1　实验研究的最基本分析逻辑示意图

当然，这只是一种最简化的情形，同时，它也是一种最理想的情况。实际社会研究中研究者的分析逻辑自然要比这复杂得多。因为整个社会是一个相互联系、相互影响的大系统。一般情况下，任何两种事物或现象之间的关系，都会同时受到若干其他事物或现象的影响。要说明这两种事物或现象之间存在因果联系，实际上就意味着我们要排除其他相关事物或现象造成因变量发生变化的可能性，即要排除其他各种因素造成因变量 Y 在前后两次测量中所得的结果不同的可能性。

为此，我们需要有一个控制组。对这个控制组来说，它也接受前后两次对因变量 Y 的测量，但却不对其实施实验刺激，即不引入自变量 X。这样，在"实验组和控制组这两组对象是相同的"前提下，我们就可以从实验组前后两次测量之差中，减去控制组前后两次测量之差，从而得到仅由自变量 X 产生的影响。这就是实验研究的分析逻辑中必须有"实验组""控制组"这一对基本要素的原因。同时也是实验研究的基本逻辑的完整体现（见图 7－2）。

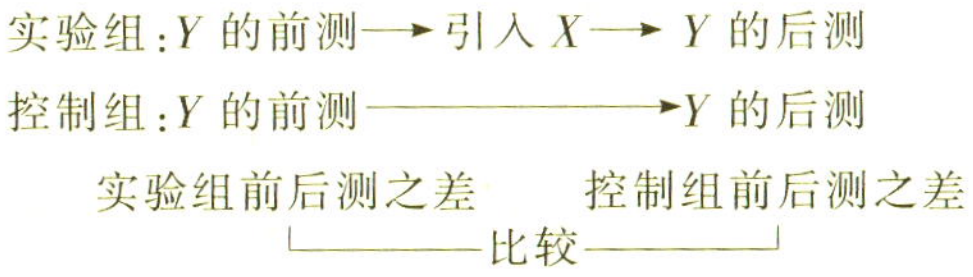

图 7－2　实验研究的基本逻辑示意图

注意到我们在上面所说的"在'实验组和控制组这两组对象是相同的'前提下"这句话的含义，自然就会提出另一个重要的问题：实验组和控制组的对象是否相同？以及如何使得或保证这两个组的对象相同？如果实验组和控制组这两组对象本身就不同，那么，对这两组对象进行前测和后测所得到的结果自然也会不一样，即它们之间的测量结果实际上是不可比的。这样一来，由两组对象前后测之差相减所得到的，并不就是实验刺激 X 的影响——这其中还夹杂着由两组对象本身的差异造成的影响。正是为了排除这种影响，实验研究又必须面对实验对象选择的问题。关于这一问题，我们在后面将会谈到。

这里，我们先通过一个假设的例子来具体说明实验研究的基本逻辑，以及实验的三组基本要素在实验中所扮演的角色。

假设研究者对某种新的教学方式的效果感兴趣，即他希望探讨“新的教学方式”（自变量）与“学生成绩提高”（因变量）之间的因果关系。他选择了两个各方面情况都差不多的班级，并在开学初对这两个班级的学生进行了相同科目、相同试卷的测验（前测）。然后，在其中一个班级（实验组）按一种新的教学方式进行教学（给予实验刺激），而在另一个班级（控制组）中，仍按照原来的教学方式进行教学。学期末，他再对这两个班级的学生进行第二次相同科目、相同试卷的测验（后测），并对测量结果进行比较。如果两班学生后来的学习成绩相差无几，则说明新的教学方式（实验刺激）并没有起作用；如果只有实验组的成绩提高了，而控制组的成绩没变化，或者虽然两班学生的成绩都提高了，但实验组学生的成绩提高得更多，则我们可以将此看作新的教学法所起的作用和产生的影响。

除了了解实验研究的基本逻辑外，我们还应注意到进行一项具体实验所必须满足的几个基本条件：

（1）必须建立变量之间因果关系的假设。实验研究的目标就是检验和证明因果关系。因此，变量之间因果关系的假设是实验研究的逻辑起点。在进行一项具体实验时，研究者必须事先建立起两个变量之间因果关系的明确的假设。同时，研究者应了解他所要引入的自变量是什么，他要测量的因变量是什么，特别是要清楚如何引入作为自变量的实验刺激。

（2）自变量必须能够很好地被“孤立”。这就是说，所要引入和观测其效果的变量必须能够与其他变量隔离开，即实验环境能够很好地“封闭”起来。在许多实际研究中，这一点往往是最难做到的。比如，如果研究者希望研究电视节目对儿童行为的影响，他就必须从儿童所受到的家庭影响、学校影响、同辈群体影响和其他大众传媒影响中，严格地“孤立”出“电视的影响”这一因素，显然，这在实践上常常是相当困难的。

（3）自变量（实验刺激）必须是可以改变的，同时也是容易操纵的。最简单的改变是“有”和“无”，而对应的操纵则是“给予实验刺激”和“不给予实验刺激”；更为复杂的改变则是程度上的变化，比如“强”“中”和“弱”等。其对应的操作则是类似于“十分困难的考试”“一般难易程度的考试”和“十分容易的考试”。

（4）实验程序和操作必须能够重复进行。实验作为社会研究方法中与自然科学方法最接近、程序和操作也最严格的一种研究方式，可重复性自然是必须具备的重要条件之一。从另一个角度说，实验的可重复性也是实验结果所具有的高确定性的重要基础。

（5）必须具有高度的控制条件和能力。对实验对象（包括实验组和控制组）的严格控制，以及对实验环境的高度把握，共同决定着实验研究的结论的准确程度。可以说，控制是实验研究的最本质的特征，没有控制就没有实验。因为根据实验的基本逻辑，如果研究者在实验中缺乏适当的、准确的控制，他就无法确定实验所得到的结果究竟是由于他所假设的因素（自变量）所导致，还是由于其他一些他未能加以控制的因素所导致。

三、 实验的特点与意义

实验研究的方式应该说是社会研究中最接近自然科学研究的一种方式。实验研究的主要特点如下：

（1）严格的因果推断逻辑。科学研究的重要目标是探索和揭示现象之间的因果联系。在这方面，实验研究的方式具有比其他几种社会研究方式更为强大的力量。实验研究可以通过随机化地选择实验对象、通过建立实验组与控制组、通过引入和操纵实验刺激、通过进行前测和后测，最终通过比较和分析不同组间的前后测数据，达到令人信服地揭示出变量或现象之间的因果联系的目的。这是实验研究最具吸引力的地方。

（2）人工化的研究背景。相对于其他几种研究方式来说，实验研究的方式带有很强的人工化的痕迹。这是由于实验研究对环境控制的要求很高。在一定程度上可以说它是一种“人工制造”式的研究方式。实验研究所具有的高度控制性、严格的程序性等等，在一定程度上都会使得研究的背景脱离社会生活的现实，影响到实验结论的推广和运用。

（3）受到政治的、伦理的、道德的等方面的限制很大。从实际从事实验研究的过程和要求来看，它所受到的限制或许是最多的。其原因就在于它的控制性和操纵性特征。实验研究为了保证因果推断的严格性，需要“孤立”或“净化”实验环境，以排除其他因素的影响。需要操纵和控制某些变量，需要人为地去改变某些变量的状态，而所有这些操纵、控制和改变一旦作用在人的身上，就会遇到现实中各种政治的、伦理的、道德的限制。

正是由于上述特点，实际社会研究中运用实验研究方式的并不多。但是，尽管我们在社会研究的实践中，可能很难运用到实验研究的方式，我们却不能不了解实验研究的逻辑思想和操作程序。换句话说，尽管实验研究在社会科学领域的实用性不强，但是，不要忘记，实验研究的方式给我们的最重要的东西是它的内在逻辑。

第二节 实验的程序与类型

一、实验研究的程序

实验研究的方式与其他社会研究方式一样，遵循着社会研究从选题开始直到得出研究结论的基本逻辑过程。只是由于实验研究在对象选择、研究设计、变量测量、资料收集等方面的独特性，因而在具体的研究程序和步骤上有所不同。纽曼详细列举了实验研究的12个具体步骤，见表7-1。①

表7-1　进行一项实验的步骤

1. 从一个有关因果关系的简单明白的假设开始；
2. 根据实际条件决定一种合适的实验设计用来检验假设；
3. 决定如何引入实验刺激或如何创造一种引入自变量的背景；
4. 制定一种有效的和可信的因变量的测量；
5. 建立实验背景，并对实验刺激和因变量测量进行预实验；
6. 选取合适的实验对象或个案；
7. 随机指派实验对象到不同的组，并对他们进行详细指导；
8. 对所有组中的个案进行因变量的前测；
9. 对实验组进行实验刺激；
10. 对所有组中的个案进行因变量的后测；
11. 告诉实验对象有关实验的真实目的和原因，询问他们的实际感受，尤其是当实验对象在某些方面被欺骗时，这种说明就更为重要；
12. 考察所收集的资料，进行不同组之间的比较，并运用统计方法决定假设是否被证实。

虽然并不是每一项实验都完全包含表7-1中的所有步骤，同时这些步骤的前后顺序也不一定完全严格地固定不变，但它仍然较好地勾勒出大多数实验研究的实际过程。我们在此稍作解释。

建立因果关系的假设是进行一项实验研究的起点，自变量和因变量越清楚明确，越便于实验的设计和实施。后面我们将会看到，有多种不同的实验设计形式，它们的复杂程度不同，严格程度不同，结果的准确程度不同，实施的难易程度不同，存在的局限性也不同。因此，每个研究者都必须根据自己的研究所具有的客观条件来决定采用哪种实验设计。实验的自变量的引入，是实验研究中既十分关键，同时也十分困难的一个环节。它对实验研究的效度影响最大，我们将在下面对此作专门介绍。因变量的前测和后测是实验资料的主要来源，其方式方法与我们在第五章“测量与操作化”中所介绍的内容比较相似。当然，实验中的测量本身还存在着一些特定的问题，我们在后面将会有所涉及。两组相同或相似的实验对象是进行一项实验的必备条件之一，因而选择这两组对象是实验研究过程中的一项基本任务。实验中的背景建立是一项与其他研究方式有较大区别的过程，它的目的是要创造出一种“人工”的环境、“封闭”的环境、“干净”的环境、无其他变量“污染”的环境。为在实验中检验因果关系假设提供条件，这常常是研究者需要精心思考、精巧构思的一项任务。实验刺激和因变量测量的预实验，其意义和作用与调查研究中的试调查相似；而对前后测资料的处理和分析则基本上与对调查研究资料的统计分析一样。

二、寻找两组相同的对象

根据实验研究的分析逻辑的要求，我们必须有两组各方面都一样的对象。在实

① Neuman W L. Social Research Methods: Qualitative and Quantitative Approaches. 2nd ed. Allyn and Bacon, 1994: 176.

际研究中，研究者为了创造出两组相同的对象，往往采用两种方法：一是匹配；二是随机指派。

匹配

匹配（matching）指的是依据各种标准或特征，找出两个完全相同或几乎完全相同的实验对象进行配对，并将其中一个对象分到实验组，而将另一个对象分到控制组的方法。在心理学的实验中，这种方法比较常见。我们通过一个具体的例子来说明匹配的方法，同时对其局限性也进行一定的探讨。

假设我们要进行一项有关中学教育的实验研究，需要选择两组“相同的”学生作为实验的对象。我们可以先对某一个年级的全体学生进行一次智商测验。从学生的智商测验得分表中，我们发现有两个（或以上）学生的智商分数为108，就将这两个学生作为一对，并将其中的一个分到实验组，而将另一个分到控制组。同样，我们又发现有两个（或以上）的学生智商分数为112，也照样一个组分一个。我们继续找出这样具有相同智商分数的学生对子，同样将他们分别分到实验组和控制组，直到找满我们的实验样本所需要的数目为止。用实验的语言来说，我们这样做就是“在智商这一变量上对两组学生进行了匹配”。

应该指出的是，按照我们上面所介绍的方法进行匹配的两组学生，虽然在“智商”这一变量上完全相同，但他们可能在其他一些变量上又很不相同。比如，可能其中一组中女生比例较高，而另一组中则是男生比例较高，即两个组在“性别”这一变量上的分布有所不同。同时，我们注意到，由于男生和女生对待学习的态度不同，学习的方法不同，学习成绩也有所不同。因而对于我们所研究的问题来说，“按照智商分数相等”的标准选择出来的这两个组，仍然没有达到在“性别”上“完全相同”的要求。我们还必须进一步根据性别进行匹配。

推而广之，这两个组的学生除了在性别上有差别外，还会在类似的许多变量上都有所不同，比如家庭人口的多少、家庭收入的高低、父亲的职业类型等等。因此，要保证两个组的对象“完全相同”，我们就必须在第三个、第四个直到第 n 个相关的变量上继续进行匹配。这是一项什么样的工作呢？十分明显的是，我们要找出在一个、两个或者三个变量上相同的两个对象是容易的，但要找出在所有变量上都相同的两个对象，则是完全不可能的。也就是说，在某种意义上匹配的方法是基本无用的——因为我们的目标是要使两组对象在所有方面都相同，然而，在实际研究中我们无法做到这一点。

困难来自三个方面：一是现实中往往会没有足够的对象供我们选择。因为随着需要相同的变量的数目逐渐增加，现实中符合条件的对象其数目将急剧减少。从实践的角度来看，研究者将在这方面遇到难以克服的困难。二是研究者只能在那些他们已经意识到的对因变量可能有影响的变量上进行匹配。而实际社会生活中还有更多没有被研究者意识到的因素可能对因变量有影响，这些没有被研究者意识到的变量，显然不会被研究者用来对对象进行匹配。三是人们的有些特征在实践上是很难测量的，或者说是很难操作化为具体的、可观测的指标的，比如人们的“动机”

“性格”等。如果我们不能很好地测量“动机”，我们就无法在“动机”这一变量上对我们的对象进行匹配。

当然，匹配的方法在实际研究中仍具有一定的作用，研究者还是可以在有限的条件下，针对那些与研究所关注的主要问题密切相关的变量来进行匹配，而暂时忽略和放弃其他一些与所研究的问题联系相对不太紧密的变量。只是在这样做的时候有一点应注意，研究的结论应限于一定的范围，下结论时应留有充分的余地。

我们还可以从一种相反的途径来对实验对象进行匹配，即直接将实验组和控制组的总体结构配成完全一样。这种方式与非随机抽样中的“定额抽样”方法有点相似。举例来说，假如实验对象共 60 名学生，其中有 40 名男生，20 名女生，那么，我们就安排 20 名男生、10 名女生到实验组，而另外 20 名男生和 10 名女生则分到控制组。这样，实验组和控制组在“组内的性别比例”方面就是相同的，或者说，我们对这两个组的对象在“性别”变量上进行了匹配。另外，假如这些对象中共有 20 名学生来自城市，其余 40 名学生来自农村，那么，我们就要在按性别分组的同时考虑到“城乡”变量，即在分到实验组和控制组的 30 名学生中，都要保证有 10 名是城市学生，20 名是农村学生。这样我们就在“性别”和“城乡”两个变量上对实验组和控制组进行了匹配。同样困难的是，要想同时考虑实验组和控制组在所有变量上的比例和结构，事实上也是不可能的。我们所能做的往往只是在非常有限的几个重要变量上使两组结构相等。

随机指派

随机指派（randomization）也称作随机化，即完全按照随机抽样的原理和方法来将实验对象随机地分配到实验组和控制组中。它是研究者用来解决实验中两组对象相同性问题的另一种办法。具体的操作方式可以有如下三种：

（1）用抛硬币的方式来决定每一个具体的对象是去实验组还是去控制组。比如，假定我们要将 60 名大学生分到实验组和控制组（每组 30 人）。那么，我们从第一个对象开始，根据抛硬币的结果来决定该对象去的组别。若硬币正面朝上，则该对象去实验组；若硬币反面朝上，则该对象就去控制组。根据概率原则可知，抛硬币时出现正面朝上与反面朝上的概率各为 50%。因而，被分到两个组去的实验对象也基本相等。

（2）简单地按单双号来决定每一个对象是去实验组还是去控制组。同样是 60 名学生，我们将他们随意地按顺序排列。然后，将号码为单数的，即 1，3，5，7，…，59 号的学生分配到实验组，而将双号的，即 2，4，6，8，…，60 这 30 名学生分配到控制组。这实际上类似于概率抽样方法中的系统抽样法。

（3）按照排列的顺序或实际抽取实验对象时的先后顺序来决定。比如，将名单中排在前面的 30 名学生分到实验组，而排在后面的 30 名学生分到控制组，或者将先抽到的前 30 名学生分配到实验组，而将剩下的 30 名学生分配到控制组。

按照上述三种方法（特别是第一种方法）分配的结果，两个组在各个方面都会比较相似。比如，如果这 60 名学生中有 40 名男生，20 名女生。那么，在所形成的两个组中，男女生所占的比例也会接近 2∶1。也就是说，两个组中的性别比与总体中的性别比基本相同。同理，这两组学生在其他变量（特征）上的比例也都会与总体中的比例相接近。这样，我们就得到了两个在所有变量上都几乎完全一样的小组。或者说，这两个小组的学生在所有变量（包括那些我们尚未认识到的和无法测量的变量）上的分布几乎都是相同的。这是随机指派最为重要的作用。可以说，随机指派为我们创造了几乎完全相同的两组对象。之所以说“几乎”完全相同，是因为随机指派仍然存在误差，特别是当对象的数量比较小时，这种误差可能还会很大。所以，在可能的情况下，实验对象应达到一定的数量。

配对方法与随机指派方法的比较

配对方法的实质是尽可能使实验组和控制组中的成员在许多重要的个人特征上完全一样。而随机指派方法的实质则是依据与随机抽样完全一样的原理，用概率论来控制各种干扰变量的出现。不难理解，当我们根据随机指派的方法，从一个总体中选出两个群体时，各种干扰变量会以同样的方式对两个群体产生影响。因为根据概率论，此时所选出的两个群体基本上是两个完全相同的群体。所以，使用后者所进行的实验在准确性和精确性上将超过前者。因为通过概率论可使那些偶然因素像熟知因素一样被把握，所以在匹配法中的那些由于不熟知而不能控制的因素，也成为可以把握的了。

换句话说，虽然随机指派的方法不能确切地告诉我们究竟控制了什么，但实际上它却几乎控制了一切因素。

三、 对自变量的操纵

当研究者能够决定他的实验对象将经历什么，或将接受什么处理和安排时，我们就说他能够操纵自变量。比如，如果研究者能够决定实验组的学生在新的学期中将接受运用新的教学法的教学，我们就说这个研究者能够操纵自变量——“新的教学法”。

实验中对自变量的操纵常常体现在如何恰当地“制造出”这个自变量上。比如，如果我们的假设是“在紧张情景中，吸烟者会吸更多的烟”，那么，“紧张”和“香烟的消耗”是两个主要的变量，其中“紧张”是自变量，它一般可以定义为人们在心理上、精神上的一种压力或负担。要用实验来检验这一假设时，前提之一就是要在实验中制造出“紧张”来。例如，我们可以用“必须在规定时间内完成一份数量大、难度大并且占学期总成绩 80%的数学考试”来对一组学生“制造”紧张。在后面我们将介绍的有关群体冲突的实验中，“群体竞争”这一变量是通过篮球赛、橄榄球赛、拔河比赛、寻宝比赛等一系列竞赛制造出来的。“愉快接触”这一变量则是通过一同看电影、放爆竹、在同一个大厅里吃晚饭等活动制造出来的。而“共同需要”这一变量则是通过设计一些十分自然的紧急情况，比如故意切断公共水源、营地无钱购买电影片等制造出来的。“合作成功”则是由公共水源修复成功、能够观看电影等制造出来的。

然而，许多对社会研究者来说十分感兴趣的变量通常都不能够被操纵。比如，社会研究者通常要探讨学生的性别、年龄、家庭背景或个性特征等，是否会影响他们的择业倾向。而学生的这些特征却是研究者无法操纵的，即研究者无法使某个学生的这些特征发生改变。因此，我们往往无法用实验来研究这种关系。与实验相反，调查正好适合这种研究。

除此以外，社会研究者还会由于政治的、伦理的原因或限制，而不能操纵另一些变量。比如，我们不能为了研究人的社会化过程，而把一部分儿童同社会隔离开来，即制造出“缺乏社会接触”这一自变量，以比较这些儿童的成长与那些正常生活在社会中的儿童的成长之间的差别。我们也不能去人为地让一对夫妇离婚，以观察父母离婚对其子女成长的影响。因此，许多社会研究者十分感兴趣的变量不能被操纵，正是造成社会研究者较少采用实验研究方式的一个重要原因。

四、实验的分类

实验室实验与实地实验

严格的实验研究通常在实验室内进行，当然实验也可以在现实社会生活中进行。前者称为**实验室实验**（**laboratory experiment**），后者称为**实地实验**（**field experiment**）。在心理学、社会心理学中，实验室实验的例子更多。例如，研究者通过实验探讨“群体一致性的规范”对人们的行为所形成的压力和影响。实验在一个专门的实验室进行。每次安排四名实验对象进入实验室。研究者首先告诉实验对象他们正在参加一项有关观察和判断的实验（实验的表面目的）。黑板上共画有四条直线。上面的三条竖线由短到长，差别明显。下面的一条横线与三条竖线中长短居中的那条相等。研究者逐个询问实验对象：“横线与三条竖线中哪一条相等？”第一个回答：“与最长的那条竖线相等。”第二个、第三个实验对象也做出了相同的回答。这时，研究者又问第四个实验对象。这位实验对象从一开始就觉得横线与中间那条竖线等长，可随着前面一个个回答者的回答，他开始出现动摇，并最终在轮到自己回答时，也违心地做出了与前面三个实验对象一致的回答：“与最长的那条竖线相等。”实际上，前三个实验对象都是研究者的同谋，他们故意做出与事实不一致的回答。此实验研究的实际目的是，考察最后回答问题的那些实验对象是否会屈从于群体一致性的规范。

在实验室实验中，实验背景和变量都相对容易控制，实验环境可以较好地“封闭”，实验者能够比较清楚确切地观察到自变量对因变量的影响。这是实验室实验的主要优点。但实验室实验在实验内容上局限性比较大，即许多社会研究者感兴趣的内容常常无法在小小的实验室中人工地制造出来。与此相联系的另一个缺点是，实验室实验的结果在推广性、普遍性和概括性上往往较差。原因之一是较多的实验室实验都是以大（中）学生为实验对象，而他们与社会中的普通居民之间存在着许多差别。原因之二是实验室的环境与现实的社会生活环境之间的差别也很大。与此相反，实地实验中，研究者可以在真实的社会生活背景中观察到人们自然的反应。但同时研究者却又常常难以对众多有可能影响因变量的实验背景、实验条件进行控制，难以孤立出自变量的独立影响。他所能做的工作仅仅是观察发生了什么事情，即仅仅是对他无法控制的现象所产生的可能的影响进行测量。

标准实验与准实验设计

从前面的介绍中我们知道，实验设计必须具有一些必备的条件，比如随机指派实验对象以形成两个或多个相同的组、前测和后测、实验环境的封闭、实验刺激的控制和操纵等等。这样的实验通常称作标准实验。然而，对于社会研究者来说，进行类似于自然科学中或者心理学中常见的诸如实验室实验那样十分严格、十分完备的标准实验的可能性不大。社会研究的对象和内容常常在许多方面限制了这种严格的实验设计在现实社会中的应用。比如，他们有时不能完全控制对自变量的操纵，有时他们仅仅只能进行后测，有时他们又不能将被试随机分配到不同的实验条件中。总之，他们常常无法对实验环境进行高度的控制。

上述各种缺乏实验设计中一个或多个"条件"或"部分"的实验，就被称作**准实验设计（quasi-experimental designs）**。这一概念是D. T. 坎贝尔和J. C. 斯坦利于1966年首创的。"准"是"类似于""接近于""几乎是"或者"半"的意思（有的著作中直接将其译为半实验）。坎贝尔和斯坦利指出，通过仔细地选择被试群体和测量方法，我们可以建立"在产生正确因果推论的能力上与真实实验相近的研究设计"。因此，准实验设计是在更好的实验设计无法实行的时候所使用的有实用价值的设计。

从变量分析的角度来看，准实验设计可以说是处在以相关分析为特征的调查研究与以因果分析为特征的实验研究之间。准实验设计有以下几种常见类型：

（1）具有不等同组的仅有后测的设计。这种设计有一个具有实验刺激和仅有后测的实验组，一个仅有后测的控制组，但实验组与控制组之间并不具有相同性或相似性，即两组不等同；同时对实验刺激也缺乏控制。如图7－3所示。

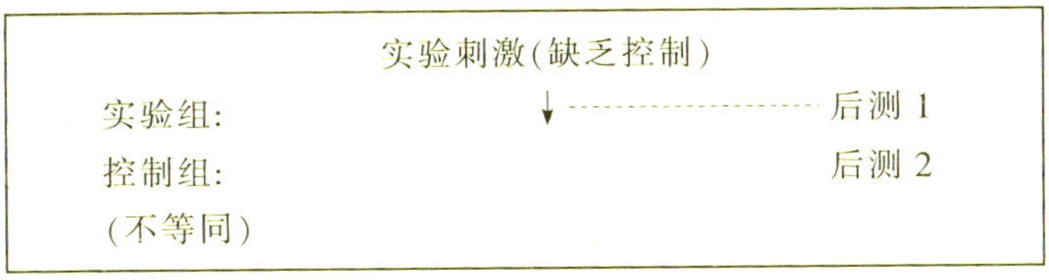

图7－3 具有不等同组且仅有后测的设计示意图

（2）有前测和后测的单组设计。这种设计仅有一个实验组，有前测和后测，也有实验刺激，但是无控制组。如图7－4所示。

（3）仅有后测的单组设计。这种设计比单组设计的组成部分更少，只有实验刺激和对实验组的后测。可以说，这是最简单的准实验设计。如图7－5所示。

实验刺激

实验组：　前测 1 ------------ ↓ ------------ 后测 1

图 7－4　具有前后测的单组设计示意图

实验刺激

实验组：　↓ ------------ 后测 1

图 7－5　仅有后测的单组设计示意图

双盲实验

所谓**双盲实验（double-blind experiments）**，指的是在一项实验中，实验刺激对于实验对象和参与实验的观察人员来说都是未知的。即究竟是实验组还是控制组被给予了实验刺激，参与实验的双方（指实验对象和实验人员）都不知道，实验刺激是由实验人员和实验对象以外的第三者任意分派和给定的。为什么要采用双盲实验呢？先让我们来看看这样一个例子。

心理学家罗森塔尔为了研究教师的期待对学生表现的影响，在一所小学一至五年级的学生中进行了一项实验。他先对全体学生进行了语言能力和思维推理能力的测验，以了解学生的基础。然后，他随机地从每个年级的学生中抽出 20%的学生作为教师期待的对象。他告诉教师说，这 20%的学生有可能比其他学生学得更好（即更有发展潜力）。其实，这 20%的学生与其他 80%的学生的能力和发展潜力相当。当教师对全体学生进行了八个月的教学之后，研究者又对全体学生进行了一次测验。结果发现，受教师期待的这 20%的学生，其成绩全都显著地提高了，教师对他们的评语也比其他学生好。这一实验表明了教师的期待对学生发展所具有的作用和效果。①

再来看看另一个例子。在新药的早期实验中，研究者虽然可以按经典实验设计的方式，采取用实验组和控制组进行比较的方法来控制和排除偏误，即对实验组给予新药，而对控制组则不给予新药。通过将两组病人的治疗效果进行对比，可以得出这种新药的效果来。但是，即使采用这种控制和比较，仍然有产生偏误的可能。因为它没有控制住某种心理因素的影响。研究者发现，被给予新药这种心理影响（宽慰效果）对病人的影响经常是非常积极的，它导致要评价新药本身的效果十分困难。病人病情好转既有可能是吃了新药的结果，也有可能是由于病人知道吃了新药而感觉有效，自己心理因素起了作用，是精神上乐观和愉快的结果。因此，为了控制这种宽慰效果的影响，真正得出新药的效果，研究者首先采用“单盲设计”，即采用给控制组吃“宽心丸”（一种无毒无害无任何作用的物质）的方法。这样，

① 时蓉华．社会心理学．上海：上海人民出版社，1986：59.

两组病人并不知道他们所吃的究竟是新药，还是“宽心丸”，因而他们受到的心理影响或精神作用是一样的。此时再将两组病人的结果进行对比，就可以得出新药的效果了。

然而，不幸的是，即使研究者采用了“宽心丸”的办法，还是可能会有偏误产生。这就是上面所谈到的研究者的期待对实验结果的影响问题。在一般的实验中，研究者对实验组与控制组在接受实验刺激这方面的区别是清楚的。比如在新药效果实验中，实验人员知道，实验组所服用的是这种新药，而控制组服用的是“宽心丸”。这种清楚往往会导致实验人员在实验中自觉不自觉地去“发现”或者“期望”新药具有某种“效果”，就像教师自觉不自觉地“看到”那20%的学生“特别聪明”一样。在新药效果实验中，它会导致实验人员自觉不自觉地“看到”实验组的病人“病情好转”。

这些实验结果启示我们：当实验者知道哪些对象是实验组成员、哪些对象是控制组成员时，他们对研究结果和结论的期待也可能影响到实验的进行、影响到行为的测量、影响到对结果的解释。因此，必须排除这种期待的影响。正是出于这种考虑，研究者又进一步设计了一种研究新药效果的“双盲实验”。在这种双盲实验中，作为实验对象的病人和作为实验参与者（或观察者）的医务人员都不知道（双盲）谁被给予了新药，谁被给予了“宽心丸”。这样，医务人员对病人服药以及服“宽心丸”这两种结果的观察就会更加客观，因而对新药实际效果的解释也就会更准确、更科学。这种“双盲”的实验设计能使研究人员进一步从其他一些变量中孤立出新药的效果来。

第三节　基本实验设计

一、经典实验设计

经典实验设计（the classical experiment design）也称为古典实验设计，是最基本同时也是最为标准的实验设计。由于经典实验设计中包含了实验设计的全部要素：实验组、控制组、前测、后测、自变量（实验刺激）、因变量，以及随机指派，故在有的书中称它为“双组前后测模式”。其具体图示如图7-6。

图7-6　经典实验设计示意图

经典实验设计的实施步骤如下：（1）随机指派实验对象到实验组和控制组；（2）对两个组的对象同时进行第一次测量，即前测；（3）对实验组给予实验刺激，但不对控制组实施这种刺激；（4）对两个组的对象同时进行第二次测量，即后测；（5）比较和分析两个组前后两次测量结果之间的差别，得出实验刺激的影响。

实验刺激的影响＝实验组的差分－控制组的差分
＝（后测 1－前测 1）－（后测 2－前测 2）

经典实验设计之所以要增加控制组，是因为前测实际上也是一种刺激，也会导致后测改变。如果没有控制组，那么，我们就无法说明在对实验组的全部影响中，究竟有多少是真正的原因，多少是前测因素的影响。加上了控制组后，控制组差分所代表的就是这种前测因素的影响。因为控制组并没有给予实验刺激，唯一的刺激就是前测。这样，用实验组差分减去控制组差分，实际上即等于从总的影响中减去前测因素的影响，所剩下的自然就是实验刺激，即自变量的影响了。

如果实验组差分（的绝对值）比控制组差分（的绝对值）大，则说明实验刺激对因变量有影响；如果实验组差分与控制组差分相等，则实验刺激的影响为零，即自变量对因变量不起任何作用。

我们用一个例子来说明经典实验设计的方法。假定我们要验证这样一个假设：观看电影将使大学生减少对老年人的偏见。首先，我们从学校中随机抽选出若干名大学生，按姓氏笔画将他们排序，然后采用随机指派的方法，将其中序号为单数的一半学生分到实验组，序号为偶数的另一半学生分到控制组。接着，我们在保证无特殊事件会影响到这两组学生的两周中实施这一实验。我们先用一组涉及对老年人态度的量表对两组学生同时进行一次态度测验，分别得到实验组和控制组的前测态度得分（记为 Be 和 Bc）。一周后，我们对实验组的学生放映一场反映老年人生活、困难、需求，以及老年人对社会和家庭的贡献等内容的电影；但控制组的学生不看这场电影。又过了一周，我们再次对这两组学生进行第二次量表测验，分别得到实验组和控制组的后测态度得分（记为 Ae 和 Ac）。如果偏见量表上的得分越高表明对老年人的偏见越大，且两次测量得到下列结果（尽管两个组前测的实际得分可能会由于随机误差而略有差别，这里为方便起见，假定二者相同，都为 85 分）：

Be＝85，Ae＝45，Bc＝85，Ac＝75，

则　　Ae－Be＝45－85＝－40，Ac－Bc＝75－85＝－10，

那么，

观看电影所产生的影响＝（Ae－Be）－（Ac－Bc）
＝－40－（－10）＝－30

即观看电影将明显减少大学生对老年人的偏见。

二、更为复杂的实验设计

索罗门三组设计

从以上所列举的例子中，我们可以看到，前测作为一种刺激，同样对实验对象有一定影响。这一点可以通过控制组差分发现，即就算不给予实验刺激，第二次测

量时，实验对象的偏见也会略有下降。这也正是需要控制组的一个原因。它可以帮我们排除包含在实验组总的差分中的前测的影响。然而，除了前测的影响外，前测和实验刺激之间还会产生某种**“交互作用”（interaction effect）**，即二者互相作用所产生的另一种外加的影响。比如说，大学生们从回答前测关于老年人的态度量表中的问题，到看一场有关老年人经历、困难、贡献的电影，他们或许会将二者联系起来，意识到实验的目的可能会与对老年人的偏见有关，因而在后测中他们可能做出某种不太真实的回答，以表现出尽可能少的偏见。这也就是说，这在上例“−30 分”的影响中，可能还会包含一部分由前测和实验刺激的交互作用所产生的影响。因此，我们还必须设法排除这种影响，以得出实验刺激真正的效果来。

索罗门三组设计正是针对这一问题的一种实验设计。它是在经典实验设计的基础上，再增加一个控制组后形成的。这个控制组没有前测，只有实验刺激和后测。如图 7-7 所示。

实验组:	前测 e	实验刺激	后测 e
控制组 1:	前测 1		后测 1
控制组 2:		实验刺激	后测 2

图 7-7 索罗门三组实验设计示意图

由于第二个控制组有实验刺激，而无前测，因而这个组中因变量的任何变化只能归因于实验刺激。但是要实际计算实验刺激的影响时，还需要一个条件，即控制组 2 的前测得分。根据上面所说的道理，我们可以用实验组与控制组 1 的前测平均数来代替。有了控制组 2，我们还能计算出前测与实验刺激交互作用所形成的影响。

还是以前面的实验为例，假定实验组与控制组的前测均为 85 分，实验组的后测为 45 分，控制组 1 的后测为 75 分，而控制组 2 的后测为 60 分。那么，前测的影响为 10 分（75−85=−10）。由于这三个组都是采用随机指派的方法构成的，根据概率抽样的原理，三组成员之间的差别很小。因此，我们可以用实验组和控制组 1 的前测得分的平均值来作为控制组 2 的前测得分。这样，控制组 2 的前后测差分就是实验刺激的影响。即有：

实验刺激的影响=后测 2−前测 2=60−85=−25

即观看电影可以减少 25 分的偏见程度。那么，实验组原来总共得出的 40 分差分中，前测的影响为 10 分，实验刺激的影响为 25 分，剩下的 5 分就是前测和实验刺激交互作用的影响了。实际上，简单变换一下，就有：

相互作用的影响=实验组总的影响−（前测的影响+实验刺激影响）
=（45−85）−［（75−85）+（60−85）］
=−40−［−10−25］
=−5

索罗门四组设计

尽管三组设计已考虑了多种因素的影响，但实际上仍存在缺陷。因为除了前测、实验刺激，以及二者的交互作用这些出现在实验内部结构中的因素外，还存在实验外部因素的影响。即在控制组 1 的差分（75－85）中，并不完全是前测的影响，它可能还包括我们所不知道的外部因素的影响；同样，在控制组 2 的差分（60－85）中，也并不完全是实验刺激的影响，它也还可能包括外部因素的影响。正是为了进一步从实验组总的差分中再排除掉这种外部因素的影响，索罗门设计了更为复杂的四组实验设计。这种设计是在三组设计的基础上，再增加第三个控制组，该控制组既无前测也无实验刺激，而只有一个后测。如图 7－8 所示。

实验组:	前测 e	实验刺激	后测 e
控制组 1:	前测		后测 1
控制组 2:		实验刺激	后测 2
控制组 3:			后测 3

图 7－8　索罗门四组实验设计示意图

由于控制组 3 既无前测也无实验刺激，所以在控制组 3 中所发现的与前测相比的任何变化就只能是实验以外的因素影响的结果。假设在上面的例子中，增加控制组 3 且后测得分为 83。同样用实验组和控制组 1 的前测平均数 85 作为控制组 3 的前测得分，这样，外部因素的影响就是 83－85＝－2。从而实验刺激的实际影响为（60－85）－（83－85）＝－23，而不是－25 了。

从理论上说，这种四组设计应该是最为理想的实验设计，它具有很多的优点，离研究者希望达到的目标最近。但是这种理想的设计实际上包含着许多潜在的假定和前提：假定可以找到足够的实验对象，假定实验环境等其他条件保持不变……这些假定和前提在实践中往往会被逐一打破：寻找实验对象的困难，缺少足够的实验场所或实验设备，实验的时间不够，实验的经费有限，等等，都会使得研究者放弃或退却。

三、 实地实验

由于社会研究中更多是利用实地实验，而不是实验室实验，因此，我们在本节通过详细介绍一个很好的实例来增进读者对实地实验方法的了解。

对于社会生活中十分普遍的群体间冲突问题，许多研究者都进行了研究。但是，有哪些因素会引起冲突，而又有哪些因素可以减少这种冲突呢？一位名叫谢尔夫的研究者运用实验的方法对此进行了研究。[①] 他首先提出了一系列的假设。其中有几条假设如下：

（1）如果两个群体彼此竞争，他们相互之间会逐渐产生出不友好的行为模式。

（2）如果两个群体相互之间有敌意，那么，仅仅让他们相互接触并不能有效地

---

① Sheilf M, et al. Intergroup Conflict and Cooperation: The Robbers Cave Experiment. University of Oklahoma Book Exchange, 1961.

减少群体间的冲突与紧张。

（3）如果有敌意的两个群体强烈需求某物，而只有共同努力才能得到，那么，他们会联合起来达到这一目标。

（4）如果两个彼此有敌意的群体通过共同的努力，达到了他们共同的目标，那么，他们彼此之间的行为模式会变得比较友好。

然后，他与同事设计了一项实验。他们组织了一个夏令营作为背景。针对研究的目标，他们选择了一些具有相似社会背景的十一二岁的男孩。实验按以下步骤进行：

（1）孩子们来到夏令营的最初六天中，研究者有意将他们分为两组。每一组都培养出很强的凝聚力，并且都意识不到另一组的存在。尽管两个组相隔并不远，他们却彼此看不到对方，也听不见对方的声音。每一组都有自己的设施，用于游泳、划船、开营火会等。在出外野餐、准备营火晚会、改进游泳设施，以及寻找“宝藏”等游戏中，孩子们之间共同的、为达到整体的目标而彼此依赖的行为增加了，群体的凝聚力形成了。第一阶段结束前，两个组都取了名字（“鹰”和“响尾蛇”），成员中形成了明确的等级、个人的角色要求以及各种规范。

（2）接下来的六天是第二个阶段。研究者通过各种比赛使两个组进行竞争性的接触（篮球赛、橄榄球赛、拔河比赛、寻宝比赛等）。在这些活动中给每个组（而非个人）累计加分。比赛本着友谊赛的精神开始，然而，随着比赛的进行，这种友好的氛围消失了。两个组的成员开始称对手为“卑鄙小人”“骗子”等，冲突越来越多。在一次比赛输给对方后，“鹰”把“响尾蛇”留下的旗帜烧了。第二天，“响尾蛇”又抢夺了“鹰”的旗帜。其他诸如辱骂、扭打、袭击等事件日益增多。通过对孩子们进行社会距离尺度测量和有关群体内行为及群体外行为的问卷调查，证实了两个群体成员之间存在着对抗性。这些数据连同研究者的观察一起被作为证实第一个假设的证据。

（3）第三个六天被设计为整合阶段。研究者要检验第二个假设：有敌意的群体的成员之间愉快的社会接触并不能减少他们之间的冲突。他们安排两个群体一起参加愉快的社会活动：看电影、放爆竹、在同一个大厅里吃晚饭等等。这些活动不但没有减少冲突，相反给这两个群体提供了责骂和攻击对手的新机会。例如，在饭厅里，他们互相扔纸和食物、骂人等等。对这些行为的直接观察和第二次问卷调查的结果被作为证实第二个假设的证据。

研究者然后验证后两个假设。他们设计了一些看上去很自然的紧急情况来考验孩子们。用这种方式，引入一些具有共同目标的活动。其中之一发生在研究者切断了公共水源，又假称是被人破坏之后。一个通过每个人的大量工作来修复水源的计划形成了。当孩子们开始抱怨口渴时，他们发现他们自己已经在并肩工作了。当公共水源修复成功，孩子们要求放一场电影时，又为研究者提供了一次类似的机会。研究者告诉孩子们营地无钱支付这部电影费。于是孩子们走到一起，投票选择影片，共同支付费用，然后一起欣赏影片。这个过程中，群体之间的摩擦实际上消失了。个人之间开始越过群体界限建立新的友谊。群体之间也开始积极寻找机会与对方融合，接纳并“款待”对方。心理测量的数据以及第二阶段末（激烈竞争后）与第三阶段末（建立共同目标后）之间，两个群体互动模式的变化，正好反映了两个群体由敌意向友善的转变。

这一实验研究的结果表明，“交往产生友谊”的观点并不总是对的。社会交往有时可能提供加剧冲突的机会。另一方面，当群体为共同目标而一起工作时，便十分可能达到和谐。

这可以说是一个单组无前测的实地实验。在这一实验中，

假设 1 可简单表示为群体竞争$\xrightarrow{+}$敌意；

假设 2 可简单表示为愉快接触$\xrightarrow{-}$敌意；

假设 3 可简单表示为共同需要$\xrightarrow{+}$联合；

假设 4 可简单表示为合作成功$\xrightarrow{+}$友好。

在这四个假设中，左边的变量为自变量，也即实验中研究者需要操纵的变量或实验刺激。而右边的变量为因变量，也即实验中研究者需要进行测量的变量。“＋”“－”号分别表示“增加”和“减少”。研究者首先“制造”了两个相似的、具有很强凝聚力的群体——这是进行该实验的前提条件之一。接着安排各种锦标赛——“制造”竞争，然后通过心理测验、问卷调查和直接观察来测量“敌意”。再安排各种社会活动——“制造”愉快接触，然后通过观察和问卷调查来测量“敌意”。再人为制造紧急情况——“制造”共同需要，然后通过直接观察来测量联合。最后当达到合作成功后，直接观察测量群体之间的友好状况。

第四节　影响实验正确性的因素

实验研究的方式在建立变量之间的因果关系方面，优于其他几种研究方式。但它的这一主要优点却是以其在必备条件、操作程序、环境控制等方面的各种限制为代价的。在实际社会研究中，除了霍桑效应那样的带有方法论意义的影响因素外，实验的正确性还受到某些特定因素的影响。其中比较突出的问题有以下几个方面。

一、重大事件的影响

由于大多数实验设计需要进行前测和后测，并且常常是对实验对象在实验刺激前后的态度、观念、价值和行为进行测量，而前测和后测之间又往往会相隔相当长一段时间，短则一周、半月，长则半年、一年，因此，出现在前、后测结果上的差异除了实验刺激所造成的影响外，还有可能受到发生在这一段时间中的某些重大事

件的影响。比如，在我们进行一项涉及大学生对世界上一些发达国家的认识和态度实验的过程中，发生了美国轰炸我国驻南斯拉夫大使馆这一重大事件。那么，在实验后测中实验对象对美国的看法和认识上的得分显然会受到这一重大事件的影响。用实验的语言来说，就是除了原来的实验刺激以外，重大事件也成了另一个新的“实验刺激”，其情景如图 7－9 所示。

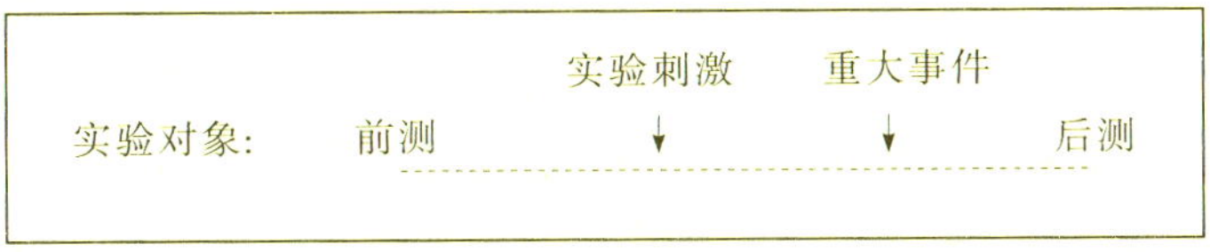

图 7－9　重大事件对实验的影响

这一情况启示我们：在出现某些与实验内容关系密切的重大事件时，实验对象在态度、观念、价值及行为上所发生的变化，不一定全部是实验刺激的作用所致，很可能是由实验刺激与其他因素共同作用的结果。

二、 实验对象的发育所造成的影响

实验对象的发育指的是在实验的前测和后测之间，实验对象在生理上、心理上的成长、成熟及其所带来的变化。这种变化对实验结果也会造成一定的影响，在一些特定的实验中，这种影响还会相当大。

比如，在初中阶段，学生们往往会在对异性同学的认识、态度以及在处理与异性同学之间的关系方面处于一种迷惑的和矛盾的状态，学校常常通过开设青春期教育课程来帮助和指导学生进行正确的调适。假设为了评价某一青春期教育课程的效果，我们进行了一项实验。一个学年的青春期课程教学也许会对初中生正确认识和处理与异性同学之间的关系、采取正确的态度和行为产生明显的影响，但是，学生在这方面的变化也可以部分地归因于学生在这一年中自身青春期发育所带来的变化的影响。这就是说，即便不开设青春期教育课程，学生们在一年后也会由于自己认识的提高而改变他们原来的态度和行为。因此，我们在实验中还要注意排除这种由实验对象发育所带来的影响。

从形式上看，实验对象发育的影响与重大事件的影响有比较大的不同。如果我们把重大事件的影响看作一种外部影响的话，那么，这种实验对象的发育就可以看作一种内部的影响即实验对象自身变化所造成的影响。其情景如图 7－10 所示。

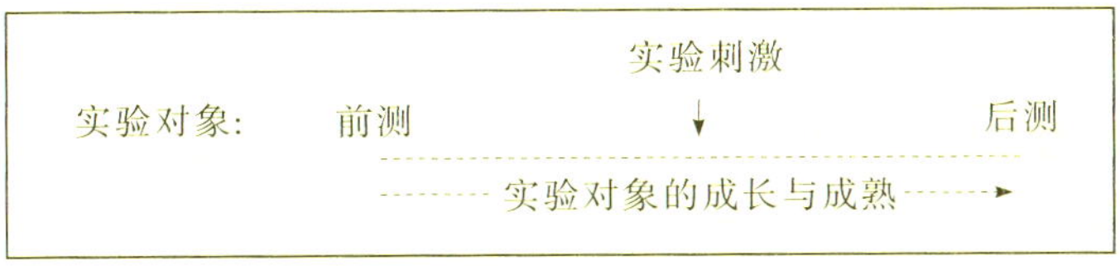

图 7－10　实验对象的发育对实验的影响

三、前后测环境不一致的影响

实验对象发育的影响也可以看成是进行前测与进行后测时实验对象的不同（发生改变）所带来的影响。实际上，除了实验对象的不同外，进行前测和后测时所具有的环境也常常是不同的。即使用的是一份同样的问卷，在同样的地点，由同样的研究人员参与，有时也会造成前后两次测量在某些方面、某些细节、某些条件上出现差别，从而给实验对象带来不同的影响。比如说，研究者和实验对象在前后两次测量时的心理状态不同，对实验人员和实验对象的指示不同，对实验说明的方式不同，实验的物质设备、工具不同，或者实验时间的控制、要求的掌握不同等等，都是形成实验环境不一致的原因，它们都会使前后两次测量的结果中，掺杂进一些不属于实验刺激影响的效果。因此，注意到这种不一致的方面及其影响，并努力通过控制使它们尽可能地一致起来，也是我们在进行实验时应考虑的方面之一。

四、初试-复试效应的影响

实验中的前测和后测还具有一个突出的特点：它们的形式、内容完全一样。这是实验方法的基本逻辑所要求的。然而，也正是由于实验方法的这一特点，容易产生初试-复试的影响问题。

很多参加过不止一次英语托福考试（TOEFL）的人都有这样的经历：后一次考试的成绩往往比前一次考得好。除了实际英语水平的提高外，每考一次，考生对考试的形式、内容、重点和答题方法等更加熟悉，参加考试时的心情更加放松，显然是十分重要的原因。同样的经历和现象在实验过程中也会出现。比如，我们用实验来研究电视广告对人们消费观念和行为的影响。在实验开始时，我们先用问卷或量表对人们的消费观念和行为进行调查和测量。然后，我们在相当集中的一段时间内（一周或者一个月），让实验对象观看一系列的电视广告。最后，我们再对实验对象进行同样的调查或测量。在这样做的过程中，除了电视广告所产生的影响外，实验对象变得更加熟悉问卷内容、更加清楚问题的含义、更加明了调查的目标，特别是更加明白他们作为调查对象的角色，这些变化所产生的影响显然是不可忽视、不可低估的。

五、实验对象选择和缺损的影响

实验对象作为实验不可缺少的一个部分，也可能产生出一些影响实验正确性的因素。这种情况首先存在于实验对象的选择上。由实验的特定目标、特定逻辑、特定方式决定，实验对象的选择通常不是像调查研究那样从某一总体中随机抽取，而大多是采取下列三种方式之一：自愿参加、征募参加、强制参加（征募参加指的是用类似于招工的方式以一定的报酬来招聘实验对象；强制参加指的是使用学生、犯人等“被控制的群体”作为使用对象）。问题的严重性在于这三种方式所得到的实验对象都不能很好地代表一般公众。这是因为，自愿参加者往往比一般人更热衷于科学研究，具有比一般人高得多的社会参与意识和较强的冒险精神；被招聘者则往往具有在经济上处于比较紧张状况的特点；至于研究人员容易控制的学生或犯人，他们与一般人之间的差别和不同就更是显而易见的了。

其次，与实验对象有关并影响到实验正确性的另一个因素是实验对象的缺损问题。由于实验需要进行前测和后测，而且前后两次测量的对象都必须是同一群人。所以，如果有的实验对象在完成前测以后就自己主动退出实验，或者在后测开始时，有的实验对象由于调动、搬迁、死亡等原因而无法接受测量，这都将给实验结果蒙上一层阴影。因为，这些缺失者，尤其是那些中途自动退出的人，在有些重要方面与留下来的人是有差异的。他们可能对研究的意义更不关心，也可能是研究的题目或研究的内容对他们来说更为敏感，使他们更感到不安，还可能是他们的文化程度、表达能力等不如其他人。

本章要点

1. 实验是一种经过精心的设计，并在高度控制的条件下，通过操纵某些因素，来研究变量之间因果关系的方法。它的基本目标是判定两个变量之间是否存在因果关系。

2. 实验有着三对基本要素：(1) 实验组与控制组；(2) 前测与后测；(3) 自变量与因变量。它们构成了实验研究所具有的独特的语言。

3. 在实验研究中，自变量又称作实验刺激，而因变量则往往是研究所测量的变量。

4. 在实验中，我们首先对因变量进行前测；然后，通过操纵某些条件，引入被看作自变量和原因的实验刺激；再对引入自变量以后因变量的情况进行测量；并通过比较前后两次测量的结果来判断两变量之间是否存在因果关系。这就是实验研究的最基本的分析逻辑。

5. 实验研究的逻辑要求必须有两组各方面都一样的实验对象。而创造出两组相同的对象的方法有两种：一是匹配；二是随机指派。

6. 一个具有前后测和实验刺激的实验组加上一个具有前后测的控制组，是实验研究中的经典设计。

7. 为了排除前测与实验刺激的交互作用的影响，需要一种三组实验设计。

8. 为了进一步排除实验以外的因素的影响，需要一种四组实验设计。

9. 重大事件的影响、实验对象的发育所造成的影响、前后测环境不一致的影响、初试-复试效应的影响、实验对象选择和缺损的影响等等，是影响实验正确性的几个重要方面。

基本概念

实验　实验刺激　前测　后测　实验组　控制组　匹配　随机指派　实验室实验　实地实验　准实验设计　双盲实验　经典实验设计　交互作用

复习思考题

1. 将各种准实验设计与经典实验设计进行比较，探讨它们之间的差别及其意义。

2. 在社会学、心理学、社会心理学等杂志上，找两篇实验研究报告，分析它们的自变量和因变量是什么，同时分析研究者是如何将实验刺激引入实验的。

3. 分析上述两篇实验研究中，实验对象是如何选取的，又是如何被分配到实验组和控制组的。

4. 举例说明为什么要采取“双盲实验”的方法。

5. 结合你所感兴趣的研究领域，谈谈实验研究方式所受到的限制。

6. 将实验研究方式的基本逻辑与调查研究方式的基本逻辑进行对比，并分析二者在社会研究中的地位和作用。

推荐阅读书目

1. 贝利．现代社会研究方法．上海：上海人民出版社，1986：第九章．

2. 巴比．社会研究方法．北京：华夏出版社，2000：第八章．

3. 纽曼．社会研究方法．北京：中国人民大学出版社，2007：第九章．

第八章
调查研究

调查研究简称调查或社会调查，是社会研究中一种最常见的研究方式。一些人甚至误以为调查研究就是社会研究方法的全部。调查研究的确以其特定的方式满足了社会研究者探讨各种社会行为、社会现象和社会问题的需要。同时，定量研究的诸多内容也十分集中地体现在调查研究的方式之中，比如抽样、操作化、测量、统计分析等等。因此，掌握调查研究方法对于社会研究者来说，显得尤为重要。

第一节　调查研究及其应用领域

一、调查研究的概念

调查研究（**survey research**）指的是一种采用自填式问卷或结构式访问的方法，系统地、直接地从一个取自总体的样本那里收集资料，并通过对资料的统计分析来认识社会现象及其规律的社会研究方式。先来看看下面这个调查研究的例子。

为了研究城市独生子女与非独生子女青少年的社会化发展状况，全国八个单位的社会学者于 1998 年采用调查研究的方式在全国 14 个城市中开展了一项研究。根据研究的目标，研究者确定以 12～18 岁的城市在校中学生作为研究的对象，他们采取多阶段、分层抽样的方法，从总体中抽取了1 800名中学生、1 800名中学生家长作为调查的两个样本。在经过多次设计、试用和修改之后，研究者印制了《中学生调查问卷》和《中学生教育调查问卷》（家长问卷）。从 1998 年 10 月到 1999 年 3 月这五个多月的时间内，八个单位的社会学者分赴全国 14 个大、中、小城市，采用集中填答的方法对所抽样本的中学生进行自填问卷调查，同时将家长问卷交给学生带回家，请家长填答后再由学生交给教师集中回收。此次调查共获得了涉及两类青少年社会化发展及相关因素的经验数据 80 多万个。在计算机的辅助下，研究者对这些数据资料进行了多种统计分析，得出了有关城市独生子女青少年社会化发展状况的总体特征、独生子女青少年与非独生子女青少年社会化发展状况的异同及原因等一系列结果，对于人们从总体上认识和理解这一代特定儿童的成长过程及其发展特征提供了重要的参考依据。①

从上面的例子中，我们可以初步认识到调查研究的几个主要特征：

（1）调查要求从某个调查总体中抽取一定规模的随机样本；这种随机抽取的、有相当规模的样本往往是其他研究方式所不具有的一种特征。

（2）资料收集需要采用特定的工具，即调查问卷，且有一套系统的、特定的程序要求。

（3）研究所得到的是巨大的量化资料，且必须在计算机的辅助下完成资料的统计分析，才能得出研究的结论。

可以说，正是这三个方面的特征，使得调查研究的方式与其他几种研究方式相区别；也正是这三个方面的特征，使得调查研究成为社会研究中广泛使用的、强有力的研究方法。

二、调查研究的应用领域

调查研究这种研究方式广泛地应用于社会生活的各个领域，形成了调查研究的某些重要类型。其中最主要的如下：

（1）社会生活状况调查，通常是对某一时期、某一社区或某一社会群体的社会生活状况所进行的调查。它的着眼点主要放在了解人们日常社会生活各个方面的基本内容，以综合地反映一个时期、一个地区或一个群体中人们总的社会生活状况。比如对某市离退休老人生活状况的调查研究、对某市居民生活质量的调查研究等等，就是这种调查应用的例子。

（2）社会问题调查，即针对社会中所存在的各种社会问题进行系统的调查、了解，找出问题的症结，为解决社会问题提供参考意见。就像医生给病人看病一样，对各种社会问题进行“社会诊断”。比如青少年犯罪调查、离婚问题调查、吸毒问题调查、老年社会保障问题调查、独生子女教育问题调查等等，都是常见的社会问题调查的例子。

（3）**市场调查（market research）**，即为了解市场规模、拓展商品的销路，以便更好地为企业的生产和利润服务，而围绕某类产品或某种商品的市场占有率、顾客的购买情况、商标的宣传效果等等所进行的调查。它是随着商品经济的发展而逐渐普及的。目前我国这类调查研究有很多，比如化妆品市场调查、饮料市场调查、服装市场调查、家电市场调查等等。

（4）**民意调查（public opinion survey）**，也称舆论调查，即对社会中民众的意见、态度、意识等主观意向进行的调查。最典型的民意调查是美国的总统选举民意测验。此外，像各种民意测验机构对社会热点问题进行的民意调查，以及各种大众传播机构对其读者和听众、观众进行的调查等等，都属于这一类调查。

① 风笑天．独生子女青少年的社会化过程及其结果．中国社会科学，2000（6）．

（5）学术性调查，即广泛应用于社会学、政治学、人口学、教育学、传播学等社会科学领域中的调查研究。这类调查的目标，往往不是针对某一具体的社会现象和社会问题得出结论，而是致力于对某类社会现象所具有的一般规律或普遍法则进行探索和研究。

三、调查研究的题材

人类社会现象的丰富性和人们社会行为的多样性，决定了调查研究题材的丰富性和多样性。正如英国著名社会学家莫泽等人所说，世间的各种社会现象、人们的各种社会行为，几乎没有哪一个方面不曾被调查研究者关注过。[①] 但概括地说，调查研究的题材主要可分为下述三大类：

（1）某一人群的社会背景，即有关人们各种社会特征的资料。这种资料既包括某些人口统计方面的内容，比如性别、年龄、职业、婚姻状况、文化程度等等；也包括人们生活环境方面的内容，比如家庭构成、居住形式、社区特点等等。这类题材客观性很强，在调查研究中收集这方面的资料往往比较容易，较少出现问题。并且，几乎所有的调查研究都或多或少地包括这一题材中的内容。

（2）某一人群的社会行为和活动，即有关人们“做了什么”以及他们“怎样做”等方面的资料。比如，人们每天几点钟上班、每周看几次电视、在家中谁辅导孩子学习等。这类题材也是客观的、事实的，它通常构成大部分调查研究的主体内容。

（3）某一人群的意见和态度，即有关人们“想些什么”“如何想的”或“有什么看法”“持什么态度”等方面的资料。比如，人们怎么看待离婚现象、人们对住房制度改革有什么意见、人们选择对象的标准是什么等等。这类题材属于观念性、主观性的，它是构成各种民意测验、舆论调查、社会心理调查的主要内容。在其他一些类型的调查研究中，它往往也是十分重要的一部分。

第二节 问卷设计

问卷（questionnaires）是调查研究中用来收集资料的工具，它在形式上是一份精心设计的问题表格，其用途则是用来测量人们的行为、态度和社会特征。

一、问卷的结构

尽管实际调查中所用的问卷各不相同，但是它们往往都包含这样几个部分：封

① Moser, Kalton. Survey Methods in Social Investigation. London: Richard Clay Ltd., 1971.

面信、指导语、问题、答案、编码等。

封面信

封面信（cover letter），即一封致被调查者的短信。它的作用在于向被调查者介绍和说明调查的目的、调查单位或调查者的身份、调查的大概内容、调查对象的选取方法和对结果保密的措施等。封面信的语言要简明、中肯，篇幅不宜长，短短一两百字最好。虽然封面信的篇幅短小，但在问卷调查过程中却有着特殊的作用。研究者能否让被调查者接受调查，并使他们认真地填写问卷，在很大程度上取决于封面信的质量。特别是对于采用邮寄填答法的方式进行的社会调查来说，封面信的影响就更大。因为有关调查的一切情况，都得靠封面信来说明和解释。在封面信中，我们应该说明哪些方面的内容呢？

（1）要说明调查者的身份，即说明“我是谁”。比如，“我们是武汉市委政策研究室的工作人员，为了……”当然，调查者的身份也可以通过落款来说明，比如落款为天津市委政策研究室“物价问题调查组”。但是，如果落款只写“婚姻家庭调查组”“物价问题调查组”，而不注明具体单位，是不妥的。因为被调查者看到这样的署名，仍不知你们是哪里的、是些什么人，这样就会增加他们的疑虑和戒备心理。所以，在这方面，调查者应该“襟怀坦荡”，大大方方，让被调查者越清楚越好。如果落款处不便注明单位、组织，则最好能附上单位的地址、电话号码和联系人的姓名等，以便消除被调查者的疑虑，体现调查的正式性。

（2）要说明调查的大致内容，即“调查什么”。但要注意的是，一方面，对调查内容的介绍不能欺骗被调查者，不能在封面信中说调查甲类问题，而问卷中却调查乙类问题。另一方面，我们对调查内容的说明，既不能含含糊糊，甚至完全不谈，也不能过于详细地去谈。通常的做法是用一两句话概括地、笼统地指出其调查的大致范围就行了。比如“我们正在我市居民中进行物价改革方面的调查”，或者“我们这次调查主要想了解全市人民对我市交通问题的看法”等。

（3）要说明调查的主要目的，即“为什么调查”。对于调查的目的，应尽可能说明其对于整个社会，尤其是对于包括被调查者在内的人民群众的实际意义，而不能只谈“为了进行科学研究”等等。比如，“我们这次调查的目的，是要摸清我市目前市场物价的现状和存在的问题，以便为市政府制定物价改革的有关政策提供科学的依据，更好地为我市居民的日常生活服务”。

（4）要说明调查对象的选取方法和对调查结果保密的措施。对于来访和调查，一般人们或多或少总存在一定的戒心。为了消除被调查者的这种戒心，应该在封面信中简明扼要地作点说明。比如，“我们按照科学的方法挑选了一部分居民作为全市居民的代表，您是其中的一位。本调查以不记名方式进行，并且，根据国家的统计法，我们将对统计资料保密。所有个人资料均以统计方式出现”。另外，还应该明确地说明“本次调查不用填写姓名和单位，答案无对错之分，请您不必有任何顾虑”。在信的结尾处，一定要真诚地感谢被调查者的合作与帮助等。下面是一份实际调查问卷的封面信。

问卷编号：________　　　　　　　　　　　　　　　　　　　　城市编号：________

青年发展状况调查问卷

亲爱的青年朋友：

你好！

为了了解新世纪青年的工作和生活情况，探索青年成长和发展的有效途径，我们在全国12个城市开展了这项调查。本调查不用填写单位和姓名，大约只会耽误你15分钟的时间。请根据自己的实际情况填写。你的回答将代表众多与你一样的青年朋友，相信你会认真完成。

送给你一件小小的礼物，以感谢你的支持与合作！

全国12城市“青年发展状况”调查组

2004年3月30日

总负责人：南京大学社会学系　风笑天教授

联系电话：025－83595711　E-mail：xtfeng54@163.com

指导语

指导语即用来指导被调查者填答问卷的各种解释和说明，其作用和仪器的使用说明相似。有些问卷的填答方法比较简单，指导语很少，常常只在封面信中用一两句话说明即可。比如，“请根据自己的实际情况在合适的答案号码上画圈或者在空白处直接填写”。在邮寄填答法的封面信中，除了上述填答方法的指导语外，往往还要加上类似于“为了减少您的麻烦，我们为您准备了一个写好地址、贴好邮票的信封。您填完调查表后，只需将它放进信封，封好口，投入邮筒就行了，请一定在9月25日之前填好寄出”这样的指导语。

有些比较复杂的问卷的指导语则集中在封面信之后，并标有“填答说明”的标题，其作用是对填表的方法、要求、注意事项等作一个总的说明。举例如下：

填　答　说　明

1. 请在每一个问题后适合自己情况的答案号码上画圈，或者在______处填上适当的内容。

2. 问卷每页右边的数字及短横线是计算机处理用的，你不必填写。

3. 若无特殊说明，每一个问题只能选择一个答案。

4. 填写问卷时，请不要与他人商量。

还有些指导语分散在某些较复杂的调查问题后，对填答要求、方式和方法进行说明。

问题及答案

这是问卷的主体，也是问卷设计的主要内容。从形式上看，问题可分为开放式与封闭式两大类。所谓**开放式问题**（**open-ended question**），就是那种只提出问题，但不为回答者提供具体答案，由回答者根据自己的情况自由填答的问题。而**封闭式问题**（**closed-ended question**）则是在提出问题的同时，还给出若干个答案，要求回答者根据实际情况进行选择。比如，"你最喜欢看哪类电视节目"就是一个开放式问题。但是，当我们在这个问题下面列出了若干个答案，要求回答者选择其一作为回答时，就变成封闭式问题。比如：

你最喜欢看哪类电视节目?

（1）新闻节目　（2）体育节目　（3）文艺节目　（4）其他节目

开放式问题的主要优点，是允许回答者充分自由地发表自己的意见。因而，所得资料丰富生动。其缺点是资料难以编码和统计分析，对回答者的知识水平和文字表达能力有一定要求，填答所花费的时间和精力较多，还可能产生一些无用的资料。封闭式问题的主要优点是填答方便，省时省力；资料易于做统计分析。其缺点是资料失去了自发性和表现力，回答中的一些偏误也不易发现。根据开放式问题与封闭式问题的不同特点，研究人员常常把它们用于不同的调查中。比如在探索性调查中常常采用以开放式问题构成的问卷；而在大规模的正式调查中，则主要采用以封闭式问题构成的问卷。

编码及其他资料

在以封闭式问题为主的问卷中，为了将被调查者的回答转换成数字，输入计算机进行处理和定量分析，需要对回答结果进行**编码**（**coding**），即赋予每一个问题及答案一个数字作为它的代码。编码既可以在问卷设计的同时就设计好，也可以等调查完成后再进行。前者称为**预编码**（**precoding**），后者称为**后编码**（**postcoding**）。在实际调查中，研究者大多采用预编码，因此，预编码也就成了问卷中的一个部分。编码一般放在问卷每一页的最右边，有时还可用一条竖线将它与问题及答案部分分开。下面就是预编码的一个例子。

（1）您的年龄：______岁	1～2 ______
（2）您的性别：①男 □　②女 □	3 ______
（3）您的文化程度： ①小学以下 □　②初中 □ ③高中或中专 □　④大专以上 □	4 ______
（4）您每月的收入：______元	5～9 ______

对于第一个问题来说，一般人们的年龄往往在100岁以内，故编码中给出两栏，序号为1～2（对于极个别大于99岁的人往往记为99岁）。第二、第三个问题都只可能选择一个答案，且答案数目小于10，故分别只给一栏。第四个问题的答案往往处于100 000之内，故给五栏。

表格式问题的情况稍有不同。特别是对于一些具有定序层次答案的态度问题，编码时还要特别注意它的方向性。如表8-1所示。

表 8-1 **请你对下列看法发表意见**（在每一行选一格打√）

	非常同意	同意	无所谓	不同意	很不同意
①婚事应该尽量办得简单一些					
②结婚是人生一件大事，婚事应该办得隆重热闹，花再多钱也值得					
③就是有钱，婚事也不应大操大办					

对于赞同节俭办婚事的看法，我们按 1＝非常同意，2＝同意，3＝无所谓，4＝不同意，5＝很不同意来赋值；而对赞同婚事大操大办的看法，我们则按 5＝非常同意，4＝同意，3＝无所谓，2＝不同意，1＝很不同意来赋值。上例三种看法的具体赋值情况（如表 8-2 所示）。

表 8-2 **三种看法的赋值**

	非常同意	同意	无所谓	不同意	很不同意
看法①	1	2	3	4	5
看法②	5	4	3	2	1
看法③	1	2	3	4	5

每一个回答者在这一量表上的三个得分（每行一个答案所对应的码值）加起来，就构成他对婚事操办方式的态度得分。按我们上述赋值方式，则一个回答者在该量表上的得分越高，表明他的态度越倾向于婚事大操大办。

除了编码以外，有的问卷还需要在封面印上问卷编号、调查员编号、审核员编号、调查日期、被调查者住地、被调查者合作情况等有关内容。

二、 问卷设计的原则

在实际动手设计问卷之前，我们的头脑中应该牢记下面的几条基本原则。这些原则虽然并不直接涉及问卷设计的具体方法和技术，但在某种意义上，它的重要性并不亚于具体方法的介绍。

明确问卷设计的出发点

问卷作为调查者用来收集资料的工具，对其进行设计时，自然要考虑调查者的需要。即问卷设计要紧紧围绕所研究的问题和所要测量的变量来进行。既不漏掉一些必需的资料，也不包含一些无关的资料。但是，如果只从研究者的需要来考虑，而不考虑到被调查者的多种实际情况，那么所设计的问卷往往会存在一些不妥的地方。比如：有些问卷长达 40 页，问题数目多达几百个；有些问卷中的问题设计得过于复杂，一个问题中包含着一百多个子问题；有些问卷中的问题需要回答者进行难度较大的回忆和计算等等。这些情况都是设计时没有为回答者着想、没有从回答者的角度进行考虑的表现。

我们知道，社会调查实质上是调查者通过问卷向被调查者了解情况的过程。这一过程可以简单表示为“调查者—问卷—被调查者”。“调查者—问卷”这一环节，指的是调查者按照研究的目的和意图设计出问卷。如果仅从这一点考虑，问卷设计的出发点当然就是调查者，即问卷设计时要一切为着调查者的需要；但是，问题还有另外一半。在“问卷—被调查者”这一环节中，问卷成为众多被调查者的主宰。尤其应该认识到，我们所调查的对象不是机器，而是具体的人。不同质量、不同形式的问卷，对被调查者提出的要求和产生的影响各不相同。因此，要使我们的调查取得好的效果，设计问卷时不能只把注意力放在编制什么问题上，还要注意问卷调查过程中人的因素。要多为回答者着想、多从回答者的角度考虑，尽量为他们填答问卷提供方便，减少困难和麻烦。

明确阻碍问卷调查的各种因素

由于问卷调查需要被调查者的密切合作，因此，在设计问卷时，必须对那些在问卷调查过程中可能出现的阻碍因素有清楚的认识。阻碍被调查者合作的因素主要有两个大的方面。

（1）主观上的障碍。即由被调查者心理上和思想上对问卷产生的各种不良反应所形成的障碍。比如：当问卷内容太多，问卷表太厚，或者问卷中需要花时间思考、回忆、计算的问题太多时，回答者就容易产生畏难情绪；当问卷中的问题涉及个人隐私等敏感的内容时，回答者就容易产生种种顾虑；当问卷的封面信对调查的目的、内容、意义解释不够时，回答者就可能对问卷调查不重视，缺乏积极合作的责任感；而当问卷内容脱离被调查者的生活实际，或者所用的语言与被调查者的文化背景不协调，或者问卷形式设计得呆板、杂乱时，被调查者就可能对问卷调查毫无兴趣、置之不理，甚至将问卷弃如废纸。

（2）客观上的障碍。即由被调查者自身的能力、条件等方面的限制所形成的障碍。比如说阅读能力带来的限制，一个被调查者起码要能看得懂问卷才能作出他的回答。如果问卷的格式较复杂、问题较抽象或者语言不通俗易懂，那么有些文化程度较低的被调查者就很难看懂问卷的内容和要求。又如理解能力的限制，无论是对于问题的内容还是对于填写问卷的方法，常常会有一些被调查者理解不了，因而，对他们来说，问卷调查就是不可行的。还有记忆能力、计算能力所带来的限制，在问卷中，研究者常常询问有关被调查者过去的经历或生活的问题，也常常询问诸如每年的收入、每月的生活费用、每天用于某件事的时间等问题。这些问题常常要求被调查者进行一定的（有时甚至是困难的）回忆、思考和计算，然而，并不是每个人对自己所经历过的各种事情都能回忆起来，也并不是每个人都能按调查者的要求进行计算的。如果我们不设身处地地为被调查者考虑，那么一些回答者就会由于上述种种客观条件的限制而放弃答卷，从而降低了调查问卷的回收率，影响到调查质量。

明确与问卷设计紧密相关的各种因素

一份问卷的设计工作远远不止是列出一组问题，它还涉及许多在问卷上看不到的因素，并受这些因素的影响和制约。这些因素包括调查的目的、调查的内容、样本的性质等等。

（1）调查的目的。对于任何一项问卷设计工作来说，调查的目的就是其灵魂，因为它决定着问卷的内容和形式。如果调查的目的只是了解调查对象的一般情况，那么，问卷设计就应该主要围绕着调查对象各个方面的基本事实来进行。如果其目的不是一般的描述，而是要作出解释和说明，那么，问卷设计就要紧紧围绕着研究假设和关键变量来进行，问卷中必须问什么、不必问什么都将严格受到研究假设的制约。

（2）调查的内容。调查的内容也是影响问卷设计工作的一个主要因素。对于那些回答者比较熟悉的调查内容、容易引起回答者参与兴趣的调查内容、不会对被调查者产生心理压力的调查内容来说，问卷设计的工作就相对容易一些。这时，问卷的内容可相对详细、深入，提问可以比较直接，问题的数目可以适当多一点。但当调查的内容回答者不熟悉时，或者调查内容比较枯燥，不易引起他们的兴趣时，特别是涉及一些敏感的内容时，问卷设计工作就要困难一些。这时问卷中的问题相对来说就只能问得概略一些、浅显一些、间接一些，问题的数量也应少一些，而问卷的封面信和指导语就得比较详细，措辞也得更加小心。

（3）样本的性质。样本的性质即样本的构成情况，它对问卷设计工作同样有着较大的影响。构成调查样本的被调查者是些什么样的人，他们的职业、文化程度、性别、年龄的分布状况如何，相互之间差异大小等，都是设计者应该有所了解的。因为即使是同样的调查目的和同样的调查内容，用于工人样本中的问卷和用于大学生样本中的问卷在设计上的要求就是不尽相同的。用于工人样本的问卷，其语言应该更通俗、简单和口语化一些，问题的数量也应少一些；而用于大学生的问卷，语言就可以书面化一些，问题可以复杂一些，数量也可以多一些。

三、 问卷设计的步骤

探索性工作

要设计一份调查问卷，第一步工作并不是马上动手去罗列调查的问题，而是要先做一定的探索性工作。即先摸摸底，熟悉和了解一些基本的情况，以便对各种问题的提法和可能的回答有一个初步的认识。做这种探索性工作的常见方式，是设计者围绕所要调查的问题，自然地、随便地与各种对象交谈，并留心观察他们的特征、行为和态度。通过交谈，常常可以避免在设计问卷时，出现许多含糊的问题，也可以避免设计出不符合客观实际的回答来。这是因为，当我们在交谈中提出的问题含糊不清时，回答者必然会提出疑问。而熟悉和了解各种类型的调查对象对某一问题所给予的具体回答，就为设计者根据实际情况恰当地设计出这一问题的各种答案奠定了基础。

设计问卷初稿

经过了探索性工作后，我们就可以动手设计问卷初稿了。具体做法如下：

首先，根据研究假设和所需资料的内容，在纸上画出整个问卷的各个部分及前后顺序的框图。

其次，具体地设计出每一个部分中的问题及答案，并安排好这些问题相互间的顺序。

再次，根据回答者阅读和填写问卷是否方便等方面，对所有问题进行检查、调整和补充。

最后，将调整后的结果打印成问卷初稿。

试用

问卷初稿设计好后，不能直接将它用于正式调查，而必须对问卷初稿进行试用和修改。试用这一步在问卷设计的过程中至关重要，对于大型调查来说更是不能不做。试用问卷初稿的具体方法有两种：一种叫客观检验法；另一种叫主观评价法。

客观检验法的具体做法如下：将问卷初稿打印若干份；然后采取非随机抽样的方法选取一个小样本，用这些问卷初稿对他们进行调查；最后认真检查和分析试调查的结果，从中发现问题和缺陷并进行修改。检查和分析的方面有四个：

（1）回收率。如果回收率较低，比如说60％以下，那么说明问卷设计上有较大的问题。

（2）有效回收率，即扣除各种废卷后的回收率。它比回收率更能反映问卷初稿的质量。因为收回的废卷越多，说明回答者填答完整的就越少，这也就意味着问卷初稿中的毛病可能较多。

（3）填写错误。填写错误有两类：一类是填答内容的错误，即答非所问。这是由于对问题含义不理解或误解造成的。对于这种情况，一定要仔细检查问题的用语是否准确、清晰，含义是否明确具体。另一类是填答方式的错误，这主要是由于问题形式过于复杂，指导语不明确等原因所致。

（4）填答不完全。填答不完全的情形主要也有两类：一是问卷中某几个问题普遍未作回答；二是从某个问题开始，后面部分的问题都未回答。对于前一种情况，就要仔细检查这几个问题，分析出大部分被调查者未作回答的原因，然后改进；对于后一种情况，则要仔细检查中断部分的问题，分析出回答者“卡壳”的原因。

主观评价法的具体做法如下：将设计好的问卷初稿打印若干份，分别送给该研究领域的专家、研究人员以及典型的被调查者，请他们直接阅读和分析问卷初稿，并根据他们的经验和认识对问卷进行评论，指出不妥之处。比如，我们准备进行一项有关城市交通问题的社会调查，当设计好调查问卷后，我们采用主观评价法对问卷进行试用。我们可以将打印的问卷初稿分别送到城市交通管理部门的有关人员、公共汽车公司的司售人员、出租司机、公安局的交通民警等人手中，请他们从各自的角度对问卷中的问题进行检查和评论，提出他们的具体意见。

修改定稿并印制

根据上述方法找出问卷初稿中所存在的问题后，逐一对问卷初稿中的毛病进行认真分析和修改，最后才能定稿。在对修改后的问卷进行印制的过程中，同样要十分小心和仔细。无论是版面安排上的不妥，还是文字上、符号上的印刷错误，都将直接影响到最终的调查结果。只有经过了试用和修改，并对校样反复检查后，才能把问卷送去印刷，并用于正式调查。

我们来看看一个实际问卷设计过程的例子。1981 年，欧洲九个国家（英国、法国、联邦德国、比利时、荷兰、丹麦、意大利、西班牙、爱尔兰）的社会学者进行了一项题为“欧洲价值体系调查”的大型研究。研究采用问卷的方式收集资料。为了设计出适合各个国家情况的问卷，研究者进行了精心的准备和探索工作。“在探索阶段，联邦德国小组查阅了有关价值体系的各种著作，在社会名流、大学、政界和信息界进行了一系列深入的交谈。英国小组在被认为对普遍接受的价值持不同意见的少数人中间组织了若干讨论小组。在法国，对近十年来本国及多国性的历次欧洲调查中所收集到的有关价值的全部数据进行了系统的探测。”“这样集中起来的各种文献，在管理委员会和技术小组的多次会议上被用作制定一张试测调查表的依据。”“这张既长又复杂的调查表在四个国家——西班牙、法国、英国和联邦德国进行试测，每个国家挑选 200 名调查对象。其目的显然是检验它的被接受程度。”“答卷在伦敦处理后送到巴黎分析。经过在布鲁塞尔举行的第一次全体会议和在巴黎举行的第二次较偏重于技术问题的会议之后，于 1980 年末确定了包括 302 个问题的正式调查表。”①

四、 问题及答案的设计

问题和答案是问卷的主体，问题与答案的设计则是问卷设计中最具操作性的工作。问卷中常见的问题形式有哪些呢？

问题的形式

（1）填空式。即在问题后画一短横线，让回答者直接在空白处填写。填空式一般只用于那些对回答者来说既容易回答又容易填写，通常只需填写数字的问题，比如年龄、家庭人口、收入等。

例 1　请问您家有几口人？______口

例 2　您的年龄多大？______周岁

例 3　您有几个孩子？______个

例 4　您每天上班在路上需要多少时间？______分钟

（2）是否式。即问题的答案只有是和不是（或其他肯定形式和否定形式）两种。回答者根据自己的情况选择其一。例如：

例 5　您是共青团员吗？　　是 □　　不是 □

例 6　您是否住在本市？　　是 □　　不是 □

① 斯托策尔．当代欧洲人的价值观念．北京：社会科学文献出版社，1988：210－212.

例 7　您家有电视机吗？　　有 ☐　　没有 ☐

例 8　您是否赞成民主选举厂长？　　赞成 ☐　不赞成 ☐

是否式这一问题形式在民意测验所用的问卷中是用得最多的一种。其优点是答案简单明确，可以严格地把回答者分成两类不同的群体；但其弱点是，对于有些问题它所得到的信息量太少。如例 8 中，两种极端的回答类型不能了解和分析回答者中客观存在的不同的态度层次。

（3）单项选择式。即给出的答案至少在两个以上，回答者根据自己的情况选择其中之一。这是各种调查问卷中采用得最多的一种问题形式。

例 9　您的文化程度是：（请在合适答案的号码上打√）

①小学以下　②初中　③高中或中专　④大专以上

例 10　您的婚姻状况是：（请在合适答案后的方框中打√）

①未婚 ☐　②已婚 ☐　③离婚 ☐　④丧偶 ☐

例 11　您最喜欢看的电视节目是：（请在合适答案后的括号里打√）

①新闻节目（　）　②电视剧（　）　③体育节目（　）

④广告节目（　）　⑤其他（请写明）______（　）

（4）多项选择式。即给出的答案至少在两个以上，回答者根据自己的情况选择多个答案。

例 12　你们家有下列哪些物品？（有几种勾几种）

①洗衣机　②电冰箱　③电视机　④空调

⑤电脑　⑥微波炉　⑦热水器　⑧小汽车

（5）表格式。即一种将同一类型的若干个问题集中在一起，构成一个问题表格的表达方式。

例 13　你觉得下列污染在你所在的城市是否严重？（请在每一行适当的格中打√）

	很严重	比较严重	不太严重	不严重	不知道
1. 灰尘					
2. 噪声					
3. 污水					

表格式的问题整齐、醒目。但是应当注意，这种形式虽然具有简单、集中的优点，但也容易产生呆板、单调的感觉。在一份问卷中这种形式的问题不宜用得太多。

答案的设计

由于社会调查中的大多数问卷主要由封闭式问题构成，而答案又是封闭式问题非常重要的一部分，因此答案设计的好坏就直接影响到调查成功与否。关于答案的设计，除了要与所提的问题协调一致以外，特别要注意做到使答案具有穷尽性和互斥性。

所谓答案的穷尽性，指的是答案包括了所有可能的情况。对于任何一个被调查者来说，问题的答案中总有一个是符合他的情况的。如果有某个回答者的情况不被包括在问题所列的答案中，那么这一问题的答案就不是穷尽的，或者说是有所遗漏的。比如下列问题的答案就不是穷尽的。

例 14 您最喜欢看哪类电视节目？（请在合适答案的号码上打√）

①新闻节目 ②体育节目 ③电视剧 ④教学节目

由于所列的答案并没有包括全部电视节目类别。因此，肯定会有许多回答者无法填答这样的问题，比如那些喜欢广告节目或喜欢少儿节目的人等等。解决这类问题的办法是，在所列举的若干个主要答案后面，再加上一个“其他”类，这样，那些无法选择所列举答案的人，总是可以选择这一答案的。当然，应该注意的是，如果一项调查结果中，选择“其他”一栏的回答者人数相当多，那么，说明问卷中所列答案的分类是不恰当的，即有些比较重要的答案类别没有单独列出。

所谓答案的互斥性，指的是答案互相之间不能交叉重叠或相互包含。即对于每个回答者来说，最多只能有一个答案适合他的情况。如果一个回答者同时选择某一个问题的两个或更多的答案，那么这一问题的答案就一定不是互斥的。例如，下面的答案就不是互斥的。

例 15 您的职业是什么？（请在合适答案的号码上打√）

①工人 ②农民 ③干部

④商业人员 ⑤医生 ⑥售货员

⑦专业人员 ⑧教师 ⑨其他

因为答案中的“商业人员”与“售货员”、“专业人员”与“教师”和“医生”都不是互斥的。

五、 问题的语言及提问方式

语言是问卷设计的基本材料，要设计出含义清楚、简明易懂的问题，必须注意问题的语言。问题措辞的基本原则是简短、明确、通俗、易懂。在问卷设计中，对问题的语言表达和提问方式有下列常用的规则：

（1）问题的语言要尽量简单。无论是设计问题还是设计答案，所用语言的第一标准应该是简单。要尽可能使用简单明了、通俗易懂的语言，而不要使用一些复杂的、抽象的概念以及专业术语，比如“核心家庭”“社会分层”“政治体制”“开拓精神”等等。

（2）问题的陈述要尽可能简短。问题的陈述越长，就越容易产生含糊不清的地方，回答者的理解就越有可能不一致；而问题越短小，产生这种含糊不清的可能性就越小。有的社会学家提出，短问题是最好的问题。因此我们在陈述问题时，最好不要用长句子，要使问题尽可能清晰、简短，使回答者能很快看完，很容易看懂，一看就明白。那种啰唆的、繁杂的问题只会引起被调查者的反感，只会影响调查的顺利进行。

（3）问题要避免带有双重（或多重）含义。双重（或多重）含义指的是在一个问题中，同时询问了两件（或几件）事情，或者说，在一句话中同时问了两个（或几个）问题。比如，问题“您的父母退休了吗?”就是一个带有双重含义的问题。它实际上同时询问了“您的父亲退休了吗?”和“您的母亲退休了吗?”这两件事情。由于一题两问，就使得那些父母中只有一个退休的被调查者无法回答。

（4）问题不能带有倾向性。即问题的提法和语言不能使被调查者感到应该填什么，或者感到调查者希望他填什么。这也就是说，问题的提法不能对回答者产生某种暗示或诱导，应保持中立的提问方式，使用中性的语言。比如，同样是询问人们是否抽烟，问题“你抽烟吗?”和问题“你不抽烟，是吗?”就有所不同。前者是人们日常生活中习惯的问法，而后者则带有一种希望被调查者回答“是的，我不抽烟”的倾向。此外，在问题中引用或列举某些权威的话，或者运用贬义或褒义的词语，都会使问题带有倾向性，都会对回答者形成暗示或诱导。

（5）不要用否定形式提问。在日常生活中，除了某些特殊情况外，人们往往习惯于肯定形式的提问，而不习惯于否定形式的提问。比如说，习惯于“您是否赞成物价改革?”而不习惯于“您是否赞成物价不改革?”当以否定形式提出问题时，由于人们不习惯，因而许多人常常容易漏掉问题中的“不”字，并在这种理解的基础上来进行回答，这样就恰恰与他们的意愿相反了。而这种误答的情形在问卷结果中常常又难以发现。因此，在问卷设计中不要用否定式提问。

（6）不要问回答者不知道的问题。这就是说，我们所问的问题都应该是被调查者能够回答的，或者说，被调查者确实具有回答这些问题的知识能力。如果向被调查者询问一个他们一无所知的问题，那么被调查者是无法回答的。比如，如果我们提出的问题是“您对我国的社会保障制度是否满意?”那么，普通公民中的大部分人将无法回答。因为他们并不知道什么叫社会保障制度，也不知道我国的社会保障制度是怎样的。

（7）不要直接询问敏感性问题。当问及某些个人隐私或人们对顶头上司的看法这样一些问题时，人们往往具有一种本能的自我防卫心理。因此，如果直接提问，则将会引起很高的拒答率。所以对这些问题最好采取某种间接询问的形式，并且语言要特别委婉。

【拓展阅读】

看看下列问题有什么错误

六、问题的数量与顺序

问题的数量

一份问卷应该包括多少个问题？这要依据调查的内容，样本的性质，分析的方法，拥有的人力、财力、时间等各种因素来决定，没有固定的标准。但一般来说，问题不宜太多，问卷不宜太长。通常以回答者在20分钟以内完成为宜，最多也不要超过30分钟。问卷太长往往引起回答者心理上的厌倦情绪或畏难情绪，影响填答的质量和回收率。当然，若是研究的经费和人员相当充足，能够采取结构式访问的方式进行，并付给每一位被调查者一份报酬，问卷本身的质量比较高，调查的内容又是回答者熟悉的、关心的、感兴趣的事物的话，那么，此时问卷长一点也无妨。反之，当调查的内容是回答者不熟悉、不关心、没有兴趣的事物，采用的是自填式问卷的方式，研究者的经费又相当有限，除了两句感谢的话和一点纪念品以外，不可能给被调查者更多的东西，而只可能占用被调查者的休息和娱乐时间，那么此时的问卷一定不能长，一定要尽可能简短。

此外，对于在公共场所进行的调查，以及通过电话进行的调查，问卷中的问题数量就要更少一些。回答问卷的时间应控制在5分钟之内，最长不能超过10分钟。

问题的顺序

问卷中问题的前后顺序及相互间的联系，既会影响被调查者对问题的回答结果，又会影响调查的顺利进行。如何安排问卷中问题的次序呢？一般来说，有下列常用的规则：

（1）把简单易答的问题放在前面，把复杂难答的问题放在后面。问卷最开头的几个问题一定要相当简单，回答起来一定要非常容易。这样可以给回答者一种轻松的、方便的感觉，以便于他们继续填答下去。如果一开始填写，回答者就感到很费力，很难填写，那么就会影响他们的情绪和积极性。

（2）把被调查者熟悉的问题放在前面，把他们感到生疏的问题放在后面。这是因为，任何人对自己熟悉的事物总能谈些看法，说出些所以然来；而对不熟悉的事物，则往往难以开口，说不出什么来。如果以被调查者熟悉的内容开头，就不至于使调查一开始就卡住而无法进行。

（3）把能引起被调查者兴趣的问题放在前面，把容易引起他们紧张或产生顾虑的问题放在后面。如果开头的一批问题能够吸引被调查者的注意力，引起他们对填答问卷的兴趣，那么调查便可能较顺利地进行；相反，如果开头部分的问题比较敏感，一开始就直接触及人们的心灵深处，触及有关伦理、道德、政治态度、个人私生活等方面的问题，那么，往往很容易导致被调查者产生强烈的自我防卫心理。回答者的这种自我防卫心理将会引起他们对问卷调查的反感，有碍他们对调查的合作，阻碍调查的顺利进行。

（4）一般先问行为方面的问题，再问态度、意见、看法方面的问题。这是由于行为方面的问题涉及的只是客观的、具体的事实，因此往往比较容易回答；而态度、意见方面的问题则主要涉及回答者的主观因素，多为回答者思想上的东西、内心深处的东西、更不易在陌生人面前表露的东西。如果一开始就问这方面的问题，常常引起被调查者心理上的戒备情绪和反感情绪，引起较高的拒答率。

（5）个人背景资料，一般放在开头，但有时也可以放在结尾。这是因为，个人背景资料是事实性的，也十分容易回答，同时它们通常都是社会调查中最常用、最主要的自变量，如果一份资料缺少这些变量，实际上也就成了废卷。因此，只要调查的内容不涉及比较敏感的问题，并在封面信中作出较好的说明和解释，这一部分问题最好放在问卷的开头。但是，另一方面，由于个人背景资料是除回答者姓名以外的其他的主要个人特征（比如年龄、性别、文化程度、婚姻状况、职业等），也属较敏感的内容，所以不宜放在开头，而适合放在末尾。

（6）若有开放式问题，则应放在问卷的最后面。这是因为回答开放式问题要比回答封闭式问题需要更多的思考和书写时间。无论是把它放在问卷开头，还是放在问卷的中部，都会影响回答者填完问卷的信心和情绪；而将它放在问卷的结尾处时，由于仅剩这一两个问题了，绝大多数回答者是能够完完整整地填答完它们的。退一步说，即使被调查者不愿意填答开放式问题，放弃了回答，也不会影响到前面的问题和答案。

相倚问题

在问卷设计中，常常会遇到这样的情况：有些问题只适用于样本中的一部分调查对象。比如，“你有几个孩子”这一问题，就只适合于那些已结婚生子的调查对象。因此，为了使我们设计的问卷适合每一个调查对象，我们在设计时必须采取相倚问题（或称为后续性问题）。

所谓相倚问题，我们指的是在前后两个（或多个）相连的问题中，被调查者是否应当回答后一个（或后几个）问题，要由他对前一个问题的回答结果来决定。前一个问题作为“过滤性问题”。在问卷设计中，可以采取下列两种不同形式的相倚问题。

例 16　你有孩子吗？

①有⟶ 请问你有几个孩子？______个

②没有

例 17　你有孩子吗？

①有

②没有⟶ 请跳过问题 12～18，直接从问题 19 回答。

【拓展阅读】

同一主题不同问卷的比较

第三节　调查资料的收集方法

从大的方面来划分，调查研究中的资料收集方法主要有两种基本类型：其一是自填问卷法；其二是结构访问法。**自填问卷法（self-administered questionnaires）**指的是调查者将调查问卷发送给（或者邮寄给）被调查者，由被调查者自己阅读和填答，然后再由调查者收回的方法。**结构访问法（structured interview）**则是指调查者依据结构式的调查问卷，向被调查者逐一地提出问题，并根据被调查者的回答在问卷上选择合适的答案的方法。在这两个大的类别中，又根据具体实施方法的不同，进一步划分出不同的子类型。自填问卷法中又可分为个别发送法、集中填答法、邮寄填答法和网络调查法；结构访问法中又可分为当面访问法、电话访问法等。我们可以用图 8－1 来说明。

- 资料收集方法
  - 自填问卷法
    - 个别发送法
    - 集中填答法
    - 邮寄填答法
    - 网络调查法
  - 结构访问法
    - 当面访问法
    - 电话访问法

图 8－1　调查资料的收集方法

每一种具体的资料收集方法在操作程序上互不相同，分别具有不同的特点，同时也适用于不同的调查对象和不同的调查课题。一个调查研究人员应该对各种不同的资料收集方法都十分了解和熟悉，以便在进行一项具体的调查课题时，能根据实际情况灵活运用，达到最好的调查效果。

一、自填问卷法

自填问卷法的四种子类型具有某些共同的特征，而结构访问法的两种子类型则有较大的差别。因此，我们先介绍自填问卷法的特点，而在后面的部分中分别介绍两种结构访问法各自的特点。

自填问卷法的主要优点

（1）节省时间、经费和人力。由于自填问卷法可以在很短的时间内，同时调查很多人的情况，且不用逐一进行访问和交谈，十分省时省力。若采用邮寄和网络调查的方式，还不受地域范围的限制，因此，采用这种方法收集资料具有很高的效率。

（2）具有很好的匿名性。对于某些社会现象，或者有关个人隐私、社会禁忌等敏感性问题，被调查者往往难以同陌生人交谈。由于自填问卷法一般不要求署名，并且调查人员可以不在场，由被调查者独自进行填答，不受他人干扰和影响，故可大大减轻回答者的心理压力，有利于他们如实填答问卷，使调查者能够收集到客观真实的资料。

（3）可避免人为因素的影响。由于自填问卷法采用的是发放或邮寄的方式，调查员不用在调查现场，因此，自填问卷法在一定程度上排除了调查人员给回答者带来的影响，避免了某些人为原因所造成的偏误。

自填问卷法的主要缺点

（1）问卷的有效回收率有时难以保证。由于自填问卷法更加依赖于被调查者的合作，因此，当被调查者对该项调查的兴趣不大、态度不积极、责任心不强，或者被调查者由于受时间、精力、能力等方面的限制而无法完成问卷的填答工作时，问卷的有效回收率常常受到影响。

（2）自填问卷法对被调查者的文化水平有一定要求。因为被调查者起码要能看得懂问卷，能够理解问题及答案的含义，能够理解填答问卷的正确方式，才能按要求填答问卷。但实际生活中并不是所有的人都具有这种能力、都能达到这种程度，特别是对于一些文化程度较低的群体，就不宜使用自填问卷法。这样一来，自填问卷法的适用范围就常常受到限制。

（3）调查资料的质量常常得不到保证。这主要是因为采取自填问卷法时，被调查者往往是在没有调查人员在场的情况下进行问卷的填答工作的。这也就是说，他们填答问卷的环境是调查人员无法控制的。对于理解不清楚的问题，他们无法及时向调查人员询问，各种错答、误答、缺答、乱答的情况时有发生。结果导致问卷调查资料的质量比较差，可信度不高。这正是当前自填问卷法面临的主要问题之一。

二、 自填问卷法的四种方式

个别发送法

个别发送法是自填问卷法这一大类中最常用的一种。它的具体做法是，研究者将问卷印制好以后，派调查员依据所抽取的样本，将问卷逐个发送到被调查者手中，同时讲明调查的意义和要求，请他们合作填答，并约定收取的时间、地点和方式。如约定三天后仍由调查员上门收取，或三天内填答者自行投入设在某处的回收箱（类似信箱、投票箱）内等。当然，在有些情况下，比如调查的内容不涉及敏感的问题或上下级关系时，也可以由某种行政组织系统代为发放和回收。

举例来说，假设我们进行一项城市居民生活质量的调查研究，如果采用个别发送法，就可以派调查员根据样本中被调查户的地址，逐一登门将问卷发送到符合要求的被调查者（如户主或其配偶）手中，请被调查者当场填答，并由调查员当场收回。或者让调查员将问卷留下，约定时间（比如一小时后或三天后）再由调查员登门取回。又如，进行一项大学生择业倾向的调查研究，我们可以派调查员到学生宿舍，将问卷发送到样本中每一位大学生手中，请他们当场填答后收回。或者请他们在三天内将问卷填答好，自行投入学校各个学生食堂门口专门为此次调查设立的“问卷回收箱”内。

个别发送法既不像邮寄填答法那样与被调查者完全不见面，又不像结构访问法那样与每一个被调查者都交谈相当长的一段时间，而是介于二者之间，较好地处理了调查的质量与数量之间的关系。个别发送法在操作上的这种特点使它具有以上两大类方法的许多优点，同时，又避免了两大类方法中的许多弱点。比如：它比较节省时间、经费和人力；调查员可以向被调查者进行解释和说明；可以保证比较高的回收率；调查具有一定的匿名性；可以减少调查员所带来的某些偏差；被调查者有比较充分的时间对问卷进行阅读和思考，还可以在方便的时候进行填答等。

当然，个别发送法同样存在一些不足，比如：调查的范围依然受到一定的限制，不如邮寄填答法那么广泛；问卷的填答质量依然不能完全得到保证等。只是总的来说，个别发送法的优点相对多一些，而缺点相对少一些。因此，可以认为，个别发送法是一般的调查研究中最应该选用和推广的资料收集方法。

邮寄填答法

邮寄填答法是调查研究中一种比较特殊的资料收集方法。它的一般做法是，研究者把印制好的问卷装入信封，通过邮局寄给被调查者，待被调查者填答后再将问卷寄回调查机构或调查者。在寄给被调查者问卷时，一般应该同时附上已写好回邮地址和收信人（或收信单位）且贴好足够邮资的信封，以便于被调查者将填答好的问卷顺利寄回。这种方法在西方一些国家中使用比较普遍，目前在我国采用这种方法来收集调查资料的还比较少。

应该说，通过邮寄填答法的方式来收集调查资料，的确是一种新颖的思路，对广大的社会研究者来说，也的确具有很强的吸引力。有什么方式比邮寄更方便呢？研究者只需把问卷装进信封，就等着那一份份填好的问卷从邮局寄回了。它不光可以省掉一大笔访问员的报酬和旅费（这意味着同样多的经费可以用来调查更多的对象），还可以不受空间距离和障碍的限制，几乎没有它调查不到的地方。同时，它还特别地省时、省力、省钱。可以说，邮寄填答法是调查研究中最方便、最便宜、代价最小的资料收集方法。

然而，应当清楚地认识到，如果邮寄填答法在实践中能充分达到它所具有的潜能，那么，毫无疑问，研究者将不会去使用个别发送法或者结构访问法了。但是，实际上，邮寄填答法的可行性以及它的实际效果往往很差。因为邮寄填答法除了具有自填问卷法的缺点以外，还具有两条特别令人头痛的弱点：

（1）它需要有调查对象的地址甚至姓名。然而，对于许多调查研究来说，并不存在一份现成的和完整的样本成员的名单（一份包括所有调查对象的姓名、地址及邮政编码的名单），因此，邮寄调查的问卷无法全部寄出。

（2）问卷的回收率难以保证。这也是邮寄填答法的一个致命弱点。有许多的主、客观因素会导致被调查者放弃填写调查问卷的工作，会阻碍调查问卷寄回到研究者手中。据美国社会学家介绍，邮寄调查的回收率有时低到10%，达到50%的回收率就被认为是“足够的”（这种比例在一般调查中往往是较难接受的）。为了尽量提高邮寄填答法调查的回收率和资料的质量，研究者应该对以下一些方面有所注意：

第一，关于调查主办者身份的说明要经过慎重的考虑，尽可能采用比较正式的、非营利性的、给人以信任感和责任感的身份。这种身份的影响，使被调查者确信调查的合法性和价值，从而起到使被调查者愿意填答并寄回问卷的作用。

第二，寄问卷的封面信最好单独打印，并用一个小信封单独装封，再和问卷以及寄回用的空信封一并装入邮寄给被调查者的大信封内。封面信的语气应该是“随您意”的，而不应该用“一定要”的；封面信的内容同样应该简明、短小、诚恳。

第三，寄问卷的时间也应该有所考虑。不要在大的节日之前给被调查者寄问卷，也不要在学校复习考试阶段寄给被调查的学生一份调查问卷。被调查者收到问卷后的一段时期（一周左右）内，应没有比较大的或比较特殊的活动或事件对他们完成问卷和寄回问卷造成影响。

第四，用跟踪信或提醒电话帮助提高回答率。一些学者研究表明：没有跟踪，一般可望达到的回收率为50%～60%；而通过发跟踪信（提醒或催促），则可望达到70%～80%的回收率。笔者于1998年曾采用邮寄填答法对国内社会学界在研究方法方面的情况进行过调查。回收的结果与前述的百分比十分接近。调查发出问卷共104份，按要求在规定时间内寄回的65份，占62.5%。发出一封催促信后，又寄回22份，占21.1%。总的回收份数为87份，回收率达到83.7%。① 美国社会学家所进行的一项邮寄调查的回收情况见表8-3。

表8-3　某次邮寄调查的问卷回收统计

批　　次	占发出问卷总数的百分比
发出问卷后第一批寄回	46.2
发出第一封跟踪信后又寄回	12.2
发出第二封提醒信和问卷后又寄回	8.8
电话通话提醒后又寄回	10.1
总回答率	77.3

资料来源：贝利．现代社会研究方法．上海：上海人民出版社，1986：227.

---

① 风笑天．我们的研究方法水平可以打几分？．华中理工大学学报（社会科学版），1999（3）.

集中填答法

在条件允许的情况下，我们也可以采取集中填答法来收集调查资料。集中填答法的具体做法如下：先通过某种形式将被调查者集中起来，每人发一份问卷；接着由研究者统一讲解调查的主要目的、要求、问卷的填答方法等事项；然后请被调查者当场填答问卷；填答完毕后再统一将问卷收回。收回问卷的方式可以采用投入问卷回收箱的办法，以消除集中填答法所带来的某些心理顾虑。

例如，当我们在某些企事业单位、学校等地方对企事业单位的职工或学校的学生进行问卷调查时，就可以采用这种方法。我们可以先同调查单位的领导进行联系，以取得他们的支持和帮助。通过他们将所抽取的调查对象集中起来（或分批集中起来），最好集中在会议室、教室等既方便填答问卷，又可不受外界干扰的地方。然后将调查问卷发给每一个被调查者，在研究者对调查的目的、意义、要求等等进行简单说明的基础上，由被调查者当场填答问卷。研究者可解答被调查者在填答问卷过程中所遇到的疑问。被调查者填答完问卷后，自行将问卷投入放在会议室或教室门口的问卷回收箱中。

集中填答法除了具备一些与个别发送法和邮寄填答法相似的优点以外，它在某些方面的优点似乎比上述两种方法还要明显和突出。

（1）它比个别发送法更为节省调查时间、人力和费用。比如，同样是调查30名工人，若将他们集中起来，当场发放问卷，当场填答，当场回收，那么，只需要一名调查员在一个单位时间（一个上午或下午）内便可完成。其效率比起由调查员一个个地去发送、再一个个地去收回显然要高得多。

（2）它比邮寄填答法更能保证问卷填答的质量和回收率。由于有调查员在场进行解释和说明，并可以解答被调查者的疑问，因而被调查者错答和误答的现象将大大减少，而问卷的回收率也会比邮寄填答法更高。

集中填答法最主要的局限如下：许多调查研究的样本根本不可能集中，而一旦被调查者不能集中，这种方法的优点自然也就不复存在。同时，将众多的被调查者集中在一起，有时会形成某种不利于个人表达特定看法的“团体压力”或“相互作用”，这也是我们在运用集中填答法时需要注意的一个方面。

网络调查法

随着计算机技术和国际互联网的迅速发展，社会调查中又多了一种新的收集资料的方式，这就是网络调查法。网络调查法（internet survey，也称作基于互联网的调查即 web-based survey，或者在线调查即 online survey）指的是研究者利用互联网向特定对象发送调查问卷，同时也通过互联网将被调查者填答好的问卷收回的调查方法。常见的网络调查方式有三种：

第一种方式是将调查问卷直接链接在网站的网页上。任何一个上网者只要点击该网站的网页，调查问卷就会跳出来，供上网者进行自由填答。当上网者填答完毕后，这份问卷的数据就自动地存入了网站事先设计好的数据文件中。当调查结束时，所有填答者的回答记录就形成了该调查的数据库。这种方式的网络调查虽然十分便利，但是由于它实际上是一种无特定调查样本和调查对象的调查方式，同时上网者是否填答问卷也完全处于一种放任的或完全自愿的状态，因而其调查对象的性质、调查的回收率、调查的质量等均得不到很好的保证，其结果则往往具有较大偏差。比如，经常泡在网上的上网者就比有事才上网的上网者更有可能被调查到，好事者也比不太爱管闲事者、遇事不爱掺和者更有可能被调查到。另外，由于这种调查是完全自愿的，是上网者无计划、无目的的，因而他们忽略和关闭调查问卷的可能性非常大。这将会导致实际的调查回收率非常低（即虽然填答者可能会多达几千人甚至几万人，但实际上网阅读到这一问卷的人数则更是多达几十万、几百万甚至上千万）。所以，这种调查方式较少被学术研究者利用，较多为非学术研究的大众媒介所采用。

第二种方式也是将问卷链接在特定的网页上，但与上面一种方式所不同的是，它不是一种面向所有上网者的自由浏览即不是一种无特定对象和总体的调查，而是一种针对研究者所选定的特定对象和样本进行的调查。一般情况下，这种方式的做法是先确定调查总体（调查总体中的成员必须有电子邮箱），然后抽取好调查对象的样本，并收集到他们的电子邮箱地址。然后分别给样本中的调查对象发电子邮件，说明调查目的、调查要求，告知调查方法，并附上调查问卷的链接地址。被调查者点击链接后就会进入调查问卷页面并直接在网上填答。填答结束后，问卷的数据也自动存入了事先设计好的数据库文件中。全部调查结束后，所有填答好的问卷资料就自动生成调查的数据库。

第三种方式是研究者在确定好调查总体（也是有电子邮箱的对象）、抽取完调查样本、收集好被调查者的电子邮箱地址后，直接将调查问卷用电子邮件发送给被调查者。被调查者打开问卷的电子版在计算机上进行填答，填答完毕后又通过电子邮件将问卷发回给调查者。调查者将所有填答好的问卷下载后进行录入，形成数据库文件。

后两种方式主要在学术研究中运用。由于这两种方式都是面对建立在严格的随机抽样基础上的样本和调查对象，因此，在问卷回收率得到保证的前提下，其调查效果也与前面几节中所介绍的资料收集方法完全一样。而由于事先通过电子邮件（也可以通过电话）与被调查者取得了联系，并征得了被调查者的同意，因而调查问卷的回收率有一定保证。

网络调查法的最大优点是方便快捷，节省费用。一方面它省去了打印、印制、寄送纸质问卷的时间和费用，省去了挑选、培训调查员的时间，以及支付调查员报酬等费用；另一方面也省去了数据录入的时间和费用。同时，填答好的问卷很快地被处理成数据库文件，大大减少了录入误差。

网络调查法的不足主要体现在调查对象的范围有一定的局限上，即它只能调查那些有上网条件同时也会上网的对象。换句话说，对于那些从不和网络打交道、从不接触网络的对象，我们就很难利用网络调查法去收集资料。此外，进行网络调查还需要特定的计算机技术和网络技术的支持（包括网上问卷的设计，填答方式的设计，填答结果的记录、汇总和转换等）。当然，随着计算机技术和网络技术的进一步发展，这方面的进展也会越来越快。目前已有专门的机构开始从事这种网络调查平台的建设、网络调查软件的开发和应用业务。相信今后网络调查法的应用会越来越普遍。

【拓展阅读】

网络调查实例

三、结构访问法的两种方式

当面访问法

当面访问法的基本做法如下：研究者先选择和培训一组访问员，由这组访问员携带调查问卷分赴各个调查地点，按照调查方案和调查计划的要求，对所抽取的被调查者进行访谈，并按照问卷的格式和要求来记录被调查者的回答。在访问中，调查员严格依据调查问卷提出问题，并严格按照问卷中问题的顺序来提问，调查员不能随意改变问题的顺序和提法，也不能随意对问题作出解释。答案的记录也完全按问卷的要求和规定进行。

当面访问法与自填问卷法中的个别发送法最为接近，它们都要求调查员逐个找到被调查者。所不同的是，在个别发送法中，调查员只需向被调查者稍作解释，并将问卷送交被调查者即可，至于问卷的填答工作，则完全是被调查者的事。而在当面访问法中，调查员则要亲自依据问卷对被调查者进行提问，并亲自记录被调查者的回答。

当面访问法是一种以口头语言为中介、调查者与被调查者进行面对面的交往和互动的方法。调查者与被访者之间直接的相互作用和相互影响，贯穿资料收集过程的始终，相对于自填问卷法主要依靠问卷的特征，当面访问法则主要依靠访问员。正是这种差别，使得这种方法具有许多不同于自填问卷法的特点。

当面访问法的主要优点：

（1）调查资料的质量较好。在访问过程中，由于调查员在场，因而既可以对访问的环境和被调查者的表情、态度进行观察，又可以对被调查者回答问题的质量加以控制，使得调查资料的真实性和准确性大大提高。这是因为，一方面，由于访问员当面提出问题，当面听取回答，因此可以减少被调查者由于对问题理解不清或误解所造成的误答。另一方面，由于访问员当面提问，被访者当场回答，避免了自填式问卷调查中常常出现的由他人代填或由几个人共同商量着填答的情况。同时，这种当面提问、当面回答的方式也在一定程度上减少了被调查者作出欺骗性回答的机会，提高了调查结果的真实性，也便于对调查资料的效度与信度进行评估。

（2）调查对象的适用范围广。由于当面访问法主要依赖于口头语言，因而对调查对象在书面语言的阅读、理解和表达能力上没有什么要求。因此，它适用的调查对象的范围十分广泛，既可用于文化水平比较高的调查对象，也可用于文化水平比较低的调查对象。

当面访问法的主要弱点：

（1）访问员与被访者之间的互动有时会影响到调查的结果。由于访问过程的双方都是有知觉、有感情、有思想、有反应的人，因此，双方在访问过程中往往难以做到完全客观，这样就会导致一些访问偏差，影响到访问资料的质量和访问的效果。

（2）当面访问导致匿名性比较差。因而，对于一些涉及人们的隐私（如个人婚姻、私生活）、社会禁忌、人与人之间的利害关系等敏感性内容的调查研究来说，往往难以采用当面访问法来收集资料。因为有访问员在场，并且是当面提问、当面回答，这样，很多被调查者的思想压力可能很大，顾虑可能比较多。所有这些显然会直接影响到他们回答问题的态度和所提供的答案的真实性及可靠性，甚至造成拒访。

（3）当面访问调查的费用高，时间长，代价大。当面访问法必须派出一批访问员，而访问员必须事先进行培训。访问员的培训费用、工作报酬以及差旅费等等，远比个别发送法、集中填答法、邮寄填答法所花的费用大，这样它在客观上就限制了调查样本的规模和调查的空间范围，在它的具体运用上就造成了一定的局限性。同时，当面访问法所花费的时间也大大长于自填问卷调查。由于自填问卷法可以在很短的时间内让多个被调查者同时进行，而当面访问法则必须一个个地对被调查者进行访问，因此，它所需要的时间显然要多得多。

（4）当面访问法对调查员的要求更高。尽管自填问卷法也会用到调查员，但其作用相对较小。当面访问法则可以说完全离不开调查员，或者说完全依赖于调查员。调查员对调查资料的质量、对调查结果的质量影响更大。因此，调查员具有比较高的访问技巧和比较强的应变能力，是成功地完成访问调查的必不可少的条件。

电话访问法

电话访问法（telephone interview）是指调查员通过打电话的方式与被调查者联系，并在电话中对被调查者进行调查访问的方法。这种访问方式是随着社会现代化的发展，特别是随着普通居民中的电话普及率越来越高而逐步发展起来的。美国等西方国家在 20 世纪六七十年代就开展了电话访问调查。据统计，美国家庭户中拥有电话的比例在 70 年代末就达到了 90％～92％。[①] 笔者 90 年代中期曾到香港和台

---

① Groves，Kahn. Surveys by Telephone：A National Comparison with Personal Interviews. New York：Academic Press，1979.

湾地区的大学进行学术访问和交流，发现港台的社会学者们也经常采用电话访问的方式来收集资料。从我国的情况看，随着经济改革的发展，居民家庭中电话的普及率越来越高，尤其是在城市中，电话的普及率正开始接近和达到发达国家的水平。从目前情况看，北京、上海、广州、南京、武汉等大城市中，都有运用电话访问方式开展调查研究工作的教学研究机构。

进行电话访问需要有一套“计算机辅助电话访问系统”（Computer Assisted Telephone Interviewing System，CATIS）的支持。这套系统既有计算机、电话等硬件，也有专门用于进行电话访问的特定的软件。通常一套系统由十几台至几十台连接成局域网络的计算机组成，每台计算机连接有一根直拨电话线，所有计算机都与一台主机相连接。通过主机可以管理、监控每一台访问用计算机的工作情况。

电话访问的一般做法如下：第一，根据调查目的的要求设计好电话访问的问卷表，并将问卷表按照“计算机辅助电话访问系统”的格式录入计算机；第二，在系统中设计好随机抽取电话号码的计算机程序；第三，挑选和培训一组电话访问调查员，这是电话访问中十分关键的一环；第四，访问员实际开展电话访问。

计算机辅助电话访问的最典型工作方式如下：访问员坐在计算机前，头戴耳麦，面对计算机屏幕上显示的调查问卷，向电话另一端的被访者提出问题（这些被访者都是由计算机以随机的方式进行拨号抽中的），并将被访者的回答直接用鼠标或者键盘录入计算机；研究人员在主机上监控和管理所有访问员的访问进展情况，及时解决各种特殊问题。当电话访问结束后，所有调查对象的数据都已录入了计算机，在机器汇总后可以直接用 SPSS 统计软件进行统计分析。

尽管电话访问与当面访问在许多方面都比较相似，但二者之间有一点差别十分明显：当面访问中，调查员不仅可以听取被访者的回答，还可以观察到被访者的表情、动作，以判断被访者所提供的资料的正确性和真实性。而在电话调查中，调查员则必须完全依靠自己的听力和交谈来判断这一切。因此可以说，电话访问的访问员应具有更强的仅靠听觉来分辨事物和情况的能力。另一方面，电话访问不存在当面访问中所存在的那种由于调查员的表情、手势、动作，甚至衣着打扮对被访者造成的暗示和影响，这是其好的一面，但同时，调查员的语调、语气对被访者的影响作用则大大加强（调查员的声音、语调、语气等成为访问偏差的主要来源）。因此，在对电话访问调查员进行培训时，更要强调口齿清楚、语气亲切、语调平和。

对电话访问的调查员的挑选可以从打电话开始，即让被挑选者通过电话与研究者联系，回答研究者的提问。研究者则根据电话中的声音、音调、音量、速度、口音、吐字等方面，以及由此所表现出的性格特点等因素，进行衡量和挑选。

对电话访问员的培训也与对面访调查员的培训有所不同。它的重点不在于如何训练敲门，如何进入访问，如何控制访问过程，而在于训练访问员如何在电话中与各种不同的陌生人交谈，如何应付访问中出现的各种“意外”情况，如何尽快地设法解决电话访问过程中可能出现的各种问题。若有条件，可用录音、免提电话机和对讲机等设备配合训练。

电话访问的主要优点是十分迅速。一项样本为几百人的调查，采用电话访问的方式进行，顺利的话，一天时间访问就可以完成，而且所得资料也已经输入计算机，成为SPSS格式的数据，可以马上动手进行统计分析。同时，电话访问的方式相对简便易行，也比较省钱，特别是对于内容比较简单的调查，电话访问的效果更好。当被调查者是某些专业人员时，电话访问也往往更为合适。因为一般情况下，这些人常常不太愿意别人登门打扰，而对于一个几分钟的电话访问，也许会较好地合作。此外，电话访问还有一个很大的优点，这就是十分便于对调查员进行监督和控制，它使得电话访问的质量比当面访问更容易得到保证。

当然，电话访问存在一些不足的地方。其主要问题之一是被调查者的选取及代表性方面的困难。从理论上说，电话访问的结果只能推论到有电话的对象这一总体。而在实践中，电话访问必然会遇到如何抽样的问题。如果说，总体中每一个成员都有一部电话，而且每部电话的号码都集中在一本电话号码簿上，那么抽样将是十分简单的。但现实情况是，一方面，电话号码簿上的号码并非正好构成我们所希望调查的总体（比如，我们希望调查的是全市居民家庭，而电话号码簿上的许多号码却是各种社会组织、单位的办公电话）。另一方面，有许多属于我们调查总体的号码又没有出现在号码簿上，这样我们就无法抽到他们。因此，在运用电话访问的方法时，研究者一定要对总体及样本的情况有清楚的认识，尽可能做到使抽样具有科学性与代表性。

电话访问的另一个弱点是调查的时间不能太长，通常情况下控制在5分钟以内比较合适，最好不超过10分钟。因此，访问时间的不充分性客观上制约了电话访问这种方式所收集的资料的广度和深度。当调查的内容较多、问题比较复杂、问卷较长时，采用电话访问方式就不太合适。所以，在实际社会调查中，电话访问通常比较多地运用在市场调查和舆论调查方面。

第四节　调查的组织与实施

由于调查研究以大规模的样本为前提，因而，整个调查资料的收集工作需要很好地组织和实施。概括地说，一项具体调查在资料收集阶段的组织与实施工作主要包括下述几个方面：（1）调查员的挑选；（2）培训调查员的方法；（3）联系被调查者；（4）调查过程的管理与质量监控。

一、调查员的挑选

从前面的介绍中可以看到，无论是自填问卷法还是结构访问法，常常少不了调查员的参与。换句话说，调查员往往是调查研究中资料收集工作的主要承担者。因此，挑选和培训调查员也是研究者在调查研究中的一项重要任务。

调查员的一般条件

调查员的一般条件主要有四个方面：

（1）诚实与认真。诚实主要指不弄虚作假，要客观地、实事求是地对待调查的结果。认真则是要求不马虎、不敷衍。

（2）兴趣与能力。调查工作本身并不一定使每位调查员都感到有趣，重要的是调查员要培养自己对调查工作的兴趣，如果不培养一定的兴趣，完全被动消极地去干，效果往往不好。此外，无论是观察能力、辨别能力，还是交往能力，都是一个优秀调查员所不可缺少的。

（3）勤奋负责。调查工作的艰苦性，要求调查员具有不怕困难、不怕吃苦的精神，同时还要有努力完成调查任务的高度责任心。

（4）谦虚耐心。这是对调查员工作态度的要求。谦虚体现在尊重被访者，耐心则体现为在访问中要耐心听完被访者的回答，即便他说得不恰当。同时也要耐心向被访者解释问题的含义，不能表现出不耐烦的态度来。

调查员的特殊条件

特殊条件主要是依据研究的主题、社区的性质、被访对象的特点来考虑的。比如从研究主题来考虑，调查有关婚姻、家庭、生育等问题时选择女性调查员更合适。又如从被访者的特点来考虑，当被访者为青年时，应尽量选择青年调查员；而当被访对象主要为年龄较高、资历较深、影响力较大的人时，则应选择年龄较大的调查员。这就是说，所选的调查员在年龄、职业、社会地位等背景条件上与被访者越接近越好。再如从社区的角度来考虑，所选择的调查员最好是当地的、同民族的、同宗教的人，这样的调查员由于熟悉被访地区的风俗习惯、文化传统、语言特点等，往往能够很顺利地开展访问调查。除了性别、年龄和地区几个方面外，教育程度也是一个十分重要的条件。一般来说，教育程度越高的调查员，理解问题、表达问题的能力也高些，应用各种调查技巧的能力也强些。但这不是绝对的，比如受教育程度高但缺乏社会生活经验的调查员，往往不如那些受教育程度稍低但社会生活经验丰富的调查员。国内一些研究机构的学者在进行城市居民家庭调查时，挑选年龄在 40 岁左右、有高中文化程度、热心、负责的下岗女工和 50 多岁、身体健康的中小学退休教师作为调查员，取得了较好的效果。

二、 培训调查员的方法

调查访问往往要求调查员同时集以下三种角色于一身：一是听众角色；二是教师或指导者的角色；三是资料收集者或记录者的角色。友好的、善解人意的、值得信任的听众角色有利于被调查者如实地回答调查问题；而指导被调查者放松自如、自然地进行回答，则是教师角色的主要任务；至于资料收集，实际上是调查员最根本的工作任务。在对调查员进行培训时，首先应该明白这三种角色的性质和要求。在具体做法上，对调查员的培训常常包括下列步骤和内容：

（1）研究人员要向全体调查员介绍该项调查研究的计划、内容、目的、方法及其与调查项目有关的其他情况，以便调查员对该项工作有一个整体性的了解。同时，还要就调查访问的步骤、要求、时间安排、工作量、报酬等具体问题进行说明。

（2）介绍和传授一些基本的和关键的调查访问技术。比如，如何敲门，如何自我介绍，如何取得被调查者的信任，如何尽快与被调查者建立良好的合作关系，如何客观地提出问题，如何记录回答等。同时，要组织调查员集中学习调查员须知、调查问卷、调查员手册等材料，特别是要逐字逐句、逐条逐项地弄清楚调查问卷的全部内容、提问方式、填写方法、注意事项等等。

（3）要进行模拟调查或访问实习。最好是在一个小范围内，让每个调查员都按正式调查的要求和步骤，从头到尾实际操作一遍。然后认真总结模拟调查或访问实习中存在的问题，并通过讨论或讲解，解决这些问题。

（4）要建立起相互联系、监督和管理的办法及规定，以保证正式调查工作的顺利开展。这包括组织管理措施、指导监督措施、复核检查措施、总结交流制度等等。

三、联系被调查者

调查的实施要求调查员同样本中的每一位被调查者都建立起暂时的联系。如何顺利地使调查员为调查对象所接受，是每一项调查研究都必须面临和解决的问题。国外的做法如下：一方面取得某种正式的或官方的允许；另一方面事先给调查样本中的每一位对象寄去一封短信，以介绍即将进行的调查项目，从而为调查员实际登门接触被调查者打下基础。结合我国的情况，可以考虑以下各种不同的途径：

（1）通过正式机构。研究者如果有条件取得某种政府机构或有关部门的认可，通过其从上到下的组织系统来联系和接触调查对象，那么调查工作就会十分顺利。比如，有的研究者要进行一项城市贫困人口生活状况的调查，他通过国家民政部的正式介绍，并得到各省、市的民政部门的大力配合，使得其十分方便地从各个城市中抽取到贫困人口的样本，在当地民政部门工作人员的支持下，也十分容易地接触到被调查的贫困居民，调查工作开展得十分顺利。同样，全国妇联开展的“中国妇女社会地位调查”的研究项目，尽管整个调查的样本很大，但由于妇联有很好的从上到下的组织机构，所以，无论是联系调查对象方面，还是实地调查访问方面，都进行得十分顺利。

（2）通过当地部门。并不是每个研究者都有如此好的条件或机会得到正式组织的认可和支持。那么，一种替代的方式是尽可能取得当地相关部门的许可和帮助。比如，假定我们同样希望对城市贫困居民的生活状况进行调查，但却无法取得民政部门的支持。此时，我们可以直接与所抽取的调查对象所在的街道或居委会进行联系。只要街道或居委会的负责人积极支持和配合，剩下的事情就好办多了。类似地，假定我们要做一项下岗职工的调查研究，如果我们无法得到省、市工会部门或劳动部门的认可和支持，我们就只能直接向所抽中的企业领导寻求帮助。

（3）通过私人关系。正式机构和当地部门虽然都有很便利的条件，但是，一方面它们并不欢迎涉及某些特定主题和内容的调查研究，另一方面即使调查研究的主题或内容并不敏感，但也总是个“多余的事”或“额外的事”。因此，这些途径都走不通的情况是十分正常的。在此情况下，研究者只得设法去找各种熟人、朋友、同学、亲戚，甚至通过熟人的熟人、朋友的朋友，以打通与调查对象联系的途径。

（4）直接与被调查者联系。这也许是在其他方法都走不通时，所剩下的唯一途径。在这样做的时候，要注意几个方面：一是要求调查员带有所在机构（比如大学、研究所）的证件和介绍信，以让被调查者了解调查员的身份和单位性质；二是调查员在态度上应自然、平和、礼貌、友善；三是要注意联系的合适时间，比如不要在晚上，不要在学校考试之前，不要在人们吃饭的时间等。

四、调查过程的管理与质量监控

在调查的实施阶段，除了要求调查员严格按照调查计划的要求和进度安排开展调查工作外，作为实地调查管理者、指导者和质量监控者的研究人员必须对这一阶段中各个方面的工作进行全面的、及时的把握。其主要任务包括以下几个方面：

（1）合理组建调查队伍。要使整个调查过程有条不紊，要使调查员保质保量地按照研究者的计划要求开展调查工作，必须对调查员进行合理的组织。通常的做法是，在挑选好调查员以后，要建立起相应的调查小组，小组的规模以4～6人为宜，并注意男女比例的搭配，尽可能做到小组中男女各半。每个小组指定一名小组长。调查任务的布置和实施最好以小组为单位，而不是以单个的调查员为单位。

（2）建立监督和管理的办法及规定。为了保证调查工作的顺利开展和调查资料的质量，在组建调查队伍的同时，要制定好并向调查员宣布调查工作的各种程序规定和管理制度。这种程序规定和管理制度包括调查进度控制措施、调查小组管理办法、调查指导和监督措施、资料复核与检查措施、调查小结与交流制度等等。各种规定要明确而具体。比如，调查进度控制措施中就要规定每人每天的调查数量（主要是规定每天最多不能超过多少），调查小结与交流制度就要明确规定是每天还是隔天进行一次调查总结和情况交流等。

（3）实地抽样的管理和监控。调查设计时，研究者可能已经设计好抽样方案，一些调查中也可能已经抽出调查的样本。但在许多情况下，实际样本的抽取或多或少地要由调查员在实地中进行。比如，对城市居民进行入户调查时，调查前的抽样工作可以比较容易地进展到居委会一级，可是从居委会中抽取居民户则是比较困难的一个环节。在得不到居委会的居民户口登记表的情况下，通常只能由调查员根据事先设计的抽样方案和方法（比如街区抽样方法、楼房抽样方法、门牌抽样方法等等）在实地进行抽样。这是一件十分复杂的工作。要保证实地抽样的质量，除了在进入实地前的调查员培训中使每个调查员明白具体的抽样规则和方法外，还要加强在实地的具体指导。特别是在抽取最初的调查对象时，研究者要一个小组一个小组地进行示范，并在每天的总结会上集中讲解遇到不同情况时的具体做法。

（4）实地访问的管理和监控。当实地调查工作开始后，调查人员的分布往往比较散，并且多为单个调查员独立工作。研究者应该积极主动地从各个方面了解每一位调查员的工作情况，及时解决他们所遇到的各种问题。特别是在调查的开始阶段，研究者要深入调查实地，参与发送问卷或结构访谈的工作，最好能亲自做一两份访谈，以了解和体验实际调查中可能出现和遇到的问题。特别是了解和体验普通调查员容易犯的毛病和容易出现的遗漏、偏差等等，以便及时进行指导和提醒。最好能分别陪同和观察每一个调查员进行一份访谈调查的过程，以掌握每位调查员的调查能力、调查质量。同时，每天调查结束后，研究者要及时开会进行小结，针对调查员在实地普遍遇到和出现的问题进行统一指导和要求。

（5）问卷回收和实地审核的管理与监控。无论是自填问卷调查还是结构访问调查，最好在调查问卷收回的当天就进行问卷资料的审核。要求每个调查员在收回或完成一份问卷后，及时浏览和检查问卷填答情况，发现问题，及时回访核实，并在检查合格的问卷上面签上调查员的姓名和时间。同时，要求每个小组的组长，再次对调查问卷进行清理和检查，并签上组长的名字及时间。研究者本人也应随时抽查收回的问卷，及时发现填答或访谈中存在的问题，并在实地进行回访补救。

五、 保证调查的回收率

回收率的概念和计算方法

调查的回收率（response rates）也称为调查的应答率或回答率，是调查者实际调查的样本数与计划调查的样本数之比。换句话说，就是社会调查过程中研究者成功完成调查询问的个案数占计划完成的样本总个案数的百分比。在自填问卷调查中，它常常被称为问卷回收率；而在结构访问调查中，它又常常被称为访问回答率。

回收率的计算方法如下：

$$\text{回收率}=\frac{\text{实际完成调查的个案数}}{\text{计划完成的样本总个案数}}\times 100\%$$

比如，一项调查从总体中抽取了 400 名调查对象作为样本，研究者采用自填问卷的方法收集资料，发出问卷 400 份，实际收回问卷 380 份。那么，根据上述公式计算，该项调查的回收率如下：

$$(380/400)\times 100\%=95\%$$

同样，如果研究者采用的是结构访问的方法来收集资料，而在实际访问 400 名调查对象的过程中，有 10 位调查对象由于地址错误、外出打工、生病住院等客观原因而无法接触到，还有 10 位调查对象拒绝接受访问。结果，实际完成访问的对象为 380 人，回收率亦是 95％。

实际调查中，由于收回的问卷里还可能会有一部分不合格的问卷，所以，真正严格意义上的调查回收率，也称为有效回收率，指的是通过对问卷的审核，剔除那些填答不全或明显乱填的废卷后所剩下的问卷数，即有效问卷数占样本总个案数的百分比如下：

$$有效回收率=\frac{实际完成调查的有效个案数}{计划完成的样本总个案数}\times 100\%$$

比如，通过审核发现上述调查中所收回的380份问卷里，有20份不合格的废卷，将这些废卷剔除后，该项调查的有效回收率就只有：

$$[(380-20)/400]\times 100\%=(360/400)\times 100\%=90\%$$

由于最终进入数据分析的问卷数目是有效问卷数，因而一般情况下研究者在研究报告中向读者报告的应该是有效问卷数和有效回收率。

回收率的意义

对于社会调查而言，回收率最常见同时也是最基本的方法论意义在于，它是决定和影响调查样本代表性的重要因素。“回收率是受访者样本代表性的一项指标”[①]，“是反映抽样调查结果对总体的代表性程度的重要指标之一”[②]。调查研究中，研究者虽然可以通过科学的抽样设计，达到从总体中抽取具有代表性的样本的目的，然而，这种抽样所得到的样本的代表性并不能最终反映调查结果的代表性。因为抽样所得样本对总体的代表性是一种处于调查开始之前的衡量指标。在进行调查的过程中，会有许多因素导致抽样样本中部分个案的缺失或失效，使得最终完成调查的样本只是抽样样本中的一个部分。而由于“未回答者通常与问卷的回答者有着相当的差别，他们通常是一些由于受教育程度低而看不懂问卷的人、一些年事已高而无法回答问卷的人，或者是一些流动性较大而无法找到的人”[③]，所以，当调查的回收率较低（即未回答者的数量较大）时，调查结果的总体代表性就会受到明显的影响和破坏。这方面最著名的例子是美国《文摘》杂志关于美国总统选举的调查。该杂志在1936年的总统选举调查中收回了200多万份调查表，其收回的调查表规模可谓巨大。但是，相对于其所发出的1 000多万份调查表来说，200多万依然只是很小的一部分。正是这种20%左右的回收率（以及研究者在抽样框方面的失误），彻底葬送了《文摘》杂志的这次调查结果，也最终导致了这家杂志的关门。回收率过低而影响到调查结果质量的另一个著名例子是美国学者海蒂关于美国女性的性调查。尽管这项著名调查的有效样本规模也达到了4 500份，但相对于其发出的10万份问卷来说则小得可怜（回收率仅为4.5%），其研究结果因此遭到学界的猛烈批评。也正因为如此，“在调查研究中，回收率是研究者的一大担心”[④]。

---

① 巴比．社会研究方法．北京：华夏出版社，2000：331.

② 风笑天．浅谈当前抽样调查中的若干失误．天津社会科学，1987（3）.

③ Nachmias，C F，Nachmias D. Research Methods in the Social Sciences. 6th ed. Worth Publishers，2000：208.

④ Neuman W L. Social Research Methods：Qualitative and Quantitative Approaches. 2nd ed. Allyn and Bacon，1994：239.

我们可以用简单的图示（见图 8－2）来说明回收率过低所带来的问题。假设某总体中两性人口的比例和分布如图中的左边方框。其中横线阴影部分为男性人口，空白部分为女性人口。现有三种不同的抽样方式（分别用图中间的小方框 1、2、3 代表），得到三种代表性不同的样本（显然样本 2 的代表性最大）。如果样本的回收率很低时，那么即使抽出的是很有代表性的样本（如样本 2），也难以保证对总体的代表性。假设回收率只有 30％时，就可能出现类似图中小方框 a、b、c 的多种情形（图中垂直条纹部分表示实际回收的样本）。有的也许仍然能较好地代表总体（如 a），有的则不大能代表总体（如 b），有的则完全歪曲了总体（如 c）。这些都说明，抽样方式决定的是所抽的样本有没有代表性的问题，而回收率则是告诉我们，实际调查的样本与所抽取的样本之间会不会存在很大的差异的问题。

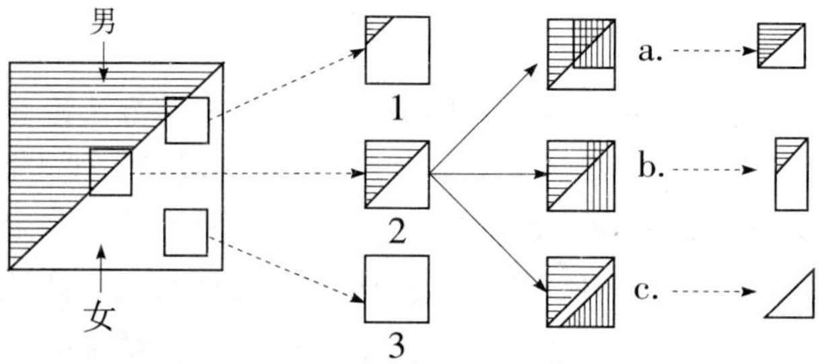

图 8－2　抽样回收率过低的后果示意图

回收率的标准

那么，可接受的回收率，以及很好的回收率的标准是什么呢？对此学界目前还没有统一的认识。纳克米亚斯（Nachmias）等人指出："要确定一种可接受的回收率标准并不是一件容易的事情，因为科学家在最低回收率的标准上意见不一致。"① 美国社会学者巴比提出过一个简单的等级规则："要进行分析和报告撰写，问卷回收率至少要有 50％才是足够的，要至少达到 60％的回收率才算是好的，而达到 70％就非常好。"但他同时也明确指出："要记住，以上数据都只是概略指标，并没有统计上的基础。"②

由于回收率所代表的样本才是真正的样本，或者说，才是得出调查结果时实际用到的样本，因此，即使在抽样样本具有很好代表性的情况下，调查回收率的高低仍然可以影响到调查结果的代表性程度。正是这种由回收率代表的调查样本，成为衡量一项调查结果所具有的代表性的最终指标。也正是在这种意义上，我们说，调查的回收率越高越好。

但是，这只是一种理论上的答案。如果加上现实的因素，或许过高的回收率并不一定是件好事。这是因为，在现实社会中，要获得高质量的高回收率并不是一件

① Nachmias C F，Nachmias D. Research Methods in the Social Sciences. 6th ed. Worth Publishers，2000：213.

② 巴比．社会研究方法．北京：华夏出版社，2000：331.

容易的事情。现实中的社会调查总是会遇到这样那样的困难和挑战。在这些困难和挑战面前，为了保证调查的高回收率，研究者最经常采取的做法就是在调查对象抽取、调查访问实施等操作环节中进行若干改变或替换，以一种易于进行的方式来实施。而正是这些改变和替换，虽然保证了较高的回收率，却在不知不觉中降低了调查资料的质量。所以说，高回收率只是衡量调查结果质量的一个指标，尽管是一个比较重要的指标；另一个更为重要同时与回收率密切相关的指标则是调查实施过程的严格性以及调查所得资料的质量。

总之，样本的完整与资料的质量是我们在调查中应该同等关注的两个问题。作为研究者，我们要在“高回收率”和“高质量”两个方面同时下功夫。一方面要设法尽可能地提高回收率，另一方面也要尽可能地防止和避免低质量的高回收率。当高回收率与高质量不可兼得的时候，研究者的任务就是要在“高质量的低回收率”与“低质量的高回收率”之间，寻找到最佳的平衡点，达到调查研究的最佳效果。在这方面，我们或许应该记住巴比教授的忠告：“明显不存在回收偏差比有偏差的高回收率重要得多。”① 特别是在对高回收率的追求有可能造成低质量资料的情况下，这种提醒就显得更加重要。

第五节 调查研究的特点及应用

作为社会研究中最常用的一种方式，调查研究具有一些与其他研究方式所不同的鲜明的特点。正是这些特点既形成了调查研究的长处，也构成了它的短处。

一、调查研究的主要优点

首先，调查研究的方式可以兼顾到描述和解释两种目的。它既可以用来描述某一总体的概况、特征，以及进行总体中各个部分之间的比较，同时它也可以用来解释不同变量相互之间的关系。其次，调查研究具有比较严格、规范的操作程序，这使得其研究结果具有较高的信度，即描述和概括事物的精确度较高。再次，调查研究可以迅速地、高效地提供有关某一总体的丰富的资料和详细的信息，在了解和掌握不断变动的社会现象方面具有很大的优越性。最后，调查研究所具有的定量特征和通过样本推断总体的特征，使得其应用范围十分广泛，受到广大社会研究人员、政府决策部门人员、市场研究人员以及大众传媒从业人员的高度重视。

二、调查研究的主要弱点

尽管调查研究具有众多的优点，但它也并不是万能的。与其他几种研究方式一

① Babbie E. The Practice of Social Research. 4th ed. Wadsworth, Inc., 1986: 221.

样，它也存在着力所不能及的地方。比如，在探讨和分析变量之间的因果关系方面，它不及实验研究的方式那么有力。而在对事物理解和解释的深入性方面，以及在研究所具有的效度方面，它远不及实地研究的方式。在研究的无反应性方面，它不及利用文献的定量研究的方式。特别是调查研究收集资料所采用的自填问卷或结构访问的形式，无形中都限制了被调查者对问题的回答，使所得的资料比较表面化、简单化，很难深入被调查者的思想深处，很难感受到回答者思想和行为的整体生活背景。

三、 调查研究方式所面临的挑战

作为一种被广泛应用的社会研究方式，调查研究仍然在一些方面面临严重的挑战。

一是抽样随机性的挑战。要在实际调查研究的过程中切实贯彻随机原则，并不十分容易。首先，随机抽样的科学原则及其严格的程序要求，具有很浓的理想化色彩。而抽样的实际过程又是处于各种现实条件的限制之中的，二者之间充满了矛盾。从理论上看，要达到抽样的“随机性”要求，必须具备一系列的前提条件。一旦缺乏这些前提条件，抽样的“随机性”就不复存在，调查研究的科学性也就大大降低。然而，现实调查研究中常常缺乏的，恰恰是其中的某些条件。其次，研究者还将遇到规模与效率之间的矛盾。比如样本规模的确定，基本的标准是统计分析的需要。但在大多数情况下，调查研究对样本规模的要求往往大大超过单纯统计学的要求。并且，在其他方面条件不变的情况下，调查研究的精确性对样本规模的要求也是越大越好。可是，从实践上看，调查研究在通往扩大样本规模的道路上每向前一步，同时也意味着研究者为此所付出的代价（包括时间、人力、经费等）都将增加一分。正是众多客观条件的限制，使我们在实际调查研究的抽样中，常常不可能向随机性的目标足够靠近。

二是自我报告方式的挑战。首先，自我报告方式的可靠性依赖于一个前提：被调查者的回答是真实的。只有所有被调查者都如实地向调查者“报告”他们的实际情况，调查所得到的资料才能用来反映社会现象，探索社会规律。然而，由于调查常常是在被调查者知道自己正在接受别人调查的情况下进行的，因此，有众多的因素影响着、阻碍着他们真实地回答调查者的询问。换句话说，现实生活中有许多因素客观上总是在削弱着、动摇着自我报告方式的这一前提。另一方面，即使被调查者真实地回答问题，自我报告方式所得到的资料与实际情况之间，依然有可能存在一定距离。这是因为自我报告方式隐含着另一个潜在的假定：对于任何一个问题来说，回答者都具有共同的理解、共同的衡量标准。然而，这一假定对实际调查研究中的有些问题却是不成立的。概念越是抽象、含义越是广泛、界限越是模糊、指称越是笼统的问题，不同人理解的差别就越大。其次，自我报告方式中“说的”和“做的”是否一致的问题。不可否认的是，自我报告方式所获得的资料往往只是被调查者在填答问卷时，或者接受访问时"所说的"，它与回答者在现实生活中实际"所做的"之间，常常有可能不一致。尤其是对一些类似"在……情况下，你将怎么做?"这样的问题，我们在用调查结果去推断未知的现象时，一定不要忘记这只是被调查者所说的。这种"说的"和实际将"做的"之间，可能存在很大的距离。

西方社会学家曾做过一项实验①，他们从某大学中随机抽取了两个班的学生作为样本，样本容量分别为50人和60人。他们将两个样本分别安排在两个不同的教室中。对容量为50人的那个样本，他们进行了一次匿名的问卷调查。在问卷中，他们问道："如果你在参加一次考试时发现试卷上的题目有的简单得不可思议，有的则十分荒唐、十分可笑，而老师对此不做任何解释。在这种情况下，你会怎么办?"答案包括：（1）毫不犹豫地认真完成；（2）有一定犹豫，但还是认真完成；（3）不能肯定我会怎么做；（4）要求弄清是怎么回事；（5）拒绝执行，除非得到清楚的解释和说明。

与此同时，在另一间教室里，另外60名学生就正在进行着一场上述问卷中所描写的那种考试：试题有的简单得令人怀疑如"7＋4＝?""哪几天上午10点有社会学课?"，有的又显得十分荒唐可笑如"在考试时，你应该找出：（1）你最喜欢的答案；（2）黄颜色的答案；（3）政治上倾向于左派的答案"。

问卷调查和考试结束后，社会学家们得到了下列结果：接受问卷调查的50名学生中，没有一人表示毫不犹豫地完成和虽有一定犹豫但还是认真完成（即回答前两种答案者）；不能肯定会怎么做的有3人；没有填写的有1人；要求弄清楚是怎么回事和不弄清楚就不做的有46人。

而实际进行考试所得的结果却是，60个学生全都顺从地完成了考试！其中52人给出了全部正确的答案，8人给出了全错的回答（也许是一种变相地拒绝回答）。并且，在给出正确答案的52人中，有的相当认真地把试卷中印错的字改过来，有的还指出某些试题出得不正确（考试中并没有要求这样做）。这一实验结果充分表明了人们在假设情况下所说的与他们在真实情况下所做的之间，存在着多么大的差距！

三是解释能力的挑战。对于描述一个较大规模的总体的状况来说，调查研究无疑是最好的方式。但是，对于解释现象发生的原因来说，调查研究的能力就有一定局限。这是因为，调查研究所收集的往往是社会现象在某个时间点上的横切资料。这种单时间点资料特征的一个直接后果就是，调查研究被普遍地看作某种"相关性"的研究方式，而不是"因果性"的研究方式。从调查研究所获得的这种抽掉时间框架的"事实"中，人们往往比较容易发现不同现象之间的"共变"特征，而比较难发现它们之间的"因果"特征。这也就是在现实调查研究中，相关分析相对"繁荣"，而因果分析则相对薄弱的客观原因之一。

不可否认的是，简单地建立起两个变量之间的相关关系，并不等于解释它们为

① 该例子来自一位澳大利亚社会学者在北京大学社会学系讲学时所发的材料。

什么相互联系，以及它们是如何相互联系，更不等于它们之间的关系就一定是某种因果关系。从发现两个变量之间具有相关关系，到说明这一关系是某种因果关系，其间还存在着一段相当的距离。比如，当调查发现，女人比男人更看重家庭的价值，或者说，发现“性别”这一变量与“对家庭价值的认同”这一变量相关时，并不等于建立起对“为什么女人比男人更看重家庭的价值”的解释。也并不等于说明了“性别”是导致人们对“家庭价值”认识不同的原因。同样，当调查发现老年人比青年人更加保守时，也并不意味着对变老怎样使人变得保守作出了合理的解释。困难的并不是指出哪两个变量相关，而是指出它们为什么相关，它们是如何相关，以及说明它们之间是否具有因果关系。

将社会调查与实验作一比较，可以帮助我们从另一种角度来认识社会调查在解释能力上所面临的这种挑战。可以说，实验是直接针对“原因”和“结果”来进行的。在实验中，研究者先通过操纵或调制实验刺激，使自变量发生变化，然后观察这种操纵出的变化在因变量上产生了什么效果。在概率法则所定义的范围内（即采用随机指派的方法将实验对象分配到实验组和控制组），实验者可以肯定，他在因变量上所观察到的变化均来自他在操纵自变量上所做的一切。或者说，他从对前者的操纵和对后者变化的观察中，就可以发现二者之间存在的某种因果关系。而社会调查则是间接地围绕“变量间的关系”来进行的。在社会调查中，研究者所做的只有测量：无论是对作为自变量的现象（或者说原因变量），还是对作为因变量的现象（或者说结果变量），都是如此。而且，这种测量还是同时的。

此外，社会调查中对外在变量或竞争假设的控制与实验中的控制方式也大不相同。实验主要是通过随机化或其他直接的控制程序，使得外在变量成为常量。或者说，实验是先采取措施，控制外在变量的干扰，“净化”实验的环境，“孤立出”准备验证的自变量与因变量。而社会调查则无法“事前”做到这一点，它只能事先对某些外在变量进行预料，并在问卷或访问中测量那些外在变量。然后再在资料分析中对这些外在变量施行统计控制程序，以求排除这些外在变量对因变量的影响。因此，社会调查中的因果推断过程是一个“事后的”、间接的、主要通过对总体中业已存在的变化进行严格比较，从中抽出推断的过程。但是，“在最终的分析中，我们不能绝对地保证我们已控制了所有可能影响这种相关的因素，也许一些未被测量的因素实际影响着这种相关”。我们“不能解决这样一种逻辑的困难，即我们所发现的任何关系都可能为另一个未被测量的因素的作用所解释”①。

本章要点

1. 调查研究指的是一种采用自填式问卷或结构式访问的方法，系统地、直接地从一个取自某种社会群体的样本那里收集资料，并通过对资料的统计分析来认识

① Marsh C. Problems with Surveys: Method or Epistemology? . Sociology, 1979, 13 (2).

社会现象及其规律的社会研究方式。

2. 调查研究的基本特征如下：(1) 从某个总体中抽取一定规模的随机样本；(2) 依靠特定的工具即调查问卷来收集资料；(3) 研究所得到的是巨大的量化资料，且必须在计算机的辅助下完成资料的统计分析。

3. 调查研究的题材主要可分为三大类：某一人群的社会背景、社会行为和活动、意见和态度。

4. 调查研究中的资料收集方法主要有两种基本类型：其一是自填问卷法；其二是结构访问法。根据具体实施方法的不同，前者可以进一步划分为个别发送法、集中填答法、邮寄填答法、网络调查法，后者则可分为当面访问法与电话访问法。

5. 自填问卷法指的是调查者将调查问卷发送给（或者邮寄给）被调查者，由被调查者自己阅读和填答，然后再由调查者收回的方法。结构访问法则是指调查者依据结构式的调查问卷，向被调查者逐一地提出问题，并根据被调查者的回答在问卷上选择合适的答案的方法。

6. 问卷是社会调查中用来收集资料的主要工具，它在形式上是一份精心设计的问题表格，其用途则是用来测量人们的行为、态度和社会特征。

7. 明确问卷设计的出发点、明确阻碍问卷调查的各种因素是问卷设计的重要原则。

8. 问卷设计中，问题措辞的基本原则是简短、明确、通俗、易懂。

9. 一份问卷中的问题数量不宜太多，问卷不宜太长。通常以回答者在 20 分钟以内完成为宜，最多也不要超过 30 分钟。

10. 一项具体调查在资料收集阶段的组织与实施工作主要包括下述几个方面：(1) 调查员的挑选；(2) 培训调查员的方法；(3) 联系被调查者；(4) 调查过程的管理与质量监控。

基本概念

调查研究　市场调查　民意调查　问卷　封面信　开放式问题　封闭式问题　编码　预编码　后编码　自填问卷法　结构访问法　个别发送法　集中填答法　邮寄填答法　网络调查法　当面访问法　电话访问法　调查的回收率

复习思考题

1. 问卷的封面信中应说明哪些内容？试就第四章练习中你所选定的调查课题设计一份问卷的封面信。

2. 根据前面章节的练习中你所得到的操作化指标，设计若干个实际问卷中运用的问题。

3. 问卷设计中，对问题的表达和提问的方式有哪些常用的规则？为什么要尽量简单？

4. 安排问卷中问卷的顺序时，应按照什么样的规则？并说明这样做的理由何在。

5. 找几份实际社会调查中所用的问卷，结合本章的内容，对这些问卷进行分析和评价。

6. 结合实际说明自填问卷法和结构访问法各有什么优缺点。

7. 试比较个别发送法、邮寄填答法、集中填答法各自的优缺点，并说明在实际应用中应注意什么。

8. 邮寄填答法最主要的缺点是什么？为了尽可能提高邮寄问卷的回收率和填答质量，研究者应注意哪些方面的问题？

9. 举例说明挑选调查员时应考虑的一般条件和特殊条件。

10. 从社会科学期刊中选择三篇调查研究报告，分析它们所采用的资料收集方法。

推荐阅读书目

1. 贝利．现代社会研究方法．上海：上海人民出版社，1986：第六章至第八章．

2. 巴比．社会研究方法．北京：华夏出版社，2000：第九章．

3. 纽曼．社会研究方法．北京：中国人民大学出版社，2007：第十章．

4. 风笑天．现代社会调查方法．武汉：华中科技大学出版社，2001：第六章，第七章．

5. 风笑天．社会研究：设计与写作．北京：中国人民大学出版社，2014：第五章.

6. 风笑天．社会研究：科学与艺术．北京：北京大学出版社，2015：166－280.

第九章
利用文献的定量研究

前述的两种研究方式以及后面的实地研究方式都具有一个共同的特点：它们都要接触研究对象，都要直接从社会成员那里收集第一手资料。本章所要介绍的利用文献的定量研究方式则与它们有一个显著的不同：它不用接触研究对象，也不是直接从社会成员那里获取研究所需要的资料，而是去收集和分析现存的，以文字、数字、图片、符号以及其他形式存在的第二手资料——文献资料。从研究的逻辑和基本原理上看，这一研究方式与调查研究的方式并无大的区别，只是由于它所用资料的不同、资料来源的不同，因而导致其在具体的操作程序上有所不同而已。

第一节　文献与利用文献的定量研究

一、文献的类型

所谓**文献**（**literature**），其原意主要指包含各种信息的书面材料或文字材料。随着社会的发展，信息传播的载体也越来越多样化。因而，我们可以将文献定义为包含我们希望加以研究的现象的任何信息形式。根据文献具体形式和来源的不同，我们既可以将其分为个人文献、官方文献及大众传播媒介文献三大类，也可以把它分为原始文献（也称为初级文献或第一手文献）和二次文献（也称为次级文献或第二手文献）两大类，还可以划分成现时性的文献和回顾性的文献，或者文字文献、画面文献、声音文献等等。个人文献主要指个人的日记、自传、回忆录及信件等；官方文献主要指政府机构和有关组织的记录、报告、统计、计划、信函等；大众传播媒介文献主要指报纸杂志、广播、电视、电影、网络等大众媒介中的各种文字、画面、音像等信息。所谓原始文献，指的是由亲身经历某一事件或行为的人所写的资料，比如前述个人文献中的日记、信件，官方文献中的记录、报告、计划等；二次文献则是指那些利用别人的原始文献所编写或产生出的新的文献资料，比如根据当事人的回忆录和自传撰写的人物传记、利用统计数据撰写的研究报告等。

需要注意的是，上述分类并没有完全包含所有的文献形式。比如，书籍、歌曲、绘画、图片等也是常见的文献来源，甚至电话号码簿也能成为文献研究的材料。比如，周敏在研究美国纽约的唐人街时，就曾用到了对电话号码簿的分析。“唐人街出版的电话号码簿列出纽约大都市地区的大部分华裔企业，可查出唐人街内、外的华裔企业的类型和地址，还能从不同年份的电话号码簿看出这些信息随着时间变化的情况。只要简单统计一下，就得到唐人街经济活动的分布情况；比较1958年和1988年的电话簿，就知道30年间的变化和发展趋势。”[①]

以下我们对社会研究中几种常用的文献类型略作说明。

日记、回忆录和自传

这三者都是当事人亲自所写的第一手文献。人们记日记的原因多种多样，但对于大多数普通人来说，记日记主要是把每天所发生的有意义的事记录下来，将来回忆过去的时光时往事又会历历在目，或者通过记日记，达到自己跟自己进行交流、交谈的目的，还有的人是将自己在日常生活中所触发的思想火花记录下来。由于日记是人们从纯粹的个人目的出发，自觉自愿写下的，其内容常常是人们内心思想的自然流露，而且它常常会按时间顺序持续相当长的一段时期，因此，日记对于研究人们的思想、感情，理解人们的行为、性格，无疑具有很高的价值。但是由于日记属于个人隐私的范围，不经主人允许，其他人不能随意翻阅，所以，这也给利用日记进行研究带来很大困难，日记这一文献资料的利用所受的局限很大。

回忆录和自传既有相似的地方，又有一定的区别。回忆录往往是作者对于自己在某一时期中的一些特殊经历的描述。在这一描述中，作者本人可以不是中心人物。自传是对作者从小到大，直至目前的生活历史，按时间顺序给出的连续性记述，传主是记述中唯一的中心人物。回忆录对于研究过去发生的某一事件或运动以及社会变迁来说，有较高的价值。例如，罗伯特在一本描述他儿童时代的名为《古雅的贫民窟》的回忆录中，非常生动具体地描绘出第一次世界大战前后当地人民的生活方式。他的这本回忆录是一本关于社会历史的很好的材料，当我们用社会学的眼光来看这本回忆录时，便会发现它所描绘的那个时期所发生的巨大的社会变迁。[②]

而利用自传来进行社会学研究的最杰出的例子也许就是美国社会学家托马斯和兹纳涅茨基所做的波兰农民的研究了。在这一研究中，他们利用了在美国的波兰人与在波兰国内的波兰人之间的通信，以及一个叫威斯津连斯基的27岁年轻人应研究者的要求所写的自传。这份受专门委托所写的自传长达311页，主要涉及这位年轻人早期在波兰国内的生活和来美国途中的经历。他们把这位年轻人作为“文化上消极的群众的代表”，深入研究他的自传。当然，这种做法的科学性也受到人们的质疑。有的人提出，即使是在当今社会中，究竟有多少受过教育的27岁青年能写出长达三百多页的生活历史？

信件

上面谈到的托马斯与兹纳涅茨基所做的波兰农民研究中，研究者就利用了由

---

① 周敏．唐人街：深具社会经济潜质的华人社区．北京：商务印书馆，1995：8.

② Mann P H. Methods of Social Investigation. Basic Blackwell Inc.，1985.

754 封信构成的文献资料。这 754 封私人信件是通过在一家美国出版的美籍波兰人杂志上刊登广告而得到的。每封信根据质量分别用 10 美分到 20 美分的价钱买得。这些信件按照姓名分成 50 组进行分析，以帮助研究者探讨那种来自特定封建家庭文化的人整合到美国文化中所出现的问题。

信件也常常作为一种描述事件或者描述人们对某种事物的个人感情的资料。比如，研究者可要求儿童或青少年以写信的形式反映他们的苦恼，从中可以进一步分析各级学校教育及家庭教育等方面存在的问题。有人则采用一种与写信相似的方式，让青少年写一篇有关他将来走上工作岗位，第一天上班情况的文章。结果发现，在学生们的期望和想象中，存在着许多令人忧虑的问题。研究告诫人们，非常需要对青少年学生进行“工作意味着什么”的教育。

当然，利用信件来进行社会研究的做法，同样会受到现实情景的限制。有人仔细地评论了托马斯和兹纳涅茨基利用信件所做的研究，提出一系列批评。有人甚至断言，对于特定的社会学目的来说，现在几乎没有什么类型的通信可以很容易地被利用，也没有什么类型的通信对社会研究有价值。他们指出，即使信件对研究是可用的，也存在很大的局限性。首先，写信的人通常并不能构成普通人口总体的代表。另外，人们在信件中对于事件的描述往往是经过不正常的压缩的，并且往往是从特定角度来描述的。这可以用一个例子来说明。想象一位大学生写了两封信，一封是给其父母的，另一封是给他中学时期最要好的朋友的。内容都谈到上周末他们班的舞会。不难想象，对于这两种不同类型的收信者来说，舞会的细节一定不会相同。

报刊

这是利用文献进行定量研究中用得较多的资料来源之一。从报刊的版面、封面、标题，直到刊登的文章、消息、报告等等，都可以是人们进行社会研究尤其是采用内容分析方法进行研究时所用的材料。报刊中的新闻报道常常成为人们分析某一事件或运动的依据。但是，有一点应该注意：报刊上的报道文章通常并不是事物的全部。因为它一方面受到报道者个人思维、观察、分析及表达能力的限制——它往往只是报道者印象最深或者最受刺激的一部分，另一方面又会受到报刊版面、编辑部负责人以及上级有关部门各种要求的限制。

网络电子信息

在现代社会中，随着计算机技术、互联网技术，以及智能手机等领域的快速发展，出现在网络中的各种电子信息越来越多。社会中的人们对网络及移动网络的利用也越来越多。可以说，互联网这一新的大众传播媒介不仅汇聚了报纸杂志、广播、电视等传统大众媒介上的各种信息，同时还创造出许多新的信息传播方式和新的人际交流方式，成为现代社会中非常重要的信息来源。社会研究者不仅可以采取内容分析的方法研究这些文献，还可以利用最近出现的大数据分析方法，从这些网络电子信息中得出有关人们行为和社会变化趋势的各种结论。

官方统计资料

这是利用文献的定量研究中另一个重要的资料来源。无论是全国人口普查资料，还是由国家统计部门、各级政府部门、各级专业机构编制的月统计报表、年统计图表、年统计报告等等，都是社会学者研究社会的极有价值的资料。这种资料往往提供了一个地区、一个部门或者全国的有关概况，对于研究者从总体上认识社会现象，分析各种因素之间的关系、掌握事物的发展趋势等等，有着不可替代的作用。比如国家统计局编的《中国统计年鉴》《中国社会统计资料》《中国人口统计年鉴》，中国人口情报中心编的《中国人口资料手册》，国家计划生育委员会编辑的《中国计划生育年鉴》等，都是社会研究中人们常常用到的官方统计资料。

二、 利用文献的定量研究及其类型

利用文献的定量研究（quantitative study using documents）就是通过定量地收集和分析现存的，以文字、数字、符号、画面等信息形式出现的文献资料，来探讨和分析各种社会行为、社会关系及其他社会现象的研究方式。如同考古学家通过考察化石和文物来了解远古的社会形态，历史学家通过研究各种文字记录来了解过去的社会结构和历史事件一样，社会研究者也充分地利用各种形式的文献资料，来探讨和分析各种社会的结构、关系、群体、组织、文化、价值及其变迁。

根据研究的具体方法和所用文献类型的不同，可以将利用文献的定量研究划分为内容分析、二次分析和现存统计资料分析三种类型。这三种类型的基本特征和内在逻辑都是相似的。只是在具体应用上，它们各自的侧重点有所不同。内容分析主要用于对各种大众传媒信息，尤其是对报纸杂志、广播、电视及网络中的信息进行的分析，其适用面也最为广泛；二次分析主要是对其他研究者先前所收集的原始数据资料进行的再次分析和研究，这种方法的运用需要有一个基本的前提，这就是现实社会中应存在大量的原始数据，并且研究者可以找到和获得它们；现存统计资料分析则主要集中于对那些由国家和各级政府部门所编制的统计数据进行分析，这种方法在社会学、人口学、经济学等学科中应用比较普遍。下面几节中，我们将对这三种方法逐一介绍。

第二节　内容分析

一、 内容分析的概念与例子

内容分析是20世纪才开始兴起的一种新的文献研究方法。它通过考察人们所写的文章、书籍、日记、信件，所拍的电影、电视及照片，所创作的歌曲、图画等，来了解人们的行为、态度和特征，进而了解和说明社会结构及文化变迁。内容分析方法假定：在这些传播的材料中所发现的行为模式、价值观念和态度，反映出并影响着创造和接受这些材料的人们的行为、态度和价值观。因此，除了信息本身的内容外，内容分析还被用来研究信息发出者的动机，以及信息传播的效果或影响。我们可以用图 9-1 来表示这种关系。

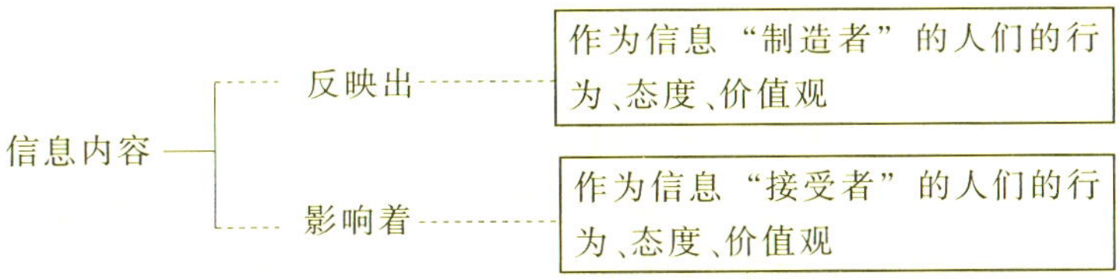

图 9-1　信息内容分析目标示意图

内容分析法产生的客观基础，是随着现代社会发展而日益增加的信息传播工具和急剧扩大的信息内容。20 世纪 30 年代以来，不仅以印刷文字为主的各种出版物大量增加，而且以图像、声音等形式出现的新的信息载体也越来越普遍。许多研究者，尤其是传播学研究人员，开始尝试利用内容分析的方法，对各种媒介（比如报纸杂志、书籍、广播、电视等）所承载的信息进行系统的分析，以发现社会和文化变化的历史趋势。

在这些研究者中，由精神病医生改行从事大众传播研究的政治学家拉斯韦尔是早期的代表人物之一。在第二次世界大战期间，拉斯韦尔在美国国会图书馆组织了一项名为“战争时期通讯研究”的工作。他和他的助手们大规模地收集并分析德国的报纸资料，从中了解到许多宝贵的德国内部情况。虽然这项工作的时间并不长，但却取得了辉煌的成果。他们所运用的方法也得到了社会的普遍承认。美国著名学者奈斯比特在其《大趋势》一书中，曾高度评价了他们的工作。

1948 年，拉斯韦尔提出了著名的描述传播行为的“5W”模式（见图 9-2）。

WHO——THROUGH WHAT——TO WHOM——SAY WHAT——WHAT AFFECT

图 9-2　“5W”模式

在图 9-2 中，对传播者“说了什么”（SAY WHAT）的分析就是本节所要介绍的内容分析。在拉斯韦尔的推动下，内容分析法逐渐成为一种超出传播学范围，为社会学、政治学等众多社会科学研究者所广泛使用的研究方法。

内容分析的概念

拉扎斯菲尔德和贝尔森认为：“内容分析是一种对传播所显示出来的内容进行客观的、系统的、定量的描述的研究技术。”① 这是影响最大并为众多教科书所接受和使用的定义。默顿也曾经指出，内容分析是一种考察社会现实的方法，在这种方

---

① 阿特斯兰德．经验性社会研究方法．北京：中央文献出版社，1995：186.

法中，研究者通过对文献的显性内容的特征的系统分析，得到与之相关的潜在内容的特征的推论。①

根据这种理解，**内容分析（content analysis）**无疑指的是这样一种研究技术，它对各种信息传播形式的显性内容进行客观的、系统的和定量的描述与分析。所谓“各种信息传播形式”指的是诸如书籍、杂志、报纸、诗歌、歌曲、绘画、电视节目、演说、信件、照片、广告等各种书面材料、宣传品和艺术品；所谓“显性内容”，是指这些形式外在的东西，比如它们的文字、颜色和实物本身，而不是这些文字、颜色和实物的含义。研究者所分析的只是这些外在的、表面的内容，而不是内容的深层解释。“进行客观的、系统的”描述，意味着内容分析是一种规范的方法。它要求研究者根据预先确定的计划，采取一定的规则，按照一定的步骤来进行。而“定量的”描述则说明内容分析方法的基本性质。它意味着，在内容分析中，其基本目标通常是确定内容中某一项目的频数，或者确定某一类别在整个内容中所占的比例等。

内容分析的例子

理解内容分析方法之实质的一种好的途径就是通过一些具体的实例来学习。下面让我们来看看几个内容分析的实例。

例 1　期刊内容与社会问题。

20 世纪 60 年代对美国来说是一个骚乱的年代。方克豪瑟通过对期刊的内容分析，来研究这一时期美国社会所面临的重大问题。他从美国 1960 年至 1970 年的期刊中，选出三种最著名的周刊，把这三种期刊在 10 年中出版的全部刊物作为他分析的样本。刊物总数为1 716份。然后，他按照《读者指南》的编目，把每一类条目下的文章篇数记下来。表 9－1 是他的统计结果与盖洛普民意调查结果的对照。②

表 9－1　　新闻杂志对 60 年代各类问题的报道及盖洛普调查关于各类问题重要性的排列顺序

问题类别	文章篇数	排列顺序	盖洛普调查关于问题重要性的排列顺序
越南战争	861	1	1
种族关系（及城市骚乱）	687	2	2
校园动乱	267	3	4
通货膨胀	234	4	5
电视及传播媒介	218	5	12*
犯罪	203	6	3
吸毒	173	7	9
环境与污染	109	8	6

① 阿特斯兰德．经验性社会研究方法．北京：中央文献出版社，1995：187.

② Babbie E. The Practice of Social Research. 4th ed. Wadsworth Inc.，1986：278.

续表

问题类别	文章篇数	排列顺序	盖洛普调查关于问题重要性的排列顺序
吸烟	99	9	12*
贫困	74	10	7
性（道德堕落）	62	11	8
女权	47	12	12*
科学与社会	37	13	12*
人口	36	14	12*

注：新闻报道的排列顺序与盖洛普调查关于各类问题重要性的排列顺序的相关系数为 0.78（$p=0.001$）。

* 这些项目在盖洛普调查中未列入“重大问题”，故记为相同的顺序数。

从表 9－1 我们不难看出二者的结果十分相近，它表明这两种不同的研究方式所得到的结果具有较大的一致性。

例 2　妇女形象分析。

笔者也曾经运用内容分析的方法，对 1950 年至 1990 年这 40 年中，中国女性的形象及其变迁进行了分析。在这一研究中，笔者选择新中国成立以来国内妇女界发行最早、发行面最广、权威最高、对于反映妇女状况来说代表性最大的《中国妇女》杂志作为分析的刊物。选取了 1952—1956 年、1961—1965 年、1978—1981 年、1986—1989 年这四个时期该刊的全部期号（总共 208 期），以分别代表 20 世纪 50 年代、60 年代、70 年代和 80 年代。在这 208 期刊物中，总共包含 316 篇人物通讯，它们所报道的 325 位主人公就构成分析的样本。根据研究的目的，笔者对每一位主人公都依据七项指标进行分类和编码。这七项指标是年龄、文化程度、政治面貌、行业、职业、劳模状况，以及主要事迹。

研究结果表明：20 世纪五六十年代的女性形象多以年轻的、低文化程度的普通工人、农民为代表，以党团员、劳动模范和努力生产的业绩为特征；70 年代末则以年老的、较高文化程度的文教科卫人员为特征，具有努力生产、个人成就、勇于斗争等多种形象特点；而 80 年代则以高文化程度的中年文教科卫人员为代表，以个人专业成就和女强人式的工作业绩为主要特征。40 年来总的趋势是，从五六十年代单一的劳模型模式，到 70 年代末的劳模型、个人成就型、勇于斗争型并存模式，又到 80 年代以个人成就型和女强人型为主的模式。女性形象在不同时期所表现出的这些特点，从不同的侧面折射出我国社会各个历史时期的风貌，反映出整个社会历史的巨大变迁。研究结果还表明，女性角色形象是时代的产物，是漫长历史过程的一种客观反映，是新中国成立 40 多年来我国社会中各种新事物、新观念、新思想与传统文化、传统观念交互作用，共同影响的结果。社会历史的发展不断改变着女性的角色形象，不断赋予女性角色形象以新的内涵，同时女性角色形象也不断地体现和反映出我国社会各个时期的风貌。该研究报告的全文刊登在《社会》杂志 1992 年第 7 期，在本书附录中可扫码阅读。

二、 内容分析的程序

内容分析的基本目的在于将一种非数量表示的文献转换成用数量表示的资料，内容分析的结果也经常是以频数、百分比、交互分类表等统计形式来表现的。在具体操作程序上，内容分析通常可以分为以下几个步骤：

第一，选定研究的分析单位（比如，流行歌曲、家庭关系、社会问题、报刊人物、妇女形象等）。

第二，界定目标总体的范围（比如，20 世纪 60 年代的流行歌曲、1960 年至 1970 年的期刊、1950 年至 1990 年这 40 年中的《中国妇女》杂志等）。

第三，抽取样本（比如，抽取 1966 年夏季两个月中发表在四种杂志上的歌曲，以及电视歌曲中前 30 首、电台播出的前 30 首歌曲；抽取 1960 年至 1970 年三种最著名周刊在这 10 年中的全部刊物作为样本等）。

第四，确定编码体系（比如，新闻杂志报道的问题类别、报刊人物的社会特征、先进妇女的特征与事迹等）。

第五，阅读样本文献并按编码体系进行编码和登录，形成数据库。

第六，对数据进行统计分析并得出结果。

从以上步骤可以看出，除了资料的来源以及获取资料的方法不一样外，内容分析的方法在其他方面基本上与调查研究相同或相似。

总的看来，进行一项内容分析的许多程序与进行调查研究的程序都是相同的。内容分析同样需要抽取有代表性的样本，同样需要利用某种工具、按照某种程序来测量和收集资料，最后通过对资料的统计分析得出结果。这里我们着重介绍内容分析中的两个关键环节。

内容分析的抽样

在对某种文献进行内容分析时，首先遇到的问题就是抽取样本。像以人为对象的研究一样，以文献为对象的研究中也常常不可能直接研究全部对象。因此需要通过抽取有代表性的样本的方法，来达到研究全部对象的目的。内容分析的抽样常常在杂志、报纸、电视节目、广告或其他类似文献的标题或期号中进行。还有一些则是在作者、书籍、章节、段落、句子、短语、词汇等层次上进行的。我们在第六章中介绍的各种抽样方法，都可以在内容分析中运用，特别是系统随机抽样、分层随机抽样、多阶段随机抽样的方法运用得更为普遍。

内容分析中的抽样通常分为三个主要的阶段，它涉及三个不同性质的总体。在每一总体中所采用的抽样方式也常常是不同的。首先是媒介的抽样。例如，从所有报纸中抽取若干种报纸，从所有杂志中抽取若干种杂志，从所有的电视台中抽取若干个电视台等。在进行媒介抽样时，经常采用分层抽样的方法。而常用的分层标准有：（1）地域分布；（2）受众类型；（3）编辑方向；（4）重要性或规模；（5）播发时间。其次是期号的抽样，即从期刊或报纸的所有期号中抽取若干期号，或从电视台所有时段中抽取不同的时段，或是从所有栏目中抽取不同的栏目等。最后是内容的抽样，即从所抽中的期号、时段或栏目中抽取所分析的内容。

比如，要从全国某一年的青年刊物中抽取某一类文章的样本，我们可以先从该年全国所有的青年刊物名单中，随机抽取10种刊物，然后再从刊物的12期期号中随机抽取5期，比如第2、3、7、8、11期；然后再从抽中的每期刊物中随机抽取两篇文章，比如所有第3篇文章和第10篇文章。这样，由这10种刊物的第2、3、7、8、11期中的所有第3篇和第10篇文章组成的100篇文章，就是我们分析的样本。其他形式的文献也可以在时间、地点、规模、颜色、频率等各种层次上进行抽样。

内容分析中的抽样与在调查研究中的抽样一样，也必须对样本所取自的总体进行界定。下面就是几个在内容分析中对总体进行界定的例子：（1）在1997年5月1日至8月31日这四个月中，出现在中央电视台第一套节目每晚7：30分—9：30分这两个小时中的所有广告节目；（2）发表在1950年至1990年这40年间《中国妇女》杂志上的所有人物通讯文章；（3）1980年至1990年，《家庭》《幸福》《知音》《社会》这四种杂志的全部封面。

内容分析的编码

内容分析的另一个关键环节是对样本中的信息进行编码，即根据特定的概念框架，对信息——无论是口头的、文字的、画面的或是其他形式的——做分类记录。与编码工作有关的问题有两个：一是要选择编码的单位；二是要制定一份编码单。

选择编码单位，即是选择具体的观察和点算单位。要注意把它与研究的分析单位加以区别。本书第二章曾指出，分析单位是研究所描述和解释的对象。它既可以是内容分析中的编码单位，也可以不是。比如说，如果我们想了解电视广告对男女角色的刻画是否有所不同。在这一研究中，单个的广告就既是编码单位，又是分析单位。但是，如果我们想了解那些在娱乐栏目中插播的广告与那些在新闻栏目中插播的广告在刻画男女角色方面的差异，或者出现在中央台的广告与出现在地方台的广告在刻画男女角色方面的差异，虽然编码的单位仍是单个的广告，但其分析单位却不是广告而是栏目或电视台了，即不同的栏目或不同的电视台才是这一研究所要描述和解释的对象。

编码单是对文献材料进行观察和记录的工具，在某种程度上，它同结构式观察所用的记录单十分相似。其作用相当于调查研究中所用的问卷。它的形成和结构将要依赖于编码单位的选择。比如：如果编码单位是短篇小说的中心人物，研究者就必须为每一个人物准备一份统一制定的编码单；如果编码单位是一场完整的电影，研究者必须为样本中的每一部电影都准备一份编码单。

一旦选定了编码单位，研究者就要为它们制定分类或赋予数值。分类的基本要求同问卷中的答案编制要求一样，有两条原则：一是每一事实或材料——无论是小说的中心人物，还是书籍中的单词，报纸杂志中的文章或其他类似的东西——都必须是互斥的，即所制定的各种类别必须是互不相交的。一个被归为“男性”类的人物，就不可能又归为“女性”类；被列入“政治”类的文章，就不能又列入“知识”类中。另外这些种类又必须是穷尽的，即样本中每一种情况都可以归到某一类中。比如，假设在一项内容分析中，所有的人物都归入了“男性”类或“女性”类，但还有两个担任主要角色的动物（如猫、狗等），或者一个没有指示其特定性别的人物，我们将如何对其进行归类呢？前一种情况，需要扩展原来的类别系统，增加一个“动物”类，或者这两种情况都通过增加一个“其他”类来解决。表 9－2 就是一份用于研究杂志里短篇小说中的人物的编码单节选。

表 9－2　人物编码单（节选）

小说标题：________________　小说编号：________________

人物的姓名：________________

人物的描述：________________________________

____

____

1……居住国	3……民族
①中国	①汉族
②外国	②少数民族
③不详	③其他
2……国籍	④不详
4……性别	6……年龄
①男性	①儿童
②女性	②少年
5……角色	③青年
①主要英雄人物	④中年
②主要反面人物	⑤老年
③一般人物	⑥年龄变化
④小角色	⑦不详

许多社会研究者的研究实践表明，在对文献的内容进行阅读以便编码时，阅读者也即编码者，常常会因为阅读顺序的影响而在评价标准上形成某种定式或者惯性，影响到所分析文献在评价上的统一性和客观性。为了避免这种情况发生，我们可以打乱文献原来的顺序，随机地确定这种顺序。比如，笔者在分析《中国妇女》杂志的内容时，就是按事先随机抽取的顺序进行的。这样做，可以有效地排除分析者在阅读过程中主观上分析标准变化所造成的误差。

【拓展阅读】

内容分析方法应用实例

第三节 二次分析

利用文献的定量研究中另一个重要的资料来源，就是现存的、前人所累积的各种原始数据资料。研究者可以对那些由其他研究者以前为着其他目的所收集的原始数据进行整理，用一种新的、有启示性的方式，将原来分散的、孤立的资料联系起来，并进行重新分析和解释。正是利用这种方法，一位社会学家为解释某个问题而收集的资料，常常可以被另一位社会学家用来解释和回答另一个问题。

一、二次分析的含义

二次分析（secondary analysis）也称第二手分析，指的是对那些由其他人原先为别的目的收集和分析过的资料所进行的新的分析。这种新的分析主要有两种类型，分别为着两种不同的研究目的：一种是从别人为研究某一问题而收集的资料中，分析与该问题不同的新的问题，即把同一种资料（已有的、别人的研究所收集的资料）用于对不同问题的分析和研究。另一种则是用新的方法和技术去分析别人的资料，以对别人的研究结果进行检验，即用不同的分析方法处理同一种资料，看看是否能得出同样的结论。

二次分析所用的资料是别的研究者或研究机构通过实地调查所得到的原始数据。由于电子计算机在社会研究中的普及和应用，社会研究人员分享各种实地调查和统计所得的大量数据资料成为可能。从 20 世纪 60 年代开始，利用第二手资料的研究在国际上得到大规模发展。许多研究中心和研究机构相互协作，形成了数据档案网。录好原始数据的磁带和输入卡被存入档案库，就像传统的图书馆收藏图书一样，供广泛交流和使用。不同的是图书馆的书籍要靠借阅的办法，而数据档案库里的数据资料则需要复制和购买。

例如，美国社会学家艾尔·巴比在他的著作《社会研究实践》一书中举了一个他自己经历的例子，他在加利福尼亚大学伯克利分校念研究生时，曾对查尔斯·格洛克关于宗教参与的原因的观点十分感兴趣。格洛克指出：那些看得到社会问题的现实解决办法，并感到能够取得成功的人们，往往去寻求这些办法；而那些看不到现实解决办法的人们将转向求助于宗教。艾尔·巴比很想检验一下格洛克的这一观点，但是，他当时却没有经费去进行一项大规模的实地调查。十分幸运的是，在他所上的研究方法课上，老师购买了一套数据资料供他们练习掌握各种研究方法。这套数据资料是阿尔蒙德和弗巴在 20 世纪 50 年代末至 60 年代初所做的一项有关人们政治社会化和政治参与的特点的研究。资料是从一个由五个国家的人员所构成的样本中得到的。这套数据资料包含着人们的宗教活动与政治活动的信息，以及人们对从政治上解决社会问题的各种看法。因此，巴比就能够不费一分钱地利用这些资料来检验他的假设，即那些看不到政治解决办法的人们比那些看得到的人们是否具有更大的宗教参与度。

二、二次分析的步骤

从理论上说，我们应该总是在取得资料之前就明确要研究什么问题。但在实际中，有时却总是先发现一组特别令人感兴趣的或特别丰富的数据资料，然后再构想出一个能利用这些资料进行研究的问题。不过，为了叙述方便，我们还是按“正常”的顺序来介绍。

选择研究的主题

适用于二次分析的主题可以是相当大的，它有时仅仅只能采用那种在一个国家规模上所得到的数据资料。一旦你提出了某个假设或某种研究问题，就必须仔细地考虑操作化工作。哪些控制变量是关键性的，因变量是不是必须以某种特定的方式进行测量？通常，在你的研究设计中，要留有一定的余地，以便一旦发现相关的资料中并不具备你所想要的各种特征时，就可以稍微修改你的研究设计，以保持与可用资料的一致性。在二次分析中，你必须相当准确地把注意力集中到你的研究主题上，以便于选择与之相适应的数据资料。但在主题与资料的关系上，二次分析往往要求主题去适应资料，而不是相反，这主要是因为数据资料是已定的、无法变动的，研究者只能在处理和分析资料的方法上、技术上动脑筋，而研究主题则是可以随时调整的。

寻找合适的资料

由于二次分析所用的都是原始调查或统计得到的数据资料，因此我们应该对这种资料的主要来源有所了解。在美国等西方国家，有许多专门从事调查研究的机构，有各种不同规模的数据库，因而，资料来源较广。比如，由“全国民意研究中心”（NORC）根据其每年对美国的调查所形成的综合社会调查（GSS），还有其他一些大学和科研机构、政府机构的调查研究中心所收集的数据资料等等。在我国，这样的数据资料库目前也在逐步发展中。从目前情况看，可利用的有中国人民大学的“中国综合社会调查”（CGSS）、中国社会科学院的“中国社会状况综合调查”（CSS）、北京大学的“中国家庭动态跟踪调查”（CFPS）等。

对于二次分析来说，明确所寻求的资料十分重要。也许一个研究人员寻找和发现潜在的、具有吸引力的资料来源的最好途径，是去阅读一份相关的研究，因为有那么多公开发表的研究都是来源于大规模调查的分析，你可以通过查阅过去一段时期的研究期刊而得到有关大型调查数据资料的情况。当发现一组对你似乎十分有吸引力的数据资料时，你可以仔细地阅读论文的资料部分对资料的内容、收集方法等的描述。如果是在一本著作中发现这组资料的，那么，书中一般都有介绍资料的收集方法和过程的专门章节。此外，在书后的附录中，还可以找到诸如问卷等详细的信息。当你认为这组数据对研究确实有用时，你可与原始资料的收集者联系，尝试向他索取原始数据和了解具体细节。根据这些原始资料，你就可以从中选择所需要的数据，进行你的研究和分析。

对资料的再创造

得到所需要的数据资料后，往往要对这些资料进行一些加工才能更好地为自己的研究服务。首先，必须从资料中寻找或重新定义你所要研究的变量。其次，应该仔细地研究这些变量。先整理出一份每一变量的频率统计，就可以帮助你加深对资料的了解。比如说，若有很大一部分被调查者对于某一项目的回答是“不知道”，那么，你就必须决定是否利用这一项目的资料，以及如何去利用它。最后，你也可以只取样本中的一个部分作为分析的对象。比如说，只取男性样本的资料，或只取20岁以上的对象等。但是，在这样做的时候，你必须重新考虑抽样设计，看看这种抽取部分样本的做法对样本本身的性质有什么影响，这一子样本的代表性又如何等。总之，作为一个二次分析研究人员，你可以重新创造出许多资料去适合你的研究。但必须时刻注意，不要把资料用于它所不适合的目的。

分析资料

二次分析的最主要同时也是最大量的工作，就是对资料的重新分析。在这种分析中，各种统计分析方法和技术都同样适用。如果把二次分析的方法与调查研究的方法进行比较，可以更清楚地认识这种方法的实质。调查研究往往是研究者根据自己的研究目的去实地收集第一手资料，也可以说他们是先“创造”出资料，然后再对这些资料进行分析。而二次分析则是研究者自己不去进行实地调查，不去“创造”第一手资料，只是根据自己的研究目标在别人已“创造”出的各种原始资料堆中去“寻找”合适的资料进行分析，即只是把别人已“创造”好的资料拿来为自己所用。

三、中国社会状况综合调查简介①

“中国社会状况综合调查”（Chinese Social Survey，CSS）是中国社会科学院社会学研究所于2005年发起的一项全国范围内的大型连续性抽样调查项目。该调查从2006年正式开始，基本每两年一次。CSS旨在通过对全国公众的劳动就业、家庭及社会生活、社会态度等方面的长期纵贯调查，来获取转型时期中国社会变迁的数据资料，从而为社会科学研究和政府决策提供翔实而科学的基础信息。

2006年、2008年和2011年三期CSS以第5次全国人口普查分区县市资料为基础形成抽样框，调查样本规模在7000～7200之间。2013年起，CSS基于第6次全国人口普查分区县市资料更新抽样框，并稳定地隔年实施一次调查，调查区域覆盖了全国31个省/自治区/直辖市，包括了151个区市县604个村/居委会，样本量也增加到10 100～10 300之间，其研究结果可推论全国年满18～69周岁的住户人口。

① 简介由“中国社会状况综合调查”项目组提供。谨致谢意！

以 2019 年 CSS 为例，该年度共回收有效样本 10 283 个，采集变量 2 607 个，形成数据项 26 807 781 个，应答率为 73.4%，问卷平均访问时间在 70 分钟以上。截至 2021 年年底，CSS 已完成了八期调查，应答率在 60%以上，最低的是 2011 年的 61.5%，最高的是 2006 年的 82.3%。

CSS 采用多阶段分层混合抽样，根据十年一次的全国人口普查数据形成抽样框，被抽中的村/居委会在这十年间基本固定，但每期调查抽取的最终访问户和访问对象并不固定。虽然 CSS 并非固定样本的追踪调查，但历次调查有相对固定的调查指标，可以支持时间序列的趋势分析，记录和研究社会变迁规律。

CSS 在问卷设计上分为固定模块、更替模块和热点模块。固定模块指每期调查均需采集的基本信息，包括性别、年龄、婚姻、户口、民族、宗教信仰、受教育程度、政治身份、就业状态、职业、行业、收入、劳动时间、家庭户构成、家庭居住状况以及家庭收支等方面的信息。更替模块覆盖教育经历、职业流动、社会保障、生活压力、农业经营、社会经济地位认同、社会群体冲突、社会问题认知、社会安全感、社会公平感、政府满意度评价、社会价值观、消费与媒介接触、社会支持、民族关系评价、健康情况、个人幸福感、社会宽容、社会参与、政治效能感等多个主题。热点模块则根据调查年热点社会议题确定，如城镇化、社会治理、中国梦、惩治腐败、生育意愿、志愿服务等主题。CSS 的调查内容汇聚了社会学、经济学、政治学、教育学、法学、社会心理学、传播学等多个学科关注的议题。

在调查实施方面，CSS 采用地图地址抽样和入户调查访问方式，由经过严格培训的访问员对被抽中的家庭进行访问。CSS 最初几期采用手工绘制地图抽样和纸版问卷入户访问方式，2019 年起已实现了全流程电子化访问，使用“中国社会科学院计算机辅助住宅抽样系统”（CASS-Computer Assisted Residential Sampling，CASS-CARS）采集抽样数据并完成抽样，使用“中国社会科学院计算机辅助面访系统”（CASS-Computer Assisted Personal Interviewing，CASS-CAPI）采集访问数据。这两大系统的开发和应用，为 CSS 流程各环节的实现提供了相对便捷、智能的技术支持。在访问期间，CSS 运用两大系统，实行数据核查、电话回访、录音核查、入户回访、入户陪访、GPS 定位核查等多种方式对调查质量进行严格控制，确保回收数据真实、准确。

CSS 项目组还征集、整理深入调查一线的督导们的调查实践思考，择优编辑出版了“仗卷走天涯：全国大型社会调查之督导笔记”系列书籍。与课堂上的问卷调查专业书籍不同，这是一套关于入户调查的辅助读物。通过阅读学习督导们的调查经历，可了解 CSS 的调查流程，也能体会他们如何把课堂上学到的入户调查知识点转化为具体的实践行动和专业思考。此外，项目组还组织使用 CSS 数据的有奖征文活动，为获奖者颁发奖金和证书。

自 2008 年 CSS 数据向国内用户开放以来，截至 2021 年全国已有近 500 家单位、超 3 000 位用户申请和使用 CSS 数据。CSS 的数据资料常用于大学本科生和研究生教学，并为各个层级学生撰写研究论文提供了第一手数据资料。同时，CSS 也为政府各决策部门提供了真实有力的数据参考。目前，历年收集的 CSS 数据已陆续免费向社会公众开放，用户可以访问“中国社会质量基础数据库”网站（http：//csqr. cass. cn）、“中国社会状况综合调查”网站（http：//css. cssn. cn）或“中国社会状况综合调查 CSS”微信公众号，申请获取需要的数据和资料。

四、二次分析的优缺点

二次分析首先具有省时、省钱、省力的特点。它可以使研究人员从复杂、辛苦的收集原始数据的工作中，以及单调、枯燥的数据登录、输入等工作中解脱出来，以便能集中更多的时间和精力来分析他的资料。二次分析的另一个突出优点是特别适合于比较研究和趋势研究。比如，我们可以通过对不同的研究者在不同的地区分别收集的资料进行二次分析，来对比不同地区的情况。或者把不同的研究者对不同的群体进行调查所取得的资料进行二次分析，来对比不同群体的情况。还可以把其他研究者在不同时期对于同一问题所做的若干次研究的资料聚集在一起进行二次分析，以便研究事物发展的趋势等。

二次分析的主要缺点在于其所用资料的准确性或适用性不足。这就是说，一方面某个研究者为其特殊的目的所收集的数据资料，不一定正好与另一个研究者的研究旨趣相符；而另一方面，二次分析研究者所需要的数据资料则有可能在现有研究数据中完全找不到。最常见的情形是，二次分析研究者往往发现原始研究中的某个问题“基本上”是在测量他所感兴趣的某个变量。但他更希望这个问题的提法稍微有点不同，或者再接着问一个相关联的问题，那样就能更准确地测量他想测量的东西。实际上，这样的资料对于二次分析研究人员来说，效度是较低的，即原始问题所测量的并不正好是二次分析研究人员所希望测量的变量。在对现存统计资料的分析中，也存在着这样的问题。这一点，我们在下面还会谈到。

第四节 现存统计资料分析

一、现存统计资料分析的概念

在社会科学研究中，人们也常常运用各种现存的统计资料来进行自己的研究。这种现存的统计资料，既可以为研究提供历史背景材料，又可以成为研究本身的数据和资料的一种来源。后一种情况下的研究就被称作**现存统计资料分析（analyzing existing statistics）**。

现存统计资料的分析与二次分析有一个相似的方面，这就是它们所用的资料都是别人已收集好的。只是二次分析所用的是原始数据资料，而现存统计资料分析所利用的则是那种以频数、百分比等统计形式出现的聚集资料。毫无疑问，我国最有价值的统计资料是由国家统计局编辑的《中国统计年鉴》，以及诸如《中国社会统计资料》《中国人口统计年鉴》《中国城市统计年鉴》《中国教育统计年鉴》这样的分支统计资料，它们既包括各省和各主要城市的资料，也包括不同年代的资料。在美国，质量最佳的资料是由美国商业部每年出版的《美国统计摘要》。此外，《美国年鉴》以及联邦机构所公布的数据资料，对于社会科学研究来说也是十分有用的。国际范围内的统计资料主要由联合国提供。它的《人口年鉴》每年都提供各国重大的统计资料，比如出生率、死亡率、人口自然增长率等有关人口的统计资料。而联合国的其他出版物则提供各种分类的统计资料。此外，一些专门的研究机构，特别是调查研究及民意测验机构，也可以提供巨大的统计资料。比如，美国的盖洛普民意调查中心，每年都公布其各种调查结果。研究者利用这些统计资料同样也能进行社会科学研究。

在利用现存统计资料时，应注意三个问题：一是应该对统计资料的内容、对象、范围、特点等都具有清楚明确的认识，这是正确运用现存统计资料进行研究的前提。二是对于各种统计指标、比率和数字的实际含义，它们的计算方法等应十分清楚，不能含含糊糊。否则就会出现错用资料的情况。当我们阅读或使用某个统计数字时，总是应该问一问这个数字所代表的实际内容是什么。三是要注意现存统计资料通常是聚集资料（集合性资料），它们所描述的对象通常是群体而不是个体。在利用现存统计资料时注意避免犯层次谬误。

二、 现存统计资料分析的主要步骤

选择合适的资料

许多研究常常要求大量的聚集资料与此相适应。比如，任何涉及全国范围内某种社会现象的趋势的研究，都要求这种资料。如果你所研究的问题可能与某种聚集资料相适应，那么，你必须仔细地考虑能够用来回答这一问题的统计证据的类型。要从各种调查统计部门所编制的现存统计资料中，选择最适合你的研究问题、最有代表性和最有说服力的证据。

比较与分析资料

由于聚集资料都是基于一定的基础之上建立起来的，所以，把它们分解开来通常是不可能的。比如，当你发现了某一时期的就业率资料时，只要该资料本身没有区分性别，那么，你就不可能将这一资料分解成男性就业率与女性就业率。我们通常所能做的，是对各种统计数据进行多种角度、多种层次的比较，特别是比较那些基数较小的单位，比如说省、市为单位的合计资料中的信息。比如说，我们可以比较改革开放前 10 年中，沿海开放城市与内地城市的就业率，或经济较发达的省与经济较落后的省的就业率等。总之，我们只能在现有统计资料本身的结构中去比较，在不同的比较中去发现、发掘和利用，特别是从不同的角度来利用。

说明资料来源

现存统计资料分析中的一个很重要的工作，就是要说明所用的现存统计资料的来源，并使这种资料能够被理解。研究者必须对所用资料的各种注释、总体基础以及测量指标的确切类型等都有明确的认识，一定要记住准确地记下资料的来源和出处。因为现存统计资料分析人员所用的都是别人已整理好的资料。不明确这些资料的收集方法、指标含义、总体范围和某些特定的说明，往往不能很好地使用这些资料；而不确切地说明资料的来源、出处，别人就会对你的证据的可靠性和准确性产生疑问。

三、 现存统计资料分析的方法

我们通过两个实际的例子来说明现存统计资料分析的具体方法。

第一个例子是法国社会学家涂尔干对自杀的研究。[①] 涂尔干一百多年前对自杀现象的经典性研究，是想探索哪些因素与人们的自杀有关，或者说他想回答有哪些因素影响到人们自杀的现象。显然，要对自杀的现象进行实验研究是不可能的。进行调查研究也行不通，因为研究者无法向死人做调查。进行实地研究也做不到，因为研究者无法事先确定哪些人将会自杀并参与那些将要自杀的人的生活。但在现实生活中，有关自杀的统计资料却是可得的，于是涂尔干选择了对这些统计资料进行分析的研究方式。

人们自杀的原因是各种各样的，研究者可以按照某些标准（即共同的原因）对这些自杀案例进行分类。比如说是由于失恋、受辱、经济上的失败或其他个人方面的问题所导致的自杀等等。然而，涂尔干探讨自杀问题时，头脑中所思考的问题与这些原因有些不同。他怀疑仅从个人心理方面来解释是不够的，他希望发现环境特别是社会条件对于自杀的影响。

首先，他仔细查阅和比较了各国关于自杀的统计资料。他查阅的记录越多，各种不同的模型就越是明显地展现在他面前。其次，他细心比较了各种统计结果相互之间的一致性与差异性。这样，他一方面注意到自杀率的相对稳定性，好几个国家的资料都显示，自杀率年复一年几乎总是相同的。另一方面，他又发现夏季自杀的发生率比其他季节多得多。这一点就启示他，也许温度与自杀有关。他就从观察到的差异中提出解释因果关系的假设。然后，按照演绎推理的逻辑思路，从假设中推出应有的经验结果，即如果温度真的与人们自杀有关，或者说如果真的是由于温度的不同而导致人们自杀率不同的话，那么就应该有下列的现实：南欧国家的自杀率应比北欧国家高。他又进一步查阅这些自杀统计资料，去检验这一假设。他发现情况并非如此。自杀率最高的既不是南欧国家，也不是北欧国家，而是一些中纬度国家。因此，温度似乎不是自杀的原因。这一假设没有被证实。

① 巴比．社会研究方法．北京：华夏出版社，2000：407－410.

第二个例子是美国西伊利诺伊州立大学唐盛明教授关于青少年离家自立门户的研究。① 他从一份每年出版的《当代人口报告》统计资料中，发现有两张“15 岁以上人口婚姻状况表”，一份表格是按年龄、性别与种族分别进行统计的，另一份表格则是按家庭情况进行统计的。由于这两份表格的人口总数相符，他就决定用它们来研究美国白人与黑人青年的居住情况。

首先，他把每一个 15 岁以上的人分入三个可能的范畴之一：“已婚”“与父母共同居住”以及“单身独居”。因为美国绝大多数的家庭是只包括父母与未婚子女的核心家庭，因此，“已婚”和“与父母共同居住”基本上就形成了两个互不相容的范畴。在上述表格中，“已婚”一栏有单独的统计数据，“与父母共同居住”和“单身独居”这两个范畴则需要通过栏目合并的方法计算。离婚者和寡居者的居住情况一般不同于已婚者，因此根据实际情况，他们或者被归入“与父母共同居住”，或者被归入“单身独居”。同居者最终分手的可能性大于最终结婚的可能性，因此，他们被归入“单身独居”一类。

研究者关注的是青年的情况，因此他只对统计资料中 15～34 岁的人口的居住情况进行了分析。他把 15～34 岁人口分为两个组，即 15～24 岁组和 25～34 岁组。然后，他把白人和黑人的两个年龄组分别列表，根据性别与上述的三个范畴，分别计算出 1976—1992 年中这三个范畴的相对百分比。对每一年度而言，“已婚”“与父母共同居住”和“单身独居”这三个范畴的总计百分比为 100%，从每个范畴的百分比在历年中的变化，研究者可以观察美国白人青年和黑人青年居住情况的变化趋势。

研究结果显示：1976—1992 年，15～24 岁的白人青年结婚的百分比逐年下降，1976 年是 23.8%，1992 年则是 16%；单身独居的百分比则呈逐年上升的趋势，从 1976 年的 8.1%，上升到 1992 年的 14.6%。同年龄段的黑人青年在结婚与单身独居这两个范畴中显示了相同的趋势，但是，与父母共同居住的黑人青年的百分比大大高于白人青年。

对 25～34 岁的白人青年与黑人青年来说，结婚百分比逐年下降，单身独居的百分比逐年上升的趋势依然存在。但是，对于这个年龄段的黑人而言，与父母共同居住的百分比出现了不同寻常的增长：男性黑人的增长率从 1976 年的 15.5%上升至 1992 年的 34.9%；女性黑人的增长率更高，从 1976 年的 25.7%上升至 1992 年的 45.4%。

研究者在利用统计数据进行这一问题的研究中，主要进行了两项工作：一是把居住状况化为一个包含三个范畴的变量；二是查阅了《当代人口统计》1976—1992 年刊登的相关表格的每一期，然后根据上述三个范畴分别列表。从这个意义上说，研究者是利用了现有统计资料的特点做了一次跨年度的纵向比较研究。

由于现成统计资料的特点是往往时间跨度很大，且每一年统计数据的内容和格式都基本相同，因而特别便于这种纵向的比较。同时，由于每个省、市以及不同的国家

① 唐盛明．社会科学研究方法新解．上海：上海社会科学院出版社，2003：99－101.

基本上都会有这样的统计资料，因而它也可以用来进行跨省市、跨国家的比较研究。

四、现存统计资料分析中的资料质量

只要我们的研究所依赖的是对现存统计资料的分析，那么，我们必然会受到现存统计资料内容的限制。首先是现存资料分析的效度问题，即现存统计资料准确地包含我们所感兴趣的研究变量的程度。如果我们从现存统计资料中所获得的测量与我们所希望测量的变量相差较大，那么这种分析的效度较低。因此，逻辑推理和重复验证这两条科学的原则，对于保证现存统计资料分析的效度来说是极其重要的。在现存统计资料分析中，一点小小的独创和推理常常可以发现好几个有关假设的独立检验标准，如果所有这些检验都表现出一致的结果，那么，证据就有力地支持了你的结论。

现存统计资料分析的质量在相当大的程度上依赖于统计资料本身的质量，如果统计资料本身不精确，就会造成严重的问题。要减少和防止这样的问题，要提高现存统计资料分析的质量，就要对这种问题产生和出现的可能性有较清楚的认识。这通常需要对数据和报表的性质进行考查和了解，对数据失真的程度作出估计，从而加以修正。比如说，如果某一现存统计资料中包含犯罪率的统计数据，我们不能不加以分析和了解就把这一统计数据看作现实的情况，因为这种统计数据中往往只包含已立案的或已发现、已报告的犯罪案件，却并不包括那些未被发现、未报案或未立案的犯罪事件。当然，如果同时运用逻辑推理和反复验证的方法去分析所用的现存统计资料，那么就能更好地克服这方面的问题。周敏在对纽约唐人街的研究中，曾运用了美国的某些普查资料，比如1980年PUMS人口和住房普查资料，1980年STF3A人口和住房普查资料等。但她同时也指出："定量数据资料有时会令人误会，有时又是虚假的，这是由于中国移民对来调查的人员往往感到恐惧，不敢反映真实情况。为补充修正这些资料，我仔细查阅了大量历史资料和其他文献记录，并进行了广泛的实地调查。"①

第五节　利用文献的定量研究的特点

一、利用文献的定量研究的优点

（1）无反应性。利用文献的定量研究不会打扰研究对象，也不会对这些研究对象产生影响。由于各种形式的利用文献的定量研究都不需要直接同人打交道，而只是利用和分析那些业已存在的文字材料、数据资料以及其他形式的信息材料。所

① 周敏．唐人街：深具社会经济潜质的华人社区．北京：商务印书馆，1995：7.

以，在整个研究过程中，研究对象不会受到研究者的影响而发生变化。虽然这种方法在收集资料过程中有可能受到研究者主观偏见的影响，但收集资料方法本身却不会使正在收集的资料发生变化。

（2）费用低，省钱省时。尽管进行一项文献分析的费用会依据所分析的文献的类型、文献散布的广度、获取文献方式的难易程度等方面的差别而有所不同，但是，一般来说，它比进行一项大规模调查、一项严格的实验或一项深入的实地研究所需要的费用要少得多。因为它所用的资料往往只需要通过借阅、复印等形式就可得到。一个社会研究者总可以在没有足够的经费、时间和人力的情况下，采用内容分析的方法开展研究。因为它既不需要大批的调查员，也不需要特定的设备和仪器，研究者独自一人就可以进行，只要相应的文献资料可以查阅和收集到。

（3）可以研究那些无法接触的研究对象。比如，如果我们要研究某一历史时期中的人们或事件，而这些人们早已离开人世，这些事件也早已成为历史。此时，要采用其他的社会研究方法，比如调查、实验、参与观察等，显然都不可能。而文献研究却可以帮我们达到这一目的，只要我们能找到足够的与这些人们或事件有关的文献材料。例如，在1968年，美国社会学家兰兹等人打算研究工业革命前美国的婚姻与家庭。可是，生活在那个时期（1700年前后）的人们没有一个活着。因此，他们无法采用调查访问的方法去收集资料。于是他们采用了文献研究的方法，对美国独立前十三州时代的杂志进行了分析。尽管他们所用的资料存在某些问题，但这却是要达到其研究目的的唯一可行的途径。

（4）适于做纵贯分析。由于调查、实验、观察等方法所研究的都是现时的情景，因而往往难以用来进行纵贯研究或趋势研究。利用文献的定量研究在这方面则有着它特别的优势。随着时间的流逝，各个不同历史时期的社会现象和社会生活，或多或少总会以各种不同的文献形式记录和描述下来。因此，如果我们要研究不同历史时期（比如20世纪50年代、60年代、70年代、80年代直至90年代）我国人民的婚姻观念的特点和发展趋势，最好的方法就是利用这50年来的各种有关婚姻观念的文献资料进行分析和研究。当然我们也可以去访问或调查在这些不同时代结婚的人们。但是，对于较早时期的对象（比如40年代结婚的人们）来说，则可能出现年龄大、文化程度低、身体不好等众多客观困难，而达不到理想效果的情况。

（5）保险系数相对比较大。假如研究者进行一项调查，或进行一项实验时，由于设计不周密或准备不充分，导致结果不理想。那么，如果他重做一遍，则要花费双倍的时间和经费。而如果一项实地研究做坏了，要重做一遍也许根本就不可能。因为你所研究的事件和环境已经改变，或者已不复存在了。但在内容分析中，弥补过失比其他研究要容易得多。你只需对你所用的资料重新进行编码或进行统计处理，而不用一切都从头开始。

二、利用文献的定量研究的缺点

（1）许多文献的质量往往难以保证。无论是个人的日记、信件，还是报纸上的各种报道文章甚至官方的统计资料，都常常隐含着由个人的偏见、作者的主观意图以及形成文献过程中的客观限制所形成的各种偏误，从而影响到文献资料的准确性、全面性和客观性，影响到文献资料的质量。这是因为，社会研究所用的文献资料通常都是由其他人为着他们自己特定的目的而编制的，而不是为社会研究的目的而编制的。因此，他们的主观意图，他们的个人偏见，还有他们所遇到的客观限制，都不可避免地会影响到他们对文献内容的取舍和对文献形式的安排。

（2）有的资料是不易获得的。由于许多文献都不是公开的和可以随意获得的，因此对于某些特定的社会研究来说，往往很难得到足够的文献资料。比如说，个人的日记、私人的信件往往属于个人的隐秘，一般不会公之于众。此外，某些政府机构和社会组织的文件、决议、记录、统计数字等等，也常常属于这些机构和组织的内部机密，研究人员通常很难得到。在我国目前的现实生活中，大量社会研究者和社会调查机构产生的数量很大的原始调查数据，通常也只是长期搁置在初始研究者的磁盘中和电脑里，不仅其他的研究者得不到，就连初始研究者自己也很少再去理会它们。

（3）许多文献资料由于缺乏标准化的形式，因而难以编码和分析。有些文献，比如报纸杂志，经常以一种标准的形式出现，因而编码和分析起来就比较容易。既可以进行纵贯的对比研究，又可以同其他报纸杂志进行横向的对比研究。但是，其他许多文献特别是个人文献，却不具备这种标准的形式。它们的撰写目的不同，内容或对象不同，长度、语言等表达形式的不同等，都给研究人员进行编码和分析带来了很大的困难。同时，这样的文献也往往难以进行对比分析。

（4）效度和信度存在一定的问题。研究者对文献资料进行编码的结果是否的确反映了他所希望测量的概念或所希望研究的变量呢？很多时候并非如此。因此，效度是内容分析的一个常见问题。另外，在许多情况下，文献研究中的编码主要依据研究者对文献中的隐性内容所进行的主观鉴别、判断和评价。由于缺乏相对客观的标准，因而这一过程中又常常存在着编码的信度问题，特别是当编码人员不止一人时，这种问题更容易出现。

本章要点

1. 文献即包含我们希望加以研究的现象的任何信息形式。根据具体形式和来源的不同，可将其分为个人文献、官方文献及大众传播媒介文献三大类。

2. 利用文献的定量研究就是通过定量地收集和分析现存的，以文字、数字、符号、画面等信息形式出现的文献资料，来探讨和分析各种社会行为、社会关系及其他社会现象的研究方式。其主要类型有内容分析、二次分析、现存统计资料分析。

3. 内容分析是一种对传播所显示出来的内容进行客观的、系统的、定量的描述的研究技术。除了信息本身的内容外，内容分析还被用来研究信息发出者的动机，以及信息传播的效果或影响。

4. 内容分析中的抽样通常分为三个主要的阶段，它涉及三个不同性质的总体。首先是媒介的抽样，其次是期号的抽样，最后是内容的抽样。

5. 内容分析的基本做法是对样本中的信息进行编码，即根据特定的概念框架，对信息——无论是口头的、文字的、画面的或是其他形式的——做分类记录。

6. 二次分析指的是对那些由其他人原先为别的目的收集和分析过的资料所进行的新的分析。这种新的分析主要有两种类型：一是用来分析新的、不同的问题；二是用新的方法和技术去分析别人的资料，即用不同的分析方法处理同一种资料。

7. 现存统计资料分析指的是利用各种以频数、百分比等统计形式出现的聚集资料。

8. 利用文献的定量研究具有无反应性、费用低、可接触的时间和空间范围广、易于做纵向研究、可重复等优点，以及文献质量难以保证、有些文献难以获得、难以编码以及效度和信度较低等不足。

基本概念

文献　利用文献的定量分析　内容分析　二次分析　现存统计资料分析

复习思考题

1. 利用文献的定量研究区别于其他几种研究方式的本质特征是什么？

2. 如果要用内容分析的方法研究电视广告中的性别偏见，如何进行抽样？如何进行编码？

3. 找一份婚姻家庭方面的杂志，对其中的征婚广告进行内容分析。

4. 利用教师提供的原始数据，进行一次二次分析的实践。

5. 根据教师提供的人口学方面的研究报告，看看作者是如何利用全国人口普查资料的。

6. 从社会科学刊物中，找出几篇利用文献的定量研究的研究报告，总结并陈述它们所采取的具体方法。

推荐阅读书目

1. 巴比．社会研究方法．北京：华夏出版社，2000：第十一章．

2. 纽曼．社会研究方法．北京：中国人民大学出版社，2007：第十一章．

3. 贝利．现代社会研究方法．上海：上海人民出版社，1986：第十二章．

4. 风笑天．社会研究：设计与写作．北京：中国人民大学出版社，2014：第七章．

第十章
定量资料分析

当我们运用前述的各种方法收集到一批数据资料后，接下来的任务就是要对这些资料进行统计分析。在这一章中，我们将按定量资料分析的程序，对原始数据的整理、录入，以及单变量统计分析、双变量统计分析和多变量统计分析作简要的介绍。有关统计分析方法的更为详细的介绍，超出了本书的范围，读者可参阅专门的社会统计学著作。

第一节　资料的整理与录入

一、资料的审核

资料审核（data auditing）是资料处理的第一步工作。它是指研究者对所收集的原始资料（主要是问卷）进行初步的审阅，校正错填、误填的答案，剔出乱填、空白和严重缺答的废卷。其目的是使得原始资料具有较高的准确性、完整性和真实性，从而为后续资料整理录入与统计分析工作打下较好的基础。

资料的审核工作包含两方面的内容：一是检查出问卷资料中的问题；二是重新向被调查者核实。在实践中，资料的审核工作有两种不同的做法。一种是在收集资料的过程中进行，即边收集边审核。一旦发现填答错误，或漏填误填，或其他一些有疑问的情况，就及时进行询问核实。这样，当资料的收集工作结束时，资料的审核工作也已完成。这种资料审核的方式称为实地审核。另一种做法是，先将资料全部收回，然后再集中时间进行审核。这种资料审核方式称为系统审核或集中审核。实地审核的长处是特别及时，且效果较好；其困难是资料收集工作的组织和安排要特别仔细，调查员个人处理各种情况的能力要比较强。系统审核的好处是资料收集工作便于统一组织安排和管理，审核工作也可以统一在研究者的指导下进行，审核的标准比较一致，检查的质量也相对好一些。但整个工作的周期则会相对拉长，少数个案的重新询问和核实工作有时因时间相隔较长或空间相距太远而无法落实。

二、资料的转换

在前面介绍问卷设计时，我们曾指出，编码就是给每个问题及答案一个数字作为它的代码。到了资料处理阶段，我们需要将被调查者对问卷中问题的回答转换成供计算机识别和统计的数字。表 10－1 就是一份问卷中被调查者对前几个问题的回答，以及我们将他们的答案转换成的数字。

表 10－1　　资料转换示例

		转换成的数字
A1	你的性别：　①男√　②女	1
A2	你的年龄：__28__周岁	28
A3	你的文化程度： ①小学及以下　②初中　③高中及中专√　④大专以上	3
A4	你的婚姻状况： ①未婚　②已婚√　③离婚　④丧偶　⑤其他	2

表格式问题的答案进行转换时还要特别注意它的方向性。比如表 10－2。

表 10－2　　对婚事花费态度的调查（在每一行所选项下打“√”）

	非常同意	同意	无所谓	不同意	很不同意
①婚事应该尽量办得简单一些		√			
②结婚是人生一件大事，婚事应该办得隆重热闹，花再多钱也值得				√	
③就是有钱，婚事也不应大操大办	√				

前面第八章讨论问卷设计时，我们曾指出，对于赞同节俭办婚事的看法，我们按 1＝非常同意，2＝同意，3＝无所谓，4＝不同意，5＝很不同意来赋值；而对赞同婚事大操大办的看法，我们则按 5＝非常同意，4＝同意，3＝无所谓，2＝不同意，1＝很不同意来赋值。这样，上例三种看法的具体赋值情况如表 10－3。

表 10－3　　三种看法的赋值

	非常同意	同意	无所谓	不同意	很不同意
看法①	1	2	3	4	5
看法②	5	4	3	2	1
看法③	1	2	3	4	5

所以，对于这个回答者的答案，我们应该将其转换成：2、2、1。

由于社会研究的样本规模通常达到成百上千，而一份问卷中又包括好几十个问题，这样问卷资料转换的任务往往十分繁重，需要多人共同完成。为了减少资料转换工作中的误差，保证资料转换数据的质量，研究者需要编制一份编码手册（也称编码簿）发给编码员，每个编码员按编码手册的要求，统一进行资料转换。在编码手册中，研究者将编码的项目和问题一一列出，逐一规定它们的代码、宽度、栏码、简要名称、答案赋值方式及其他特殊规定等等。整个编码手册的格式要规范统一，指示要明确，且容易理解，便于操作。表 10-4 是编码手册的节选。

表 10-4 编码手册（节选）

项目名称	变量名	含义	宽度	栏码	答案赋值
区	V	城区	1	1	1=武昌 2=汉阳 3=江汉 4=江岸 5=青山 6=桥口
个案号	ID	个案号	4	2—5	根据问卷上的号码填写
问题 A1	A1	性别	1	6	1=男 2=女 0=无回答
问题 A2	A2	年龄	2	7—8	按实际年龄填写 大于 99 岁的填 99
问题 A3	A3	文化程度	1	9	1=小学及以下 2=初中 3=高中及中专 4=大专以上

三、数据录入

当问卷的答案转化成数据资料后，接下来的工作就是将这些数据资料录入计算机，以便于利用专门的统计分析软件如 SPSS、SAS 等进行分析。

数据的录入有两种主要的方式：一种方式是直接在 SPSS 软件中进行录入（有关用 SPSS 软件录入数据的方法，读者可参见各种介绍 SPSS 软件的专门著作）。另一种方式是采用专门的数据库软件，如 Excel、FoxPro 等进行录入（这类数据库软件的使用方法也同样有专门的著作介绍），然后再用 SPSS 软件将录好的数据读入即可（Excel、FoxPro 等软件录入后生成的是 XLSX 格式或 DBF 格式的数据，SPSS 可以直接将这种数据转化成 SPSS 的 SAV 格式文件）。两类软件在录入的操作方式上都不太复杂，不同的研究者有不同的喜好。但从两类软件的特点和输入方法上看，专门性的数据库软件往往能较好地保证录入的正确性，相对来说更能减少录入数据时所产生的误差。

由于一项调查的问卷数据总量往往是很大的，通常需要多个录入人员共同完成。因此，研究者要精心组织录入工作。从人员挑选、培训、分工、检查等多方面做好安排。

四、数据清理

在数据资料的录入过程中，无论我们组织安排得多么仔细，录入人员工作多么认真，还是难免会出现一些小的差错。因而在开始进行计算机统计分析之前，应仔细地进行数据清理工作，不让有错误的数据进入运算过程。数据清理工作是在计算机的帮助下进行的，通常有下列几种方法。

有效范围清理

对于问卷中的任何一个变量来说，它的有效的编码值往往都有某种范围，而当数据中的数字超出了这一范围时，可以肯定这个数字一定是错误的。比如，如果在数据文件的“性别”这一变量栏中，出现了数字 5 或者 7、8 等，我们马上可以判定这是错误的编码值。因为根据编码手册中的规定，“性别”这一变量的赋值是 1=男，2=女，0=无回答。凡是超出这三者范围的其他的编码值，都肯定是错误的。要检查出所有不符合要求的编码值，我们只需在计算机上，用 SPSS 软件（或其他软件）执行一条统计各变量频数分布（frequency）的命令。计算机很快就能给出下述形式的结果：

A5				Valid	Cum
Value Label	Value	Frequency	Percent	Percent	Percent
	1	316	31.4	31.5	31.5
	2	428	42.5	42.6	74.1
	3	121	12.0	12.1	86.2
	4	128	12.7	12.7	98.9
	6	9	0.9	0.9	99.8
	7	2	0.2	0.2	100.0
	0	3	0.3	Missing	
		--------	--------	--------	
	Total	1007	100.0	100.0	
Valid cases 1004	Missing cases	3			

这是某项调查中变量 A5 的频数分布。其中，有效编码值为 0、1、2、3、4，0 为缺省值。第一栏为变量的取值；第二栏为所对应的频数（个案数）；第三栏为频数所对应的百分比；第四栏为去掉缺省值以后各频数所对应的百分比（称作有效百分比）；最后一栏为累计的有效百分比。当我们发现频数分布表中变量的取值出现了超出编码手册所规定的赋值范围时（此例中的 6、7），可通过计算机将这些个案查找出来，并同原始问卷进行核对和修改。如果一份问卷中错答、乱答的问题不止一两处，则可考虑将这个个案的全部数据取消，作为废卷处理。有效范围清理是一种最基本的清理方法，特别是对录入错误的查找有较好效果。

逻辑一致性清理

逻辑一致性清理则是从另一种角度来查找数据中所存在的问题。它比有效范围清理要稍微复杂一些。其基本思路是依据问卷中的问题相互之间所存在的某种内在的逻辑联系，来检查前后数据之间的合理性。比如，问卷中有这样一对相倚问题。其过滤性问题：“你们有孩子吗？”答案为“1. 有；2. 没有”。而后续性问题：“请问你们的孩子今年多大了？”那么，对于那些在前一问题中回答“没有”的人（即编码为 2 的人），在后一问题中的回答应该是空白（即为缺省值，用 0 来表示）。如果在这些人中，有的人的第二个答案上出现了 4、6 或 9 这样的数字，那么这些个案的数据就一定有毛病。其他一些具有前后内在逻辑矛盾的例子如：编码为“男性”的个案数据中，出现了“怀孕次数”的答案数字；编码为“独生子女”的个案中，出现了“哥哥、姐姐的个数与年龄”的答案数字；编码为“未婚”的个案数据中，出现了“配偶文化程度、年龄、职业”的答案数字。

要查找和清理有上述错误的个案，需要在 SPSS 软件中执行条件选择命令（IF）。比如：先用 IF 命令将所有回答“没有孩子”的个案挑出来，单独做频数统计；再按前述有效范围清理的方法，找到那些在“孩子的年龄”变量上编码值不为零的个案。同样，先用 IF 命令将未婚者挑出来，单独做频数统计；然后找到那些在变量配偶年龄上，出现有非零编码值的个案。再根据这些个案的编号找来原始问卷进行核对，纠正错误。逻辑一致性清理还可以采取 SPSS 中构成新变量的命令（即 compute 命令）来进行。读者可参考有关 SPSS 统计分析的著作。

数据质量抽查

尽管采取了上述两种方法对数据进行清理，但仍会有一些错误的数据无法查出来。一个很简单的例子：假设某个案的数据在“文化程度”这一变量上输错了，问卷上填答的答案是 2（初中），编码值也是 2，但数据录入时却错敲成了 3（高中及中专）。由于 3 这个答案在正常有效的编码值范围中，因此，前一种方法检查不出这一错误。同时，这一变量值与其他变量之间又没有前述“性别”与“怀孕次数”、“未婚”与“配偶年龄”那样的逻辑联系，因此后一种方法也用不上。查出这类输入错误的唯一办法是拿着原始问卷一份一份地、一个答案一个答案地进行校对。但实际调查中却没有一个人这么去做，因为那样做的工作量实在太大了。作为一种妥协，人们往往采用随机抽样的方法，从样本的全部个案中，抽取一部分个案，进行这种形式的校对工作。用这一部分个案校对的结果，来估计和评价全部数据的质量。

第二节 单变量统计分析

一、单变量描述统计

单变量统计分析可以分为两个大的方面，即描述统计和推论统计。描述统计的主要目的在于用最简单的概括形式反映出大量数据资料所容纳的基本信息。它的基本方法包括集中趋势分析、离散趋势分析等。而推论统计的主要目的，则是用从样本中所得到的数据资料来推断总体的情况，它主要包括区间估计和假设检验等。

集中趋势分析

集中趋势分析（central tendency analysis）指的是用一个典型值或代表值来反

映一组数据的一般水平，或者说反映这组数据向这个典型值集中的情况。最常见的集中趋势有算术平均数（简称平均数，也称为均值）、众数和中位数三种。这里只对使用最多的平均数略作介绍。平均数的定义是，总体各单位数值之和除以总体单位数目之商。统计分析中习惯以 $\overline{X}$ 来表示。其计算公式如下：

$$\overline{X}=\frac{\sum x}{n}$$

如果是单值分组资料，那么，计算平均数时首先要将每一个变量值乘以所对应的频数 f，然后将各组的数值之和全部相加，并除以单位总数（也即各组频数之和）。其公式如下：

$$\overline{X}=\frac{\sum xf}{\sum f}=\frac{\sum xf}{n}$$

在调查收入、年龄等方面情况时，常常得到组距分组形式的资料（比如，人口普查的许多数据就是以年龄分组的形式给出的，即我们常常知道的是 0～4 岁、5～9 岁、10～14 岁等年龄段的人数、他们的各种特征等）。这时，若要计算样本的平均数，就需要先计算出各组的组中值，然后再按照上述单值分组资料计算平均数的公式计算。组中值的计算公式如下：

$$组中值=\frac{上限+下限}{2}$$

实际工作中，对于这种连续数据分组的情况，组中值可采用下列公式计算：

$$组中值=\frac{本组上限+下组上限}{2}$$

例 1　调查某企业 100 名职工的收入，得到表 10-5 中的资料，计算他们的平均收入。

表 10-5　　某企业 100 名职工的收入分布

收入（元）	职工数（人）	组中值	xf
1 000～1 999	10	1 500	15 000
2 000～2 999	10	2 500	25 000
3 000～3 999	40	3 500	140 000
4 000～4 999	20	4 500	90 000
5 000～5 999	20	5 500	110 000
合　计	100		380 000

$$\overline{X}=\frac{\sum xf}{n}=\frac{380\ 000}{100}=3\ 800(元)$$

离散趋势分析

与集中趋势分析相反，**离散趋势分析（dispersion tendency analysis）**指的是用一个特别的数值来反映一组数据相互之间的离散程度。它与集中趋势一起，分别从两个不同的侧面描述和揭示一组数据的分布情况，共同反映出资料分布的全面特征。同时，它还对相应的集中趋势（如平均数、众数、中位数）的代表性作出补充说明。为了理解离散趋势分析的这种作用，我们先来看看下面的例子。

例 2 某校三个系各选 5 名同学，参加智力竞赛，他们的成绩分别如下：

中文系：78 79 80 81 82 $\overline{X}=80$

数学系：65 72 80 88 95 $\overline{X}=80$

英语系：35 78 89 98 100 $\overline{X}=80$

无论是从团体总分来看，还是从平均得分来看，这三个系代表队的成绩都是相同的。因此，如果仅以集中趋势的统计量（平均数）来衡量，那么，三个系代表队的水平一样高，不存在什么差别。但从直观上我们不难发现，三个系代表队中五名队员的成绩相互之间的差距程度（离散程度）很不一样。虽然他们三个队的平均成绩都是 80 分，但 80 分对中文系队同学的代表性最高，而对英语系队同学的代表性最低。

常见的离散趋势统计量有全距、标准差、异众比率、四分位差等。其中，标准差、异众比率、四分位差分别与平均数、众数、中位数相对应，判定和说明平均数、众数、中位数代表性的大小。下面我们主要介绍标准差和离散系数。

标准差的定义是，一组数据对其平均数离差平方的算术平均数的平方根。它是用得最多也是最重要的离散趋势统计量，其计算公式如下：

$$S=\sqrt{\frac{\sum(x_i-\overline{X})^2}{n}}$$

比如，将前面例 2 的资料代入后可得：

S（中文系）＝1.414（分）

S（数学系）＝10.8（分）

S（英语系）＝23.8（分）

从上述结果中可知，中文系队的标准差最小，数学系队其次，而英语系队最大。这一结果很好地反映出各队队员成绩之间的离散程度，同时也反映出 80 分的平均成绩对中文系队的代表性最大，而对英语系队的代表性最小。

对于单值分组数据资料，计算标准差的公式略有变化：

$$S=\sqrt{\frac{\sum(x_i-\overline{X})^2f}{n}}$$

其中，f 为 x_i 所对应的频数。由组距分组资料计算标准差时，只需先计算出各组的组中值，然后按照单值分组资料计算标准差的公式和方法计算即可。

离散系数是一种相对的离散趋势统计量，它使我们能够对同一总体中的两种不同的离散趋势统计量进行比较，或者对两个不同总体中的同一离散趋势统计量进行比较。离散系数的定义是，标准差与平均数的比值，用百分比表示。其计算公式如下：

$$CV=\frac{S}{\overline{X}}\times 100\%$$（CV 为离散系数）

例 3 一项调查得到下列结果：某市人均月收入为 3 092 元，标准差为 1 170

元，人均住房面积 27.5 平方米，标准差为 7.8 平方米。试比较该市人均收入和人均住房情况哪一个差异程度比较大。

［解］人均收入的离散系数如下：

$$CV=\frac{S}{\overline{X}}\times 100\%=\frac{1\ 170}{3\ 092}\times 100\%=37.8\%$$

人均住房面积的离散系数如下：

$$CV=\frac{7.8}{27.5}\times 100\%=28.4\%$$

可见人均住房面积的差异情况比人均收入的差异情况要大。这是同一总体不同指标间的比较，下例则是属于同一指标不同总体间的比较。

例 4　对广州和武汉两地居民生活质量的调查发现：广州居民平均收入为 4 680 元，标准差为 1 200 元；武汉居民平均收入为 3 600 元，标准差为 980 元。问广州居民相互之间在收入上的差异程度，与武汉居民相互之间在收入上的差异程度哪一个更大一些?

［解］广州居民收入的离散系数为 $CV=\frac{1\ 200}{4\ 680}\times 100\%=25.6\%$

武汉居民收入的离散系数为 $CV=\frac{980}{3\ 600}\times 100\%=27.2\%$

可见比较而言，武汉居民相互之间在收入上的差异程度，比广州居民相互之间的差异程度更大一些。

二、 单变量推论统计

推论统计就是根据样本的情况推论总体的情况。推论统计的内容主要包括两个方面：一是区间估计；二是假设检验。

区间估计

区间估计（interval estimation）的实质就是在一定的可信度（置信度）下，用样本统计值的某个范围（置信区间）来估计总体的参数值。范围的大小反映的是这种估计的精确性问题，而可信度高低反映的则是这种估计的可靠性或把握性问题。区间估计的结果通常可以采取下述方式来表述：“我们有 95%的把握认为，全市职工的月工资收入在 1 820～2 180 元之间。”或者“全省人口中，女性占 50%～52%的可能性为 99%”。

区间估计中的可靠性或把握性是指用某个区间去估计总体参数时，成功的可能性有多大。它可以这样来解释：如果从总体中重复抽样 100 次，约有 95 次所抽样本的统计值的某个区间中都将包含总体的参数值，那么就说这个区间估计的可靠性为 95%。对于同一总体和同一抽样规模来说，所给区间的大小与作出这种估计所具有的把握性呈正比，即所估计的区间越大，则对这一估计成功的把握性也越大；反之，则把握性越小。实际上，区间的大小所体现的是估计的精确性问题，二者呈反比：区间越大，精确程度越低；区间越小，精确程度越高。从精确性出发，要求所估计的区间越小越好；但从把握性出发，又要求所估计的区间越大越好。因此，人们总是需要在这二者之间进行平衡和选择。在社会统计分析中，常用的置信度分别为 90%、95%和 99%。在计算公式中，置信度常用 $1-\alpha$ 来表示。下面我们分别介绍总体均值和总体百分数的区间估计方法。

（1）总体均值的区间估计。

总体均值的区间估计公式如下：

$$\overline{X} \pm Z_{(1-\alpha)} \frac{S}{\sqrt{n}}$$

其中，$\overline{X}$ 为样本平均数；S 为样本标准差；$Z_{(1-\alpha)}$ 为置信度，是 $1-\alpha$ 的对应的临界值；n 为样本规模。常用的三种置信度分别为 90%、95%、99%，它们所对应的临界值分别为 1.65、1.96 和 2.58。

例 5　调查某厂职工的工资状况，随机抽取 900 名工人做样本，调查得到他们的月平均工资为 1 860 元，标准差为 420 元。求 95%的置信度下，全厂职工的月平均工资的置信区间是多少。

[解] 将调查资料代入总体均值的区间估计公式：

$$1\,860 \pm Z_{(1-0.05)} \frac{420}{\sqrt{900}}$$

95%的临界值为 1.96，故总体均值的置信区间如下：

$$1\,860 \pm 1.96 \frac{420}{\sqrt{900}}，即 1832.56 元 \sim 1887.44 元$$

当我们希望提高估计的可靠性时，就必须相应扩大置信区间。比如，当我们将置信度提高到 99%时，那么，此时的 $Z_{(1-0.01)}=2.58$，所以，总体均值的置信区间如下：

$$1\,860 \pm 2.58 \frac{420}{\sqrt{900}}，即 1\,823.88 元 \sim 1\,896.12 元$$

可见随着可靠性的提高，所估计的区间扩大了，但估计的精确性就相应地降低了。

（2）总体百分数的区间估计。

总体百分数的区间估计公式如下：

$$p \pm Z_{(1-\alpha)} \sqrt{\frac{p\ (1-p)}{n}}$$

这里，p 为样本中的百分比。

例 6　从某工厂随机抽取 400 名工人进行调查，结果表明女工的比例为 20%。现在要求在 90%的置信度下，估计全厂工人中女工比例的置信区间。

[解] 代入公式：

$$20\% \pm 1.65 \sqrt{\frac{20\%\ (1-20\%)}{400}}，即 16.7\% \sim 23.3\%$$

假设检验

假设检验问题是推论统计中的另一种类型。首先需要说明的是，这里的假设不是指抽象层次的理论假设，而是指和抽样手段联系在一起并且依靠抽样数据进行验证的经验层次的假设，即统计假设。

假设检验（hypothesis test），实际上就是先对总体的某一参数作出假设，然后用样本的统计量去进行验证，以确定假设是否为总体所接受。假设检验所依据的是概率论中的小概率原理，即“小概率事件在一次观察中不可能出现”的原理。但是，如果现实的情况恰恰是在一次观察中小概率事件出现了，那该如何判断呢？一种是认为该事件的概率仍然很小，只不过不巧被碰上了；另一种则是怀疑和否定该事件的概率未必很小，即认为该事件本身不是一种小概率事件，而是一种大概率事件。后一种判断更为合理，它所代表的正是假设检验的基本思想。

我们举例说明假设检验的基本思路。某单位职工上月平均收入为 210 元，这个月的情况与上月相比没有什么变化，我们设想平均收入还是 210 元。为了验证这一假设是否可靠，我们抽取了 100 人做调查，结果得出月平均收入为 220 元，标准差为 15 元。显然样本的结果与总体结果之间出现了误差。这个误差是由于我们假设错误引起的，还是由于抽样误差引起的呢？如果是抽样误差引起的，那么我们就应该承认原来的假设；而如果是假设错误引起的，显然我们就应该否定原假设。研究者将原假设作为虚无假设，而将与之完全对立的假设作为研究假设；然后用样本的数据计算统计量，并与临界值比较。当临界值大于统计值的绝对值时，则接受虚无假设，否定研究假设；当临界值小于等于统计值的绝对值时，则拒绝虚无假设，接受研究假设。

概括起来，假设检验的步骤如下：

（1）建立虚无假设和研究假设，通常是将原假设作为虚无假设。

（2）根据需要选择适当的显著性水平 α（即概率的大小），通常有 $\alpha=0.05$，$\alpha=0.01$ 等。

（3）根据样本数据计算出统计值，并根据显著性水平查出对应的临界值。

（4）将临界值与统计值进行比较，若临界值大于统计值的绝对值，则接受虚无假设；反之，则接受研究假设。

例 7　某单位职工上月平均收入为 3 210 元，本月调查了 100 名职工，平均月收入为 3 220 元，标准差为 150 元。问该单位职工本月平均收入与上月相比是否有变化？

［解］首先建立虚无假设（用 H_0 表示）和研究假设（用 H_1 表示）：

$$H_0: \mu=3\ 210 \qquad H_1: \mu\neq 3\ 210$$

选择显著性水平 $\alpha=0.05$，由标准正态分布表查得 $Z_{(0.05/2)}=1.96$［$Z_{(0.05/2)}$ 表示双尾检验］，然后根据样本数据计算统计值，其公式如下：

$$Z=\frac{\overline{X}-\mu}{S/\sqrt{n}}=\frac{3\ 220-3\ 210}{150/\sqrt{100}}=6.67$$

由于 $Z=6.67>Z_{(0.05/2)}=1.96$，所以，拒绝虚无假设，接受研究假设，即从总体上说，该单位职工月平均收入与上月相比有变化。

第三节 双变量统计分析

双变量统计分析主要探讨两个变量之间的关系。根据变量层次的不同，这种分析所采取的具体形式也不一样。

一、交互分类与 χ^2 检验

交互分类

交互分类（cross-tabulation）是一种专门用来分析两个定类变量（或一个定类变量和一个定序变量）之间关系的统计分析方法。它是将研究所得的一组数据按照两个不同的变量进行综合的分类，其结果通常以交互分类表（又称为列联表）的形式反映出来。表 10－6 就是交互分类表的一个例子。

表 10－6 某次调查样本的构成情况统计表 单位：人

性别	年龄			
	青年	中年	老年	合计
男	70	60	50	180
女	50	40	30	120
合计	120	100	80	300

表 10－6 是对总数为 300 人的调查样本按年龄和性别两个变量进行交互分类的结果。样本中的每一个对象都被归入由这两个标准所划分出来的类别之一中。通过这种交互分类表，我们不仅可以知道样本中男性、女性各有多少，或者青年、中年、老年各有多少，同时还可以进一步知道男性青年、男性中年……女性老年各有多少。

为了说明交互分类表的作用，我们举一个简单的例子。假设在一次抽样调查中，我们得到表 10－7 的结果。

表 10－7 人们对某政策的态度统计表（%）

赞成	反对	不表态	调查人数
45	45	10	$n=2\ 000$

从这一结果中，我们只能得到“该总体中持赞成态度和持反对态度的人大致相等”的结论。但是，当我们按性别对此结果进行交互分类统计时，又有表 10－8 的结果。

表 10-8　不同性别的人们对某政策的态度统计表（%）

态度	男	女
赞成	85	5
反对	10	80
不表态	5	15
(n)	(1 000)	(1 000)

这一结果清楚地向我们表明：不同性别的人们对这一政策的态度有很大的差别，男性基本上倾向于赞成，而女性则主要倾向于反对。这一结果就更深入、更科学地反映出客观现实。类似地，我们还可以做出年龄与态度、职业与态度、文化程度与态度等多种交互分类表，以分别研究不同年龄的人、不同职业的人、不同文化程度的人对这一政策的态度有何不同。

从这个例子中，我们很容易理解交互分类的第一个作用，这就是可以较为深入地描述样本资料的分布状况和内在结构。但交互分类的更重要的作用则是可以对变量之间的关系进行分析和解释。为了说明这一点，我们来看下面的例子。

假设我们调查了解 500 名工人的工资收入情况，按照前面所介绍的单变量描述统计的方法，我们可以得到表 10-9 所列的单项分组统计表。

表 10-9　500 名工人的工资收入分布表

工资收入水平	人数	百分比
高	50	10
中	250	50
低	200	40
总　计	500	100

根据表 10-9 的结果，我们可以知道工人工资收入的总体分布状况。同时，我们还可以通过计算工资收入的平均值或中位值，来概括和说明工人工资收入的总体水平。但是，我们不知道为什么工人的工资收入这样分布。现在，我们引进另外一个变量，比如说文化程度，对上述资料进行交互分类，看看能有什么新的发现（见表 10-10）。

表 10-10　500 名工人的文化程度与工资收入交互分类表　单位：人

工资收入	文化程度			
	大专以上	中学	小学及以下	合计
高	26	18	6	50
中	14	202	34	250
低	5	55	140	200
合计	45	275	180	500

尽管在上述交互分类表中，我们已经可以大概地看出一些分布的趋势和特点，但由于样本中成员在文化程度变量的不同值上的分布频数互不相同，因而难以进行比较和分析。为此，我们将表 10-10 转化为按“文化程度”这一变量方向计算的

百分比表，结果见表 10－11。

表 10－11　　500 名工人文化程度与工资收入的交互分类表（%）

工资收入	文化程度			
	大专以上	中学	小学及以下	合计
高	58	7	3	10
中	31	73	19	50
低	11	20	78	40
合　计	100	100	100	100
(n)	(45)	(275)	(180)	(500)

当把表 10－10 转化为表 10－11 后，很容易对不同文化程度的工人的收入情况进行比较。这就是交互分类表的第二个作用，即分组比较；同时这也是我们分析变量间关系的基础。从表 10－11 中可知，在总共 500 名工人中，工资收入较高的只有 10%，但在文化程度较高的工人中，却有 58%是高工资收入；另外，在 500 名工人中，低工资收入的比例为 40%，而在低文化程度的工人中，低工资收入的比例却达到了 78%，相比之下，高文化程度工人中的低收入者只占 11%，远远低于低文化程度工人的比例。

通过将表 10－11 里每一横行中的百分比进行相互比较，我们不难看出文化程度与工资收入水平之间的关系：文化程度不同的工人，其工资收入水平也不同。总的趋势是文化程度越高的工人中，工资收入水平高的比重越大；而文化程度越低的工人中，工资收入水平低的比重越大。这就是一个正的相关关系。

总之，交互分类表既可以用来对总体的分布情况和内在结构进行描述，又可以用来进行分组比较，还可以用来解释变量之间的关系。但是，需要指出的是，上述结论通常只是在所调查的样本范围内成立。而我们进行研究的目的常常又不仅仅是描述或说明样本的情况，更重要的是要通过样本的情况来反映和说明总体的情况。因此，要保证我们从样本中得出的结果具有统计意义，保证样本中所体现的变量间关系也反映了总体的情况，就必须对它们进行 χ^2 检验（读作卡方检验）。

χ^2 检验

为了说明 χ^2 检验的必要性，我们先来看下面的例子。

调查某地区中学生的升学意愿，得到表 10－12 的结果。

表 10－12　　两类学生的升学意愿分布（%）

升学意愿	城市中学生	农村中学生
想考大学	78.6	65.9
不想考大学	21.4	34.1
(n)	(309)	(44)

如果仅仅从交互分类表中的百分比来看，我们也许会得到这样的结论：两类中学生之间在是否想考大学这方面存在明显差别，城市中学生想考大学的比例明显高于农村中学生的比例（二者之间的差别达到了 13%左右）。但是，如果用这一结果来反映总体的情况，那么就会歪曲现实。实际上，表 10－12 所反映的只是样本的

情况，样本结果中所表现出的差异能不能代表总体的情况，还得经过统计检验。下面我们对上述结果进行 χ^2 检验。通过计算，得出表 10－12 数据的 χ^2 值为 3.692，小于显著度为 0.05 的临界值 3.841。所以，我们可以得出结论说：在表 10－12 中所表现出来的两类中学生之间的差异，是由于抽样的随机误差造成的，它在总体中并不存在。我们也可以说，总体中两类中学生之间在是否想考大学这方面不存在明显差别。

χ^2 检验的原理及所用计算公式的证明都比较复杂，这里暂且略去。我们只对 χ^2 检验的步骤进行说明。χ^2 的计算公式如下：

$$\chi^2=\sum\frac{(f_o-f_e)^2}{f_e}$$

其中，f_o 为交互分类表中每一格的观察频数，f_e 为交互分类表中 f_o 所对应的期望频数。

为了计算 χ^2，必须先计算出每一格 f_o 所对应的 f_e（即期望频数），具体的计算方法是用每一个 f_o 所在的行总数乘以它所在的列总数，再除以全部个案数。由于 SPSS 统计分析软件中已有计算 χ^2 的程序，所以，我们无须手工计算。

χ^2 检验的具体步骤如下：首先，建立两变量间无关系的假设。然后计算出 χ^2 值。再根据自由度 $df=(r-1)(c-1)$ 和给出的显著性水平，即 p 值，查 χ^2 分布表，得到一临界值。自由度计算公式中的 r 和 c 分别为交互分类表的行数和列数。将计算出的 χ^2 值与查得的临界值进行比较：若 χ^2 值大于或等于临界值，则称差异显著，并拒绝两变量独立的假设，也即承认总体中两变量间有关系；若 χ^2 值小于临界值，则称差异不显著，并接受两变量独立的假设，即总体中两变量间无关系。

当然，χ^2 检验也有其弱点。这主要是由于 χ^2 值的大小不仅与数据的分布有关，同时它还与样本的规模有关。当样本足够大时，一些很小的分布差异也可以通过 χ^2 检验达到显著性水平。从表 10－13 中所列的三个交互分类表中，我们可以明白这一道理。

表 10－13　性别与态度间的关系（%）

态度	男（$n=50$）	女（$n=50$）
赞成	60	40
反对	40	60
$n=100$	$\chi^2=4$	$p<0.05$

（1）

态度	男（$n=50$）	女（$n=50$）
赞成	56	44
反对	44	56
$n=100$	$\chi^2=1.42$	$p>0.05$

（2）

态度	男（$n=250$）	女（$n=250$）
赞成	56	44
反对	44	56
$n=500$	$\chi^2=7.2$	$p<0.01$

（3）

表 10－13（1）与表 10－13（2）的样本规模相同，且比较小，因此，只有变量分布的差异较大时［表 10－13（1）中相差 20%］，才有可能通过 χ^2 检验，达到显著性水平（$p<0.05$）；而当变量分布差异较小时，则不行。但是表 10－13（3）与表 10－13（2）的百分比分布并没有改变，但样本规模扩大了 5 倍，导致 χ^2 值也扩大，结果通过了 χ^2 检验，而且达到了较高的显著性水平（$p<0.01$）。这说明，对于大样本来说，确定变量间存在“有显著性”的关系并无很大意义，更重要的问题倒是，“如果变量之间存在关系，其强度有多大”。

【拓展阅读】

交互分析实例

二、不同层次变量的相关测量与检验

前面我们主要讨论的是交互分类表中两个变量间是否存在关系的问题。当 χ^2 检验表明，两变量间存在关系时，是否就意味着这种关系是一种强关系，或重要关系呢？这不一定，因为变量关系的强弱和变量间是否存在关系是两个完全不同的问题。也许有人会猜想用显著性水平的高低来判断或估计变量间关系的强弱。比如，如果一个 χ^2 检验的显著性水平是 0.001，另一个是 0.05，我们可能会得出第一个 χ^2 检验中的变量关系较强的结论，但情况并非如此。尽管不同的显著性水平代表着不同的临界值（在同一自由度下，显著性水平越高，则临界值也越大），但它们反映的只是确定变量间存在关系的可信程度，即把第一个检验中的变量关系与第二个检验中的变量关系相比较，我们更相信前者的存在。或者说，得出变量间存在关系的结论时，前者犯错误的概率更小。而它并不说明第一个关系比第二个关系更强。要判断两个变量之间的相关强度，必须进行相关系数的计算。而这种相关系数的计算与变量的层次有着密切的关系。

定类变量与定类变量（或定序变量）

如果两个变量都是定类层次，或一个定类一个定序，我们可以采用 λ 系数进行测量。λ 系数优于其他几种相关统计量的地方，是它具有消减误差比例（PRE）的意义。我们知道，社会研究的主要目标是解释或预测社会现象的变化，而这种预测中难免会有误差。对于两个有关系的变量来说，在我们知道变量 X 的值去预测与它相关的变量 Y 的值时所存在的误差（E_2），显然比我们不知道 X 的值去预测 Y 的值时所存在的总误差（E_1）要小。所谓**消减误差比例**（**Proportionate Reduction in Error，PRE**）指的是知道 X 的值时所减少的误差（E_1-E_2）与总误差的比。用公式表示如下：

$$\text{PRE}=\frac{E_1-E_2}{E_1}$$

PRE 越大，表示以 X 值去预测 Y 值时能够减少的误差所占的比例越大。换句话说，X 与 Y 之间就越是相关，或者说，X 与 Y 的关系越强。比如说，PRE＝0.70，表示以 X 预测 Y 时能减少 70％的误差，说明二者之间的相关程度较高；而 PRE＝0.09，则表示只能消减 9％的误差，即 X 与 Y 之间的关系微弱。λ 系数的基本特点是以众值作为预测准则的。其计算公式如下：

$$\lambda=\frac{\sum f_o-F_y}{n-F_y}$$

式中，f_o 表示变量 X 的每一个值之下变量 Y 的众值，F_y 表示变量 Y 的边际分布中的众值。

下面以表 10－14 中的资料为例，来说明 λ 的计算方法。

表 10－14　性别与对吸烟态度的交互分类　单位：人

态度（Y）	性别（X）		合计
	男	女	F_y
赞同	96	18	114
反对	24	62	86
合计	120	80	200

根据 λ 计算公式，有：

$$\lambda=\frac{\sum f_o-F_y}{n-F_y}=\frac{(96+62)-114}{200-114}=0.51$$

因此，我们可以说，性别与对吸烟态度之间存在中等程度的相关。也可以说，用性别去预测对吸烟的态度，比仅用对吸烟态度自身的资料（即边际分布的众值 114）去预测对吸烟的态度，可以减少 51％的误差。

λ 系数的优点是具有 PRE 意义，其缺点是仅利用众值资料。当表中的众值都集中在同一行时，λ 系数就会等于零（此时则应采用计算其他相关系数的方法）。

定序变量与定序变量

如果两个变量都是定序变量，我们可以用古德曼和古鲁斯卡的 Gamma 系数来测量它们之间的相关关系。Gamma 系数通常用 G 表示，其取值范围是[－1，＋1]，适用于分析对称关系，且既表示相关的方向性，又表示相关的程度。Gamma 系数与 λ 系数一样，也具有消减误差比例的意义。Gamma 系数的计算公式如下：

$$G=\frac{N_s-N_d}{N_s+N_d}$$

式中，N_s 表示同序对数目，N_d 表示异序对数目。所谓同序对，指的是变量大小顺序相同的两个样本点，即其在变量 X 上的等级高低顺序与在变量 Y 上的等级高低顺序相同；否则就叫作异序对。当然，在社会研究常用的 SPSS/PC＋或 SPSS for Windows统计分析软件中，都可以直接给出Gamma系数的值，而不用我们去计算了。

要将随机样本中有关两定序变量间关系的结果推论到总体，同样必须对其进行统计检验。Gamma系数的抽样分布在随机抽样和样本规模较大的前提下，近似于正态分布。因而其检验通常采用Z检验的方法进行。为了进行Z检验，必须先将G值标准化为Z值，转化的公式如下：

$$Z=G\sqrt{\frac{N_s+N_d}{n(1-G^2)}}$$

定类变量（或定序变量）与定距变量

当两个分析的变量一个为定类（或定序）变量，另一个为定距（以上）变量时，我们用相关比率（correlation ratio）或eta系数来测量二者间的相关程度。相关比率又称为eta平方系数，记为E^2，其数值范围为0～1，也具有消减误差比例的意义。其计算公式如下：

$$E^2=\frac{\sum(y-\overline{Y})^2-\sum(y-\overline{Y}_i)^2}{\sum(y-\overline{Y})^2}$$

应该注意，相关比率E^2的计算中有自变量和因变量之分。式中，y为因变量的数值，$\overline{Y}$为因变量的均值；$\overline{Y}_i$为在自变量x的每个取值x_i上的因变量的均值。

通常，为了计算方便，常将上述公式化为下列形式：

$$E^2=\frac{\sum n_i\overline{Y}_i{}^2-n\overline{Y}^2}{\sum y^2-n\overline{Y}^2}$$

式中，n_i为x变量每一取值的频数合计值，n为总的频数值，$\sum n_i=n$。

关于定序变量与定距变量的相关分析，还有一点需略作说明。有些社会研究者在对资料进行统计分析时，常常将定序变量看作（并非实际等于）定距变量，采用后面将讲到的积矩相关系数来进行计算，甚至进行线性回归分析。比如，将文化程度高、中、低转化为高=3，中=2，低=1，然后将它们作为定距资料进行运算和统计。事实上，这些数字（3，2，1）只具有等级的含义，而不具备定距层次的数学特质，即不能进行加减乘除运算。严格意义上，这样做是不行的。之所以一些研究者这样做，一个主要的原因是当变量上升到定距层次后，便于用来进行各种多元统计分析。

相关比率E^2的检验采用的是F检验法，其计算公式如下：

$$F=\frac{E^2}{1-E^2}\left(\frac{n-k}{k-1}\right)$$

式中，k为分组数目，n为样本规模；$k-1=df_1$，$n-k=df_2$。

定距变量与定距变量

前面几类相关的测量，大多利用变量值的次数来进行计算。这是由于定类、定序变量的数学特征所决定的。对于定距变量来说，由于其数学特征的不同，我们可以用更精确一些的相关系数来反映它们之间的相关程度。这种更精确的相关系数就是皮尔逊相关系数（或称皮尔逊积差相关系数）r。皮尔逊相关系数的计算公式如下：

$$r=\frac{\sum(x-\overline{X})(y-\overline{Y})}{\sqrt{\sum(x-\overline{X})^2}\sqrt{\sum(y-\overline{Y})^2}}$$

它具有这样几个特点：第一，公式中 x 与 y 是对等的，即将二者位置互换，r 的值不变。它说明 r 是一种对称关系的测量。第二，（可以证明）r 的取值范围在－1 到1 之间。第三，r 的取值具有方向性。第四，r 本身不具有消减误差比例的意义，但其平方 r^2（又称为决定系数）具有消减误差比例的意义。在双变量统计中，皮尔逊相关系数 r 的检验既可采用 F 检验的方法，也可采用 t 检验的方法，因为$F=t^2$。F 检验的计算公式如下：

$$F=\frac{r^2\ (n-2)}{1-r^2}$$

t 检验的计算公式如下：

$$t=\sqrt{F}=\frac{r\sqrt{n-2}}{\sqrt{1-r^2}}$$

我们已经介绍了各种层次变量之间的相关测量与检验方法。这里，我们对它们作一总结（见表 10－15），同时，有几点还必须特别强调：

（1）各种相关测量的方法，目的是理解两个变量在“样本”中相关程度的强弱或大小。

（2）对各种相关系数所进行的相应的检验，目的是根据随机样本的资料推论两个变量在“总体”中是否相关。它所关心的已不是样本中的结果，而是总体中的情形，并且，它所关心的也不是相关程度的强弱或大小，而只是“是否相关”。

（3）选择何种相关测量方法和何种检验方法，主要看两变量的测量层次，要依据变量的测量层次来确定合适的相关检验工具。

表 10－15　两变量间关系的测量与检验方法总结表

两变量层次	相关系数	取值范围	是否对称	有无消减误差比例意义	检验方法	SPSS/PC 有无该系数
定类—定类（定类—定序）	λ	[0，1]	对称	有	χ^2 检验	有
定序—定序	G	[－1，1]	对称	有	Z 检验	有
定类—定距（定序—定距）	E			无		有
	E^2	[0，1]	不对称	有	F 检验	有
定距—定距	r	[－1，1]		无	F 检验	有
	r^2	[0，1]	对称	有	（t 检验）	有

三、回归分析

相关分析的目的在于了解两个变量之间的关系强度，即用相关系数来描述 x 和

y 两个变量之间的共变特征。回归分析则是对有相关关系的现象，根据其关系的形态找出一个合适的数学模型，即建立回归方程，来近似地表达变量间的平均变化关系，以便依据回归方程对未知的情况进行估计和预测。由于回归分析增加了因果性，且具有了预测的功能，因此，它比相关分析更进了一步，其作用也更大了。

回归分析的对象是定距层次的变量，它的中心问题是建立回归方程，而建立回归方程的基础是最小二乘法。下面，我们以表 10-16 中的数据为例，来简要介绍一元线性回归方程的建立过程与方法。

表 10-16　10 名工人年龄与收入资料统计表

年龄（x）(岁)	收入（y）(元)	$x-\bar{X}$	$(x-\bar{X})^2$	$y-\bar{Y}$	$(y-\bar{Y})^2$	$(x-\bar{X})(y-\bar{Y})$
25	280	−12	144	−50	2 500	600
32	300	−5	25	−30	900	150
41	350	4	16	20	400	80
28	300	−9	81	−30	900	270
37	380	0	0	50	2 500	0
50	360	13	169	30	900	390
44	400	7	49	70	4 900	490
54	420	17	289	90	8 100	1 530
33	260	−4	16	−70	4 900	280
26	250	−11	121	−80	6 400	880
$\sum$ =370	3 300		910		32 400	4 670

$\bar{x}=37$　$\bar{y}=330$

首先，依据理论分析或根据研究的需要确定两变量中哪一个为自变量，哪一个为因变量。在本例中，我们确定年龄为自变量（x），收入为因变量（y）。

其次，以自变量为 x 轴，因变量为 y 轴做出表中资料的散点图，以判明是否为线性相关（见图 10-1）。

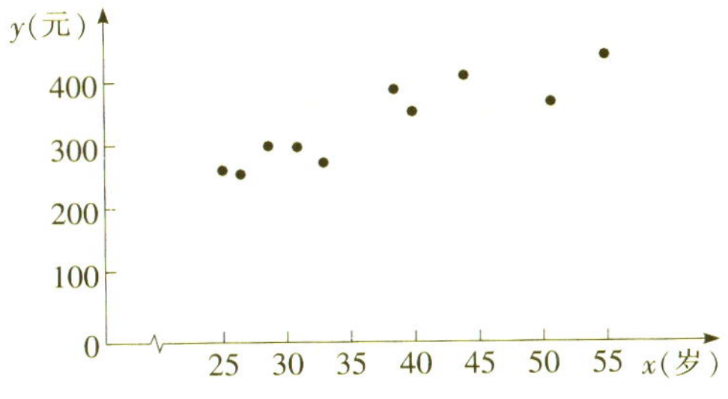

图 10-1　年龄与收入的散点图

从图 10-1 中可以看出，两个变量为线性相关。但接近这些点的直线有很多条，每条直线都不会正好与每一点都相连，即都会有误差。回归计算的目的就是找出一条最佳的直线，使它与各点的误差之和为最小。最佳回归直线是依据最小二乘法计算得到的（此处从略），其标准方程为 $y=a+bx$，其中 b 称为回归系数，计算公式如下：

$$b=\frac{\sum(x-\bar{X})(y-\bar{Y})}{\sum(x-\bar{X})^2}$$

也可化为 $b=\dfrac{n\sum xy-\sum x\cdot\sum y}{n\sum x^2-(\sum x)^2}$

$$a=\bar{y}-b\bar{x}$$

将表 10－16 的数据结果代入公式如下：

$$b=\frac{\sum(x-\bar{X})(y-\bar{Y})}{\sum(x-\bar{X})^2}=\frac{4\,670}{910}=5.13$$

$$a=330-5.13\times37=330-189.8=140.2$$

故得到回归直线方程如下：

$$y=5.13x+140.2$$

有了这条回归直线方程，我们就可以对不同年龄的工人的收入进行预测。比如：

年龄为 35 岁，则收入 $y=5.13\times35+140.2=319.8$（元）

年龄为 48 岁，则收入 $y=5.13\times48+140.2=386.4$（元）

当然，预测所得到的数值与实际数值之间肯定会有些误差。这些误差是由于其他变量对因变量产生影响所造成的。在运用回归分析进行预测时，应注意下述两点：一是要注意时间条件，即回归方程往往反映的是一定时期内变量间的相互关系，当时期不同时，这种关系常常会发生变化；二是要注意预测不能超出资料所适合的范围，即回归方程的预测在变量取值上有一定的临界条件，忽视这一点，有时也会作出不合理的预测来。

第四节　多变量统计分析

各种社会现象之间的关系是错综复杂的，相互联系的两种现象之间的关系常常受到其他一些因素的影响。因此，在社会研究中，研究者除了进行双变量统计分析外，还常常需要进行多变量统计分析。多变量统计分析的方法种类较多，比如阐释模式、复相关分析、多元回归分析、路径分析、因子分析、聚类分析、判别分析、对数线性模型等等，其内容十分复杂，需要在专门的统计课程中深入学习。本书仅对少数几种多变量分析方法作一简介。

一、阐释模式

阐释模式（elaboration model）所关心的是两个变量之间的关系，它是一种通过引进并控制第三变量，来进一步了解和探讨原来两变量之间关系性质的统计分析方法。根据具体作用的不同，阐释模式可以分为三种类型：因果分析、阐明分析和条件分析。

因果分析的目标，是检定被看作自变量的 x 与被看作因变量的 y 之间，是否确实存在着因果关系。它通常是引进若干前置变量（第三变量），以判明 x 与 y 之间的因果关系是否为虚假的，即二者的关系是否为前置变量影响的结果。通常，研究者在初步确立了两变量之间的因果关系后，需要对与二者密切相关的若干第三变量进行这种控制分析。当引进并控制住第三变量的影响后，原来两个变量间的关系消失时，我们可以肯定地说，这两个变量之间的关系是虚假的，它们之所以“相关”，实际上是由于第三变量作用的结果。但是，当我们控制住第三变量后，原来两变量之间的关系依然存在时，我们并不能肯定地说，这两个变量之间的关系就是确定的，而只能说，原来两个变量之间的因果关系“可能是”真实的。或者说，我们对这两个变量之间的因果关系有了更大的信心。引入和控制的第三变量数目越多，且都不影响和改变原来两个变量之间的关系性质时，我们对二者间关系的信心也就越大。下面是这种因果分析的一个例子。①

假定我们研究住户的拥挤程度对夫妻间冲突的影响，调查所得到资料，见表 10－17。

表 10－17　　住户拥挤对夫妻冲突的影响（%）

夫妻冲突	住户拥挤程度	
	高	低
高	63.8	41.6
低	36.2	58.4
(n)	(599)	(401)
$G=+0.423$	$Z=5.233$	$p<0.05$（一端检定）

我们不能简单地依据表 10－17 的结果就下结论说“住户的拥挤程度是导致夫妻冲突的原因”，因为或许还有其他的因素与这两个变量都相关且这两个变量同时受到其他变量的影响。比如，家庭的经济水平就可能是影响这二者的第三因素。因为家庭经济条件差，不仅会导致住房拥挤，还会导致家庭成员间的矛盾增多。为了判明住户拥挤程度与夫妻冲突之间关系的真假，就需要引进和控制家庭经济水平这一变量。我们将家庭经济水平分为高、中、低三组，在每一组中再来看原来两个变量之间的关系，假定此时得到表 10－18 的结果。

表 10－18　　控制家庭经济水平后住户拥挤程度对夫妻冲突的影响（%）

夫妻冲突	经济水平高		经济水平中		经济水平低	
	拥挤程度		拥挤程度		拥挤程度	
	高	低	高	低	高	低
高	61.4	62.2	81.0	80.7	10.6	9.6
低	38.6	37.8	19.0	19.3	89.4	90.4
(n)	(220)	(90)	(294)	(85)	(197)	(114)
	$G=-0.018$		$G=+0.008$		$G=+0.052$	
	$Z=0.099$（不显著）		$Z=0.040$（不显著）		$Z=0.171$（不显著）	

① 李沛良．社会研究中的统计分析．武汉：湖北人民出版社，1987：196－198.

从表 10－18 的结果可知，在每个经济水平组内，住户的拥挤程度与夫妻冲突间的关系都非常微弱，且都没有达到 0.05 的显著度，可以说都没有关系。因此，我们可以下结论说：住户的拥挤程度与夫妻间冲突的因果关系是虚假的，这两个变量的相关实际上是由家庭经济水平的不同而导致的。

阐明分析的目标是探讨因果关系的作用方式或作用途径。即当变量 x 与变量 y 相关时，通过引进并控制第三变量，以判明自变量 x 是否“通过”第三变量而对因变量 y 产生影响。如果我们控制了第三变量，原来两个变量之间的关系消失了，那么我们可以说，这个第三变量是 x 与 y 之间因果相连的关键环节，即变量 x 是通过第三变量影响变量 y 的。如果控制第三变量后，原来两个变量之间的关系没有改变，则可以认为 x 并非通过第三变量影响 y 的。

条件分析所关注的是原关系在不同条件下是否会有所不同。如果我们控制了第三变量，发现原来两个变量之间的关系在各种不同的条件下（即第三变量的各种不同取值中）依然存在，且大体相同，则表示变量 x 与变量 y 之间的关系具有某种普遍性。反之，如果控制第三变量后，发现在不同的条件下，二者之间的关系不同，那么，则表示变量 x 与变量 y 之间的关系具有一定的条件性。

从操作上看，因果分析、阐明分析、条件分析这三者的统计分析方法都是相同的，即都是用分表法来控制第三变量，然后用分表的结果与原关系进行比较。而一项具体的分析究竟是属于因果分析，还是属于阐明分析，或是条件分析，关键在于研究者的理论假设和理论分析框架。即在理论分析框架中，第三变量处于什么位置，扮演什么角色。需要注意的是，如果一项研究要同时控制多个第三变量，那么分表就会很多，与此相应的是每一个分表中所能够包含的个案数目就会很少。这时，测量两变量间关系就会很不准确。所以，研究者往往只能选择几个相对重要的第三变量，而不能随意地把所有可能的变量都引入。

二、复相关分析

复相关分析（multiple correlation analysis）是一种以一个统计值来简化多个自变量与一个因变量之间关系的统计分析方法。它要求所有的变量都是定距以上层次的变量。它的统计值 R 表示多个自变量与一个因变量之间相关的程度，它的计算是以两变量相关中的积矩相关系数 r 为基础的。其大小在 0 与 1 之间，越是接近 1，表示这些自变量与这一因变量之间的关系越强；反之，R 的值越接近于 0，则表示这些自变量与这一因变量之间的关系越弱。复相关系数 R 的平方 R^2 称为决定系数，具有消减误差比例的意义。

在实际研究中，研究者通常采用下面的公式来计算复相关系数和决定系数：

$$R_{y,12}=\sqrt{\frac{(r_{y1})^2+(r_{y2})^2-2(r_{y1}r_{y2}r_{12})}{1-(r_{12})^2}}$$

$$R_{y,12}^2=\frac{(r_{y1})^2+(r_{y2})^2-2(r_{y1}r_{y2}r_{12})}{1-(r_{12})^2}$$

式中，$R_{y.12}$表示 x_1 与 x_2 这两个自变量与因变量 y 之间的复相关系数；$R^2_{y.12}$则表示决定系数；r_{y1}、r_{y2}、r_{12}分别表示 x_1 与 y、x_2 与 y、x_1 与 x_2 之间的积矩相关系数；r^2_{y1}、r^2_{y2}、r^2_{12}则分别表示上述三个积矩相关系数的平方，即决定系数。

只要计算出上述各变量之间的积矩相关系数，就可以求出 R 和 R^2。例如，假定研究者希望研究人们的受教育年限（x_1）和他们现有的兄弟姐妹数目（x_2）对其理想子女数（y）的共同影响，且从调查数据中计算得到这三者之间的积矩相关系数分别为：

$$r_{y1}=-0.68$$

$$r_{y2}=+0.36$$

$$r_{12}=-0.57$$

那么，代入上面的计算公式可得到：

$$R^2_{y.12}=\frac{(-0.68)^2+(0.36)^2-2(-0.68)(0.36)(-0.57)}{1-(-0.57)^2}=0.46$$

$$R_{y.12}=\sqrt{R^2_{y.12}}=\sqrt{0.46}=0.68$$

由此可以得出结论说，人们的受教育年限和现有的兄弟姐妹数目对他们所具有的理想子女数目的影响是比较强的（$R=0.68$），二者能够消减 47%的误差。同样的道理，当所研究的自变量为三个或者更多时，我们也可以计算出它们对因变量的共同影响。当然，由于计算的复杂性，这种计算通常都是由计算机来完成的。

三、 多元回归分析

复相关分析只能帮助我们了解若干个自变量对一个因变量的共同影响，即多个自变量与一个因变量的相关程度，而无法帮助我们用多个自变量来估计或预测一个因变量的数值，特别是无法了解这些自变量中的哪一个对因变量的影响力最大。虽然我们可能会想到直接用各个自变量与因变量之间的积矩相关系数来进行比较，即比较 r_{y1}，r_{y2}，…，r_{yn}等的大小，但实际上这种做法是有问题的。因为两个变量之间的积矩相关系数是在不考虑其他因素影响的前提下发挥作用的，而在多个自变量对一个因变量的影响中，每一自变量对因变量的影响都可能受到其他自变量的影响，即它们实际的影响力可能与其积矩相关系数有所不同。因此，要解决用多个自变量来估计或预测一个因变量的数值，以及弄清不同的自变量对因变量所实际具有的影响力大小这两个方面的问题，需要采用**多元回归分析（multiple regression analysis）**的方法。

与一元回归分析中的情况相似，多元回归方程的表达式如下：

$$y=b_1x_1+b_2x_2+\cdots+b_kx_k+a$$

方程式中的 b 值称为净回归系数，它表示的是在控制了其他自变量以后，某一自变量对因变量的单独效果。比如，b_2 表示的是在控制了自变量 x_1，x_3，x_4，…，x_k 以后，自变量 x_2 对因变量的单独影响力。由于多元回归分析中不同自变量值的衡量单位不同（比如教育年限、人均收入、家庭人口数等），因而其 b 值的大小不能相互比较。为了解决这一问题，常常需要将这些 b 值化为标准值，相应地多元回归方程也转化为标准化回归方程：

$$Y=B_1X_1+B_2X_2+\cdots+B_kX_k$$

此方程式中的 B 值称为标准化净回归系数，也称为 B 系数，它表示各个具体的自变量对因变量影响的大小和方向。通过比较 B 系数，我们就可以了解每一具体的自变量对于因变量的相对效果。并且，在复相关系数与 B 系数之间、每一自变量的分别决定系数与总的决定系数之间，存在着下列关系：

$$R_{y,1,2,\cdots,k}=\sqrt{B_1\ (r_{y1})\ +B_2\ (r_{y2})\ +\cdots+B_K\ (r_{yk})}$$

$$R^2_{y,1,2,\cdots,k}=B_1\ (r_{y1})\ +B_2\ (r_{y2})\ +\cdots+B_K\ (r_{yk})$$

式中 $B_1\ (r_{y1})$，$B_2\ (r_{y2})$，…，$B_K\ (r_{yk})$ 称为分别决定系数，它们表示在全部已解释的方差中，有多少分别是由自变量 x_1，x_2，…，x_k 所贡献的。其总和就是总的决定系数。多元回归方程中各种系数的计算都比较复杂，通常是用计算机来进行计算的。在 SPSS 等统计分析软件中，都有计算这些系数的工具，我们只需熟悉和掌握使用这些软件的使用方法。这里，我们以下列例子来简要说明多元回归分析的结果及其意义。

假定我们研究人们的受教育年限（V10）、现有兄弟姐妹数（V48），以及人们的职业声望（V58）对人们理想生育子女数目（V02）的影响，发现复相关系数 $R=0.426$，$R^2=0.180\ 5$，表明这三个自变量可以共同解释 18.1%的误差。但这三个自变量的相对效果如何呢？应用 SPSS 软件根据调查资料计算得到下列结果：

Coefficients

		Unstandardized Coefficients		Standardized Coefficients	t	Sig.
Model		B	Std. Error	Beta		
1	(Constant)	81.700	.512		159.721	.000
	V10	−7.153E−02	.008	−.339	−8.950	.000
	V48	2.433E−02	.007	.128	3.354	.001
	V58	−4.531E−02	.016	−.107	−2.803	.005

a Dependent Variable：V02

则标准化回归方程如下：

V02＝（−0.339）V10＋（0.128）V48＋（−0.107）V58

比较各个 Beta 值，可以发现，在相互控制以后，人们的受教育年限（V10）对其理想生育子女数（V02）的影响最强，而人们现有的兄弟姐妹数目（V48）和人们的职业声望（V58）的影响力相对较弱。同时，我们还可以看出，受教育年限与职业声望对理想子女数的影响效果是负向的，即受教育年限越高或职业声望得分越高，所对应的理想子女数目就越少；而现有兄弟姐妹数目的影响是正向的，即现有兄弟姐妹数目越多，越希望多生育子女。

在多元回归分析中，需要注意统计累赘的问题。即如果某些自变量相互之间的关系特别强，则在相互控制后它们每一个的效果会变得很弱，而其他自变量的效果会变得较大。在这种情况下来分析各自变量的相对效果就会犯错误。因此，应该十分注意引进的多元方程自变量，特别是不要引进相互之间关系很强的自变量。另外，与一元回归分析一样，多元回归分析也要求所有的变量都是定距以上层次的变量。那么，当变量为定序层次时，研究者往往将其近似地看作定距变量；而当变量为定类层次时，则只能采用虚拟变量的方法。有关这方面的详细介绍，可参见多元统计分析方面的专门著作。

本章要点

1. 资料审核是指研究者对所收集的原始资料（主要是问卷）进行初步的审阅、校对，剔除乱填、空白和严重缺答的废卷，使得原始资料具有较好的准确性、完整性和真实性。

2. 为了减少编码工作中的误差，需要编制一份编码手册。在编码手册中，将需要编码的项目和问题一一列出，逐一规定它们的代码、宽度、栏码、简要名称、答案赋值方式等等。

3. 在进行统计分析之前，应仔细地进行数据清理工作。主要包括有效范围清理、逻辑一致性清理和数据质量抽查等内容。

4. 单变量统计分析可分为描述统计和推论统计两大部分。前者的目的在于用最简单的概括形式反映出大量数据资料所容纳的基本信息。它包括集中趋势分析、离散趋势分析等。后者的目的则是用从样本中得到的结果推断总体的情况，它主要包括区间估计和假设检验等。

5. 交互分类是一种专门用来分析两个定类变量（或一个定类变量和一个定序变量）之间关系的方法。它既可以用来对总体的分布情况和内在结构进行描述，又可以用来进行分组比较，还可以用来解释变量之间的关系。但是，要保证从样本中得出的结果具有统计意义，必须对它们进行 χ^2 检验。

6. 相关测量与变量的层次有着密切的关系。定类与定类或定类与定序变量的关系常用 λ 系数；定序与定序变量常用 G 系数；定类与定距或定序与定距变量常用 E 系数；定距与定距变量则常用 r 系数。

7. 相关分析的目的在于了解两个变量之间的关系强度。回归分析则是对有相关关系的现象，根据其关系的形态找出一个合适的数学模型，即建立回归方程，来近似地表达变量间的平均变化关系，以便依据回归方程对未知的情况进行估计和预测。

8. 阐释模式是一种通过引进并控制第三变量，来进一步了解和探讨原来两变量之间关系性质的统计分析方法。它分为因果分析、阐明分析和条件分析。

9. 复相关分析是一种以一个统计值来简化多个自变量与一个因变量之间关系

的统计分析方法。复相关系数 R 的平方 R^2 称为决定系数，具有消减误差比例的意义。

10. 多元回归分析是用多个自变量来估计或预测一个因变量的数值，并了解这些自变量中的哪一个对因变量的影响力最大的方法。

基本概念

资料审核　数据清理　集中趋势分析　离散趋势分析　区间估计　假设检验　交互分类　消减误差比例　阐释模式　复相关分析　多元回归分析

复习思考题

1. 找一份实际社会研究所用的问卷，对其编写一份编码簿。
2. 利用老师提供的数据，对其进行数据清理工作。
3. 试写出下列各种变量间相关系数的类型：

   定类变量与定类变量；定序变量与定序变量。

   定类变量与定距变量；定距变量与定距变量。
4. 统计检验的目的是什么？为什么社会研究常常需要进行多变量分析？
5. 从社会科学期刊中选择三篇研究报告，分析并评价这些研究中所采用的统计分析方法。

推荐阅读书目

1. 布莱洛克．社会统计学．北京：中国社会科学出版社，1988.
2. 李沛良．社会研究中的统计分析．武汉：湖北人民出版社，1986.
3. 柯惠新，等．社会调查的统计分析．北京：北京广播学院出版社，1994.
4. 郭志刚．社会统计分析方法：SPSS 软件应用．北京：中国人民大学出版社，1999.
5. 风笑天．现代社会调查方法．5 版．武汉：华中科技大学出版社，2014：第八章至第十章．

第十一章

定量研究的结果表达

当我们完成了资料的收集和分析工作后，最后的任务就是要把我们研究的结果以某种恰当的形式传达给其他人，同其他人进行交流。这就是撰写研究报告的工作。对于一项具体的社会研究来说，研究报告是其成果的集中体现。研究报告撰写得好坏，将直接影响到社会研究成果的交流和这一成果对社会的作用。因此，研究者必须高度重视研究报告的撰写，要根据不同的目标和要求，将研究结果以合适的形式表达出来。在这一章里，我们先从总体上介绍研究报告所应具备的性质和特征，然后主要对定量研究报告的撰写方法进行介绍。

第一节　研究报告的类型及撰写步骤

一、研究报告及其类型

研究报告（research report）是反映社会研究成果的一种书面报告。它以文字、图表等形式将研究的过程、方法和结果表现出来。其目的是告诉有关读者，对于所研究的问题是如何进行研究的，取得了哪些结果，这些结果对于认识和解决这一问题有哪些理论意义和实际意义等。

描述性报告与解释性报告

根据研究报告在性质和主要功能上的不同，我们可将其区分为描述性报告和解释性报告两大类。**描述性报告（descriptive report）**着重于对所研究现象进行系统、全面的描述，这种描述既可以是定量的，也可以是定性的。其主要目标是通过对研究资料和结果的详细描述，向读者展示某一现象的基本状况、发展过程和主要特点。对于那些以弄清现状、找出特点为目的的描述性研究来说，这种报告是其表达结果的最适当的形式。本书附录中就有一份描述性报告的例子（见附录三）。

解释性报告（explanative report）的着眼点则有所不同，它的主要目的是要用研究所得资料来解释和说明某类现象产生的原因，或说明不同现象相互之间的关系。虽然这类报告中也有一些对现象的描述，但一方面这种描述不像描述性报告中的那样全面、那样详细，另一方面这种描述也仅仅是作为合理解释和说明现象的原因、解释和说明现象间相互关系的基础或前提而存在。简而言之，是为了解释和说明而作必要的描述。

从撰写要求来看，描述性报告首先强调内容的广泛和详细，要求尽可能面面俱到。同时，它还十分看重描述的清晰性和全面性，力图给人以整体的认识和了解。而解释性报告则强调内容的集中与深入，看重解释的理论性和针对性，力图给人以合理的和深刻的说明。

需要说明的是，研究报告的这种区分并无十分严格的界限，或者说，研究者在实际撰写研究报告时，往往难以把描述和解释截然分开且仅取其一。在许多情况下，一份研究报告常常同时兼有描述和解释这两方面的功能，只是不同的报告对其中某一方面侧重的程度有所不同而已。

学术性报告与应用性报告

根据报告的读者对象的不同，我们又可将研究报告分为学术性研究报告与应用性研究报告两类。这两类报告在撰写要求及风格上也有所不同。大体上，用作专业杂志上发表或学术会议上发表的研究报告往往在研究设计、研究方法方面有比较详细的描述，特别是样本抽取、变量测量、资料收集等细节。资料分析部分相对广泛，但对结果的讨论部分则相对谨慎。而提供给政府决策部门或实际工作部门的研究报告则对研究方法和过程的介绍十分简短。这种报告的研究结果部分常常采用比较直观的统计图、统计表等形式表示出来，并且根据研究结果所提出的政策建议部分在这种报告中也十分突出。

定量研究报告与定性研究报告

根据研究的性质，研究报告还可以分为定量研究报告与定性研究报告两类。定量研究报告主要以对数据资料的统计分析结果及其讨论为主要内容，数量化、表格化、逻辑性强是其表达结果的主要特征，报告的格式十分规范且相对固定，报告的各个部分相互之间界限十分分明。与此相反，定性研究报告则主要以对文字材料的描述和定性分析为主要特征。在报告的结构上，既无严格的规范，也没有十分固定的格式。在内容上，描述和分析、资料与解释之间的界限也不十分明显。而且一般来说，定性研究报告的篇幅也比定量研究报告的篇幅要长，报告中所体现的主观色彩也较重。本章中以定量研究报告的撰写为主（如无特殊说明，文中研究报告均指定量研究报告），对于定性研究报告则在第十六章中进行讨论。

二、 定量研究报告的一般结构

规范的定量研究报告往往有比较固定的格式，尽管用于不同目的、不同场合的研究报告在形式上会有若干细小的差异。大体上，研究报告都是从所探讨的问题开始，到研究所得到的结论和意义结束。定量研究报告在结构上通常可以分成导言、方法、结果、讨论、小结或摘要、参考文献，以及附录几个部分。

（1）导言。主要说明所研究的问题及研究的意义，其中往往包括下述几个方面的内容：第一，研究的缘起（或研究的背景、研究的动机）；第二，研究的问题及其界定；第三，对前人相关研究的回顾（有时这一内容也可以单独作为一个部分）；第四，研究的目的和意义。

（2）方法。即说明研究所采用的方式方法、研究的程序和工具等，其中主要包括以下内容：第一，研究的思路或逻辑；第二，研究的基本概念、变量、假设和理论架构；第三，研究的总体、样本及抽样方法、抽样过程；第四，研究的主要方法（包括资料收集方法和资料分析方法）。

（3）结果。即说明通过研究发现了什么。

（4）讨论。即说明所发现的结果具有哪些意义，从这一结果出发，还能得到什么或还能继续做些什么。

（5）小结或摘要。即对上述四个方面的简要总结。

（6）参考文献。即研究报告中所涉及的书籍和文章目录。

（7）附录。即研究过程中所用的问卷、量表及某些计算公式的推导、数据计算方法等。

三、研究报告的撰写步骤

确立主题

研究报告的主题就是研究报告所要表达的中心问题，它是整个报告的灵魂。明确而适当的主题的确立，是整个报告撰写过程顺利开展的前提。在一般情况下，研究报告的主题就是该项研究的主题，即报告所要反映的中心问题也就是整个研究的中心问题，二者往往是一致的。比如，进行一项以青年结婚消费问题为主题的社会研究，其研究报告的主题就是青年结婚消费的状况、特点、问题，以及相应的理论解释等。在这种情况下，要确立报告的主题并不困难。

但在有些时候，可能会由于某些原因，使得报告的主题不能与研究的主题统一起来。例如，当一项研究包含的内容很多，涉及的范围和领域很广，在一份报告中难以容纳全部内容时，就需要从中选择部分内容形成报告，并确立相应的报告主题。显然，这时的报告主题比起研究的主题来，范围就缩小了。还有的时候，由于某些因素的影响，研究所得的资料与研究最初的目标之间存在一定的差距，无法说明事先预定的研究主题，此时也要根据实际的资料和结果重新确立研究报告的主题。

拟定提纲

主题明确后，不可马上动笔写报告，而应先构思好报告的整体框架，并将这种框架转变为具体的撰写提纲。如果说主题是研究报告的灵魂，那么这种提纲就是研究报告的骨架。通常，研究报告结构中的导言、方法等部分内容比较固定，变化不大。因而，拟定提纲这一步骤可以说主要是针对研究报告的结果部分和讨论部分而言的。

撰写提纲的主要作用是理清思路，明确报告内容，安排好报告的总体结构，为实际撰写打下基础。拟定撰写提纲的方法是对研究的结果进行分解，并将分解后的每一部分进一步具体化。比如，拿前面所举的青年结婚消费问题研究的例子来说，可先将“青年结婚消费问题”这一主题分解成“青年结婚消费的现状”“青年结婚消费的特点”“青年结婚消费的趋势”“青年结婚消费中存在的主要问题”“对青年结婚消费行为的理论解释”“正确引导青年结婚消费的建议”等几个大的部分，然后将每一部分的内容具体化。比如，将第一部分内容具体化为（1）结婚消费的数量，（2）结婚消费的内容和形式，（3）结婚所花费用的来源，（4）当事人的职业、文化程度等背景因素与消费形式间的关系等。

选择材料

一项研究所得资料与研究报告所用的材料并不是一回事。研究资料往往都与研究主题有关，但不一定都与研究报告的主题紧密相连。或者说，并非所有的研究资料都能成为撰写研究报告时所用的材料。因此，在写研究报告前，必须对所用的材料进行选择。这种选择首先应以撰写提纲的范围和要求为依据，即应按照报告的“骨架”来选择填充的“血肉”，这样才能保证所选取的材料与报告的主题密切相关。其次还要坚持精练、典型、全面的原则，做到既不漏掉一些重要的材料，又使所用的材料具有最大的代表性和最强的说服力。

报告所用的材料通常包括两种形式，一种是从研究中得到的各种数据、表格、事例等客观材料，另一种是在这些客观材料的基础上通过分析、综合、概括所形成的观点、认识、建议等主观材料。二者相互联系、相互依赖，共同构成填充报告“骨架”的“血肉”。

撰写报告

当前三步工作完成后，我们就已有了一个结构分明、材料齐备的报告雏形，剩下所要做的就是用适当的文字把它们流畅地组织在一起了。具体的撰写方法通常是从头到尾一气呵成，而不要经常地在一些小的环节上停下来推敲修改，以免耽误过多时间。这样做的好处是便于整个报告紧紧围绕所确立的主题来展开，使得报告在整体思想、体系结构、内容形式、行文风格等方面都前后一致，浑然一体。当研究报告全文写完后，再反复地从头阅读、审查和推敲每一个部分，认真地修改好每一个细小的环节，使得报告不断丰富和完善。

当然，在实际撰写报告时可能会出现这样的情况，即在撰写过程中研究者又发现了新的问题或产生出新的想法，这种新的问题或新的想法又导致研究者去重新分析、整理和探讨研究的资料和数据。这种分析和探讨的结果可能又会导致一些新的发现和新的结论。它们又将影响和改变研究报告的撰写过程。

四、研究报告的“沙漏”形式

撰写研究报告时，我们应该明确这样一种指导思想或基本思路。这种指导思想或基本思路可以用“宽—窄—宽”来概括。若形象地说，就是要按照“沙漏”的形式来撰写（见图 11－1）。

图 11－1　沙漏

这种按沙漏形式撰写的思路指出，研究报告在内容上应从广阔的导言开始，逐渐集中到比较专门化的领域，直到提出研究者自己的研究领域和研究的问题，这就是由“宽”变“窄”；然后介绍自己的研究方法和研究所得出的主要结果，这可以说是沙漏的最狭窄部分。从转向讨论研究结果的内涵时起，研究报告又开始逐渐由具体的结论向更一般的领域拓展，即由“窄”又变“宽”。广阔的导言可以向读者提供你的问题形成的背景及其意义；狭窄的方法和结果部分可以帮助读者集中注意力于你的研究成果和质量；而讨论部分的拓宽，则可向读者展示你的研究结果所具有的丰富内涵，尽量发掘特定结果所具有的一般意义，提高研究的意义和价值。当然，这种沙漏式的撰写形式，并不是指篇幅上的多和少，而是指所涉及的内容范围的宽和窄。

第二节　导　言

导言也称引言或绪论，它是研究报告的第一部分。导言通常包括三方面的内容。

一、研究的问题及其背景

研究报告应以对所提问题的描述开始。因为，正是这一问题启动了我们所进行的研究。即要清楚地陈述你所研究的问题是什么，以及你为什么选择这一问题做研究。同时，不管你所研究的是一个有关人类行为的简单经验问题，还是一个有关当前社会现实的问题，你都必须将这一问题放到一个较大的背景中，以便读者了解为什么这个问题十分重要，它为什么值得研究。例如，一篇题为《带有性别偏见的招工广告“帮助和支持”了性别歧视吗?》的论文，其导言是这样的：

1964 年公民权利运动的第 12 条权利阻止了就业中在种族、肤色、宗教以及性别等方面的歧视。尽管性别规定在当时被看作一个笑话，但是，在该运动后的第一年，正式研究中有40%以上的解释认为存在性别歧视。仅仅1971年一年，性别歧视的诉讼案就达6 000件。

第12条权利同样也趋向于扮演了帮助和支持这种歧视的角色。例如，该运动禁止在招工广告中指明对某一性别更为优先，除非性别是一种真正的职业条件。在解释这一规定时，同等就业机会委员会裁定，即使是在需求一栏中标上“男性”或“女性”的做法，也应该被看作是违法的。

不管怎样，大量的顾主继续在招工广告中说明性别条件，许多还在招工广告中明确指出只招收某一种性别的人员。同时，许多报纸也继续按需求性别把这些广告分成某一类性别的专栏。

这些广告是否由于它们实际上阻止了某种性别的人对他们并不能很好胜任的那些工作的申请而扮演了帮助和支持就业歧视的角色呢？这篇论文中所报告的两项研究希望在经验层次上回答这一问题。它们都是作为法律证据的一部分而进行和发表的，前者取自同等就业机会委员会对美国电话电报公司的诉讼，后者取自全国妇女联合会对匹兹堡出版社的诉讼。①

这篇论文的导言是如何按“沙漏”的形式来写的呢？它先对1964年的公民权利运动作了一般性介绍，接着非常成功地将焦点缩小到该运动对性别的规定，又缩小到帮助和支持性别歧视问题，直到最后集中到该论文所要报告的对于特定问题的回答上。

在对社会学理论的某些方面进行探讨和研究时，或者在介绍与自己的研究问题相关的理论时，也可采取这种报告的策略。这时，你需要首先对你所研究的领域中的理论或概念框架作一小结。比如，李银河在其题为《中国人的择偶标准》的研究报告中，就在导言部分对择偶标准的相关理论进行了简要的小结：

摩斯坦曾将其所著的一部关于择偶标准的著作题为《谁会跟谁结婚?》。这个短句言简意赅地为择偶标准一词下了定义。择偶这一行为是千千万万的人们世世代代在实践的一种行为。社会学关心的是，这种行为中有无规律？有没有某种理论或模式可以概括人们这一行为的规律并对某人跟这个人而非那个人结婚作出合理的解释？根据摩斯坦的介绍，关于择偶标准的理论至少有五种：第一种是历史前例理论，它强调在历史上普遍存在着由父母包办或由父母做主要决定的择偶方式；第二种是心理分析理论，它以弗洛伊德的理论为依据，强调人是社会动物，认为在择偶行为中生理需要的因素大于社会选择的因素；第三种是需要互补理论，它强调在择偶时人们的主要考虑是各种需要的相辅相成，例如支配欲强的男性往往选择依赖性强的女性为偶，想受人侍候的男性往往选择会侍候人的女性为偶等；第四种是价值理论，它认为人在生长过程中，通过社会化的作用已逐渐将某种价值观内化于个性之中，而这种价值观即成为其择

① Kidder. Research Methods in Social Relations. 4th ed. Holt：Rinehart and Winston，1983：438-441.

偶的依据；第五种是过程筛选理论，它认为不能用人的个性因素来解释择偶行为，而只能视之为一个过程，人们相遇，相互产生好感，通过自我启示达到相互的了解信赖，最终满足了各自个性的需要。因此，筛选理论是强调过程而不是强调某种决定因素的理论（摩斯坦，1976）。[①]

在撰写导言时有一点应该注意，无论你的研究多么理论化，或者多么深奥，你都应该做到让一个有知识的专业人员能抓住问题的性质，能理解为什么他或者其他人应该关注这一问题。此外，为了帮助读者理解你的导言，下列几条基本的规则也是很有帮助的：

（1）尽可能用常用的语言撰写，而少用专业术语。

（2）不要把毫无思想准备的读者拉进你的问题或理论之中。要用必要的时间和空间，一步一步地把一般性的读者引入对特定问题的正式的或理论化的陈述。

（3）用例子说明理论观点，或者用例子来帮助介绍理论性的或技术性的术语。

二、 文献回顾

陈述了研究的问题及其背景后，接下来的工作就是对这一领域中已发表的研究结果和结论进行总结和评论。这就是被称为“文献回顾”的工作。在前面第四章中，我们介绍了与研究选题有关的文献回顾工作。通过文献回顾，研究者对这一领域已有的研究结果和结论有了比较清楚的了解。相关文献的查找和阅读工作也是早已完成了的。因此，到撰写研究报告时，研究者所需要考虑的只是如何在研究报告中对这些文献进行系统的评论。

文献回顾部分应该充满着恰当的、相关的并且是简明的和精确的材料。我们之所以在研究报告中报告并评述这些材料，是因为它们对我们的研究有影响。在评论已有文献的工作中，不必逐一评论与所研究的问题有关的每一项研究。因为要做到这一点，既无必要，也不现实。关键是要对与我们的研究密切相关的那些研究作出评论。

文献回顾的撰写要进行精心的组织和安排，不能只是简单地将有关文章的摘要重述一遍，更不能将别人的文章逐字逐句地写进文献回顾中。正确的方法是，先仔细地阅读每一篇有关的文章，寻找那些与自己的研究紧密相关的部分，然后依据这些材料作出评论。对每一篇被评论的文献，都需要对其总的情况做一简单介绍，比如其总的问题、所用的样本类型等等。然而，更重要的是要介绍那些真正对你的研究有用的关键点。特别值得一提的是，对于其他研究中所用的与你自己的研究相同的概念或变量要进行仔细的检查比较，而不要想当然地认为只要名称相同，其内涵就一定相同，因而自然是可比的。一定要搞清楚在各个不同的研究中，同一名称的概念是如何操作定义的，又是如何测量的。因为，常常存在着这样的情况，在不同的研究者所做的研究中，同一名称的概念，实际上却意味着两种不同的内容。

---

① 李银河．中国人的择偶标准．中国社会科学，1988（2）．

文献回顾的部分既可以单独列出，也可以并入导言，作为其中的一个部分。由于篇幅的限制，作者必须对所评论的主要文献进行选择，同时简要地作出评论，并将它们联系在一起，以向读者提供有关研究问题的另一种背景。

【拓展阅读】

文献回顾实例

三、 介绍自己的研究

在导言部分的最后，应该简要地介绍一下自己的研究。这种介绍的主要目的不是去讨论研究内容的细节，而是介绍研究的基本框架，比如你所研究问题或准备检验的假设是什么，主要的自变量和因变量是什么。在有些情况下还可以描述你的研究模型，定义你的主要理论概念等等。这一部分的另一个目的就是为转到方法部分提供一个非常自然的和平滑的过渡。在前面所列举的性别偏见广告的例子中，采取的是下列过渡性介绍。

> 那么，现在的问题是，这种广告是否的确起到了阻拦潜在的申请者申请工作的作用。本研究希望回答这一问题，它所采取的方式是让中学高年级男生和女生阅读几份招工广告，并根据他们自己的兴趣给每一份工作打分。对这些根据自己兴趣进行的评分进行分析便可以知道，那些用非性别歧视的语言所写的广告是否增加了男人和女人对那些在传统观念上被认为是“别的”性别所干的工作的兴趣。

而前述李银河的研究报告中，也采用了类似的介绍方式：

> 在传统的中国社会中，婚姻由父母包办，婚姻当事人没有什么择偶的自由。当然，父母包办时也有一个择偶标准的问题，一般说来就是所谓“门当户对”。关于社会阶层与择偶标准的关系，费德曼等人曾提出过一个三模式理论框架，其中第一模式是社会分层与择偶行为绝对相互独立的模式，即择偶行为完全是随机的；第二模式是社会分层与择偶行为绝对相互依存的模式，即择偶行为完全由社会阶层决定；第三模式是某一社会阶层内的随机择偶，即择偶范围不会超出人所处的阶层但在阶层内是随机的（费德曼，1975）。中国传统社会的情况似乎属于第三种。在近现代，情况有了变化，一般新青年主张恋爱自由，择偶自由。在1931年已有了主张婚姻自由的婚姻法，1950年婚姻法的重

要内容之一是反对包办婚姻，提倡和保护自由恋爱、择偶的权利。那么，目前中国人的择偶标准有哪些特点？又有哪些因素对人们的择偶行为有重大影响？影响的程度如何？这就是此项研究想解答的问题。[①]

第三节　方　法

对研究方法和实施方式的描述则是研究报告中更为关键的部分。读者不光要看你的研究结果，同时也要了解研究是如何做的。只有知道了研究所采用的方法，了解了各种具体操作步骤，读者才能评价你的研究是否具有科学性，是否有价值。因此，方法部分的主要任务就是明确具体地告诉读者你是如何做这项研究的，下面将讨论方法部分可能涉及的各方面情况。需要说明的是，由于每一项具体的研究所采用的方法并不是完全相同的，所以它们各自在研究报告中被介绍的内容自然也就不是完全一样的。

一、有关研究方式、研究设计的介绍

针对导言部分所提出的问题，本项研究是采取哪一种方式进行探讨的？研究的基本设计是什么？这是研究报告的方法部分首先应该说明的问题。研究采取的是实验研究的方式，还是采取的调查研究或利用文献的定量研究的方式？由于不同的研究方式常常由不同的资料收集方法和资料分析方法及特定的程序和技术组成，同时它们还包含着不同的方法论问题，因此，采用不同研究方式的社会研究在报告中介绍的内容和重点往往是不一样的。比如说，如果采取的是实验研究的方式，就需要介绍其实验设计的类型，详细说明什么是实验刺激，如何组成实验组和控制组等。如果采取的是调查研究方式，那么，需要介绍的则是调查的总体、样本、采用的调查方式（自填式问卷调查或是访问员登门访谈）、调查工具、调查员培训及资料的回收方式等方面的情况。如果采用的是内容分析、二次分析或现存统计资料分析等利用文献的定量研究方式，则要对文献的形式、文献的选取、文献的质量以及文献资料的处理和分析方法进行详细说明。总之，无论研究者采取哪种研究方式，他都应该在研究报告的方法部分首先对此做一简单说明，以帮助读者了解和检查其在方法使用中的一些具体细节。

二、有关研究对象的介绍

除了利用文献的定量研究外，其他几种社会研究方式都必须同人打交道。因

---

① 李银河．中国人的择偶标准．中国社会科学，1988（2）．

此，在研究报告中，常常要对作为研究对象的人及其活动进行说明，尤其是在实验研究或调查研究的研究报告中，更要专门介绍研究对象的选取及其样本的构成情况。拿实验研究来说，就要介绍实验对象是些什么人，他们是如何被挑选到的，他们又是怎样被分到实验组或控制组的，这两组的人员在某些主要特征上有没有明显的差异等。而对于调查研究来说，则需要对调查样本做全面的介绍。比如，抽样总体是什么（即总体的界定），样本是如何从总体中抽取的，即具体抽样方式和过程，样本的规模多大（即实际调查的人数），回答率或回收率如何等。下面是这种介绍的一个例子。

> 这项研究的样本是根据简单随机抽样的原则从北京1 000万人口中抽取的，其中不包括农村户口和16岁以下人口。具体地说，我们首先在全北京16岁以上人口每人一张的户口卡中随机抽出1 550人（遇农村户口即换抽紧邻其后的城市户口），在发放问卷之前，由于考虑到有些年龄小的人可能尚未结婚，难以回答我们的一些问题，所以去掉了1961年以后出生的500多人。在实际寄出的1 000份问卷中，147份问卷因地址不详或搬迁被邮局退回，还有4人因未婚退回了问卷，共收回有效问卷547份，回收率为64%（547/853）。这在调查研究学的调查中已经可以被用作推论总体的依据（一般认为50%的回收率即可使用，60%的回收率已属上乘）。因此可以有把握地说，由这个样本所得到的数据能够推论到北京已婚的全体非农业人口之中。①

目前，许多研究者只是在报告中写上“在××市进行了抽样调查”，或“在××市抽取了500名工人进行调查”，这样的说明是远远不够的。因为读者并不明白你究竟调查了些什么人，也不明白你究竟是怎么抽样的。不讲清楚这些内容，读者就无法判断你的调查结果有多大价值，也无法判断你的结论在多大程度上反映了现实的情况。只有当读者了解了你的样本的来源和特征后，他们才能估计将你的研究结果推而广之时受到的局限有多大。比如：如果你的样本全部由女性组成，你的结论推广到男性对象中也许就不能成立；如果你的样本全部是从大学生中抽取的，你的结论在一般性的包含各种职业、各种成分的总体中也可能不成立。

【拓展阅读】

抽样方法的介绍方式及其评价

① 李银河．中国人的性爱与婚姻．郑州：河南人民出版社，1991：54.

三、有关资料收集方法的介绍

在本书前面一些章节中，我们介绍了各种各样的资料收集方法。但一般来说，那只是一种理论上的叙述。实际研究中由于客观条件的限制，人们对这些方法的具体应用常常是各不相同的。因此，在一份研究报告的方法部分，还要详细说明研究资料的收集方法、收集过程和所用的工具。

对研究的主要变量的说明

即说明研究的主要变量是什么，变量的操作定义是什么，这些变量是用哪些指标来进行测量的。如果是采用问卷调查的方式，还应该对问卷中用来测量这些变量的特定问题进行分析说明。即使在研究报告的附录中附有调查问卷的，也要这样做。如果某一变量较为复杂，调查中采用的是多个指标的综合测量，在这里就需要把对这些指标进行综合评分的程序和方法作些说明，即让读者既明白变量是通过哪几个指标来测量的，又清楚具体的计分和计算方法。下面是对变量进行说明的一个例子。

本文所考察的是各种因素（自变量）对妇女初婚年龄（因变量）的影响。调查问卷中没有设妇女初婚年龄这一项，本文就用问卷中所列出的妇女结婚年代（问题7）减去其出生年代（问题3）而得到其结婚的年龄。这一因变量是个连续变量。所考察的自变量主要有：

妇女受教育程度。分为不识字或识字不多、小学、初中、高中、大专以上五个层次，直接从问题10的结果得到，该变量为一定序变量。

妇女结婚时就业情况。分为未参加工作、个体经营、集体单位、企业单位、事业单位五类，由问题9得到。该变量是一定类变量。

社会风俗习惯。该变量对妇女婚龄的影响是通过两个自变量来考察的，即夫妻结合途径和婚龄差。结合途径分为父母包办、自己认识、亲戚介绍、朋友介绍、其他方式五种。婚龄差分为男比女大3岁以上、男比女大1～3岁、女比男大三种。二者均为定类变量。①

对资料收集过程进行说明

即如实地把研究者是如何进行实验操作、实地观察或问卷调查的过程告诉读者。比如，我们可以用下列方式对实验的过程进行介绍。

我们先用一份含有30个问题的种族偏见程度量表同时对实验组和控制组成员进行测量。半个月后，单独给实验组成员放映了一场反映黑人历史和生活的影片。又过了半个月后，再用同样的量表对两个组的成员再次进行测量。在这一个月中，两组成员都没有经历与种族偏见有关的事件。

---

① 时安卿．初婚年龄试析//刘英，等．中国婚姻家庭研究．北京：社会科学文献出版社，1987.

对于调查来说，需要介绍的内容也许更多一些。比如，抽样是如何进行的，调查是采用自填式问卷，还是派访问员登门访问。如果是采用自填式问卷，那么问卷是如何发到被调查者手中的，又是如何回收的；问卷的回收率是多少；有效回收率又是多少，那些未回收的问卷主要由于什么原因所致；如果是派访问员登门访谈，那么访问员是一些什么人，他们具有何种程度的访问调查经历，如何对他们进行培训的等。比如，下面是对调查研究的过程进行介绍的一个例子。

> 我们先到市教委抄录了一份全市小学的名单，共 168 所，并根据教委负责同志的介绍，将这些小学分为三类：重点小学、一般小学和较差小学。然后采用按比例分层随机抽样的方法，分别抽取重点小学 3 所、一般小学 11 所、较差小学 3 所。在每一所小学中，又随机抽取高、低年级各一个，并在该年级中随机抽取一个整班。共抽取小学生1 462名，这些小学生父母就构成本次调查样本。
>
> 调查采用自填问卷的方式进行，问卷表由所抽中班级的班主任老师发给全班学生，由学生带回家让父母填写。填写好的问卷仍由学生带给老师，然后由老师集中寄给我们。实发问卷1 458份，回收1 389份，其中有效问卷1 386份，有效回收率为 95.1%。未收回问卷主要由于家长文化水平低、家长生病、出差等因素所致。从总的情况看，家长填答问卷是很认真的，问卷质量较高。

对于利用文献的定量研究来说，则要详细介绍文献的形式、取得的方法、抽样的方式、内容摘录或编码的方式等等。如果是多人共同进行，同样也要介绍这些文献摘录人员、编码人员的专业经历、培训情况，以及相互间评审、判断的一致性程度等。下面是一项利用文献的定量研究的方法部分的摘录：

> 在目前众多的妇女刊物中，笔者选定《中国妇女》杂志作为分析的刊物。这是因为，《中国妇女》杂志是新中国成立以来国内妇女界发行最早、发行面最广、权威最高，对于反映女性状况来说代表性最大的刊物。本研究的分析单位是各期杂志所发表的人物通讯中的主人公。根据研究的目的，笔者对每一位主人公都依据下列七项指标进行分类和编码。这七项指标如下：（1）年龄；（2）政治面貌；（3）文化程度；（4）行业；（5）职业；（6）劳模状况；（7）事迹。
>
> 笔者选定了 1952—1956 年、1961—1965 年、1978—1981 年、1986—1989 年这四个时期该刊的全部杂志，作为分析的总体，以分别代表 50 年代、60 年代、70 年代末和 80 年代。
>
> 在所选定的四个时期总共 18 年中，《中国妇女》杂志共发行了 208 期。在这 208 期中，共有反映现实生活中女性人物的通讯 316 篇，报道人物共 325 个。这 325 位主人公就构成本项研究分析的样本。
>
> 所有主人公均按前述七项指标进行分类编码。其中，前六项指标的判定，主要依据文章中的介绍，如“前年她刚满 20 岁”“她想，自己是共产党员”

"她初中毕业后就回乡务农""去年她当选为全国劳动模范""她是上海国棉二厂的一名挡车工"等等。第七项指标的判定，则主要依据全文的内容及大小标题来进行。这是七项指标中唯一可能受评判者主观因素影响的指标。为了尽可能减少这种主观因素的影响，笔者没有按所选杂志的年份顺序进行评定，而是按事先随机抽取的顺序进行。实际阅读顺序为 1961 年、1987 年、1965 年、1954 年、1981 年、1989 年、1952 年、1978 年、1956 年、1964 年、1962 年、1980 年、1988 年、1955 年、1963 年、1979 年、1986 年、1953 年。①

对所用的工具进行说明

无论是实验所用的仪器、材料，还是测验所用的量表，调查所用的问卷，都要对读者进行一定程度的描述。比如前面所举的种族偏见实验中，就应该对所放电影的主要内容及其出版年代、制片厂、导演及主要演员等情况作一简单介绍，以帮助读者了解这一实验刺激的效果和影响程度。对于问卷来说，虽然在学位论文或学术专著中常将其附于文后或书后，但一般的供发表用的研究报告常常由于篇幅的限制，不可能这样做。因此，需要将其长度、形式、制作过程等作些介绍，比如，问卷包含多少个问题，主要是封闭式问题还是开放式问题，是否进行过试调查，在何地对哪些对象进行的试调查，试调查的结果如何等。

【拓展阅读】

调查报告中方法介绍的现状与意义

四、 有关资料分析方法的介绍

由于研究方式的不同、样本规模的不同、资料收集方法的不同等等，每一项具体的研究所采取的分析方法也都不完全一样。有的只进行了初步的、一般化的描述分析，有的则进行了较深入的、复杂的相关分析、因果分析等。所以，在方法部分，还要对研究者实际采用的分析方法作些说明。同时，对于资料的处理、整理及分析过程，也需要作一些说明。下面是这种说明的一个例子。

由于本文所采用的数据不少是定序和定类的，因此，本文首先采用非参数

① 风笑天．变迁中的女性形象：对《中国妇女》杂志的内容分析．社会，1992（7）．

相关法求出相关矩阵。输出的相关系数为肯德尔的 τb，其目的是初步说明所有自变量和因变量之间的相关性。为了进一步考察各自变量和因变量的数量关系，本文接着采用了逐步多元回归法，通过逐步多元回归方法取得基本回归式后，再逐步添加其他自变量，并根据统计分析来判断其去留。如果在新添加自变量后，决定系数 R^2 的值提高了，而每个系统在统计上是显著的，那么新添加的自变量可放入模型。反之，如果新引进的变量不能提高决定系数 R^2 的值，则不作为自变量放入模型。其次再用方差分析，对已经放入模型的变量的各个水平对因变量的影响进行检验，看每一个自变量各个水平对因变量解释的差别是否显著。最后用多元分类分析方法进一步对每个变量的多个水平对因变量的影响进行分析。所有统计分析都是在 IBM-148 计算机上完成的。①

五、 对研究的质量及局限性的说明

在方法的最后部分，常常需要对研究程序、样本、资料等方面的质量进行评估。在社会研究中，任何一项研究都不可能十全十美，即总会在某些方面存在这样或那样的问题。一个研究者的科学态度既体现在研究工作中扎扎实实、一丝不苟的精神上，也体现在对研究质量实事求是的评价上。研究的过程只有研究者本人最清楚，哪些方面存在着误差，哪些方面存在着缺陷，哪些方面存在着限制，都应毫无保留地向读者报告。这种说明既可以避免其他研究者将该研究的结论不适当地推广或运用到不恰当的地方，同时也可以启发其他研究者在该研究的基础上做进一步研究来弥补其不足。当然，这方面的内容也可以放在研究报告的结尾部分。

以上我们讨论了方法部分的各个方面，虽然每一项具体的研究并不都需要介绍上述各项内容，但是它们所遵循的宗旨却都是相同的。这就是让读者知道你采取了什么方法，使用了什么工具，实际过程又是如何做的。

第四节　结　　果

尽管在撰写研究报告时，我们通常将数据分析与结果解释作为两个不同的部分对待和处理，但这两个过程在实际研究中则是不可分离、相互交叉地联系在一起的。每一项结果的得出，常常需要研究者在二者之间进行多次的反复才能完成。

在较短小的论文中或较简单的研究报告中，结果和讨论两部分常常结合在一起，作为“结果与讨论”部分。在这种情形中，结果在表达时同时也被讨论。这一部分结尾的两三个段落通常分别陈述研究所得的结论、研究的实施或资料分析过程中所包含的问题或带来的限制，以及对进一步研究的建议等。在刊物上发表的许多经验研究报告常采用这种形式。

---

① 时安卿．初婚年龄试析//刘英，等．中国婚姻家庭研究．北京：社会科学文献出版社，1987.

但是，如果你的研究比较复杂，因而在提出研究的全部结果之前或得出任何其他的推论之前，必须先表达许多不同类型的结果，或在你的讨论中将涉及好几个不同的事物时，就应该将结果和讨论分开。然而，需要说明的是，即使在将二者分成两个部分时，也不可能有这种纯粹的结果部分，其中不掺杂任何一点讨论。因为我们不可能在结果部分中只把数据、表格等交给读者，并指望他们把这些数据表格一直记在头脑中，直到后面的讨论部分。实际上，这种划分的目的可以说是希望在结果部分里分别表达和讨论那些不同的事物，即分别表达和讨论各个分支的结果。而在后面的讨论部分中则着重于研究整体结果的表达和讨论。由于前面的结果部分中已对各分支结果做了表达和讨论，因此，在讨论部分中仅从整体上陈述和讨论研究的结果就有了基础。

为了明确起见，我们在叙述上仍把结果和讨论分开。至于在每一个实际的研究报告中是否分开则可以根据实际的情况和我们上面的说明来决定。

在结果的表达上，总的原则是先给出“森林”然后再是“树木”，即先给出总体的、一般性的陈述，然后才是个别的、具体细节的陈述。不管是在对整个研究的结果的陈述中，还是在对各个部分结果的陈述中，都应该采取这一原则。在对整个研究结果的陈述中，应该先给出中心的结果，然后移到外围的结果；在对各个部分结果的陈述中，也是应该先陈述基本的结果，然后再在必要的地方和细节上详尽地阐述或描述。具体的做法是从已研究的最中心的结果开始，按照下列步骤来进行：

（1）再次向读者提示你在报告的导言部分所提出的概念性问题，即对所研究问题的概念性陈述。比如，“我们的问题是，男人比女人更容易感情外露吗?”或者，“让我们先看看这一问题：是男人还是女人更容易感情外露?”这一做法的目的是将读者从导言部分开始的但中途被方法部分打断的有关研究问题的思路再次连接起来，即按照“问题—结果”的线索继续下去。

（2）进而向读者提示你在研究中实际完成的操作或实际测量的行为，即对问题的操作性陈述（这一方面的情况已在方法部分作过详细的说明）。例如，“在观看一部感人的电影时男人比女人流眼泪更多吗?”这一做法的目的是使研究问题直接向你的研究结果靠近，为结果的提出打下基础。

（3）紧接着马上告诉读者你的答案。比如，“回答是肯定的”，或者“正如下表所显示的那样，正是男人比女人哭得更多”。这就是你的结果或结论。至于你的这种结果是如何得到的，有哪些证据支持你的这种结论，则是后面部分的内容了。

（4）现在且仅仅是现在，用数字、图形、表格、材料来向读者说话。即从这时开始，向读者展示你的详细的、具体的证据和结果，并对这些数字、图形、表格进行必要的说明和解释。这里的基本规则是，既能使读者通过阅读你的说明和解释来抓住你的主要结果，又能使他们通过查看图形或表格来做到这一点。这也就意味着，各种图表都必须具有清楚完整的标题，即使是一个非常长的标题也行。同时，在说明和解释的文字中，你又必须手把手地引导读者找出图表中的主要结果。比如，“正如表2中第一栏所显示的，男性中流泪人数的百分比（32.6%）高于女性流泪的百分比（26.8%）”，而不要只是笼统地说“从上面表中我们可知男性流泪比女性流泪更多”，然后期望读者自己去搜寻具体的证据和结果。

（5）在每一个分支结果的末尾部分，都应对该结果所处的位置作一简要的小结。例如，“上述情况表明，除了在未婚男性中有一点例外以外（这种例外我们将在后面部分进行专门讨论），我们关于‘男性在视觉形象的悲伤的反应上比女性哭得更多’的假设得到了有力的支持”。

（6）用一种平滑的转折句把读者引向结果的下一个部分。比如，“上述结果肯定了男性在消极的情感方面比女性更容易出现感情外露的现象，但是，我们是否能够假定他们在积极的情感方面也比女性更加容易外露呢？下列表 3 说明，我们不能下这样的结论”。随着结果部分的进行，我们需要不断地小结，以便帮助读者不断地把到目前为止的这些信息储存在头脑中。而不能总是让读者回过头去查找你的叙述线索中的那些主要点。

第五节　讨　论

当表达了研究所得的结果后，下一个任务就是用更为一般的术语来讨论这些结果，并回过头去将这些结果同我们在设计这一研究时所期望的东西相联系。我们在前面说过，讨论部分经常同结果部分相结合，只是对于那些比较复杂的研究，或者那些有着较为广泛或较为抽象的应用的研究来说，讨论部分才常常是单独的。但无论是哪种情况，讨论都与导言部分密切相关。在导言部分所出现的某些中心问题可能会在讨论部分再次出现。还应该记住，从内容上说，导言部分是“沙漏”的上瓶，方法和结果部分是“沙漏”的最狭窄部分——瓶颈，而讨论部分则是“沙漏”的下瓶。导言部分的叙述由宽到窄，而讨论部分的叙述方式则刚好相反，即由窄到宽。

讨论一般是从告诉读者你从研究中掌握了什么开始。一开头就以明确的叙述说明研究假设是否得到证实，或者明确地回答导言部分所提出的研究问题。但是，要注意，不要简单地再次解释和重复结果部分已经总结了的观点。每一句新的陈述都应该为读者理解这一问题带来一些新的东西。在讨论部分，我们应该讨论这样一些问题：从研究的结果中，能够得出什么样的推论呢？这些推论中，哪些同研究的数据资料结合得相当紧密？哪些则在较抽象的层次上同理论更加相关？对于研究的结果来说，它的理论内涵和实践内涵又是什么？

在讨论部分，我们可以把自己的研究结果同在文献评论中列举的那些研究的结果进行比较，看看是否又一次验证了它们的结论。同时还可以讨论自己的研究可能存在的缺陷，讨论将自己的结论进行推广时必须具备的条件及所受到的限制；还要提醒读者注意下列一些方面，比如：我们所用样本的特点，让他们注意这一样本与我们所希望概括的其他总体之间出现差异的可能性程度。还有对结果有影响的某些特定方法，或某种方法的某些特殊性质，或者任何其他可能产生不正常结果的因素。特别是要愿意接受反面的或未料到的结果，不要用歪曲的意图将它们解释掉，而要如实地陈述和讨论它们。例如：

本研究也还存在一些缺陷和遗憾之处。比如：在调查内容上，对道德规范、自私特性等一些重要方面还涉及不够；对作为参照对象的非独生子女，也没有进一步细分为老大、中间和老幺等不同类别来与独生子女进行比较；在资料来源上还缺乏深入的个案与典型材料等等。这些都是将来进一步研究时应有所考虑和改进的。同时，笔者还想提醒读者注意以下几个与方法有关的问题：第一，对青少年社会化现状的测量，是本研究的基础。由于定量研究的操作化要求，我们只能将原本十分复杂、内涵十分丰富的概念转化为若干具体的、相对简单的测量指标。这种指标的选择以及指标数目的确定，既受到研究者学识水平的影响，也受到一项具体研究所拥有的人力、物力和时间等客观条件的制约。因此，本研究的操作化只是众多可能的途径中的一种。读者在解读本研究的结果时，应留意这些结论所依据的经验基础。第二，关于调查对象的选择，或许更为客观也更为全面的方法是增加教师作为第三类评价者。因为教师对于学生与家长对于自己的孩子，其评价的角度和方式是有很大不同的。第三，自填问卷所收集的资料具有一个鲜明的特征：它们都是被调查者的自我报告，而非研究者的实地观察。尽管本研究考虑了学生与家长的不同角度，也考虑了时间变量，但这些都没有改变资料本身的性质。如果今后有采用心理学实验方法和人类学实地观察方法所得资料的进一步佐证，本研究所描绘的情形就将具有更大的真实性和可靠性。①

在解释性研究中，一个没有证实的假设也是一个重要的结果，它同样对深入探讨所研究的课题具有价值——因为它在众多的道路选择中尝试走过了一条错路，它用失败的结果告诉我们：按原假设的思路来解释所探讨的问题，此路不通！

讨论部分还包括对于研究仍未能回答的那些问题的讨论，对于在研究中新出现的问题的讨论，以及对有助于解决这些问题的研究的建议等。在实际发表的研究报告中，相当一部分是以对进一步研究的建议来结束研究报告的。

需要说明的是，研究报告的讨论部分不宜过长。有的社会学家甚至认为，在讨论部分的长度与研究结果的清晰程度之间，往往存在着一种负相关，即讨论部分越长，读者对研究结果的认识越不清晰。这也许是值得我们注意的。

第六节 小结、摘要、参考文献及附录

一、小结和摘要

研究报告常常包括一个非常简要的小结。在小结中，再次对报告前面几个部分的主要内容做一个纲要式的总结。因此，它又涉及研究问题的陈述、涉及先前已有

① 风笑天．独生子女青少年的社会化过程及其结果．中国社会科学，2000（6）．

的研究结果、涉及从结果中得到的各种结论和推论，以及根据这些结论所进行的更为广泛的讨论等。但是，目前许多专业刊物上发表的研究报告，常常以摘要来代替小结。摘要可以说是一种更加简明扼要的小结，它通常不超过 200 个字。与小结不同的是，它不是放在报告的结尾，而是放在报告的最开头，并且是单独作为一个部分与原报告隔开。摘要的这些特点，使得专业刊物的广大读者能很快地对这一个研究的主要内容、方法、结果和结论有一个总的了解，从而便于他们决定是否继续阅读整个报告的细节内容。

摘要非常不容易写好，因为它的篇幅十分有限，其中的每一个字、每一句话，都要十分明确和恰当。正是由于不可能把各方面的情况都写进摘要里，所以我们必须仔细考虑，作出选择，主要突出哪些内容，而略去哪些内容。下面是摘要的两个例子。

一

本文运用五次大规模调查所得的资料，以同龄非独生子女作为参照对象，以青少年问卷与家长问卷相互对比，从性格特征、生活技能、社会交往、社会规范、生活目标、成人角色、自我认识等方面，描述和分析了中国城市第一代独生子女青少年的社会化过程及其结果。研究表明，从总体上看，城市独生子女青少年的社会化发展是正常的，他们与同龄非独生子女之间在社会化各个方面的相同点远多于相异点。文章针对研究发现，提出了“消磨-趋同”“变异关键年龄”“社会交往补偿”等理论解释。①

二

本文作者根据在 1983 年对天津城乡千余户独生子女家庭所做的研究，分析说明我国当前独生子女家庭生活方式的基本特征如下：具有较高而且较稳定增长的经济水平；子女抚育费提高；在消费模式和余暇时间的支配上偏重子女。这类家庭的增长带来了老人乏人照顾等问题。文章对这些问题作了探讨，提出了自己的意见。②

二、 参考文献

在研究报告的结尾处，通常要列出与研究报告相关的参考文献，或者叫作参考书目。这些书目是研究者在从事这项研究过程中所阅读、评论、引证过的文献。这样做一方面体现了科学的、实事求是的研究态度，另一方面也为同一领域的研究者提供了一个参考的文献索引。我们应对中文和英文文献的写法、格式等有所了解（参见中华人民共和国国家标准）。

中文版著作的写法如下：

（1）费孝通．生育制度．天津：天津人民出版社，1981.

（2）贝利．现代社会研究方法．上海：上海人民出版社，1986.

---

① 风笑天．独生子女青少年的社会化过程及其结果．中国社会科学，2000（6）.

② 边燕杰．试论我国独生子女家庭生活方式的基本特征．中国社会科学，1986（1）.

英文著作的写法如下：

（1）WHYTE W F. Street corner society. Chicago：University of Chicago Press，1943.

（2）MOSTER C A，KALTON G. Survey methods in social investigation. 2nd ed. New York：Basic Books，1972.

中文文章的写法如下：

（1）张兆高．城市老年人的社会保障问题．城市研究，1984（5）：35－48.

（2）王林．论我国家庭结构的演变．婚姻与家庭，1982（3）：46－54.

英文文章的写法如下：

（1）BEM S L，BEM D J. Does sex-biased job advertising “aid and abet” sex discrimination?. Journal of applied social psychology，1973（3）：6－18.

（2）MARSH C. Problems with surveys：method or epistemology?. Sociology，1979，13（2）：293－305.

三、附录

研究报告的附录部分是将一些与该项研究或研究报告有关但与研究主题和研究结论的联系相对松散，且内容相对独立、主要对研究过程或研究报告中的某些细节进行解释和说明的材料集中编排在一起，放在报告的后面，作为正文的补充。它与研究报告的主体分开，既不影响读者阅读研究报告，又可以帮助读者更好地了解研究的细节。通常作为附录的资料主要有：收集数据资料所使用的调查问卷、心理测验量表等；实验中的刺激材料、特殊设备等；某些特殊的数据表格或附加的数据分析等；计算某些指标或数据的数学公式介绍；某些统计和测量指标的计算方法介绍；某些研究工具、测量仪器以及计算机软件介绍等。这些材料之所以被放在附录中，除了它们与研究报告的主题离得太远外，还由于它们的分量较大，放入报告中会打乱报告的结构和层次。这些材料可以帮助有兴趣的读者去深入地了解研究者的各种技术细节，或者回答研究者在报告的正文部分由于省略某些内容而产生的某些疑问。

由于构成附录的这些材料占有较大的篇幅，而各种专业杂志的篇幅总是有限的，所以，许多在学术刊物发表的研究报告，常常略去这一部分。而在以学位论文形式出现的研究报告中，则必须有附录部分。

第七节 撰写定量研究报告应注意的问题

一、行文要则

（1）用简单平实的语言撰写。一篇好的定量研究报告在撰写上最重要的标准是准确、清楚、客观、严密。定量研究报告与新闻报道和文学作品不同，与定性研究报告也不一样。它的撰写不像文学作品那样强调和注重文学性、可读性等，而是十分强调报告的客观性、准确性、严密性、简洁性。所以，在行文时，应该尽量用平实的语言撰写，以简单明了、科学严谨为标准，清楚明确地表达研究的结果。

（2）陈述事实力求客观，避免使用主观或感情色彩较浓的语句。叙述中最好使用第三人称或非人称代词，尽量不用第一人称。比如用“作者发现……”“笔者认为……”，或者用“这一结果表明……”“这些数据说明……”等等，而不用“我认为……”“我们发现……”等等。

（3）行文时，应以一种向读者报告的口气撰写，而不要表现出力图说服读者同意某种观点或看法的倾向，更不能把自己的观点强加于人。因为读者阅读你的报告时，所关心的主要是你研究得到的客观事实，是你的研究结果和发现，而不是你个人的主观看法。尽管在研究结论的阐述中离不开作者个人的主观分析和思考，但各种研究结论的得出却不能是作者个人主观看法的延伸，而只能是研究资料和客观事实的逻辑结果。

二、引用与注释

研究报告中有时需要援引别人的论述、结果、资料或数据，来支持、佐证或说明自己的某种观点或结论。需要注意的是，报告中凡是引用别人的资料，一定要注明来源，而不能将别人的工作和成果不加注明地在自己的报告中使用。引用的具体方式主要有两种：一是引用别人的原话、原文时，要用引号引起来，再用注释注明；二是只援引别人的观点、结论但并非别人的原话、原文时，则不用引号，只需在其后用注释注明即可。

对于报告中引用的别人的资料，以及某些不易理解的内容或概念，常常通过加注释来进行说明。注释的作用主要有：指出所引用资料的来源，供读者参考查证；表示作者遵守学术道德，不把别人的成果掠为已有；既可以帮助读者解释报告中的疑难，又不使报告中断和过于冗长。

注释的形式主要有三种，即夹注、脚注和尾注。夹注即直接在所引资料之后，用括号将其来源或有关说明括起来，对引文进行注释或提示。比如：

“使用某一特定的数学模型要以已达到的某一量度层次为前提。”（布莱洛克，1960）

“我国15岁～24岁青年中，有82.3%的人已经就业。”（《中国青年报》，1986-04-10）

前一个夹注的形式往往与报告最后的“参考文献”相呼应。在参考文献中，一定要列出一条与此夹注相配合的文献，即应有下列文献：

布莱洛克．社会统计学．McGraw-Hill Book Company，1960.

脚注即在所引的资料处只注明一注释号，比如在该资料后的右上角用①、②、③等等来标明，然后在该页的最下端，用小一号的字体分别说明引文的出处、时间等情况，或作出有关的解释。

尾注则是将所有脚注都移到文章的结尾处一并排出，并冠以“注释”的标题，而不是分别排在各页之下。在目前学术刊物上所发表的研究报告中，三种注释形式都在使用中，不过不同刊物的要求往往不大一致。

本章要点

1. 研究报告是反映社会研究成果的一种书面报告。根据研究报告在性质和主要功能上的不同，我们可将其区分为描述性报告与解释性报告、学术性报告与应用性报告、定量研究报告与定性研究报告等。

2. 描述性报告着重于对所研究现象进行系统、全面的描述，这种描述既可以是定量的，也可以是定性的。解释性报告主要用研究所得资料来解释和说明某类现象产生的原因，或说明不同现象相互之间的关系。

3. 定量研究报告有比较固定的格式。在结构上它通常可以分成导言、方法、结果、讨论、小结或摘要、参考文献，以及附录几个部分。

4. 导言主要说明所研究的问题、背景、研究的动机等；方法部分主要说明研究所采用的方式方法、研究的程序和工具等；结果部分说明通过研究发现了什么；讨论部分则说明研究结果具有哪些意义，从这一结果出发，还能得到什么或还能继续做些什么；小结或摘要是对上述四个方面的简要总结；参考文献是研究报告中所涉及的书籍和文章的目录集合；附录部分列出研究过程中所用的问卷、量表及某些计算公式的推导、数据计算方法等。

5. 研究报告在内容上应从广阔的导言开始，逐渐集中到比较专门化的领域，直到提出研究者自己的研究领域和研究的问题，即由“宽”变“窄”。然后介绍自己的研究方法和研究所得出的主要结果，这是研究报告内容的最狭窄部分。当转向讨论研究结果的内涵时起，研究报告又开始逐渐由具体的结论向更一般的领域拓展，即由“窄”又变“宽”。

基本概念

研究报告　描述性报告　解释性报告

复习思考题

1. 从《社会学研究》上选择三篇研究报告，逐一概括其构成部分及结构，并进行比较。

2. 从《社会学研究》上选择一篇与你感兴趣的或你所熟悉的领域相关的研究

报告，从该报告的导言部分读到结果部分，不要读其“结论与讨论”部分。你自己根据所读部分的内容写一个“结论与讨论”部分，并与原报告中的该部分比较。

3. 如何正确表达下列参考文献？

(1) 两位作者合著的一本著作。

(2) 一本翻译的著作。

(3) 在一本合编的著作中的一篇论文。

4. 利用老师提供的调查数据，撰写一篇描述性报告。

推荐阅读书目

1. 风笑天．社会研究：设计与写作．北京：中国人民大学出版社，2014：第九章至第十一章．

2. 风笑天．现代社会调查方法．武汉：华中科技大学出版社，2001：第十一章．

第三编

定性研究方式

第十二章

定性研究概述

定性研究作为与传统的定量研究有着显著差别的研究类型和研究策略，越来越多地受到社会科学各个学科领域中的研究者的关注和重视。不同学科中运用定性研究方法开展的社会研究也在不断增加。正如有学者所指出的，定性研究已逐渐成为“定量研究的有益补充或替代方案”①。然而，或许是由于定性研究方法自身所具有的复杂性和多样性，或许是由于学界对其的了解远不如对定量研究方法的了解，因而一方面定性研究方法的应用尚未达到十分广泛的程度，另一方面许多社会研究者在认识和运用定性研究方法方面还存在一些迷惑和偏差，影响到定性研究的实践效果。本章的目的，就是结合目前学界对定性研究方法的认识和实践的现状，从定性研究的概念、定性研究的类型开始，对定性研究的本质特征、定性研究的方法论意义、定性研究与定量研究的差别、定性研究与定量研究的结合等问题进行初步介绍和探讨，以便于读者对定性研究方式有一个基本的了解。

第一节　定性研究及其相关概念

近一些年来，一些社会科学专业的研究者和学生常常会有这样的疑问：定性研究与质性研究是两种不同的方法吗？定性研究是不是质的研究？定性研究和质化研究有什么不同吗？定性研究与质性研究、质性研究与质的研究、质的研究与质化研究都是一回事吗？这些疑问说明，有必要对国内学术文献中的这几个概念进行一些探讨。

一、四种不同概念的产生

在有关社会研究方法的英文文献中，qualitative research 和 quantitative research 是学者们统一使用的一对相关的概念。在相当长的一段时期中，国内学术界

---

① 弗里克．质性研究导引．重庆：重庆大学出版社，2011：中文版前言．

主要使用“定性研究”和“定量研究”这两个中文概念来与之相对应。但近十几年以来，情况发生了变化，与 qualitative research 概念相对应的中文概念开始增多。

目前主要有四种不同的中文概念与英文中的 qualitative research 概念相对应。这四种中文概念分别是定性研究、质性研究、质化研究、质的研究。例如，笔者 2016 年 8 月对中国知网（CNKI）上人文社会科学类核心期刊的检索结果表明：标题含有“定性研究”的 124 篇，含有“质性研究”的 221 篇，含有“质的研究”的 59 篇，含有“质化研究”的 40 篇。这也即是说，国内学者中，四种不同的概念都有人在使用。或许正因为如此，才造成了初学者和使用者的迷惑与混乱，因而出现本章开头的那些疑问。

为了弄清楚这四种不同的概念所指称的是不是同一回事，我们先来看看这四种概念是如何出现的，特别是在时间上的先后顺序又是怎样的。

文献考察表明，长期以来，大陆学术界主要使用“定性研究”的概念。例如，以学术期刊发表的论文为例，通过 CNKI 进行检索，可以看到大陆社会科学领域在 20 世纪末以前（更准确地说，在 1997 年以前）所使用的都是“定性研究”的概念（即以前只有定性研究的概念）。而“质性研究”“质化研究”“质的研究”这三个中文概念原来主要出现在台湾、香港、澳门地区以及新加坡等国家的文献中。直到 20 世纪末 21 世纪初，这三个概念才开始陆续出现在中国大陆学术界。CNKI 检索表明，“质的研究”概念最早出现在 1997 年，“质化研究”概念最早出现在 2000 年，“质性研究”概念则最早出现在 2001 年。因此，可以说这三个新的概念是随着改革开放后大陆与台港澳学术交流的增加，随着大陆学术界开始接触并了解到这一英文概念的其他译法和用法，特别是随着一部分学者受台港澳学者的影响改用这三种新的中文概念后才开始出现的。正是随着这些采用新概念的学术论文的发表，特别是随着这些采用新概念为标题的著作、教材的出版和传播，“质性研究”“质化研究”“质的研究”的概念才慢慢进入并影响大陆学术界，从而形成既有“定性研究”的概念，同时也有其他三种概念的并存局面。

二、 四种概念的定义是否相同

在四种概念中，定性研究的概念不仅使用得最早，而且比较特殊。我们先看看学者们对于定性研究的定义是什么。

有学者认为，定性研究是“一种在自然情景中以收集定性资料为主，通过诠释和移情的途径来揭示和理解”社会现象及其内部意义的研究方法，是一种“与定量研究相对的，由文化人类学方法、行动研究、田野工作法等多种研究方法组成的范式”[①]。也有学者将定性研究方法定义为由哲学立场、方法论导向、收集数据的方

---

① 王嘉毅．定性研究及其在教育研究中的应用．西北师大学报，1995（2）．

法、技术程序、分析框架和报告方式这六个要素构成的动态过程。[①] 还有学者将国外学者的定性研究定义概括成“在自然环境下，使用实地体验、开放型访谈、参与型和非参与型观察、文献分析、个案调查等方法对社会现象进行深入细致和长期的研究；分析方式以归纳法为主，在当时当地收集第一手资料，从当事人的视角理解他们行为的意义和他们对事物的看法，然后在这一基础上建立假设和理论，通过证伪法和相关检验等方法对研究结果进行检验；研究者本人是主要的研究工具，其个人背景以及和被研究者之间的关系对研究过程和结果的影响必须加以考虑；研究过程是研究结果中一个不可或缺的部分，必须详细加以记载和报道”[②]。

可以说，上述关于定性研究的界定都比较接近，差别主要体现在所包含的方面的多少以及陈述的详细程度有所不同上。那么，质的研究、质性研究、质化研究的定义又是如何呢？我们以 CNKI 中较早采用这几种不同概念的论文为例进行说明。

在最早使用“质化研究”概念的论文中，作者虽然没有给出“质化研究”的定义，但明确指出了质化研究就是英文 qualitative research 概念的三种不同翻译中的一种（另两种是定性研究、质的研究）。换句话说，作者认为质化研究与定性研究、质的研究是一回事，都是英文中 qualitative research 对应的中文概念。[③]

在较早采用“质性研究”概念的一篇论文中，作者认为“质性研究”指的也是 qualitative research，其给出的定义是，“采用自然探究的方式，从自然观察的行为中收集所需的资料，并由观察与深入分析的过程来探究现象的发生，以及特定现象所蕴涵的社会意义”[④]。

而最早采用“质的研究”概念的陈向明教授对其定义说得更加直接：“我在以前几篇有关的文章中，将‘qualitative research’译为‘定性研究’。……我决定从现在起改用在香港、台湾、新加坡等地常用的‘质的研究’这个译名，有关‘质的研究’的定义，请见我在《教育研究与实验》1996 年第 3 期上的文章《定性研究评介》。”[⑤] 这即是说，她的“质的研究”的定义，就是其前文中“定性研究”的定义。或者说，她后来所说的“质的研究”，也就是其以前所说的“定性研究”。

上述情况说明，无论是在具体定义上，还是在它们所指称的英文概念上，这三种新的概念与定性研究的概念完全相同，它们并不是与定性研究不同的另一种新的研究。换句话说，这四种中文概念所指称的都是同一件事，没有区别。

之所以在已有定性研究概念的情况下，会相继出现后面三种新概念，主要有下列两方面原因：

一是由于长期以来，国内学术界所使用的定性研究概念，包括一些学术著作和学术论文中所涉及的定性研究概念，主要都是从哲学层面、思辨层面来进行界定

① 康斯特斯，张莉莉．教育定性研究的概念和方法探讨．外国教育资料，1997（3）．
② 陈向明．定性研究方法评介．教育研究与实验，1996（3）．
③ 秦金亮．心理学研究方法的新趋向：质化研究方法述评．山西师大学报，2000（3）．
④ 凌建勋，凌文辁，方俐洛．深入理解质性研究．社会科学研究，2003（1）．
⑤ 陈向明．“质的研究”中研究者如何进入研究现场．高等教育研究，1997（4）．

的，而不是从经验层面、操作层面来界定的。例如，《中国大百科全书·社会学》中对定性研究的定义："根据社会现象或事物所具有的属性和在运动中的矛盾变化，从事物的内在规定性来研究事物的一种方法或角度。它以普遍确认的公理、一套演绎逻辑和大量的历史事实为分析基础，从事物的矛盾性出发，描述、阐释所研究的事物。"①

正是由于"国内社会科学界目前对'定性研究'所下的定义一般都比较抽象和宽泛，通常将所有非定量的研究（包括个人的思考和对政策的解释和阐发）均划入定性的范畴"②；因此，不难明白，这一类定性研究的概念，实际上并不是一种与英文文献中 qualitative research 概念相对应的中文概念。因此，在引进和介绍西方定性研究方法时，就容易出现与这种传统定性研究概念相混淆的情况。正是在这种背景下，一些学者在翻译和介绍国外的 qualitative research 及其方法时，就开始寻找并采用与传统的"定性研究"概念有所区别的其他中文概念。

而与此密切相关的第二个原因是，改革开放以来，随着大陆学者与台港澳地区学者之间的学术交流的日益增多，台港澳地区学术界对于 qualitative research 概念的翻译和使用方式对大陆学术界产生了影响。无论是台港澳出版的学术著作、高校教材，还是期刊发表的学术论文，抑或是台港澳学者到大陆的访问讲学、会议交流等，采用的都是"质性研究""质化研究"或"质的研究"的概念。这也让大陆学者开始了解到、接触到 qualitative research 概念的这些新的中文表达方式，一些学者慢慢也开始在文献中运用。特别是一些学者所撰写的、以这些新的概念为名称的定性研究方法的著作、教材的出版，使得更多的初学者接触到这些新概念，并十分容易地受到影响而接受这些概念。

三、 如何看待定性研究的不同名称

应该指出，这种多种中文翻译名称的现状所带来的一个消极后果，首先体现在研究者使用的混乱上。不仅台港澳学界的使用比较混乱，大陆学界的使用同样混乱。一个典型的例子是，同一家出版社可以同时出版用这四种不同中文概念作为译名的著作。而且，即使是在同一套定性研究方法译丛中，三种不同的译名也同时出现，比如：译丛的丛书名是"质性研究方法译丛"，用的是"质性研究"概念；可译丛中的书名既有用"质性研究"概念的，如《质性研究导论》《质性研究的信度和效度》等，也有用"质的研究"概念的，如《如何做质的研究》《质的研究设计：一种互动的取向》等，还有用"质化研究"概念的，如《焦点组访谈：一种质化研究的方法》《教育质化研究的应用：个案方法的扩展》等。这种混乱的现象自然会造成初学者和使用者的思想混乱和误解。

① 《中国大百科全书》编委会．中国大百科全书·社会学．北京：中国大百科全书出版社，1993：33.

② 陈向明．定性研究方法评介．教育研究与实验，1996（3）.

实际上，四种译名不存在谁对谁错，只是学者个人的喜好。定性研究与定量研究的用法可以说是一种传统，一种习惯，或者说是一种约定俗成。比如学术文献中常见的对应概念就有“定量分析与定性分析”“定量资料与定性资料”“定量方法与定性方法”等，相对容易理解，也便于与国际通行的英文概念对应。而当学术界面对以往那种对“定性研究”概念的不恰当界定时，重要的不是去改换名字，而是要明确指出，由于历史的原因，我们以往对定性研究的概念的理解是不合适的，对其的界定是不正确的；与此同时，还要明确地指出，定性研究究竟指的是什么，究竟什么才叫定性研究方法。正如重庆大学出版社 2007 年翻译出版的《定性研究手册》（四卷本）一书的译者前言中所指出的那样：译者“之所以用‘定性研究’的概念，而不用诸如‘质的研究’‘质性研究’‘质化研究’等概念，主要考虑的是国内社会科学界的习惯和误解。与有的学者采用换一个名称的方式所不同的是，我们依旧使用‘定性研究’这一名称，其目的就是直接说明定性研究究竟是怎样的一种方法，就是纠正目前存在的对定性研究方法认识上的偏误，就是明确地告诉读者，定性研究也是一种类似于定量研究那样的，有特定的哲学基础、特定的视角和策略、特定的操作方法和技术的具体研究方式，而不是像许多人长期以来所认为的那样，只是一种‘非定量’意义上的泛泛而论或纯粹的主观思考（那种泛泛而论和主观思考或许只能称为议论、只能称为思考，而不能称作研究）”①。

第二节　定性研究的类型

与定量研究仅有实验、调查、内容分析等很少几种研究方式有所不同的是，定性研究的具体方式和方法可以说是多种多样，五花八门。而且对于定性研究有哪些基本的类型，目前也没有完全一致的答案。

一、“一把大伞”或“一棵大树”

定性研究有哪些基本类型呢？有学者指出：定性研究“是一个包含着无数变化的伞状术语集”②。“当谈到那些具有某些特征的研究策略时，我们就用定性研究这把大伞，一言以蔽之。”③ 即将定性研究看作一把大伞，在这把大伞下面，包含了各种各样的研究策略、研究方式和研究方法。这是一种比较流行的看法。

还有学者认为，定性研究是一棵包含二十几种研究策略的大树，或者说定性研

① 邓津，林肯．定性研究：方法论基础．重庆：重庆大学出版社，2007：2.

② Punch K F. Introduction to Social Research: Quantitative and Qualitative Approaches. Sage Publications Ltd., 1998: 117.

③ 波格丹，比克伦．教育研究方法：定性研究的视角（第 4 版）．北京：中国人民大学出版社，2008：2.

究“可以用几十种方式来进行”[①]。另一种虽不那么形象、直观，但也许更加概括、更加准确的说法是，定性研究的方式“确实多到了难以选择的地步”[②]。

无论是用一把大伞、一棵大树来形容，还是列举二十几种、几十种具体的研究方式，客观上都表明了这样一种现实：定性研究的方式和类型多种多样。正是这种多样性特征，使得定性研究方法难以进行分类。然而，尽管对定性研究进行分类十分困难，人们还是设法提出了各种不同的标准来对定性研究进行分类。比如，有的学者按研究的问题来分类，有的按研究的内容范畴来分类，有的按研究的“传统”来分类，有的则按研究的“类型”来分类。这些分类虽然各有道理，但“这些分类之间基本上是并不兼容的，不论是从定义方式或从划分标准来看，都是如此”[③]。即每一种分类方式实际上都只关注或强调了定性研究的某些方面，而相对忽视或遗漏了另一些方面。因而每一种分类都不够完备，都没有做到将定性研究的各种策略、各种方式和方法全部归入其中（或许要将这些各不相同的方式全部按某种标准进行分类，本身就是一件不现实的或不可能的事）。但从学习者、应用者的角度来看，在定性研究这把大伞下，哪些是最为基本、最为常用因而也是相对重要、最应该了解和掌握的类型呢？这是一个重要问题。

二、 定性研究方法著作和教材中的基本类型

我们先来看看一些定性研究方法的专家是怎么分类的。国际著名的定性研究专家、世界范围内有着重要影响的《定性研究手册》一书的主编邓津和林肯认为，定性研究的研究策略主要有 8 大类：（1）个案研究；（2）民族志、参与观察、表演民族志；（3）现象学、常人方法学；（4）扎根理论；（5）生活史、证据学；（6）历史方法；（7）行动研究与应用研究；（8）临床研究。[④]

美国学者德尔伯特·米勒在其著名的《研究设计与社会测量导引》一书中，则主要介绍了五种定性研究的方式：叙事研究、现象学、扎根理论、民族志和个案研究。他们选择这五种方式的原因之一是，“这五种方法已具备了较系统的研究程序”，同时“在社会科学研究中是经常应用的”[⑤]。即这些定性研究方式相对成熟，程序相对明确，应用频率高，应用面广。更重要的是，由于不同学科中所使用的定性研究方法并不相同，所以，“我们从人文学科中选择了叙事研究，从心理学和哲学中选择了现象学，从社会学中选择了扎根理论，从社会学和人类学中选择了民族志，从人文、社会科学以及诸如评估研究的应用领域中选择了个案研究”[⑥]。反过来我们也可以这样理解：叙事研究方法在人文学科中应用较多，现象学方法在心理学

---

① 迈尔斯，胡贝曼．质性资料的分析．重庆：重庆大学出版社，2008：8－9.

② 米勒，萨尔金德．研究设计与社会测量导引：第 6 版．重庆：重庆大学出版社，2004：133.

③ 同①10.

④ 邓津，林肯．定性研究：方法论基础．重庆：重庆大学出版社，2007：25.

⑤ 同②133.

⑥ 同②134.

和哲学中应用较多，扎根理论方法在社会学中应用较多，民族志方法在社会学和人类学中应用较多，而个案研究方法的应用范围最广，它在各种人文学科以及社会科学中都有应用。

德国著名的定性研究专家、《质性研究导引》一书的作者弗里克将定性研究的类型按资料的性质分为三大类：以口述资料为中心的深度访谈、焦点小组等；以观察资料和媒介资料为中心的观察法和民族志以及文本分析等；以文本资料为中心的谈话分析、话语分析、叙事分析等。①

美国学者科瑞恩·格莱斯在其所著的《质性研究方法导论》一书中，集中讨论和介绍了解释主义传统范围内的定性研究方法。他主要介绍的五种定性研究方法分别是民族志、生活史、扎根理论、案例研究、行动研究。②

上述学者所介绍的定性研究方式虽然不尽相同，但不难发现，有一些研究类型是他们共同介绍的。这就是民族志、扎根理论、个案研究、行动研究。还有一些方式也有所提及，比如叙事研究、文本分析、生活史、现象学等。

我们再来看看那些著名的社会研究方法教材，特别是那些书名中强调了“定量与定性两种途径”的研究方法教材中，主要介绍了哪些定性研究的方式。

美国学者艾尔·巴比教授在其著名的《社会研究方法》一书中，仅介绍了实地研究这一种定性研究方式。③

美国学者劳伦斯·纽曼教授在其著名的《社会研究方法》一书中，只介绍了两种定性研究方式，即实地研究和历史比较研究。④

英国学者布莱曼教授在其著名的《社会研究方法》一书中，主要介绍了民族志与参与观察、访谈与焦点小组、基于语言的资料收集和分析方式（例如话语分析、谈话分析），以及对于文本（texts）和文档（documents）的收集和分析方式等。⑤

澳大利亚学者庞奇教授在其反响很好的教材《社会研究方法：定量与定性的途径》一书中，主要介绍了四种定性研究的方式，即个案研究、民族志、扎根理论、行动研究。⑥

美国学者范德斯都普教授等人在《日常生活中的研究方法：定性与定量路径的平衡》一书中，所介绍的定性研究方式有五种，即民族志、现象学、个案研究、文本分析（textual analysis）、行动研究与评价研究。⑦

上述不同学者在研究方法教材中所介绍的定性研究方法同样互不相同。特别是

---

① 弗里克．质性研究导引．重庆：重庆大学出版社，2011：5－6.

② 格莱斯．质性研究方法导论：第4版．北京：中国人民大学出版社，2013：4－16.

③ 巴比．社会研究方法．北京：华夏出版社，2000：353－390.

④ 纽曼．社会研究方法．北京：中国人民大学出版社，2007：459－556.

⑤ Bryman A. Social Research Methods. 2nd ed. Oxford University Press，2004：266－416.

⑥ Punch K F. Introduction to Social Research：Quantitative and Qualitative Approaches. Sage Publications Ltd.，1998：113－142.

⑦ VanderStoep S W，Johnston D D. Research Methods for Everyday Life：Blending Qualitative and Quantitative Approaches. Wiley & Sons，Inc.，2009：199－220.

在前两本没有强调“定性与定量两条路径”的教材中，都只主要介绍了“实地研究”这一种类型（实际上，前两本教材中所介绍的实地研究在相当大的程度上等同于后几本教材中的民族志/参与观察以及个案研究。关于这一点，我们将在后面进行专门探讨）；而后面几本强调了两条路径的教材中，一方面都没有介绍“实地研究”，另一方面所介绍的类型相对更多。并且同样也有一些研究类型是它们都共同介绍过的，这些研究类型是个案研究、民族志、行动研究、文本分析等。

从上述两个方面的情况综合来看，学者们所认为的定性研究基本类型实际上还是相当一致的。这一状况为我们如何学习、掌握和应用定性研究方法给出了越来越清晰的答案。

三、从不同角度进行不统一的、不同标准的分类

一方面，定性研究有多种不同的分类方式和分类标准，学者们各自所认为的定性研究的主要类型不完全相同。另一方面，上述结果又显示在不同划分中存在着相当大的一致性。这一状况启示我们，不能用统一的标准对定性研究进行分类，但可以改变思路，采取从不同角度（而不是同一种角度）对定性研究进行不统一标准（而不是统一标准）的分类。根据这一指导思想，我们可以将定性研究从以下几个角度进行分类，并得出相应的基本类型。

首先，从基本特征的角度，可以将定性研究的方式分为两大类。

一类是以“深入实地”为基本特征的定性研究，主要包括以收集和分析观察资料、访谈资料为主的实地研究（field research）、民族志（ethnography）和参与观察（participant observation）（这一类方式可以简称为“实地类”）。这一类方式通常被认为是定性研究中最重要也是最具代表性特征的方式。正如有的学者所指出的：“实地研究是定性研究方法论中最重要的资料收集策略。”① 这或许也是一些著名的研究方法教材中仅介绍实地研究这一种方式的原因。

另一类则是以“专注于文本”为基本特征的定性研究（尽管其中有的方式也会用到上述“实地类”方式中的某些具体方法），主要包括各种形式的文本研究（textual research），比如，话语分析（discourse analysis）、叙事分析（narrative analysis）、谈话分析（conversation analysis）、历史比较研究（historical-comparative research）等（这一类方式可简称为“文本类”）。

由于这一分类方式较好地区分并突出了“深入实地”的特征和“专注于文本”的特征，笔者认为是对学习和使用定性研究方式来说相对明确、相对重要的一种分类。

其次，在划分出定性研究上述两大类型的基础上，可以再从研究对象数目的角

① Nachmias C F，Nachmias D. Research Methods in the Social Science. 6th ed. Worth Publishers，2000：257.

度，增加个案研究（case study）的方式，从研究目标的角度增加扎根理论（grounded theory）的方式，从影响和干预现实的角度增加行动研究（action research）的方式（但是，更科学地说，行动研究并不是一种特定的研究方式或方法，而主要是一种研究取向）。换句话说，这三种定性研究方式是不能按上述标准进行分类、只能按其他标准进行单独归类的定性研究类型。

综合上述分析，我们可以看到，就像实验、调查、内容分析、二次分析等方式是定量研究中最基本的研究方式一样，在定性研究中，实地研究（或民族志、参与观察）、个案研究、扎根理论、文本分析、行动研究等，或许就是最基本、最应该熟悉和掌握的研究方式。（本书中目前仅对定性研究中最常用的实地研究、个案研究进行了介绍，其他几种方式读者可参阅定性研究的专门书籍。）

四、实地研究、参与观察及民族志的异同

在本节的最后，有必要对构成"实地类"定性研究方式中的三种相似类型进行一些专门的讨论。

实地研究、参与观察、民族志这三种定性研究方式十分相似，在一些学者那里甚至看作同一种方式："正如 L. M. 史密斯所观察到的，以下诸多的词汇实际上都已经变成同义词了，这些词汇包括：民族志（ethnography）、田野法（field methods）、质性研究（qualitative inquiry）、参与观察（participant observation）、个案研究（case study）、自然取向研究（naturalistic methods）、响应式评估（responsive evaluation）。"[①] 也有学者指出，"社会学家常常更喜欢使用'参与观察法'一词来指称人类学家传统上的所谓民族志"[②]。同时，"参与观察法"一词同样被一些社会学家用来指称实地研究。例如，巴比教授在其著名的方法教材《社会研究方法》中，就用实地研究"来概括有时被称为参与观察（participant observation）、直接观察（direct observation）和个案研究（case study）的所有研究方法"[③]。

可以说，三者的相同之处远多于不同之处。特别是在社会学中，实地研究与参与观察的概念几乎达到了可以相互替换的地步。实际上，参与观察法概念中的"观察"一词可以有广义和狭义两种不同的理解。而参与观察与实地研究之间的关系，正是取决于对"观察"概念所采用的理解。如果从狭义来理解，将"观察"仅仅理解成到研究对象生活的环境中用眼睛去看，仅仅包括"亲眼所见"，那么，这种参与观察就只是实地研究中用来收集资料的一种具体方法，或者说参与观察就只是实地研究方式中的一个部分。但如果从广义上来理解，将参与观察理解为"参与"+"观察"。这里的"参与"即深入研究对象的生活背景，参与研究对象的全部日常生活；这里的"观察"不仅包括亲眼所见，包括亲耳所闻，还包括访谈、互动、体验

---

① 迈尔斯，胡贝曼．质性资料的分析．重庆：重庆大学出版社，2008：2.

② 马修，苏登．社会研究方法基础．北京：高等教育出版社，2008：81.

③ 巴比．社会研究方法．北京：华夏出版社，2000：354.

和感悟，即包括研究者参与实地所进行的各种活动。那么，参与观察和实地研究就是一回事。

至于民族志，从其来源看，是人类学家研究社会文化（特别是早期人类学家研究相对远古、相对原始的外部社会文化）的主要方式。正是这种特定的研究目标，在很大程度上决定了其所使用的方法和途径必须是深入实地的、长时间的、参与互动的。而在这种研究中，研究者所采用的最重要的研究方法和技术同样是观察和访谈。正因为如此，民族志与实地研究和参与观察的方式也就没什么不同了。如果一定要对它们进行区分的话，或许可以认为，来源于人类学的民族志是一种更为极端的实地研究——它不仅要求研究者在实地生活的时间更长，参与当地社会生活的程度更深，同时其主要的关注点也更多地集中于对当地社会的文化现象进行描述与分析上。

第三节　定性研究的本质特征

了解事物的特征是我们认识该事物的重要方式。那么，定性研究最为本质的特征是什么？特别是对于定性研究的初学者和使用者来说，最应该了解和熟悉的定性研究的特征又是什么？关于这一点，在不同学者的著作中有着多种不同的回答。比如，弗里克教授认为，定性研究的本质特征主要体现在以下四个方面：一是研究方法和理论相对于其研究对象的适合性；二是参与者的视角及其研究的多维性；三是研究者及研究的反思性；四是理论和方法的丰富多样性。① 而美国著名的教育学定性研究学者波格丹教授等人则认为，各种类型的定性研究或多或少都具备下列五个方面的特征：（1）自然主义；（2）描述性的数据；（3）关注过程；（4）归纳法；（5）意义。②

从上述学者的看法和具体表述中，我们可以了解到定性研究所具有的一些主要特征。但同时我们也不难发现，不同学者在表述定性研究的特征时，他们所关注的侧面并不一样，他们的具体看法和认识也不完全一致。实际上，正是由于定性研究在具体方式上的多样性，导致它们在特征上也往往互不相同，很难统一概括。我们认为，以下几个方面或许是定性研究的各种特征中最为本质的特征，同时也是研究者最应该了解和熟悉的特征（当然，值得注意的是，不同类型的定性研究在体现这些特征的程度上仍然会有所不同）。

一、“到现场”“到实地”

尽管定性研究的方式和方法可能有十几种、几十种，甚至“多到了难以选择的

---

① 弗里克．质性研究导引．重庆：重庆大学出版社，2011：11－13.

② 波格丹，比克伦．教育研究方法：定性研究的视角（第4版）．北京：中国人民大学出版社，2008：3－7.

地步"[1]，但总体上看，研究者深入研究对象所处的真实社会生活环境开展研究，可以说是体现在定性研究各种具体方式和方法中的一种最具代表性的特征。无论是民族志研究、实地研究的方式，还是参与观察、个案研究的方式，无一不深深地烙有"到现场""到实地"的明显烙印。研究者正是通过到现场、到实地，通过在自然的情境中开展研究，才得以"耳闻目睹"，才可以"设身处地"，也才可以"感同身受""将心比心"和"移情理解"。在定性研究的各种方式方法中，或许仅仅只有以收集和分析各种历史文本为主的"历史比较研究"是一个例外。因为就连那些主要只是"专注于文本"的定性研究方式（比如叙事分析、谈话分析、话语分析等等），通常也同样必须通过"到现场""到实地"，去多次接触和访问研究对象，通过与研究对象的互动来收集其分析所依赖的各种"文本"。

因此，"到现场""到实地"这一特征既是定性研究在研究方式和具体方法上区别于各种定量研究方式和方法的突出标志，也是定性研究为达到更好认识和理解社会现象的目标所采取的最为重要的研究策略和指导思想。虽然在调查研究、实验研究等定量研究的方式中，研究者也会到实地去，也会接触研究对象。但一方面，他们到实地的目的主要是"联系"研究对象、"找到"研究对象；另一方面，他们与研究对象接触的时间非常短暂，通常只有一两天，或者一两个小时，甚至只有一二十分钟。他们这种"蜻蜓点水"式的"到现场"和"到实地"，与定性研究方式中那种"相对长时期地，完全'投身于''沉浸于'社会生活场景，以及那种全方位、长时间、相对非正式地与研究对象进行日常生活接触是完全不同的"[2]。因此，可以说，定性研究不仅是以"到实地""到现场"的特征将自己与那些相对远离现实生活场景的各种定量研究区别开来，同时也是以此特征让自己在探索社会生活现象的队伍中占有十分重要的一席之地。在一定意义上我们甚至可以说，不到现场、不去实地，就无法进行定性研究。

二、"重情景""重关联"

对于如何看待和探索社会世界，定性研究有一个重要的前提。这就是，任何一种社会现象既是"此时此地"的，也是相互联系的。正是这种"此时此地"和相互联系的观点，突出强调了任何一种社会现象、任何一种社会现实都是存在于一定的社会情景之中、存在于与其相关的各种社会联系之中。社会中不同人群的行为、他们行为的意义，以及由这些行为和意义构成的各种社会现象，都只有在与其相联系的"此情此景"中才能很好地被理解和解释。换句话说，要理解具体的社会行为，要理解由这些行为构成的社会现象，我们就必须将这些行为、将这些行为的主体放到产生这些行为的"情景"之中，放到与这些行为、这些现象客观联系着的其他行

① 米勒，萨尔金德．研究设计与社会测量导引：第6版．重庆：重庆大学出版社，2004：133.
② 风笑天．社会研究：设计与写作．北京：中国人民大学出版社，2014：99.

为、其他现象当中。只有认识和理解了那种“情景”，认识和了解了那些与此“情景”相联系的各种因素，研究者才能更好地认识和理解他所研究的这种行为和这种现象。

前面第一章中我们曾经指出定性研究具有“自然主义”的特征，实际上强调的正是研究要在“现实的”“自然的”“真实的”社会背景中进行。以探索社会奥秘为己任的社会研究者，只有参与现实的社会生活，在一个真实的生活情境中去观察、去体验，才能真正理解人们的行为，也才能达到社会研究的目标。也正因为如此，定性研究才特别强调研究者要“到现场”、要“到实地”。因为只有在那里，在人们的行为、态度，以及社会生活事件发生的具体“情境”中，研究者才能真正感受到“情景”的力量，才能发现人们特定行为、特定态度，以及特定社会现象之中所蕴涵的各种相关因素，也才能真正理解这些行为以及行为所具有的特定意义。

三、“重意义”“重主观”

受其本体论、认识论思想的影响，定性研究方法论的一个重要观点是认为社会世界中并不存在所谓的客观事实。正如有学者明确指出的，“这个世界中的事实是被社会建构的”[①]。这也是定性研究与定量研究在方法论上最大的差别之一。正因为定性研究认为所有事实都是被社会建构的，因此，与定量研究非常看重“客观事实”截然不同的是，定性研究格外重视对社会所建构的各种“意义”的理解，这可以说是定性研究的另一个突出特征。

定性研究一方面特别关注人们是如何赋予各种社会行为、社会事件、社会事物之意义的，另一方面也特别看重人们的各种行为、意图对其自身来说所具有的意义。比如，研究对象如何看待和理解自己的经历，如何解释和说明自己的行为等。这种“意义”在一定程度上甚至成为各种定性研究都努力追求的核心内容。用有的学者的话说，定性研究者的“目的就是更好地理解人类的行为和经验。他们努力去把握人们建构意义的过程以及解释意义的过程”[②]。而由于所有的“意义”又都是处于特定“情境”中的，都是离不开“情景”的。因此，这也可以说是定性研究之所以特别强调要到实地、要参与研究对象的实际生活，之所以特别看重与行为和态度相关的“情境”的内在原因。

正是由于对“意义”的看重和追求，导致定性研究在本质上更加依赖研究者的主观性，即依赖研究者作为研究主体在整个研究过程中的关键作用。这不仅体现在定性研究非常依赖研究者的深入实地和亲身参与、依赖研究者在特定情境中与研究对象的长期互动上，也体现在其依赖具有明显主观性特征的个人体验、感悟、解读、分析和理解上，还体现在不以“客观性”作为评价定性研究质量的标准上。由

---

① 格莱斯．质性研究方法导论：第 4 版．北京：中国人民大学出版社，2013：6.

② 波格丹，比克伦．教育研究方法：定性研究的视角（第 4 版）．北京：中国人民大学出版社，2008：34.

于定性研究具有的这种重视和依赖研究者主观作用的特征，因此，各种有关“研究人员的价值观、主观态度、观点、成见，特别是偏见会对研究结果产生重大影响”的看法，也就很自然地成为定性研究所遭遇到的最主要的批评和责难之一。而许多定性研究者之所以把“研究者和研究的反思性”作为定性研究的重要特征之一，就是因为其所针对的正是这种在定性研究中不仅无法回避同时在很大程度上还是完全依赖的主观性特征。

第四节　定性研究的方法论意义

学习和了解定性研究方法，目的是用它来帮助我们更好地认识我们所生活的社会世界。然而，为什么在已有相对成熟的定量研究方式的情况下，还需要发展和应用定性研究方式？换句话说，定性研究独特的方法论意义究竟体现在哪里？这是一个重要的问题。与这一重要问题相关的其他问题还包括：实际研究中，研究者如何决定是该采用定性研究方法还是该采用定量研究方法？从研究效果上看，定性研究方法与定量研究方法哪种更好？对这些问题的回答都涉及对定性研究所具有的方法论意义的认识。

一、为什么是定性研究？

这一问题指的是，在社会研究中我们为什么需要定性研究的方法？或者说，定性研究能为我们认识和了解社会世界做些什么？为了更好地回答这一问题，我们需要回到类似的“为什么是调查研究”的问题上。

从前面第七章的学习中可以知道，在社会研究中，如果按照科学的标准来衡量，最科学、最严格的方式无疑是实验研究。正如有学者所指出的，“早期的社会科学家将实验和测量看作科学方法的两个最核心的要素”[①]。因为在高度控制的条件下，通过严格的实验设计和精确的测量，同时通过建立可供比较的实验组和对照组，研究者能够依据经验观测的结果和合理的推断逻辑很好地探讨现象之间的因果关系。而现象之间的这种因果关系正是社会研究者所追求的最重要的目标。

然而十分遗憾的是，由于实验研究对于实验的环境、对象、实施条件、操作程序等方面所具有的严格性甚至苛刻性，使得其在成为社会科学中最科学的研究方式的同时，也成为社会科学中受限制最多、最不适用的研究方式。因为社会科学的研究远不像自然科学的研究那样容易达到实验研究方式中对实验设计的各种苛刻要求。这其中既包括研究者在现实社会生活中难以做到对实验环境进行高度的控制，

---

① Punch K F. Introduction to Social Research: Quantitative and Qualitative Approaches. Sage Publications Ltd., 1998: 68.

也包括难以做到对实验对象的随机抽取，更包括研究者难以在同为人类的实验对象身上实施各种必要的实验刺激和经验测量。

正是在这样的背景下，调查研究方式借助统计学的帮助，在不改变、不操纵社会现实环境，不控制研究对象、不对研究对象实施实验刺激的前提下，依据相关的理论模型，利用对被访者的询问所得到的资料进行统计分析，在一定程度上推断出社会现象之间的因果关系，以此来接近或达到实验研究的效果。换句话说，由于有了越来越复杂的统计模型和数据分析技术的帮助，调查研究方式才得以在不控制、不操纵、不改变社会现实的情况下，通过收集和分析属于“事后的”“结果的”资料，反过来寻找和推断造成这种“结果”的可能“原因”，从而使得社会研究者很好地突破了实验研究难以面对真实社会生活的局限性，获得了类似的因果关系的结论。另外，由于调查研究方式与实验研究方式相比，在现实社会生活环境中相对来说容易操作得多，研究过程中所受到的实践限制、伦理限制、道德限制要少得多，因而受到了各门社会科学中的研究者的青睐，也使得调查研究方式在各门社会科学中都得到了十分广泛的应用，成为各门社会科学中最为常用的研究方式。

然而，在研究者广泛利用调查研究方式的同时，社会现象的复杂性、多样性、变化性、特殊性也在不断地突破调查研究方式在对社会现象的测量上所具有的“客观”“静止”“精确”的特征，以及“整齐划一”、便于统计分析的要求。与此同时，调查研究方式那种为便于资料的精确测量、大规模收集，以及进行统计分析而过度“裁剪”现实、“简化”现实、“假定”现实的做法，也带来了其在社会现实的描述上，特别是在对社会现实的理解上过于“表面化”“静态化”“简单化”的弊端。有学者在批评以调查研究为主要代表的定量研究方式时指出，定量研究往往为了概括，因此简化了许多东西，忽略了许多东西，特别是有时“这些研究所忽略的内容比它们所揭示的还要多。例如，操作主义要求测量变量。虽然测量本身不失为一种描述世界某些方面的精确方法，但是它也牺牲了对很多细节的陈述”①。更为重要的是，社会现象中还有许多的方面和内容是调查研究方式难以处理，甚至是无法触及的。硬要采用调查研究方式去了解、去描述，特别是去理解和解释这些社会现象，其难度就如同在某些达不到实验设计要求的社会现实情境中硬要开展实验研究一样无效。

任何一种新的研究方式的出现，往往是基于原有研究方式的某种缺陷或不足，或者是基于研究新的现实的需要。正是社会现象的复杂性和多样性，暴露出以实验研究、调查研究为代表的定量研究方式在面对和处理复杂的社会现实方面所存在的各种局限性，同时也催生了各种各样的、相对适应这种复杂多样的社会现象的定性研究方式。定性研究方式的出现所弥补的正是以调查研究、实验研究为代表的定量研究方式的不足。它为我们提供了探索社会世界奥秘的另一种视角和另一条途径。它意味着，定性研究不仅可以帮我们看到定量研究所看不到的东西，还可以为我们

① 米勒，萨尔金德．研究设计与社会测量导引：第6版．重庆：重庆大学出版社，2004：151.

提供定量研究所不能提供的东西。这正是定性研究在方法论上所具有的最大意义。

与定量研究在程序上、形式上相对“千篇一律”的特征所不同的是，定性研究在研究的具体方式、方法、形式上展现的则是“千姿百态”“五花八门”。这种多样性所揭示的，正是定性研究特别强调研究方式和方法对研究对象、研究主题、研究现象的适合性。即不同的研究对象、不同的研究主题、不同的研究目标，将形成不同的研究方式和研究方法。定性研究正是以其在研究策略、研究类型、研究设计，以及研究方法上的高度开放性和灵活性，去主动地适应社会研究在研究主题、研究现象、研究内容上所呈现的复杂性和多样性，才使得现实中的各种纷繁复杂的社会现象没有被简单“裁剪”成相对孤立的“变量”，而是依然“保持着其复杂性和整体性，并在其所处的日常生活情境中得到研究”①。因此，定性研究在了解、认识、理解各种复杂的社会现实的过程中发挥出独特的、无法替代的作用，也越来越多地受到社会科学各个学科研究者的关注和青睐。

二、该采用定性研究还是定量研究?

这是研究者在社会研究实践中所遇到的一个十分常见的问题。如果社会研究中只有定量研究一种探索途径，这一问题就不会存在。然而，从上面的论述中，我们不难看到定性研究对于社会世界的探索所具有的重要意义。那么，展现在社会研究者面前的就至少有两条不同的接近研究目标的路径。问题也随之而来：我们在实际研究中究竟是该选择定量研究方式，还是该选择定性研究方式?正确回答这一问题的前提，是应该明白我们依据什么来做出选择某种研究方式或探索途径的决定。我们选择采用某种研究方式或探索途径的标准是什么?是研究者的个人喜好，或是研究者所具有的知识背景和方法训练（比如会不会做统计分析），还是基于其他的因素?

客观地说，虽然研究者在一项研究中究竟是采用定性研究方式还是采用定量研究方式，的确会受到研究者的个人喜好、知识背景、方法训练等因素的影响；但做出正确选择的决定性因素却既不是研究者的个人喜好，也不是研究者的知识背景和方法训练，而是这项研究所要探讨的社会现象的性质，特别是这项研究所要回答的问题的性质。正如有的学者所指出的，社会研究者“应该依据研究问题的性质来做出采用定性的或是定量的研究方式的决定”②。

举例来说，如果研究的问题是有关某一总体的现状、特征，或者是有关某一种社会现象与另一些社会现象之间的相互关系，或者是有关某一种理论命题是否在研究者关注的社会现实中成立等等，研究者就应该采用适合回答这类问题的定量研究方式，比如调查研究、实验研究等。而如果研究的问题是有关某一类不太为社会大

---

① 弗里克．质性研究导引．重庆：重庆大学出版社，2011：12.

② VanderStoep S W，Johnston D D. Research Methods for Everyday Life：Blending Qualitative and Quantitative Approaches. Wiley & Sons，Inc.，2009：163.

众所知晓的特殊人群（如同性恋者）的行为方式、心理特征，或者是有关一个特定群体的内部结构及其相互之间的复杂关系，或者是有关一个特定事件的发生、发展和变化过程，或者是有关某种特定文化的实践和传统以及特定文化内部的社会互动等等，研究者就应该采用适合回答这类问题的定性研究方式，比如实地研究、参与观察、个案研究、民族志等等。

总之，研究方式和方法的选择要以适合研究问题、适合研究目的、适合研究对象为标准。正是不同的研究问题、不同的研究目的、不同的研究对象，决定了我们应该采用，有时甚至是只能采用定量研究或者定性研究的方式。可以说，人们社会行为和社会现象的复杂性，既决定了社会研究方式的多样性，同时也在一定程度上决定了不同研究方式的适用性。这种研究方式与研究问题、研究目的之间的关系，可以用交通来做比喻：定量研究方式就像飞机航线、铁路线、轮船航线和高速公路，它们往往可以让我们以最直接、最快速的方式到达许多地方，特别是遥远的地方；但是社会生活中更多的地方光靠这些方式仍然到达不了，还要靠其他的方式才能到达。比如：城市中的小街小巷、庭院弄堂，就要靠自行车，甚至是靠双腿步行才能到达；在乡村、山区、水乡，就要靠拖拉机、马车、牛车、小木船，还有索道、吊桥等等才能到达；而在冰天雪地的北方就需要靠雪橇、爬犁，在干旱的沙漠则要靠骆驼才能到达。在一定意义上可以形象地说，定性研究方式就是这些多种多样、适应各种不同具体环境的特殊交通工具，可以带我们到达定量研究方式无法到达的地方。

与上述问题相类似的另一个问题是，定性研究和定量研究哪种方式更好？一位学者对这一问题的回答非常直截了当：这是一个“愚蠢的问题”[①]。因为对于社会研究来说，永远没有最好的方式，而只有最合适的方式。社会研究的不同目标往往只适合采用不同的研究方式来达到。正如前面所说，研究者所提出的问题的性质，决定了回答这一问题的最合适的研究方式是定性研究还是定量研究。从这种意义上说，哪种方式更好并不是由我们主观上的喜好或选择来决定的，而是早就由我们提出的研究问题的性质所内在决定了的。研究者所要做的，就是“依据”问题的性质和研究的目的来采用合适的研究方式，而不是由主观的喜好或自身的条件、能力（比如是否擅长统计分析等）来“选择”某种方式。还是用交通来做比喻，这就像人们旅行时选择交通方式和交通工具一样：选择什么交通工具和采用哪种旅行方式，完全取决于你想去哪里，特别是取决于你想要看什么。因为在特定的时间、经费、环境等客观条件限制下，有的景色只能坐飞机在天上才能看到，有的景色则只能靠双腿徒步跋涉才能看到。自然，这两种不同的方式所看到的“风景”也是不一样的，但有一点却是相同的：它们都是在以自己的方式“观看”和“认识”现实世界。

① 波格丹，比克伦．教育研究方法：定性研究的视角（第4版）．北京：中国人民大学出版社，2008：34.

第五节 定性研究与定量研究的差别

定性研究与定量研究作为两类不同性质的研究范式或研究类型，无论是在各自本体论、认识论、方法论渊源方面，还是在各自的研究方式、研究方法和研究技术方面，都存在着众多不同的特征和差别。面对这些差别，初学者或许会有些眼花缭乱，实践中也难以把握其中的关键。本书第一章导论中，曾主要从方法论角度，对定性研究与定量研究进行过比较。在本章中，我们再从具体方法和实际应用的角度，对定性研究与定量研究之间的差别作进一步的说明。总的来说，二者之间最为重要的差别主要体现在以下几方面。

一、回答的问题不同："我关心的不是你关心的"

一切研究都始于研究问题的提出。而研究方法的任务就是帮助研究者正确地收集和分析资料，以达到回答研究问题的目的。对于定性研究与定量研究这两种不同的研究方式来说，它们最大的差别之一也正是体现在它们所回答的问题不同上。

一般情况下，定量研究主要关注和回答有关整体的、相对宏观的、相对普遍的、侧重客观事实的，特别是有关变量之间关系的问题；而定性研究主要关注和回答的则往往是有关个体的、相对微观的、相对特殊的、侧重主观意义的，特别是有关具体情境之中的互动问题。举例来说，社会调查方法（定量研究中的主要方法之一）往往只能回答诸如"特定人口总体中精神病出现的频率是多少""不同社会阶层中这种患病的比率有什么不同"等问题。但对于某些特定的研究问题，比如"精神病患者的带病生活对本人及其家人意味着什么""疾病对患者及其家人的主观意义是什么"等问题，则必须采用定性研究方式来回答。这也即是说，只有采用诸如参与观察、深度访谈、民族志、个案研究等定性研究方法，才能更好地帮助我们回答上述后一类问题。

研究所回答问题的不同在某种程度上也反映出两类研究在目标上的不同。概括地说，定量研究更多的是以描述总体的分布、结构、趋势及其相关特征，揭示变量之间的关系，验证已有理论假设等为目标；而定性研究则更多的是以揭示现象变化过程、现象内在联系、研究对象的主观认知，诠释行为意义，发展和建构新的理论假设为主要目标。正是由于目的地的不同，它们各自所经历的路径自然不同，而到达目的地所需要的交通工具也会不一样。有的目的地需要坐飞机才能到达，有的目的地则只能靠双腿徒步跋涉才能达到。不难理解的是，研究者借助两种不同的工具、经历两条不同的路径所看到的风景自然会大不一样。但有一点却是相同的，即它们都是在以自己的方式"观看"和"认识"现实世界。

有学者明确指出，"定量研究方法与定性研究方法不是回答同一问题的不同方法，相反，这两种方法构造不同的途径来回答不同类型的问题”①。这些学者的看法实际上包含着两个方面的含义：一是对于任何一个具体的研究问题来说，我们往往只能采用定性研究和定量研究这两种方式之一来进行研究。换句话说，对于某一个具体的研究问题，研究者既可以使用定量研究方式来研究，也可以使用定性研究方式来进行研究，这种情形实际上是不存在的。二是之所以存在着定性研究与定量研究两种不同的研究方式，就是因为来自现实社会中的各种不同性质的问题纷繁复杂、多种多样，只靠一种研究方式不可能很好地去解决和回答，而必须有适合不同问题的这两类研究方式分别解决和回答。

二、研究的程序不同：“一切视情况而定”

关于研究程序，可以有两种理解：一是相对广义的理解，指的是“所有研究”都遵循的“一般程序”。即从选择研究问题开始，经过研究设计、资料收集、资料分析，最终到研究结果为止的过程。二是相对狭义的理解，指的是实际实施各种不同的研究方式时，所具有的特定的“操作步骤”。比如实施实验研究时，就有建立因果假设、设计实验环境、招募实验对象、随机指派分组、实施实验前测、给予实验刺激、实施实验后测、数据统计分析、撰写研究报告等具体操作步骤。又比如实施调查研究时，就有设计抽样方案、实际抽取样本、变量操作化、设计问卷、发放和回收问卷、数据录入和清理、统计分析、撰写研究报告等具体操作步骤。

在狭义的研究程序层面，即在具体操作步骤上，定性研究与定量研究的情形相似，即定量研究不同方式（比如实验研究、调查研究）的具体操作步骤不同，定性研究的不同方式（比如民族志、叙事分析、个案研究等等）之间的具体程序同样千差万别。换句话说，在狭义的研究程序层面，不同的研究方式具体操作程序都各不相同，不论是定量研究还是定性研究，都是如此。

但是，在广义的研究程序层面，定性研究则表现出与定量研究明显不同的特征。定量研究在这种广义的“一般程序”上，具有很强的系统性、固定性、结构性。即各种不同的定量研究方式虽然在具体操作步骤上会有所不同，但在大的研究阶段上却基本一致。它们基本上都严格遵循从选择研究问题开始，经过研究设计、资料收集、资料分析，最终到达研究结果为止的“标准程序”。正是由于具有这种研究程序上的系统性、固定性和结构性，因而定量研究不仅相对来说更便于学习和检验，同时也更便于进行研究的复制。

然而，在这种广义的“一般程序”上，定性研究却有着很强的灵活性、开放性、变动性。即各种不同的定性研究方式不仅在具体操作步骤上有所不同，就是在大的研究阶段上也不一致。它们通常都不会严格遵循定量研究所遵循的上述“标准程序”，而是在整个研究进程中经常随着研究的开展而不断进行改变、修正、调整

① 米勒，萨尔金德．研究设计与社会测量导引：第6版．重庆：重庆大学出版社，2004：132.

和反复，研究者也不使用可供检验的程序来收集和分析资料。无论是实地情景的某些变化，或是参与观察中研究者的某种体验和感受，还是资料收集过程中研究者的某些突发奇想，或是研究者与被访者的一次深入交谈，都有可能成为研究者改变和调整研究程序、改变和调整研究方向，甚至改变和调整研究目标的触发器。而各种不同的研究方式、不同的研究对象、不同的研究主题，也都会使定性研究在实际操作过程中形成不同的研究阶段。比如：资料的收集与研究问题的形成同时进行；资料的收集、资料的分析与研究的设计相互交织、不断反复。定性研究这种在整个研究过程中充满灵活性、开放性、变动性的特征，可以用一位定性研究学者的话来形象地概括和描述，这就是，“一切视情况而定”①。换句话说，研究的进程如何开展，并没有明确的规定性，一切都视上述各种因素的变化而定。这或许就是定性研究与定量研究在研究程序上的最大差别。

三、研究的策略不同：“还原现实的复杂性”

社会现象是复杂的，不同的社会现象又是相互联系的。面对这种复杂性、相互联系性，定量研究的主要策略和指导思想可以说就是“化繁为简”。即尽可能将原本纷繁复杂的社会现实通过必要的“裁剪”“删节”“修整”“简化”，最终转变为几个关键的“变量”，并以此来开展研究。无论是描述或解释不同现象之间的相关关系，还是集中探讨某些核心变量之间的因果关系，无论是最常见的大规模调查研究，还是相对少见但更为严格的实验研究，抑或内容分析、二次分析、现有统计资料分析等等，所有这些定量研究的方式始终都是围绕着这些经过简化的并且十分有限的“变量”进行的。即使是在定量研究中对各种多元统计分析方法的使用，其所能涵盖和处理的也依然是这种十分有限的“变量”。

而定性研究的主要策略和指导思想则可以说与此恰恰相反，定性研究的“目标不是通过将现象分解成变量来减少复杂性，而是通过将情境背景因素包括在分析之中来提高其复杂性”②。所以，在某种意义上我们可以说，定性研究是在“扩简为繁”。即通过将所研究的现象放回具体的现实情境、放回具体的时空背景、放回具体的社会互动中去观察、去研究、去理解、去诠释，来达到真正认识这种特定社会现象的目的。定性研究的这种策略和思路在一定程度上意味着将原本“相对简单”的现象变为“相对复杂”的现象，或者说将原本就“相当复杂”的现象扩充为“更加复杂”的现象。定性研究中，研究者无论是对现象背景的注重、对行为发生的情境的注重，还是对现象各方面情况了解深度的追求、了解细致程度的追求，或者对研究对象主观认知及其理解的追求，无一不是在“扩充”与其所研究现象相联系、相关联的现象。也正是通过这种“扩充”，定性研究者才更加准确地认识和理解了其所研究的现象。

---

① 格莱斯．质性研究方法导论：第4版．北京：中国人民大学出版社，2013：3.

② Flick U. An Introduction to Qualitative Research. 4th ed. Sage Publications Ltd.，2009：91.

在“扩简为繁”的同时，定性研究又以其在研究方式和研究方法上的多样性来应对社会现象的复杂性。即在研究中尽可能保持研究对象的完整性、复杂性，保持研究对象与各种相关因素的关联性，在尽可能现实的状态中，全方位、多角度、多联系地仔细探究和理解所研究的现象。也正是为了做到这一点，定性研究才必须让自己保持方法上、程序上的开放性、灵活性和多样性。然而，受研究者处理现实对象的能力所限，定性研究在依靠研究方式和研究方法的多样性，研究程序的灵活性，保持研究现象的整体性和复杂性，追求研究结果的深入性、细致性的同时，只能牺牲其所考察的现象的范围和广度，牺牲研究所得结论的推广程度，将自己的研究视野局限在相对小的空间内和分析相对较少的案例上。

四、研究的工具不同：“我自己才是最重要的工具”

在定量研究中，研究者为了保证研究过程和研究结果的客观性、精确性、可靠性和可复制性，同时也为了达到发现社会现象总体特征、相互关系和普遍规律的目标，通常需要对所研究的现象进行严格的、符合统计分析要求的抽样、测量，也需要采用问卷、量表等各种标准化的、高信度的工具。对于资料的分析，更是需要借助建立在数理统计基础上的统计分析方法以及 SPSS、SAS 等专门的统计分析软件的帮助，才能得出研究的结论。

在定性研究中，研究者所追求的并不是定量研究所追求的上述目标，而主要是对特定的研究对象、对处于具体“情景”中的社会现象的某种深入“理解”，特别是“从内部”的理解。因此，一方面为了更好地应对和适应研究对象和社会现象的多样性和复杂性，另一方面也为了更好地、更有效地理解研究对象，特别是从研究对象的角度来理解他们的主观认知，定性研究就只能以研究者自身作为最主要的研究工具。这种“以研究者自身作为研究工具”的特征，既来自定性研究对“移情理解”、对“人对人的理解”的需要，也来自定性研究对参与真实社会生活、“耳闻目睹”、“设身处地”、实地体验的需要。换句话说，只有“以研究者自身作为研究工具”，定性研究才能恰当地、自如地去面对变化无常、纷繁复杂的社会现象，才能理解各种不同“情景”中的行为，特别是从研究对象的角度去“理解”这些行为。

定性研究的这一特征，使得其在具有上述明显优点的同时，也不可避免地带来了两方面的局限或不足。一是强调研究者自己作为研究工具，强调研究的参与性，使得定性研究更多地带上了受研究者主观经验影响的色彩。定性研究“以研究者自身作为研究工具”，大量地、直接地、频繁地、长期地参与研究对象的日常生活，这一做法的确会比定量研究具有更强的“眼见为实”“感同身受”的条件。但是我们同时也应该意识到，这种“眼见为实”实质上只是一种“我的眼所见到的实”，而非任何“其他人的眼所见到的实”。这种“感同身受”也只是一种“我的身所得到的感受”，而非任何“其他人的身所得到的感受”。因此，这种由“我”在一时一地收集资料，或者说，由“我在此时此地直接感知局部现实”的方式，不可避免地局限了定性研究的眼光和认识，也很自然地导致了定性研究的“客观性缺失”。这也可以说是对定性研究者眼里不存在“普遍的真实”的一种解释。

二是“以研究者作为研究工具”的方式使得研究者个人的主观因素，比如素养、心智、品质、眼光、观察能力、交往能力，特别是悟性，在研究中变得格外重要。同时，它也使得定性研究受到研究者主观偏见影响的程度更加严重。在定量研究那里，研究的程序是固定的，工具是标准的、统一的，方法的操作是格式化的。虽然在研究的设计和实施中依然存在许多靠研究者个人水平、能力、素养发挥作用的地方，不同的研究者所做研究的质量、所得结果的水平也会有所差别；但在一般的操作层面，不同研究者的研究模式、研究进程等等，则基本上是统一的、大同小异的。相互之间的差别相对来说并不大。

而在定性研究中，情况就会大不相同。不同研究者的差别不仅体现于研究问题的提出、研究方案的设计、研究结果的解释等重要方面，同时也体现于参与观察、个案访问、资料分析等具体方法和技术层面，还会体现于待人接物、察言观色、与人交流、做田野笔记等许多细小的、更为具体的操作环节。正是不同的研究者在这些方面的差别，特别是在一些无法“教会”“学会”，只能靠主观“体会”“意会”“顿悟”的方面的差别，不仅影响到一项定性研究的质量，甚至在一定程度上也决定了定性研究的成败和结果的优劣。

第六节 定性研究与定量研究的结合

由于定性研究与定量研究在探索社会现象方面都存在局限性，因此，学界也一直在讨论定性研究与定量研究的结合问题。20 世纪末以来更是出现了与此密切相关的“混合方法研究”。所谓“混合方法研究”，在一定意义上也就是定性方法与定量方法的结合研究。问题是，定性研究与定量研究能够结合吗？或者说，“混合方法研究”是可行的吗？这一节中我们对此进行一些讨论。

一、定性研究与定量研究结合的含义

为了回答定性研究与定量研究能否结合的问题，有必要先回顾一下研究设计所具有的层次性。克雷斯威尔教授指出，研究的设计包含四个层面的问题：（1）认识论（如客观主义、主观主义等）；（2）理论视角（如实证主义、后实证主义、诠释学、批判理论等）；（3）方法论（如实验研究、调查研究、民族志等）；（4）方法（如问卷法、访谈法、焦点小组等）。[①] 虽然定性研究与定量研究在上述四个层面都互不相同，但是，这种不同的性质却是不一样的。越是抽象层面（比如认识论和理论视角）的差别，越是根源性的或本质性的，它使得二者的结合越不可能；而越是

① 克雷斯威尔．研究设计与写作指导：定性、定量与混合研究的路径．重庆：重庆大学出版社，2007：3－4.

具体的层面（比如方法论，特别是方法层面）的差别，则越是操作性的或工具性的，二者的结合就越是相对可能的。这即是说，所谓定性研究与定量研究的结合问题，只是二者在方法论和方法层面的结合问题，而不是认识论和理论视角层面的结合问题。

对于二者在方法论和具体方法层面的结合问题，一方面要清楚二者的结合究竟指的是在一项研究中同时运用了定性研究和定量研究两种不同的研究方式，还是指在一项研究中同时运用了定性与定量两种研究方式中的一些具体方法和技术？换句话说，二者的结合究竟指的是哪个层面的结合？十分显然的是，二者在不同层面的结合所具有的实际意义和研究效果是不同的。另一方面还要清楚是谁和谁的结合？即二者之间的结合是一种“不分主次”“平起平坐”的关系，还是一种“有主有次”“有主有辅”的关系？如果是“有主有次”或“有主有辅”的关系，那么通常又是以谁为主，以谁为辅？

二、 几种常见的结合形式

第一种常见的情况是，研究者在定量研究的过程中使用了定性研究的某些具体方法和技术。比如，在对某种现象进行系统的、大规模定量调查之前，研究人员可能会采用定性研究的某种方法，比如参与观察、深度访谈等等，对这一现象进行一些初步探索。又比如，在设计调查问卷前，研究者往往先要进行一些开放式的个案访谈，以了解被调查者的基本情况和行为态度特征，为问卷设计打下基础和做好一定的准备。尽管有的学者认为，这种情况叫作定量研究与定性研究的“阶段性”的结合，但实际上这样的做法并不能叫作定量研究和定性研究的结合，充其量也只能叫在定量研究过程中采用了某些定性研究的方法或技术。因为这种在正式研究前进行的探索性研究以及在问卷设计前进行的开放式访谈，其实都是定量研究过程中的必要步骤之一。或者说这种开放式访谈同样是定量研究过程中的一个工具，是定量研究的一个组成部分。而各种定量研究（比如调查研究、实验研究等）在其整个研究过程中，无论是从研究目标、逻辑思路上，还是从资料性质、分析工具上，都和定性研究有着明显的不同或者毫不相干。如果非要把这种开放式访谈看作定性研究的内容，那么，这种结合也只能说是在以定量研究为主体的前提下，略微“结合”一点定性研究的具体方法或技术而已。

第二种情况是，在定量研究中，研究者的确使用了定性研究的某种具体方式和方法，以帮助自己对定量研究中统计分析的结果进行理解和解释。这种方式在一些学者那里被称为主辅式。一般而言，在大部分情况下，往往是在定量研究过程中，“结合”一些定性研究方法的内容，作为对定量研究结果进行分析或解读的一种辅助。比如，在对大规模对象进行定量的问卷调查后，再对少数个案进行深度访谈，并用访谈的结果来帮助理解和说明定量统计分析结果的含义，或者用以进一步补充、验证、阐释前者。这是现实研究中一种比较常见的方式。相反，在定性研究的过程中，“结合”一些定量研究内容的情况则相对较少。除了在某些社区研究中可能会采用小规模问卷调查方法收集定量资料，用来描述社区中不同对象群体的构成特征，或者收集一些官方统计资料作为社区背景的描述外，利用定量研究方法作为定性研究辅助的很少见。

第三种情况是，对研究总问题的不同方面，或对研究的中心问题的不同子问题分别使用定性研究和定量研究来进行探讨，或者是对一个大的研究项目中的不同主题，分别使用定性研究和定量研究的方式展开研究，并用不同方式研究的结果分别回答中心问题的不同方面，回答总问题的不同部分，并最终一起完成回答研究中心问题或总问题的任务。这才是真正意义上两种研究方式的结合。而这种真正意义上二者结合的实质依旧是，用定性研究和定量研究两种不同的方式分别回答不同性质的问题。

三、 两种方式结合的一个例子

笔者在研究大众媒介对独生子女的负面偏见问题时，就曾尝试运用定量与定性两种不同的研究方式来回答构成中心问题的不同子问题。该研究的中心问题是，大众媒介是否存在着对独生子女的负面偏见？或者说，大众媒介是否存在着“妖魔化”独生子女的倾向？要回答这一中心问题，就必须回答这样三个密切相关的问题：首先，大众媒介对独生子女的评价是什么？特别是，大众媒介是否存在着对独生子女的负面评价？其次，现实中的独生子女的实际表现如何？特别是，如果大众媒介中的确存在着对独生子女的负面评价，那么，现实社会中独生子女的实际表现是否如大众媒介所描述的那样具有负面特征？最后，如果大众媒介的评价与独生子女的现实表现之间的确存在明显差异，即大众媒介的确存在“妖魔化”独生子女的倾向，那么大众媒介是如何建构起这种负面形象的？或者说，大众媒介是如何将独生子女“妖魔化”的？

为了分别回答上述三个紧密相关的问题，研究者将研究对应地分为三个部分：

首先是系统、客观、全面地收集和了解大众媒介对独生子女的评价。根据这一目标，研究者决定采用定量研究中的内容分析的方式，对大众媒介中有关独生子女的新闻报道进行系统的、定量的分析，从总体上描述大众媒介的新闻报道对独生子女所持有的评价倾向。内容分析的结果表明，大众媒介所建构的独生子女形象的确是负面的。

其次是系统、客观、全面地收集和了解现实中独生子女的实际表现。根据这一目标，研究者决定采用定量研究中的调查研究和现有统计资料分析的方式，对独生子女的行为表现开展大规模实地调查，同时收集现有官方统计资料进行统计分析，来回答现实中独生子女实际上是如何表现的问题。同时，用所得的经验结果与前述所得到的媒介认识和看法进行比较，以说明媒介的认识评价与社会现实之间是否存在差距。研究结果表明，二者之间存在明显的差别：现实中的独生子女的行为表现并不像大众媒介所描述的那样负面。

最后，为了回答大众媒介是如何建构起对独生子女的负面形象的，或者说，大众媒介是如何将独生子女“妖魔化”的问题，研究者在定量分析的基础上，选取若干具有典型意义的新闻报道实例，从大众媒介报道独生子女的方式、所选取的案例和材料，以及所采用的推断逻辑等方面进行定性分析，即对大众媒介描述独生子女的具体“文本”进行解读。从解读中揭示出大众媒介“妖魔化”独生子女的具体方式、方法、材料、逻辑和手段。研究结果表明，大众媒介通过采用极端的、特殊的、个别的事例，以经验、常识、传统等不科学的知识来源为分析依据，运用“以点代面”“以偏概全”的错误推理逻辑，的确形成了对独生子女形象的“妖魔化”。①

正是通过运用定量与定性两种不同的研究方式，该研究分别回答了构成中心问题的三个不同的子问题，最终较好地回答了研究的中心问题。总之，对于一项具体的社会研究来说，究竟是采用定性研究方式，或是采用定量研究方式，或是采用二者结合的方式，选择的标准都只有一个，这就是对于回答研究问题来说的合适性。即我们应该选择和采用对于达到研究的目标和最好的研究效果来说的最为合适的研究方式。

本章要点

1. 无论是在具体定义上，还是在它们所指称的英文概念上，“定性研究”“质性研究”“质化研究”“质的研究”这四种概念完全相同，没有区别。换句话说，“质性研究”“质化研究”“质的研究”并不是与“定性研究”不同的新的研究。

2. 与定量研究仅有实验、调查、内容分析等很少几种研究方式有所不同的是，定性研究的具体方式和方法多种多样，五花八门。而且对于定性研究有哪些基本的类型，目前也没有完全一致的答案。常见的观点有“大树论”和“大伞论”。

3. 采取从不同角度（而不是同一种角度）对定性研究进行不统一标准（而不是统一标准）的分类，可以得出定性研究的几种基本类型。一类是以“深入实地”为基本特征的定性研究，主要包括以收集和分析观察资料、访谈资料为主的实地研究、民族志和参与观察。这是定性研究中最重要、最具代表性特征的方式。另一类则是以“专注于文本”为基本特征的定性研究，包括各种形式的文本研究，比如，话语分析、叙事分析、谈话分析、历史比较研究等。在划分出上述两大类型的基础上，可以再从研究对象数目的角度，增加个案研究的方式，从研究目标的角度增加扎根理论的方式，从影响和干预现实的角度增加行动研究的方式。

4. 在定性研究中，实地研究（或民族志、参与观察）、个案研究、扎根理论、文本分析、行动研究等，是最基本、最应该熟悉和掌握的研究方式。

5. 从狭义来理解“观察”，参与观察就只是实地研究中用来收集资料的一种具

---

① 风笑天．独生子女负面形象的建构与实证．社会学研究，2010（5）．风笑天．社会研究：设计与写作．北京：中国人民大学出版社，2014：第12章．

体方法，就只是实地研究方式中的一个部分。从广义上来理解“观察”，参与观察和实地研究就是一回事。

6. 来源于人类学的民族志是一种更为极端的实地研究，它不仅要求研究者在实地生活的时间更长，参与当地社会生活的程度更深，同时其主要的关注点也更多地集中于对当地社会的文化现象进行描述与分析上。

7. 定性研究最为本质的特征包括：“到现场”“到实地”；“重情景”“重关联”；“重意义”“重主观”；

8. 定性研究方式所弥补的正是以调查研究、实验研究为代表的定量研究方式的不足。它为我们提供了探索社会世界奥秘的另一种视角和另一条途径。它不仅可以帮我们看到定量研究所看不到的东西，还可以为我们提供定量研究所不能提供的东西。这正是定性研究在方法论上所具有的最大意义。

9. 虽然研究者在一项研究中究竟是采用定性研究方式还是采用定量研究方式，会受到研究者的个人喜好、知识背景、方法训练等因素的影响；但做出正确选择的决定性因素却是这项研究所要探讨的社会现象的性质，特别是这项研究所要回答的问题的性质。

10. 定性研究与定量研究的差别主要体现在回答的问题不同、研究的程序不同、研究的策略不同、研究的工具不同等方面。

11. 定性研究与定量研究的几种常见结合形式：一是研究者在定量研究的过程中使用了定性研究的某些具体方法和技术；二是研究者在定量研究中使用了定性研究的某种具体方式，以帮助自己对定量研究中统计分析的结果进行理解和解释；三是对研究总问题的不同方面分别使用定性研究和定量研究来进行探讨，用不同方式研究的结果分别回答总问题的不同方面，并最终一起完成回答研究总问题的任务。这种形式才是真正意义上两种研究方式的结合。

复习思考题

1. 定性研究最突出的方法论意义是什么？为什么说在社会研究领域，无论是定量研究还是定性研究的方式，都不能包打天下？

2. 定性研究具有哪些突出的特征？试结合社会研究实际，说明采用定性研究方式的必要性和合适性。

3. 在定性研究中，研究者最重要的研究工具是什么？这种工具在使用中具有什么样的利弊？

4. 定性研究为什么要采用“化简为繁”的研究策略？而定量研究为什么又要采用“化繁为简”的研究策略？

5. 定性研究与定量研究在研究程序上有什么不同？定性研究为什么在研究程序上有很强的灵活性、开放性、变动性？

6. 如何理解定性研究与定量研究的结合？从社会学、教育学、政治学、管理学、传播学的专业期刊上找几篇二者结合的例子进行分析讨论。

推荐阅读书目

1. 弗里克．质性研究导引．重庆：重庆大学出版社，2011.

2. 格莱斯．质性研究方法导论：第4版．北京：中国人民大学出版社，2013.

3. 波格丹，比克伦．教育研究方法：定性研究的视角（第4版）．北京：中国人民大学出版社，2008.

4. 邓津，林肯．定性研究：方法论基础．重庆：重庆大学出版社，2007.

第十三章

实地研究

实地研究是定性研究中最典型也是使用最普遍的一种方式。无论是其所具有的方法论背景、研究目标，还是其研究的策略、资料收集方法，以及资料分析方法等，都与前面介绍的几种定量研究方式有着较大的差别。同时，实地研究又是定性研究方式中最典型、应用最多的一种方式。因此，本章将对实地研究的类型、实施过程，以及实地研究中两种基本的资料收集方法——观察与访谈等内容进行介绍。

第一节　实地研究及其例子

一、实地研究的概念

实地研究（field research）是一种深入研究现象的生活背景，以参与观察和无结构访谈的方式收集资料，并通过对这些资料的定性分析来理解和解释现象的社会研究方式。有的研究者按照不同的标准，将实地研究区分为参与观察、个案研究等。实际上，“参与观察”首先强调“参与”，即研究者必须深入其中，深入他所研究的对象所处的真实社会生活。“观察”也并不只是狭义的“用眼睛看”，而是指广义的“了解”，它包括看、听、问、想，甚至还有体验、感受、理解等。而“个案研究”强调的则是“个案”，即仅仅只对一个对象进行研究。当然这种研究往往也要求研究者有相当长一段时间生活于这一对象的环境中。实地研究中用来收集资料的主要方式有观察和访谈两种。它们包括非正式的、随着生活环境和事件自然进行的各种观察、旁听和闲谈，也包括正式的采访、座谈和参观等。

这种来源于人类学，并被人类学家用于研究非本族文化和相对原始的部落群体的实地研究方式，已被社会学家们用来研究本族文化和现代社会。早期的实地研究大多被西方社会学家用于研究城市下层阶级居住区的生活，或用于研究城市的流浪汉、贫民、黑人等下层群体。现在研究者们则采用这种方式研究社会中的各种个人、群体、组织或社区。例如，对一个特殊的群体、一个村庄、一个小镇，或对一个企业的研究等。国内也已有学者采用实地研究的方法去研究个体户，研究一个村庄的发展变迁，也有的学者采用这种方法研究北京这样的大都市里由外来农民形成的“特殊的村庄”。

实地研究是一种定性研究方式，也是一种理论建构型的研究方式。实地研究方式的基本特征是强调“实地”，即研究者一定要深入研究对象的社会生活环境，且要在其中生活相当长一段时间，靠观察、询问、感受和领悟，去理解所研究的现象。其基本的逻辑结构是，研究者在确定了所要研究的问题或现象后，不带任何假设地进入现象或对象所存在或生活的背景，通过参与观察，收集各种定性资料，在对资料进行初步的分析和归纳后，又开始进一步的观察和进一步的归纳，通过多次循环，逐步达到对现象和过程的理论概括和解释。

二、 实地研究的例子

或许介绍实地研究方式的最好方法就是按实地研究者所习惯的方式对其进行描述。让我们先从几个实地研究的例子开始。

例 1 《街角社会》

美国著名社会学家 W. F. 怀特的《街角社会》，被称为以参与观察方式进行研究的一个经典实例。1936 年，怀特获得了哈佛大学的一笔奖学金，他可以用这笔钱在三年的时间里进行一项他所感兴趣的研究。由于他当时对社会改革很感兴趣，所以他决定用这笔钱去研究波士顿的一个贫民区。他选择了一个叫作“科纳威里”的意大利贫民区，因为这个地区与他头脑中的贫民区的印象最为接近。

为了进入这个地区开展研究，他曾经有过几次失败的尝试。最后，他终于得到诺顿大街福利委员会一位社会工作者的帮助。这位社会工作者安排他与当地青年帮派中一个叫多克的头头会面。经过坦率的交谈，多克同意为怀特在这个意大利社区中做保证人即让怀特作为“多克的朋友”去参与和观察社区中的各种活动和人们之间的各种关系。

怀特经常同帮派的青年人聚在一起，玩滚木球的游戏，打棒球，玩纸牌，也经常同他们一起谈论赌博、赛马、性以及其他的事情。他在科纳威里生活了三年半，其中有一年半的时间是同一个意大利家庭住在一起，并学会了说意大利语。在长期的观察中，怀特收集了丰富生动的资料，得出了有关群体结构与个体表现之间关系的一系列结论。关于他的研究，怀特写道：

> 当我开始在科纳威里游逛时，我发现需要对我自己和我的研究作出解释。因为只要我和多克在一起，有他担保，就没有人问我是谁，或者我在干什么。但是，当我独自巡回于其他群体，甚至在诺顿帮中间时，他们显然对我十分好奇。
>
> 不久，我发现人们在这样议论我：我正在写一本关于科纳威里的书。这似乎是过于含糊的解释，可这就足够了。我发现，我能否为这个地区所接受，取决于我所发展的私人关系，而远不是取决于我所能作出的解释。写一本关于科

纳威里的书是不是件坏事，完全取决于人们对我个人的看法。如果我是好人，那么我的研究也是好的；如果我不好，那么就没有什么解释能够使他们相信写这本书是件好事。[①]

例 2 《塔利的角落：对黑人流浪者的研究》

实地研究的另一个例子是社会学家利博对居住在华盛顿特区收入很低的内城黑人流浪者所做的研究。他花了一年时间在这个地区进行参与观察，当地的那些失业黑人知道他是一位研究者，但他们允许利博生活在他们这个华盛顿特区的“角落”。利博和他们一起聊天、饮酒、在餐馆外闲逛、玩弹子戏，他也参观他们的住房，参加他们的舞会。利博从研究这些人之间的个人关系入手，写出了《塔利的角落：对黑人流浪者的研究》一书。他指出，在这个正在走向绝望、崩溃、光怪陆离的街道世界里，人与人的关系是怎样成为外部世界的黑暗面的反映的。人们一见如故，热情洋溢，但朋友之间甚至都不知道对方的名字而只知道姓。忠诚是炽烈的，但转瞬即逝。男人们都喜欢有孩子，而且那些离开家人的父亲比那些和家人生活在一起的父亲更疼爱自己的孩子。利博的研究揭示了这种街角社会对于城市贫困黑人所具有的重要性。利博指出，总的来说，这些人不能在“合法的”世界里找到立足之地，便在那世界之外建立起一种阴暗的生活方式。[②] 他们已经适应了他们的处境，他们编织了另一张社会网。虽然这张网非常不稳定并且使人们错误地估计自己，但它却提供了一种归属感，同时使人们相互隐藏起自己的失意。

例 3 《都是我们的亲戚》

与怀特和利博的研究十分相似的是，美国社会学者斯塔克也是花了三年时间生活在一个贫困的黑人社区中，进行她对黑人家庭结构的研究。她的著作《都是我们的亲戚》在美国至今仍是对黑人家庭结构最详尽的描述之一。斯塔克在她的研究中力图回答以下这些问题：血缘和友谊的纽带在黑人社区中扮演了什么角色？谁使这些出生在贫民窟的孩子社会化？什么样的民间标准决定一个妇女生育一个孩子？基于性的联盟和由多户家庭组成的亲属网络的可接受的功能是什么？在长达三年的参与观察中，她试图理解他们的交换系统的复杂性。她写道：

我努力地想搞清楚家庭交换的参与者如何相互制约，他们对对方的行为和表现有什么样的期望，什么样的人才能成为合作网络的一分子，他们如何成为新的成员，什么因素使参与者主动把自己置身于这些交换当中。……后来我和足够多的关系密切的人非常熟悉了，因此，在任何家庭的争吵、聚会和争斗后，我都能够从不同人对事情的看法中综合出总的解释。[③]

例 4 《中镇》

美国著名的社会学家林德夫妇在 20 世纪 20 年代对美国中镇的研究，可以说是

---

① 怀特．街角社会．北京：商务印书馆，1996：330.

② 波普诺．社会学．沈阳：辽宁人民出版社，1987.

③ Stack C B. All Are Our Kin. New York：Harper & Row，1974.

社区研究的一个典范。研究者在该镇生活了一年多。对该镇的六个主要生活活动方面进行了广泛深入的考察。这六个方面如下：谋生、建立家庭、培养孩子、度过闲暇、宗教活动、社区活动。研究者所运用的各种技术包括：（1）参与当地生活。“小组成员住在公寓里或是私人家里，以各种可能的方式分享城镇生活，和镇里人交朋友，像镇里其他居民那样进入当地人的各种联系中，并承担相应的义务。”“小组成员今晚和一个大制造厂的工头一起进餐，明晚又和一个劳工领导或一个日班工人一起进餐；一周一周地参加教堂仪式、学生集会和班级活动、法院开庭审讯、政治集会、工人会议、市民俱乐部午餐、玩牌场等等。”（2）查阅文献资料。“人口普查数据、城市和乡村的记录材料、法庭卷宗、学校档案记载、州两年一次的报告和年鉴等，只要能得到的，都可以使用。”（3）访谈。“这包括从与公共汽车售票员、守门人、理发师、正式午餐或俱乐部的临时服务员所进行的最为偶然的谈话，到与个人，特别是与那些能够用生活用语提供信息的个人进行的认真计划好的访谈。”①

例 5　精神病院的“病人”

A 先生是一位穿着考究、谈吐文雅的中年人，尽管他神志清醒，没有表露出丝毫痛苦，但精神病院的工作人员却把他看作精神分裂症患者。这位先生来看病，是因为他听到一些奇怪的声音。他对精神病医生说：“这些声音是不清楚的，我不能分辨它们，它们是空叫，就像什么东西掉在软棉花上。”自从他进入精神病院以后，再也没有提起这声音。但医生们相信他的精神仍有毛病，护士们每天都在他的病历上记下唯一持续的行为：“病人在写东西。”他的几位病友与医生、护士们的看法不同，正如一位病友对 A 先生说的：“你不是疯子，是一位记者或教授，正在研究这个医院。”病人们是正确的，而医生、护士们却错了。A 先生是斯坦福大学的心理学家和法律教授罗森汉，他和七名研究助手假装自己听到奇怪的声音而混入美国东、西海岸的 12 所精神病院，其目的是设身处地地观察工作人员和病人的社会关系。尽管这些假冒的病人一入院就停止了任何非正常行为，精神分裂症的诊断仍旧把他们的行为视为精神病症状，并仍旧像对待精神病人那样对待他们——尽量避免和他们接触。通过这种伪装的参与观察，研究者们取得了有价值的结果。②

例 6　工厂里新来的“装配工”

为了研究生产集体中所形成和确立的社会价值的性质和内容，同时找出个体把这种价值内化的某些机制，苏联社会学家奥里珊斯基来到一个工厂，成为享有充分权利的工人集体的一员。在好几个月的时间内（即在他达到自己的研究目的之前），他一直干装配工的工作。他很快与工人们建立了友谊关系，并在工人中享有一定的威信。他还经常到工人家中串门。没有一个工人疑心车间里来了一个研究者。经过相当一段时间的参与观察和研究，他最后写成了一部涉及现代心理学最迫切问题的

---

① 张新梅．《中镇》的研究方法．社会学与社会调查，1992（3）.

② 亨特．社会研究方法新论．武汉：华中理工大学出版社，1989：1－13.

著作。[①]

第二节 实地研究的过程

从实施的程序上看，实地研究通常可分为以下几个主要的阶段：(1) 选择研究背景；(2) 获准进入；(3) 取得信任和建立友善关系；(4) 收集资料（观察或访谈）；(5) 整理和分析资料；(6) 报告研究结果。我们这里先集中探讨前面三个阶段的内容。资料收集阶段的内容将在本章的后两节分别进行介绍，而资料的整理、分析及结果表达部分的内容，则放到最后两章中进行更为详细的探讨。

一、 选择研究背景

实地研究必须深入实地。因此，“实地”的选择是进行实地研究的第一步。在客观条件许可时，我们应尽量选择那些既与所研究的问题或现象密切相关，又容易进入、容易观察的背景。对于非参与的观察来说，这种理想的背景就是那些不易为我们所观察的对象注意到和感觉到的地方。比如，如果我们要以非参与的方式观察大城市中人们对交通规则的遵守情况，我们就可以选择繁华的十字路口旁一幢有着十分容易观察整个路口，但本身却不被人注意的窗口的三层楼房。对于参与观察来说，则应选择那种能够使研究者自然地进入、自然地参与其中、容易被当地社区接受，且能较快熟悉所观察社区的背景。

在研究背景的选择方面，有一个与研究者熟悉程度有关的问题。研究者应该选择自己熟悉的地区吗？抑或应该选择他不熟悉的地区？不同的研究者对此看法不同。

持赞成观点的人认为，研究者对其所研究的地区越熟悉，做研究越方便，就越有利于他接近、理解和分析所研究的现象。比如，周敏谈到她之所以选择纽约的唐人街作为其研究地区，其原因之一，就是“研究纽约唐人街对我来说最为方便，不仅因为我们都是华人，还因为我的许多亲戚朋友早已移居于此，这密切的社会关系对我的研究工作提供了方便。唐人街是我自己的社区。我对唐人街的感情，以及我本人作为移民的经历，都与许多中国移民一样，这使我感到这个社区特别亲切。我在唐人街进行实地研究期间，基本上能按计划采访，访谈对象都把我看作自己的女儿、姐妹或知心朋友”[②]。

而持相反观点的人则认为，如果选择研究者所熟悉的背景，特别是研究者具有某种直接经历的背景，他将会在克服自己对现实所具有的特定看法和特定感情方面

① 彼得罗夫斯基．集体的社会心理学．天津：南开大学出版社，1987.

② 周敏．唐人街：深具社会经济潜质的华人社区．北京：商务印书馆，1995：6.

遭遇到难以克服的困难。研究者要做到像看待一种新的、他所不熟悉的背景那样来看待自己早已熟悉的背景，并且能够从中发现许多值得探讨和研究的现象与问题，以及不带有某种个人的偏见，这并不是一件十分容易的事情。此外，选择研究者不熟悉的背景，有利于研究者对事物保持敏锐的感觉。而在观察熟悉的事物时，往往会由于司空见惯和习以为常而失去这种敏锐的观察力。

二、 获准进入

尽管调查研究中也要接触访谈对象，也有使自己合法化的问题以及一定的实际联系工作，但是，与实地研究中的进入相比，这些就显得相对简单。可以说，获准进入在实地研究中才具有其真正的含义，它是实地研究中非常重要同时也十分关键的一个环节。正式的、合法的身份以及单位或组织的介绍信，并不是保证能获准进入的充分条件。研究者要能参与研究对象的实际社会生活，还常常需要某些“关键人物”或“中间人”的帮助。这些关键人物或中间人就生活在研究对象所生活的社区，或者就工作在研究对象所工作的单位，他们既认识研究者（是研究者的朋友、亲戚更好），同时又认识研究者所希望研究的那些研究对象。总之，他们能够十分便利地将研究者“带入”研究对象的生活世界。

折晓叶在描述她关于村庄的研究时列举了两次不同的进入方式：“1992 年第一次进入村庄多少是由官方介绍去的，我们的身份是考察者，村里的接待很正式，按礼仪安排会谈和参观。那一次结识了村书记兼董事长潘强恩和他的助手们。第二次进入则以一面之交的‘熟人’身份，经过自己联系，得到村书记的首肯后，又由他的朋友同时也是我的同学当地的‘挂职干部’送我进村。”① 当研究者所要进入的实地是相对特殊的群体和社区时，这种“关键人物”的作用就显得更为重要。比如，怀特当年进入波士顿的意大利贫民区时，如果没有街头帮派首领多克的帮忙，他或许还会有更多次进入失败的记录。

三、 取得信任和建立友善关系

获准进入在一定意义上只是完成了进入实地的表面程序，或者说只是获得了在所研究的群体或社区中的“公开身份”，它离真正进入社区的生活，进入所研究的群体还有相当的距离。正如折晓叶在谈到自己进入所研究的村庄后的感受时所说的：“作为陌生人的感觉，时常让我觉得难以真正进入这个村庄的社区生活，其中首先的障碍，是与村里人之间在穿着、相貌、语言、心理和身份上的距离，这可以从他们对你探究、猜测、冷眼的目光中，从与你谈话时的尴尬中感觉到。”②

---

① 折晓叶．村庄的再造：一个超级村庄的社会变迁．北京：中国社会科学出版社，1997：23，24.

② 同①.

因此，尽快取得当地人的信任，尽快与他们建立友善的关系，是进入实地后研究者面临的首要任务。“这在实地研究中可能是最为困难而又最费时间的任务了。的确，这可能是会引起损伤的一步，但要获得有效的资料，则是必不可少的一步。”[①] 在一定意义上，研究者能否取得研究对象的信任，他能否与研究对象建立起友善的关系，决定着他的实地研究的前途和命运。因为，如果研究者在研究对象的眼里始终是“外来人”，人们始终对他抱有戒备心甚至充满敌意，那么，研究者要从这些研究对象那里得到真实的资料的可能性是很小的。即使人们知道你是谁，也知道你来做研究，只要你和他们之间达不到某种程度的熟悉和信任，相互之间没有建立起友善的关系，你的观察和访谈就难以顺利开展。一位叫韦克思的研究者是这样描述自己在对美国籍日本人的实地研究中未能顺利建立友善关系时的烦恼心情的：“一个礼拜一个礼拜地过去了，在我的‘友善关系’中或我的报告中没有任何值得注意的改善。”“我在一种绝望状态下吃东西——一直到吃得我的脸和身上流满了汗为止。在三个月中，我体重增加了 30 磅。”[②] 最后，她变得如此绝望，以至于在令人窒息的闷热中走了很长的路，并哭了。

当然，研究者对此也不应过分着急。因为这种信任的取得、这种关系的建立，需要一个过程，需要有一定的时间，也需要一定的机会。只有经过一段时间的共同生活，人们才会慢慢习惯你的出现，习惯你的参与，慢慢从心理上接受你。而在这种参与生活的过程中，常常会出现一些自然的契机，这些契机将成为一种转折点，使得研究者逐渐从当地人的“他群体”中，进入他们的“我群体”里。韦克思不屈不挠的坚持与努力，终于等到了这种契机：一位日本人类学家的到来给她帮了大忙，使她能够发展友善关系。折晓叶则十分生动具体地谈到了在她进行实地研究的过程中，一次偶然事件成为当地人接受她的契机的情景：

> 有意思的是，一次偶然的事件，却使我找到了缩短这种距离的一种有效方式。第二次进村不久，村书记和助手邀请我参加一年一度的“春茗会”，这是村里一年之中最隆重的公共活动之一，由村组织和村公司联合主办，邀请村里所有有身份的人、外商企业的代表和外聘管理人员参加，目的是答谢各方，增进友情。会上的一项重要活动是“抽奖”，每人杯盘下都压有一个抽奖号码，奖项的数额不大，是象征性的，但村里人却十分看重，认为谁抽到谁就是“有大运气的人”，这是当地的一种新风俗。我一直用心观察着这个群情激动、热闹非凡的场面。叫我意想不到的是，在最后一轮抽奖中，我的奖号竟中了一等奖中的一个。在我被全桌人哄闹着推到领奖台上的一瞬，我才感觉到这是一次有意义的“亮相”。我被抽号人称作“北京来的朋友”介绍给全场。自那之后的一段时间里，不时会遇到已认识的或不认识的村里人与你打招呼，也总会在不经意地提到“我见到你中奖，你今年有好运气”之后随便谈上几句。没有想

① 贝利．现代社会研究方法．上海：上海人民出版社，1986：347.

② 同①347－348.

到一张奖券竟成了最好的“介绍信”，一次特别场合的公开露面，竟让村里人在不经意中用他们乐于接受的方式接纳了我。后来我便将参加村里的公共活动作为访谈必备的经历，通过参加婚礼、生日庆典、吃早茶、妇女外出游玩、祭祖、选举等重要活动，不同程度地、多多少少地开始进入了村里不同人的生活圈子。①

四、实地研究中的记录

参与观察的记录通常是先看在眼里，然后再记录在本子上。一般必须在当晚进行回忆和记录。白天观察时，研究者应该尽可能多地记住他所观察到的行为、现象、人物和事件，记住关键人物说的关键话语。并且只要可能，在白天就要找机会草草地记下几句能提示自己回忆的词语、原话、句子或其他记忆线索，哪怕只是只言片语。到了晚上，再对白天的观察进行回忆并详细记录下来。

访谈的记录可以分两种情况：一种是比较正式的、事先约好的访谈。另一种是非正式的、偶然的、闲聊式的、非常随便的访谈。正式访谈的记录我们将在本章第四节中详细介绍。当进行闲聊式的非正式访谈时，研究者既无法事先做准备，通常也不能当时做记录。所以对这种访谈中有价值资料的记录应予以特别注意。其关键点是，在闲聊时，要注意随时加深头脑中对那些有价值的谈话内容的印象，特别是对一两句有重要参考价值的原话的印象。最好当时就在自己的头脑中反复记两遍，并在尽可能短的时间内进行追记。与参与观察的记录相类似，每天晚上一定要对当天白天与各种对象谈话、闲聊时所得到的资料进行回忆和记录，千万不要拖到第二天，因为第二天又会有新的谈话和闲聊，并且对前一天的谈话情景和内容就会相对淡忘。

无论是做现场观察记录，还是做访谈记录，还有一点应注意：最好都做到“不引人注目地记录”，即记录的动作要小，记录的速度要快，记录的时间要尽可能短。因为研究者的记录行为本身也是一种刺激物，它会影响和改变研究对象的行为表现。

在实地研究中做观察记录或访谈记录时，应该注意同时记录下研究者本人的思想、感情、评价、认识、猜想、理解等主观内容。因为在实地研究的过程中，研究者的思想感情的卷入是十分自然的事情。正是这种卷入导引着研究者去理解研究对象的真实的思想感情，也使他能够分析和解释研究对象的行为。这就是“设身处地”“投入理解”的实际意义。但与此同时我们也要记住：研究者思想感情的卷入实际上是一把双刃剑，它也会导致研究者的某种认识偏见。因此，研究者应像记录研究对象的行为表现、思想感情那样，记录下自己的感觉和思想感情。当然，研究者本人的思想感情应与研究对象的内容分开记录，常用的方法是，在记录中用括号

① 折晓叶．村庄的再造：一个超级村庄的社会变迁．北京：中国社会科学出版社，1997：24-25.

将研究者自己的认识和感情记录与对研究对象的记录区分开；也可以在对研究对象做观察、访问记录的笔记本中，专门留出旁边 1/3 的空白，以记录研究者自己的认识和感受。

关于观察记录材料的详略，原则上是越详细越好。有的研究者甚至建议："每一个小时的观察，最低限度至少要有两页每行空一行的打字材料。"[①] 当然，我们还是应当根据实际情况，做到内容多则多记，内容少则少记。但无论多少，都应尽量客观、详细、具体。

【拓展阅读】

记录实地笔记的若干建议

第三节　观察法

一、观察的概念及其类型

对社会现象的研究同对自然现象的研究一样，都离不开观察。观察方法可以说是一切科学研究的基本方法之一。在社会研究中，我们所说的**观察**（observation）指的是带着明确的目的，用自己的感官和辅助工具去直接地、有针对性地了解正在发生、发展和变化着的现象。它和日常生活中人们对各种事物的观察有所不同，它要求观察者的活动具有系统性、计划性和目的性，而且要求观察者对所观察到的事实作出实质性的和规律性的解释。

按照观察中研究者所处的位置或所采取的角色，我们可以将观察区分为局外观察和参与观察。同样，我们也可以根据观察地点的不同将观察分为实验室观察和实地观察。还可以根据观察方式的结构程度将其区分为结构观察和无结构观察。

实验室观察与实地观察

实验室观察（laboratory observation）就是在备有各种观察设施的实验室内，对研究对象进行的观察。这种观察方式在心理学以及社会工作研究中经常使用。在社会学研究中，由于受到研究对象的限制，多半局限于对儿童进行的观察研究，如对

① 贝利．现代社会研究方法．上海：上海人民出版社，1986：353.

儿童的交往、模仿等互动行为的测量等等。在这种实验室中，研究者一般是借助一种单面镜来进行观察。镜子里面的人看到的是一块不透明的黑板，而镜子外面的人看到的则是一块普通的透明玻璃。里面的人看不到外面，而外面的人却可以看到里面。这样就使得被观察者意识不到有人在观察他，而观察者却可以看得一清二楚。同时，实验室的各个不同方向都装有隐蔽的摄像镜头，研究者可以根据需要摄下室内的各种活动内容。由于实验室观察有一定的条件要求，且观察的范围和对象又受到一定的局限，所以在社会研究中采用此法的很少。

实地观察（field observation）即是指在现实生活场景中所进行的观察。实地研究者在研究中采用的主要是这种类型的观察。实地观察与实验室观察的不同之处除了地点或场景的不同外，还体现在它通常是一种直接的、不借助其他工具或仪器的观察。从实际情况看，大部分的实地观察还是一种无结构观察，尽管它也可以是结构式的。

局外观察与参与观察

所谓局外观察也称为**非参与观察（non-participant observation）**，即观察者处在被观察的群体或现象之外，完全不参与其活动，尽可能地不对群体或环境产生影响。形象地说，局外观察就是“冷眼旁观”或“坐山观虎斗”。最理想的局外观察是观察者隐蔽起来观察，使被观察者一点也意识不到有研究者在场正在观察他们。这种观察方法常用来研究儿童的行为，或用于研究公共场合及公众闲暇活动中人们的行为。如对剧院、书店、图书馆、体育场、商场、超市等处人们的活动进行的观察。在一项研究的最初阶段，人们有时也采用这种观察方法去了解最基本的情况，以帮助形成问题的焦点或者研究的假设。

参与观察（participant observation）就是研究者深入研究对象的生活背景，在实际参与研究对象日常社会生活的过程中所进行的观察。它是一种非结构性的观察。这种方法是人类学家研究原始的非本族文化时最常用的一种方法。比如，英国著名人类学家马林诺夫斯基在新几内亚附近的特罗布里恩群岛两度进行考察。他生活在土著人中间，讲当地土语，可以得心应手地记录各种内容，并以敏锐而客观的眼光观察各种反应。在此基础上，他提出了在社会人类学发展过程中具有基本意义与动力的各种理论性见解，其中包括性与婚姻家庭生活、原始法规与习俗、巫术与宗教等。这是运用参与观察的著名研究。参与观察法的研究者通常不是从对研究主题的先验印象和一整套测量工具开始，而是经常在收集资料的过程中形成他们的概括和方法论，他们依靠的是研究对象对其“文化”的阐释。研究者开始是带着问题到实地去，寻求资料和“理论性的解答”。

结构观察与无结构观察

结构观察（constructed observation）指的是按照一定的程序、采用明确的观察提纲或观察记录表格对现象进行的观察。它与结构访谈的形式有点相似。通常，结构观察多采取局外观察的方式进行。其观察的内容是固定的，观察记录表也类似于结构式问卷，观察者根据统一的要求，对每一个观察对象进行统一的观察和记录。

因而其结果可以用来进行定量分析。表 13－1 是一份对书店的人们进行结构观察所用的观察记录表。有人通过对多个对象的观察发现，女性顾客比男性顾客在书店行为中更具有目的性。

表 13－1　　书店观察表

1. 观察开始时间：______时______分　　观察结束时间：______时______分
2. 个人细节：　男 □　　女 □
　　已婚 □　　未婚 □　　不知道 □
3. 年龄估计：10 多岁 □　　20 多岁 □
　　30 多岁 □　　40 多岁 □
　　50 多岁 □　　60 岁以上 □
4. 职业或身份：____________　　不知道 □
5. 单独一人 □　　同__________个同伴　　同谁______
6. 买了几本书：______________本　　一本也没买 □
7. 进书店时的最初行为：______________
8. 同售货员的接触情况：______________　　一个也没接触 □
9. 同其他顾客交谈情况：______________　　一个也没交谈 □
10. 翻阅书籍情况：　翻阅了几本 ______
　　共看了多长时间 ______　　没有翻阅 □
11. 其他情况描述：____________________
12. 根据上述观察判断对象的目的性程度，并在下列线段的适当地方标出。

　　−3　　−2　　−1　　0　　1　　2　　3
　　____________________________________
　　有目的的　　　　　　　　　　随便浏览的

而无结构观察（**non-constructed observation**）则指的是没有任何统一的、固定不变的观察内容和观察表格，完全依据现象发生、发展和变化的过程所进行的自然观察。它与无结构访谈的特征相类似。并且，无结构观察多采用参与观察的方式进行，其观察的结果也不具有统一的形式，观察所得资料通常只能进行定性的分析。这种无结构观察是实地研究中最主要的观察方式。

二、 参与观察中观察者的角色

观察者角色的几种观点

各种社会研究方法的著作一般都会在介绍实地研究和参与观察时，提及研究者的角色问题。总的来看，有关研究者现场角色的各种观点可归结成三大类："四种角色说""三种角色说"以及"两种角色说"。

（1）"四种角色说"。

布瑞曼指出，关于实地研究者的角色划分问题，引用最为广泛的是戈尔德关于参与观察者角色的分类。① 这一分类可以排列成一个涉入和疏离于社会背景中的成员的程度的连续体。这个连续体中的角色有以下四种：

① Bryman A. Social Research Methods. 2nd ed. Oxford University Press，2004：301.

一是**完全参与者（complete participant）**。根据戈尔德的说法，完全参与者扮演着社会背景中的一个完全真实的角色，而其真正的作为研究者的身份则不为其他人所了解。因此，他是一个隐蔽的观察者。二是**作为观察者的参与者（participant-as-observer）**。这一角色与完全参与者一样，但社会背景中的人们知道研究者作为研究者的身份。研究者与人们进行正常的互动，参与他们的日常生活，在这种互动和参与中进行观察。三是作为参与者的观察者（observer-as-participant）。在这一角色中，研究者主要是一个访问者，虽有一些观察，但却不会包含任何的参与。有关警察部门的人类学研究经常采取这种类型的角色。因为出于法律的考虑以及会干扰正常警务的原因，进行参与的机会非常少。四是完全观察者（complete observer）。研究者不与背景中的人们互动。人们根本就不知道研究者的存在。

这四种角色所排成的连续体如图 13-1 所示。

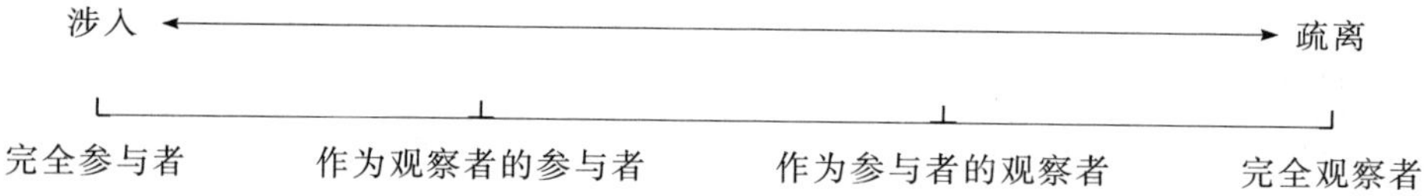

图 13-1　戈尔德的参与观察者角色的分类

资料来源：Gold R L. Roles in Sociological Field Observations. Social Forces，1958，36（3）：217-223.

而根据戈尔德的论文，四种角色的分类最早是江克（Junker）在 1952 年的一篇论文中提出的："江克提出了社会学者进行田野工作的四种理论上可能的角色，其范围从完全参与作为一个极端到完全观察作为另一个极端。在二者之间，作为观察者的参与者靠近前者，而作为参与者的观察者则靠近后者。"

罗布森也指出：完全参与者的角色要求研究者涉入背景中，隐藏他是观察者的角色，尽可能自然地行动，寻求完全成为群体的成员。作为观察者的参与者的角色，是完全参与角色的一个可行的替换。从一开始群体成员就知道观察者就是一个观察者。然后，观察者努力与群体中的成员建立密切的关系。这种角色意味着观察者既可以在活动中通过参与进行观察，也可以通过向群体成员询问来了解正在发生的事情的各个方面。作为参与者的观察者的角色不参与背景中的活动，但是研究者的身份对于研究对象来说是公开的。这样的情形是许多进行系统观察的研究者所渴望的。但是，任何一个身份公开的研究者是否能够不参与现场中的活动还是一个问题。因为他的角色已经是包括他在内的更大的群体中的一员了。而完全观察者的角色既不参与背景中的活动，他作为一个研究者的身份也不为背景中的人们所知晓。①

（2）"三种角色说"。

查姆布里斯和舒特提出的三种角色的含义及其解释是，完全参与的角色（complete participation）。这种角色完全按照背景中的一个真实成员角色来行动。最常见的是，这种研究是隐蔽的或秘密的。其他的成员都不知道这个研究者正在进行研究。参与和观察混合的角色（mixed participation/observation）。大多数研究者采取

① Robson C. Real World Research. 2nd ed. Blackwell Publishing，2002：314-319.

一种在现场，包括某些主动地参与的角色。通常他们至少会将自己的研究兴趣告诉一部分群体的成员，然后他们参与足够的群体活动以发展与群体成员的关系，获取群体成员所经历的直接感觉。完全观察的角色（complete observation）。在这种角色中，研究者试图在事件发生时观察它们，而不会主动地去参与事件。①

而甘斯（Gans）也提出了相似的三种角色：完全的参与者（total participant）。研究者完全涉入所研究的背景中，一旦情景显现时，他必须马上恢复研究者的立场，写下记录。参与的研究者（researcher-participant）。研究者参与一种情景但只是部分卷入，因而他能够在整个情景发展过程中充分地作为研究者来工作。完全的研究者（total researcher）。这种角色强调在情景中进行观察但没有参与，就像出席一个公共集会或者坐在公共汽车里观察身边的情形那样。当采取这种角色时，研究者不参与事件的过程。他同时指出，这些角色可以同时存在于任何项目中。换句话说，在实地研究过程的不同阶段可以采用三种不同的角色服务于不同的目的。②

（3）“两种角色说”。

巴比在《社会研究方法》一书中，只划分出两种主要的角色：完全参与者和完全观察者。“完全参与者可能是研究情境下的真正参与者（例如校园示威活动的参与者）或可假装是真正的参与者。在任何事件中，如果你们扮演完全参与者的角色，就要让人们仅仅视你们为参与者，而非研究者。”而“完全观察者则是在任何情况下观察社会过程都不成为其中一部分……例如坐在公共汽车站观察附近十字路口行人违规穿越马路的行为”。虽然他也在书中谈到这是两个极端的角色，但他却没有进一步指出在这两个极端角色之间还有哪些角色。③

但两位纳克米亚斯则认为，在参与观察中，研究者要么采取完全参与者的角色，要么采取作为观察者的参与者的角色，而没有其他的角色。

在完全参与者这种角色中，观察者成为他所感兴趣的群体中的一个参与的成员，而不向这一群体揭示出他的真实身份或研究目标。或者说，观察者是完全隐蔽的。研究对象不知道自己在被观察，研究者也企图成为所观察的群体中的一员。完全参与者尽可能地在他所感兴趣的和他所能接近的各个日常生活领域中与被观察者发生互动。他们所举的例子是有研究者对一群预言地球毁灭的人进行的研究。这一群体的性质使研究者意识到，如果他告知这群人他的研究者身份，他们就不会允许他观察他们的活动。因此，完全参与被证明是使得对无法接近的群体或者那些不为外界所知的群体的生活侧面进行研究成为可能的基础。

而作为观察者的参与者角色，即观察者参与被观察群体的活动，而且告知被观察群体自己的真实身份和研究的目标。当研究者采取这一角色时，他会告知所研究的群体自己正在进行一项研究项目。研究者作出成为群体积极成员的长期承诺，并

---

① Chambliss D F. Schutt R K. Making Sense of the Social World：Methods of Investigation. Pine Forge Press，2003：166－168.

② Bryman A. Social Research Methods. 2nd ed. Oxford University Press，2004：301－302.

③ 巴比．社会研究方法．北京：华夏出版社，2000：362－364.

努力与这一群体的成员建立起密切的关系，这一群体的成员后来就成为提供信息者和回答者。他们举的例子是，一个研究者进行一项关于警察训练的研究。他先找到警察长官说明自己的身份和研究目标，获得允许后进入一个警察组织中。在参与观察中，他也不隐瞒自己的身份和学术目的。①

之所以存在众多不同的划分，同时导致不同角色界定之间存在一些混淆，一个根本的原因是划分的框架与基本概念的内涵之间存在着冲突。特别是由现有的“四种角色说”“三种角色说”所采用的划分框架与参与观察的概念之间存在冲突和不一致，从而错误地将本不应该属于参与观察的角色纳入参与观察中所导致的。

上述的“四种角色说”划分框架实际上是一种单维度的框架，即仅仅以研究者涉入背景的程度作为标准，却忽视了另一个同样重要的维度——这就是研究者的身份是否显露。应该看到，“研究者涉入程度”与“观察者采取的身份”是两件虽然密切相关但却并不完全一样的事情。研究者“扮演的田野角色”，只是决定和影响“研究者涉入程度”的一个因素。研究者扮演的角色有真实和虚伪之分，而他涉入的程度则是没有这种区分的。

当我们对所有上述划分都按照这种新的、包含两个维度的框架来进行分类时，就可以非常清楚地看到上述三种不同划分之间的本质差别。详见表 13－2、表 13－3、表13－4。

表 13－2　　四种角色说

		是否参与背景中的活动	
		参与	不参与
研究者的身份	公开	作为观察者的参与者	作为参与者的观察者
	隐蔽	完全参与者	完全观察者

表 13－3　　三种角色说

		是否参与背景中的活动	
		参与	不参与
研究者的身份	公开	作为观察者的参与者	
	隐蔽	完全参与者	完全观察者

表 13－4　　两种角色说

		是否参与背景中的活动	
		参与	不参与
研究者的身份	公开	作为观察者的参与者	
	隐蔽	完全参与者	

参与观察中观察者的两种角色

现有的“四种角色说”和“三种角色说”中所涉及的“观察”，实际上不在同

① Nachmias C F，Nachmias D. Research Methods in the Social Sciences. 6th ed. Worth Publishers，2000：258－260.

一个层面上，它们实际上超出了参与观察的范畴。由于局外观察不参与背景中的活动，不涉及研究者身份，所以谈不上观察者的现场角色问题。只有参与观察才存在研究者的现场角色问题，才存在研究者的真实身份是否让为观察群体所知晓的考虑和选择。因此，参与观察者的现场角色划分的关键因素就是研究者的身份是否公开。正是根据这一标准，我们可将参与观察者的现场角色分为两种："作为观察者的参与者"，或称为公开的观察者，以及"完全参与者"或称为隐蔽的观察者。由于二者在现场的身份不同，因此，他们涉入背景及群体的程度不同，受到的观察限制不同，获得的资料和体验不同，应用的范围也不同。

在整个观察的体系中，我们所划分的隐蔽的观察者角色和公开的观察者角色，只是相对于参与观察来说的一种更小的划分。为了让大家对这一点有一个更清楚的认识，我们列出观察的整体划分及其相互之间的具体关系，详见图 13－2。

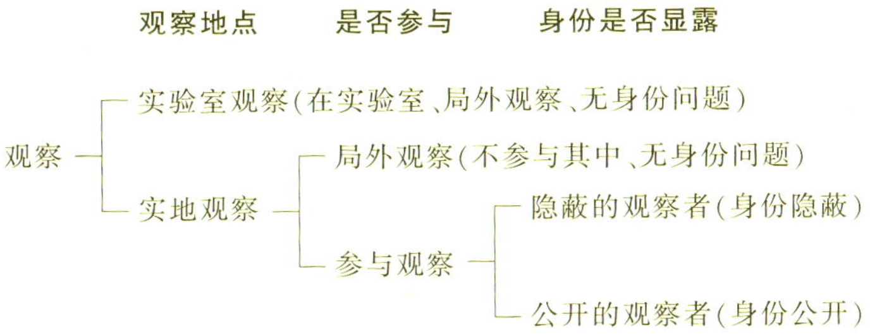

图 13－2　观察方法的分类及特征

"作为观察者的参与者"，或公开的观察者的角色是指研究者的身份对于所研究的群体来说是公开的，同时，研究者又为这一群体所接受，允许他参与他们的成员关系和群体活动，使研究者能够进行观察和研究。这种方式的典型例子是美国社会学家怀特所做的"街角社会"的研究。在这个研究中，他成了当地一个青少年帮派的朋友，但同时又没失掉他研究者的身份，即那个青少年帮派的成员知道他是一个研究人员，但仍然接纳他从事观察和研究。利博关于黑人流浪者的研究也是这种观察方式的例子。他采取的也是公开观察者的角色，即当地的黑人流浪者都知道利博是一个研究者。许多研究原始部落的社会人类学家经常同这些部落的成员共同生活一段时间，他们所采用的往往也是这种角色。

"完全参与者"，或隐蔽观察者的角色，是指研究者将自己的真实身份隐藏起来，而以所观察社区或群体中一个真实成员的身份去参与其中并进行观察。这是一种要求研究者采取虚伪角色的形式。像罗森汉和奥里珊斯基等人的观察就属于这种形式的观察，即他们所观察的环境中的人们只知道他们分别是"精神病人"和"装配工"，而不知道他们的真实身份。类似的例子还有许多。一位美国社会学家把自己装扮成流浪汉，混迹于纽约街头的流浪者队伍，10 天中忍饥挨饿，露宿街头。他抑制住强烈的自尊心，忍受收容所和招工处的冷眼，通过大量的观察和亲身的体验，写出了极其生动的研究报告。也有的社会学家，通过取得当局的同意，装扮成一个犯人，进入监狱与犯人一起生活，因而犯人对他毫无戒备心理。他通过观察和交谈，对犯人的心理、犯罪的原因等有了更深刻的认识。

显然，“作为观察者的参与者”的角色所具有的一个最大优点就是研究者能够相当公开地进行观察和询问他所关心的问题，受到的限制较少。其主要缺点是由于被观察的人们十分现实地感觉到他们正在被观察，所以，他们的行为、活动往往受到影响，表现出不正常的情况。而完全参与者的角色所具有的最大优点是，研究者既能生活在研究对象的生活环境之中，又能隐蔽地进行观察和了解研究对象的行为表现，这种观察和人们的表现都比较真实自然。这种方法的最大问题是伦理道德问题，即研究者有没有为了研究的目的而可以欺骗研究对象的权利。如美国社会学研究生哈姆弗瑞斯在1970年出版了《茶室交易》一书，观察研究了同性恋现象，就引起了一场较大的伦理问题争论。

三、 参与观察法的特点

参与观察法的优点

与其他研究技术相比，参与观察法导致研究者把他自己的看法和观点强加于他试图理解的那个社会世界的可能性最小，它常常是在“没有先入之见”的情况下进行这种探讨的。因此，它为获得社会现实的真实图像提供了最好的方法。而采用调查研究的方法（无论是结构式访谈还是自填式问卷），都要求研究者事先决定好一组要求被访者回答的问题，并事先准备相应的答案。这样做就有可能使研究者把他自己关于所研究现象或行为的特定猜想、判断、看法和观点，强加给社会世界。正因为如此，利博特别担心他所希望观察的现实遭到歪曲。他说，从一开始进行研究，他就“特意不在一些有关的问题上作出明确的假设”，他只是尽量地听和看。当观察者深入实地、完全参与被观察者的实际生活，边同他们一起生活，边进行自己的观察时，他往往能够直接地、真切地感受被观察者的思想感情和行为动机，特别有利于研究者“设身处地”地“理解”被观察者。

参与观察法的缺点

参与观察法的缺点就像其批评者所概括的：其所得到的资料往往缺乏信度（即缺乏可靠性）；作为一种研究方法，它的程序是不明确的，它的观察是不系统的，它的资料是难以用数量表示的，它的研究结果也是无法重复的。同时，参与观察在很大的程度上依赖于观察者的敏感性、领悟能力和互动技巧。在参与观察的整个过程中，主观因素的作用和影响很大，而很难有比较客观的评价标准。特别是，研究者在参与观察中参与得越深，体验得越深，其主观情感、看问题的角度、思考的模式等方面受到的影响也就越大，他在看待、分析和解释人们的行为时丧失客观性、中立性的可能性也就越大，程度也就越深。怀特写道：“开始时我是一名非参与性的观察者。但是，当渐渐为这个群体所接纳时，我发现自己几乎成了一名非观察性的参与者。”① 这样就出现了一种新的危险：观察者因陷得太深而失去其观察的超然

① 哈拉兰博斯．社会学基础．上海：上海社会科学院出版社，1986：49－50.

性和敏锐性，并变得过于想当然。这是研究者在参与观察过程中所应注意的一个问题。

四、参与观察法的应用

（1）采用参与观察方式进行的研究，通常不是要验证某种理论或假设，其目的是对现象发生的过程提供直接的和详细的资料，以便对其有比较深入的理解。因而参与观察不用事先准备特定的假设，其研究的过程也无特别的限制，常常会观察到原先并未期望得到的资料，得到意外的收获。但与此同时，由于参与观察的方法要求研究者参与自然的、不经过人工的控制或改变的环境去进行研究，因而其在可靠性、观察偏差以及结果推论上都存在着一定的局限。所以，在使用上应注意一定要有比较长的时间来从事观察，以便于研究者对某一现象或群体做全面的和综合的了解。

（2）参与观察之初，研究者都需要为自己作为一个陌生人出现而进行某种方式的解释。他的参与观察能否成功也在很大程度上取决于他能否被其所研究的群体接纳。因此，得到所研究的群体中关键人物的支持和帮助，就常常是研究者获得成功的关键环节。怀特获得了街头青少年帮派的主要人物的友谊，该帮派头目多克成了他的保证人，这可以说是他成功的基础；利博的经历也很相似，他获得了街头大亨塔利的信赖和友谊，从而使他为这一黑人流浪者群体的其他成员所接受。

（3）由于参与观察特定方式的要求，参与观察者往往要经历一个“先融进去”，“再跳出来”的过程。或者说，参与观察过程中有一个角色转换的问题。在参与观察之初，研究者要尽快“进入角色”——将自己作为研究者的角色转换为观察对象群体中一员的角色，从语言、行为举止到生活方式，都尽量“同化于”观察对象及其社区，以达到“移情理解”的目的。比如，一个研究个体户的社会学博士生，当他通过一段时间的“融进去”之后，再回到学校和他的同学一起聊天时，“他们都说我从说话到行为都越来越像‘练摊的’了。尤其腰里掖着一盒‘万宝路’那派头，活脱脱就是一副‘倒爷’相”[①]。而当要对观察到的现象和行为进行判断、分析和解释时，研究者又要能随时“跳出角色”——恢复到研究者客观的、中立的立场上来，从局外人的角度，重新审视观察对象的行为表现，发掘其所具有的客观含义，以达到“超脱理解”的目的。

根据参与观察的特点，我们在采取这种研究方法时还应注意以下几个方面：第一，要尽快同被观察者打成一片，成为他们中的一员。第二，对所观察事物的社会背景要有一定了解，观察中要保持客观的、实事求是的态度，不带偏见。第三，要善于分析观察结果，分清表象和实质，不要被假象迷惑。第四，要具有高度的注意力、忍耐力和认真吃苦的精神。

---

① 时宪民．体制的突破．北京：中国社会科学出版社，1993：8.

第四节 无结构访谈法

在实地研究中，访谈是与观察同样重要的资料收集方法。实地研究中的访谈与我们在调查研究中介绍的结构访谈的方法有较大的差别。实地研究中的访谈通常是一种无结构访谈，有时甚至只是一般的、随意的闲聊。

一、无结构访谈的含义及分类

无结构访谈（**unstructured interview**）又称作深度访谈或者自由访谈，它与结构访谈相反，并不依据事先设计的问卷和固定的程序，而是只有一个访谈的主题或范围，由访谈员与被访者围绕这个主题或范围进行比较自由的交谈。无结构访谈适合于并主要应用于实地研究。它的主要作用在于通过深入细致的访谈，获得丰富生动的定性资料，并通过研究者主观的、洞察性的分析，从中归纳和概括出某种结论。应该说，无结构访谈与结构访谈相互补充，分别适用于不同的情况，都是社会研究中的有用工具。

结构访谈要求在访谈过程、访谈内容、访谈方式等方面都尽可能统一，做到标准化。这样做一方面是为了避免访谈中各种个人因素，特别是个人主观因素影响访谈过程，从而增加访谈过程的客观性和资料的可信度，另一方面也是为了使得访谈资料便于进行统计处理和定量分析。但结构访谈因为缺乏弹性，缺乏灵活性，无法了解更加具体、更加详细的资料，也无法对所访谈的问题进行更为深入的讨论。与此相反，无结构访谈的最大长处就是弹性大，灵活性强，它有利于充分发挥访谈双方的主动性和创造性。与结构访谈相比，无结构访谈的最大特点是深入、细致。但是，这种访谈方法对访谈员的要求比结构访谈的要求更高，这种访谈方法所得的资料难以进行统计处理和定量分析，而且特别耗费时间，使得访谈的规模受到较大的限制。这些都是无结构访谈所存在的缺陷，我们在运用时应该有所注意。

根据访谈的性质，可以将实地研究中的无结构访谈细分为正式访谈与非正式访谈两种。**正式访谈**（**formal interview**）指的是研究者事先有计划、有准备、有安排、有预约的访谈。而**非正式访谈**（**informal interview**）则指的是研究者在实地参与研究对象社会生活的过程中，随时碰上的、无事先准备的、更接近一般闲聊的交谈。比如，在左邻右舍、街头巷尾、集贸市场、餐馆商店等日常生活地点与偶然碰上的当地人所进行的交谈，就属于这种非正式的访谈。“村里人喜欢的早茶、饭局、看戏听唱、朋友聚会、走街串巷，都是随意谈话的极好场合。这些谈话中凡有价值的内容，都在当晚凭回忆记录下来。”① 这种非正式的访谈无法事先预料和计划，交

① 折晓叶．村庄的再造：一个超级村庄的社会变迁．北京：中国社会科学出版社，1997：24.

谈的进程不能由研究者严格控制，交谈内容也不能完全按研究者的研究目标进行选择，只能随具体的谈话情景、谈话对象而定。所以一般情况下研究者只能因势利导，见机行事。正式的访谈则通常需要按事先拟好的提纲进行，这种提纲中列出了一些根据研究文献和研究者个人经验认为应该了解的各种方面的问题。但提纲通常只起到某种提示作用，访谈的实际进程仍有相当大的灵活性和变化性。

根据被访者的数量，无结构访谈又可分为个别访谈与集体访谈两种。个别访谈与结构访谈中的当面访谈有很多相同的地方，比如，它们都是由一个访谈员同一个被访者单独交谈。但是二者仍有着本质的区别：无结构的个别访谈不依据问卷表，只围绕访谈的主题，灵活地询问和交谈；而结构式的当面访谈则完全依据问卷表，严格按程序、按要求进行提问和记录。集体访谈则是将若干个研究对象集中在一起进行访谈，我们将在后面专门介绍。

二、 进行无结构访谈的要点

对于实地研究中正式的无结构访谈来说，应该注意以下几个方面：

（1）访谈前，要对访谈的主要目标和所要了解的主要内容有一个明确的认识。只有在访谈前做到心中有数，才能在访谈中主动地掌握和引导好整个访谈的进程。一种可取的方法是，事先精心准备好一组“主题标题”或“内容提示”，以保证每次具体的访谈都能覆盖访谈的主要内容。这组“主题标题”或“内容提示”一般采用简练明确的词语或短小的句子的形式，抄写在一张卡片上，或者写在笔记本上，用以作为在访谈过程中指导提问和检查遗漏的依据。当然，这组“主题标题”不是一成不变、不可更改的，相反，它们通常需要研究者根据实际访谈过程中所认识到的问题或方面，对原先考虑不足的内容进行适当的增删。

（2）访谈前最好能对被访者的各方面情况和特征，比如年龄、性别、职业、文化程度、家庭背景、兴趣爱好等，尽可能详细地进行了解。这样做的好处如下：一方面便于访谈员根据实际情况采取适当的角色姿态，尽可能缩小访谈员与被访者之间的地位差别和心理距离，尽可能增加二者之间的共同语言，以建立起融洽轻松的访谈关系；另一方面可以使访谈员对被访者在访谈过程中所谈的各种情况，有一个更为准确、更为客观的理解。特别是在对一些不易交谈、不易表达的内容和一些不善表达的被访者进行理解时，这种事前的了解就更具有明显的作用。

（3）访谈的时间和地点的确定应该以被访者方便为主要原则。在访谈前，访谈员应该事先与被访者进行联系，向被访者说明访谈目的和内容，并和被访者就访谈的地点、次数、时间长短及保密原则达成协议。见面时，一定要向被访者表示某种歉意。比如，“对不起，打扰了您的工作”或者“对不起，影响了您的休息”等等。而不要以为有了正式的介绍信，或者事先已通过了被访者的上级机关和领导，被访者接受访谈就是理所当然的。因为，对于任何一个具体的访谈对象来说，他并没有以牺牲个人的工作、学习、休息和娱乐时间来接受你的访谈、向你提供各种情况的义务；对于每一个访谈人员来说，他也没有为自己工作的需要而占用别人工作或休息时间的权利。因此，在一开始与被访者接触时，切不可忘记向被访者十分客气、十分诚恳、十分谦虚地表达出对这种打扰的歉意。

（4）访谈时，开场白一定要说好。其标准是简明扼要、意图明确、重点突出。主要解释你是什么人，你想干什么，为什么要进行这次访谈等。其目的是消除被访者在陌生人面前所自然产生的各种疑虑和戒备心理。接着，就要清楚明白、通俗易懂地告诉被访者，你希望他谈些什么方面的问题。需要注意的是，一开始不能把你所想了解的全部问题都一一列举出来，而只能给出一个总的内容范围和一两个十分容易交谈的话题。因为即使你把全部问题都列举出来，被访者也不可能全部记住；即使他可以把问题全部记住，也不可能有条有理地、一个接一个地从头谈到尾。这一阶段的主要目的是，调动回答者产生回答问题的动机，帮助他们做好回答问题的心理准备，建立起轻松、融洽的访谈关系，引导被访者开始回答第一批问题。

（5）开始访谈是一种真正的艺术，全部资料的可靠性在很大程度上取决于访谈员在这方面的表现。为了创造有利于访谈的气氛，除了对访谈对象表示礼貌外，在进入正题之前，可以先谈谈访谈对象身边较熟悉的事情，以消除拘束感，比如他的住房、家庭、子女、个人嗜好等，然后逐步地把话题引向访谈的内容。开始提出的问题除了在内容上应该是比较简单的以外，访谈员提问的速度也应相对慢一点，使被访者有一个逐步适应的过程。

（6）在被访者回答问题的过程中，访谈员要专心听，并认真记笔记。这样做可以给被访者一种正式感、受尊重感和谈话有价值感。在这一过程中最关键的因素是，访谈员的目光要恰当地同被访者保持接触。所谓恰当，指的是既不能埋头记笔记，而忽视了通过目光同被访者进行交流，又不能长时间把目光停留在被访者脸上，因为这样往往会造成被访者的紧张感、不自在感，影响到他的谈话。要使自己的目光在笔记本和被访者这两者之间自然地往来，随时让被访者感到你在十分认真、十分注意地听取他的谈话、他的意见和看法。

（7）掌握正确的记录方法。访谈的目的是收集某类现象的资料，访谈记录则是关系到访谈资料的客观性、准确性和全面性程度的重要因素。在实践中通常采用两种方式进行无结构访谈的记录工作。一种叫当场记录，一种叫事后记录。事后记录是在访谈结束后，靠回忆进行追记的方法。它的优点是既不会影响访谈时访谈员与被访者之间的互动，又有较好的消除被访者心理压力和紧张感的作用。但其缺点是所追记的资料往往很不全面，遗漏之处很多，且所记内容也不确切。当场记录即边访谈边记录，它是访谈员采用得较多的一种形式。在当场记录中，要想把被访者说的每一句话、每一个字都记下来，不仅是不可能的，而且也是不必要的。因此，应该有重点、有选择地进行记录。主要做法如下：对被访者讲述的事件、列举的实例，特别是事件或实例中的时间、地点、人物、状况、性质等等，要尽量完整地记录；对被访者关于某一问题所表示的观点、对某一现象的主要态度、主要见解等，要准确地记录，并且最好能记下他的原话，而不要用自己的话去“概括”或“归纳”被访者的话；对于被访者在回答中的一些过渡性语言、承接性语言、重复性语言、口头语等等，则不要记。记录时，对不同问题的回答，以及对不同的事件、不同的方面、不同的内容等的回答，都要在形式上明显地分开，各自形成单独的一段，而不要不分层次、不分段落、不留空隙地从头记到尾。当场记录的最理想方法当然是进行访谈现场录音，但这一定要事先征得被访者的同意。最好还有一组预先思考好的访谈大纲。如果被访者不介意，这种访谈最好能使用录音机。这样，研究者在访谈时就可以全身心地关注访谈主题，关注被访者的回答，而不用分心去记录。访谈结束后，要及时根据录音对资料进行整理，因为此时整理还可以回想起访谈时的情景，特别是研究者当时的感受和认识。如果时间一长，研究者的自我感受可能就会被淡忘。

三、 访谈控制的方法

访谈的控制是访谈过程中最重要、最难掌握的工作任务，也是整个访谈过程中最关键的环节之一。一般来说，提问控制和表情与动作控制是两项主要的控制手段。

提问控制包括以下几个方面：

（1）对内容转换的控制。即当访谈的内容从一个方面转到另一个方面时，访谈员要有意识地帮助被访者进行这种转换，而不能在被访者没有任何心理准备的情况下突然地转换论题。转换控制的方法是先顺着被访者所谈内容进行简要归纳，让被访者在这一方面的思路上打上句号，然后再提出新的问题。

（2）对问题的重述和追问。当感觉到被访者对问题含义不理解、不清楚，或有误解时，可通过重复问题来帮助他们理解；当你对被访者的回答有疑问时，也可通过复述其回答和追问来确证；当感到被访者回答不全时，可通过停顿不语或追问来诱导被访者继续谈下去。

（3）掌握好发问和插话的时机。通过适时的插话和提问来巧妙地掌握和控制访谈的进程。由于访谈对象是互不相同、各有特点的，因此，对于同样的问题，他们的反应会不同，回答会不同，表达的方式也会不同。有的也许能较好地领会访谈员的要求，有的则可能会形成一些误解；有的也许能较好地按访谈员的要求叙述，而有的则往往会跑题。为了使每一种情况下的访谈都取得成功，访谈员必须牢牢掌握和控制交谈的方向、范围和进展情况。而且，这一切都不能过于明显地表露出来，只能以某种被访者不易察觉的方式自然地进行。在被访者叙述的过程中，除了十分重要的细节外，一般不要插问，插话也不要过多，以免打断被访者的思路。

表情与动作控制即是指访谈员通过自己的各种表情与动作，来表达一定的思想、感情，从而达到对访谈过程的控制。比较重要的几个方面如下：

（1）用动作中断被访者的谈话。如通过送水或点烟的动作打断被访者扯远的话题便是一例。

（2）要表现出礼貌、虚心、诚恳、耐心的表情。

（3）要对被访者的谈话表示关注，即使当被访者说走了题，或者语言表达效果较差时也应如此。

（4）访谈员的表情要适合被访者回答的内容。要对被访者回答的喜怒哀乐表示出同感。

（5）要恰当地用眼，专心地用耳。即既不能只顾低头记笔记，忽视被访者的存在，也不能一直盯着被访者。眼睛要在这二者中找一个适当的位置。听被访者回答时，一定要专心，不能随随便便，以免影响被访者谈话的情绪。

（6）在访谈结束准备离开时，一定要热诚地向被访者表示感谢。

四、集体访谈

集体访谈也称为座谈会，它是将若干个访谈对象集中起来，同时进行访谈的方法。集体访谈的最大特点是，访谈中不仅存在着访谈员与被访者之间的社会互动，同时还存在着不同的被访者相互之间的社会互动。集体访谈所收集的资料将受到这两种社会互动的影响。因此，要成功地组织好集体访谈，要开好座谈会，访谈员就不仅要掌握好与被访者之间的互动，而且要组织和引导好被访者之间的互动。这就要求访谈员有更熟练的访谈技巧及组织会议的能力，正确地面对多个被访者。可以说，在一定意义上，集体访谈是较个别访谈层次更高、难度更大的访谈方法。

参加集体访谈的人数是进行集体访谈首先必须解决的问题。人数多了，则集体访谈难以掌握和进行；人数少了，又达不到集体访谈的效果。根据长期实践的经验，一次集体访谈的参加人数通常以 5～7 人为宜，最多不要超过 10 人。同时，应该注意参加集体访谈的被访者的选择。一般的原则如下：（1）要有代表性；（2）要十分了解情况；（3）要敢于发言；（4）相互之间应有共同语言。

集体访谈具有一些不同于个别访谈的特点：第一，由于集体访谈是访谈员与被访者之间、被访者互相之间的多层次互动与交流，因此，它所获得的信息往往比个别访谈方式所获得的信息更为广泛、更为全面。而且，由于能够互相启发、互相补充、互相核对、互相修正，所以，集体访谈所获得的资料往往也更为完整、更为准确。第二，由于集体访谈能够同时访谈若干个不同的访谈对象，因而可以大大地节约人力、时间，相对较快地获得有关社会现象的情况。但是，集体访谈存在着一个十分突出的问题，这就是容易产生和形成某种“团体压力”和“从众行为”。它往往使得参加集体访谈的访谈对象在其他访谈对象的面前有意无意地隐瞒或改变真实情况，使自己的回答和看法顺从、接近或符合多数人的意见，而不愿或不敢表示不同的意见。因此，访谈员应该对集体访谈中所得资料的真实性和客观性，有一个比较清楚的认识。由于同样的原因，对于某些敏感的问题的访谈，也不适于采用集体访谈的方法。

第五节 实地研究的特点及应用

与调查研究、实验研究，以及利用文献的定量研究相比，实地研究有一个明显的不同之处，这就是它不仅是资料收集的过程，同时也是理论形成的过程。作为一种具体的研究方式，实地研究的基本特征是研究者作为真实的社会成员和行为者参与研究对象的实际社会生活。通过尽可能全面的、直接的观察和访谈，收集具体、详细的定性资料，依靠研究者的主观感受和体验来理解其所得到的各种印象、感觉以及其他资料，并在归纳、概括的基础上建立起对这些现象的理论解释。

一、 实地研究方式的主要优点

（1）适合在自然条件下观察和研究人们的态度和行为。实地研究者所寻求的是一种更具有情感性的和人文主义类型的资料，他们与研究对象之间的关系也更是人与人之间的关系。这种方式特别适合那些不便于或者不可能进行简单的问卷调查的社会现象和问题。正如许多研究者所认为的，对于人们的情感通常不宜将其归纳成可以输入计算机的数字，而是要通过人对人的观察，作出主观的估价，并以文字方式详细记录。

（2）研究的效度较高。相对于问卷调查中最大的问题——表面化、简单化现象，实地研究的深入观察，设身处地的感受、理解，具有很高的效度——研究者测量的确是他所希望测量的概念或现象。而与调查研究中常见的简单定义相对应的是，实地研究中研究者常常列举出生动、详细的实例来说明某一个概念的含义。

（3）方式比较灵活，弹性较大。相对于实验研究和调查研究，实地研究的操作程序不是那样严格，只需要较少的准备工作。在研究进行的过程中，可以随时修正研究的目标和设计。对于不同的研究背景或不同的研究对象，实地研究中的具体操作也比较灵活。

（4）适合研究现象发展变化的过程及其特征。由于实地研究不仅要深入实地，而且要在实地生活相当一段时间，因此，对于研究社会现象的发展变化过程来说，也是一种较好的方式。尤其是在对个人或小群体的研究中，这种优点更为明显。

二、 实地研究方式的主要缺点

（1）概括性较差。由于实地研究所得到的基本上是定性资料，且在很多情况下都是以某个个案为对象的，因而其资料既难以进行定量分析，也无法概括大的总体。这样，其所得结论也难以推广到更大的范围。这是实地研究方式比较大的缺陷之一。

（2）信度较低。实地研究中研究者主要以参与观察和无结构访谈的方式收集资料，所处的是一种被动的地位，对观察场景也往往缺乏控制，因而其所得的资料比较琐碎、凌乱，不易系统化。同时，由于实地研究强调研究者的主观作用，强调对所观察的对象进行移情理解，因此难以检验其信度。与此同时，现实生活中因时间、地点、人物的变动或流失的影响，也造成研究者很难对原先研究的对象或现象进行重复观察或研究。

（3）对研究对象的影响。实地研究者的观察并非像照相机或显微镜那样处于所观察的对象之外，实际上，观察者是他正在观察的对象的一部分。一位深入实地研究印第安人的美国人类学家说："我与我妻子不是在研究一群印第安人而是一群印第安人围绕着两个美国人类学家。"① 他的这句话十分巧妙地揭示出实地研究方式本身所具有的这种与研究对象密不可分的关系。无论是参与观察还是实地访谈，研究者的参与对其所研究的对象都会造成影响。怀特在《街角社会》的后记中写道："多克以前的行为是出于直觉而现在却要考虑怀特会怎么想。"尽管他充分意识到这一问题，并在实际参与观察中"设法避免使这个群体受到影响"，比如，尽量不为这个群体做任何决定，避免接受公职或担任领导，力戒对敏感性问题仓促地作出是非判断，只要可能，就设法掺和到背景里面去进行观察和倾听等等。但不管研究者如何注意，他的出现和在场客观上必然会对其他人的行动产生某种程度的影响。正如多克对怀特所说的："自从你来到这里以后，把我的事全耽误了。现在，每当我做什么事，都得先想想怀特对这件事可能想了解点什么，我怎么解释这件事。可是我以前办事从来都是凭本能。"②

（4）所需时间较长。由于参与生活的需要，实地研究方式的周期一般都比较长。通常少则几个月，长则好几年。有的人类学者认为："田野工作最大的收获来自六个月之后，因此要进行有效的研究至少要一年时间。"③ 这种长时间的要求，不仅对于研究者来说是一个困难，有时对于所研究的对象来说也是一种困难。

（5）伦理问题。这一问题主要是针对参与观察中隐藏研究者身份的做法提出的。它所包含的实际问题如下：第一，研究者有没有为了研究的目的而欺骗研究对象的权利？第二，研究者作为社会的成员，应不应该为了研究而采取欺骗研究对象的做法？

本章要点

1. 实地研究是一种深入研究现象的生活背景，以参与观察和非结构访谈的方式收集资料，并通过对这些资料的定性分析来理解和解释现象的社会研究方式。

2. 在一定意义上，实地研究是参与观察与个案研究的合称。从研究背景和对

① 墨菲．文化与社会人类学导论．北京：商务印书馆，1991：281.

② 怀特．街角社会．北京：商务印书馆，1996：340.

③ 同①274.

象范围上看，个案研究是其特征；而从研究方式和资料收集方法上看，参与观察则是其突出的特点。

3. 实地研究通常可分为以下几个主要的阶段：(1) 选择研究背景；(2) 获准进入；(3) 取得信任和建立友善关系；(4) 收集资料（观察或访谈）；(5) 整理和分析资料；(6) 报告研究结果。

4. 正式的、合法的身份以及单位或组织的介绍信，并不是保证研究者能获准进入实地的充分条件，而只是一种必要条件。研究者要能够参与研究对象的实际社会生活，还常常需要某些“关键人物”或“中间人”的帮助。

5. 尽快取得观察对象的信任，并尽快与他们建立友善的关系，是进入实地后研究者面临的首要任务。

6. 每天晚上一定要对白天参与观察所得到的资料，与各种对象谈话、闲聊时所得到的资料进行回忆和记录。同时还应记录下研究者本人的思想、感情、评价、认识、猜想、理解等主观内容。

7. 按照观察中研究者所处的位置或所采取的角色，我们可以将观察区分为局外观察和参与观察。根据观察地点的不同可以将观察分为实验室观察和实地观察。还可以根据观察方式的结构程度将其区分为结构观察和无结构观察。

8. 在参与观察过程中研究者可以采取两种不同的角色：(1)“作为观察者的参与者”；(2)“完全参与者”。前者是指研究者的身份对于所研究的群体来说是公开的，后者则是将研究者真实的身份隐藏起来，而以某种虚假的身份参与所研究的社区或群体中进行观察。

9. 参与观察者往往要经历一个“先融进去”，“再跳出来”的过程，即参与观察过程中有一个角色转换的问题。

10. 实地研究中的无结构访谈可分为正式访谈与非正式访谈两种。正式访谈指的是研究者事先有计划、有准备、有安排、有预约的访谈。而非正式访谈则指的是研究者在实地参与研究对象社会生活的过程中，随时碰上的、无事先准备的、更接近一般闲聊的访谈。

基本概念

实地研究　观察　实验室观察　实地观察　非参与观察　参与观察　结构观察　无结构观察　完全参与者　作为观察者的参与者　无结构访谈　正式访谈　非正式访谈

复习思考题

1. 实地研究中有哪几个主要的阶段？为什么取得信任和建立友善关系特别重要？

2. 观察有哪几种类型？各种不同类型的观察具有什么特点？

3. 实地研究中的访谈与调查研究中的访谈有什么不同？实地研究中这种无结构访谈的主要优点是什么？相比之下，哪种访谈对研究者的要求更高？为什么？

4. 参与观察与非参与观察之间的差别是什么？在实地研究中，哪种观察更为常见？

5. 如果要进入一个正式组织（如医院）、一个公共场合（如火车站），以及一个私人背景（如家庭）开展实地研究，请你分别描述三种不同的获准进入的方式。

6. 如果一个高等院校以外的年轻研究者希望以实地研究的方式研究大学生中的小群体及其活动，你觉得他应该如何进入你们的圈子？应该以什么样的方式与大学生接触？

7. 一个年轻的研究者希望观察大学生的学习生活，以了解当今大学生的学习动力和就业倾向。他可以采取哪些不同的观察方法？每种方法各有什么利弊？

8. 试将实地研究的方式与调查研究、实验研究的方式进行比较，说明它们所具有的不同特点，并举出几个适合不同研究方式的例子。

9. 选择一个合适的研究题目，利用暑假开展一个月的实地研究，并将参与观察或自由访谈的经历写成报告，在课堂讨论。

推荐阅读书目

1. 巴比．社会研究方法．北京：华夏出版社，2000：第十章．

2. 贝利．现代社会研究方法．上海：上海人民出版社，1986：第八章，第十章．

3. 纽曼．社会研究方法．北京：中国人民大学出版社，2007：第十三章．

4. 风笑天．社会研究：设计与写作．北京：中国人民大学出版社，2014：第六章．

第十四章
个案研究

正如第十二章中所介绍的，无论学者们对定性研究的方式体系如何划分，也无论他们对于定性研究方式究竟包含哪些主要类型的观点和看法是如何不同，他们都会一致同意，个案研究是定性研究中一种重要的、不可或缺的主要方式。① 实际上，个案研究也是定性研究中应用范围最广的一种方式。它不仅可以应用于人文学科，也可以应用于社会科学，还可以应用于评估研究等实践领域。② 本章将对个案研究的概念、类型、一般程序、主要特征等进行介绍，并对个案研究的应用及其结果的推广问题进行一定的探讨。

第一节　个案研究的概念与类型

一、个案与个案研究

个案

为了更好地理解个案研究，首先需要对个案进行一定的说明。什么是个案？**个案**（case）也称为案例，是法学、医学、心理学、社会工作等学科中普遍使用的一个概念。对于个案，有的学者给出的定义是“一个有界限的系统”③，也有学者进一步解释，个案是“在一个有界限的范围内发生的某种现象”。根据这种定义，“个案可以是个人、角色、小型群体、组织、社区、国家，也可以是决策、政策、过程、小的事件或大的事件，还可以有其他的可能性”④。在实际社会研究中，最为常见的个案往往是特定的个人、某一群体（比如家庭）、某一组织（比如学校、企业、医院）或者是某一社区（比如城市、乡镇、街道、村庄）。在政治学中，个案也常常

---

① 风笑天．定性研究概念与类型的探讨．社会科学辑刊，2017（3）．

② 米勒，萨尔金德．研究设计与社会测量导引：第 6 版．重庆：重庆大学出版社，2004：134.

③ 克里斯滕森，约翰逊，特纳．研究方法、设计与分析．北京：商务印书馆，2018：324.

④ Punch K F. Introduction to Social Research: Quantitative and Qualitative Approaches. 3rd ed. Sage Publications Ltd.，2014：121.

是一个国家。当然，根据研究问题的不同，社会研究中的个案也可能是一段经历、一个过程、一项政策、一个事件或社会生活的任何其他单位。

需要注意的是，在个案的这种定义中，“有界限”是重要的界定。它强调个案是发生在特定时间和地点的现象。它使得我们能够区分这些个案是什么，以及不是什么。另外，由于许多个案本身又是由不同层次或不同部分组成的，比如作为一个具体个案的企业中还包括厂长、经理、主任等不同级别的管理人员、不同职称的技术人员以及不同资历和经验的普通工人等等；因此，要注意区分那种整体性的个案与那种由多个层次或多个部分组成的个案。也正因为如此，有的研究者采用“整体性的”和“嵌入性的”这两个概念来表达作为整体的个案与由不同层次、不同部分组成的个案之间的差异。

在对整体性个案的研究中，收集信息时所用的变量与对嵌入性个案进行研究时所用的变量是不同的。比如，将一个企业作为整体性个案来研究时，所用的变量往往只涉及企业的规模、所有制、产业类型、结构、企业文化、核心竞争力等等。而当将这个企业作为一个多层级、多部分的个案来研究时，我们就可以进一步从管理人员、技术人员以及普通工人那里获得有关经营理念、管理模式、价值观念、工作态度、奉献精神等等更广泛、更丰富的信息和资料，对个案整体的描述和分析将会更全面。正如有的学者所指出的，“一个良好的个案研究设计会避免只检验部分组成元素，它会通过广泛收集多个层面的信息来构建个案画面。与任何组成元素所能告诉我们的信息相比，最终的个案研究会告诉我们更多性质不同的信息”[①]。与此相对应的是，个案研究中，研究者往往需要针对不同的构成要素采取多种不同的研究方式来收集描述社会生活丰富性所需要的各种来源的资料。

个案研究

再来看看**个案研究**（case studies，也称为案例研究）的定义。对个案研究的概念进行定义似乎比较容易。让我们先来看看几位学者的定义。澳大利亚学者潘奇（Punch）教授认为，所谓个案研究，就是“使用任何合适的方法和资料，对一个（或少数几个）案例进行详细的研究。个案研究也许有许多特定的研究目的和研究问题，但其最一般的目标是对那个个案达到尽可能充分的理解”[②]。也有学者以更为简明扼要的方式对个案研究进行了如下界定：“个案研究是对具体‘单位’的深入研究。这里所谓的‘单位’可能是个人、组织、事件、节目或社区。”[③] 还有学者则认为，个案研究就是“考察少数个案本身的诸多特征”[④]。而在一本《现代社会学词典》中，个案研究的定义是：“一种通过对单独个案的彻底分析来研究社会现象的方法。”“它收集与个案相关的所有资料，并以个案为单位将所有有价值的资料组织

---

① 德沃斯．社会研究中的研究设计．北京：中国人民大学出版社，2008：221.

② Punch K F. Introduction to Social Research：Quantitative and Qualitative Approaches. 3rd ed. Sage Publications Ltd.，2014：120.

③ Matthew D，Sutton C D. 社会研究方法基础．北京：高等教育出版社，2008：116.

④ 纽曼．社会研究方法：定性和定量的取向（第七版）．北京：中国人民大学出版社，2021：39.

起来。通过将各种事实与单独的个案相联系，个案研究方法使得所研究的资料具有一种整体的性质。它也提供了一个深入分析其他方法常常忽略的许多特殊细节的机会。”①

虽然不同学者对个案研究的定义并不完全相同，但这些定义中依然存在着一些相同的内容。正是这些相同的内容揭示出个案研究的一些本质的特征和内涵，即个案研究是对一个特定的个案，比如一个个人、一户家庭、一个小群体、一个工厂、一所学校、一个社区、一件事件、一种社会产物所进行的深入全面的研究。个案研究的方式对于深入实地研究一个特定的单位或者是为着比较的目的而研究几个单位来说特别有用。因此，这种方式在社会科学的发展中发挥着重要的作用。当然，在个案的单位不同时，它所采取的具体方式会有所不同。比如，对一个个人的研究，除了一般的观察、访谈外，还经常采用个人生活史的方式。同样，对一户家庭的研究与对一所学校的研究或对一个小镇的研究所采用的方式也不会完全一样。

值得注意的是，不同研究者从不同的视角出发，对个案研究有着不同的理解。有的将其看作一种研究方法（method），也有的将其看作一种研究方式（approach）或者一种研究策略（strategy），还有的将其看作一种研究设计（design）或者研究风格（style）。② 当我们对个案研究了解越多，实际做个案研究越多，对这些不同理解的认识也就会越深刻。

二、 个案研究的类型

个案研究在不同学科中的发展和运用，带来了对个案研究的不同考虑以及具体应用中基于不同视角的差异。这种差异也体现在对个案研究的分类上。根据有的学者的总结，个案研究共有九种不同的分类。③ 除了上述介绍过的“整体性的”个案研究和“嵌入性的”个案研究这种分类外，还有学者如罗伯特·K. 殷提出的探索性个案研究、描述性个案研究、解释性个案研究的分类等。④ 而应用最为广泛的则是斯达克（Stake）提出的分类。其将个案研究分为以下三种类型，即内在的个案研究、工具性的个案研究以及集体性的（或多个）个案研究。⑤

所谓“内在的个案研究”，就是“对特定的个人、组织或事件进行的深度描述，是为了了解该特定案例，重点不在于归纳概括”。这即是说，内在的个案研究的主要目的是对特定个案有深入的了解，即使它同时也能对某种现象的可能原因提供一些理解。换句话说，内在的个案研究所关注的重点在于特定个案的所有特质，其目

---

① Punch K F. Introduction to Social Research: Quantitative and Qualitative Approaches. 3rd ed. Sage Publications Ltd.，2014：121.

② 泰特．案例研究：方法与应用．北京：中国人民大学出版社，2019：16.

③ 同②11－13.

④ 殷．案例研究：设计与方法．重庆：重庆大学出版社，2004：5.

⑤ 本小节内未标注的引文均来自克里斯滕森等的《研究方法、设计与分析》（北京：商务印书馆，2018）第325～326页，特此说明。

标主要不是做出超越个案的概括，也不是试图建立有关这一类现象的理论。

所谓“工具性的个案研究”，则指的“是为了洞察某个问题，或是为了形成、完善或修改某些理论解释而开展的个案研究。开展这种研究是为了理解一些比特定个案更具一般性的内容。获得对现象或事件的理解，比具体的个案本身更为重要”。简言之，工具性的个案研究的主要目的就是形成对现象的理论解释。它更看重对一类现象的理解，而不仅仅是对特定个案的理解。当然，它也可以帮助研究者找出适用于其他时间和地点的解释。

而所谓“集体性的个案研究”，也称作“比较的个案研究”，它涉及“对两个或多个案例进行广泛的研究”。“研究多个个案时，主要目的是为了比较性地理解现象或事件，而且很多时候，研究目的是工具性的，而不是内在的。”这即是说，集体性的个案研究力图通过对不止一个个案的详细研究，比较它们的相似点和差异点，并从中归纳出可以理解一类现象的理论解释。

与个案研究的类型有关的还有单个案研究与多个案研究以及个案研究与跨个案研究的区分问题。单个案研究就是只关注一个个案，只对一个个案进行研究；而多个案研究则在同一研究中包含两个及以上的个案，即对两个及以上（通常不超过 10 个）的少数几个个案进行研究。这两种研究都属于个案研究的类型。但跨个案研究，则通常指的是对很多个个案（至少大于 30 个）进行的研究。它已经不属于个案研究，而是属于定量研究了。有学者认为，虽然“案例研究与跨案例研究之间的区别是一个程度问题。案例越少，对它们所作的研究就越深入，这项工作也越符合‘案例研究’的称谓”，但“所有的经验研究都可以被划分为要么是个案研究（由一个或少数案例构成），要么是跨案例研究（由很多案例构成）”[①]。

关于个案研究的类型，还有一点需要稍作说明。这就是当研究的个案是一个社区时，通常又称为社区研究（community study）。社区是人们在社会中赖以生存的一种重要形式，同时社区也是构建整个社会的一种重要单位。它与人们的社会生活以及整个社会的发展都有着密不可分的关系。因而，社区研究越来越成为社会研究中的一个热点。社区研究的方式也为众多的社会研究者所熟悉和采用。在社区研究中，研究者通常对一个具体的社区，比如一个村庄、一个街道或者一座城市，采用参与观察、访谈以及收集当地现有文献等方式来收集资料。而且，研究者通常要在该社区中生活一段时间（少则几个月，多则几年），参与当地人的社会生活。西方社会学早期研究中，采用社区研究方式的一个典型例子就是林德夫妇在美国印第安纳州曼西所做的“中镇”研究。在我国，著名社会学家费孝通先生所做的“江村研究”，则是采用社区研究方式的另一个典范。

三、 与个案研究有关的几种定性研究方式

仅从定义上看，似乎个案研究方式与实地研究以及参与观察、民族志并无多大

① 吉尔林．案例研究：原理与实践．重庆：重庆大学出版社，2017：15.

联系，但实际上，由于许多著名的个案研究（如《街角社会》《塔利的角落》等）都是采用实地研究或者是参与观察、民族志进行的。或者说，许多著名的实地研究、参与观察、民族志的研究对象都是一个单独的个案，因而造成了个案研究方式与这些方式之间的紧密联系。巴比教授关于实地研究的定义中也涉及实地研究与参与观察和个案研究之间的关系问题。在巴比教授看来，实地研究可以说就是参与观察与个案研究的统称。笔者的理解是，如果从研究的特征和方式特别是从资料收集方法的角度来看，实地研究更多指的是参与观察，而如果从研究对象的角度来看，实地研究则较多采用的是个案研究。因此，也可以说，实地研究就是将参与观察的方式应用在对一个（或有限的几个）个案所进行的研究中。

对于个案研究与实地研究，特别是与参与观察、深度访谈、民族志等方式之间的关系问题，德沃斯教授也指出，"个案研究经常被等同于定性方法，尤其是参与式观察法和非结构化的深度访谈法。毫无疑问，这种判断部分是由于一些早期的、具有影响力的个案研究（如《街角社会》和《中镇》）采用了参与式观察法。与此类似，社会人类学中的大多数民族志个案研究也采用了参与式观察法，因而民族志和个案研究有时也被看做是一回事。在其他情况下，个案研究也被等同于非结构化的深度访谈"。然而，"假如我们把个案研究与某一种特殊的资料收集方法等同起来，那我们就误解了个案研究设计"①。应该认识到，尽管在具体操作上个案研究与这几种方式有些相似，但个案研究始终是一种独立的研究方式。

第二节 个案研究的特征与设计

一、个案研究的主要特征

作为一种特定的定性研究方式，个案研究具有一些区别于其他研究方式的突出特征。

（1）焦点特别集中，对现象的了解特别深入、特别详细。

个案研究的一个突出特点就是集中于一个（或少数几个）特定的个案，展开深入、详细、全面的研究，以达到最好的认识和理解。正是通过对事物进行深入的洞察，研究者才能获得非常丰富、生动、具体、详细的资料，能够较好地反映出事物或事件发生、发展及变化的过程，而且能为后来较大的总体研究提供理论假设。同时，个案研究特别注重个案的整体性。它通过尽可能全面、详细地收集个案的各方面信息，以保证个案的完整性。它也注意到特定个案与社会背景之间的关系，力求在自然情境下来深度地了解个案，并通过对这些资料的分析，呈现出一个丰满的、完整的个案。

---

① 德沃斯．社会研究中的研究设计．北京：中国人民大学出版社，2008：231.

（2）可以利用多种不同的资料来源和多种不同的资料收集手段。

关于个案研究中的资料来源，学者殷认为，“在个案研究中有六种证据来源，每一种都有各自的优势和缺陷。它们是：文件、档案记录、访谈、直接观察、参与观察和人工实物。但是，没有理由说个案研究不能包括通过问卷获取的定量数据”[①]。虽然个案研究中最经常使用的是参与观察、深度访谈等定性研究方式，但实际上可以采用多种不同性质的资料，比如，个人访谈资料、参与观察资料、现有统计资料、现有官方文献、问卷调查资料等等。而为了收集这些不同类型的资料，个案研究中也可以采取多种不同的方式，如深度访谈、参与观察、问卷调查、现有统计分析等等。因而，在一定意义上，个案研究不完全是一种定性研究方式，尽管其主要特征和大部分的个案研究都是相当定性的。它同样可以利用定量的资料来源，也可以使用诸如问卷调查、现存统计资料分析等定量方式。比如，在对一所中学进行的个案研究中，既可以采用参与观察的方式去了解学生日常的学习、教师平常的教学情况，又可以采用深度访谈的方式收集学校领导关于教育方针、办学模式、教学管理等方面的信息，也可以通过查阅和统计学校教学档案等数据资料，分析学校历年高考成绩、升学比例等方面的变化，还可以采用问卷调查的方式收集中学生关于学校生活、师生关系、职业理想等方面的信息。当然，具体采用什么方式、收集什么资料，都应围绕研究所要回答的问题特别是围绕研究的焦点来决定。

（3）个案研究主要用来提出概念和建构理论，但也可以用来检验理论。

个案研究方式虽然主要用来提出概念和建构理论，但也可以用于检验理论。不过需要注意的是，个案研究中的“理论检验取向与理论建构取向的不同之处在于：前者是由一组非常明确的命题开始，看其与现实生活情景是否符合。而后者仅以一个问题或一个基本命题为开端，通过对真实个案的观察和测量，进而获得更为明确的理论或一系列命题”[②]。一般情况是，个案研究用来检验理论时，往往只是对否定理论起到较大作用，即当个案研究的结果与理论不符时，我们就有理由怀疑理论的正确性。而当个案研究的结果与理论相吻合时，也不能说理论得到了“证明”，而只能说理论得到了这个特定个案的“支持”。

（4）研究结果难以进行概化和推广。

个案研究所具有的深入、全面的特点是其明显的长处。而其最大的不足也是其最困难的一个方面，是如何发掘个案研究所具有的概括意义。或者说，个案研究最主要的不足就是个案研究的结果在推广和概化上存在明显局限和困难。一般来说，研究者除了对研究对象进行详细、全面的描述外，更多的是努力从所研究的具体个案中抽出一些有价值的概念、命题，或提出一些具有更深刻理论意义的研究题目，为后继的研究提供一些有启发性的思路和有价值的方向。通常很难将个案研究中所得到的结果作为普遍的结论进行推广。

---

① May T. 社会研究：问题、方法和过程．北京：北京大学出版社，2009：160.

② 德沃斯．社会研究中的研究设计．北京：中国人民大学出版社，2008：223.

二、 个案研究的设计

有学者指出，“一个有严格科学性的个案研究和任何其他方法一样，在设计上要能回答所提出的问题。也就是说，研究者在选择场所、事件、参与对象、时间时心中要有明确的研究目的，并清楚自己的期望和偏见（Maxwell，1996；Silverman，1993）。所收集的数据通常应该有不同的来源，运用不同的方法，并由其他研究者所证实。不仅如此，对个案的叙述要利用原始证据并提供足够的细节，从而使读者能够判断结论的效度（Yin，2000）”[①]。

根据他们的看法，在进行个案研究设计时，我们应该注意以下几点：

第一是个案研究设计同样必须以回答研究问题为目标，即研究设计的出发点同样还是研究问题。个案研究的方式本身只是研究者为回答研究问题所采取的一种具体途径。正是研究问题决定了在研究场景、事件、参与对象以及时间等一系列具体设计内容上的选择。换句话说，每一项具体内容之所以被选择，主要是因为可以很好地帮助研究者实现回答研究问题的目的。因此，在进行个案研究设计时，研究者首先要能够清楚地认识和说明采用个案研究的方式进行研究的必要性，同时还要清楚认识和说明开展这项个案研究的总的目的。只有目的明确了，指导思想才会有方向，研究设计的具体环节才会更加清晰。

第二是要选择和决定研究所依据的个案。恰当的个案选择是研究得以顺利开展和取得预期效果的基础。研究者要事先确定并清楚说明选择个案的原则和标准、所选择的个案的特征和边界是什么、研究所要考察的是一个个案还是多个个案等等。同时需要特别说明的是，这种对个案的选择，除了其他方面的因素外，个案特征与研究目标之间的适合性、个案便于研究者接近和接触的便利性或可行性，无疑是两个最重要的标准。在研究设计中要能够充分说明，研究之所以选择甲个案而不是乙个案或者丙个案，是因为甲个案对于实现研究的目标来说最为有利，或者是对于研究者接近个案、深入个案的生活环境、获得个案的各种资料来说最为便利、最为可行。当然，这两个标准之间可能会出现冲突。不同的个案在这两方面往往也是各有利弊的。比如，甲个案可能更适合研究的目标，但十分难接近和接触；而乙个案则正好相反，非常容易接近和接触，但对于回答研究的目标来说却不太合适。此时，就需要研究者在这两方面进行认真权衡和取舍，努力寻找和选择在两方面都能够达到相对最优的个案。

第三是个案研究中要尽可能运用多种不同的资料收集方法去收集来源不同的资料。个案研究的资料可以是来源于深度访谈、参与观察所获得的以文字记录为主要形式的实地资料，可以是档案资料、行政统计数据、问卷调查或测验结果等等。只要是能对全面、深入了解、描述和分析个案有作用的，都应该去收集。例如，美国

① 沙沃森，汤．教育的科学研究．北京：教育科学出版社，2006：99.

学者沃尔顿（Walton）在他对美国加利福尼亚州欧文斯谷的一个社区进行的个案研究中，就利用了各种形式的资料，“包括直接观察、正式与非正式访谈、普查数据、地图、老照片和旧报纸、各种历史文件和官方记录等”。特别是作为一种研究方式，个案研究既“可以基于定性材料，也可以基于定量材料，或者同时采用定性材料和定量材料。除此之外，案例研究也并不总是把直接的、详细的观察作为证据的来源”[①]，即并不一定非要通过民族志观察或参与观察来收集资料。在研究某些问题时，研究者甚至不需要离开图书馆。这也即是说，个案研究的资料收集方法也是依资料来源和性质的不同而不同的。资料收集过程既可以是像民族志、实地研究、参与观察那样通过深入实地、较长时间的参与和观察来实现，也可以完全不采用那些方法，只通过收集和分析文献档案资料来完成。总之，多种方法的运用和多种资料来源的利用既是个案研究的一个重要特征，也是个案研究设计中的一项重要内容。

第四是要注意研究者主观因素的影响。在个案研究的设计中研究者做出各种选择时，要十分清楚这种选择带来的或可能带来的各种局限。无论是研究地点的选择还是研究对象的选择，个案研究的设计中往往都会有比定量研究更多的主观考虑，各种选择上的主观因素也会更多一些。因此，研究者在考虑如何更好地回答研究问题的同时，也要考虑自己所做出的每一种选择和决定对研究对象、研究资料以及研究结果造成的各种可能影响。

第五是要以原始证据而非其他二手的或转述的证据为主，并要提供反映这些证据原始特性的充足细节。原始资料的收集和展现，是个案研究的一个特色，也是其得出研究结论的基础。强调资料的原始特性以及资料的细节，或许有两个方面的原因：一方面是要通过这些细节来向读者表明证据所具有的客观性特征，即表明证据并非研究者个人的特别是主观的产物；二是便于读者通过对这些原始证据的审查和检验来判断研究结论的有效性和可靠性。

此外，研究者在设计一项个案研究时，同样需要以研究计划书的形式将自己的设计和思考写下来。我们这里列出一位学者对一项个案研究的研究计划书里需要包括的内容做出的建议，作为撰写个案研究计划书时的参考。一项个案研究的研究计划书里需要包括以下内容：

> 清楚说明个案是什么，包括对它的边界的识别；
> 清楚说明对这个个案进行研究的必要性，以及这项个案研究的总的目的；
> 将总的目的转变成特定的目的和研究问题（这些问题会在早期经验性工作中产生）；
> 说明这项个案研究的整体策略，特别是说明是一个个案还是多个个案；
> 表明将收集什么样的资料，从谁那里收集，以及如何收集；

① 殷．案例研究：设计与方法．重庆：重庆大学出版社，2004：17.

表明将如何分析资料。[1]

三、个案的选择

由于个案的选择是个案研究设计中一个相对重要的环节，因此有必要专门进行一些说明。一般情况下，研究者对个案研究中的个案选择主要采用目的性抽样的方式，即根据自己的判断来进行选择。而个案研究中选择个案的最重要依据，还是根据回答研究问题的需要。有学者总结并区分了九种个案选择方法，并认为这些不同的个案选择方法形成了九种不同的个案研究类型。这里仅对研究者在个案研究的具体实践中采用较多的几种方法略作介绍。

选择典型个案

选择典型个案是研究者在个案研究中使用最多的个案选择方法。这种个案选择方法往往包含着一个潜在的假定，即典型个案在同一类型的个案中具有较好的代表性。用定量研究的语言来描述，就是这种典型个案代表了某一现象的典型值。其“典型性可以理解为在某一特定维度上的均值、中值或者众值”[2]。通俗地说，这种典型个案常常意味着一类现象的平均水平。采用这种方法的一个很好的例子是林德夫妇的《中镇》研究。他们希望挑选一个尽可能代表美国当代生活的中等城市作为个案来展开研究。为此，他们列出了一系列标准，比如气候温和、足够快的发展速度、现代的工业文化、不存在显著的地方特色或严重的地方问题等。在考察和比较了许多城市后，他们最终认为印第安纳州的曼西市比其他美国中等城市更具代表性，或者说更具典型性。当然，这种选择典型个案的方法在实践中也会有一定的局限。有些典型特征的判定主要依据主观分析，而即使像林德夫妇这样根据若干变量上的分布特征来选取个案的方式也会由于不同个案在不同变量上的不同表现而变得难以取舍。

选择极端个案

所谓极端个案，指的是在研究者感兴趣的变量上具有极值的个案。如果把研究者感兴趣的变量看成是一个逐渐变化的连续体，那么极端个案就是这个连续体的端点。选择极端个案展开研究，往往是为了更好地凸显研究者所关注的焦点问题。比如，美国人类学者冯文博士研究中国青少年在独生子女政策下成年的问题时，就选择了 8 个极端个案。她用“社会经济地位”和“学习成绩水平”建立了一个十字交叉的坐标系，而选取的 8 名学生分别是处于这个坐标系所构成的田字格四个顶点的人，其他青少年则全部处于四个方格之中。[3] 纵横两个坐标的端点之间是一种逐渐

---

① Punch K F. Introduction to Social Research: Quantitative and Qualitative Approaches. Sage Publications Ltd., 1998: 156.

② 吉尔林．案例研究：原理与实践．重庆：重庆大学出版社，2017：69.

③ 冯文．唯一的希望：在中国独生子女政策下成年．南京：江苏人民出版社，2018：35-37.

变化的状态，即无论是学习成绩水平还是社会经济地位，都是一个有着不同程度的、逐渐变化的连续变量，而不是一种简单的二分变量。在两个坐标所构成的田字格的四个顶点之内，存在着大量非极端的个案。作者之所以选择处于四个顶点的极端个案而不选择代表性更大的典型个案，是因为这种反差更大的极端个案能更好地凸显出社会经济地位、学习成绩水平这两个变量对独生子女青少年的“主体性、体验、渴盼”的影响，且能够在与研究对象相关的社会现象上具有更强的解释力。

选择反常个案

如果说极端个案是相对于在某个变量上的均值而言的话，那么反常个案往往“相对于因果关系的某个一般模型而言”。“反常案例分析的目的通常是为了寻求新的——尚未被详细阐述的——解释。”[①] 一般来说，研究者选择支持自己论点或理论的个案是相对容易的。但同时，这种个案的说服力也是相对差的。如果研究者选择一个与自己的观点或理论明显“相反”的个案，其所得出的结论的说服力就会更强，对理论的检验效果就会更好。有时还能因为意外的发现而产生事先未曾预料的经验概括和理论命题。此外，研究者通过分析反常个案，可以去寻找这个反常个案会如此不同的原因，并进行解释，这也可能起到对已有理论进行修正或澄清的作用。比如，李普塞特等人对国际印刷联盟（International Typographical Union，ITU）工会的研究就是一个较好的例子。还有学者认为，“通过寻找相反的和类似的案例，一个狭窄的案例分析被拓展为对一个更大实体的解说。因此在最后的阶段，研究过程发展为对一个更大实体的探讨”[②]。这也即是说，通过将相反的个案与相似的个案进行比较分析，往往可以得出更多的结果，能够解释的现象范围也会更大。

选择拥有丰富信息的个案

在实际研究中，一些研究者也经常采取这样一种个案选择方法，即选择那些在研究现象中拥有丰富信息的个案，特别是对于研究来说是关键信息提供者的个案。[③]这种个案选择方法所考虑的主要因素是所选择的个案要拥有丰富的信息。显然，拥有丰富信息的标准对于满足个案研究所需要的深入、全面、详细的特征来说，特别重要。而那些关键信息提供者往往比其他个案更多地了解和掌握着与研究者关注问题相关的信息。选择他们作为研究的个案，无论是在获得各种相关信息的数量上还是信息的重要性程度上，都会比选择一般个案的效果更好，收效也更大。比如，如果要了解三峡移民搬迁、安置的动力机制和实施困难，在三峡库区移民大县中选取一个负责移民工作的乡镇长作为研究的个案就是一个很好选择。因为他既作为贯彻落实国家移民政策，接受省、市、县等各级政府移民部门领导工作安排，承担当地移民工作的主要负责人，同时又作为具体组织、布置、实施移民搬迁、安置工作，联系各村干部和解决广大移民在搬迁、安置中各种矛盾和困难的关键人物，可以为

① 吉尔林．案例研究：原理与实践．重庆：重庆大学出版社，2017：79.

② 希尔弗曼．如何做质性研究．重庆：重庆大学出版社，2009：115.

③ 高尔．教育研究方法：第六版．北京：北京大学出版社，2016：327.

研究者提供丰富、深入和独有的信息。

选择不同类型的个案

对于多个案研究来说，在个案的选择上研究者除了要依据回答研究问题的需要，按上述某种标准来考虑外，往往还会考虑到另外一种因素，即个案之间要有利于比较。因此，在选择个案时往往会关注不同类型的典型。比如，在对农村社区的多个案研究中，研究者往往会根据研究问题，选择经济发展好的、经济发展中等的、经济发展差的乡村，或者选择东部的、中部的、西部的乡村作为对象，以利于比较研究。有时研究者希望尽可能反映研究对象整体的状况，采用一种分类的选择方法，即先按一种、两种或多种标准将现象总体划分出不同的类型，然后在每一种类型中选择一个个案开展研究。前述冯文博士的研究中，她实际上是根据“社会经济地位”“学习成绩水平”以及“性别”这三种标准将学生进行了分类。如果不是选择极端个案而是从中选择典型个案的话，就可以更好地反映学生总体中各类学生的一般状况。

最后需要注意的是，无论研究所选择的个案是典型的、极端的、反常的或是其他类型的，研究者都必须就做出这样选择的理由给出清楚的说明和解释，并最好有其道理。同时，还要对个案的情况和可能的局限进行详细的介绍，以便于对其研究感兴趣的其他研究者充分了解、认识其研究结论的意义，同时更合理地使用其研究结果和结论。

四、 个案研究的一个例子①

这里，我们举一个运用个案研究方式开展研究的例子，以具体说明个案研究设计的若干要点。有研究者针对我国国有企业改革的现实，以一个国有企业在分厂制的基础上建立企业集团公司后从盛极一时走向衰落的过程为例，探讨了“为什么内部市场机制会失败”的问题。

研究问题及其背景

> 改革以前中国国有企业的效率低下早已是一个公认的事实，20 世纪 80 年代以来，对此进行的将市场机制引入企业内部的改革是否解决了这个问题呢？在 20 世纪 90 年代上半期，企业成立集团、做大规模成为时髦（Keister, 2000），但不是所有企业都能借此而取得效率和竞争力意义上的成功。

这是研究者提出研究问题的大的背景。而作者通过描述“一个采用内部市场机制未获成功的个案”，提出了一个实证问题：“内部市场机制为什么会失败？为什么会采用这种当时流行但事后看来并不成功的机制？”作者研究这一个案所希望探讨的理论问题则是：“效率理论和权力理论，谁更有能力解释内部市场机制的采用和失败？”

---

① 该小节下的所有引文均来自平萍的《为什么内部市场机制会失败——对一个国有企业组织形态的经济社会学分析》（清华社会学评论：2002 卷．北京：社会科学文献出版社，2003）。

研究方法

由于作者的研究对象是现代企业，而作为单个研究者来说，无论是其精力、能力等主观条件还是时间、经费等客观条件，都不允许她以多个企业为对象来进行深入细致的研究。因此，研究者采用了个案研究的方法，选取了一个集团公司作为个案进行深入研究。这是一个在研究者关心的主题上具有典型意义的个案。用研究者的话说，“是一个内部市场机制不成功的个案”，或者“用中国流行的术语就是一个承包制不成功的个案”。

研究者在对这个个案进行研究的过程中，采用的是深度访谈、参与观察以及历史资料收集等方式。这是由研究对象的性质和特点决定的，同时这些方式也是个案研究中最常见的资料收集方法。“调查注重对具有重要意义的事件分析，也较为注重不同部门的人员对同一事件或同一重大项目的描述与身处其中的经历。”“访谈对象主要是与组织结构的历史与现状有密切关系的、在集团公司一级或子公司一级的组织中承担经理或副经理职务的管理人员，被访者有 40 人。”选定这些人作为访谈对象，主要是因为这些人可能更加了解集团公司发展变革的历史和过程，特别是更加了解公司制度制定与人事安排等相对内部的同时对集团公司意义重大的情况。当然，从研究的角度来看，还可以补充普通技术人员、工人作为访谈对象，这些人所了解的情况虽然有可能不及前者清楚，但毕竟同样是所研究的“整体性个案”中的一种“嵌入性个案”，从他们那里所获得的资料和信息，可以帮助研究者从另一种角度来看待和评价同一件事物和同一种过程。也只有从各种不同的组成元素中收集信息，研究者才能得到研究对象的完整画面。

研究结果和结论

通过对该个案在 1994 年至 2000 年期间实行集团公司/子公司制度失败的原因进行分析，研究者归纳出割裂资产专用性造成的内部协作费用和无效的监督制度以及相应的代理费用，是内部交易费用上升的原因。同时，内部市场机制失败还有效率方面的原因。该研究发现，国有企业致力于提高内部效率的改革，即实行集团公司/子公司制度并没有取得预期的效果，反而在某些方面降低了效率。该研究在分析的基础上，提出了“资产专用性被割裂是内部交易费用的一个来源的假设”，为今后对不同行业的组织形态变迁进行研究提供了一种新的理论化命题。

第三节　个案研究方式的意义与应用

一、个案研究方式的意义

作为一种特定的研究方式，个案研究为研究者探索社会现象提供了一条特殊的路径。我们可以从两个不同角度来认识个案研究方式所具有的意义。

首先是从研究目标的角度。在人们认识和探索社会现象的过程中，选择哪条研究路径、采用哪种研究方式，往往主要依据研究所希望达到的目标。而从前述个案研究的三种分类中，我们可以了解到，从事个案研究实际上有着三种不同的目标。一是聚焦于某个特定个案，力图深入、全面、详细地掌握这一个案尽可能多的资料和情况。这类研究的意图不在于普适性，而只是在于理解这一特定个案的复杂性、整体性以及这一个案所处的背景。斯达克所说的"内在的个案研究"就是这种个案研究的例子。二是力图从对特定个案的详细了解和分析中归纳出、总结出某种内在的关系、原因或机理，以便为理解这一特定类型的现象提供一般性的理论解释，供后续研究者进行检验和验证。三是通过对多个不同类型个案的深入了解和比较分析，力图能够反映出某一类现象整体的一般状况。因此，个案研究方式至少在上述这三个方面能为研究者提供帮助。

其次是从"研究对象的数量"与"研究的深度和强度"之间关系的角度。在许多情况下，研究者都会面临这样一种境地，即要在"研究对象的数量"与"研究的深度和强度"这两个目标之间进行选择和权衡。研究者在研究方式的选择上，往往也要根据研究问题和研究目标，在二者中作出某种权衡和取舍，也可以说要在"研究对象的数量"与"研究对象的特征数量"之间进行权衡和取舍。因为研究者的精力、能力是一个恒定的量。如果希望"研究的深度和强度"越大，或者希望了解和认识"研究对象的特征数量"越多，"研究对象的数量"就只能越小。反之，如果希望"研究对象的数量"越大，那么，"研究的深度和强度"就只能越小，或者说希望了解和认识的"研究对象的特征数量"就只能越少。这样来看，调查研究是取"研究对象的数量"、重"多个研究对象之间的比较"，而放弃"研究的深度和强度"、放弃"研究对象的特征数量"的典型；个案研究则是相反的极端，即是取"研究的深度和强度"，或者说取"研究对象的特征数量"，而放弃"研究对象的数量"、放弃"多个研究对象之间进行的比较"的典型。因此，当我们需要对社会现象达到全面了解、深度理解时，个案研究就为我们提供了有效的途径和方式。

当然，由于研究者采用个案研究的目的、对象、场景的不同，其方法意义可能远不止上述几种。比如，我们可以列举一个实际的例子来进一步说明个案研究方式在具体研究中所具有的意义。

英克尔斯等人曾经进行过一项著名的有关人的现代性的研究，并将研究结果写成了《从传统人到现代人：六个发展中国家中的个人变化》一书。在这本著作中，英克尔斯等人专门用了一章的篇幅介绍他们精心挑选的两个个案。这两个个案一个是农民，一个是工业工人。他们具有"共同的背景和相对的观念"。比如，他们成长于同一个国家（孟加拉国），15 岁以前都生活在农村，都没有任何城市环境的生活经历，都是穆斯林，都没有受过教育。但他们在"心理素质上却有显著不同，无论是对世界的了解程度，对自身的感觉，还是对他们与其他人的关系"①，二者之间

① 英克尔斯，史密斯．从传统人到现代人：六个发展中国家中的个人变化．北京：中国人民大学出版社，1992：101.

都有很大差异。

对于他们这项宏大的、以定量分析为主要特征的研究来说，这两个个案的意义究竟是什么？在他们总共访谈过的 6 000 多人中，拿出这样两个个案进行比较，英克尔斯等究竟想说明什么？

他们并不是希望通过对这两个个案进行定性分析得出研究结论，而是想用它们来说明下列三件重要的事情：第一，他们从理论上所发展出的、与人的现代性的测量密切相关的这些观念的确可以实际运用，即它们具有真实性和可用性。研究者的确可以用他们所发展出的这些观念来“标识”实际生活中的个人的某些心理素质特征。如果不能在实际中运用，再好的理论概念也只能是哲学家头脑中的抽象名词。第二，关于个人现代性的不同度量在一个简单的特征中可以是前后一贯的。这种模式的出现说明，给每个人以一种单一的评分来表现他的综合现代性是有意义的。第三，它们使得研究者对“个人现代性不完全是受到较高教育的反映”的假设产生了自信。它们向研究者展示出“一个人可以未得教育之利而在精神上变得现代”①。

以上三点显然为英克尔斯等人的人的现代性研究提示了一条可行的途径，提供了一种可行的方案，也提出了一个有价值的研究假设。更重要的是，它们给了研究者一种按其研究框架和研究思路进行这一研究的信心。在正式的、大规模的、定量的资料收集和分析展开以前，研究者已经对完成这一探索心中有数、心里有底。从这个例子中，我们也能进一步加深对个案研究意义的理解。

二、 个案研究方式的应用

不同的社会研究方式具有各不相同的特征，也分别适用于不同的研究场景和探讨不同的研究问题。有学者指出，“大多数定量研究都是从大量个案（30～3 000个）中收集信息的，而且研究关注这些个案的少量特征，而不是像个案研究一样对每个个案进行详细的调查”②。了解并熟悉个案研究方式的特征，有助于我们在实际社会研究中正确选择和合理运用。

个案研究方式所具有的深入、详细、微观、对象集中等特征，使其更适合于探讨特定研究对象的方方面面，也适合于从特定的研究对象中发展出解释一类现象的理论概念和命题。从实际应用中看，在不同的学科中，个案研究方式所关注的对象有一些不同。比如，在社会学中，个案研究较多地被用来研究特定的群体、社区以及组织。怀特教授的《街角社会》对街头青年帮派的研究、林德夫妇的《中镇》研究就是这方面典型的例子。在教育学中，学校、班级常常成为研究的个案。而在心理学、社会心理学、社会工作等学科中，个案研究又最经常地被用来研究特定的个人。

---

① 英克尔斯，史密斯．从传统人到现代人：六个发展中国家中的个人变化．北京：中国人民大学出版社，1992：111.

② Neuman W L. Social Research Methods：Qualitative and Quantitative Approaches. Pearson Education Limited，2014：43.

当然，在选择和运用个案研究方式时，除了要对个案研究方式的特征有所了解外，关键还是要看自己所研究的问题是什么，或者说要看研究者究竟对什么样的问题感兴趣。因为并不是所有的问题都适合采用个案研究的方式，就像并不是所有的问题都适合采用调查研究的方式一样。

举例来说，一个研究者如果打算探讨与育龄人口二孩生育意愿有关的问题，那么在选择个案研究方式前，应该问一下自己：你究竟对与二孩生育意愿有关的什么问题感兴趣？你如果是对一个一孩家庭如何决定是否生育第二个孩子的问题感兴趣，对这种家庭内部的生育决策过程、对夫妻决策的内幕感兴趣，就应该采用个案研究的方式（比如选择三五个或者十个八个不同的家庭进行深入的考察）。但是，你如果是对究竟有哪些因素（比如妻子年龄、妻子职业、夫妻受教育程度、一孩性别、家庭收入等）影响着人们做出生育或不生育第二个孩子的决策感兴趣，就应该采取调查研究的方式。因为调查研究所关注的是这些因素（即妻子年龄、妻子职业、夫妻受教育程度、一孩性别、家庭收入等）与二孩生育决策之间的关系，而不是像个案研究那样关注家庭内部具体发生了什么。

对于个案研究方式的应用问题，学者殷的看法是，与其他形式的社会研究一样，个案研究也可以用于探索、描述和解释三种目的。探索性个案研究的“目的在于定义将要研究的问题或假设，或判断预定研究方案的可行性”，它常常被看作进一步社会研究的前奏，特别是进行大规模抽样调查的前奏；描述性个案研究的目的主要是提供“对现象及其情境的完整描述”；而解释性个案研究的目的则是“提供因果关系的信息——解释事情是如何发生的”①。他还按照个案的数目和研究的目的这两种维度，进一步将个案研究划分为六种不同的类型，即单个案的探索性研究、描述性研究和解释性研究，以及多个案的探索性研究、描述性研究和解释性研究。他的看法为个案研究的应用做出了相对系统的说明。此外，他还认为，个案研究“是探索难于从所处情境中分离出来的现象时采用的研究方法”②。他的这种看法强调了情境的重要性、与情境密切相关的研究的困难性，以及个案研究方式对解决这种困难的适用性。

总之，个案研究不仅可以为人们认识某一特定的社会现象提供深入、丰富、细致的描述或者为复杂的因果联系提供更多证据，同时也可以用来发展新的理论、提出与现有理论不同的甚至是相反的假设。比如对一个特定群体或组织进行深入的个案研究，可以通过对这一群体或组织的构成、内部关系、文化规范等方面丰富的描述，产生解释特定群体或组织行为的合理假设。

三、个案研究的优缺点

个案研究作为一种特定的研究思路和研究方式，具有其他各种社会研究方式所

---

① 殷．案例研究方法的应用：第2版．重庆：重庆大学出版社，2004：12.

② 同①11.

不具备的一些突出优点。第一，个案研究可以帮助研究者详细、全面、深入地描述、了解许多特殊的、不寻常的以及目前还不被人们了解和认识的现象，增加人们对这一类现象的认识和理解。第二，由于个案研究所具有的深入性、详细性特征，因而它比调查研究等方式的效度相对更高。第三，个案研究通过对各种不同来源的资料的详细描述和分析，可以更好地理解现象之间因果关系的复杂性。第四，个案研究通过揭示某些典型个案的重要特征，不仅可以发展出对某一类个案更为深入的理解，还可以为经验结果的概念化以及形成相关理论命题提供重要帮助，特别是便于归纳出相关的理论概念、假设和命题。第五，个案研究特别适合于对相关的社会过程以及因果机制的细节进行分析探讨。第六，通过选取特定的个案展开研究和分析，不仅有助于构建新的理论，还可以用来对现有理论进行验证。第七，个案研究的结果也常常为后续大规模定量研究中相关概念的经验测量提供可靠的基础。

当然，个案研究方式在具有上述众多长处和优势的同时，也不可避免地具有一些明显的不足和局限。首先，个案研究的结果通常只能反映所研究的特定个案，很难将研究结论推广到更大的范围。这也是个案研究经常受到责难的方面。关于这一点，我们将在下面做进一步的分析。其次，相比于实验研究、调查研究来说，个案研究往往缺乏严密的、明确的、固定不变的程序，因而更容易受到研究者主观因素的影响，给研究结果带来偏差。最后，个案研究与实地研究一样，在具有较高效度的同时，其信度往往相对较低，即对于同样一个现象或问题，选取不同的个案进行研究时所得到的结果之间往往具有较低的一致性。

第四节　个案研究结果的推广问题

个案研究方式在实际应用中，最经常遭到质疑和批评的就是个案研究的结果不能进行推广（也称为概化，即 generalization）。这也即是说，人们往往认为个案研究的结果不能提供科学归纳的基础，即研究者不能从对一个个案的研究中归纳出普遍的结论。比如，对于一项个案研究的结果，人们往往会质疑："仅从这一个案所得到的结论能说明什么？"或者说，"从对单独一个个案的研究中所得到的结果能够应用到更普遍的情形中吗？"

对于这种质疑，有两点需要说明：一是，并非所有的个案研究都以推广为目的，即对于那些本身就不是想要将结果进行推广的个案研究来说，这个问题是不存在的。一个研究者如果只是希望搞清楚某个特定个案内部的种种复杂性，或者只是希望弄清楚某一特定个案发展变化过程的来龙去脉，以及这一过程所涉及的方方面面的因素，以了解和认识其独特性，就可以采用个案研究的方式进行研究，而根本不用去考虑能否推广的问题。二是，个案研究的推论与定量研究中通过大规模随机抽样获得数据所进行的推论有很大不同。概括地说，定量研究中的推论是建立在概率统计原理基础上的或然性推论，而个案研究中的推论则主要依据的是事物内在的相似性推论。

那么，如何从个案研究中得出可推广的结果或结论呢？学者们提出了几种不同的方法。有的研究者指出，从个案研究中得出的结果或结论，通过两种方式可能会产生可推广的结果：“一种是通过概念化，另一种是通过形成命题”。所谓概念化，指的是“研究者发展出一个或多个新的概念来解释所研究的某些方面。的确，要发展这种新概念，可能要求那种只有在个案研究中才有可能做到的深入研究”。而所谓形成命题，则指的是“研究者基于所研究的个案，提出一个或多个连接个案内概念或因素的命题——这些命题也可以称作假设”。“在传统的定量研究中，我们常常是始于命题或假设——它们是研究的输入；而在个案研究的过程中，我们结束于它们——它们是研究的输出。”① 这也即是说，为了将个案研究的结果进行推广，应用到更广泛的情景中，研究者必须要在上述这两件事上进行努力。还有的研究者则通过类比实验研究认为，可以通过对多个不同类型的个案研究来达到将研究结果进行推广的目的。他指出，“科学发现极少是基于一个实验的，它们通常都是根据在不同条件下进行的一系列实验得来的。案例研究也可以采用类型的方法，设计多案例研究，使其能够相互印证”②。

与此同时，我们还应该明白，任何一个个案，往往既具有在某些方面与其他个案不同的特性，也具有在另一些方面与其他个案的相似性。“问题在于我们究竟是希望聚焦于特定个案的独特之处，还是聚焦于它与其他个案的相似之处。”而“这实际上涉及指引一项个案研究的研究目的和研究问题。当推论是研究目标时，我们聚焦于个案中潜在的一般性因素。个案研究资料的分析必须被引导到一个足够抽象的层次。概念越抽象，就越能够进行推论。发展抽象的概念和命题使分析高于简单描述。通过这种方式，一项个案研究就能够贡献出有潜在推论能力的发现”③。回顾我们在第三章谈到的检验理论的研究与建构理论的研究，就不难理解，作为定性研究方式之一的个案研究同样遵循的是一种建构理论的逻辑。其最终的目标就是要从具体的经验现实中抽象出、概括出、产生出能够解释和说明某一类现象的概念、命题和理论。这也即是说，与调查研究等定量研究通过概率抽样和研究样本，并通过统计分析来推论总体的方式有所不同的是，个案研究通过从资料中进行抽象、形成概念和发展命题来达到对一类现象的理解和说明。

关于个案研究的概化问题，还有学者指出，“如果所选择的案例是因其特殊性或极端特征被选中的，这可能就不是一个重要问题。因为它是不寻常的，也许是独一无二的，所以它是有趣的。然而，除非研究者能够证明所研究的案例是典型的，否则从研究结果中概化是有问题的”④。这段话包含两个观点：一是如果个案是特殊

---

① Punch K F. Introduction to Social Research: Quantitative and Qualitative Approaches. Sage Publications Ltd.，1998：154.

② 殷．案例研究：设计与方法．重庆：重庆大学出版社，2004：13.

③ 同①155.

④ 泰特．案例研究：方法与应用．北京：中国人民大学出版社，2019：27.

的、极端的，显然是不能概化的。而研究者的目标也不是想去概化，研究者选择其进行研究是有着其他目的的。或者说，这种特殊的、极端的个案具有其他的意义和作用。二是如果想要从个案研究结果中进行概化，前提之一就是要选择有典型性的个案。只有具有典型性的个案才有将所得结论概化到与其相似的一类个案中的能力。当然，这里最大的挑战是，研究者如何识别、如何选择并能够证明其所研究的个案就是典型的。不解决这一问题，从个案研究结果中进行推广或概化同样无从谈起。

我们还可以从另一个方面来对个案研究的推广或概化问题进行一定的说明。我们知道，在医学、护理、法律以及社会工作等专业的教学中，教师经常使用经典的个案进行详细讲解，用来培训未来的医生、护士、律师、法官以及社会工作者。这种普遍的做法及其效果实际上也在一定程度上揭示出个案研究所得出的结论和认识具有一定的普适性。用哲学语言来说，就是在特定的个案中一定存在着一类现象所具有的共性的东西。因为如果说每一个个案真的都是完全独特的，与其他任何个案都完全不相同，即没有一点共同的特性，那么，这种以个案来进行教学的方式就没有什么意义，也不会有任何效果，个案教学的方法也不会延续下来。实际上，尽管世界上的确没有两片完全相同的树叶，但任何一片树叶却都会具有与某一类树叶相同或相似的特征。

本章要点

1. 个案是一个有界限的系统，社会研究中最为常见的个案是特定的个人、某一群体、某一组织或者是某一社区。

2. 个案研究就是使用任何合适的方法和资料，对一个（或少数几个）个案进行详细深入的研究。其最一般的目标是对个案达到尽可能充分的理解。

3. 个案研究可分为三种类型，即内在的个案研究、工具性的个案研究以及集体性的（或多个）个案研究。

4. 个案研究具有焦点特别集中，对现象的了解特别深入、特别详细，可利用多种不同的资料来源和多种不同的资料收集手段，主要用来提出概念和建构理论，有时也可以用来检验理论，研究结果难以进行概化和推广等特征。

5. 个案研究的设计要以回答研究问题为目标，主要包含选择个案、充分利用各种资料来源、注意研究者主观因素的影响、尽量运用原始证据等。

6. 实际研究中常见的个案选择方法有选择典型个案、极端个案、反常个案、拥有丰富信息的个案，以及不同类型的个案等。

7. 个案研究不仅可以为人们认识某一特定的社会现象提供深入、丰富、细致的描述，为复杂的因果联系提供更多证据，也可以用来发展新的理论、提出与现有理论不同的甚至是相反的假设。

8. 个案研究中得出的结果或结论，通过两种方式可能会产生可推广的结果。

一种是通过概念化，另一种是通过形成命题。

基本概念

个案　个案研究　内在的个案研究　工具性的个案研究　集体性的个案研究

复习思考题

1. 与其他社会研究方式相比，个案研究方式的突出特征有哪些？

2. 研究者采用个案研究方式最常见的目的是什么？你怎样理解个案研究方式所具有的意义？

3. 社会研究中选取个案的方法主要有哪几种？不同的个案选取方法的目的或作用有什么不同？

4. 个案研究方式在研究资料的收集方面有什么样的特点？

5. 与其他社会研究方式相比，个案研究方式的主要优点和不足分别是什么？

6. 选择两篇采用个案研究方式进行研究的论文，讨论一下它们的研究结果及其推广问题。

7. 你怎么看待个案研究结果的概化或推广？

8. 在老师指导下进行一项个案研究的实践，并对照本章内容进行讨论和小结。

推荐阅读书目

1. 殷．案例研究：设计与方法．重庆：重庆大学出版社，2004.

2. 泰特．案例研究：方法与应用．北京：中国人民大学出版社，2019.

3. 吉尔林．案例研究：原理与实践．重庆：重庆大学出版社，2017.

4. 米勒，萨尔金德．研究设计与社会测量导引：第6版．重庆：重庆大学出版社，2004：第四章第八节．

第十五章

定性资料分析

与第十章定量资料分析完全不同的是，本章所介绍的方法与数字无关，与统计无关。这是由定性研究所得资料的性质决定的。与那种格式统一、能转变成数字输入计算机，并进行统计分析的定量资料相比，定性资料显得过于杂乱无章；而与定量资料分析中那种规范的、统一的程序，成形的、相对固定的方法，以及标准化技术相比，定性资料分析也似乎是无规则可循。它似乎主要根据每个研究者自己的喜好、习惯和经验来进行，而且基本上只依赖于研究者的主观分析。但在实际上，我们仍然可以从这种看起来杂乱的资料中寻找到某些可以依据的线索和脉络，从这种无明显程序的分析过程中总结出某些经验性的做法。在这一章中，我们将从了解和探讨定性资料的形式和特点开始，对定性资料分析的目标、特点等进行探讨，并详细介绍整理和分析这种类型资料的各种方法。在介绍和探讨的过程中，我们会经常将定性资料分析与定量资料分析进行对比，以帮助读者更好地认识和掌握定性资料分析的方法。

第一节　定性资料及其分析

一、定性资料的概念及特点

有的学者认为，"定性资料指的是那些以文字、段落、文章或其他记录符号来描述或表达社会生活中的人物，人物的行为、态度，以及各种社会生活事件的资料"[①]。在本书中，我们则进一步将**定性资料（qualitative data）**定义为研究者从实地研究中所得到的各种以文字、符号表示的观察记录、访谈笔记，以及其他类似的记录材料。根据这一定义，本章所谈到的定性研究及定性研究者也主要指的是实地研究和实地研究者。

从第十三章中我们了解到，实地研究者长时间深入实地，在各种生活环境中进行参与观察，与人交谈，以及进行各种访问。他们所得到的基本材料主要是各种观察记录、访谈记录、事件描述，这些材料来自研究者在生活中所看到的、听到的、问到的一切。而且，这些资料中的相当一部分还是研究者对各种事件、谈话、场景

① Neuman W L. Social Research Methods: Qualitative and Quantitative Approaches. 3rd ed. Allyn and Bacon, 1997: 418.

和人物行为进行事后追记的笔记。以这些方式形成的定性资料具有一些突出的特点，并与定量资料形成多方面的差别。

来源的多样性

与调查研究中资料主要来源于调查问卷、实验研究中资料主要来自前后两次相同的测量、内容分析中资料主要来源于某种传播媒介、二次分析中资料来源于某个原始数据集、现存统计资料分析中资料来自某种官方统计所不同的是，实地研究中的资料从来源上看，具有多样性的特征，即它既有观察得到的资料，也有访谈得到的记录，还有其他一些随笔式的、日记式的、感想式的笔记和现场中得到的其他相关材料。这种来源的多样性特征使得定性资料在形式上以及在构成上都显得更加复杂。

形式的无规范性

调查资料或许是最为规范的资料形式，无论是资料内容还是其结构，都在调查问卷设计的同时就规范和统一起来了。这也是调查资料最便于进行量化处理和计算机分析的主要原因。同样，实验研究、利用文献的定量研究中的资料也与调查资料相似，都具有结构统一、形式规范的特点。而实地研究中所得到的各种资料，无论是观察记录，还是访谈记录，或是其他各种笔记，它们从内容到形式，却往往处于一种零散的、杂乱的、无固定结构的状态中，表现出明显的无规范性特征。

不同阶段的变异性

定性资料的另一个需要注意的特点是，在不同的研究阶段，它具有不同的形式。例如，在实地参与中，研究者所得到的是原始记录，在资料整理中所得到的是主题编码、分析备忘录等，而在最终的报告中所出现的则是经过选择和处理的资料。整个定性资料的分析过程包括对各个不同阶段的资料的分析，即既包括考察、排列、分类、评价、比较、综合那些原始的访谈记录、观察笔记，也包括思考和分析那些通过整理和编码后的资料。有的研究者用图表示出这种不同阶段的资料，见图 15-1。

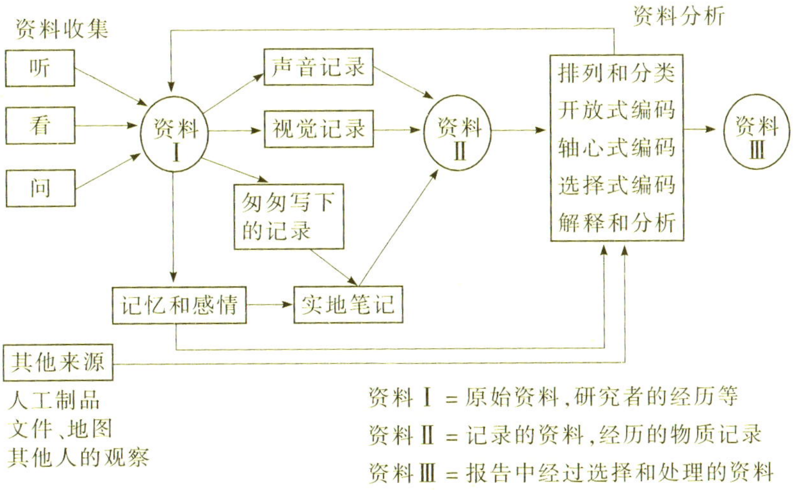

图 15-1　实地研究中的资料

资料来源：Ellen F R. Ethnographic Research: A Guide to General Conduct. Orlando: Academic Press, 1984: 214.

二、 定性资料分析与定量资料分析的差别

由于资料形式的不同，定性资料分析与定量资料分析或统计分析大不一样。但是，定性资料分析同样具有某种系统性和逻辑严密性。虽然这种系统性和逻辑严密性并不意味着它也像定量分析那样有着十分成形、十分固定的分析程序或步骤，但却说明定性资料分析已不再是一种无任何规范可循、研究者主观随意性很强的分析方式。

为了更好地理解定性资料分析的方法，可以先将其与我们已经熟悉的定量资料分析方法进行比较。概括地说，二者之间有着下列几个方面的差别。

分析程序与技术的标准化程度不同

定量资料分析使用专门的、标准化的资料分析程序和技术，并且，这种分析程序和技术在不同的社会研究项目之间是一样的，即假设检验的模式和统计分析方法没有什么变化。与此不同的是，定性资料分析却很少有标准化的分析程序和技术。在实践中，与各种不同方式、不同视角的定性研究相伴随的，是同样各不相同的资料分析类型。由于定性研究的内在逻辑是归纳的，即是从具体到抽象、从特殊到一般的，因此，研究者在开始从事一项具体研究时，往往无法预料整个资料分析过程的各个细节，他通常只能有个大概的估计，而最终每个研究者所走过的分析过程也不会完全相同。

资料分析的开始点不同

定量资料分析通常是在研究者收集了全部的资料并将它们变成数字和输入计算机后才开始进行的。并且，他们的分析工作也主要是操纵这些数字以便从中发现各种模式和关系。定量资料分析往往是整个研究过程中划分十分分明的一个特定阶段。而定性资料的分析工作实际上是从资料收集工作一开始就同时开始了，并且，从头至尾一直在进行。早期的资料分析结果不断地指引着后续的资料收集工作。因此，定性资料的分析工作并不是实地研究过程中的一个具体阶段，而通常是贯穿整个研究过程、伴随整个研究过程的一个方面。

与社会理论间的关系不同

定量资料分析更多的是通过操纵代表经验事实的数字来检验某种带有变量结构的抽象假设。正如我们在第三章中所介绍的那样，定量资料分析更多的是用来检验理论的。与此相反，在定性资料分析中，研究者是在没有变量、没有概念的背景下进行资料分析的。他们往往是通过对经验材料的分析和归纳，通过将经验证据与抽象概念相结合，来提出或创造新的概念和理论。用我们在第三章中的话说，定性资料分析更多的是用来建构理论的。

分析的方式和所用的工具不同

定量资料分析中，研究者主要和数字打交道，他们主要借助统计的法则，寻找

大量数字中所存在的各种变量关系和变化规律，以此来揭示社会生活的性质；而在定性资料分析中，研究者所依赖的则是那种不精确的、零散的、片段式的文字记录材料，而其所采用的分析方式也主要是主观的、顿悟性的和感知的，其对社会生活事件的描述和对社会生活内涵的表达，也主要是采用基于上下文的，而且可能具有多种不同含义的文字表述。

三、 定性资料分析的目标

与定量资料分析中所具有的描述和解释的目标相类似，定性资料分析也将描述和理解作为基本的目标。研究者需要对定性资料进行分析，对所作的各种观察进行解释，要从资料中识别出人们行为的模式，发现各种资料背后隐含的社会学意义。定性资料分析不仅在描述的方式上与定量资料分析有所不同，在研究的最终目标上也很不一样。定量研究者除了描述概况外，往往希望检验和证实某种普遍的法则。但定性研究者在进行具体描述的同时，往往致力于发展那种与具体资料和背景紧密相连的概括或理论解释。定性研究者经常会努力建立一种“扎根于”具体资料且抽象层次较低、结构相对简单的理论，来概括社会生活的现实画面，或者刺激对社会生活的理解，而不是像定量研究者那样去进行因果假设的检验。定性资料分析中对事物或现象的解释在细节上应该是丰富的，在背景上应该是敏锐的，并且能够展现社会生活中复杂的过程和后果。当然，这种解释也可以是因果性的，但这不是其主要的方面。

定性资料分析的主要目标是将大量的、特定的细节组织成一幅清楚的图画，一种概括的模式，或一组相互连接的概念。它很少去试图证明某种普遍的法则，而经常是力图去发现或提出某种理解的模型，提出某种尝试性的理论解释。此外，定性资料分析还可以帮助说明事件的顺序，或者一种社会过程的阶段性特征。这种暂时的顺序是变量间相关关系的基础，同时对因果关系的探讨也有参考作用。在实际研究中，由于定性资料分析形式所具有的特点，研究者对经验现象进行概括时，可能会遇到较大的困难。因而，有些定性研究者几乎完全地只是在进行描述，而不进行理论分析。但一般来说，定性资料分析中最好能将经验事实与明确的理论或概念相联系。如果研究者不提供一种理论的或分析性的解释，人们就会很自然地运用他们在日常生活中认为是理所当然的观点来进行解释。

第二节 定性资料分析的若干性质

作为一种与定量资料分析有着巨大差别的分析类型，定性资料分析本身具有一些特定的性质。认识和了解这些性质，对于更好地掌握和运用定性资料分析方法有重要的意义。

一、概括性的问题

这里所说的概括性，涉及两个方面：一是实地研究者所研究的一个或少数几个对象是否能代表这些对象所来自的总体的问题。我们知道，由于实践上的原因，实地研究通常只能同少数对象打交道，研究者只是对很少的对象进行很详细的描述。因此，我们首先应认识到这种描述的代表性问题。因为这些少数的对象并不代表总体中各种类型的对象，所以仅仅利用取自这少数对象身上的资料，也就意味着研究者的大部分资料只是来自十分有限的资源。当然，与这种代表性有关的一个因素是实地研究者所研究的这些个案来自具有何种同质性程度的群体或社区。在同质性程度很高的情况下，或者说当群体或社区中人群的所思所想、所作所为都基本相同时，这种少数个案的资料也可以反映总体的情况。但如果研究对象是来自一个异质性程度很高的群体或社区，即人们的态度、行为、生活方式、价值观念等等都大不相同时，那么，想用我们深入实地所接触到的极为有限的对象来反映总体的情况，就十分困难了。但无论如何，实地研究者所收集的有关特定人群的行为、思想的十分详细的资料，却是经常成为其他采用系统的抽样方法的研究者的一种参考。

二是我们所研究的一个或少数几个对象是否能代表其他同类对象的问题。实地研究通常研究的是一个具体的个案，比如一个人，或一个社区（村庄、集镇、街区等），或一个组织（监狱、医院、学校等），或一个群体（家庭、青少年帮派等）。研究者对这些个案的选择受到种种不同的因素的影响，而最经常的影响因素是，组织或社区是否愿意接受研究、是否方便进入、有无熟人或关系，甚至还可能是离研究者的住地的远近等等。研究者往往较少考虑其所具有的代表性。比如，当研究者要研究一个派出所中民警的行为方式时，他通常是选择愿意接受他进入并同意他参与民警各项活动的那个派出所，或者是他有熟人或朋友关系的那个派出所。或许他所选择的这个派出所是普通的，有一定代表性的；但也可能是比较特殊的，有较少代表性的。

尽管实地研究者通常只是要“研究或描述特定对象的行为，或特定社区的状况”，但在实际上，他总只是“在一个特定的时期，在一个特定的地点，研究了一个或几个特定的个案”。正是由于上述原因，大部分实地研究者对其研究的概括范围持十分谨慎的态度。他们往往明确地将自己论述的目标限制在理解某个特定的个案（比如某个特定的医院或村庄）中人们的行为和态度，而不是去说明一般的医院或村庄中的情景。实际上，他们相信其研究结果是可以概括的，因而他们的工作是有价值的。因为任何共性都存在于个性之中，任何特殊性中也必定包含着普遍性的因素。因而，对从一个或几个个案的研究中得到的结果，仍然可以进行概括。只是要注意概括的方式、结论、程度等问题。

对于概括的问题，定量研究中是通过随机抽样来解决的。定性的实地研究则可以通过对更多的不同类型的个案进行研究来解决。这些不同类型的个案在某些方面是相同的，而在另一些方面则不同。这就是类型比较的思想。例如，假设我们研究了我国南方一个十分发达的村庄，我们可以通过再研究一个北方欠发达的村庄和一个西部相当落后的村庄来进行比较，从而达到对普遍性的某种程度的概括。

二、测量与比较的问题

定量研究中采用的是统一的、严格的、明确的测量技术，并对样本中的所有对象都进行测量，以便进行统计分析和比较。如果仅从测量和比较两方面看，在定量研究中就是对众多的对象进行内容相对较少的测量和比较。而实地研究中则使用另外一种不同的测量和比较。研究者往往是对少数对象做了许多观察，收集了许多方面的资料，即测量的对象很少，但所测的内容很多。这种对几个数量非常有限的个案进行许多方面的测量和比较的方式，对于增加人们的认识同样是有价值的。这种价值就表现在我们可以用许多不同的指标来表明两个个案在某种抽象的观念上所具有的差别。比如，我们可以用一系列有关人们交往、互动、态度和行为表现方面的指标来表明某种组织与另一种组织之间所具有的不同的“科层制水平”。在研究我国农村社区中的小城镇发展时，我们也可以采用这样的思路，选择几个具有某种典型意义的小城镇深入研究，然后从多个不同的维度，收集详细的资料，对它们进行多方面的比较，得到一个更高层次的概念性结论。

三、推断因果关系的问题

由于定性资料更多的是关于“特征”或“性质”而不是关于“变量”的，因而，它往往难以提供有力的证据来说明事物之间的因果关系。在定量研究中，研究者观察100所学校，那么，他可以发现：有的学校的学生来源于全国，而有的学校的学生仅来源于本省；有的学校是具有文、理、工、农、医等不同学科门类的综合性大学，而有的学校则是仅有工科或农科或医科的单科性大学；有的学校学生考取研究生的比例很高，有的学校这一比例却很低。他可以通过一组“变量”（如生源、学校类型、考取研究生的比例等）来对这些学校进行分类（不同的学校具有变量中不同的取值），同时也可以用这些资料来分析变量之间的相关关系和因果关系。但是，当研究者只观察一所学校时，他就只能描述这所学校所具有的各种特征。实际上，一所学校所具有的特征只是前述“变量”中的一个具体的取值，即常量。因而，它无法帮助我们来确定现象间的因果关系。因为对于一个个案来说，研究者观察到的任何现象之间的联系，都只是众多可能的联系中的一种。

举例来说，假设我们观察100所学校，得到表15－1中的资料。根据前面的介绍可知，在学校类型与考取研究生比例这二者之间，不存在任何关系。

表 15-1　100 所大学依学校类型和考取研究生比例的交互分类统计（%）

考取研究生的比例	学校类型	
	综合性大学	单科性大学
高	52（甲）	50（乙）
低	48（丙）	50（丁）
学校数（n）	50	50

假设我们采取实地研究的方法，研究了其中的一所学校，比如说甲类中的一所，那么，研究者所观察到的将是具有多种学科门类且学生考取研究生的比例很高的特征（甲类中的所有学校都具有这种特征）。他或许会对这两种现象之间的关系进行“解释”。他通过具体的例子加上主观的分析，试图说明为什么综合性大学里学生考取研究生的比例高。但研究者实际上是不可能提供任何证据来说明这两者之间的关系的——因为它们之间根本就不存在关系！很显然，当研究者所观察的学校不是甲类的而是丙类中的一所时，他所得出的结论就会变成“综合性大学里学生考取研究生的比例低”，他又会去设法“解释”为什么会如此了。应该明白：一种事物“同时存在两种特征”的证据并不是“两个变量之间存在关系”的证据。

如果实地研究者可以选择多个不同的个案进行观察或研究，那么，他应该有目的地选择那些在某些变量上相同而在他所认为是原因的那些变量上不同的个案。总的来说，实地研究所得的资料往往比定量研究中所得的资料更难用于推断变量间的关系。通常的情形是，实地研究者只是尝试提出某种可能的关系来进行解释。

四、 实地证据的总结和表达问题

实地研究者如何简化其大量的实地笔记同时又不失去这种资料的丰富性和作为证据的价值呢？途径之一是应用类似定量统计的技术，以帮助说明实地研究概括所依据的基础。途径之二是描述其分析的过程，特别是其主要思想或关键概念的发展过程。途径之三是列举例证。尽管这种例证并不是其研究结论的有力证据，但它们却可以帮助研究者说明其研究资料的丰富性特征。

类似定量统计的技术

这实际上是一种表达更多资料的方法。为了给予读者更多有关支持其结论的资料的信息，有些实地研究者使用了一种对其实地记录中某种现象发生率进行统计总结的方法。如在全部观察中有多少次出现甲现象、多少次出现乙现象等等。研究者用这种类似于百分比的数字，来作为支持自己研究结论的一种证据。

描述分析过程

实地研究者也可以通过描述其经历，来给予读者某种有关其分析过程的眼光。作为其支持特定概括的证据的质量的一种指标，实地研究者也可以报告他的概括是如何从研究的过程中产生的，以及为了寻求这些支持的或反驳的证据，研究者做了哪些努力、经过了哪些方面的分析和思考等等。

列举例证

列举例证或许是实地研究者在分析报告中最常用的方法。但应注意的是，这种例证本身并不是非常有力的证据。因为读者并没有被给予独立地从全部资料中选择所列举事件的机会，因而他们实际上也无法判断研究者所列举的例证是否最应该作为例证。用有的批评者的话说，那些看上去与研究的概括之间密切配合的例证可能更多的是好的写作方式的产品而不是合适的分析。或许，一个例证本身是支持某种概括的，但它并没有告诉我们这种概括所主要依据的资料范围和质量。从研究者所列举的各种事例中，读者可以得到对研究背景的某种感觉，在很多情况下，实地研究中对细节的描述还可能使他们着迷。然而，这些例证也可以成为其他不同解释的基础，因而它们不可能作为支持研究者的分析结果的有力证据。

第三节　定性资料的整理

一、 整理笔记与建立档案

在实地研究的过程中，通过较长时间的观察、访问、交往、闲聊和参与，研究者会得到一堆凌乱、无结构、无顺序的现场笔记。分析定性资料的第一步自然是对这种凌乱的记录资料进行整理。与定量资料的整理所不同的是，定性资料整理的工作量更大，难度也更大。它主要包括分类、建档、编码等项具体内容，传统的做法以手工操作为主，将材料分门别类地写在卡片上，分别标以不同的代码，然后按不同的类别归类放置。现在，随着计算机技术的飞速发展，定性资料的整理工作大大简化，效率大大提高。除了分类框架的确定、类别和代码的设置等工作仍然必须由研究者来做以外，研究者可以越来越多地利用计算机为定性资料整理和分析服务。

通常的方式是先将实地记录或现场笔记全部输入计算机，存在磁盘上，变成可以随时调用、不断复制、任意组织和无数次处理的文件。需要特别提醒的是，输入计算机时应做到完全按照实地记录本上的内容和文字录入，不要做任何的修改，使得输入计算机后所形成的文本与原始记录在内容、文字、时间、前后顺序、各种记号等方面都完全一致，就像是实地记录的照片或复印件一样。这份与实地记录完全相同的“原始”文本一定要很好保留，不要做任何处理。而将其复制出的多个备份用来进行各种删改、编排、摘录的处理。计算机对定性资料分析的帮助作用除了体现在文字处理功能上以外，国外已经出现了许多专门处理定性资料的分析软件，如Ethnograph、Nudist等，使得研究者分析定性资料的能力大大加强（当然，这些软件目前只能用于处理英文形成的资料）。

在资料整理的过程中，研究者要着手建立各种资料档案。巴比就曾建议研究者建立下列几种类型的资料档案：一是背景档案，特别是对一些研究社会运动或重大社会事件的定性研究，这种背景档案十分重要。二是传记档案。这种传记档案的对象是实地研究中的各种人物。将所有有关某个人物的档案放在一起时，可以帮助研究者更加全面地认识这个人，也可以帮助研究者从中发现不同事物之间的联系。三是参考书目档案，将资料分析过程中，甚至整个研究过程中所查阅、记录下来的各种书目、文献资料都系统地整理和归档。四是分析档案，即根据分析的主题将各种资料分别集中，这是资料分析过程中最主要的档案类型。

总的来说，资料分析意味着寻求资料中所隐含的模式。当我们识别了某种模式时，这些资料也就在某种社会理论或背景中得到了说明。而资料整理的工作，正是为寻求和识别这种模式提供基础，它是研究者从对事件或社会背景的描述走向对其含义更为一般的说明的过程中十分重要的一步。

二、 定性资料的编码①

定性资料分析中的编码具有与定量资料分析中所不同的含义，其所扮演的角色不同。在定量资料分析中，编码可以说只是一种简单的“秘书性质的”工作。但在定性研究中，编码则是资料分析中的一个完整的部分。研究者将原始资料组织成概念类别，创造出主题或概念，然后用这些主题或概念来分析资料。这种编码是在研究问题的指导下进行的，而其结果又会导致提出新的问题。它使得研究者摆脱了原始资料的细节，而在一个更高层次上来思考这些资料，并引导研究者走向概括和理论。

编码是两种同时发生的活动：资料的机械减少与类别化分析。形象地说，就是将小山一样杂乱地堆在一起的原始资料缩减成便于管理的小堆的艰苦工作。它使得研究者能方便迅速地进入所寻找的部分。研究者不停地将资料排列有序，一次又一次地进行对比，这会花费研究者许多时间。只有当他突然间具有了某种眼光或意识到某种模式时，才算是进入了真正的分析。

斯特劳斯定义了三种定性资料的编码类型，同时他指出，“对于无经验的研究者来说，要理解和掌握编码是一项困难的工作”②。这三种编码类型是开放式编码、轴心式编码、选择式编码。

开放式编码

在初次对所收集的定性资料进行分析时，研究者常常采用**开放式编码（open coding）**。其具体做法是，研究者先设置一些主题，同时，将最初的代码或标签分配到资料中，以便将大量零散的、混杂的资料转变成不同的类别。研究者慢慢地阅读实地记录，寻找评论的项目、关键的事件或主题，接着标上记号。然后，他在记录

---

① 本小节内容主要参见纽曼的《社会研究方法》（Neuman W L. Social Research Methods: Qualitative and Quantitative Approaches. 3rd ed. Allyn and Bacon，1997：421-424）。

② Strauss. Qualitative Analysis for Social Scientists. New York：Cambridge University Press，1987：55.

卡片的边缘写一个初步的概念或标签，并用红笔或其他方式作出明显的标记。在这一过程中，研究者可以不受任何约束地创造新的主题，也可以在后来的分析中改变原来的编码。当然，如果能以一种灵活的方式运用某种理论框架，那将会更有帮助。这种开放式编码将资料深处的主题带到表面。但需注意的是，此时的主题处于一种比较低的抽象层次上，大部分来源于研究者最初的研究问题、相关文献中的概念、社会背景中人们所用的词语，以及研究者在沉浸于资料的过程中突发奇想的新想法。

尽管一些研究者建议用一张概念名单来进行编码，但研究者的大部分编码主题是产生于阅读资料和实地记录的过程之中的。无论开始时是否有一张概念名单，研究者在开放式编码结束后都应有一张这样的主题名单。这种主题名单有三种主要的作用：(1) 它可以帮助研究者一眼就看到新出现的主题；(2) 它可以帮助研究者在今后的开放式编码中发现主题；(3) 它可以帮助研究者建立一个研究中全部主题的空间，以便在今后进一步的分析中识别、排列、结合、抛弃和进行扩充。在定性资料编码的过程中，从具体资料中寻找抽象概念，以及在特定细节与抽象概念之间不断反复，是一件十分重要的事情。开放式编码要求研究者以一种开放的心态，尽量排除个人的偏见和研究界的定见，将所有的材料按其本身所呈现的属性分类。

轴心式编码

在开放式编码中，研究者关注于资料本身，不断为资料中所呈现出的各种主题分配编码标签。在那里，研究者并不关心主题之间的连接，也不解析主题所代表的概念。与此相反，**轴心式编码（axial coding）**则是从一组初步的主题或初步的概念开始。在这种方式中，研究者更为注重的是主题，而不是资料，即研究者的头脑中带着基本的或初步的编码主题去看待资料，阅读资料。在这样做的过程中，研究者也会产生新的观点、思想，或添加新的编码，并在分析过程中不断将各种观点、主题组织起来，同时识别作为轴心的关键概念。

轴心式编码着重于发现和建立类别之间的各种联系，包括因果关系、时间关系、语义关系等。在轴心式编码过程中，研究者思考原因和结果、阶段和过程，并寻找将它们聚合在一起的类别或概念。他或许会提出这样一类问题：可以将现有概念划分为不同的维度或不同的子类别吗？能否将几个密切相关的概念结合成更为抽象的概念？能否将资料中的这些类别按某种时间顺序，或空间位置，或按它们与研究主题相关的程度进行组织？比如，研究者可将“家庭生活”划分为“夫妻关系”“家务分工”“子女教育”“休闲娱乐”等维度，当这些不同的维度在资料中不同的地方重复出现时，研究者可以进行比较，并可以产生出诸如“性别角色”这样的新的主题。

轴心式编码可以刺激对概念与主题间联系的思考，同时它也提出新的问题。它可以提示放弃某些主题或是更深入地探讨另一些主题。此外，它还加强证据与概念间的连接。通过多种不同的例子作为经验证据，主题与资料间的连接得到加强。

选择式编码

选择式编码（selective coding）是在浏览资料和进行开放式或轴心式编码工作的基础上，有选择地查找那些说明主题的个案，并对资料进行比较和对照。研究者在发展出某些概念，并开始围绕几个核心概念或观点来组织他们的总体分析时着手进行这种工作。这也就是说，在研究者准备进行这种对资料的最后的阅读和分析时，他已识别了研究课题中的最主要的主题。比如，一个研究小型公司中职员生活的研究者决定把“两性关系”作为其重要的主题之一。在选择式编码过程中，他仔细阅读各种实地笔记，寻找男职员与女职员在谈论找对象、约会、订婚、婚礼、离婚、夫妻角色等方面问题时所存在的差别。然后他对二者在各种涉及婚姻的主题中所存在的态度差别进行比较，以便得出某种概括的模式。

在选择式编码过程中，主要的主题或概念始终指引着研究者的研究。他不断地对在早期编码中所识别的特定主题进行再组织，并探讨和分析多个不同的重要主题。比如，在小型公司职员生活的研究中，研究者通过考察不同性别、不同年龄的人们对婚姻的看法来理解“两性关系”的主题以及“生命周期中不同阶段”的主题。他之所以这样做，是因为婚姻可以从这样两种不同的视角来考察。

选择式编码也可以说是在主题中找到一个可以统领其他一些相关主题的核心主题，将所有的研究结果统一在这个核心主题的范围之内。这种选择式编码的方法比较适合建立“扎根理论”。其他分析方法的阶段性不是如此分明，也不强调一定要将所有的材料都纳入一个分析框架。因为事实上，这种做法有可能将一些无法分类但对回答研究问题十分重要的材料排除于结果之外。

三、 形成概念

定量研究者往往在收集和分析资料前，就将变量的概念化以及概念的提炼作为变量测量过程的一部分。而定性研究者则是根据资料来形成新的概念，或提炼概念。概念形成是定性资料分析过程中一个完整的部分，并且它在资料收集时就已经开始。因此，概念化是定性资料分析过程中用以组织资料、概括资料含义的一种主要方式。

在定性资料整理的过程中，研究者往往通过对资料提出评论性的问题来进行概念化或者形成概念。这种问题可以来自社会学的抽象术语，比如：“这是社会分层的一个例子吗？”“这是角色冲突的一种表现吗？”“这是社会流动的一种形式吗？”或者来自逻辑，比如：“这一事件的后果是什么？”“这一事件在此时此地发生与在彼时彼地发生的方式有何不同？”“这些是相同的或者不同的个案吗？”“这些是一般的或特殊的现象吗？”在依据这样一些问题对资料进行编码的过程中，我们就将资料概念化了。

概念的形成为定性资料分析提供了一种很好的基础和框架。研究者通过将资料组织成基于某种主题、概念或特征的类别来对资料进行分析。定性研究者从资料中发展出新的概念，形成概念化的定义，并考察概念间的关系，最终将概念相互连接，交织到他的理论陈述中去。

四、撰写分析型备忘录

定性研究的一个重要特征是研究者总得不停地写笔记。可以说，写实地笔记或做各种观察、访谈的记录，是实地研究者的一项基本功。他们从实地中得到的资料都记在笔记中，他们对研究方法、研究策略的看法也记在笔记中，他们对某些人物和事件的评论等等，同样都写在笔记中。他们是最积极的记录员，他们在实地研究中的记录形成了各种不同类型的实地笔记。

分析型备忘录（analytic memo）是实地笔记的一个特殊类型。它是实地研究者对于编码过程的想法和观点的一种备忘录或一种讨论记录。这种备忘录是研究者写给自己看的，或者说是研究者自己与自己进行讨论的一种笔记。每一种编码主题或者概念都是形成一个单独的备忘录的基础。这种备忘录中包含着对这一概念或主题的相关讨论。而粗略的理论笔记就形成了这种分析型备忘录的开端。

分析型备忘录锻造了具体资料或者粗略证据与较为抽象的理论思考之间的链条。它包含着一种研究者对资料和编码的主动反应及思考。研究者不断将这些反应和思考添加到备忘录中，并且当他用其他类型的编码来分析资料时，也同时使用这些备忘录。这种备忘录还成为研究报告中资料分析的基础。事实上，从高质量的分析型备忘录中修改而成的部分，可以成为最终报告的一个部分。

分析型备忘录的写作方式可以是多种多样的，每个研究者可能都会采用他们自己所习惯的方式。而其工具也是简单的，可以说只需要纸和笔，再加上笔记本、一叠文件夹，以及实地笔记的复印件就行了。比如，有的研究者可能就是将实地记录复印两份，然后根据其内容裁剪成不同的部分，然后添加某些评论和思考，就制成各种不同的分析型备忘录。关于分析型备忘录写作，一些研究者提出了下列建议：

（1）在收集资料或整理资料或其他形式的编码的过程中，可随时停下来写分析型备忘录，以免那些转瞬即逝的思想火花和有创见的眼光消失掉。这就是要使分析型备忘录真正成为研究者“备忘的记录”。

（2）对写好的备忘录要反复进行比较，看看能否将那些相近的进行结合，或者看看是否可能将那些有差别的编码弄得更清楚。

（3）为每个概念或主题都做一份专门的分析型备忘录。将与这一主题或概念有关的资料、事例、方法、问题以及研究者的感想、认识等等集中在一起，并用标签标明这一概念或主题。

（4）在写某个概念或主题的备忘录时，要注意思考它与其他概念或主题之间的相似性、差异性以及因果关系。

（5）将分析型备忘录与资料记录分开写，因为它们具有不同的目的。资料记录是证据，而分析型备忘录则具有概念的和理论建构的目的。

第四节　定性资料分析的过程与方法

一、定性资料分析的基本过程

定性资料分析的过程是一个对资料进行分类、描述、综合、归纳的过程。定性资料分析的基本逻辑是归纳法，即从具体的、个别的、经验的事例中逐步概括、抽象到概念和理论，其主要工作任务可以概括为对信息的组织、归类和对信息内涵的提取。在定性资料分析过程中，研究者所采取的典型的方法就是对在实地研究中观察、访谈所得到的资料进行重新研读，并按照基本的社会学范畴或方法对它们进行分类。尽管定性资料分析的过程可以说是贯穿于整个研究的始终，但主要还是在资料收集结束后。这种分析大致可以分为三个不同的阶段，每一个阶段的具体内容及做法如下。

初步浏览阶段

先对整个实地观察记录和访谈笔记等资料粗略地浏览一遍，其目的是对全部资料的整体有所了解和熟悉，同时也可以重新回想起许多实地参与中的情景和感受。这种浏览实际上起到了某种提供背景和分析基础的作用。它使得研究者在对原始资料进行各种处理时更加心中有数。

阅读编码阶段

在第一阶段初步浏览的基础上，研究者重新开始逐段逐行地仔细阅读每一段实地记录，分析每一段笔记的内容，并且在阅读中进行资料的各种编码工作。通常，研究者边阅读边根据具体内容做记号，以标签的形式表明各种具体事例、行为、观点的核心内容或实质，并将其归入所属的各种不同主题或概念备忘录中，形成了整理后的、具有更为清晰的内容框架的资料。前述的资料整理工作就属于这一阶段。

分析抽象阶段

最后再次回过头来，根据不同的标准或从不同的角度，仔细审阅和思考资料中所做的各种记号，思考和比较各种不同的主题及分析型备忘录，看看哪些东西反复出现，看看哪些资料中存在突出差异，并从中归纳或抽象出解释和说明现象和社会生活过程的主要变量、关系和模式。在定性资料的分析阶段，一个十分关键的环节是，我们必须能够从大量的经验材料中识别那些构成更大的社会结构的社会互动和社会关系。我们不能把在实地观察中所得到的这些互动和关系仅仅看作具体的、特别的行为，同时也要把它们看作更为抽象、更为一般的概念在具体社会生活中的例子。我们必须理解这些行为和关系是如何相互联系并形成社会结构的一种特定类型的。当然，这也是定性资料分析中最为困难的一项工作。

实地研究所得到的材料是丰富的、生动的和具体的，研究者必须从中进行选择和组织，利用它们来展示更带有普遍意义的社会行为模式、更为一般的社会结构和社会过程。可以说，现实生活为研究者提供了材料，而研究者则要对这些材料进行自己的分析。

二、几种定性资料分析方法

定性资料分析与定量资料分析的重要差别之一，是其具体分析方法的多样性。这种多样性与其在分析过程中主要依赖研究者的主观作用有很大关系。但众多研究者的实践依然为我们提供了某些可以借鉴和参考的操作方法。比如，有的研究者提出，定性资料分析的途径主要有两条：一是寻找资料中的相似性；二是寻找资料中的相异性。比如，是不是各种不同的个案都表现出某种共同的行为模式？如果发现他们具有某种共同的行为模式，我们就可以进一步探讨为什么会如此，以及这种行为模式具有什么功能等。如果不同个案表现出差异性，那么，我们要进一步去对差异的表现进行分类、比较和联系，即探讨具有什么样特征的人会有什么样的行为模式，他们之间差异的特征是什么，以及为什么会存在这样的差异等。也有的研究者提出了寻找资料中的模式的六种方法。他实际上是建议我们关注定性资料中的六个不同方面，这六个方面是频率、程度、结构、过程、原因、后果。①

还有的研究者将定性资料分析方法划分为类别分析和叙述分析两种。类别分析是将具有相同属性的材料归入同一类别，材料的属性可以从事物的要素、结构、功能、原因等各个层面进行分类。类别可以组成树枝形主从结构或网状连接性结构。叙述法是将材料放置于自然情景之中，生动逼真地对事件和人物进行描述和分析。叙述结构可以采纳前因后果排列、时间流动序列、时空回溯、圆周反复等方式。叙述形式包括轮廓勾勒、片段呈现、个案分析等。叙述型和类别型分析可以结合起来使用：前者可以为后者补充血肉，后者可以帮助前者分清层次和结构。②

实际上，我们从上述介绍中可以看到某些相似或相同的内容，说明不同的分析方法中仍然有许多相同的东西。我们这里对四种较为常用的分析方法作一个介绍。这四种方法是连续接近法、举例说明法、比较分析法，以及流程图方法。③

连续接近法

连续接近法（successive approximation）指的是这样一种方法，它不断反复和循环的步骤，使得研究者从开始时一个比较含糊的观念以及杂乱、具体的资料细节，到达一个具有概括性的综合分析的结果。

具体地说，研究者从所研究的问题和一种概念与假设的框架出发，通过阅读和

① Lofland J，Lofland L. Analyzing Social Settings. 3rd ed. Belmont，CA：Wadsworth，1995：127－145.

② 陈向明．社会科学中的定性研究方法．中国社会科学，1996（6）．

③ Neuman W L. Social Research Methods：Qualitative and Quantitative Approaches. 3rd ed. Allyn and Bacon，1997：427－429. 贝利．现代社会研究方法．上海：上海人民出版社，1986：356.

探查资料，寻找各种证据，并分析概念与资料中所发现的证据之间的适合性，以及概念对资料中的特性的揭示程度。研究者也通过对经验证据进行抽象来创造新的概念，或者修正原来的概念以使它们更好地与证据相适合。然后，研究者又从资料中收集另外的证据，来对第一阶段中所出现的尚未解决的问题进行探讨。研究者不断地重复这一过程。而在每一阶段，证据与理论之间也不断地进行着相互塑造。这种过程就被称作“连续接近”，因为经过多次的反复和循环，修改后的概念和模型几乎“接近”了所有的证据，并且这种经过连续地、一遍又一遍地修改的概念和模型也更加准确。

每一阶段的证据往往是暂时的和不完全的，而概念是抽象的，它们根植于具体的证据中并且反映着事物的背景。在从经验证据到抽象概括的过程中，可能会受到某些条件和偶然事件的影响，研究者必须不断修改概括及其与证据的连接，以使概括更好地反映证据。

举例说明法

举例说明法（illustrative method）即是用经验证据来说明某种理论。这是定性资料分析中最为普遍的一种方法。根据这一方法，研究者将理论应用于某种事件或背景中，或者根据先前存在的理论来组织资料。这种先前存在的理论提供了一只“空盒子”，研究者在资料中将那些可以作为证据的内容集中起来，去填满这只空盒子。当然，这种用来填满盒子的经验证据既可以是支持理论的，也可以是否定理论的。

举例说明法在具体操作上可以分为两种不同的方式：一种方式主要表明理论模型是如何说明或解释了特定个案或特定现象的。研究者所列举的主要是一个个案或一种现象的证据。另一种方式则是对一种理论模型的“平行说明”，即研究者平行列举多个不同的个案，比如多个不同的单位，或多个不同的时间周期等，来说明这种理论模型可以应用于多个不同的个案，可以解释或说明多个个案中的情况。或者反过来，研究者采用来自多个平行的个案的材料来共同说明某种理论。比如，一个研究农村劳动力流动现象的研究者先发展出一种有关该现象形成原因或条件的分析模型，然后分别从甲地农村、乙地农村、丙地农村等不同个案中提供证据，来共同说明这一模型。

比较分析法

比较是各种资料分析的中心过程。无论是对定量资料还是对定性资料都是如此。19 世纪的英国哲学家 J. S. 米尔提出了有关比较的逻辑方法。其中，他关于一致性比较和差异性比较的方法，形成了定性资料分析中**比较分析法（analytic comparison）**的基础。实际上，实验研究中的比较也是采用了这样一种逻辑。

定性资料分析中的比较分析法与前述的举例说明法不同，即研究者并不是从一个总的理论模型的“空盒子”开始，然后用资料中的证据去填满盒子，而是从先前已有的理论或从归纳中发展出相关的规律或关系模型的思想开始，然后研究者将注意力集中在少数规律上，用其他替换的解释与之进行比较。在此基础上，研究者进一步考察那些不限于某一特定背景（如某一特定时间、特定地点、特定群体等）的规律性。当然，要说明的是，研究者并不是要寻求那种具有普遍意义的法则，而仅仅只是那种在某种社会状况中所表现出的规律性。比如，研究者可以去寻找在当前我国国有企业中所存在的某种组织管理模式，而不是去寻找某种能应用于所有组织或科层制中的普遍的因果法则。

根据具体的比较方式的不同，定性资料分析中的比较分析法可以分为两种类型：一致性比较法和差异性比较法。

（1）**一致性比较法（method of agreement）**。这种比较法是将注意力集中于各个不同个案中所具有的共同特性上，并通过运用一种排除的过程来进行比较和分析。其基本思想是，研究者先找出不同个案所具有的某种共同的结果特性，然后再比较各种可能的作为原因的特性。如果某种被看作原因的特性不为所有具有共同结果的个案所共有，那么，研究者就将这种特性从可能的原因中排除掉，而所剩下的那种为所有个案所共有的特性则为可能的原因。比如，如果研究者考察四个不同的群体，它们都具有某种共同的结果（假设为特性 A）。同时，研究者发现这四个群体的资料中具有多种可能的作为原因的特性（假设为 B、C、D、E、F、G）。研究者对它们进行比较，发现除了特性 C 以外，其他几种特性都不为四个群体所同时具有。因而根据一致性比较法，特性 B、D、E、F、G 都将从可能的原因中被排除掉，而只有特性 C 才是结果 A 的原因。详见表 15－2。

表 15－2　一致性比较法的假设例子

群体 1	群体 2	群体 3	群体 4
A	A	A	A
B		B	B
C	C	C	C
D	D	D	
	E		E
F		F	
	G		G

（2）**差异性比较法（method of difference）**。差异性比较法的原理比一致性比较法要复杂一些，理解起来也更困难。但它却比一致性比较法更为有力，可以说是一致性比较法的“双倍应用”。差异性比较法的基本思想如下：研究者先找出那些在许多方面都十分相同，但在少数方面不同的个案；然后找出那种使这些个案具有相同的原因和结果的那些特性，同时找出另一组在这种结果上与此不同的个案，即找出那些不出现第一组个案中的结果的另一组个案；这样，研究者就可以比较两组个案，查找那些在不出现结果特性的个案中，也没有出现的原因特性。这种没有出现的特性就是结果的原因。我们通过下列例子来解释差异性比较法的含义。

假设研究者先考察两个在许多特性上都相同的群体，设为群体 1 和群体 2（见表 15－3）。通过比较发现，二者在五个特性（即特性 A、B、C、F、O）上都相同。假设 A 为某种共同的结果，如果仅用一致性比较法，我们很难从中发现真正的原因特性。因为在群体 1 和群体 2 中同时出现的（或同时存在的）可能成为原因的特性太多了。特性 B、C、F、O 都有可能。这时，研究者再找出两个群体，设为群体 5 和群体 6。这两个群体中也有许多共同特性和一些不同的特性，并且，最为重要的是，这两个群体中不具有群体 1 和群体 2 中所具有的结果特性，即不具有特性 A（这是理解差异性比较法的关键）。研究者再将这两个群体与原来的两个群体进行比较（差异性比较），看看在这些不具备结果 A 的群体所具有的各种特性中，缺乏原来那组群体中哪些共同的特性。这就是说，看群体 5 中、群体 6 中，或者群体 5 和群体 6 中，都缺少的、属于群体 1 和群体 2 中所共同具有的特性。在此例中，群体 1 和群体 2 共同具有的可能成为原因的特性有四个，即 B、C、F、O。群体 5 和群体 6 中都有特性 F，群体 5 中还有特性 O，群体 6 中还有特性 C。群体 5 和群体 6 中唯一所缺乏的是特性 B。所以，特性 C、F、O 都不是原因，因为如果它们中任何一个是原因的话，那么要么群体 5 中，要么群体 6 中，要么这两个群体中就都会出现结果特性 A 了。因此，真正的原因特性只有 B。简而言之，凡没有特性 B 的群体中就不会出现结果 A；而只要出现了特性 B，就一定会出现结果 A。

表 15－3　　差异性比较法的假设例子

群体 1	群体 2	群体 5	群体 6
A	A	X	X
B	B	D	P
C	C	E	C
F	F	F	F
H	G	N	M
O	O	O	K

从上例中我们可以看出，差异性比较法不仅从正面的个案（即那些具有共同的原因和结果特性的个案）中获得信息，同时，它还从反面的个案（即那些缺乏结果特性的个案）中增加信息，因而这种比较方法的结论更加准确。

流程图方法

流程图方法指的是以历史和现时发展过程为标准，对定性资料所进行的描述。这种方式的最大好处是能够很好地展现事物发展变化的过程。比如，贝克尔在其所做的“成为大麻吸食者的过程”的研究中，采取的就是这种流程图的分析方法。这项研究试图概括出个人态度和经历的一系列有关变化，以解释吸食大麻的问题。作者所用的资料来自他们对 50 个具有不同背景的大麻吸食者的访问记录。这些访问把注意力集中于被访者吸食大麻的经历，探寻他们对于大麻的态度、实际使用情况的变化，以及这些变化的原因。最后的概括是一系列态度变化的表述，这些态度变化是在研究者所观察到的各种事例中发生的。正是在这些变化中，个人开始为取乐而吸食大麻。作者的研究报告展示了这一过程的一种流程图：研究结果的第一部分——学习吸食大麻的技术；接着第二部分——学习领悟大麻的效力；接着第三部分——学会喜欢这种效力。研究者利用大麻吸食者自己对吸食大麻的陈述作为研究的基础，并且从这些资料中建立了一种“成为大麻吸食者的过程”的理论。

通过这种流程图式的描述，作者指出：“总而言之，一个人只有当他经历了上述过程，即确信大麻是可以那样吸食的东西的学习过程以后，才能为快活而吸食大麻。所有成为大麻吸食者的人都经历了：（1）学习以一种可以产生真正效力的方法吸食大麻；（2）学习认识这种效力，并把这种效力与大麻吸食联系起来（换言之，学习达到销魂状态）；（3）学习喜欢他所获得的感受，在这一进程中他发展了吸食大麻的倾向或动机，这种倾向或动机在他开始吸食时是不存在的，也是不可能存在的，因为他们包含了对大麻的观念，并且依赖于这种观念。而这种观念只能从上文所详述的实际体验中生长出来。当这一过程完成之后，他就愿意并能够为快活而吸食大麻了。”①

无论我们采取什么样的分析方法，都应记住一点：定性研究的分析过程是一个开放式结构，如果初步建立的分析框架、类别，甚至所研究的问题不符合收集到的原始材料，研究者可以随时进行修改。为研究结果做结论时应该注意材料之间的异同，避免为了使结论看上去完整精确而牺牲材料的丰富性和复杂性。定性研究在理论建树方面强调“扎根理论”，即在原始材料的基础上发展理论。如果前人建立的有关理论可以用来深化对研究结果的理解，那么，我们可以借助于前人的理论；如果这些理论和本研究的结论不符，研究者则应该尊重自己的发现，真实地再现被研究者看问题的方式和观点。建立理论时，研究者也可以借助个人的经验和直觉，不过，因此而下的结论必须建立在原始材料的基础之上，不能凭空杜撰。②

本章要点

1. 定性资料具有来源的多样性、形式的无规范性，以及不同阶段的变异性等特征。

2. 定性资料分析与定量资料分析有四个大的不同：分析程序与技术的标准化程度不同，资料分析的开始点不同，与社会理论之间的关系不同，以及分析的方式及所用的工具不同。

3. 定性资料分析的主要目标是将大量的、特定的细节组织成一幅清楚的图画、一种概括的模式，或一组相互连接的概念，以形成用来理解和解释具体现象的理论。

4. 概括性的问题、测量与比较的问题、推断因果关系的问题，以及实地证据的总结和表达问题，反映了定性资料分析本身所具有的一些特定性质。

5. 编码是定性资料分析中一个完整的部分。研究者将原始资料组织成概念类别，创造出主题或概念，然后用这些主题或概念来分析资料。这种编码使得研究者摆脱了原始资料的细节，而在一个更高层次上来思考这些资料，并引导研究者走向

① 罗斯．当代社会学研究解析．银川：宁夏人民出版社，1989：183-193.

② 陈向明．社会科学中的定性研究方法．中国社会科学，1996（6）.

概括和理论。

6. 斯特劳斯定义了三种定性资料的编码类型：开放式编码、轴心式编码、选择式编码。

7. 概念的形成为定性资料分析提供了一种很好的基础和框架。研究者通过将资料组织成基于某种主题、概念或特征的类别来对资料进行分析。他们从资料中发展出新的概念，形成概念化的定义，并考察概念间的关系，最终将概念相互连接，交织到他的理论陈述中去。

8. 分析型备忘录锻造了具体资料或者粗略证据与较为抽象的理论思考之间的链条。它包含着一种研究者对资料和编码的主动反应及思考。

9. 定性资料分析的过程贯穿于整个研究的始终，也可以把这种分析大致分为三个不同的阶段，即初步浏览阶段、阅读编码阶段以及分析抽象阶段。

10. 定性资料分析的具体方法具有多样性特征。一些可供借鉴和参考的操作方法有连续接近法、举例说明法、比较分析法、流程图方法等等。

基本概念

定性资料　开放式编码　轴心式编码　选择式编码　分析型备忘录　连续接近法　举例说明法　比较分析法　一致性比较法　差异性比较法　流程图方法

复习思考题

1. 举例说明定性资料分析与定量资料分析有哪些主要的不同。

2. 定性资料的编码与定量资料的编码有什么不同？定性资料编码有哪几种方式？

3. 在定性资料分析中，撰写分析型备忘录的目的是什么？

4. 定性资料分析的常用方法有哪几种？简要说明每一种方法的主要操作技术。

5. 在举例说明法中，所谓的“空盒子”指的是什么？

6. 一致性比较法与差异性比较法之间的差别是什么？二者能否同时使用？说明为什么能或者为什么不能。

7. 从怀特的《街角社会》、费孝通的《江村经济》、周敏的《唐人街：深具社会经济潜质的华人社区》、折晓叶的《村庄的再造：一个超级村庄的社会变迁》这四本书中选择一本认真阅读，并在课堂上讨论这些作者是如何进行定性资料分析的。

推荐阅读书目

1. 贝利．现代社会研究方法．上海：上海人民出版社，1986：第十章．

2. 罗斯．当代社会学研究解析．银川：宁夏人民出版社，1989.

3. 怀特．街角社会．北京：商务印书馆，1996.

4. 费孝通．江村经济．南京：江苏人民出版社，1985.

5. 周敏．唐人街：深具社会经济潜质的华人社区．北京：商务印书馆，1995.

6. 折晓叶．村庄的再造：一个超级村庄的社会变迁．北京：中国社会科学出版社，1997.

第十六章
定性研究的结果表达

与定量研究方式一样，定性研究方式的最后一个阶段同样是撰写研究报告或论文。即将自己的研究问题、研究结果以及获得该研究结果的途径、方法等以合适的方式表达出来，以便同他人进行交流。由于定性研究与定量研究不仅在研究方式、资料性质、分析工具上有很大差别，同时在研究结果的表达方式，或者说在研究报告（论文）的撰写方法上也与定量研究有着显著的不同，表现出独特的风格和样式；因此，我们在本章中专门对定性研究的结果表达方式进行介绍。

第一节　定性研究报告与定量研究报告的比较

总体上看，定性研究报告与定量研究报告的目标和性质是相同的，即都是要将研究的结果以恰当的形式组织起来、表达出来。但是，由于定性研究在研究问题、研究对象上的特殊性，以及在研究方式、研究方法上的多样性，因而，其在研究结果的表达方式、在研究报告的写作上也同样没有统一固定的格式，其多样化的特点有时甚至到了让人眼花缭乱、无所适从的地步。特别地，定性研究结果的表达基本上都是以文字为主，再加上定性研究过程中研究者主观性的“全程参与”，因而导致定性研究在报告的写作中所面临的挑战更多，其结果表达所受到的质疑也相对更多。为了更好地了解和掌握定性研究报告的写作方法，我们先简要介绍定性研究与定量研究在报告撰写方面的一些主要差别。

一、 研究报告的一般结构不同

如果只是将研究报告或论文的结构粗略地分为“开头、中间、结尾”这样三个部分的话，可以说二者之间也没有太大差别。当然，这样的表述和说明有可能掩盖和忽视二者之间的一些重要差别。特别是对于初学者来说，这样的说明并没有具体的指导作用，因而需要相对更具体的结构比较。

正如第十一章所介绍的那样，定量研究报告的一般结构和格式比较固定（有人将其称为“八股文”），其在形式上一般由“问题与背景（或导言）、文献回顾、研究设计（或研究方法）、结果与分析、结论与讨论”等几个部分构成，并且所有的研究报告几乎千篇一律。相反，定性研究报告在结构上则相对灵活，没有固定格式。无论是研究报告分为几个部分，还是每一部分的基本内容应该是什么，都没有明确的规定和规律。不同的研究、不同的研究者在研究报告的结构方面也往往互不相同。因此可以说，与定量研究“八股式”的固定结构有着明显不同的是，定性研究报告在一般结构上往往具有很大的灵活性和多样性，其所体现的常常不是定量研究报告那种“正式性”，而是一种“非正式性”，或者说是一种“自然性”。显然，这种一般结构上的灵活性、非正式性和自然性，对于初学者来说，往往成为其难以掌握定性研究报告基本写作方法的一个原因。

二、 研究报告的表达方式不同

定量研究报告在表达方式上与自然科学的研究报告相对接近。除了基本的叙述和相关的讨论外，研究报告中往往以各种统计数字和统计表格为主要的证据结果，其对研究结果的表述语言非常强调客观性和确切性，少有感情色彩。因而其报告中一般用第三人称或无人称代词来表述结果。例如，“统计结果表明”“数据显示”“笔者分析”“研究者注意到”“笔者发现”等等。而定性研究报告在写作风格和表达方式上，与定量研究报告有着很大的差别。这种差别不仅表现在定性研究报告中很少使用数字和统计表格上（偶有使用多半也是作为背景介绍或基本情况描述中一个小的部分），同时也表现在报告中多以第一人称的方式（“我”或“我们”）来进行表述。比如，“我看到”“我了解到”“我对他进行了两次访谈”“我觉得”“我感到吃惊”等等，是十分常见的表述。这种第一人称的表达方式突出了定性研究报告“讲故事”的叙说特点，可以让读者有一种身临其境的感觉。研究者还可以通过恰当的写作和叙述，将自己在实地所体验到的情感、所意识到的意义、所理解到的一切传达给读者，并让读者从研究者的描写和叙说中最终相信和认同其观点和结论。当然，这种第一人称的叙述方式也不可避免地强化了研究者的主观色彩。

三、 研究报告的写作程序不同

定量研究一般情况下都是先有数据分析的结果，然后研究者才动手写研究报告。换句话说，在时间顺序上，定量研究是先有资料分析的结果，然后研究者才能开始写研究报告。数据统计分析的结果没出来，研究报告的写作工作就不能开始。但是，定性研究的情况却与此有一个明显的差别，这就是，定性资料的分析与定性研究报告的写作之间不存在明显的先后顺序，更常见的情况是，研究资料的分析与研究报告的写作总是交织在一起、融合在一起，二者总是同时进行的。对这种情形的一种形象的描述就是，研究者常常是“一边进行资料分析，一边得出研究结果，一边写作研究报告”。当资料分析结束了，结果得出了，报告也就写完了。所以，“在某种意义上，我们甚至可以说，定性研究的结果是在写论文的过程中‘写’出来的。不到论文写完，是得不到最终结果的”①。

四、研究报告的撰写规则和规范不同

有学者认为，“定性研究的优点在于呈现发现时不必拘泥于单一的、样式化的模式”②。但应该意识到，这种“不必拘泥于单一的、样式化的模式”的特点，实际上也就意味着定性研究的结果表达没有固定的、统一的模式。因而，相对于定量研究报告的写作来说，定性研究报告的写作往往更加困难。这种困难并不是因为其规则和规范太多，恰恰相反，是因为它的规则和规范太少。正是因为没有什么规则和规范，初学者学习起来往往就“无章可循”“无法可依”，要掌握合适的表达方式自然就更加困难一些。

第二节 写作程序与方法的建议

尽管相比于定量研究来说，定性研究的结果表达与整个研究过程的交互作用及其关系结合得更加紧密一些，但总的来说，最终的报告写作和完成还是处在研究过程的最尾端。如何从大量的、零散的访谈资料、观察资料、田野备忘录、个案记录等等资料中选择合适的资料写进研究报告？又如何在研究报告中恰当地组织它们、呈现它们、表达它们？在写作程序上有哪些常见的做法？这些都是在定性研究的结果表达中经常遇到的问题，也是将研究结果与他人成功沟通的重要一环。这其中需要通过大量的学习和实践来逐步熟悉和掌握一些基本的知识和技巧。本节中就定性研究报告的写作程序及其相关方法给出若干建议。

一、从现场“撤离”

由于定性研究特别是实地研究中，研究者经常是边做边写、边写边做，所以，研究报告中的许多部分实际上是在做研究的过程中、在“观察—思考—写作—再观察—再思考”这样的不断循环往复的过程中逐渐写成和完善的。虽然定性研究的“写作”从收集资料、分析资料时就已经开始，但“专门的写作”依然是发生在实地结束之后。因为作为一项学术研究，研究结果的完整表达需要研究者在专门的时间和地点来完成。为此，研究者需要“独处”，需要“撤离”，需要与实地“分开”。

---

① 风笑天．社会研究：设计与写作．北京：中国人民大学出版社，2014：154.

② 波格丹，比克伦．教育研究方法：定性研究的视角（第4版）．北京：中国人民大学出版社，2008：197.

表面上看，这似乎与其他研究报告的写作一样，因为需要专门的时间和地点来写作，但实际上，定性研究报告的写作不仅仅需要专门的时间和地点，而且需要把研究者与研究现场隔离开来。只有让研究者远离现场，与现场“疏远”，才能帮助研究者“从一个更为总体的而不是具体情境的视角来进行写作”；也只有从现场“撤离”，研究者才能更好地沉浸在对所收集到的各种资料的思考中，也才能更好地“对他们所观察到的、所听到的和所读到的赋予形式和意义”[①]。

二、 写作计划的考虑

有学者认为，研究报告的写作需要有一个写作计划。这种写作计划包含三个方面的内容：一是研究目的的陈述；二是详细的撰写大纲；三是决定写作的风格。[②]这种看法是有一定道理的。因为对于写作目的陈述的强调，实际上是要求研究者在写作之前，首先在自己头脑中明确研究结果表达的主要目标，即明确通过研究报告要表达什么。而这种目标的明确又与后续发展出详细的撰写大纲密切相关。换句话说，详细的撰写大纲必须紧密围绕表达研究结果的主要目标来组织。撰写大纲可以从大的方面开始，一层一层地落实到经验层面，落实到具体的资料选择和安排上。这是写作计划的主体内容。由于定性研究的资料既丰富又凌乱，因此，如何选择和组织资料往往是撰写大纲过程中一项重要任务。研究者可以根据写作目标，采取按议题、场景，或者按对象、过程等来进行选择和安排。一般情况下，这一方面的内容考虑得越详细、越周密，研究报告的撰写相应地就会越顺利。至于写作风格，主要与表达方式有关。定性研究报告在这方面比较灵活，没有什么严格的规定。唯一一致的一点，就是通常都是以第一人称的方式写作，即以“我的叙说”为主，以增加研究报告的亲历感。

三、 阅读与标记资料

定性研究报告写作中的另一个难题是如何整理资料。这首先与定性研究的资料性质有一定关系。定性研究的资料主要是一段段、一篇篇、一本本访谈记录、观察笔记，以及夹杂着研究者的思考和分析的田野笔记、实地备忘录等等。这些资料既丰富生动、详细具体，但同时又杂乱零散、漫无边际。这种情况对于资料的组织是一个很大的难题。解决这一难题的一种方式是写作前先对资料进行初步的加工处理，即要通过反复阅读，逐一对原始资料进行标记，并对不同资料分别标以不同的主题词。然后对这些初步处理后的资料进行分类，以便到写作时可以很方便地从中选择出符合研究目标的材料。分类的方式主要是按主题分，也可以按对象、按情景

---

① 波格丹，比克伦．教育研究方法：定性研究的视角（第4版）．北京：中国人民大学出版社，2008：145.

② 胡幼慧．质性研究：理论、方法及本土女性研究实例．台北：巨流图书公司，1996：167.

等来分。

四、按框架选择资料

定性研究报告写作中的一个难题是定性资料的选择。定量研究中，虽然数据量可以非常庞大，但是这些具体的数据在统计分析方法面前却可以浓缩和简化成非常有限的几个统计表格甚至只是若干个统计数字。但是，与此不同的是，由于定性研究的原始资料往往是以文字形式出现的谈话记录、观察笔记等，篇幅都非常大，一般少则十几万字，多则几十万字。而一篇定性研究报告的容量又非常有限。因而资料的选择是研究者面临的一道难题。通常的做法是先确定研究报告的主体框架或者表述思路，然后按这种框架或思路选择合适的材料。当然，这里还有一个可以考虑的建议是，在进行写作之前，先对资料做一些"去芜存菁"的工作，即通过反复阅读资料，仔细辨别出那些无用的、无关的、重复的资料，将其删掉，留下相对有价值的、重要的、独特的资料。这样有利于写作时将资料与研究报告的总体思路紧密结合。

五、先把想写的全部写出来

在具体写作过程中，要特别注意克服一种从一开始就要把报告写得十分完美的想法。不要怕初稿写得不好，最好是先把自己想说的、想表达的都写出来，包括那些不成熟的、不准确的、不完善的，甚至将来很可能是"垃圾"的内容和文字。一位台湾学者在谈到研究报告的写作时，列举了自己的经历和体会：她在写博士论文期间，"一篇文章曾经翻来覆去，一天下来还在'起头'的那一句苦思。直到两位教授'授'我秘诀真言，才'豁然开悟'、下笔疾书。真言一：'先把那些"垃圾"都存放到电脑内，以后再修整打点！'原来论文写作可并不是一开头就须完美的，而那些自己不满意的'垃圾'可以后来转化成'宝'。真言二：'前言或绪论最难写，大部分学者是先跳过这一章节，直接进入"机械"的部分，最后才回头写前言导论章节！'原来，读者最终所见的先后次序并非写作过程的次序，而前言所带引读者（特别是学术圈读者）的领航技术也是在理论、方法不断书写编整过程中才愈磨愈清的。如果一项量化研究的写成（我当时是进行死亡率分析）都有这些难题，质性研究的写成更应有高人指点，尤其是起头和收尾部分"①。她所谈的虽然是博士论文的写作，但在其他论文或研究报告的写作中，也常常如此。

六、回到中心议题

由于定性研究报告的撰写方式相对灵活，情景性、故事性、叙说性较强，因

① 胡幼慧．质性研究：理论、方法及本土女性研究实例．台北：巨流图书公司，1996：166.

此，在写作过程中一种比较常见的情况是，研究者写着写着就逐渐脱离了原来撰写大纲的方向，在某些枝节方面为丰富、生动的资料和描述所左右，形成了一些新的焦点和议题，而没有围绕原来预定的核心问题和表达线索。研究者虽然罗列了一大堆具体的例子和描述性资料，但读者却陷入了一种迷失方向的状态，不理解、不清楚作者列举事例和进行描述的意图何在。为了避免这种现象，研究者在撰写完研究报告后，最好再回过头来，重新审视一遍前面报告主体部分的各种议题和材料表述，不断地在头脑中提醒自己注意研究的中心议题，不断地考察这些看起来生动有趣、似乎有意义的议题和描述对于表达自己的中心议题来说是否真的紧密相关，是否真的有必要。一旦发现那些离中心议题较远、对表达中心议题无关紧要的内容和描述，即使再生动有趣，也要果断地删除。

七、 写作中研究者的角色

与定性研究报告写作相关的还有研究者的角色问题。有学者认为，定性研究报告的写作“是对文本的建构”，这种建构“包括从已经开始分析的资料中选择一个特定的‘故事’来讲述，形成一种你认为最能表达你的故事的文字形式”[①]。而关于如何建构文本、如何表达故事，存在着两大类不同的做法，代表着两类不同的角色。或许有的研究者就像是一位建筑师，即他对文本的建构是从想象出发，然后在计划中实现和完成的；有的研究者则更像是一位画家，即他对文本的建构可能更多地来源于自己的直觉、感觉和感受，而只有较少的计划性。当然，也会有研究者对文本的建构是计划和直觉两方面的综合。

这位学者还进一步指出，对于定性研究者来说，他们在研究结果的写作中，必须扮演好三个角色：一是艺术家的角色；二是翻译者或者解释者的角色；三是转换者的角色。这三种不同的角色对于研究者的写作提出了三个方面的严格要求。

第一，“作为艺术家，他们在事件和人物之间寻求富有想象力的联系，在这些联系中进行具有想象力的描写，并对他们所描写的东西进行富有想象力的解释”[②]。这三个“想象力”的要求，突出的正是研究者的“艺术家”角色，而它也正是定性研究的初学者在建构自己的文本时最难做到的方面。

第二，所谓“翻译者”的角色，主要指的是研究者在写作中所扮演的“文化的翻译者”角色。即研究者一方面要努力理解他人的世界，理解在实地所收集的文本中所体现、所蕴涵的他文化的内涵。另一方面，他要把这些“采自生活的文本翻译成一个有意义的解释”。而所谓“解释者”，则指的是研究者在写作中所扮演的“意义的建构者”角色，即他要“从他们自己的生活与研究参与者生活的互动中寻找意义”，从其所收集的文本资料中抽象出并建构起具有文化内涵的意义，形成对经验

---

① 格莱斯．质性研究方法导论：第4版．北京：中国人民大学出版社，2013：142.

② 同①143.

现象的一种新的解释。

第三，所谓“转换者”的角色，强调的则是研究者的写作所具有的行动意义。无论是艺术家的角色，还是翻译者、解释者的角色，其关注的主体只是研究者自身。而转换者的角色，则是一种“起催化作用的教育者”角色。它要求研究者通过写作将自身所获的经验转换成他人的经验，通过写作去触动他人的生活和认知，甚至去影响他人的行动。

八、定性研究报告的人称与匿名化

定性研究报告中，一般采用第一人称的方式，而不用第三人称或非人称代词。即用“我”来写，而不用“研究者注意到”“作者认为”“笔者发现”，或“资料表明”“材料显示”等方式。有学者认为，“使用第一人称是为了再现研究现场，让读者了解在什么样的情境下研究者搜集到了现有的材料，从而对研究结论的可靠性做出自己的判断。第一人称的叙事角度还使研究者有机会介绍自己对研究方法的反省，使读者更充分地了解研究的过程”①。同样一件事情，作者的表述不同，其扮演的角色就不一样。比如，用“研究者”与用“我”就不一样。“使用‘研究者’隐含一种原本并不存在的‘客观性’。”② 实际上就相当于将文本与读者隔离开来，而“我”的角色就显得与读者更为亲密。

另外，根据社会研究的伦理要求，在定性研究报告中，有一点十分重要，就是对于研究中所涉及的具体人物、地点、组织、社区等，都要进行匿名化处理，即采用化名，也可分别采用大写英文字母来代表，以保护受访者的利益和研究对象的隐私。

第三节 定性研究报告各部分的写作

在某种意义上，无论是定量研究还是定性研究，其研究报告或研究论文的写作都是在向读者“讲故事”。只不过定量研究讲故事的“套路”往往非常固定，“手法”也基本相同。数字和图表是其最主要的表达材料和工具，因而往往显得有些“千篇一律”，不容易吸引人。而定性研究者讲故事的“套路”和“手法”则相对灵活多变，文字材料和语言描述是其最主要的表达工具，因而其研究报告往往读起来比定量研究报告要生动形象，引人入胜，但写起来也更加困难。对于研究者来说，无论你的“故事”是什么，也无论你将如何讲你的“故事”，我们总是可以把这个“故事”分为“开头、中间、结尾”三个大的部分。那么，开头怎么写，写些什么？

---

① 陈向明．王小刚为什么不上学了：一位辍学生的个案调查．教育研究与实验，1996（1）.

② 波格丹，比克伦．教育研究方法：定性研究的视角（第4版）．北京：中国人民大学出版社，2008：166.

中间、结尾又怎么写，写些什么？这就是本节将讨论的内容。

笼统地说，对于研究报告中的这三大部分应该写些什么，定量研究与定性研究还是基本相同的。即开头部分主要告诉读者你打算探讨什么问题，这个问题为什么值得探讨，以及你是如何进行探讨的。中间部分则分别描述你的观察结果，论证和阐明你的研究发现或解释。而结尾部分则主要总结你的研究结论，提出与你的研究结论相关的若干问题进行讨论，以及对进一步研究的建议等。但是，对于每个部分的内容怎么写的问题，二者之间的差别就相当大。

一、 导言部分的写作

虽然说定性研究报告更像讲故事，但一定要记住，它并非只是纯粹的故事。作为一项学术研究的成果表达，这种讲述还必须体现其学术性。定性研究报告的导言部分通常会包含这样一些内容：研究的问题与背景，研究问题的来源，对研究的地点、时间和范围、研究对象及其数量、研究所使用的方法、研究者与研究对象的关系以及其他一些相关信息的介绍等。在开始部分，要十分明确、简洁、直接地告诉读者，你讲的是关于什么方面的故事。也可以通过一个具体的事例将读者带入你的故事中。

莫科特认为："导言的要义在于回答这样一个问题：这篇文章是关于什么的？"她建议作者通过给出以下四个方面的解释来回答这一问题。[①]

（1）为什么你会选择这个主题，而不是其他的主题，即说明你选择这个问题的原因或理由。这种原因或理由常常来自对现有文献的阅读和分析（这是前面章节中关于文献回顾的作用及其与研究问题的关系的一个例证）。比如，这个主题在现有文献中被忽视，或者虽然在现有文献中被多次讨论，但讨论不充分、不彻底、有遗漏。又如这是一种新的社会现象，现有文献中很少探讨。例如，折晓叶在研究超级村庄时，就是这样做的。作者在论文开头回顾了三位重要学者关于中国农村村庄的功能和农民生活的研究结论。在肯定他们的研究"令人耳目一新"，"提供了一些研究中国村庄的基本的出发点"的基础上，作者指出，"以上两种研究各自概括的都只是中国农民在不同时期不同地区生活的一部分事实，而目前在乡村工业化过程中涌现出的相当数量的超级村庄，则为我们提出了新的研究课题"。在此背景下，作者提出了自己的研究问题，即要"对超级村庄中出现的经济边界开放与社会边界封闭同时存在、二者既相互冲突又共生共荣的现象进行讨论，进而探讨中国基层社会经济发展与社会结构变迁之间的内在关系"[②]。

（2）你为什么会对这个主题感兴趣，即说明这一主题对于研究者本人所具有的特定意义或经历，也即是导致研究者探讨这一问题的个人化因素。有时候还可以简述导致研究者关注或探讨这一问题的背景，即引起他对此主题感兴趣的来龙去脉。

① 希尔弗曼．如何做质性研究．重庆：重庆大学出版社，2009：250．
② 折晓叶．村庄边界的多元化：经济边界开放与社会边界封闭的冲突与共生．中国社会科学，1996（3）．

比如，一位对农村婆媳关系进行研究的研究者在其研究报告的导言中这样介绍了她对所研究主题产生兴趣并展开研究的原因：

> 1993 年到 1997 年期间，我每年夏天（除了 1995 年）到无锡的一个叫姑亭庙的村庄做关于妇女与乡镇企业发展的调查，并于 1998 年在调查的基础上完成了我的博士论文。在调查的早期，婆媳关系这个问题并未进入我的视线，我也没有一个合适的视角去研究它。可是到了所在的村庄，几乎所有我访谈过的中年妇女都众口一词地说："看现在的这些媳妇们！过去是婆婆凶，现在刚好倒过来！"用妇联主任的话来说："婆媳关系是从一个极端到另一个极端。"最不幸的是那些 70 岁左右的妇女，我把她们称为"最后一代传统婆婆"。她们年轻的时候是受气的小媳妇，等到熬成了婆婆又丧失了权威，两头不得益。
>
> 改革开放以来农村的变化深化了这个问题：为什么乡镇工业的发展提高了媳妇的地位，降低了婆婆的地位呢？这种改变了的婆媳关系的实质是什么呢？这种变化如何与性别问题、与妇女解放相关？意识到这个问题的重要性后，我在对该村妇女的深入访谈中把婆媳关系当作了一个主要方面。①

（3）你使用的研究方法，或者受到的学术训练。与定量研究报告通常都会有一个专门的研究方法部分有所不同的是，许多定性研究报告常常是在导言部分的结尾对研究方法进行介绍。并且相对来说，这方面内容在篇幅上往往比定量研究报告要小。同时，在定性研究报告中对于研究方法的说明，要强调其与研究问题的性质的关系，即对采用定性研究方法有利于探讨和回答研究问题进行说明。而对研究者自身学术训练的说明则有助于增强读者对研究者及其研究的信任。对于定性研究中最常见的采用实地研究方式进行的研究来说，研究者通常需要对实地研究的地点选择、采用的资料收集方法、访谈或参与观察的对象及其数量、实地研究的时间及其主要经过等进行介绍。这一点将在下面详细说明。

（4）你的研究问题。这是导言部分最为核心的内容。虽然其篇幅比较小，但意义却十分重要。就像讲故事一样，有了背景的叙述和介绍，有了前面的铺垫，最终自然而然地就是要告诉读者，你想研究、探讨或回答一个（或几个）什么样的问题了。比如，上面第二点中那位研究农村婆媳关系的学者就是在介绍了自己对这一问题产生兴趣的来龙去脉后很自然地提出了自己的研究问题的。又比如，一位研究城市家庭代际育儿合作现象的学者在介绍了研究的背景后告诉读者：

> 本文重点关注以下问题：在当代中国城市家庭育儿的代际合作中，家庭成员间形成了什么样的分工合作？与儿童抚育相关的具体事务的决策、处置和话语权如何在代际分配和分享？代际是否形成了新的权力格局？这种新的权力格局又如何在育儿过程中被挑战和维系？通过深入探讨家庭育儿中的代际合作和权力关系，本文希望深化对于代际互助中的权力关系的研究并阐释家庭权力与

① 笑冬．最后一代传统婆婆？．社会学研究，2002（3）．

亲密关系之间的交织互动。①

二、 方法部分的写作

正如上面所介绍的，定性研究报告的方法介绍部分，很多情况下常常是融入导言部分，自然地在导言部分的结尾处出现，成为整个故事叙说中顺理成章、自然衔接的一个环节，而不是单独作为一节与导言部分严格区分开来。

例如，上面所列举的代际育儿合作研究的例子中，研究者就是在写明了研究问题后，接着就向读者介绍了自己的研究方法的："本文的分析主要基于对儿童家长和参与育儿的老人的深度访谈和参与观察资料。笔者重点收集了 13 个北京城市家庭案例。""笔者访谈了 13 个家庭中的所有母亲，两位父亲；与母亲的访谈时间一般为 3～6 个小时，1～3 次进行。此外对两位父亲各进行了一次 2 小时左右的访谈，以了解他们在儿童抚养、教育方面的经验和看法。""研究团队还访谈了 8 位正在参与孙辈照料的老人。""在访谈之外，笔者还到 7 户受访家庭的家中拜访，并参与了 3 户家庭的周末郊游，有机会观察家庭成员之间的互动。"②

定性研究报告之所以这样来处理方法部分，一方面是因为定性研究方法的介绍不像定量研究方法介绍那样，通常会涉及样本抽取、变量测量、统计分析方法使用等几个固定的、技术性较强的内容，而更多的只是有关田野研究的地点、深入访谈或观察的对象的具体描述。另一方面则是因为很多情况下定性研究特别是个案研究或社区研究中，研究者往往会单独列出一节来对所研究的个案或社区的基本情况进行详细的描述或介绍。

当然，也有少数定性研究报告与此不同。它们也像定量研究报告那样，将方法部分单独作为一节进行介绍。无论是否将方法部分单独作为一节，最重要的是要以回答别的研究者可能针对你的研究所提出的质询或疑问为指导思想来进行方法的介绍和写作。比如，你为什么要使用这种方法，你的总体性策略是什么，为什么采取这种策略，你的这个研究是怎么做的，采用了哪些方法或技术，为什么是这些方法和技术，研究过程中你实际是如何操作的，在对象、资料等方面有什么特别事项需要说明等，以便读者对研究的基本情况有所了解。对于前面一章所介绍的实地研究来说，在研究报告中除了上述考虑外，往往还需要对如何选择实地（即田野）、如何进入实地、如何获得同意、观察的方式、访谈的对象选取、访谈的进行、资料的记录和整理等等细节进行介绍。正如有的学者建议的那样，方法一节要向读者展示你的研究发生的"真实过程"，其目的和好处是可以让你的读者由"局外人"变成"局内人"。③

---

① 肖索未."严母慈祖"：儿童抚育中的代际合作与权力关系.社会学研究，2014（6）.

② 同①.

③ 希尔弗曼.如何做质性研究.重庆：重庆大学出版社，2009：256－264.

比如，一位研究者在研究报告中是这样介绍其实际研究的过程的：

带着这些问题，笔者在1994年12月至1996年7月期间，对广州市两家国有企业进行了阶段性的调查，方法是以深入访问为主，非参与观察为辅的田野研究。两家企业是南方机械厂与精微仪器厂（均为匿名，以下简称南机和精仪）。研究对象是以固定工身份进入企业、目前正在企业工作的女工。由于体制的特点，这群被访者大都是从就业起就在同一家企业一直工作到现在，经历了改革前后两个历史阶段，她们的青春时代是在工厂度过的，是转型时期工厂生活的实践者与见证人。选择她们做研究对象可以更集中地反映出体制转换对她们与企业依赖关系的影响，反映出这种影响对她们工作行为的塑造。

笔者对30名女工进行了深入访谈，其中南机和精仪各有15名。选取被访者时我特别注意了工种、年龄、家庭背景的不同，36岁以上的占73.7%（22人），平均年龄为39.83岁。这基本符合这两家国营企业的实际状况。从进厂的时间和户口的情况看，现仍在企业内工作的女工大多是80年代前入厂的广州市民。被访者中从事计件工种的（一般以技术工种为多）有23人，非计件工种（一般以非技术工种为多）7人。除有2人未婚，1人离异外，其余为已婚。父母均是工人或一方为工人的19人，父母均非工人的（干部或农民家庭）11人。女工丈夫也属国营体制的16人，其他为私营、三资企业从业者。

另外，笔者对一些男工也进行了非正式访谈，并访问了16名厂方高、中、低层管理人员；经厂方许可笔者还得以在车间观察工人的劳动情形；此外参阅了厂方管理制度、政府对企业改革的政策等有关文献。①

三、主体部分的写作

叙事逻辑与内容安排

定性研究报告的写作强调故事性、描述的流畅性，报告者就是“讲故事的人”。当然讲故事只是定性研究者表达研究结果的一种特定方式，其目的同样是要揭示现实社会世界的某些奥秘。因此，它同样需要一种逻辑——述说的逻辑——归纳的逻辑。有了这种逻辑，研究报告才能很好地通过一个故事，向人们揭示出社会世界中的一些不为人知的侧面，也才能帮助人们更好地认识他们所生活的社会世界，特别是认识这个社会世界所具有的多维性、特殊性和丰富性。

对于定性研究报告的主体部分来说，由于其内容往往比较多，结构上如何进行安排，这是研究者要考虑的首要问题。实际发表的定性研究报告中，有按议题来组织和表达的，有按研究进程、事件发生过程来展开的，也有按对象的不同类型来进行描述的。究竟应该采用哪种方式，可能会依据研究的主题、内容、目标等方面的

① 平萍．国有企业管理的性别策略与女工的企业依赖：对经济改革前后广州两家国有企业的女工研究．社会学研究，1998（1）.

不同而不一样。但有一点是共同的，这就是一切都应该以便于讲清楚研究者心中的“故事”为标准，以合理、合适的逻辑框架为表达的基本线索。

对于主体部分的写作，十分重要的一点，是要通过对故事的讲述、对资料的描述，来阐明和证实研究者对研究问题所做出的判断。特别是要通过引用研究对象、访谈对象的原话，通过摘录你在实地的观察记录和田野笔记，来向读者描述你在实地所感知到的一切，并以此来引导读者身临其境，直接感知研究对象的言谈举止，所思所想。同时也以此来说服读者，让他们接受研究者所做出的判断和得出的解释。

如何做到这一点呢？即在实际写作中该如何操作呢？一种常见的方式是，通过选择和列举所收集资料中的具有典型性的材料（包括个案事例、访谈记录、观察记录等），并配以作者自己对这些材料的分析性解释或说明，来向读者展示自己的研究结果和结论。对于利用典型事例，或者引用访谈记录、观察记录等并进行分析性说明，一位学者进行了比较直观的描述：

> 当我准备出版我的研究成果时……我最终所要展示的是典型性的东西。为了说明和证明这些典型性的东西及典型的规则，我就要从我的观察记录和访谈中引述相应的段落，因为我是从这些典型的规则中来“理解”我所研究的社会行为的，也是通过它们来“解释”社会行为的。我所引述的段落，自然都是在我看来谈到了相应的日常世界的典型性的东西的那些段落。①

当然，这种常见的做法也会受到人们的质疑：既然作者在报告中所表述的、展现的都是其从资料中所选择的最典型的材料，那么，那些没有被选择和表达的、在研究者看来不具典型性的材料所包含的信息、所反映的现实又是什么呢？即这种选择资料的方式有可能造成研究者从资料的“黑箱”中仅挑选出符合其期望和要求的东西，而舍弃那些虽然同样来自实地、来自访谈或观察但却不符合作者期望、观点、目的和要求的东西。因为读者并不知道作者是如何处置这些不能形象地说明典型性，甚至有可能是与报告中的结果或结论相偏离、相冲突、相矛盾的材料和事例的。

行文中表达材料与观点的两种方式

与定量研究报告中通过列举统计分析的表格和数据结果，并进行解释的做法有所不同的是，定性研究报告通常没有数字，没有表格，只有具体的事例和大量的访谈所得的文字材料。在具体的表达方式上，通常有以下两种主要的形式：

一种形式可以称为“夹叙夹议式”。即研究者在行文过程中，将对研究对象原话的引用，与研究者对此所做的分析、议论、解释结合在一起，融合在一起，形成一段流利的文字叙述和分析说明。这种写法既展现了研究对象原始的言语、行为、观点和想法，又表明了作者对这种言语、行为、观点和想法的分析、判断、理解和解释。比如：

> 当我问村里的一些妇女，为什么分家后她们的丈夫没有像他们的父亲那样

---

① 弗里克．质性研究导引．重庆：重庆大学出版社，2011：309.

> 占据管家的位置，而是拱手让给了媳妇呢？她们说："这村里百分之九十的男人赌博。我们要不抓牢钱，钱就都没有了。"还有的妇女说："管家有什么好？又操心又费力，男人才不想操那份心呢。"但为什么他们的父辈愿意当管家、操这份心呢？
>
> 实际的情况是，分家避免了婆媳之间的公开矛盾。但是，如果儿子在核心家庭里当了管家，他就很可能把自己夹在父母和媳妇之间。特别是当兄弟间对赡养老人的责任发生了歧见的情况下，当管家的自然逃脱不了责任。儿子们不愿意直接面对别人的谴责。做儿子的被说成不孝，是个很大的耻辱。相比较来讲，媳妇没有儿子那么在乎公婆的抱怨，第一公婆不是她的父母，第二只有她当了管家、控制了家庭资源，才能最好地保护她的"母体家庭"。况且，即使媳妇不当管家，也逃脱不了干系。一旦父母和儿子在赡养老人问题上发生了争吵，不管是不是事实，村里的人总是要说："看，媳妇把着钱不放，儿子有什么办法？"在这种情况下，儿子常常保持沉默，好像真的没有控制自己工资的权力。我认为，这实际上是年轻人对付两代人之间关系的一种家庭策略。而这种策略所导致的实际结果还是把媳妇和婆婆推到台前，男人退到台后。①

另一种形式可称为"总述总议式"。即研究者在开头只提供一个简单的导语，然后将一个或多个研究对象的原话完整地引用，即把研究对象的叙述完整地写出来。或者将实地中所收集到的一个完整的例子作为一个独立的部分进行描述，然后研究者再对这些叙述或者这个例子进行分析、判断、理解和解释。比如，有学者在研究夫妻关系定势形塑中的权力技术时，就是先将实地访谈中收集的个案资料包括被访夫妇的原话完整地描述出来，然后对这些个案中所体现的权力策略分别从"通过'场景界定'进行有选择的关注和有系统的忽视""通过建立范畴类型确立行为规范""通过质疑对方资格能力确立优先资格"三个方面进行分析的。② 这种先集中描述后集中分析的方式在个案研究的报告写作中更为常见。

当然，也有研究者先将研究的分析、判断、理解和解释写出来，即先写出研究者分析后所得到的结论或观点，然后再列举实例或者引用研究对象的原话来进行说明。比如，一位研究老年父母为子女买房所体现的代际关系的学者在论文中就是这样表达的：

> 根据这些父母为子女购房的原因和做法，以及对未来理想的两代关系的具体描述，笔者将独生子女父母这种对家庭亲密关系的期待，定义为"协商式亲密关系"，它有以下三个主要特点。
>
> 1. 家庭两代人共同决策解决实际问题
>
> 这种亲密关系首先强调，以家庭两代人为单位，共同决策和互相协商，解决具体问题。在访问过程中作者发现，父母们非常强调"与爸爸妈妈有商有量

---

① 笑冬．最后一代传统婆婆？．社会学研究，2002（3）．

② 郑丹丹，杨善华．夫妻关系"定势"与权力策略．社会学研究，2003（4）．

（商量）”“大家互相给意见和参考”“统一意见”“共同寻找最佳方案”。如果成年子女独自做决定和行动，父母们普遍表示不高兴，甚至难以接受。

一位爸爸在其女儿的要求和陪伴下接受访问，他婉转地向在场的女儿表达不满，抱怨两次买房都下了订金之后才告诉他。

“我事先不知道他们在买房，还下了订，我其实希望跟他们一起去看房子……或者她先看，看完之后不要下订，带我们去看一下……最好提前打声招呼，不讲也行，因为经过这么多次以后，我也想通了。”（案例 9，H 爸爸）

一位独生子妈妈则明确表示：

“他刚读完书出来，手上没有什么钱。他不跟我们商量，他又解决不了问题。他肯定要和父母解决问题的嘛。大家要统一才行的嘛。买个房子不统一，不同于买根菜喔，买个房子肯定要大家同意才行的嘛……以后就算自己有钱可以独立买房，也是要跟父母商量的。”（案例 5，53 岁的 B 妈妈，退休后做兼职文书工作）①

四、结尾部分的写作

与定量研究报告中通常由“结论与讨论”这一固定形式来结尾有所不同的是，定性研究报告结尾部分的内容通常并不固定。有的研究报告只有一个十分简短的“总结”，有的则不仅会包含“总结”或“结论”，还会包含“引申讨论”“研究反思（自省）”以及“进一步研究的建议”等等内容。虽没有固定格式，但一般来说，在可能的情况下，还是应该把“总结”“讨论”“对研究的反思”等内容写进报告的结尾部分。特别是在定性研究报告的最后，同样应该有一段话来向读者表明自己研究的局限性。“你应该提醒你的读者你呈现的只是一个难题的一小块儿，一个更大的世界中的一部分，一个方面的特写镜头。”②

下面是两个结尾部分的例子，前者非常简短，后者内容则相对全面（限于篇幅，后者文中的省略号表示删减了许多内容）。

例 1 《村庄边界的多元化》③

综上所述，在这些经济高度发展的村庄中，虽然工业化的冲击和经济边界的开放性使其经济结构、人口结构和生活方式都发生了向“准城镇”类型的转化，但村庄的传统文化仍然在顽强而有效地起作用，没有彻底让位于工业和城市文明。可以看到，在村社区文化作用下产生的社会边界的相对封闭性具有双重的影响。一方面，它与市场原则作用下的开放的村庄经济时常发生着冲突，

① 钟晓慧，何式凝．协商式亲密关系：独生子女父母对家庭关系和孝道的期待．开放时代，2014（1）．

② 波格丹，比克伦．教育研究方法：定性研究的视角（第 4 版）．北京：中国人民大学出版社，2008：196．

③ 折晓叶．村庄边界的多元化：经济边界开放与社会边界封闭的冲突与共生．中国社会科学，1996（3）．

要求经济发展为村庄利益做出必要的让步，经济理性必须依据村社区文化进行某些修正，因而正在成为村庄经济持续发展中的难题。而另一方面，这种封闭性与村庄经济的开放性之间又是共生共荣的。村庄的内向聚合力和合作精神、自我利益的保护机制，以及传统组织资源和社会关系在现代产业组织中的有效应用等，又是村庄在缺乏外援的自我发展中，能够在经济和社会两个方面都获得巨大成功的保障。因而，即使是超级村庄，也仍然保留着村社会的规范和乡村生活秩序，目前在社区形态上也只完成了向"工业村"的转型。也正是在这个意义上，我们说它具有"中间社区"的特征，正在完成"自然城镇化"的过程（参见"社会发展"课题组，1991）。而这种"中间性"究竟只是一种暂时的过渡形态，还是一种有着生存根基的可持续发展的新的社区形态，仍有待时间的验证和理论上的探讨。总之，在超级村庄发展的现实中，我们似乎可以找到某些乡村传统文化再获新生的契机。因此，在乡村工业化和城市化的过程中，村社区结构和文化究竟有没有存在的根基，它们将以怎样的方式合理地存在，同样是有关中国乡村工业化和城市化道路的重大理论和实践问题。

例 2　《王小刚为什么不上学了》①

五、讨论

综合以上收集到的材料，王小刚辍学的原因可能有两个：一是他学习成绩不好，对学习失去了信心。对这一点所有被采访的人都持相同意见。二是他因老师体罚而退学，这一点只有王小刚本人可以作证。他自述辍学的主要原因是老师体罚，而他的老师、校长和家长却认为主要是学习成绩不好。用我们目前仅有的材料很难判断哪个原因是真实的，或者说哪个原因是主要的。

即使学习成绩不好是小刚辍学的原因之一，我们对这个原因的深层意义的了解还是很不够，比如："学习成绩不好"是什么意思？"学习"对王小刚和他的同学们来说意味着什么？"学习成绩"包括哪些方面？……这些问题涉及此研究的解释性效度（interpretive validity），即作为研究者我是否正确地理解了当事人所说的话和所做的事。虽然我使用相关检验法就王小刚辍学的原因和不同的人交谈过，但没有对以上这些可以用来解释小刚辍学的深层意义的问题进行更深入的探讨。

我们研究结果之所以如此浮浅并且互相矛盾有很多原因。一是因为我们在调查现场时间太短，没有机会更多地和研究对象接触，也没有可能和更多的人交谈，以达到对王小刚辍学情况更深入细致的了解；二是我们研究的辍学问题是一个敏感话题……由于以上种种原因，我对王小刚辍学这一事件中具体发生的事情还是不完全了解。

此外，我在访谈时提出的问题有误导的可能性。当我问王小刚"当时是因为什么事情不上学了"时，我的问题隐含有如下意义：1. 不上学一定是有原

---

① 陈向明．王小刚为什么不上学了：一位辍学生的个案调查．教育研究与实验，1996（1）．

因的；2. 做出退学决定的当时一定发生了什么"事情"…… 由于我带有一个先入为主的因果理论框架来对待辍学这一现象，因此在调查过程中对以上这些纷繁复杂、相互交织的社会现状难免有所忽略。在这个意义上，此调查的理论效度（theoretical validity）即研究所依据的理论是否真实地反映了研究现象这一方面，也有可能存在漏洞。

另外，此调查的评价效度（evaluative validity），即研究者对研究现象的价值判断是否正确，也值得质疑……

最后，这个调查还涉及定性研究中的一些伦理道德问题。首先……

综上所述，尽管我们对王小刚辍学情况的了解还很不深入，尽管我们的分析仍旧存在不少漏洞，然而他辍学后的沮丧心情、无所事事的现状，以及他对前途的渺茫心情是我们可以看到的一个严峻的事实。这种情况在我们此次调查的辍学生中具有很大的普遍性。因此，如何想办法了解他们目前面临的各种困难，如何调动社会各界（特别是教育界）对他们的关注，如何帮助他们寻找新的出路（如果他们愿意像王小刚一样重返校园），是我们教育研究工作者不可推卸的责任。

【拓展阅读】

定性研究报告的几个例子

为了让读者对定性研究的结果表达有更直接的认识，我们从国内学术刊物上选取了几个采用实地研究方法，分别以个人、组织、社区为研究对象的定性研究的例子，通过介绍它们对研究结果的表达方式，来为读者学习定性研究报告写作提供一种参考。请扫描下方二维码阅读学习。

以个人为对象的定性研究报告

以组织为对象的定性研究报告

以社区为对象的定性研究报告

需要特别说明的是，由于定性研究的方式及其在结果表达上所具有的多样化特点，这些例子的表达方式也并不是一种规定的或标准的模式，在这里对它们进行介绍仅仅是为了给读者特别是初学者提供一点初步的、感性的和直观的认识。读者还可以通过阅读更多定性研究的论文或报告来学习定性研究的结果表达方式。

本章要点

1. 定性研究与定量研究不仅在研究方式、资料性质、分析工具上有很大差别，在研究结果的表达方式，或者说在研究报告（论文）的撰写方法上也有着显著的不同，表现出独特的风格和样式。

2. 定性研究与定量研究在报告撰写方面的主要差别如下：研究报告的一般结构不同，研究报告的表达方式不同，研究报告的写作程序不同，以及研究报告的撰写规则和规范不同。

3. 定性研究报告的写作中，在程序上首先需要从现场“撤离”，需要与实地“分开”。同时需要有一个写作计划。这种写作计划包含三个方面的内容：一是研究目的的陈述；二是详细的撰写大纲；三是决定写作的风格。

4. 写作前要反复阅读、分别以不同的主题词逐一标记原始资料。然后对这些资料进行分类，以便到写作时可以很方便地从中选择符合研究目标的材料。分类的方式主要是按主题分，也可以按对象、按情景等来分。

5. 先确定研究报告的主体框架或者表述思路，然后按这种框架或思路选择合适的材料。在进行写作之前，还可以先对资料做一些“去芜存菁”的工作，即删掉那些无用的、无关的、重复的资料，留下相关的、重要的资料。

6. 在撰写完研究报告后，要回到中心议题。重新审视一遍前面报告主体部分的各种议题和材料表述，一旦发现那些离中心议题较远、对表达中心议题无关紧要的内容和描述，即使再生动有趣，也要果断地删除。

7. 定性研究报告的导言部分通常包含这些内容：研究的问题与背景，研究问题的来源，对研究的地点、时间和范围、研究对象及其数量、研究所使用的方法、研究者与研究对象的关系以及其他一些相关信息的介绍等。

8. 定性研究报告的方法介绍，常常是融入导言部分，自然地在导言部分的结尾处出现，成为整个故事叙说中顺理成章、自然衔接的一个环节，而不是单独作为一节与导言部分严格区分开来。

9. 定性研究报告的主体部分可以按议题来组织和表达，也可以按进程、事件发生过程来展开，还可以按对象的不同类型来进行描述。一切都应该以便于讲清楚研究者心中的“故事”为标准，以合理、合适的逻辑框架为表达的基本线索。

10. 定性研究报告在具体的表达方式上，主要有“夹叙夹议式”和“总述总议式”两种。

复习思考题

1. 从社会学、教育学、人类学的专业期刊中，选择三篇定性研究报告，逐一分析每一篇报告的总体结构、表述方式，并进行讨论。

2. 定性研究报告与定量研究报告的写作主要有哪几个方面的不同？从社会学或

教育学、政治学、传播学、管理学的专业期刊中，选择探讨同一主题或对象的两篇（一篇定量的、一篇定性的）研究报告，从报告的结构、撰写方式等方面进行比较。

3. 结合本课程的学习，选择一个小的题目，采用定性研究的方法开展研究，并撰写一篇定性研究报告。

推荐阅读书目

1. 格莱斯. 质性研究方法导论：第 4 版. 北京：中国人民大学出版社，2013：第 8 章.

2. 波格丹，比克伦. 教育研究方法：定性研究的视角（第 4 版）. 北京：中国人民大学出版社，2008.

3. 弗里克. 质性研究导引. 重庆：重庆大学出版社，2011.

参考文献

[1] Abrahamson M. Social Research Methods. Prentice-Hall, Inc. , 1983.

[2] Babbie E. Observing Ourselves. Wadsworth Publishing Company, 1986.

[3] Babbie E. Survey Research Methods. 2nd ed. Wadsworth Publishing Company, 1990.

[4] Babbie E. The Practice of Social Research. 8th ed. Wadsworth Publishing Company, 1998.

[5] Black J A, Champion D J. Method and Issues in Social Research. John Wiley & Sons, Inc. , 1976.

[6] Blumer. Sociological Analysis and the Variable. American Sociological Review, 1956, 21.

[7] Bryman A. Social Research Methods. 2nd ed. Oxford University Press, 2004.

[8] Chambliss D F, Schutt R K. Making Sense of the Social World: Methods of Investigation. Pine Forge Press, 2003.

[9] de Vaus D A. Surveys in Social Research. George Allen & Unwin Ltd. , 1986.

[10] Dooley D. Social Research Methods. Prentice-Hall, Inc. , 1984.

[11] Dorsten L E, Hotchkiss L. Research Methods and Society. Pearson Education, Inc. , 2005.

[12] Ellen F R. Ethnographic Research: A Guide to General Conduct. Orlando: Academic Press, 1984.

[13] Fowler F J, Jr. Survey Research Methods. 2nd ed. Sage Publications, 1993.

[14] Gold R L. Roles in Sociological Field Observations. Social Forces, 1958, 36 (3).

[15] Groves, Kahn. Surveys by Telephone: A National Comparison with Personal Interviews. New York: Academic Press, 1979.

[16] Guy, Edgley, Arafat, Allen. Social Research Methods. Allyn and Bacon, Inc., 1987.

[17] Jary D, Jary J. The HarperCollins Dictionary of Sociology. HarperCollins Publishers, Ltd., 1991.

[18] Junker B. Field Work. University of Chicago Press, 1960.

[19] Junker B. Some Suggestions for the Design of Field Work Learning Experiences//Hughes E C, et al. Cases on Field Work. The University of Chicago, 1952: Part Ⅲ-A.

[20] Kerlinger F N. Foundations of Behavioral Research. CBS College Publishing, 1986.

[21] Kerlinger. Foundations of Behavioral Research. New York: Holt, Rinehart and Winston, Inc., 1986.

[22] Kidder L H, Judd C M. Research Methods in Social Relations. Holt, Rinehart and Winston, Ltd., 1986.

[23] Lee P S. Social Research Methods. Butterworth & Co. Ltd., 1981.

[24] Lofland J, Lofland L. Analyzing Social Settings. 3rd ed. Belmont, CA: Wadsworth, 1995.

[25] Lofland J. Styles of Reporting Qualitative Field Research. The American Sociologist, 1974, 9 (3).

[26] Manheim J B, Rich R C. Empirical Political Analysis. Longman Publishing Group, 1991.

[27] Mann P H. Methods of Social Investigation. Basic Blackwell Inc., 1985.

[28] Marsh C. Problems with Surveys: Method or Epistemology?. Sociology, 1979, 13 (2).

[29] Marsh C. The Survey Method: The Contribution of Surveys to Socio-Logical Explanation. Allen & Unwin, 1982.

[30] Matthew D, Sutton C D. Social Research: The Basics. Sage Publications, 2004.

[31] Moser C A, Kalton G. Survey Methods in Social Investigation. Ri-chard Clay Ltd., 1971.

[32] Nachmias C F, Nachmias D. Research Methods in the Social Sciences. 6th ed. Worth Publishers, 2000.

[33] Neuman W L. Social Research Methods: Qualitative and Quantitative Approaches. 3rd ed. Allyn and Bacon, 1994.

[34] Robson C. Real World Research. 2nd ed. Blackwell Publishing, 2002.

[35] Sedlack R G, Stanley J. Social Research: Theory and Methods. Allyn and Bacon Press, Inc., 1992.

[36] Sheilf M, et al. Intergroup Conflict and Cooperation: The Robbers Cave Experiment. University of Oklahoma Book Exchange, 1961.

[37] Singleton R, Straits B C, Straits M M, Mcallister R J. Approaches to Social Research. Oxford University Press, 1988.

[38] Stack C B. All Are Our Kin. New York: Harper & Row, 1974.

[39] Strauss. Qualitative Analysis for Social Scientists. New York: Cambridge University Press, 1987.

[40] The Encyclopedia of Sociology. DPG Reference Publishing, Inc., 1981.

[41] Wallance W L. The Logic of Science in Sociology. Aldine - Atherton, Inc., 1971.

[42] 贝利．现代社会研究方法．上海：上海人民出版社，1986.

[43] 墨菲．文化与社会人类学导论．北京：商务印书馆，1991.

[44] 科什．抽样调查．北京：中国统计出版社，1997.

[45] 默顿．论理论社会学．北京：华夏出版社，1990.

[46] 米尔斯，等．社会学与社会组织．杭州：浙江人民出版社，1986.

[47] 林南．社会研究方法．北京：农村读物出版社，1987.

[48] 巴比．社会研究方法．北京：华夏出版社，2000.

[49] 纽曼．社会研究方法．北京：中国人民大学出版社，2007.

[50] 怀特．街角社会．北京：商务印书馆，1996.

[51] 齐斯克．政治学研究方法举隅．北京：中国社会科学出版社，1985.

[52] 英克尔斯，等．从传统人到现代人：六个发展中国家中的个人变化．北京：中国人民大学出版社，1992.

[53] 科塞，等．社会学导论．天津：南开大学出版社，1990.

[54] 埃什尔曼．家庭导论．北京：中国社会科学出版社，1991.

[55] 鲁德纳．社会科学哲学．北京：三联书店，1989.

[56] 波普诺．社会学．沈阳：辽宁人民出版社，1987.

[57] 罗伯逊．社会学．北京：商务印书馆，1992.

[58] 斯特劳斯．应用社会学．哈尔滨：黑龙江人民出版社，1992.

[59] 布莱洛克．社会统计学．北京：中国社会科学出版社，1988.

[60] 埃思里奇．应用经济学研究方法．北京：经济科学出版社，1998.

[61] 亨特．社会研究方法新论．武汉：华中理工大学出版社，1989.

[62] 格莱斯．质性研究方法导论．北京：中国人民大学出版社，2013.

[63] 波格丹，比克伦．教育研究方法：定性研究的视角（第 4 版）．北京：中国人民大学出版社，2008.

[64] 韦伯．社会科学方法论．北京：中国人民大学出版社，1992.

[65] 阿特斯兰德．经验性社会研究方法．北京：中央文献出版社，1995.

[66] 弗里克．质性研究导引．重庆：重庆大学出版社，2011.

[67] 罗斯．当代社会学研究解析．银川：宁夏人民出版社，1989.
[68] 哈拉兰博斯．社会学基础．上海：上海社会科学院出版社，1986.
[69] 米切尔．新社会学词典．上海：上海译文出版社，1987.
[70] 涂尔干．社会学方法的准则．北京：商务印书馆，1995.
[71] 涂尔干．自杀论．杭州：浙江人民出版社，1990.
[72] 布东．社会学方法．上海：上海人民出版社，1987.
[73] 斯托策尔．当代欧洲人的价值观念．北京：社会科学文献出版社，1988.
[74] 居尔维什．当前社会学的使命．法兰西大学出版社，1950.
[75] 佐藤彰，等．民意调查．北京：中国对外经济贸易出版社，1989.
[76] 彼得罗夫斯基．集体的社会心理学．天津：南开大学出版社，1987.
[77] 苏联科学院社会学研究所．社会学手册．杭州：浙江人民出版社，1983.
[78] 泰特. 案例研究：方法与应用. 北京：中国人民大学出版社，2019.
[79] 殷. 案例研究：设计与方法. 重庆：重庆大学出版社，2004.
[80] 吉尔林. 案例研究：原理与实践. 重庆：重庆大学出版社，2017.
[81] 杨国枢，等．社会及行为科学研究法．台北：东华书局，1981.
[82] 高淑贵．家庭社会学．台北：黎明文化事业公司，1991.
[83] 陈伯璋．教育研究方法的新取向．台北：南宏图书有限公司，1990.
[84] 李沛良．社会研究中的统计分析．武汉：湖北人民出版社，1987.
[85] 袁方．社会研究方法教程．北京：北京大学出版社，1997.
[86] 袁方．社会调查原理与方法．北京：高等教育出版社，1990.
[87] 周敏．唐人街：深具社会经济潜质的华人社区．北京：商务印书馆，1995.
[88] 时蓉华．社会心理学．上海：上海人民出版社，1986.
[89] 李银河．中国人的性爱与婚姻．郑州：河南人民出版社，1996.
[90] 李银河．中国人的择偶标准．中国社会科学，1988 (2).
[91] 折晓叶．村庄的再造：一个超级村庄的社会变迁．北京：中国社会科学出版社，1997.
[92] 陶春芳，等．中国妇女社会地位概观．北京：中国妇女出版社，1993.
[93] 边燕杰．试论我国独生子女家庭生活方式的基本特征．中国社会科学，1986 (1).
[94] 刘英，等．中国婚姻家庭研究．北京：社会科学文献出版社，1987.
[95] 陈向明．社会科学中的定性研究方法．中国社会科学，1996 (6).
[96] 郭志刚，等．社会调查研究的量化方法．北京：中国人民大学出版社，1989.
[97] 时宪民．体制的突破．北京：中国社会科学出版社，1993.
[98] 柯惠新．调查研究中的统计分析方法．北京：北京广播学院出版社，1992.

[99] 风笑天．透视社会的艺术：社会调查中的问卷设计．3 版．北京：中国人民大学出版社，2014.

[100] 风笑天．独生子女：他们的家庭、教育和未来．北京：社会科学文献出版社，1992.

[101] 风笑天．现代社会调查方法．武汉：华中理工大学出版社，1996.

[102] 风笑天．社会研究：设计与写作．北京：中国人民大学出版社，2014.

[103] 风笑天．社会研究：科学与艺术．北京：北京大学出版社，2015.

[104] 风笑天．社会调查方法还是社会研究方法．社会学研究，1997 (2).

[105] 风笑天．浅谈当前抽样调查中的若干失误．天津社会科学，1987 (3).

[106] 风笑天．当前问卷设计中常见错误浅析：上、中、下．社会学与社会调查，1989 (4) (6)，1990 (1).

[107] 风笑天．变迁中的女性形象：对《中国妇女》杂志的内容分析．社会，1992 (7).

[108] 风笑天．这样的调查能不能反映客观现实：对一次大型社会调查的质疑. 社会，1987 (5).

[109] 风笑天．社会学方法二十年：应用与研究．社会学研究，2000 (1).

[110] 风笑天．什么是社会调查．青年研究，1993 (2).

[111] 风笑天．方法论背景中的问卷调查法．社会学研究，1994 (3).

[112] 风笑天．独生子女青少年的社会化过程及其结果．中国社会科学，2000 (6).

[113] 风笑天．结果呈现与方法运用：对 141 项调查研究的分析．社会学研究，2003 (2).

[114] 风笑天．英克尔斯现代人研究的方法论启示．中国社会科学，2004 (1).

[115] 风笑天．论社会调查方法面临的挑战//中国社会科学院社会学研究所. 中国社会学年鉴：1995—1998. 北京：社会科学文献出版社，2000.

附录一

随机数表

10 09 73 25 33	76 52 01 35 86	34 67 35 48 76	80 95 90 91 17	39 29 27 49 45
37 54 20 48 05	64 89 47 42 96	24 80 52 40 37	20 63 61 04 02	00 82 29 16 65
08 42 26 89 53	19 64 50 93 03	23 20 90 25 60	15 95 33 47 64	35 08 03 36 06
99 01 90 25 29	09 37 67 07 15	38 31 13 11 65	88 67 67 43 97	04 43 62 76 59
12 80 79 99 70	80 15 73 61 47	64 03 23 66 53	98 95 11 68 77	12 17 17 68 33
66 06 57 47 17	34 07 27 68 50	36 69 73 61 70	65 81 33 98 85	11 19 92 91 70
31 06 01 08 05	45 57 18 24 06	35 30 34 26 14	86 79 99 74 39	23 40 30 97 32
85 26 97 76 02	02 05 16 56 92	68 66 57 48 18	73 05 38 52 47	18 62 38 85 79
63 57 33 21 35	05 32 54 70 48	90 55 35 75 48	28 46 82 87 09	83 49 12 56 24
73 79 64 57 53	03 52 96 47 78	35 80 83 42 82	60 93 52 03 44	35 27 38 84 35
98 52 01 77 67	14 90 56 86 07	22 10 94 05 58	60 97 09 34 33	50 50 07 39 98
11 80 50 54 31	39 80 82 77 32	50 72 56 32 48	29 40 52 42 01	52 77 56 78 51
83 45 29 96 34	06 28 89 80 83	13 74 67 00 78	18 47 54 06 10	68 71 17 78 17
88 68 54 02 00	86 50 75 34 01	36 76 66 79 51	90 36 47 64 93	29 60 91 10 62
99 59 46 73 48	37 51 76 49 69	91 82 60 89 28	93 78 56 13 68	23 47 83 41 13
65 48 11 76 74	17 46 85 09 50	58 04 77 69 74	73 03 95 71 86	40 21 81 65 44
80 12 43 56 35	17 72 70 80 15	45 31 32 23 74	21 11 57 82 53	14 38 55 37 63
74 35 09 98 17	77 40 27 72 14	43 23 60 02 10	45 52 16 42 37	96 28 60 26 55
69 91 62 68 03	66 25 22 91 48	36 93 68 72 03	76 62 11 39 90	94 40 05 64 18
09 89 32 05 05	14 22 56 85 14	46 42 75 67 88	96 29 77 88 22	54 38 21 45 98
91 49 91 45 23	68 47 92 76 86	46 16 23 35 54	94 75 08 99 23	37 03 92 00 48
80 33 69 45 98	26 94 03 63 58	70 29 73 41 35	53 14 03 33 40	42 05 08 23 41
44 10 48 19 49	85 15 74 79 54	32 97 92 65 75	57 60 04 08 81	22 22 20 64 13
12 55 07 37 42	11 10 00 20 40	12 86 07 46 97	96 64 48 94 39	28 70 72 58 15
63 60 64 93 29	16 50 53 44 84	40 21 95 25 63	43 65 17 70 82	07 20 73 17 90
07 63 87 79 29	03 06 11 80 72	96 20 74 41 56	23 32 19 95 38	04 71 36 69 94
60 52 88 34 41	07 95 41 98 14	59 17 52 06 95	05 53 35 21 39	61 21 20 64 55
83 59 63 56 55	06 95 89 29 83	05 12 80 97 19	77 43 35 37 83	92 30 15 04 98
10 85 06 27 46	99 59 91 05 07	13 49 90 63 19	53 07 57 18 39	06 41 01 93 62
39 82 09 89 52	43 62 26 31 47	64 42 18 08 14	43 80 00 93 51	31 02 47 31 67

59 58 00 64 78	75 56 97 88 00	88 83 55 44 86	23 76 80 61 56	04 11 10 84 08
38 50 80 73 41	23 79 34 87 63	90 82 29 70 22	17 71 90 42 07	95 95 44 99 53
30 69 27 06 68	94 68 81 61 27	56 19 68 00 91	82 06 76 34 00	05 46 26 92 00
65 44 39 56 59	18 28 82 74 37	49 63 22 40 41	08 33 76 56 76	96 29 99 08 36
27 26 75 02 64	13 19 27 22 94	07 47 74 45 06	17 98 54 89 11	97 34 13 03 58
91 30 70 69 91	19 07 22 42 10	36 69 95 37 28	28 82 53 57 93	28 97 66 62 52
68 43 49 46 88	84 47 31 36 22	62 12 69 84 08	12 84 38 25 90	09 81 59 31 46
48 90 81 58 77	54 74 52 45 91	35 70 00 47 54	83 82 45 26 92	54 13 05 51 60
06 91 34 51 97	42 67 27 86 01	11 88 30 95 28	63 01 19 89 01	14 97 44 03 44
10 45 51 60 19	14 21 03 37 12	91 34 23 78 21	88 32 58 08 51	43 66 77 08 83
12 88 39 73 43	65 02 76 11 84	04 28 50 13 92	17 97 41 50 77	90 71 22 67 69
21 77 83 09 76	38 80 73 69 61	31 64 94 20 96	63 28 10 20 23	08 81 64 74 49
19 52 35 95 15	65 12 25 96 59	86 28 36 82 58	69 57 21 37 98	16 43 59 15 29
67 24 55 26 70	35 58 31 65 63	79 24 68 66 86	76 46 33 42 22	26 65 59 08 02
60 58 44 73 77	07 50 03 79 92	45 13 42 65 29	26 76 08 36 37	41 32 64 43 44
53 85 34 13 77	36 06 69 48 50	58 83 87 38 59	49 36 47 33 31	96 24 04 36 42
24 63 73 87 36	74 38 48 93 42	52 62 30 79 92	12 36 91 86 01	03 74 28 38 73
83 08 01 24 51	38 99 22 28 15	07 75 95 17 77	97 37 72 75 85	51 97 23 78 67
16 44 42 43 34	36 15 19 90 73	27 49 37 09 39	85 13 03 25 52	54 84 65 47 59
60 79 01 81 57	57 17 86 57 62	11 16 17 85 76	45 81 95 29 79	65 13 00 48 60
03 99 11 04 61	93 71 61 68 94	66 08 32 46 53	84 60 95 82 32	88 61 81 91 61
38 55 59 55 54	32 88 65 97 80	08 35 56 08 60	29 73 54 77 62	71 29 92 38 53
17 54 67 37 04	92 05 24 62 15	55 12 12 92 81	59 07 60 79 36	27 95 45 89 09
32 64 35 28 61	95 81 90 68 31	00 91 19 89 36	76 35 59 37 79	80 86 30 05 14
69 57 26 87 77	39 51 03 59 05	14 06 04 06 19	29 54 96 96 16	33 56 46 07 80
24 12 26 65 91	27 69 90 64 94	14 84 54 66 72	61 95 87 71 00	90 89 97 57 54
61 19 63 02 31	92 96 26 17 73	41 83 95 53 82	17 26 77 09 43	78 03 87 02 67
30 53 22 17 04	10 27 41 22 02	39 68 52 3 09	10 06 16 88 29	55 98 66 64 85
03 78 89 75 99	75 86 72 07 17	74 41 65 31 66	35 20 83 33 74	87 53 90 88 23
48 22 86 33 79	85 78 34 76 19	53 15 26 74 33	35 66 35 29 72	16 81 86 03 11
60 36 59 46 53	35 07 53 39 49	42 61 42 92 97	01 91 82 83 16	98 95 37 32 31
83 79 94 24 02	56 62 33 44 42	34 99 44 13 74	70 07 11 47 36	09 95 81 80 65
32 96 00 74 05	36 40 98 32 32	99 38 54 16 00	11 13 30 75 86	15 91 70 62 53
19 32 25 38 45	57 62 05 26 06	66 49 76 86 46	78 13 86 65 59	19 64 09 94 13
11 22 09 47 47	07 39 93 74 08	48 50 92 39 29	27 48 24 54 76	85 24 43 51 59
31 75 15 72 60	68 98 00 53 39	15 47 04 83 55	88 65 12 25 96	03 15 21 92 21
88 49 29 93 82	14 45 40 45 04	20 09 49 89 77	74 84 39 34 13	22 10 97 85 08
30 93 44 77 44	07 48 18 38 28	73 78 80 65 33	28 59 72 04 05	94 20 52 03 80
22 88 84 88 93	27 49 99 87 48	60 53 04 51 28	74 02 28 46 17	82 03 71 02 68
78 21 21 69 93	35 90 29 13 86	44 37 21 54 86	65 74 11 40 14	87 48 13 72 20

41 84 98 45 47	46 85 05 23 26	34 67 75 83 00	74 91 06 43 45	19 32 58 15 49
46 35 23 30 49	69 24 89 34 60	45 30 50 75 21	61 31 83 18 55	14 41 34 09 51
11 08 79 62 94	14 01 33 17 92	59 74 76 72 77	76 50 33 45 13	39 66 37 75 44
52 70 10 83 37	56 30 38 73 15	16 52 06 96 76	11 65 49 98 93	02 18 16 81 61
57 27 53 68 98	81 30 44 85 85	68 65 22 73 76	92 85 25 58 66	88 44 80 35 84
20 85 77 31 56	70 28 42 43 26	79 37 59 52 20	01 15 96 32 67	10 62 24 83 91
15 63 38 49 24	90 41 59 36 14	33 52 12 66 65	55 82 34 76 41	86 22 53 17 04
92 69 44 82 97	39 90 40 21 15	59 58 94 90 67	66 82 14 15 75	49 76 70 40 37
77 61 31 90 19	88 15 20 00 80	20 55 49 14 09	96 27 74 82 57	50 81 69 76 16
38 68 83 24 86	45 13 46 35 45	59 40 47 20 59	43 94 75 16 80	43 85 25 96 93
25 16 30 18 89	70 01 41 50 21	41 29 06 73 12	71 85 71 59 57	68 97 11 14 03
65 25 10 76 29	37 23 93 32 95	05 87 00 11 19	92 78 42 63 40	18 47 76 56 22
36 81 54 36 25	18 63 73 75 09	82 44 49 90 05	04 92 17 37 01	14 70 79 39 97
64 39 71 16 92	05 32 78 21 62	20 24 78 17 59	45 19 72 53 32	83 74 52 25 67
04 51 52 56 24	95 09 66 79 46	48 46 08 55 58	15 19 11 87 82	16 93 03 33 61
83 76 16 08 73	43 25 38 41 45	60 83 32 59 83	01 29 14 13 49	20 36 80 71 26
14 38 70 63 45	80 85 40 92 79	43 52 90 63 18	38 38 47 47 61	41 19 63 74 80
51 32 19 22 46	80 08 87 70 74	88 72 25 67 36	66 16 44 94 31	66 91 93 16 78
72 47 20 00 08	80 89 01 80 02	94 81 33 19 00	54 15 58 34 36	35 35 25 41 31
05 46 65 53 06	93 12 81 84 64	74 45 79 05 61	72 84 81 18 34	79 98 26 84 16
39 52 87 24 84	82 47 42 55 93	48 54 53 52 47	18 61 91 36 74	18 61 11 92 41
81 61 61 87 11	53 34 24 42 76	75 12 21 17 24	74 62 77 37 07	58 31 91 59 97
07 58 61 61 20	82 64 12 28 20	92 90 41 31 41	32 39 21 97 63	61 19 96 79 40
90 76 70 42 35	13 57 41 72 00	69 90 26 37 42	78 26 42 25 01	18 62 79 08 72
40 18 82 81 93	29 59 38 86 27	94 97 21 15 98	62 09 53 67 87	00 44 15 89 97
34 41 48 21 57	86 88 75 50 87	19 15 20 00 23	12 30 28 07 83	32 62 46 86 91
63 43 97 53 63	44 98 91 68 22	36 02 40 09 67	76 37 84 16 05	65 96 17 34 88
67 04 90 90 70	93 39 94 55 47	94 45 87 42 84	05 04 14 98 07	20 28 83 40 60
79 49 50 41 46	52 16 29 02 86	54 15 83 42 43	46 97 83 54 82	59 36 29 59 38
91 70 43 05 52	04 73 72 10 31	75 05 19 30 29	47 66 56 43 82	99 78 29 34 78

资料来源：The RAND Corporation. A Million Random Digits. Glencoe：Free Press，1955.

【拓展阅读】

更多常用统计数表请扫描二维码获取。

χ^2 分布表　　*Z* 检验表　　*F* 分布表　　*t* 分布表　　正态曲线下的面积

附录二

调查问卷示例

问卷编号：__________ 城市编号：__________

青年发展状况调查问卷

亲爱的青年朋友：

你好！

为了了解新世纪青年的工作和生活情况，探索青年成长和发展的有效途径，我们在全国12个城市开展了这项调查。本调查不用填写单位和姓名，大约只会耽误你15分钟的时间。请根据自己的实际情况填写。你的回答将代表众多与你一样的青年朋友，相信你会认真完成。

送给你一件小小的礼物，以感谢你的支持与合作！

全国12城市“青年发展状况”调查组

2004年3月30日

总负责人：南京大学社会学系　风笑天教授

联系电话：025－83595711　E-mail：xtfeng54@163.com

说明：请在每题的答案中选择一个打√，或者直接在__________中填写。

一、 基本情况

1. 你的性别：(1) 男　(2) 女
2. 你是哪一年出生的？__________年
3. 你的文化程度：

(1) 初中毕业　(2) 高中或中专毕业　(3) 大专在读　(4) 大专毕业

(5) 本科在读　(6) 本科毕业　(7) 研究生在读或毕业

4. 你是哪一年从学校毕业的？__________年

5. 你现在的职业：

(1) 交通运输人员 (2) 医护人员 (3) 银行人员
(4) 商业人员 (5) 中学教师 (6) 小学教师
(7) 企业人员 (8) 行政机关人员 (9) 服务业人员
(10) 公检法人员 (11) 媒体工作人员 (12) 公司人员
(13) 建筑业人员 (14) 邮电行业人员 (15) 市政部门人员

6. 你的婚姻状况：(1) 未婚 (2) 已婚

7. 你有兄弟姐妹吗？

(1) 没有，我是独生子女
(2) 有，我有______个哥哥，______个姐姐，______个弟弟，______个妹妹

8. 你 18 岁以前主要生活在哪里？

(1) 本市市区 (2) 本市郊县城镇 (3) 本市郊县农村
(4) 本省其他城市市区 (5) 本省其他城镇 (6) 本省其他农村
(7) 外省城市市区 (8) 外省县、镇 (9) 外省农村

9. 你的父母现在与你住在一起吗？

(1) 不住在一起 (2) 住在一起（跳到第 14 题接着回答）

10. 你父母现在居住在哪里？

(1) 本市郊县县城 (2) 本市郊县农村 (3) 本省其他城市市区
(4) 本省其他县城 (5) 本省其他农村 (6) 外省城市市区
(7) 外省县城 (8) 外省农村 (9) 其他（请写明）______

11. 他们现在和谁住在一起？（请在合适的格子中打√）

和我的已婚的兄弟住在一起	和我的未婚的兄弟住在一起	和我的已婚的姐妹住在一起	和我的未婚的姐妹住在一起	二老单独居住	其他情况

12. 如果是二老单独居住，请问他们是从哪一年开始单独居住的？__________年

13. 你大约多长时间会去父母家一次？

(1) 每周一两次 (2) 每月两三次 (3) 每月一次
(4) 两三个月一次 (5) 半年一次 (6) 一年或更长时间一次

14. 你父母的年龄：父亲______岁 母亲______岁

15. 你父母的文化程度（将答案号码填到横线上）：

父亲__________ 母亲__________

(1) 小学及以下 (2) 初中 (3) 高中或中专 (4) 大专 (5) 本科以上

16. 你父母的职业（将答案号码填到横线中，若父母退休或下岗，填退休或下岗前的职业）：

父亲__________　　　母亲__________

(1) 服务业人员　(2) 军人及公检法人员　(3) 个体经营者
(4) 卫生部门人员　(5) 交通运输业人员　(6) 商业人员
(7) 企业人员　(8) 行政机关人员　(9) 教育部门人员
(10) 建筑业人员　(11) 金融业人员　(12) 农林牧渔业人员
(13) 科学文化艺术人员　(14) 邮电通信业人员　(15) 其他职业人员

二、 工作情况

1. 请问你是哪一年参加工作的？__________年

2. 这是你的第一份工作吗？
(1) 是的　(2) 不是的，这是我的第______份工作

3. 你的第一份工作是通过什么方式得到的？
(1) 父母和家人帮助联系的　(2) 亲戚帮助联系的
(3) 学校毕业直接分配的　(4) 单位招工自己应聘的
(5) 同学朋友帮助联系的　(6) 其他方式（请写明）________

4. 你之所以选择这份工作，主要是因为（请将答案号码填到横线上）：
第一原因__________　第二原因__________
(1) 该工作比较轻松　(2) 工作单位离家近　(3) 该工作发展前途大
(4) 该工作的社会地位高　(5) 该工作的收入高　(6) 该工作比较稳定
(7) 符合自己的兴趣爱好　(8) 能发挥自己的特长　(9) 与所学的专业对口
(10) 该工作的环境好　(11) 没有其他工作好找　(12) 其他(请写明）____

5. 在你找到第一份工作整个过程中，谁对你的帮助最大？
(1) 老师和学校　(2) 兄弟姐妹　(3) 兄弟姐妹的熟人朋友
(4) 父母　(5) 家里亲戚　(6) 父母的熟人朋友
(7) 邻居　(8) 自己的同学朋友　(9) 没人帮助，完全是自己应聘找的

6. 你认为找一个好的工作主要依靠什么？
(1) 有一定的工作经验　(2) 有关系、熟人、路子
(3) 靠机遇、运气　(4) 个人能力强、素质好
(5) 有文凭、学历高　(6) 懂外语、会计算机
(7) 所学的专业热门　(8) 其他（请写明）__________

7. 你目前在单位的身份：
(1) 正式工　(2) 合同工　(3) 临时工　(4) 其他（请写明）______

8. 你每月的收入（包括各种奖金、补贴）在下列哪个范围内？
(1) 300 元以下　(2) 301 元～500 元　(3) 501 元～700 元
(4) 701 元～900 元　(5) 901 元～1 100 元　(6) 1 101 元～1 300 元
(7) 1 301 元～1 500 元　(8) 1 501 元～1 700 元　(9) 1 701 元～1 900 元

（10）1 901 元～2 100 元（11）2 101 元～2 300 元 （12）2 300 元以上

9. 你对目前的工作是否熟悉？

（1）很不熟悉（2）不太熟悉（3）一般（4）比较熟悉（5）非常熟悉

10. 你在工作中感到压力大吗？

（1）非常大（2）比较大 （3）一般（4）不太大（5）不大（跳到第 12 题）

11. 这种压力主要来自哪一个方面？

（1）身体吃不消 （2）工作责任大 （3）不会处理和同事的关系

（4）业务不熟悉 （5）专业知识不够 （6）不会处理和领导的关系

（7）工作要求高 （8）领导要求严 （9）其他方面（请写明）______

12. 你是否已经适应目前的工作？

（1）完全没有适应 （2）小部分适应 （3）一半适应

（4）大部分适应 （5）已经完全适应

13. 和周围的同事相比，你觉得自己的工作能力怎么样？

（1）非常弱 （2）比较弱 （3）一般

（4）比较强 （5）非常强

14. 参加工作以来，你遇到的最大困难在哪方面？

（1）解决住房问题 （2）掌握生产技能，适应本职工作

（3）谈恋爱找对象 （4）处理各种复杂的人际关系

（5）增加经济收入 （6）一边上班一边参加成人教育的学习

（7）其他方面（请写明）________

15. 你遇到这方面困难时，主要找谁帮忙？

（1）单位同事 （2）原来同学 （3）好朋友

（4）父母 （5）兄弟姐妹 （6）单位领导

（7）配偶或对象 （8）其他人（请写明）________

16. 总的来说，你现在是否能够胜任目前的工作？

（1）完全不能胜任 （2）小部分能胜任 （3）一半能胜任

（4）大部分能胜任 （5）完全能胜任

17. 如果把你们单位工作最优秀的同志打 10 分，你觉得自己的工作可以打几分？________分

18. 你对自己目前所从事的工作是否满意？

（1）很不满意 （2）不太满意 （3）一般 （4）比较满意 （5）非常满意

19. 你是否安心目前的工作？

（1）很不安心（2）不太安心（3）一般（4）比较安心（5）非常安心

20. 参加工作以来，你最大的收获是哪一个方面？

（1）提高了解决问题的能力 （2）结识了新的朋友 （3）增强了责任感

（4）学会了处理人际关系 （5）掌握了生产技能 （6）思想上更加成熟

（7）学习了更多的实用知识 （8）其他方面（请写明）________

21. 与原来在学校的时候相比，你觉得参加工作后在下列几个方面，变化最大的是什么？变化最小的又是什么？（请将答案号码填到横线上）

变化最大的方面________ 变化最小的方面________

（1）责任感 （2）吃苦精神 （3）成人意识 （4）生活目标

（5）办事能力 （6）性格特点 （7）思想观念 （8）行为方式

22. 在下列认识看法上，你参加工作后有什么变化？（每行选择一格打√）

	1 没有变化	2 较小变化	3 较大变化	4 很大变化
1 对人生的看法				
2 对社会的认识				
3 对人际关系的认识				
4 对工作的认识				
5 对家庭的认识				
6 对自我的认识				
7 对感情的认识				
8 对学习知识的认识				
9 对友谊的看法				

三、 业余学习与闲暇生活

1. 你参加过成人教育的学习（包括业余培训）吗？

（1）没有参加 （2）参加过（跳到第 3 题）

2. 今后你是否会参加成人教育学习？（跳到第 8 题）

（1）肯定不会 （2）可能不会 （3）说不好 （4）可能会 （5）肯定会

3. 你参加成人教育学习的主要方式：

（1）自学考试 （2）函授教育 （3）夜大学

（4）广播电视大学 （5）短期培训班 （6）其他（请注明）________

4. 你参加成人教育学习的最主要动机是什么？

（1）更好地胜任工作 （2）获得更高的学历和文凭

（3）获得更多的知识和技能 （4）让家长高兴、满意

（5）身边的同事、朋友都在学习 （6）便于将来找到更合适的工作

（7）获得工作中的升迁机会 （8）其他（请写明）________

5. 你学习的费用主要由谁来支付？

（1）自己 （2）父母 （3）自己支付，父母给予帮助

（4）单位 （5）自己和单位共同支付 （6）其他（请写明）________

6. 你在学习中遇到的最大困难：

（1）经济紧张 （2）工作忙，没有时间 （3）基础差，学习吃力

（4）家务事多，安不下心 （5）其他（请写明）________

7. 你希望通过成人教育获得哪一级文凭？

（1）大专 （2）本科 （3）硕士及以上

8. 父母对你的教育期望是什么：
(1) 没有什么期望 (2) 高中或中专 (3) 大专
(4) 本科 (5) 硕士及以上 (6) 出国深造
9. 平常生活中你经常看电视吗?
(1) 每天都看 (2) 经常看 (3) 有时看 (4) 很少看 (5) 基本不看
10. 你经常看报纸杂志吗?
(1) 经常看 (2) 有时看 (3) 很少看 (4) 从不看（跳到第 12 题）
11. 你看的报纸杂志主要是订阅的，还是临时在街上买的?
(1) 单位订的 (2) 家里订的 (3) 临时在街上买 (4) 有订的，有临时买的
12. 你经常上网吗?
(1) 几乎每天都上 (2) 经常上 (3) 有时上
(4) 很少上 (5) 偶尔上 (6) 从没上过
13. 你平时上网最经常做什么?（选两项）
(1) 玩游戏 (2) 浏览娱乐体育信息 (3) 查找职业、财经信息
(4) 聊天 (5) 浏览时事新闻 (6) 了解教育、科技知识
(7) 收发邮件 (8) 获得生活常识 (9) 其他（请写明）________
14. 你家里有电脑吗? (1) 有 (2) 没有
15. 一般情况下，你一个月各个方面总的花费大约在下列哪个范围内?
(1) 500 元以下 (2) 500 元～599 元 (3) 600 元～699 元
(4) 700 元～799 元 (5) 800 元～899 元 (6) 900 元～999 元
(7) 1 000 元～1 099 元 (8) 1 100 元～1 199 元 (9) 1 200 元～1 299 元
(10) 1 300 元～1 399 元 (11) 1 400 元～1 499 元 (12) 1 500 元～1 599 元
(13) 1 600 元～1 699 元 (14) 1 700 元～1 799 元 (15) 1 800 元以上
16. 在日常生活中你与下列情况是否相似?（每行选择一格打√）

	很不相似	不太相似	比较相似	非常相似
1 饮食起居没有规律				
2 家里衣物杂乱很少收拾				
3 很少自己动手做饭吃				
4 用钱消费方面没有计划性				
5 生活方面的事情经常依赖父母				

四、婚姻恋爱

已婚者请从第 8 题开始填答。
1. 你现在有男（女）朋友了吗?
(1) 没有→你以前谈过朋友吗? 谈过__________次
没谈过（跳到第 4 题）

（2）有了→你与你现在的朋友谈了多长时间？

不到半年　　　半年到一年

一年到两年　　两年以上

2. 你第一次谈朋友大约是在哪一年？__________年

3. 你和你的第一个男（女）朋友是如何认识的？

（1）同事或朋友介绍的　（2）父母或家人介绍的　（3）工作关系认识的

（4）在一个单位里工作　（5）偶然的机会相识　（6）原来的同学

（7）住在一起的邻居　（8）其他方式认识的（请写明）__________

4. 你觉得找对象是否困难？

（1）十分困难　（2）比较困难　（3）不太困难　（4）不困难（跳到第 6 题）

5. 困难的主要原因：

（1）周围年龄相当的异性比较少　（2）自己不善于与异性交往

（3）年龄相当的人虽不少，但合适的不多　（4）其他原因（请写明）______

6. 你希望多大年龄结婚？__________岁

7. 你希望将来结婚成家后如何居住？

（1）与男方父母住在一起　（2）单独居住

（3）与女方父母住在一起　（4）单独居住，但至少与一方父母在同一城市

未婚者请跳过 8～12 题，直接从第 13 题填答。

8. 请问你是哪一年结婚的？__________年

9. 你和你爱人是如何认识的？

（1）同事或朋友介绍的　（2）父母或家人介绍的　（3）工作关系认识的

（4）在一个单位里工作　（5）偶然的机会相识　（6）原来的同学

（7）住在一起的邻居　（8）其他方式认识的（请写明）__________

10. 你爱人是哪年出生的？__________年

11. 你爱人是独生子女吗？（1）是的　（2）不是的

12. 你们目前是如何居住的？

（1）自己的小家单独居住　（2）小家与男方父母同住

（3）小家与女方父母同住　（4）其他（请写明）__________

13. 人们选择对象时会考虑下列各种因素，你认为最重要的是哪两条？（选两项）

（1）两人感情　（2）经济收入　（3）身体健康　（4）性格脾气

（5）家庭背景　（6）思想品德　（7）相貌身材　（8）职业单位

（9）能力才干　（10）年龄合适　（11）气质修养　（12）文化程度

（13）生活习惯　（14）城乡户口　（15）其他（请写明）__________

14. 你认为男女青年多大年龄谈恋爱比较合适？　男____岁　女____岁

15. 你认为男女青年多大年龄结婚比较合适？　男____岁　女____岁

16. 你觉得找对象时男女双方的年龄差距最好多大？

（1）男比女大______岁　（2）女比男大______岁　（3）男女年龄相同

（4）无所谓

17. 如果完全按个人意愿，你希望生几个孩子？______个

孩子的性别如何？（1）性别随便 （2）____个男孩____个女孩

五、家庭关系

1. 你与父亲的关系怎样？

（1）很不好 （2）不太好 （3）一般 （4）比较好 （5）非常好

2. 你与母亲的关系怎样？

（1）很不好 （2）不太好 （3）一般 （4）比较好 （5）非常好

3. 平常生活中你与父亲交谈的情况如何？

（1）经常交谈（2）有时交谈（3）偶尔交谈（4）从不交谈（跳至第5题）

4. 你与父亲谈得最多的方面是什么？

（1）自己的前途、未来发展 （2）个人心情 （3）自己的婚姻问题

（4）工作方面的事 （5）家里的事 （6）单位的事

（7）社会新闻、时事消息 （8）文艺体育 （9）其他________

5. 平常生活中你与母亲交谈的情况如何？

（1）经常交谈 （2）有时交谈 （3）偶尔交谈 （4）从不交谈（跳到第7题）

6. 你与母亲谈得最多的方面是什么？

（1）自己的前途、未来发展 （2）个人心情 （3）自己的婚姻问题

（4）工作方面的事 （5）家里的事 （6）单位的事

（7）社会新闻、时事消息 （8）文艺体育 （9）其他__________

7. 平时你父母最关注你的哪个方面？（将答案号码填到横线上）

父亲__________ 母亲__________

（1）工作情况 （2）结交朋友、待人处事 （3）婚姻恋爱

（4）身体健康和安全 （5）将来的前途和发展 （6）其他方面__________

8. 你是否觉得父母对你管得太多？（1）是的 （2）不是的

9. 你与父母相互理解的情况如何？（每行选择一格打√）

	1 很不理解	2 不太理解	3 一般	4 比较理解	5 非常理解
1 父亲是否理解你					
2 母亲是否理解你					
3 你是否理解父亲					
4 你是否理解母亲					

10. 日常生活中，你遇到烦恼或心情不好时，通常会与父亲交谈吗？

（1）基本不会 （2）少数情况下会 （3）一半的情况下会

（4）多数情况下会 （5）每次都会

11. 通常会与母亲交谈吗？
（1）基本不会　（2）少数情况下会　（3）一半的情况下会
（4）多数情况下会　（5）每次都会
12. 最近两个月中，你与父亲之间发生过争吵吗？
（1）没有发生过　（2）发生过一两次
（3）发生过三四次　（4）发生过五次以上
13. 与母亲之间发生过争吵吗？
（1）没有发生过　（2）发生过一两次
（3）发生过三四次　（4）发生过五次以上
14. 你在家里通常做哪些家务？（做几项就选几项）
（1）打扫卫生　（2）买菜　（3）择菜、洗菜　（4）洗衣服
（5）抹桌扫地　（6）洗碗　（7）换煤气、买煤　（8）做饭
（9）收拾房间　（10）倒垃圾
15. 你想过父母年老时如何照顾的问题吗？
（1）想过　（2）没有想过（跳到第 17 题）
16. 你是否担心将来父母的养老问题？
（1）非常担心　（2）比较担心　（3）不太担心　（4）完全不担心
17. 如果将来你的父母年纪大了，需要人照顾他们的日常生活，而你又有工作和自己的小家，你是否会考虑将父母送到老年公寓（养老院）？
（1）肯定不会　（2）可能不会　（3）说不好　（4）可能会　（5）肯定会

六、 人际交往

1. 平常休闲时间你是否经常与同事或朋友一起从事下列活动？（每行选一个格子打√）

	几乎每天	经常	有时	偶尔	从不
1 一起聊天					
2 一起逛街					
3 一起吃饭					
4 一起娱乐					

2. 你最要好的朋友有几个？______个，其中男性____个，女性____个。
3. 你的这几个好朋友主要是下列哪一类人？
（1）原来的同学　（2）单位的同事　（3）有共同爱好的人
（4）街坊邻居　（5）网友　（6）其他人（请写明）________
4. 与你接触最多的好朋友多长时间联系一次？
（1）几乎每天　（2）每隔三四天　（3）每隔一周
（4）每隔十天半月　（5）每隔一两个月　（6）每隔三个月或更长

5. 平时你与你的好朋友谈得最多的内容是什么?
(1) 个人心情 (2) 自己的前途、未来发展 (3) 家里的事
(4) 工作方面的事 (5) 自己的婚姻问题 (6) 单位的事
(7) 文艺体育新闻 (8) 社会新闻、时事消息 (9) 其他________

6. 你觉得好朋友对你最重要的帮助是在哪一个方面?
(1) 精神方面 (2) 经济方面 (3) 心情方面
(4) 工作方面 (5) 生活方面 (6) 人际关系方面
(7) 学习方面 (8) 其他方面(请写明)________

7. 你与下列人员的关系如何?(每行选择一个格子打√)

	非常好	比较好	一般	不太好	很不好
1 你的直接领导(顶头上司)					
2 你单位中的大多数同事					

8. 平时生活里你遇到不愉快的事,常常是闷在心里,还是向旁人诉说?
(1) 对别人说 (2) 闷在心里(跳到第 11 题)

9. 你的心里话通常最愿意对谁说?
(1) 父亲 (2) 母亲 (3) 兄弟姐妹 (4)(外)祖父母
(5) 单位同事 (6) 好朋友 (7) 配偶或对象 (8) 其他人(请写明)____

10. 你生活中是否出现过下列情形?(每行选择一个格子打√)

	1 从没发生	2 很少发生	3 有时发生	4 经常发生
1 感到周围的人不理解我				
2 很难与周围的人相处好				
3 有时感到有些孤独				
4 很容易与别人发生矛盾				

11. 以下各项是否符合你的情况?(每行选择一个格子打√)

	1 很不符合	2 不太符合	3 比较符合	4 非常符合
1 在单位里,同事们都愿意和我合作				
2 我与周围同事之间关系十分融洽				
3 只要我需要,周围的同事都会助我一臂之力				
4 遇到不懂的问题,我经常向单位的同事请教				
5 单位的同事遇到困难时经常找我帮忙				
6 生活中如果有需要,顶头上司会找我帮忙				
7 顶头上司和我经常谈论工作以外的话题				
8 工作之余我和顶头上司经常在一起活动聊天				
9 如果有晋升机会,顶头上司会极力举荐我				
10 我和顶头上司之间经常开玩笑				

12. 遇到下列情况，你首先会去找谁？（每行选择一个格子打√）

	朋友	同事	配偶或对象	父母	兄弟姐妹	其他人
1需要对生活的重大事件进行咨询（如买房等）						
2 需要想办法增加家庭经济收入						
3 需要借一笔钱						
4 心情不好，想找人谈谈						
5 家庭闹矛盾或纠纷，想找人诉说						

七、自我评价

1. 你觉得自己在领导眼里的印象怎么样？

（1）很差　（2）比较差　（3）一般　（4）比较好　（5）很好

2. 你觉得自己在同事眼里的印象怎么样？

（1）很差　（2）比较差　（3）一般　（4）比较好　（5）很好

3. 在各种人对你的评价中，你比较注重谁的评价？

（1）父母和家人的　（2）单位领导的　（3）自己的对象或配偶的

（4）单位同事的　（5）自己的好朋友的　（6）其他人的（请写明）____

4. 在下述方面，你比较多地听取谁的意见？（在每一行中选择一格打√）

	父亲	母亲	兄弟姐妹	配偶或对象	同事	朋友	其他人	自己
1 选择朋友、与人交往								
2 选择对象、建立家庭								
3 兴趣爱好、生活方式								
4 工作事业、前途发展								

5. 怎样才叫“成人”？人们的看法各不相同。你认为成人的最主要标志是什么？

（1）与父母分开住　（2）有了责任感　（3）经济上独立　（4）有了孩子

（5）满了 18 岁　（6）参加了工作　（7）结了婚　（8）其他____

6. 总体上看，你觉得自己的言行像个成年人了吗？

（1）完全不像　（2）较少像　（3）一半像　（4）较多像　（5）完全像

7. 你觉得自己是否已经具备了成年人的素质？

（1）完全不具备（2）小半具备（3）一半具备（4）大半具备（5）完全具备

8. 你觉得自己在下列方面的特点如何？（在每一行中选择一格打√）

	1 很弱	2 比较弱	3 一般	4 比较强	5 很强
1 独立性					
2 上进心					
3 责任心					
4 工作能力					
5 交往能力					

9. 你对自己下列各方面满意吗？（每行选择一格打√）

	1 很满意	2 比较满意	3 一般	4 不太满意	5 很不满意
1 工作状况					
2 人际关系					
3 性格习惯					
4 恋爱婚姻					

10. 以下各项是否符合你个人的情况？（每行选择一格打√）

	1 完全不符	2 不太符合	3 比较符合	4 非常符合
1 喜欢处于指挥者的地位				
2 有时嫉妒别人				
3 很多事总是自己说了算				
4 和同事的关系很不好				
5 有时不太愿意帮助别人				
6 不容易听进别人的意见				
7 有时不太注意为别人着想				

11. 在下列各种特征中，你觉得哪些比较符合自己的情况？（在符合的答案上打√，此题可以多选）

（1）勤劳　（2）不合群　（3）不自私
（4）自理能力差　（5）有协作精神　（6）责任心强
（7）有主见　（8）孤僻　（9）会体贴人
（10）任性　（11）不娇气　（12）不善于与人合作

我们的调查结束了，你辛苦了！再次向你表示感谢！你有什么建议和要求，欢迎写在下面：

____

____

____

____

两年后我们还准备进行第二次调查。希望到时候能再次访问你。请留下你的电话号码或者电子邮件地址：

电话号码：________________

E-mail：__________@__________

附录三

研究报告示例

变迁中的女性形象
——对《中国妇女》
杂志的内容分析

附录四

SPSS 软件基本应用

采用调查研究、实验研究、利用文献的定量研究等研究方式时，资料分析往往需要应用计算机和专门的统计软件的帮助才能完成。当我们收集和整理好定量资料后，还要将这些资料输入计算机并进行统计分析。由计算机代替我们去做大量的烦琐的统计运算。因此，计算机统计分析软件的运用，是我们完成定量的社会研究必不可少的一环。在这里，我们将对利用计算机进行统计分析的基本操作方法略作说明，以便读者能够结合前面的学习进行统计分析的实践。

在社会科学中，用于进行统计分析的计算机软件主要有 SPSS、SAS 以及 STATE。其中，SPSS（Statistical Package for Social Science 的英文缩写，社会科学统计软件包）是目前使用得最为广泛的统计分析软件。因此，我们在附录四中，对这一软件进行简要介绍。需要说明的是，一方面由于专门介绍 SPSS 的著作和教材已有很多，另一方面也由于本教材的篇幅所限，因此，我们仅就初学者常用的统计分析方法进行介绍（本书以 SPSS15.0 版本为例，其更高的版本在基本统计分析命令方面同 SPSS15.0 版本几乎完全一样）。

一、单变量描述统计

对单变量的描述统计，主要包括变量的频数分布、集中趋势与离散趋势等等。这是最基本的统计描述。在 SPSS 中，我们可以很容易地得出频数分布表、平均数、标准差等。

频数分布

对单个定类变量或定序变量进行的最基本分析就是频数分布。它的具体操作程序如下：

打开 SPSS，进入数据表格（见附图 4－1）；在菜单栏中点击“Analyze”按钮，出现各种分析任务的标签（见附图 4－2）；点击所拉开的菜单中的“Descriptive Statistics”项，出现如附图 4－3 所示的对话框。

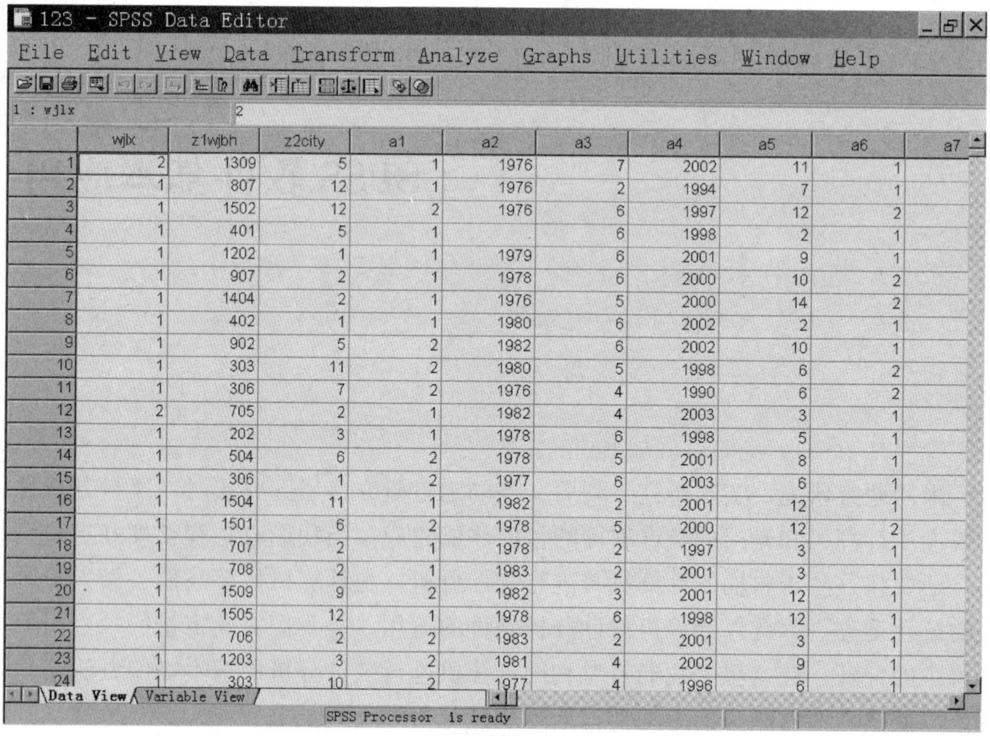
123 - SPSS Data Editor
File Edit View Data Transform Analyze Graphs Utilities Window Help
1 : wjlx 2
wjlx z1wjbh z2city a1 a2 a3 a4 a5 a6 a7
1 2 1309 5 1 1976 7 2002 11 1
2 1 807 12 1 1976 2 1994 7 1
3 1 1502 12 2 1976 6 1997 12 2
4 1 401 5 1 . 6 1998 2 1
5 1 1202 1 1 1979 6 2001 9 1
6 1 907 2 1 1978 6 2000 10 2
7 1 1404 2 1 1976 5 2000 14 2
8 1 402 1 1 1980 6 2002 2 1
9 1 902 5 2 1982 6 2002 10 1
10 1 303 11 2 1980 5 1998 6 2
11 1 306 7 2 1976 4 1990 6 2
12 2 705 2 1 1982 4 2003 3 1
13 1 202 3 1 1978 6 1998 5 1
14 1 504 6 2 1978 5 2001 8 1
15 1 306 1 2 1977 6 2003 6 1
16 1 1504 11 1 1982 2 2001 12 1
17 1 1501 6 2 1978 5 2000 12 2
18 1 707 2 1 1978 2 1997 3 1
19 1 708 2 1 1983 2 2001 3 1
20 1 1509 9 2 1982 3 2001 12 1
21 1 1505 12 1 1978 6 1998 12 1
22 1 706 2 2 1983 2 2001 3 1
23 1 1203 3 2 1981 4 2002 9 1
24 1 303 10 2 1977 4 1996 6 1
Data View Variable View
SPSS Processor is ready

附图 4－1

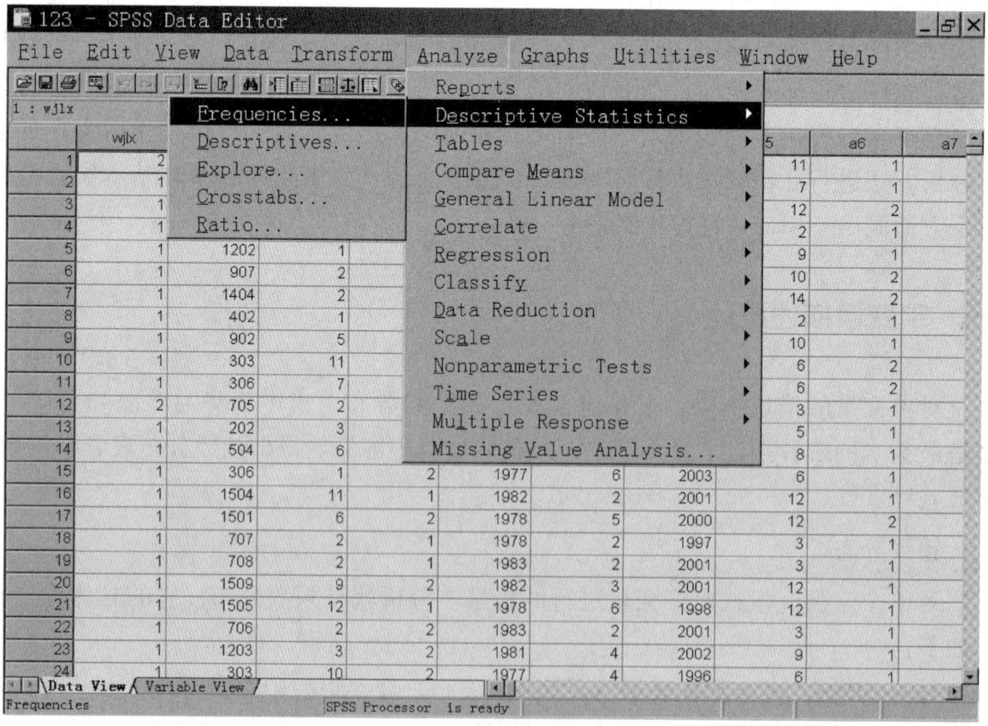
123 - SPSS Data Editor
File Edit View Data Transform Analyze Graphs Utilities Window Help
1 : wjlx
Reports
Descriptive Statistics
Tables
Compare Means
General Linear Model
Correlate
Regression
Classify
Data Reduction
Scale
Nonparametric Tests
Time Series
Multiple Response
Missing Value Analysis...
Frequencies...
Descriptives...
Explore...
Crosstabs...
Ratio...
Data View Variable View
Frequencies
SPSS Processor is ready

附图 4－2

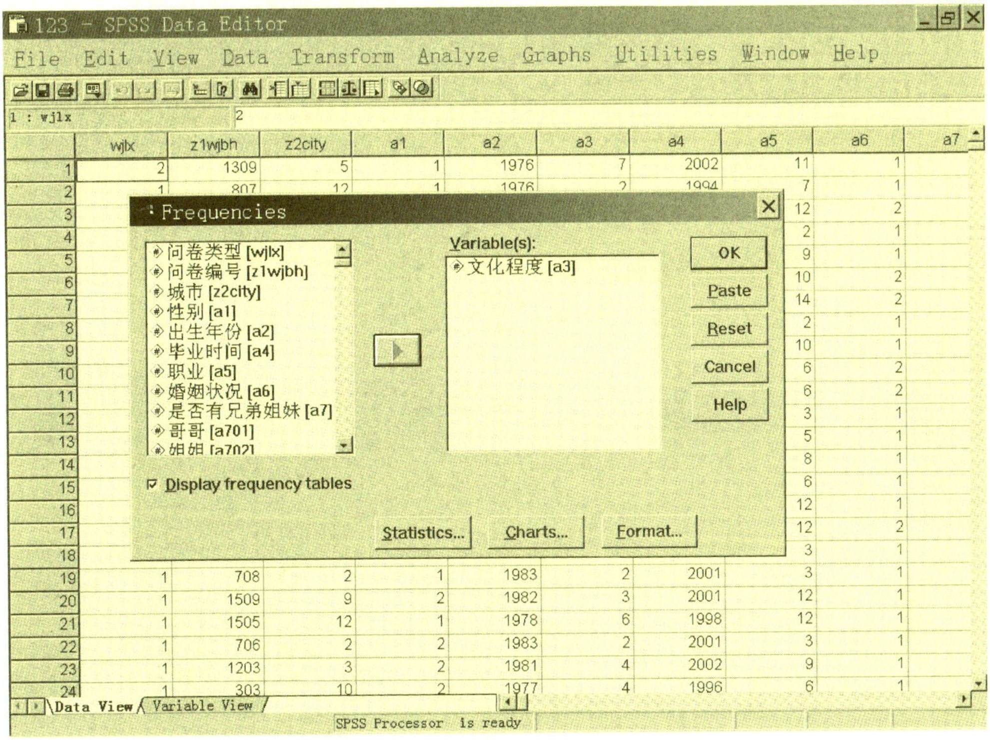

附图 4-3

从对话框左边的变量列表中选择希望描述统计的变量（变量数目不限），比如，我们选择“文化程度”变量，然后点“OK”即可；若要结果中同时出现统计图，则点击对话框下面中间位置的“Charts”按钮，在所出现的新的对话框中，选定所希望得到的图形类别，比如，我们选定矩形图中的“Bar charts”项（如附图 4-4 所示），然后点击“Continue”按钮，返回到上一对话框，再点击“OK”，即可得到附图 4-5 和附图 4-6 所示的对话框。

定距变量的描述统计

如果所描述的是定距以上层次的变量，那么可以选择 Descriptive 命令来进行。具体操作方法如下：

打开 SPSS，进入数据表格；在菜单栏中点击“Analyze”按钮，点击所拉开的菜单中的“Descriptive Statistics”项，出现附图 4-7 所示的对话框；再点击“Descriptive”项，就出现附图 4-8 所示的对话框。从对话框左边的变量列表中选择希望描述统计的变量（变量数目不限），比如，我们选择“月收入”变量，放入右边的空白中（见附图 4-8，可同时放入多个变量）；再点击对话框右下角的“Options”（选择）按钮，出现附图 4-9。如图所示选定所需要的统计参数，比如均值（Mean）、标准差（Std. deviation）、最小值（Minimum）、最大值（Maximum）等等；然后点击“Continue”按钮，返回到上一层对话框；再点击“OK”，即可得到附图 4-10 的结果。

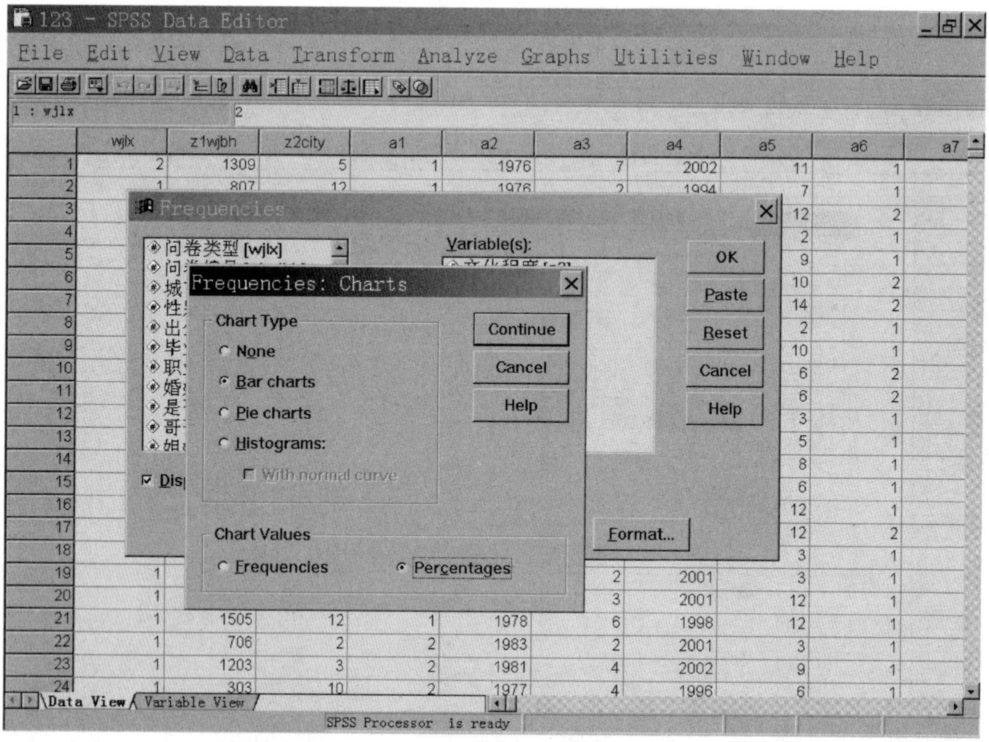
123 - SPSS Data Editor
File Edit View Data Transform Analyze Graphs Utilities Window Help
Frequencies
问卷类型 [wjlx]
Variable(s):
OK
Paste
Reset
Cancel
Help
Format...
Frequencies: Charts
Chart Type
None
Bar charts
Pie charts
Histograms:
With normal curve
Chart Values
Frequencies
Percentages
Continue
Cancel
Help
Data View
Variable View
SPSS Processor is ready

附图 4－4

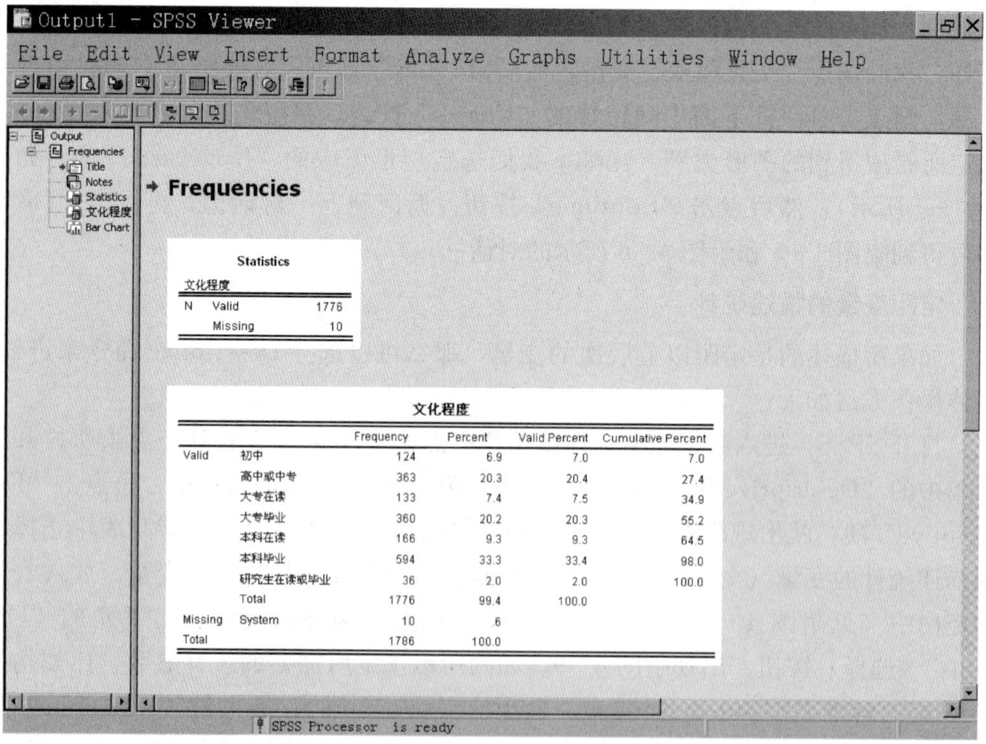
Output1 - SPSS Viewer
File Edit View Insert Format Analyze Graphs Utilities Window Help
Output
Frequencies
Title
Notes
Statistics
文化程度
Bar Chart
Frequencies
Statistics
文化程度
N Valid 1776
Missing 10
文化程度
Frequency Percent Valid Percent Cumulative Percent
Valid 初中 124 6.9 7.0 7.0
高中或中专 363 20.3 20.4 27.4
大专在读 133 7.4 7.5 34.9
大专毕业 360 20.2 20.3 55.2
本科在读 166 9.3 9.3 64.5
本科毕业 594 33.3 33.4 98.0
研究生在读或毕业 36 2.0 2.0 100.0
Total 1776 99.4 100.0
Missing System 10 .6
Total 1786 100.0
SPSS Processor is ready

附图 4－5

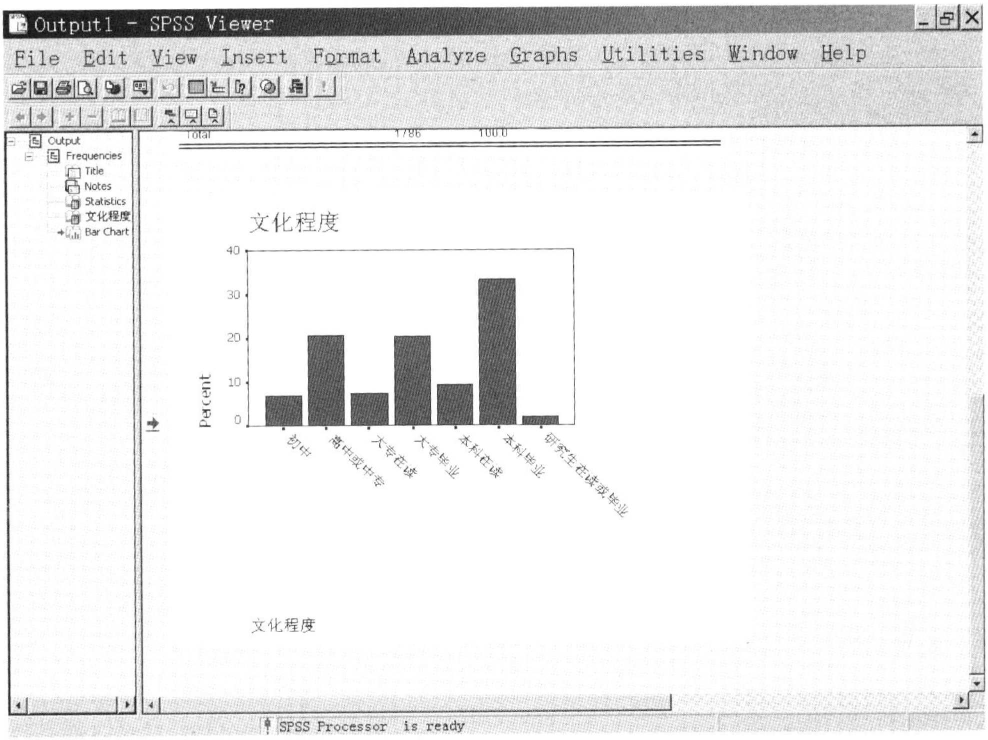
Output1 - SPSS Viewer
File Edit View Insert Format Analyze Graphs Utilities Window Help
Output
Frequencies
Title
Notes
Statistics
文化程度
Bar Chart
文化程度
Percent
初中
高中或中专
大专在读
大专毕业
本科在读
本科毕业
研究生在读或毕业
文化程度
SPSS Processor is ready

附图 4－6

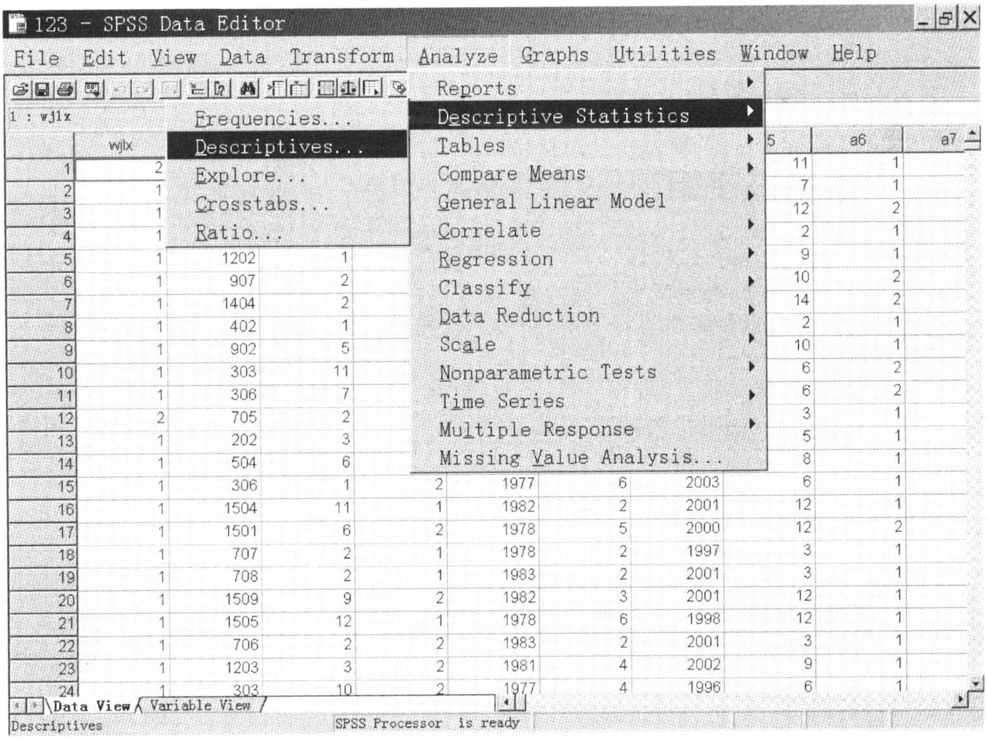
123 - SPSS Data Editor
File Edit View Data Transform Analyze Graphs Utilities Window Help
Frequencies...
Descriptives...
Explore...
Crosstabs...
Ratio...
Reports
Descriptive Statistics
Tables
Compare Means
General Linear Model
Correlate
Regression
Classify
Data Reduction
Scale
Nonparametric Tests
Time Series
Multiple Response
Missing Value Analysis...
Data View
Variable View
Descriptives
SPSS Processor is ready

附图 4－7

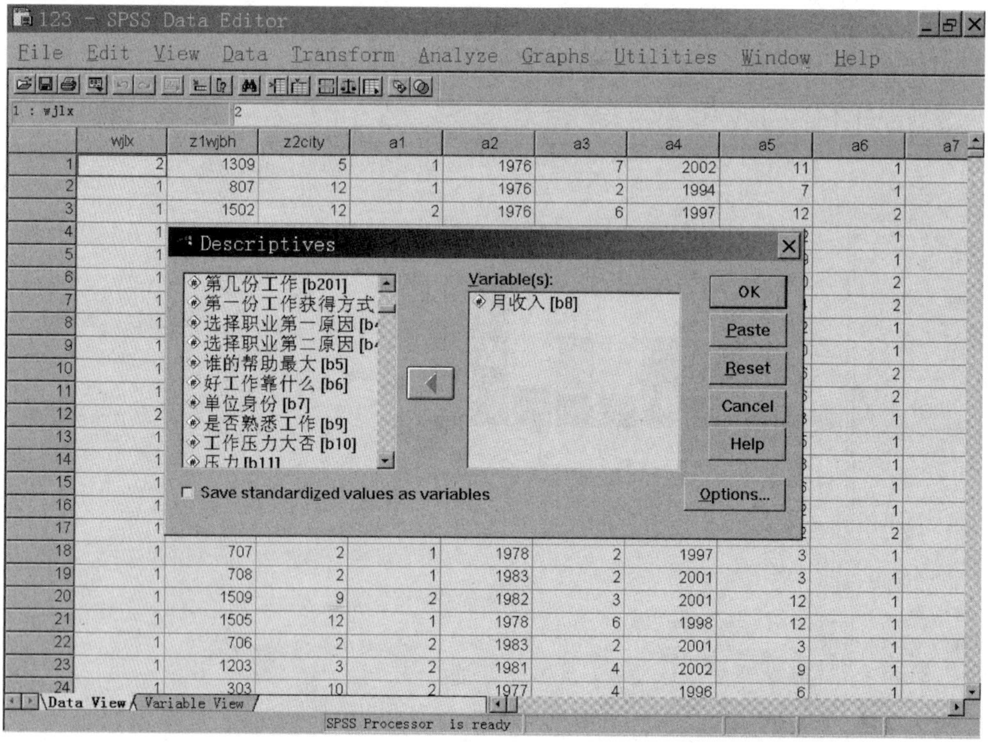
123 - SPSS Data Editor
File Edit View Data Transform Analyze Graphs Utilities Window Help
Descriptives
第几份工作 [b201]
第一份工作获得方式
选择职业第一原因 [b
选择职业第二原因 [b
谁的帮助最大 [b5]
好工作靠什么 [b6]
单位身份 [b7]
是否熟悉工作 [b9]
工作压力大否 [b10]
Variable(s):
月收入 [b8]
OK
Paste
Reset
Cancel
Help
Save standardized values as variables
Options...
Data View
Variable View
SPSS Processor is ready

附图 4－8

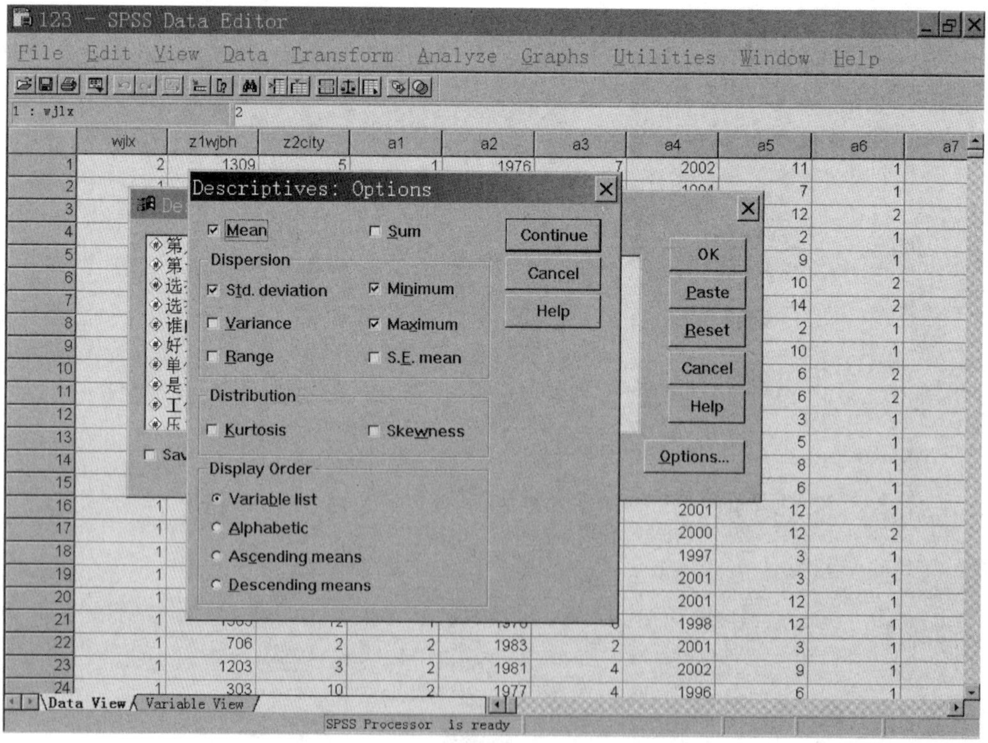
123 - SPSS Data Editor
File Edit View Data Transform Analyze Graphs Utilities Window Help
Descriptives: Options
Mean
Sum
Dispersion
Std. deviation
Minimum
Variance
Maximum
Range
S.E. mean
Distribution
Kurtosis
Skewness
Display Order
Variable list
Alphabetic
Ascending means
Descending means
Continue
Cancel
Help
OK
Paste
Reset
Cancel
Help
Options...
Data View
Variable View
SPSS Processor is ready

附图 4－9

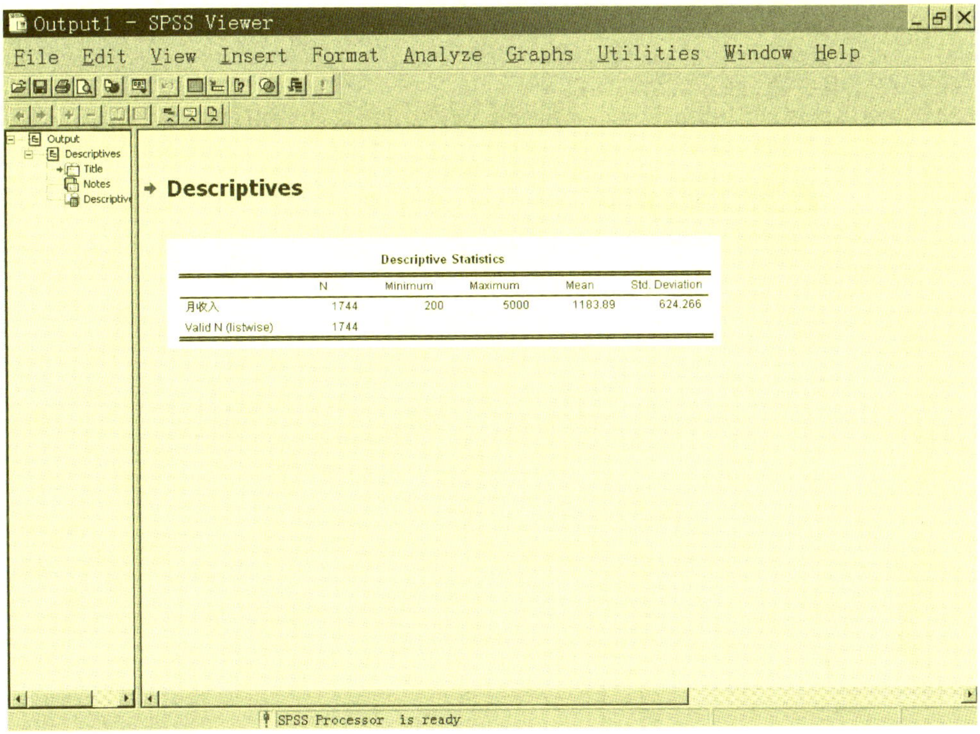

附图 4-10

二、 双变量交互分类统计与检验

我们在第十三章中指出，探索变量之间的相互关系，是社会调查研究者的一项重要任务。同时，我们还指出，根据变量的不同层次，统计中有各种不同的相关系数来描述这种相关关系。对于社会调查中最为常见的两个定类变量（或者一个定类变量、一个定序变量）之间的关系，交互分类是一种重要的分析方法。在SPSS中，这种交互分析（Crosstabs Analysis）可以按下列步骤进行。

进入数据表格后，在菜单栏中点击“Analyze”按钮；再点击所拉开的菜单中的“Descriptive Statistics”项，出现附图4-11；再点击“Crosstabs”按钮，就出现如附图4-12所示的对话框。

在对话框左边的变量栏中选择希望分析的两个变量，并且把作为自变量或原因变量的那个变量放入中间标有“Column”（纵栏）的方框中，而把作为因变量或结果变量放在上面标有“Row”（横行）的方框中；然后点击对话框下面的“Statistics”按钮，得到附图4-13所示的对话框。

在对话框中选择“Chi-square”（卡方值），这是对两个定类（序）变量之间关系进行显著性检验的参数，十分重要，通常都必须选择。如果需要，还可以选择两个变量之间相关关系的统计量“Lambda”；然后点击“Continue”按钮，返回附图4-12；再点击对话框下面的“Cells”按钮，得到附图4-14。

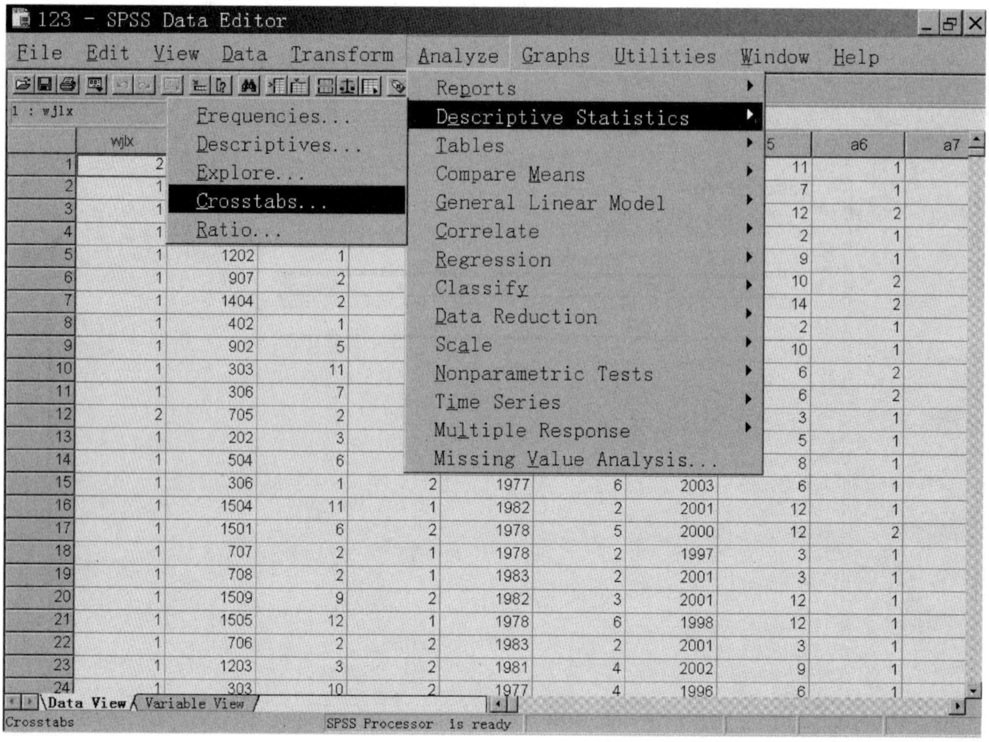
123 - SPSS Data Editor
File Edit View Data Transform Analyze Graphs Utilities Window Help
Reports
Descriptive Statistics
Tables
Compare Means
General Linear Model
Correlate
Regression
Classify
Data Reduction
Scale
Nonparametric Tests
Time Series
Multiple Response
Missing Value Analysis...
Frequencies...
Descriptives...
Explore...
Crosstabs...
Ratio...
Data View
Variable View
Crosstabs
SPSS Processor is ready

附图 4－11

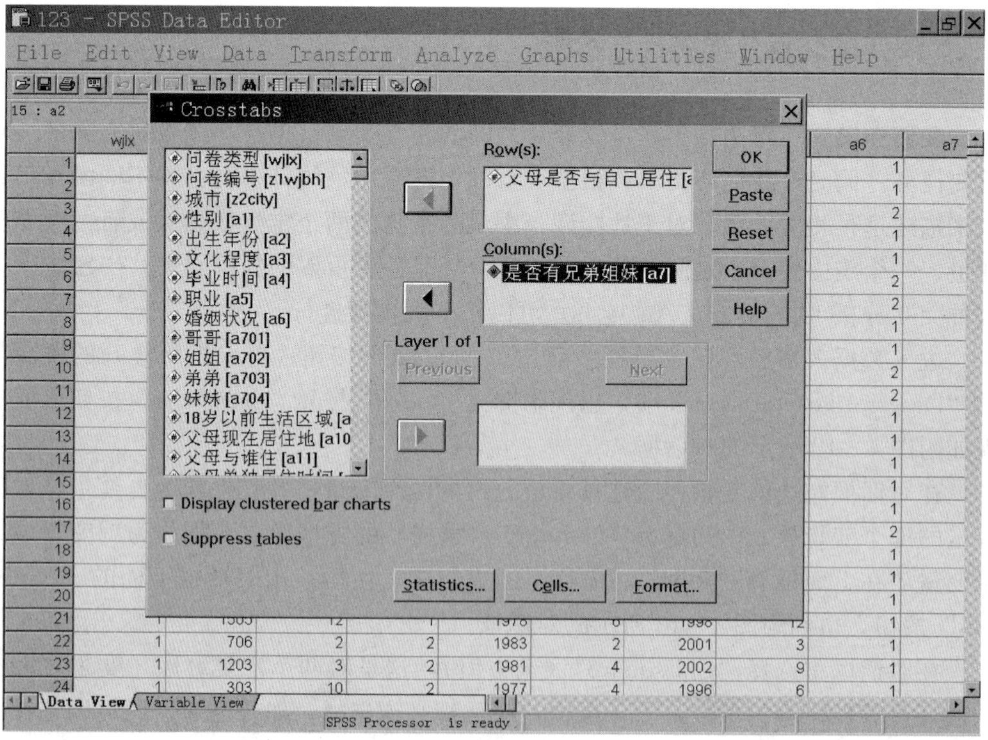
123 - SPSS Data Editor
File Edit View Data Transform Analyze Graphs Utilities Window Help
Crosstabs
问卷类型 [wjlx]
问卷编号 [z1wjbh]
城市 [z2city]
性别 [a1]
出生年份 [a2]
文化程度 [a3]
毕业时间 [a4]
职业 [a5]
婚姻状况 [a6]
哥哥 [a701]
姐姐 [a702]
弟弟 [a703]
妹妹 [a704]
18岁以前生活区域 [a
父母现在居住地 [a10
父母与谁住 [a11]
Row(s):
父母是否与自己居住 [a
Column(s):
是否有兄弟姐妹 [a7]
Layer 1 of 1
Previous
Next
OK
Paste
Reset
Cancel
Help
Display clustered bar charts
Suppress tables
Statistics...
Cells...
Format...
Data View
Variable View
SPSS Processor is ready

附图 4－12

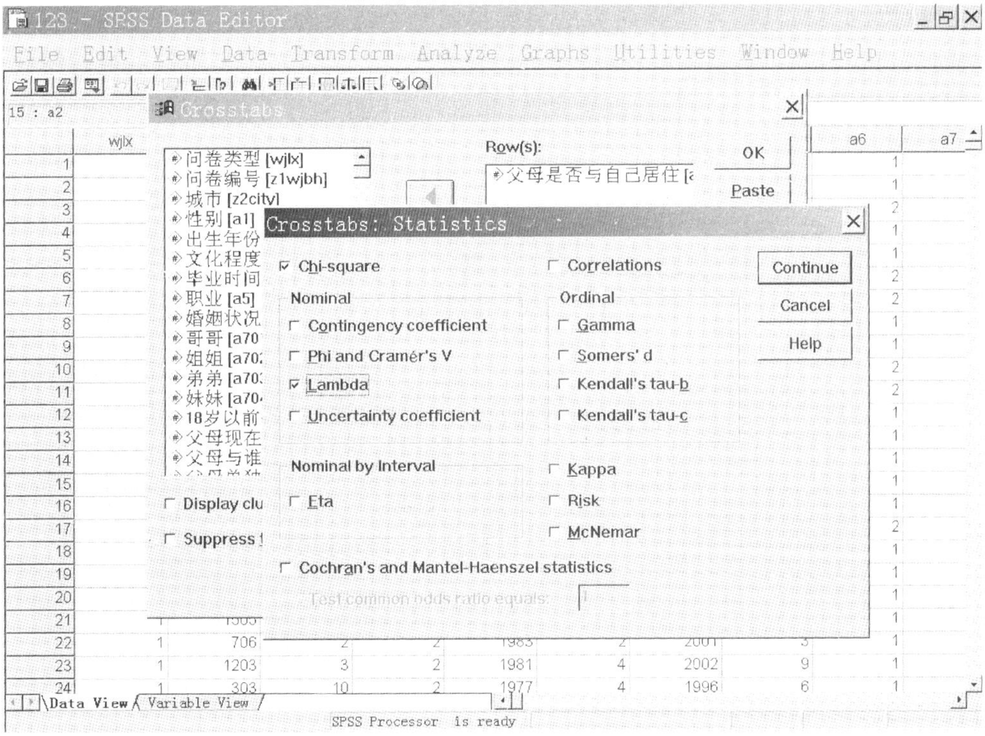

附图 4-13

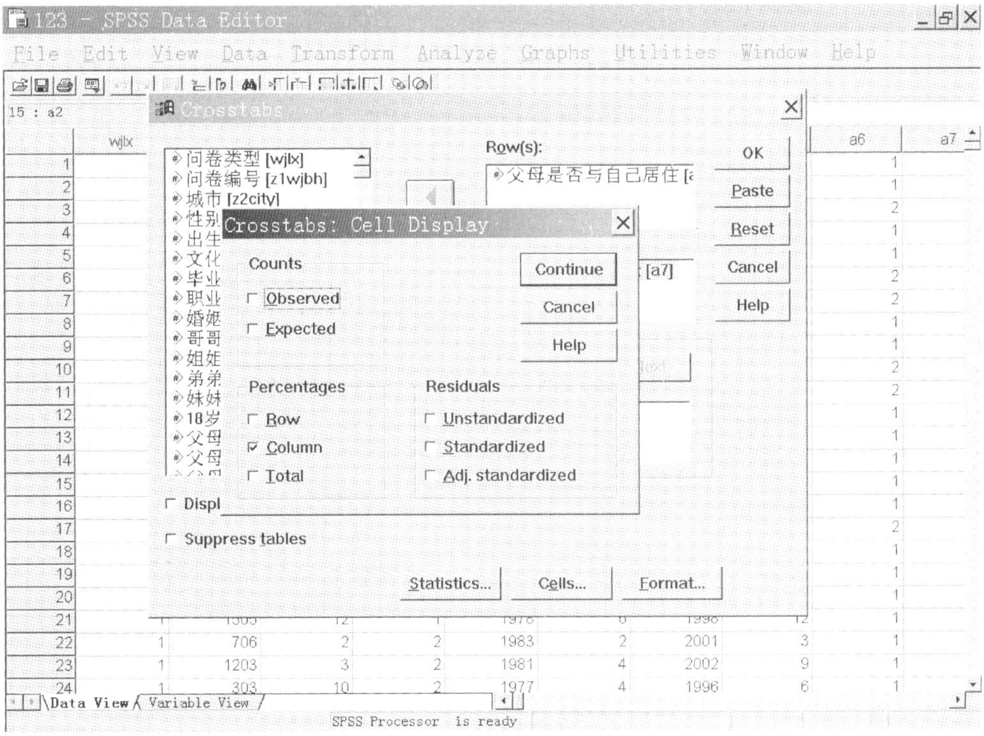

附图 4-14

在附图 4－14 中，可根据研究的目标决定是否需要显示观察频数和期望频数。一般情况下，可去掉上面“Counts”方框中计算机默认的选项（即显示观察频数），改为在标有“Percentages”方框中的 Column 项上打钩（即按纵栏百分比统计）；然后点击“Continue”按钮，返回附图 4－12 所示对话框；再点击“OK”按钮，得到附图 4－15 和附图 4－16 的结果。

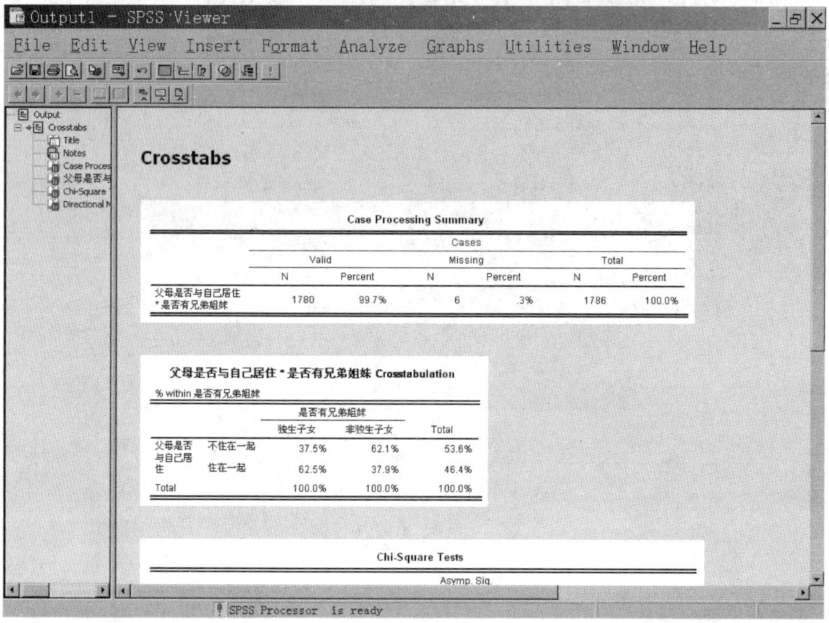

Case Processing Summary

	Cases					
	Valid		Missing		Total	
	N	Percent	N	Percent	N	Percent
父母是否与自己居住 * 是否有兄弟姐妹	1780	99.7%	6	.3%	1786	100.0%

父母是否与自己居住 * 是否有兄弟姐妹 Crosstabulation

% within 是否有兄弟姐妹

		是否有兄弟姐妹		
		独生子女	非独生子女	Total
父母是否与自己居住	不住在一起	37.5%	62.1%	53.6%
	住在一起	62.5%	37.9%	46.4%
Total		100.0%	100.0%	100.0%

附图 4－15

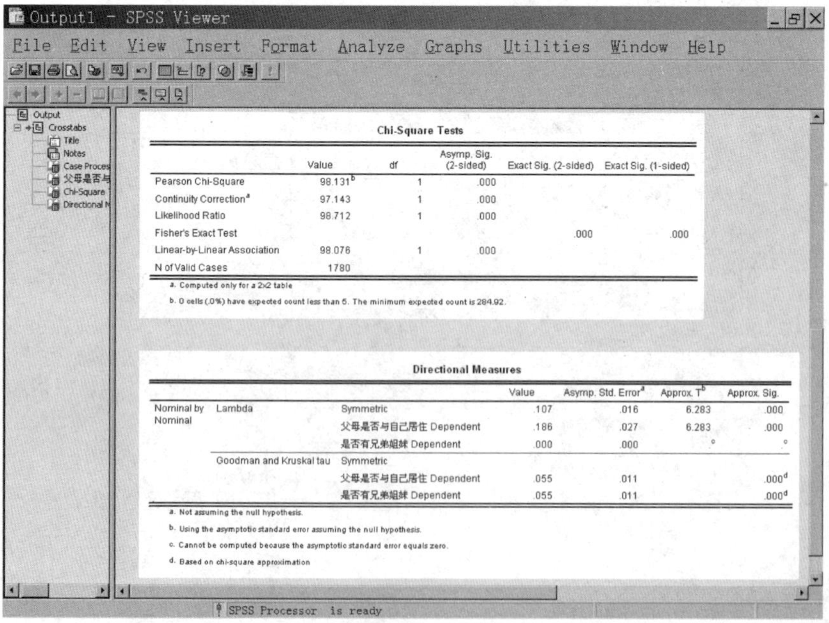

Chi-Square Tests

	Value	df	Asymp. Sig. (2-sided)	Exact Sig. (2-sided)	Exact Sig. (1-sided)
Pearson Chi-Square	98.131[b]	1	.000		
Continuity Correction[a]	97.143	1	.000		
Likelihood Ratio	98.712	1	.000		
Fisher's Exact Test				.000	.000
Linear-by-Linear Association	98.076	1	.000		
N of Valid Cases	1780				

a. Computed only for a 2x2 table

b. 0 cells (.0%) have expected count less than 5. The minimum expected count is 284.92.

Directional Measures

			Value	Asymp. Std. Error[a]	Approx. T[b]	Approx. Sig.
Nominal by Nominal	Lambda	Symmetric	.107	.016	6.283	.000
		父母是否与自己居住 Dependent	.186	.027	6.283	.000
		是否有兄弟姐妹 Dependent	.000	.000	c	c
	Goodman and Kruskal tau	Symmetric				
		父母是否与自己居住 Dependent	.055	.011		.000[d]
		是否有兄弟姐妹 Dependent	.055	.011		.000[d]

a. Not assuming the null hypothesis.

b. Using the asymptotic standard error assuming the null hypothesis.

c. Cannot be computed because the asymptotic standard error equals zero.

d. Based on chi-square approximation

附图 4－16

有时，研究者需要控制第三个变量来进一步考察两个变量之间关系的真伪，此时，只要在附图 4－12 中，将所选择的控制变量放入对话框下面的方框中即可。比如，如果我们要控制调查对象的婚姻状况，就可以将婚姻状况放入附图 4－17 的方框中，其他步骤与上面一样。这样就会得到如附图 4－18 和附图 4－19 所示的结果。

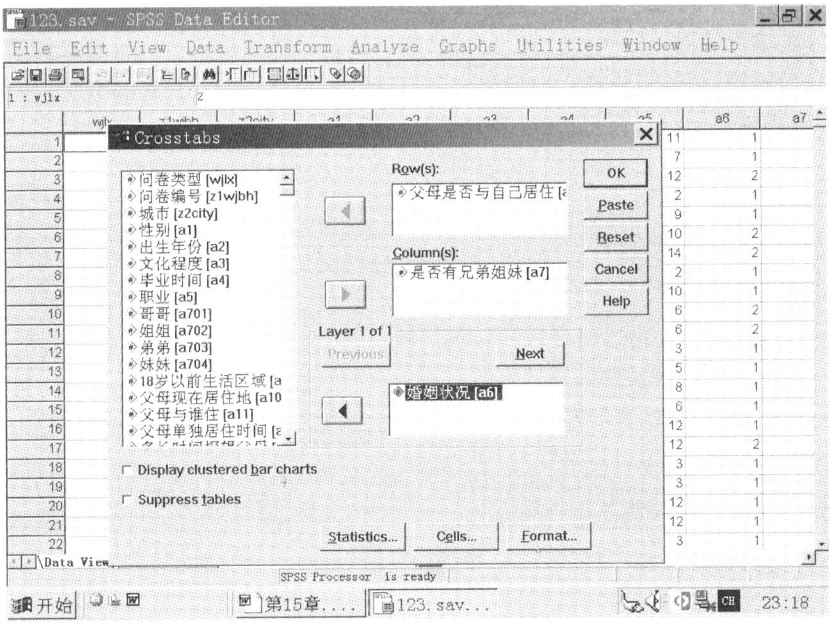

附图 4－17

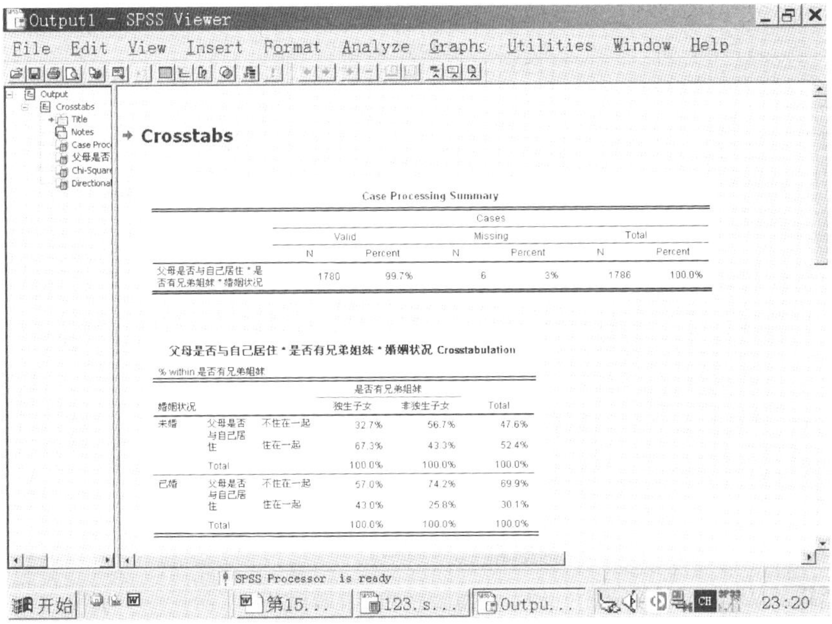

附图 4－18

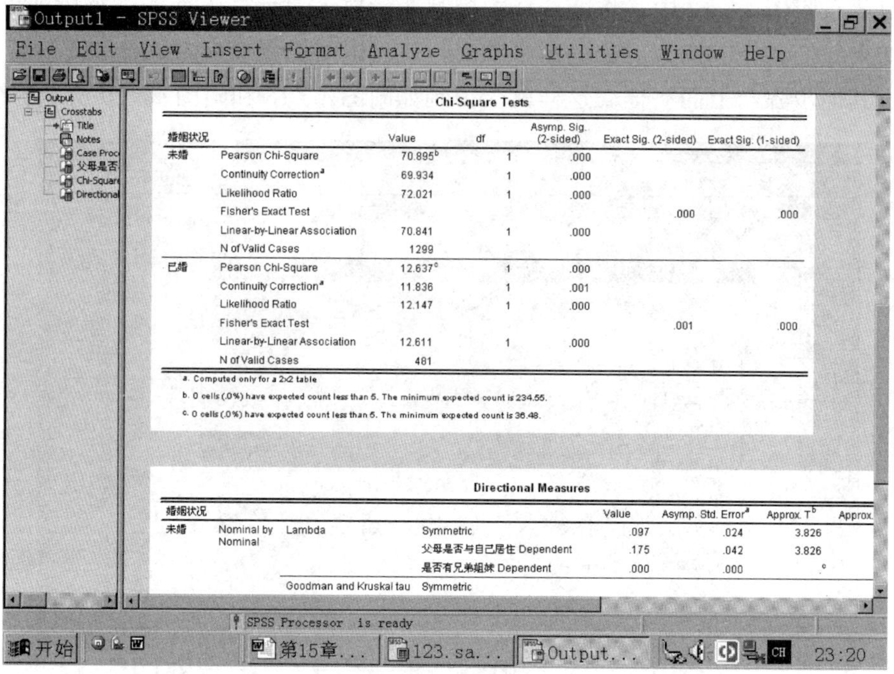

附图 4 - 19

三、子总体均值比较与方差分析

在社会调查中，我们常常希望对调查样本中不同的子总体在某些变量上的平均值之间的差异情况进行比较和分析。比如，我们希望描述和比较调查样本中独生子女与非独生子女两个子总体在月平均收入上的差异，并对这种差异进行统计检验。在 SPSS 中，我们可以通过 Means 命令或者 One-Way ANOVA 命令来达到这一目的。具体操作方法如下。

通过 Means 命令进行

进入数据表格后，点击“Analyze”按钮，从菜单中选择“Compare Means”；再从拉开的菜单中选择“Means”（见附图 4 - 20），即可打开如附图 4 - 21 所示的对话框；在对话框中选择作为因变量的变量（月收入）放入上面的“Dependent List”中，并将作为自变量的变量（是否有兄弟姐妹）放入对话框下面的“Independent List”中。

然后，点开附图 4 - 21 的对话框右下角的“Options”按钮，出现附图 4 - 22 所示的对话框。从左边的方框中选择所需要的统计量到右边方框中，同时在对话框下端的“Statistics for First Layer”中，选择“Anova table and eta”项打钩；然后点击“Continue”，回到附图 4 - 21；再点击“OK”即可得到下列形式的子总体平均值比较以及检验结果（见附图 4 - 23）。

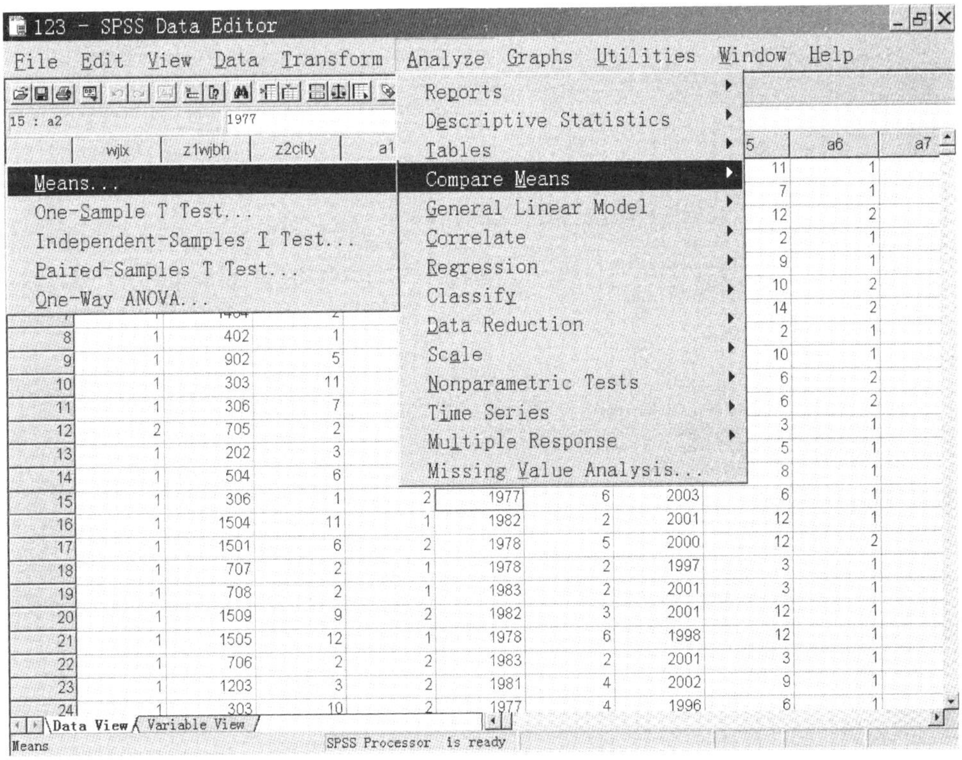
123 - SPSS Data Editor
File Edit View Data Transform Analyze Graphs Utilities Window Help
Reports
Descriptive Statistics
Tables
Compare Means
General Linear Model
Correlate
Regression
Classify
Data Reduction
Scale
Nonparametric Tests
Time Series
Multiple Response
Missing Value Analysis...
Means...
One-Sample T Test...
Independent-Samples T Test...
Paired-Samples T Test...
One-Way ANOVA...
Data View
Variable View
Means
SPSS Processor is ready

附图 4－20

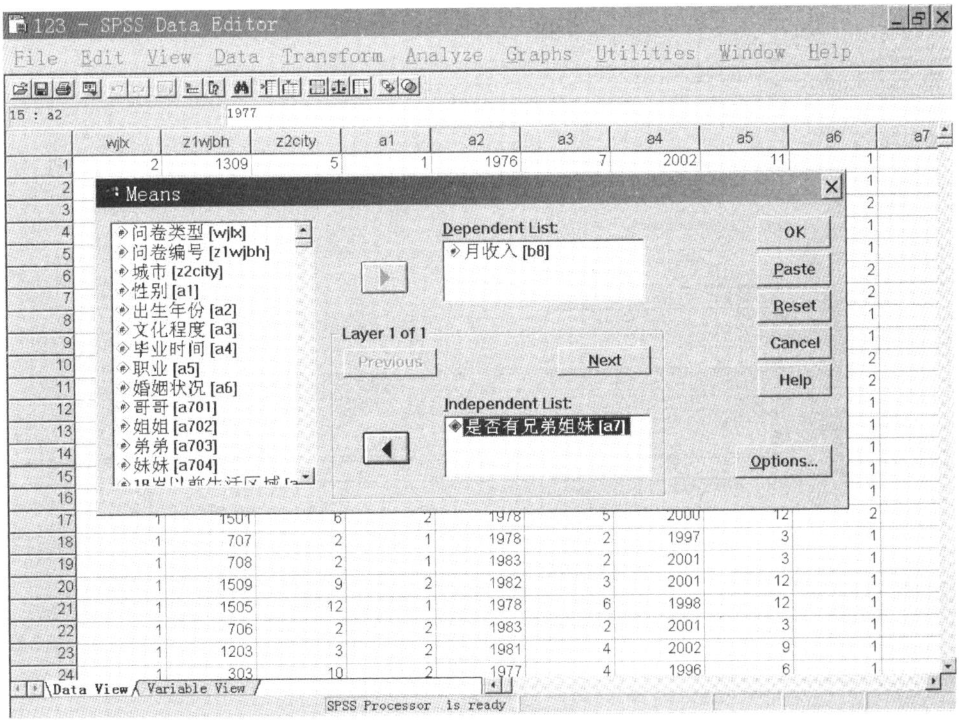
123 - SPSS Data Editor
File Edit View Data Transform Analyze Graphs Utilities Window Help
Means
问卷类型 [wjlx]
问卷编号 [z1wjbh]
城市 [z2city]
性别 [a1]
出生年份 [a2]
文化程度 [a3]
毕业时间 [a4]
职业 [a5]
婚姻状况 [a6]
哥哥 [a701]
姐姐 [a702]
弟弟 [a703]
妹妹 [a704]
Dependent List:
月收入 [b8]
Layer 1 of 1
Previous
Next
Independent List:
是否有兄弟姐妹 [a7]
OK
Paste
Reset
Cancel
Help
Options...
Data View
Variable View
SPSS Processor is ready

附图 4－21

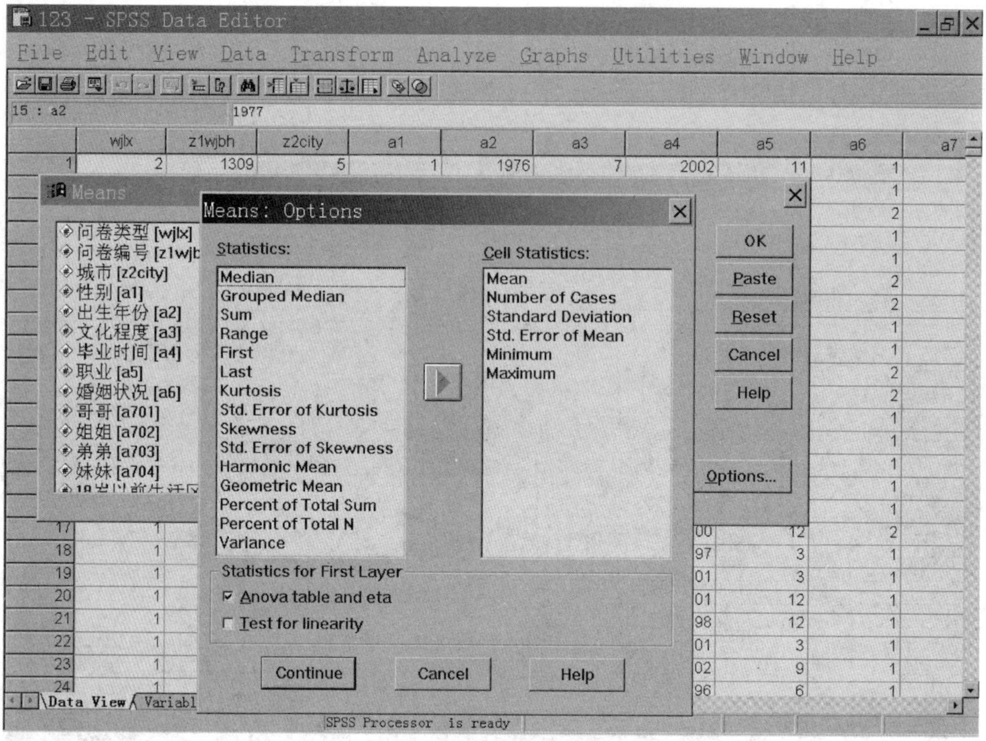
123 - SPSS Data Editor
File Edit View Data Transform Analyze Graphs Utilities Window Help
15 : a2 1977
wjlx z1wjbh z2city a1 a2 a3 a4 a5 a6 a7
Means
问卷类型 [wjlx]
问卷编号 [z1wjb
城市 [z2city]
性别 [a1]
出生年份 [a2]
文化程度 [a3]
毕业时间 [a4]
职业 [a5]
婚姻状况 [a6]
哥哥 [a701]
姐姐 [a702]
弟弟 [a703]
妹妹 [a704]
Means: Options
Statistics:
Median
Grouped Median
Sum
Range
First
Last
Kurtosis
Std. Error of Kurtosis
Skewness
Std. Error of Skewness
Harmonic Mean
Geometric Mean
Percent of Total Sum
Percent of Total N
Variance
Cell Statistics:
Mean
Number of Cases
Standard Deviation
Std. Error of Mean
Minimum
Maximum
Statistics for First Layer
Anova table and eta
Test for linearity
Continue
Cancel
Help
OK
Paste
Reset
Cancel
Help
Options...
Data View
SPSS Processor is ready

附图 4-22

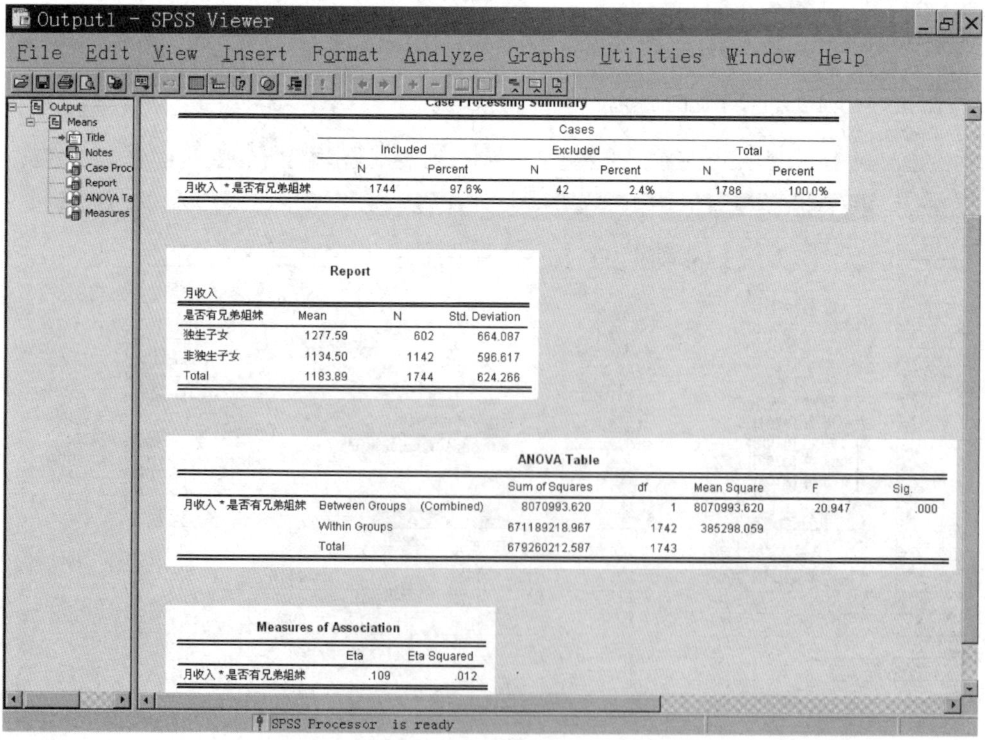
Output1 - SPSS Viewer
File Edit View Insert Format Analyze Graphs Utilities Window Help
Output
Means
Title
Notes
Case Proc
Report
ANOVA Ta
Measures
Case Processing Summary
Cases
Included Excluded Total
N Percent N Percent N Percent
月收入 * 是否有兄弟姐妹 1744 97.6% 42 2.4% 1786 100.0%
Report
月收入
是否有兄弟姐妹 Mean N Std. Deviation
独生子女 1277.59 602 664.087
非独生子女 1134.50 1142 596.617
Total 1183.89 1744 624.266
ANOVA Table
Sum of Squares df Mean Square F Sig.
月收入 * 是否有兄弟姐妹 Between Groups (Combined) 8070993.620 1 8070993.620 20.947 .000
Within Groups 671189218.967 1742 385298.059
Total 679260212.587 1743
Measures of Association
Eta Eta Squared
月收入 * 是否有兄弟姐妹 .109 .012
SPSS Processor is ready

附图 4-23

通过 One-Way ANOVA 命令进行

进入数据表格后，点击“Analyze”按钮，从菜单中选择“Compare Means”项；再从拉开的菜单中选择“One-Way ANOVA”（见附图 4－24），即可打开附图 4－25 的对话框。在对话框中选择作为因变量的变量（月收入）放入上面的“Dependent List”中，并将作为自变量的变量（是否有兄弟姐妹）放入对话框下面的“Factor”中。

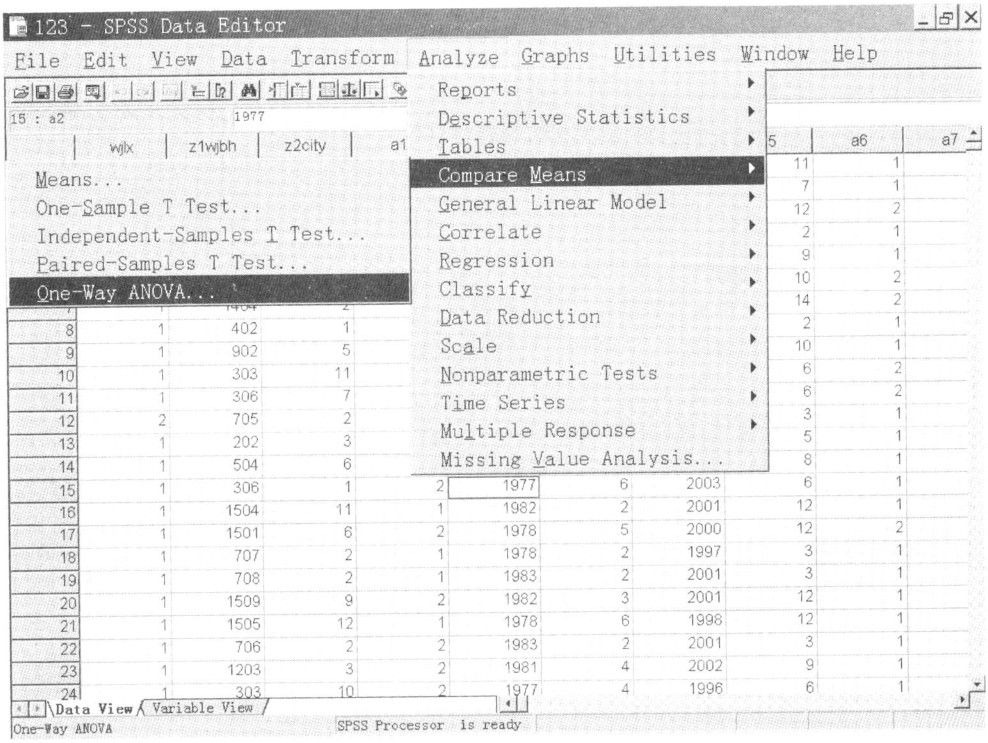

附图 4－24

然后，点开对话框右下角的“Options”按钮，出现附图 4－26 所示的对话框。从中选择所需要的统计量，然后点击“Continue”，回到附图 4－25，再点击“OK”即可得到附图 4－27 这种形式的子总体平均值比较与检验结果。

四、数据调整与转化

Recode（数据再编码）

在对问卷调查数据进行计算机统计分析的过程中，特别是在进行交互分析时，常常需要对原始数据进行一些转化和调整的工作，才能达到更好的分析效果。比如，一项调查的原始问卷中，变量“学生就读的年级”原来有 6 个答案，即初一、初二、初三、高一、高二和高三。在分析中，研究者需要将初中的三个年级的学生

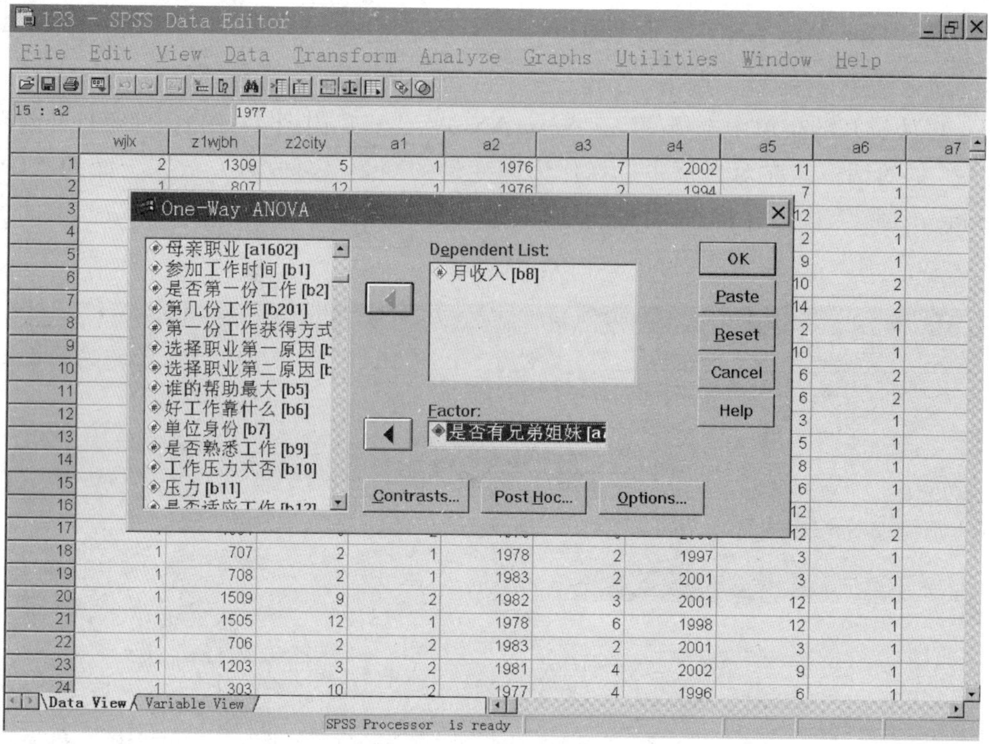

附图 4－25

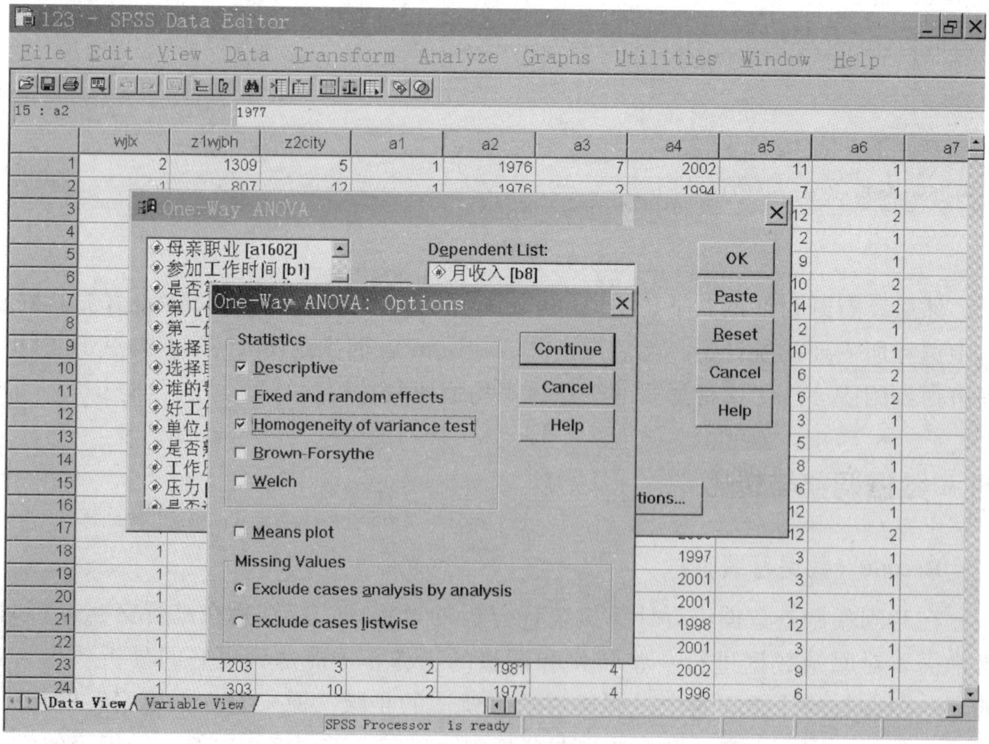

附图 4－26

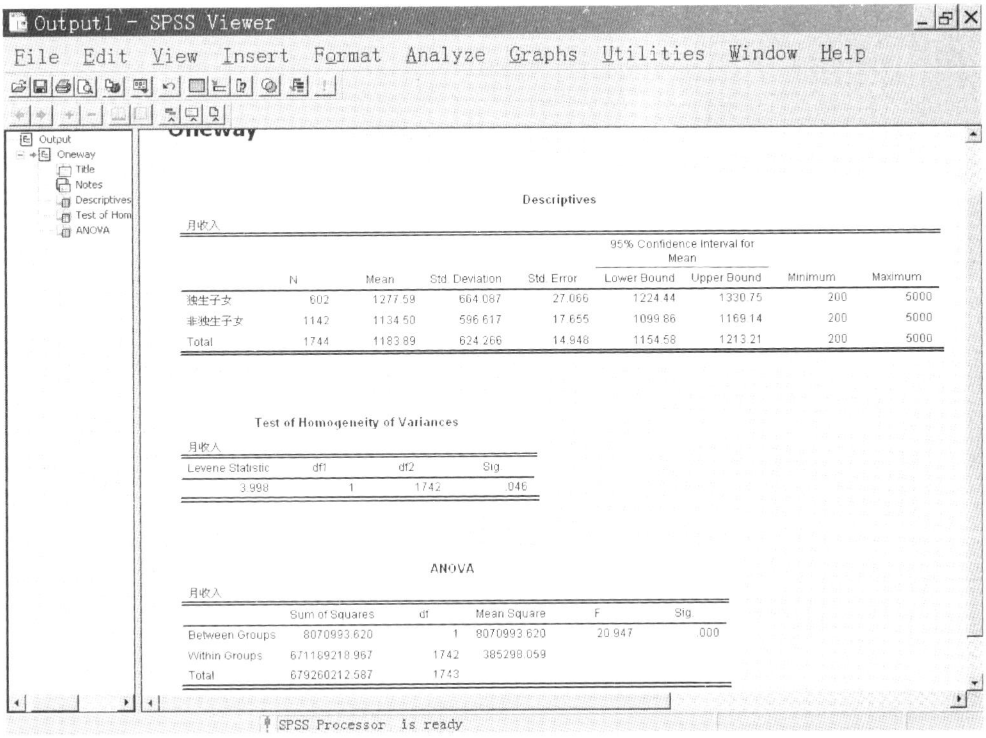

Descriptives

月收入

	N	Mean	Std. Deviation	Std. Error	95% Confidence Interval for Mean Lower Bound	Upper Bound	Minimum	Maximum
独生子女	602	1277.59	664.087	27.066	1224.44	1330.75	200	5000
非独生子女	1142	1134.50	596.617	17.655	1099.86	1169.14	200	5000
Total	1744	1183.89	624.266	14.948	1154.58	1213.21	200	5000

Test of Homogeneity of Variances

月收入

Levene Statistic	df1	df2	Sig.
3.998	1	1742	.046

ANOVA

月收入

	Sum of Squares	df	Mean Square	F	Sig.
Between Groups	8070993.620	1	8070993.620	20.947	.000
Within Groups	671189218.967	1742	385298.059		
Total	679260212.587	1743			

附图 4－27

合起来，构成“初中生”这个子总体；同时，还要将高中三个年级的学生合起来，构成“高中生”这个子总体。类似地，许多调查中，研究者往往需要将年龄、收入这样的数值变量进行分段，转化为定类、定序变量来分析。比如，将总的年龄范围（18～70 岁）分为 18～35 岁、36～55 岁、56～70 岁的三组，来分别代表青年、中年和老年；又比如，将总的收入范围（假设是 200～3 000 元）划分为 200～500 元、501～1 000 元、1 001～1 100 元、1 101～2 000 元、2 001～3 000 元的组别等。为此，研究者需要利用计算机来完成这一工作。在 SPSS 中，我们可以通过数据再编码命令（Recode）来进行这种转化，具体的操作程序如下。

进入数据表格后，点击“Transform”按钮，从打开的菜单中选择“Recode”项；然后在打开的菜单中选择“Into Different Variables”（如附图 4－28），即可得到“Recode”对话框（如附图 4－29 所示）。之所以选取“Into Different Variable”，而不选取“Into Same Variables”，是因为这样做可以使原始数据得到保留。下次因其他需要再用原始数据时，还可以从中选用。

在对话框中，将准备进行再编码的变量，比如“b8”，放入中间的方框中；然后在“Output Variable”的方框中“Name”项下敲入新的变量名，比如“B8”（见附图 4－29）；然后点击“Change”按钮，再点开下面的“Old and New Values”项，就会出现附图 4－30 所示的对话框。

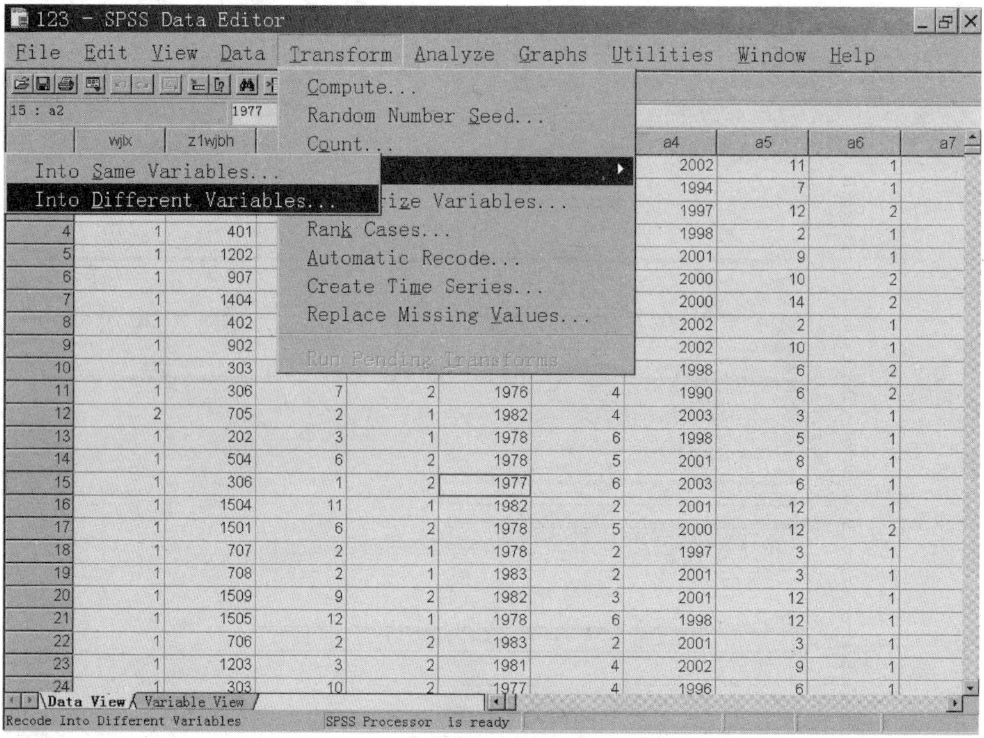
123 - SPSS Data Editor
File Edit View Data Transform Analyze Graphs Utilities Window Help
Compute...
Random Number Seed...
Count...
Into Same Variables...
Into Different Variables...
ize Variables...
Rank Cases...
Automatic Recode...
Create Time Series...
Replace Missing Values...
Run Pending Transforms
Data View
Variable View
Recode Into Different Variables
SPSS Processor is ready

附图 4－28

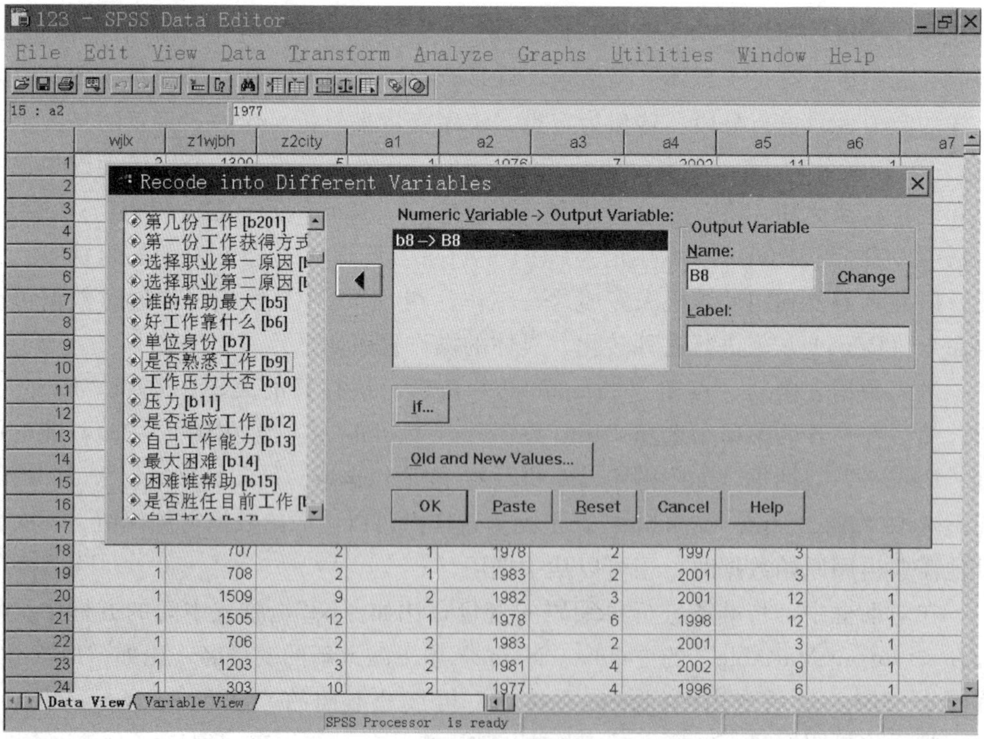
123 - SPSS Data Editor
File Edit View Data Transform Analyze Graphs Utilities Window Help
Recode into Different Variables
第几份工作 [b201]
第一份工作获得方式
选择职业第一原因 [b
选择职业第二原因 [b
谁的帮助最大 [b5]
好工作靠什么 [b6]
单位身份 [b7]
是否熟悉工作 [b9]
工作压力大否 [b10]
压力 [b11]
是否适应工作 [b12]
自己工作能力 [b13]
最大困难 [b14]
困难谁帮助 [b15]
是否胜任目前工作 [b
Numeric Variable -> Output Variable:
b8 --> B8
Output Variable
Name:
B8
Change
Label:
If...
Old and New Values...
OK
Paste
Reset
Cancel
Help
Data View
Variable View
SPSS Processor is ready

附图 4－29

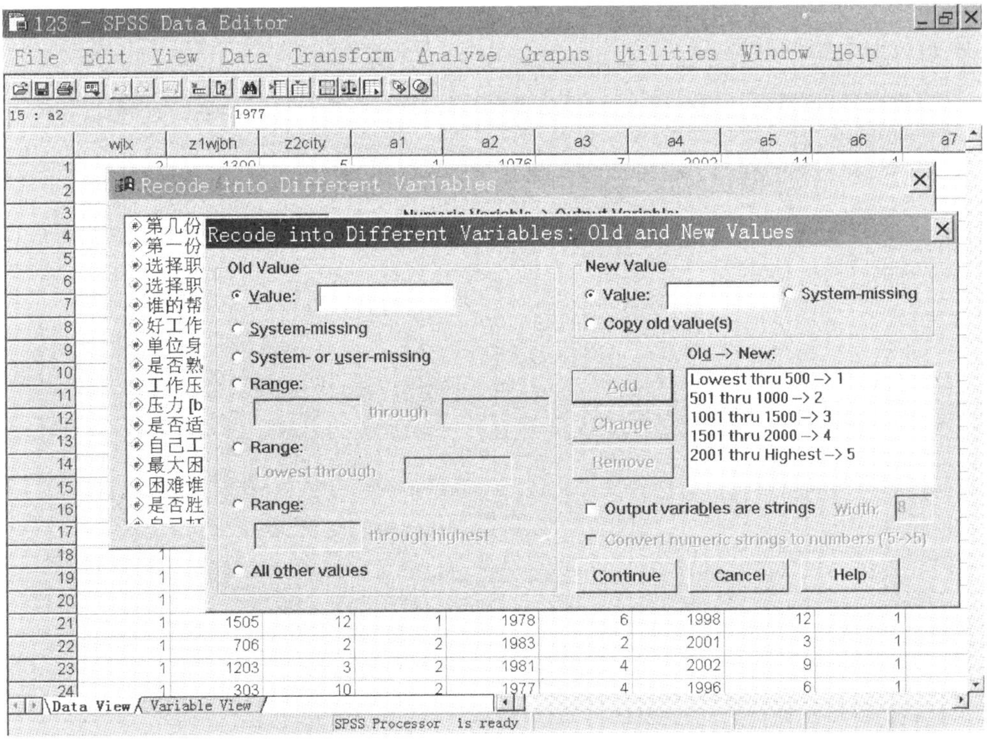

附图 4-30

在如附图 4-30 所示的对话框中，先在左边标有“Old Values”的方框中选择合适的分类方式，填写数据分组范围，并在右边标有“New Value”的方框中填写对应的新答案号码；然后点“Add”按钮，将分组结果写入下面的方框中；待全部组别写入完毕后，点击“Continue”按钮，返回到附图 4-29，再点击“OK”按钮即可。此时在所使用的数据表格中，就会增加一个新的变量“B8”，以及一列新的数据。

生成新变量

原始数据转化的另一个常见方式是利用两个（或多个）原始变量创造出一个新的变量。比如利用“家庭总收入”和“家庭人口”，创造出“家庭人均收入”这一新变量。又如利用“家庭住房面积”和“家庭人口”，创造出“家庭人均居住面积”这一新变量。在 SPSS 中，我们可以用 Compute 命令来完成这一工作。具体操作方法如下。

进入数据表格，点击菜单中的“Transform”按钮，打开菜单，选择“Compute”项（如附图 4-31），即可打开“Compute Variable”对话框，如附图 4-32 所示。

先在附图 4-32 所示的对话框上面的“Target Variable”方框中，填写新变量的名字，比如“rjshr”（人均收入）；然后在左下方框的变量名单中，选择原变量，同时在右边中间的方框中选择各种数学运算符号，并将这些变量及其数学运算符号一起写入右上方的“Numeric Expression”空格中（“b8”为家庭月收入，“/”为除号，“a11”为家庭人口），然后点“OK”按钮即可。这一新生成的变量也会自动加到原始数据表格的结尾。

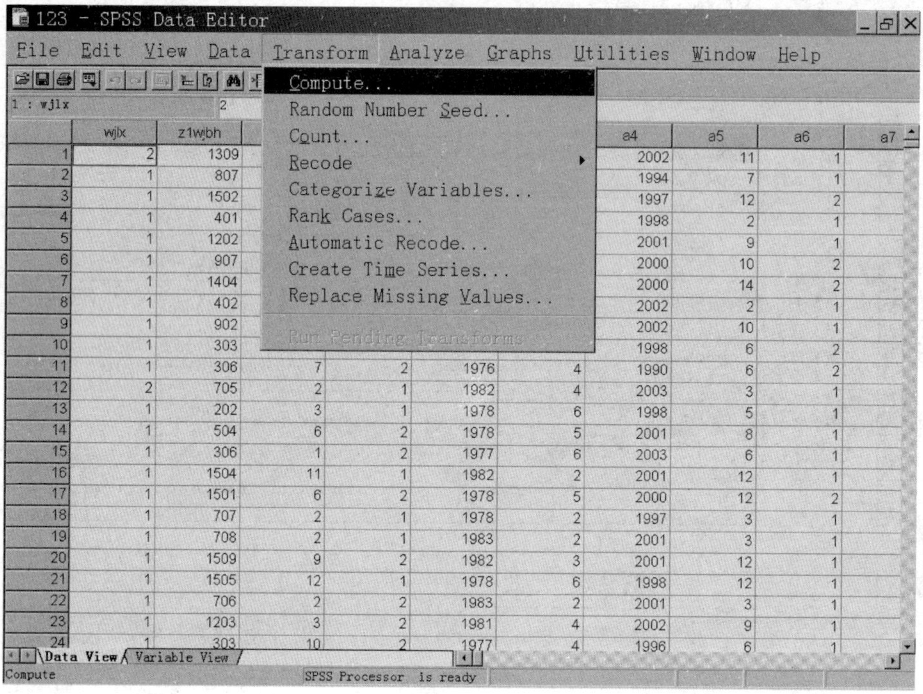

附图 4－31

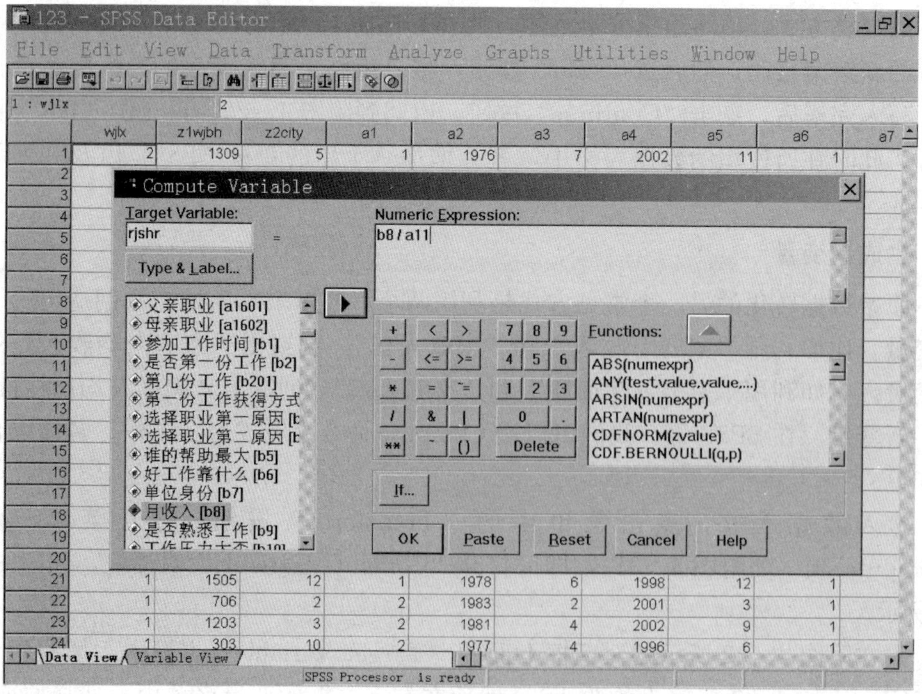

附图 4－32

数据合并

在将问卷资料录入计算机以形成数据文件的过程中，有时候会由于问卷数量较多，而需要若干个人先分别录入，然后再将各自录入好的数据合并在一起。在 SPSS 中，提供了这种数据合并的功能。下面说明数据合并的具体操作方法。

假设由三个人共同录入 600 份问卷，每人录入 200 份。三人按照相同的数据库文件（事先编制好的同样格式的数据库）分别进行录入，得到三个小的数据库文件，分别取名为 data2. sav、data3. sav 和 data4. sav。打开 SPSS 软件，先读入 data2. sav。在 data2. sav 打开的状态下，点击菜单上的“Data”按钮，显示出附图 4－33 所示的对话框；再点击所打开的菜单中的“Merge Files”项，并在出现的菜单中选择“Add Cases”项；在跳出的对话框中选择需要添加的数据库文件名 data3. sav，点击“确定”后即显示附图 4－34；由于三人录入数据时所用的数据库文件都是相同的，所以附图 4－34 的左边方框（不匹配的变量）中没有变量，直接点击“OK”即可。此时的文件名依旧是 data2. sav，但是数据的数量已经改变，已经是添加了 data3. sav 以后的 data2. sav 了（即已经包含 400 份问卷的资料了）。再次按照此方法将 data4. sav 添加进来，就形成最终的、包括三人分别录入的 data2. sav、data3. sav 和 data4. sav 在内的总的数据文件（即全部 600 份问卷的资料）。

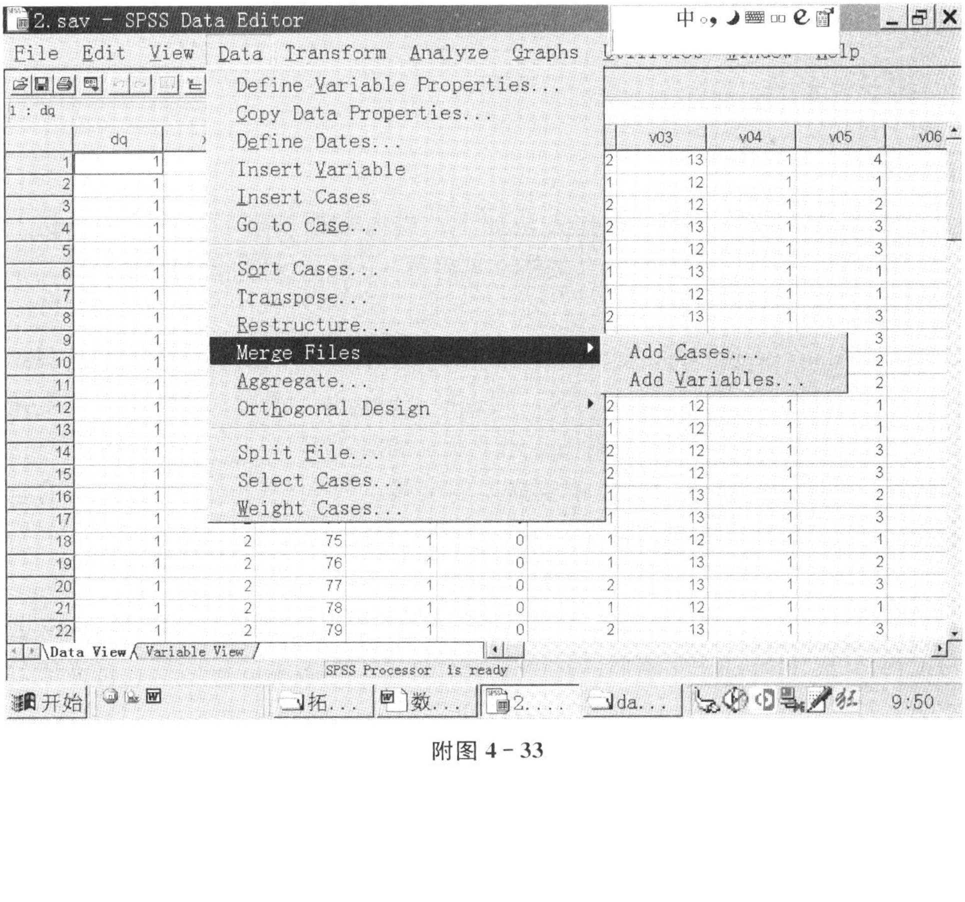

附图 4－33

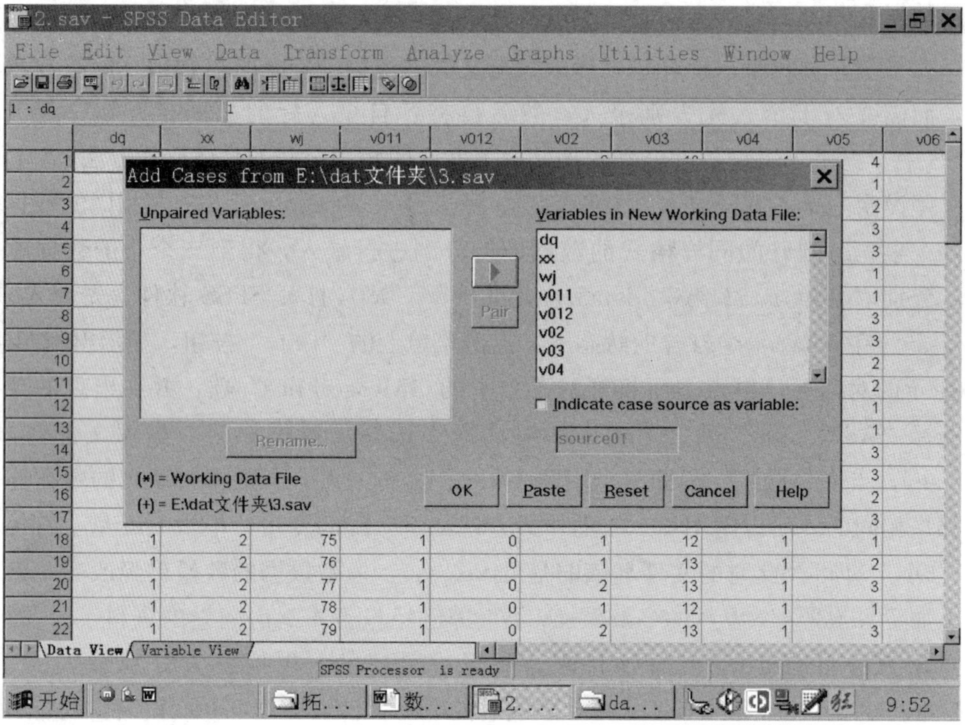

附图 4-34

五、 统计图制作

条形图

利用 SPSS 生成条形图的操作方法如下：进入数据表格后，选择菜单栏上的"Graphs"按钮，然后点击"Bar"按钮（见附图 4-35），即可得到图形选择对话框（见附图 4-36）。

在如附图 4-36 所示的对话框中，根据需要选择条形图的具体形式：若只是希望用图形表示某一个变量的分布情况，则选择"Simple"图形；选择后点右上角的"Define"（定义）按钮，得到如附图 4-37 所示的对话框。

从对话框左边变量表中选择希望描述的变量，放入"Category Axis"的空格中，并在对话框左上角中选择"%of cases"（见附图 4-37），然后点击"OK"按钮，即可得到如附图 4-6 那样的简单条形图。

若希望用条形图来表示两个变量的交互分布情况，则在附图 4-36 中选择"Clustered"或"Stacked"图形，并得到如附图 4-38 所示的对话框。将需要分类的变量放入"Category Axis"的方框中，而将用来比较的变量放入"Define Clusters by"空格中，然后点"OK"按钮，即可得到如附图 4-39 那样的复式条形图或者附图 4-40 那样的叠加条形图。

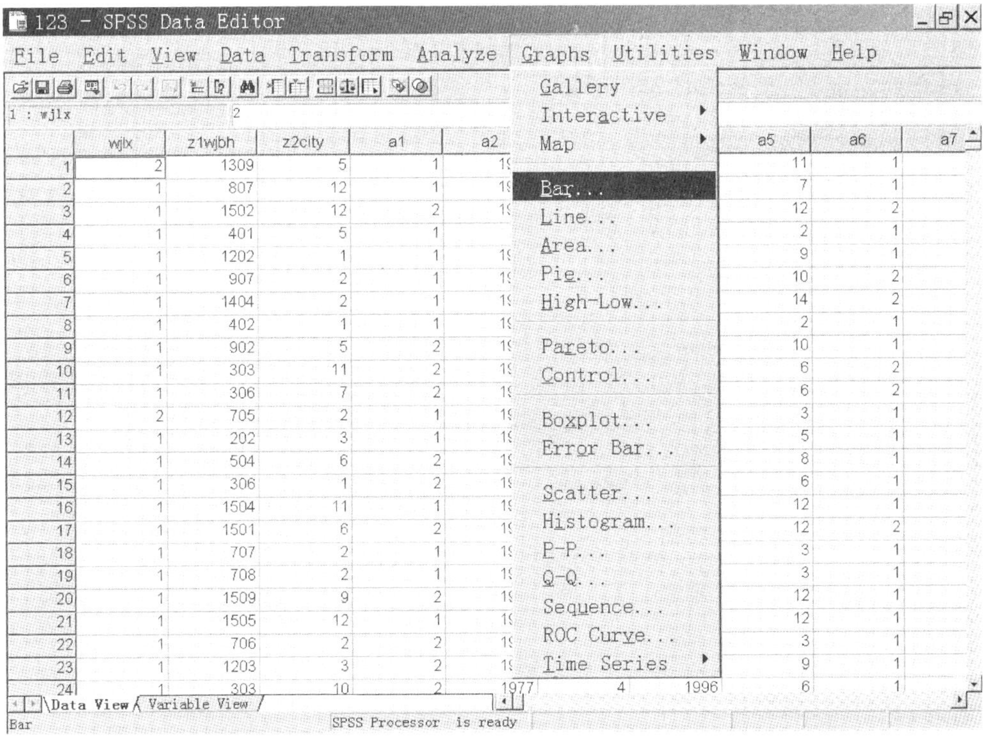
123 - SPSS Data Editor
File Edit View Data Transform Analyze Graphs Utilities Window Help
Gallery
Interactive
Map
Bar...
Line...
Area...
Pie...
High-Low...
Pareto...
Control...
Boxplot...
Error Bar...
Scatter...
Histogram...
P-P...
Q-Q...
Sequence...
ROC Curve...
Time Series
Data View
Variable View
Bar
SPSS Processor is ready

附图 4 - 35

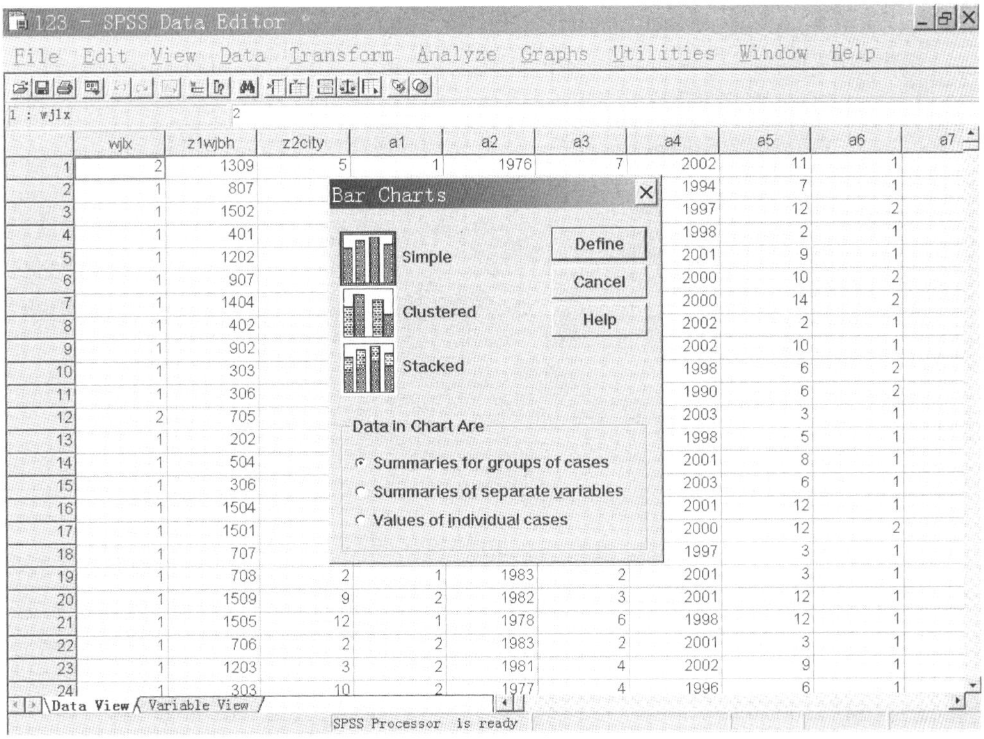
123 - SPSS Data Editor
File Edit View Data Transform Analyze Graphs Utilities Window Help
Bar Charts
Simple
Clustered
Stacked
Define
Cancel
Help
Data in Chart Are
Summaries for groups of cases
Summaries of separate variables
Values of individual cases
Data View
Variable View
SPSS Processor is ready

附图 4 - 36

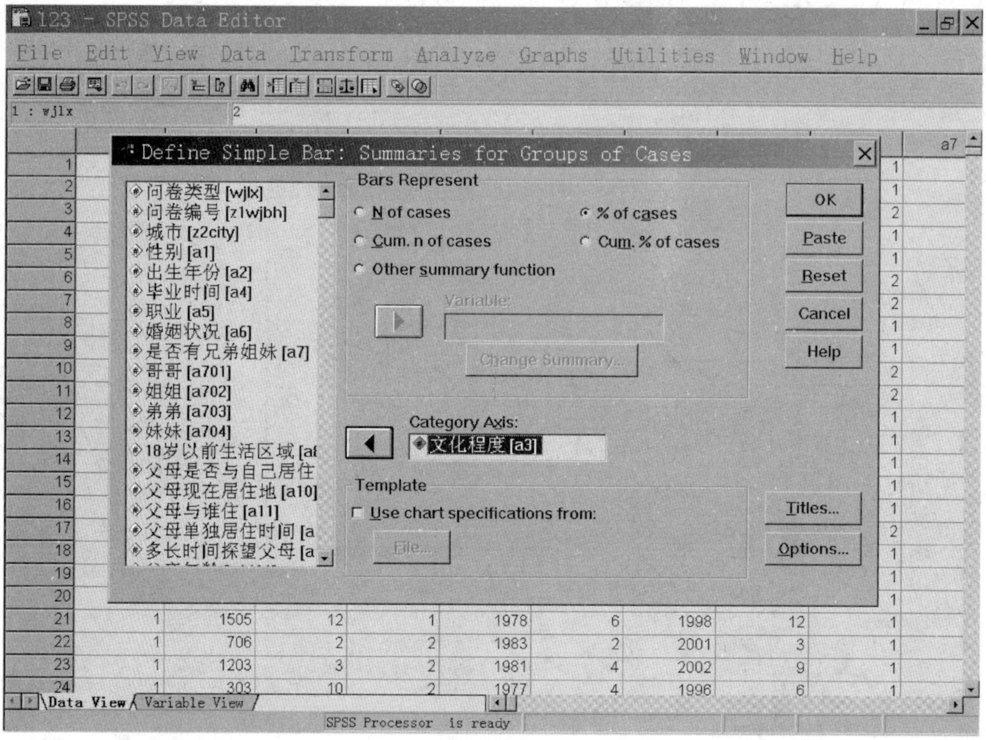
123 - SPSS Data Editor
File Edit View Data Transform Analyze Graphs Utilities Window Help
1 : wjlx
Define Simple Bar: Summaries for Groups of Cases
问卷类型 [wjlx]
问卷编号 [z1wjbh]
城市 [z2city]
性别 [a1]
出生年份 [a2]
毕业时间 [a4]
职业 [a5]
婚姻状况 [a6]
是否有兄弟姐妹 [a7]
哥哥 [a701]
姐姐 [a702]
弟弟 [a703]
妹妹 [a704]
Bars Represent
N of cases
% of cases
Cum. n of cases
Cum. % of cases
Other summary function
Variable:
Change Summary...
Category Axis:
文化程度 [a3]
Template
Use chart specifications from:
File...
OK
Paste
Reset
Cancel
Help
Titles...
Options...
Data View
Variable View
SPSS Processor is ready

附图 4－37

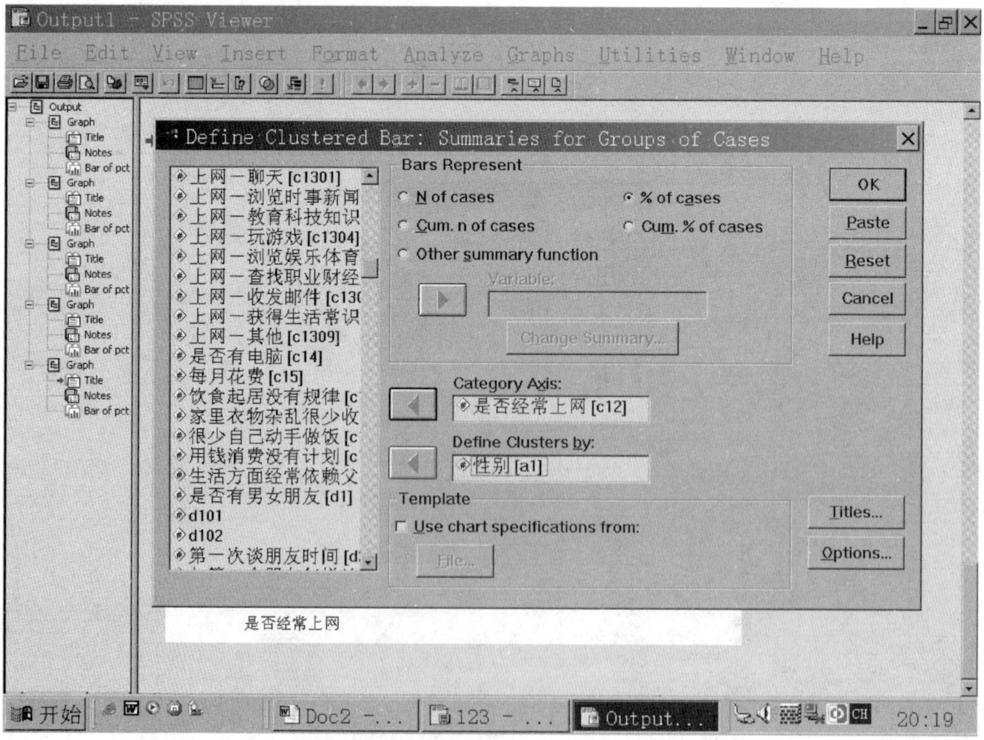
Output1 - SPSS Viewer
File Edit View Insert Format Analyze Graphs Utilities Window Help
Define Clustered Bar: Summaries for Groups of Cases
上网一聊天 [c1301]
上网一玩游戏 [c1304]
上网一其他 [c1309]
是否有电脑 [c14]
每月花费 [c15]
是否有男女朋友 [d1]
d101
d102
Bars Represent
N of cases
% of cases
Cum. n of cases
Cum. % of cases
Other summary function
Variable:
Change Summary...
Category Axis:
是否经常上网 [c12]
Define Clusters by:
性别 [a1]
Template
Use chart specifications from:
File...
OK
Paste
Reset
Cancel
Help
Titles...
Options...
是否经常上网
开始
20:19

附图 4－38

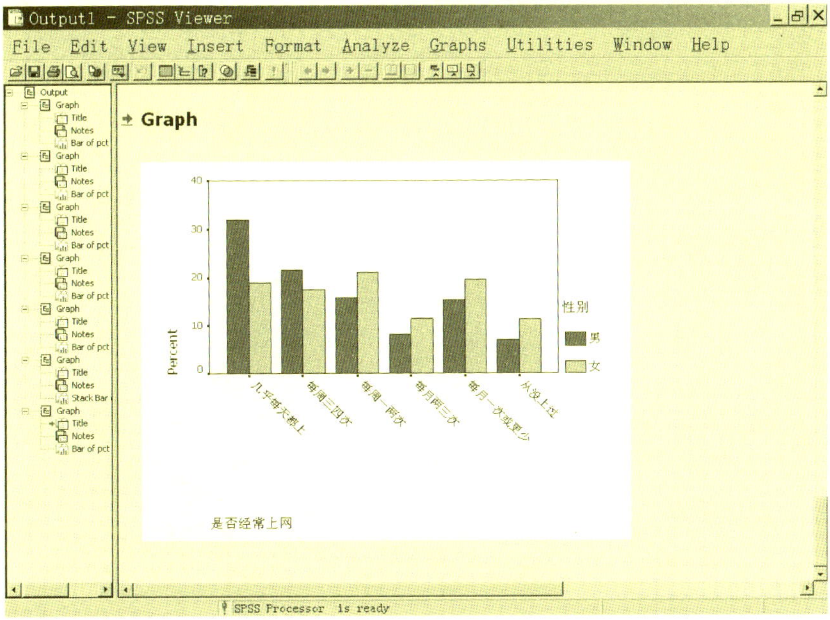

附图 4－39

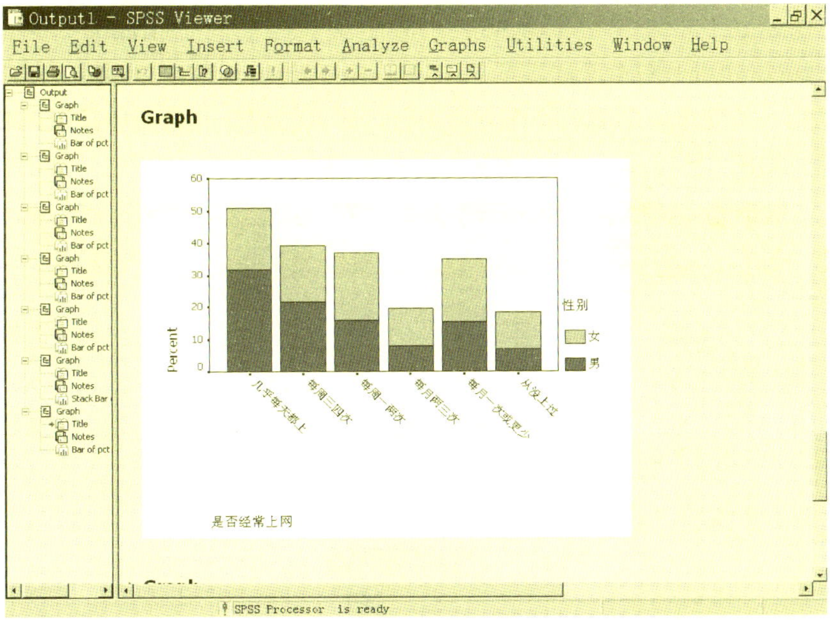

附图 4－40

线形图

操作方法如下：进入数据表格后，选择菜单栏上的“Graphs”，打开“Line”，即可得到线形图对话框。线形图对话框中的选择方式和选择后所对应出现的对话框，与上面条形图的选择方式和对话框几乎完全一样，可按条形图的方法操作，即可得到附图 4－41 所示的线形图。

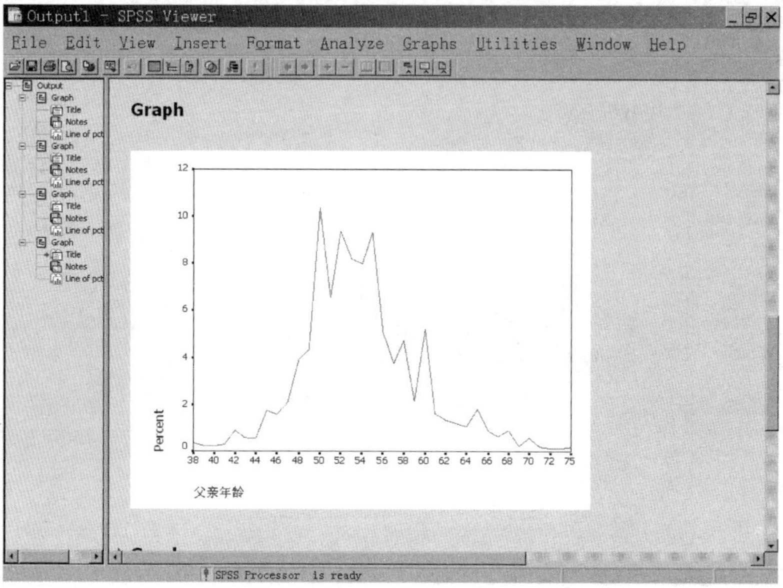

附图 4-41

饼形图

操作方法如下：进入数据表格后，选择菜单栏上的“Graphs”按钮，打开“Pie”，即可得到饼形图对话框。点“Define”按钮，即可得到与附图 4-37 完全一样的对话框，按简单条形图的操作方法进行，即可得到与前面简单条形图相对应的饼形图（见附图 4-42）。

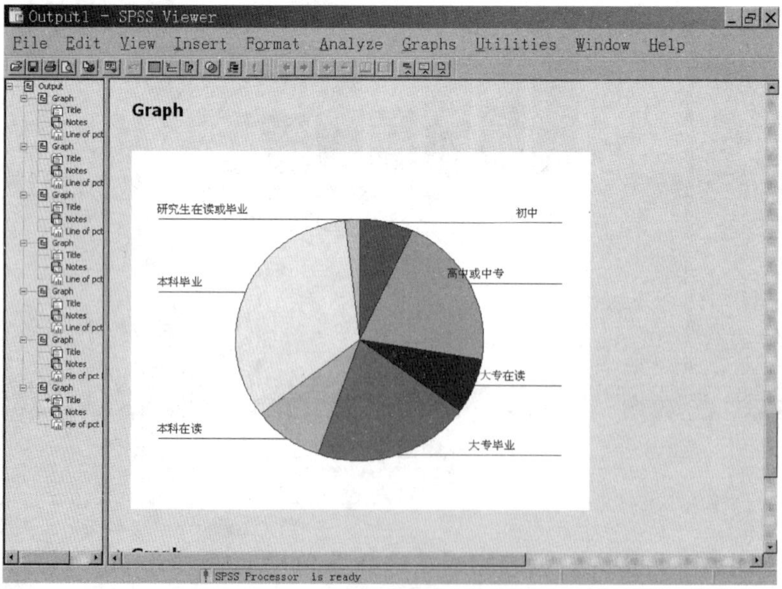

附图 4-42

附录五

基本概念

第一章

社会研究（social research） 一种以经验的方式，对社会世界中人们的行为、态度、关系，以及由此所形成的各种社会现象、社会产物所进行的科学的探究活动。

方法论（methodology） 方法论所涉及的是规范一门科学学科的原理、原则和方法的体系。社会研究中的方法论所涉及的主要是社会研究过程的逻辑和研究的哲学基础。

研究方式（research mode） 研究方式指的是研究所采取的具体形式或研究的具体类型。

第二章

探索性研究（exploration research） 是一种对所研究的现象或问题进行初步了解，以获得初步的印象和感性认识，同时为今后更周密、更深入的研究提供基础和方向的研究类型。

描述性研究（descriptive research） 是一种对研究的总体或某种现象在某些特征上的分布状况进行描述的研究类型。它所关注的焦点通常不在于为什么会存在这样的分布，而是在于回答这种分布是怎样的。也可以说，描述性研究主要目的是收集资料，发现情况，提供信息。

解释性研究（explanatory research） 指的是那种探寻现象背后的原因，揭示现象发生或变化的内在规律，回答各种“为什么”的社会研究的类型。

理论性研究（theoretical research） 指的是那些侧重于发展有关社会世界基本知识，特别是侧重于建立或检验各种理论假设的经验研究。其关注点主要在于探索现象之间的因果关系，其主要目标是要增加人们对社会现象的内在规律的理解，增加人们对社会事物的认识。

应用性研究（applied research） 是指那些侧重于了解、描述和探讨某种社会现实问题或者针对某类具体社会现象的问题。其关注点通常比较集中地体现在迅速地了解现实状况，分析现象或社会问题形成的原因，并力图在此基础上有针对性地提供政策建议，以帮助制定社会政策，解决社会问题，以及评估社会后果等。

横向研究（cross-sectional studies） 也称为横剖研究，它指的是在一个时间点上收集研究资料，并用以描述研究对象在这一时间点上的状况，或者探讨这一时间点上不同变量之间的关系。

纵向研究（longitudinal studies） 指的是在若干个不同的时间点上收集资料，用以描述现象的发展变化，以及解释不同现象前后之间的联系。

趋势研究（trend studies） 指的是对一般总体随着时间推移而发生变化的研究。

同期群研究（cohort studies） 又称作人口特征组研究，它指的是对某一特殊人群随着时间推移而发生变化的研究。

同组研究（panel studies） 又称为定组研究或追踪研究，它指的是对同一组人随着时间推移而发生变化的研究。

分析单位（unit of analysis） 指的是一项社会研究中的研究对象。换句话说，分析单位就是研究中将被分析和描述的对象。

区群谬误（ecological fallacy） 又称为层次谬误或体系错误，它指的是在社会研究中，研究者用一种集群的分析单位做研究，而用非集群的分析单位做结论的现象。

简化论（reductionism） 又称作简约论，它指的是研究者用个体层次的资料来解释宏观层次的现象。

第三章

理论（theory） 社会研究中的理论通常指的是“一组具有逻辑关系的假设或命题”。

概念（concept） 是对现象的一种抽象，它是一类事物的属性在人们主观上的反映。

变量（variable） 就是具有一个以上不同取值（不同的子范畴、不同的属性或不同的亚概念）的概念。

自变量（independent variable） 指的是其变化会引起其他变量发生改变的变量。

因变量（dependent variable） 指的是由于其他变量的变化而导致自身发生改变的变量。

中介变量（intervening variable） 指的是出现在更为复杂一些的因果关系链中的第三个变量，它在自变量与因变量的联系中处于二者之间的位置，表明自变量影响因变量的一种方式或途径。

命题（proposition） 指的是关于一个概念的特征或多个概念间关系的陈述。

假设（hypothesis） 是一种有关变量间关系的尝试性陈述，或者说是一种可用经验事实检验的命题。

经验概括（empirical generalizations） 指的是对现象反复出现的规律或特征的总结，或者是对变量之间反复出现的某种相互关系的一种说明。

第四章

研究问题（research question or research problem） 指的是一项社会研究所要回答的具体问题。

研究主题（research subject or research topic） 指的是社会研究所涉及的某一类现象领域或问题领域。

重要性（significance） 即研究问题所具有的意义或价值。

创造性（creativity or innovation） 也可以称作创新性或独特性，它指的是研究问题应该具有某种新的东西，具有某种与众不同的地方，具有自己的特点。

可行性（feasibility） 指的是研究者是否具备进行或完成某一研究问题所需要的主、客观条件。

合适性（suitability） 指所选择的研究问题最适合研究者的个人特点。

研究问题的明确化（focus the problem） 指的是通过对研究问题进行某种界定，给予明确的陈述，以达到将最初头脑中比较含糊的想法变成清楚明确的研究问题，将最初比较笼统、比较宽泛的研究范围或领域变成特定领域中的特定现象或特定问题的目的。

文献回顾（literature review） 也称为文献考察或文献评论，指的是对到目前为止的、与某一研究问题相关的各种文献进行系统查阅和分析，以了解该领域研究状况的过程。或者说，就是一个系统地识别、寻找、考察和总结那些与我们的研究有关的文献的过程。

第五章

测量（measurement） 就是根据一定的法则，将某种物体或现象所具有的属性或特征用数字或符号表示出来的过程。

定类测量（nominal measurement） 也称为类别测量或定名测量，它是测量层次中最低的一种。定类测量在本质上是一种分类体系，即将研究对象的不同属性或特征加以区分，标以不同的名称或符号，确定其类别。

定序测量（ordinal measurement） 也称为等级测量或顺序测量。定序测量的取值可以按照某种逻辑顺序将研究对象排列出高低或大小，确定其等级及次序。或者说，定序测量可以按某种特征或标准将对象区分为强度、程度或等级不同的序列。

定距测量（interval measurement） 也称为等距测量或区间测量。它不仅能够将社会现象或事物区分为不同的类别、不同的等级，而且可以确定它们相互之间不同等级的间隔距离和数量差别。

定比测量（ratio measurement） 也称为等比测量或比例测量。定比测量除了具有上述三种测量的全部性质之外，还具有一个绝对的零点（有实际意义的零点）。所以，它测量所得到的数据既能进行加减运算，又能进行乘除运算。

操作化（operationalization） 就是要把我们无法得到的有关社会结构、制度或过程，以及有关人们行为、思想和特征的内在事实，用代表它们的外在事实来替换，以便于通过后者来研究前者。或者说，操作化就是将抽象的概念转化为可观察的具体指标的过程。它是对那些抽象层次较高的概念进行具体测量所采用的程序、步骤、方法、手段的详细说明。

李克特量表（Likert scaling） 由一组对某事物的态度或看法的陈述组成，回答者对这些陈述的回答分成“非常同意、同意、中立、不同意、非常不同意”5 类，或者“赞成、比较赞成、无所谓、比较反对、反对”5 类。分别记 1～5 分。由于答案类型的增多，人们在态度上的差别就能更清楚地反映出来。

语义差异量表（semantic differential） 也称为语义分化量表，主要用来研究概念对于不同的人所具有的不同含义。其形式由处于两端的两组意义相反的形容词构成，中间分为 7 个等级，分别记为 1～7 分。调查时要求被调查者根据自己的感觉在每一对反义词中的适当位置画记号。研究者通过对这些记号所代表的分数的统计和计算，来研究人们对某一概念或事物的看法或态度，或者进行个人或团体间的比较分析。

信度（reliability） 即可靠性，它指的是采取同样的方法对同一对象重复进行测量时，其所得结果相一致的程度。换句话说，信度是指测量结果的一致性或稳定性，即测量工具能否稳定地测量所测的事物或变量。

再测信度（test retest reliability） 对同一群对象采用同一种测量，在不同的时间点先后测量两次，根据两次测量的结果计算出相关系数，这种相关系数就叫作再测信度。

复本信度（parallel forms reliability） 根据同一群研究对象同时接受两个或以上复本测量所得的分数来计算其相关系数，就是复本信度。

折半信度（split half reliability） 将研究对象在一次测量中所得的结果，按测量项目的单双号分为两组，计算这两组分数之间的相关系数，这种相关系数就叫作折半信度。

效度（validity） 也称作测量的有效度或准确度。它是指测量工具或测量手段能够准确测出所要测量的变量的程度，或者说能够准确地、真实地度量事物属性的程度。

表面效度（face validity） 表面效度也称为内容效度或逻辑效度，指的是测量内容或测量指标与测量目标之间的适合性和逻辑相符性。

准则效度（criterion validity） 准则效度也称为实用效度、预测效度或共变效度，指的是用一种不同以往的测量方式或指标对同一事物或变量进行测量时，将原有的一种测量方式或指标作为准则进行比较所得到的效度。

结构效度（construct validity） 结构效度也称为构造效度。它是通过利用现有的理论或命题来考查当前测量工具或手段的效度。结构效度涉及一个理论的关系结构中其他概念（或变量）的测量。

第六章

总体（population） 即构成它的所有元素的集合。

元素（element） 即构成总体的最基本单位。

样本（sample） 即从总体中按一定方式抽取出的一部分元素的集合。

抽样（sampling） 从组成某个总体的所有元素中，按一定的方式选择或抽取一部分元素的过程。或者说，抽样是从总体中按一定方式抽取样本的过程。

抽样单位（sampling unit） 一次直接的抽样所使用的基本单位。

抽样框（sampling frame） 又称作抽样范围，指的是一次直接抽样时总体中所有元素的名单。

参数值（parameter） 也称为总体值，它是关于总体中某一变量的综合描述，或者说是总体中所有元素的某种特征的综合数量表现。

统计值（statistic） 也称为样本值，它是关于样本中某一变量的综合描述，或者说是样本中所有元素的某种特征的综合数量表现。

随机抽取（random selection） 就是保证总体中的每一个个体都有同等的机会入选样本。或者说，总体中的每一个成员被抽中的概率相等（也即被抽中的机会相等）。而且，任何一个个体的入选与否，与其他个体毫不相关，互不影响。

简单随机抽样（simple random sampling） 又称纯随机抽样，是概率抽样的最基本形式。它是按等概率原则直接从含有 N 个元素的总体中抽取 n 个元素组成样本（$N>n$）。

系统抽样（systematic sampling） 又称等距抽样或间隔抽样。它是把总体的元素进行编号排序，再计算出某种间隔，然后按这一固定的间隔抽取元素来组成样本的方法。

分层抽样（stratified sampling） 又称类型抽样，它是先将总体中的所有元素按某种特征或标志划分成若干类型或层次，然后再在各个类型或层次中采用简单随机抽样或系统抽样的办法抽取一个子样本，最后，将这些子样本合起来构成总的样本的方法。

整群抽样（cluster sampling） 是从总体中随机抽取一些小的群体，然后由所抽出的若干个小群体内的所有元素构成调查样本的方法。

多段抽样（multistage sampling） 又称多级抽样或分段抽样，它是按抽样元素的隶属关系或层次关系，把抽样过程分为几个阶段进行。

户内抽样（within-household sampling） 从所抽中的每户家庭中抽取一个成年人，以构成访谈对象的抽样过程。

PPS 抽样（sampling with probability proportional to size） 即“概率与元素的规模大小成比例的抽样”。其原理可以通俗地理解成以通过阶段性的（或暂时的）不等概率抽样（按元素规模的大小抽样）来换取最终的、总体的等概率抽样的方法。

偶遇抽样（accidental sampling） 又称作方便抽样或自然抽样，是指研究者根据现实情况，以自己方便的形式抽取偶然遇到的人，或者仅仅选择那些离得最近的、最容易找到的人作为调查对象的方法。

判断抽样（judgmental or purposive sampling） 又称立意抽样，它是调查者根据研究的目标和自己主观的分析来选择和确定调查对象的方法。

定额抽样（quota sampling） 又称作配额抽样，它是依据那些有可能影响研究变量的各种因素对总体分层，并找出具有各种不同特征的元素在总体中所占的比例。然后依据这种划分以及各类成员的比例去选择符合要求的对象的方法。

样本规模（sample size） 又称为样本容量，它指的是样本中所含元素的多少。

置信度（confidence level） 置信度又称为置信水平，它指的是总体参数值落在样本统计值某一区间的概率，或者说，总体参数值落在样本统计值某一区间中的把握性程度。它反映的是抽样的可靠性程度。

抽样误差（sampling error） 就是样本统计值与总体参数值之间存在的偏差。它是由于抽样本身的随机性所引起的误差。

第七章

实验（experiment） 是一种经过精心的设计，并在高度控制的条件下，通过操纵某些因素，来研究变量之间因果关系的方法。实验的基本目标是确定两个变量之间是否具有因果关系。

实验刺激（experimental stimulus） 是实验中研究者对实验组实施前后测之间通过操纵引入的变量，也称自变量。

前测（pretest） 是实验研究中在对实验组给予实验刺激之前进行的测量。

后测（posttest） 是实验研究中在对实验组给予实验刺激之后进行的测量。

实验组（experimental group） 是实验过程中接受实验刺激的那一组对象。即使是在最简单的实验设计中，也至少会有一个实验组。

控制组（control group） 也称为对照组，它是各方面与实验组都相同，但在实验过程中并不给予实验刺激的一组对象。

匹配（matching） 指的是依据各种标准或特征，找出两个完全相同或几乎完全相同的对象进行配对，并将其中一个对象分到实验组，而将另一个对象分到控制组的方法。

随机指派（randomization） 即完全按照随机抽样的原理和方法来将实验对象随机地分配到实验组和控制组中。

实验室实验（laboratory experiment） 指在实验室内进行的，相对严格的实验。

实地实验（field experiment） 指在现实社会生活环境中进行的实验。

准实验设计（quasi-experimental designs） 也称为半实验设计，指的是完整的标准实验中缺乏一个或多个“条件”或“部分”的实验。

双盲实验（double-blind experiments） 指的是在一项实验中，实验刺激对于实验对象和参与实验的观察人员来说都是未知的。

经典实验设计（the classical experiment design） 也称为古典实验设计，是最基本同时也是最为标准的实验设计。其包含了实验设计的全部要素：实验组、控制组、前测、后测、自变量（实验刺激）、因变量以及随机指派。

交互作用（interaction effect） 即前测和实验刺激之间互相作用所产生的另一种外加的影响。

第八章

调查研究（survey research） 指的是一种采用自填式问卷或结构式访问的方法，系统地、直接地从一个取自某种社会群体的样本那里收集资料，并通过对资料的统计分析来认识社会现象及其规律的社会研究方式。

市场调查（market research） 即为拓展商品的销路，以便更好地为企业的生产和销售服务，而围绕某类产品或某种商品的市场占有率、顾客的购买情况、产品广告的宣传效果等等所进行的调查。

民意调查（public opinion survey） 也称民意测验（poll）或舆论调查，即围绕某些社会舆论的热点问题对社会中民众的意见、态度、意识等主观意向进行的调查。

问卷（questionnaires） 社会调查中用来收集资料的一种工具，问卷在形式上是一份精心设计的问题表格，其用途是用来测量人们的行为、态度和社会特征。

封面信（cover letter） 即一封致被调查者的短信。它的作用在于向被调查者介绍和说明调查的目的、调查单位或调查者的身份、调查的大概内容、调查对象的选取方法和对结果保密的措施等。

开放式问题（open-ended question） 就是那种只提出问题，但不为回答者提供具体答案，由回答者根据自己的情况自由填答的问题。

封闭式问题（closed-ended question） 就是那种在提出问题的同时，还给出若干个答案，要求回答者根据实际情况进行选择回答的问题。

编码（coding） 就是赋予每一个问题及其答案一个数字作为它的代码。

预编码（precoding） 指在问卷设计的同时就设计好编码。

后编码（postcoding） 指调查资料收集完成后再进行编码。

自填问卷法（self-administered questionnaires） 指的是调查员将问卷表发送给（或者邮寄给）被调查者，由被调查者自己阅读和填答，然后再由调查员收回（或邮寄回）的资料收集方法。可以进一步划分为个别发送法、集中填答法、邮寄填答法和网络调查法。

结构访问法（structured interview） 是指调查员依据事先设计好的调查问卷，采取口头询问和交谈的方式，向被调查者了解社会情况、收集有关社会现象资料的方法。可以进一步划分为当面访问法与电话访问法。

电话访问法（telephone interview） 是指调查员通过打电话的方式与被调查者联系，并在电话中对被调查者进行调查访问的方法。

调查的回收率（response rates） 也称为调查的应答率或回答率，是调查者实际调查的样本数与计划调查的样本数之比。

第九章

文献（literature） 其原意主要指包含各种信息的书面材料或文字材料。随着社会的发展，信息传播的载体也越来越多样化。因而，我们可以将文献定义为包含我们希望加以研究的现象的任何信息形式。

利用文献的定量研究（quantitative study using documents） 就是通过定量地收集和分析现存的，以文字、数字、符号、画面等信息形式出现的文献资料，来探讨和分析各种社会行为、社会关系及其他社会现象的研究方式。

内容分析（content analysis） 指的是这样一种研究技术，它对各种信息传播形式的明显内容进行客观的、系统的和定量的描述与分析。

二次分析（secondary analysis） 也称第二手分析，指的是对那些由其他人原先为别的目的收集和分析过的资料所进行的新的分析。

现存统计资料分析（analyzing existing statistics） 指的是利用现存的统计资料作为研究数据进行分析的方法。

第十章

资料审核（data auditing） 是指研究者对所收集的原始资料（主要是问卷）进行初步的审阅、校对，剔除乱填、空白和严重缺答的废卷，使得原始资料具有较好的准确性、完整性和真实性。

集中趋势分析（central tendency analysis） 指的是用一个典型值或代表值来反映一组数据的一般水平，或者说反映这组数据向这个典型值集中的情况。

离散趋势分析（dispersion tendency analysis） 指的是用一个特别的数值来反映一组数据相互之间的离散程度。

区间估计（interval estimation） 区间估计的实质就是在一定的可信度（置信度）下，用样本统计值的某个范围（置信区间）来估计总体的参数值。

假设检验（hypothesis test） 就是先对总体的某一参数作出假设，然后用样本的统计量去进行验证，以确定假设是否为总体所接受。

交互分类（cross-tabulation） 是一种专门用来分析两个定类变量（或一个定类，一个定序变量）之间关系的统计分析方法。

消减误差比例（Proportionate Reduction in Error，PRE） 指的是两个有关系的变量 x 与 y，当知道 x 的值来预测 y 值时所减少的误差与总误差的比。

阐释模式（elaboration model） 所关心的是两个变量之间的关系，它是一种通过引进并控制第三变量，来进一步了解和探讨原来两变量之间关系性质的统计分析方法。

复相关分析（multiple correlation analysis） 是一种以一个统计值来简化多个自变量与一个因变量之间关系的统计分析方法。

多元回归分析（multiple regression analysis） 是用多个自变量来估计或预测一个因变量的数值，并了解这些自变量中的哪一个对因变量的影响力最大的方法。

第十一章

研究报告（research report） 是反映社会研究成果的一种书面报告。它以文字、图表等形式将研究的过程、方法和结果表现出来。

描述性报告（descriptive report） 着重于对所研究现象进行系统、全面的描述，这种描述既可以是定量的，也可以是定性的。其主要目标是通过对研究资料和结果的详细描述，向读者展示某一现象的基本状况、发展过程和主要特点。

解释性报告（explanative report） 用研究所得资料来解释和说明某类现象产生的原因，或说明不同现象相互之间的关系。

第十三章

实地研究（field research） 是一种深入研究现象的生活背景，以参与观察和无结构访谈的方式收集资料，并通过对这些资料的定性分析来理解和解释现象的社会研究方式。

观察（observation） 指的是带着明确的目的，用自己的感官和辅助工具去直接地、有针对性地了解正在发生、发展和变化着的现象。

实验室观察（laboratory observation） 就是在备有各种观察设施的实验室内，对研究对象进行的观察。

实地观察（field observation） 即是指在现实生活场景中所进行的观察。实地研究者在研究中采用的主要是这种类型的观察。

非参与观察（non-participant observation） 即观察者处在被观察的群体或现象之外，完全不参与其活动，尽可能地不对群体或环境产生影响。

参与观察（participant observation） 就是研究者深入研究对象的生活背景，在实际参与研究对象日常社会生活的过程中所进行的观察。

结构观察（constructed observation） 指的是按照一定的程序、采用明确的观察提纲或观察记录表格对现象进行的观察。

无结构观察（non-constructed observation） 指的是没有任何统一的、固定不变的观察内容和观察表格，完全依据现象发生、发展和变化的过程所进行的自然观察。

完全参与者（complete participant） 或称隐蔽的观察者，即研究者将自己的真实身份隐藏起来，而以所观察社区或群体中一个真实成员的身份去参与其中并进行观察。

作为观察者的参与者（participant-as-observer） 指研究者的身份对于所研究的群体来说是公开的，同时，研究者又被这一群体接受，允许参与他们的成员关系和群体活动，使研究者能够进行观察和研究。

无结构访谈（unstructured interview） 又称作深度访谈或者自由访谈，它与结构式访谈相反，并不依据事先设计的问卷和固定的程序，而是只有一个访谈的主题或范围，由访谈员与被访者围绕这个主题或范围进行比较自由的交谈。

正式访谈（formal interview） 指的是研究者事先有计划、有准备、有安排、有预约的访谈。

非正式访谈（informal interview） 指的是研究者在实地参与研究对象社会生活的过程中，随时碰上的、无事先准备的、更接近一般闲聊的交谈。

第十四章

个案（case） 也称为案例，是一个有界限的系统，社会研究中最为常见的个案是特定的个人、某一群体、某一组织或者是某一社区。

个案研究（case studies） 也称为案例研究，是使用任何合适的方法和资料，对一个（或少数几个）个案进行详细深入的研究。其最一般的目标是对个案达到尽可能充分的理解。

第十五章

定性资料（qualitative data） 指研究者从实地研究中所得到的各种以文字、符号表示的观察记录、访谈笔记，以及其他类似的记录材料。

开放式编码（open coding） 指研究者关注于资料本身，不断为资料中所呈现出的各种主题分配编码标签。即研究者先设置一些主题，同时，将最初的代码或标签分配到资料中，以便将大量零散的、混杂的资料转变成不同的类别。

轴心式编码（axial coding） 从一组初步的主题或初步的概念开始。在这种方式中，研究者更为注重的是主题，而不是资料。即研究者的头脑中带着基本的或初步的编码主题去看待资料，阅读资料。

选择式编码（selective coding） 选择式编码在浏览资料和进行开放式或轴心式编码工作的基础上，有选择地寻找那些说明主题的个案，并对资料进行比较和对照。研究者在发展出某些概念，并开始围绕几个核心概念或观点来组织他们的总体分析时着手进行这种工作。

分析型备忘录（analytic memo） 是实地笔记的一个特殊类型。它是实地研究者对于编码过程的想法和观点的一种备忘录或一种讨论记录。这种备忘录是研究者写给自己看的，或者说是研究者自己与自己进行讨论的一种笔记。

连续接近法（successive approximation） 指的是这样一种方法，它不断反复和循环的步骤，使得研究者从开始时一个比较含糊的观念以及杂乱、具体的资料细节，到达一个具有概括性的综合分析的结果。

举例说明法（illustrative method） 即用经验证据来说明某种理论。

比较分析法（analytic comparison） 是从先前已有的理论或从归纳中发展出相关的规律或关系模型的思想，然后研究者将注意力集中在少数规律上，用其他替换的解释与之进行比较。在此基础上，研究者进一步考查那些不限于某一特定背景（如某一特定时间、特定地点、特定群体等）的规律性。

一致性比较法（method of agreement） 这种比较法是将注意力集中于各个不同个案中所具有的共同的特性上，并通过运用一种排除的过程来进行。其基本思想是，研究者先找出不同个案所具有的某种共同的作为结果的特性，然后再比较各种作为可能的原因的特性。如果某种被看作原因的特性不为所有具有共同结果的个案所共有，那么，研究者就将这种特性从可能的原因中排除掉，而所剩下的那种为所有个案所共有的特性则为可能的原因。

差异性比较法（method of difference） 先找出那些在许多方面十分相同，但在少数方面不同的个案；然后找出那种使这些个案具有相同的原因和结果的那些特性，同时找出另一组在这种结果上与此不同的个案；这样，研究者就可以比较两组个案，查找那些在不出现结果特性的个案中，也没有出现的原因特性。这种没有出现的特性就是结果的原因。

图书在版编目（CIP）数据

社会研究方法：数字教材版/风笑天著．-- 6 版
．-- 北京：中国人民大学出版社，2022.5
新编 21 世纪社会学系列教材
ISBN 978-7-300-30539-4

Ⅰ．①社… Ⅱ．①风… Ⅲ．①社会学-研究方法-高等学校-教材 Ⅳ．①C91-03

中国版本图书馆 CIP 数据核字（2022）第 059878 号

“十二五”普通高等教育本科国家级规划教材
教育部普通高等教育精品教材
国家级精品课程教材
新编 21 世纪社会学系列教材
社会研究方法
（第六版·数字教材版）
风笑天 著
Shehui Yanjiu Fangfa

出版发行	中国人民大学出版社		
社　　址	北京中关村大街 31 号	**邮政编码**	100080
电　　话	010－62511242（总编室）		010－62511770（质管部）
	010－82501766（邮购部）		010－62514148（门市部）
	010－62515195（发行公司）		010－62515275（盗版举报）
网　　址	http://www.crup.com.cn		
经　　销	新华书店		
印　　刷	涿州市星河印刷有限公司	**版　　次**	2001 年 4 月第 1 版
开　　本	787 mm×1092 mm　1/16		2022 年 5 月第 6 版
印　　张	28.75 插页 1	**印　　次**	2025 年 5 月第 9 次印刷
字　　数	597 000	**定　　价**	69.90 元

关联课程教材推荐

书号	书名	作者	定价
978-7-300-29054-6	社会统计学	孙凤	48.00 元
978-7-300-28794-2	发展社会学	吴忠民 江立华	49.80 元
978-7-300-28683-9	环境社会学	洪大用	49.80 元
978-7-300-28456-9	组织社会学（第四版）	于显洋	59.00 元
978-7-300-28381-4	应用社会学（第三版）	李强　郑路	59.90 元

配套教学资源支持

尊敬的老师：

衷心感谢您选择人大版教材！相关的配套教学资源，请到中国人民大学出版社官网（www.crup.com.cn）下载。部分教学资源需要验证您的教师身份后，才可以下载，请您登录出版社官网后，点右上角“注册”，填写“会员中心”的“我的教师认证”项目，等待后台审核。我们将尽快为您开通下载权限。

如您急需教学资源或教材样书，也可以直接与我们的编辑联系：

龚洪训　　电话：010-62515637　　电子邮箱：6130616@qq.com

专业教师 QQ 群：

195761402（全国社会学教师 QQ 群）

欢迎您登录浏览人大社网站，了解图书信息，共享教学资源

期待您加入专业教师 QQ 群，开展学术讨论，交流教学心得